CONTEÚDO DIGITAL PARA ALUNOS
Cadastre-se e transforme seus estudos em uma experiência única de aprendizado:

1 Entre na página de cadastro:
https://sistemas.editoradobrasil.com.br/cadastro

2 Além dos seus dados pessoais e dos dados de sua escola, adicione ao cadastro o código do aluno, que garantirá a exclusividade do seu ingresso à plataforma.

5098221A4312427

3 Depois, acesse: https://leb.editoradobrasil.com.br/
e navegue pelos conteúdos digitais de sua coleção :D

Lembre-se de que esse código, pessoal e intransferível, é válido por um ano. Guarde-o com cuidado, pois é a única maneira de você acessar os conteúdos da plataforma.

ENSINO MÉDIO
TEMPOS MODERNOS
TEMPOS DE SOCIOLOGIA

volume único

Helena Bomeny
Doutora em Sociologia pelo Instituto Universitário de Pesquisa do Estado do Rio de Janeiro.
Professora titular do Departamento de Sociologia do Instituto de Ciências Sociais – UERJ.

Bianca Freire-Medeiros
Doutora em História e Teoria da Arte e da Arquitetura pela Binghamton University – SUNY.
Professora adjunta do Departamento de Sociologia da Faculdade de Filosofia, Letras e Ciências Humanas da Universidade de São Paulo – USP.

Raquel Balmant Emerique
Doutora em Ciências Sociais pelo Programa de Pós-Graduação em Ciências Sociais – UERJ.
Licenciada em História pela Universidade Federal do Rio de Janeiro.
Professora adjunta do Departamento de Sociologia do Instituto de Ciências Sociais – UERJ.

Julia O'Donnell
Doutora em Antropologia Social pelo Museu Nacional – UFRJ.
Professora adjunta do Departamento de Antropologia Cultural do Instituto de Filosofia e Ciências Sociais – UFRJ.

4ª edição
São Paulo – 2016

Dados Internacionais de Catalogação na Publicação (CIP)
(Câmara Brasileira do Livro, SP, Brasil)

> Tempos modernos, tempos de sociologia: ensino médio: volume único / Helena Bomeny... [et al.]. – 4. ed. – São Paulo: Editora do Brasil, 2016; Rio de Janeiro: Fundação Getulio Vargas, 2016. – (Série Brasil: ensino médio)
>
> Outros autores: Bianca Freire-Medeiros, Raquel Balmant Emerique, Julia O'Donnell
> ISBN 978-85-10-06475-0 (aluno)
> ISBN 978-85-10-06476-7 (professor)
>
> 1. Sociologia (Ensino médio) I. Bomeny, Helena. II. Freire-Medeiros, Bianca. III. Emerique, Raquel Balmant. IV. O'Donnell, Julia. V. Série.
>
> 16-05816   CDD-301

Índices para catálogo sistemático:
1. Sociologia: Ensino Médio 301

© Editora do Brasil S.A., 2016
Todos os direitos reservados

Direção-geral: Vicente Tortamano Avanso
Direção adjunta: Maria Lúcia Kerr Cavalcante de Queiroz

Direção editorial: Cibele Mendes Curto Santos
Gerência editorial: Felipe Ramos Poletti
Supervisão editorial: Erika Caldin
Supervisão de arte, editoração e produção digital: Adelaide Carolina Cerutti
Supervisão de direitos autorais: Marilisa Bertolone Mendes
Supervisão de controle de processos editoriais: Marta Dias Portero
Supervisão de revisão: Dora Helena Feres
Consultoria de iconografia: Tempo Composto Col. de Dados Ltda.

Coordenação editorial: Priscilla Cerencio
Assistência editorial: Carolina Ocampos, Mariana Tomadossi e Rogério Cantelli
Coordenação de revisão: Otacilio Palareti
Copidesque: Gisélia Costa, Ricardo Liberal e Sylmara Beletti
Revisão: Alexandra Resende, Ana Carla Ximenes, Andréia Andrade, Elaine Fares e Maria Alice Gonçalves
Coordenação de iconografia: Léo Burgos
Pesquisa iconográfica: Douglas Cometti
Coordenação de arte: Maria Aparecida Alves
Assistência de arte: Carla Del Matto
Design gráfico: Alexandre Gusmão
Capa: Beatriz Marassi
Fotografia de capa: Chaplin/United Artists/Album/Fotoarena
Ilustrações: Alex Argozino, Cristiane Viana, Formato Comunicações e Paula Radi
Produção cartográfica: DAE (Departamento de Arte e Editoração) Sonia Vaz, Alessandro Passos da Costa
Coordenação de editoração eletrônica: Abdonildo José de Lima Santos
Editoração eletrônica: Gilvan Alves da Silva
Licenciamentos de textos: Renata Garbellini e Jennifer Xavier
Coordenação de produção CPE: Leila P. Jungstedt
Controle de processos editoriais: Beatriz Villanueva, Bruna Alves, Carlos Nunes e Rafael Machado

4ª edição / 6ª impressão, 2024
Impresso na Gráfica Santa Marta

Avenida das Nações Unidas, 12901
Torre Oeste, 20º andar
São Paulo, SP – CEP: 04578-910
Fone: +55 11 3226-0211
www.editoradobrasil.com.br

Imagem de capa:
Cena do filme *Tempos Modernos*, de Charles Chaplin, 1936.

Sumário

PARTE I — Saberes cruzados — 6

Roteiro de viagem ... 8
- Leitura complementar: A promessa ... 10
- Construindo seus conhecimentos ... 11

Capítulo 1: A chegada dos "tempos modernos" ... 12
- Do campo para a cidade ... 13
- Novos tempos ... 15
- Seres humanos interpretando e transformando o mundo ... 16
- Nova mobilidade de coisas e pessoas ... 17
- Ampliando horizontes e descobrindo o "outro" ... 19
- O Século das Luzes e as grandes revoluções modernas ... 20
- A vez da indústria ... 22
- Afinal, para onde a razão nos conduziu? ... 23
- Leitura complementar: Declaração dos Direitos do Homem e do Cidadão de 1789 ... 24
- Construindo seus conhecimentos ... 26

Capítulo 2: Saber o que está perto ... 30
- A Sociologia e a crítica do tempo presente ... 32
- Da Europa do século XIX ao Brasil do século XXI ... 34
- Leitura complementar: Em defesa da Sociologia ... 36
- Construindo seus conhecimentos ... 37

Capítulo 3: Saber o que está distante ... 40
- Antropologia e alteridade ... 41
- Superando o etnocentrismo científico ... 42
- Lições do trabalho de campo ... 45
- Leitura complementar: Raça e história ... 46
- Construindo seus conhecimentos ... 48

Capítulo 4: Saber as manhas e a astúcia da política ... 54
- Tempos modernos e a nova ordem política ... 55
- Poder, obediência e suas veredas ... 57
- Democracia e Ciência Política no Brasil ... 59
- A política na vida contemporânea ... 60
- Saberes cruzados ... 64
- Leitura complementar: As políticas públicas ... 66
- Construindo seus conhecimentos ... 68

PARTE II — A Sociologia vai ao cinema — 72

Sociologia e cinema ... 74
- Leitura complementar: Imagens em movimento ... 76
- Construindo seus conhecimentos ... 77

Capítulo 5: O apito da fábrica ... 78
- Em cena: Na linha de montagem ... 78
- Apresentando Émile Durkheim ... 79
- Solidariedade e coesão ... 79
- Direito e anomia ... 81
- Ética e mercado ... 82
- Leitura complementar: Prenoções e o método sociológico ... 84
- Construindo seus conhecimentos ... 85

Capítulo 6: Tempo é dinheiro! ... 90
- Em cena: A máquina de alimentar ... 90
- Apresentando Max Weber ... 91
- Os caminhos da racionalidade ... 91
- As máquinas modernas ... 93
- O tempo mudou? ... 94
- Mudanças e resistências ... 95
- O protestantismo e o "espírito" do capitalismo ... 96
- O mundo desencantado ... 96
- Leitura complementar: O significado da disciplina ... 99
- Construindo seus conhecimentos ... 100

Capítulo 7: A metrópole acelerada 104

Em cena: O surto e o manicômio 104

Apresentando Georg Simmel 105

Tempos nervosos 105

O ritmo do tempo nas cidades grandes 108

A cultura subjetiva e a cultura objetiva 109

Leitura complementar: O significado sociológico da semelhança e da diferença entre indivíduos 111

Construindo seus conhecimentos 112

Capítulo 8: Trabalhadores, uni-vos! 116

Em cena: Comunista por engano 116

Apresentando Karl Marx 117

Da cooperação à propriedade privada 119

As classes sociais 120

Teoria e prática 122

Leitura complementar: As condições de vida e trabalho dos operários 125

Construindo seus conhecimentos 126

Capítulo 9: Liberdade ou segurança? 132

Em cena: Os confortos da cadeia 132

Apresentando Alexis de Tocqueville 133

Quando a liberdade é ameaçada 133

O Novo Mundo e o sonho da liberdade 134

O Velho Mundo e suas contradições 136

Livre na prisão? 139

Leitura complementar: Do espírito público nos Estados Unidos 140

Construindo seus conhecimentos 142

Capítulo 10: As muitas faces do poder 148

Em cena: A garota órfã 148

Apresentando Michel Foucault 149

Curar e adestrar, vigiar e punir 149

Os corpos dóceis e o saber interessado 152

Indivíduos e populações 153

O poder da resistência 154

Leitura complementar: O panóptico 156

Construindo seus conhecimentos 158

Capítulo 11: Sonhos de civilização 162

Em cena: Lar, doce lar 162

Apresentando Norbert Elias 163

As sociedades reveladas 163

Um manual que virou catecismo 166

Julgar os outros pelo próprio ponto de vista 168

Os sonhos dos novos tempos 169

Leitura complementar: Tecnização e civilização 170

Construindo seus conhecimentos 172

Capítulo 12: Sonhos de consumo 178

Em cena: Na loja de departamentos 178

Apresentando Walter Benjamin 179

A capital do século XIX 180

Um mundo em miniatura 183

Ilusões e realidades da arte e da tecnologia 185

Leitura complementar: Experiência e pobreza 190

Construindo seus conhecimentos 192

Capítulo 13: Caminhos abertos pela Sociologia 196

Em cena: A realidade do sonho 196

Apresentando Um mapa imaginário 198

Um sarau imaginário 199

A estrada aberta e outros caminhos possíveis 202

Leitura complementar: Ruptura histórica 203

Construindo seus conhecimentos 204

PARTE III — A Sociologia vem ao Brasil — 208

Que país é este? 210

Leitura complementar: O destino nacional 212

Construindo seus conhecimentos 213

Capítulo 14: Brasil, mostra a tua cara! 216

Caras e caras 216

A mancha nacional 219

Tudo virando urbano 222

As muitas famílias 224

Outros brasis... 226

Leitura complementar: A situação dos povos indígenas na educação superior 228

Construindo seus conhecimentos 230

Capítulo 15: Quem faz e como se faz o Brasil? ... **234**

A Sociologia e o mundo do trabalho ... 234

Começamos mal ou o passado nos condena? ... 235

O mercado de gente ... 236

Trabalho livre: libertos e imigrantes ... 238

Trabalhadores do Brasil! ... 239

E as mulheres? E as crianças? ... 242

Leitura complementar: O rural sobrevive ... 244

Construindo seus conhecimentos ... **245**

Capítulo 16: O Brasil ainda é um país católico? ... **250**

Por que a Sociologia se interessa pela religião? ... 250

Em que acreditam os brasileiros? ... 251

O que diz o Estado e o que faz a sociedade? ... 254

A polêmica sobre a pluralidade religiosa brasileira ... 256

Leitura complementar: A invenção de novas religiões ... 258

Construindo seus conhecimentos ... **260**

Capítulo 17: Qual é sua tribo? ... **264**

Tribos urbanas: encontros entre o arcaico e o tecnológico ... 264

Identidade ou identificação? ... 266

"Eu sou *punk* da periferia" ... 267

Uma escolha ou um rótulo? ... 269

"Cada um no seu quadrado" ... 271

Leitura complementar: A validação do tecnobrega no contexto dos novos processos de circulação cultural ... 272

Construindo seus conhecimentos ... **274**

Capítulo 18: Desigualdades de várias ordens ... **278**

Brasil, país das desigualdades? ... 278

Oportunidades iguais, condições iguais? ... 279

Onde estão e como vão as mulheres no Brasil ... 281

Todos iguais ou muito diferentes? ... 284

Negro na pele ou negro no sangue? ... 286

Raça e racismo na legislação brasileira ... 289

A geografia da fome ... 290

Leitura complementar: Segregação residencial ... 292

Construindo seus conhecimentos ... **294**

Capítulo 19: Participação política, direitos e democracia ... **300**

A vida escrita de um país ... 300

De volta à democracia ... 302

Democracia se aprende, cidadania também ... 305

Uma história do voto no Brasil ... 307

Cidadãos de que classe? ... 310

Leitura complementar: O voto ... 312

Construindo seus conhecimentos ... **314**

Capítulo 20: Violência, crime e justiça no Brasil ... **320**

Pobreza gera violência? ... 321

Sociabilidade violenta ... 324

Um problema de todos nós ... 326

Leitura complementar: Sobre violência contra velhos ... 328

Construindo seus conhecimentos ... **330**

Capítulo 21: O que os brasileiros consomem? ... **336**

Padrões de consumo ... 336

O consumo de bens culturais ... 338

O que vai à mesa? ... 340

Públicos consumidores e campanhas publicitárias ... 343

Leitura complementar: Necessidade e consumo ... 346

Construindo seus conhecimentos ... **347**

Capítulo 22: Interpretando o Brasil ... **352**

Refletindo sobre nós mesmos ... 352

Civilizados ou cordiais? ... 353

O Brasil e seus dilemas ... 357

Missão (quase) impossível ... 359

Leitura complementar: As novas relações no campo ... 360

Construindo seus conhecimentos ... **361**

Conceitos sociológicos ... **364**

Referências ... **378**

PARTE I
Saberes cruzados

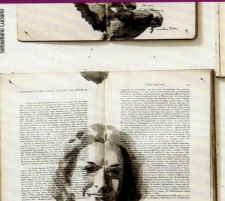

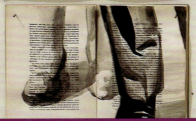

▶▶ Roteiro de viagem

1 ▶▶ A chegada dos "tempos modernos"

2 ▶▶ Saber o que está perto

3 ▶▶ Saber o que está distante

4 ▶▶ Saber as manhas e a astúcia da política

Ekaterina Panikanova, *Celestial Phenomena*, 2014. 2,10 m x 2,60 m.

Roteiro de viagem

A Sociologia trata de questões que reconhecemos. Muitas dessas questões estão presentes em mídias como jornal, rádio, TV e internet, ou em conversas com amigos, como observado na fotografia acima.

Este livro foi escrito para apresentar a Sociologia a jovens estudantes do Ensino Médio – como você. Nossa primeira tarefa é, assim, expor de forma viva e clara o que é a Sociologia. A segunda é despertar seu interesse para esse campo do conhecimento.

A alternativa mais óbvia para enfrentar esse desafio seria escolher um caminho já traçado por outros e nos deixar guiar por uma definição consensual: a Sociologia é uma disciplina intelectual que pretende produzir um conhecimento sistemático sobre as relações sociais. Por trás do consenso, no entanto, encontraríamos uma série de outras perguntas: O que é uma "disciplina intelectual"? Como se produz um "conhecimento sistemático"? O que são "relações sociais"? Essas perguntas carecem de devida explicação e provocam em nós a vontade de ir adiante, perguntar e refletir mais para saber melhor. Foi aí que a lembrança de um famoso sociólogo nos ajudou. Anthony Giddens escreveu certa vez que "[...] a objeção que os membros leigos da sociedade frequentemente fazem aos postulados da Sociologia é [...] que seus 'achados' não lhes dizem nada além do que já sabem – ou, o que é pior, vestem com linguagem técnica o que é perfeitamente familiar na terminologia de todos os dias". Em outras palavras, aqueles que criticam a Sociologia, segundo Giddens, muitas vezes dizem que ela trata do que todo mundo sabe em uma linguagem que ninguém entende. Por que se diz que a Sociologia "trata do que todo mundo sabe"?

A Sociologia se debruça sobre fenômenos sociais que afetam nosso dia a dia. Afinal, somos seres que, por definição, vivem em sociedade. Algumas vezes, colaboramos e competimos uns com os outros, e em outras entramos em conflito uns com os outros – qualquer que seja a alternativa, estamos sempre *em relação*. Mesmo os que optam por viver isoladamente, longe do contato com outros seres humanos, carregam consigo uma noção, uma ideia de "sociedade" da qual pretendem se afastar e cujos princípios renegam. Não à toa, o que estamos chamando aqui de fenômenos sociais muitas vezes provoca indagações. Por que a vida em sociedade é como é? Por que uns têm tanto e outros, tão pouco? Por que obedecemos ou contestamos? Por que as pessoas se unem ou se tornam rivais? O que é proibido e o que nos é imposto como obrigação? Por que os governos se organizam de determinada maneira e não de outra? Essas e outras questões nos intrigam, mesmo que não sejamos sociólogos de ofício. Quando, por exemplo, conversamos com um amigo ou colega, somos capazes de expressar opinião sobre qualquer um desses temas. Portanto, fazemos as mesmas perguntas que a Sociologia faz e identificamos os problemas nelas envolvidos. Nesse sentido, sabemos daquilo que a Sociologia trata. Mas será que a Sociologia usa mesmo "uma linguagem que ninguém entende"?

Sem dúvida, a Sociologia trata de questões que reconhecemos, mas com uma linguagem própria, diferente daquela a que estamos acostumados na vida cotidiana. É que a Sociologia se expressa por meio de conceitos, ou seja, noções formuladas de modo deliberado e preciso, e não por meio do senso comum. O **senso comum** refere-se a um "saber-fazer", a uma habilidade baseada na experiência prática, cujo domínio possibilita a realização de tarefas específicas: para fazer um ovo cozido, é preciso saber cozinhar. O senso comum inclui ainda o que a Filosofia chama de conhecimento proposicional, ou seja, um conhecimento que não é prático, um "saber que": você não precisa ser sociólogo para saber que a sociedade é composta de pessoas com diferentes níveis de renda. Crenças sem qualquer justificação plausível, aquilo que chamamos de superstição, assim como convicções morais e políticas, também formam o senso comum. Por mais parcial ou fragmentada que seja a noção que as pessoas têm de como funciona o mundo social, esse é um conhecimento que fundamenta suas ações e interações cotidianas. É o que Giddens chama de "sociologias práticas", conhecimentos que quaisquer pessoas utilizam rotineiramente e que não pressupõem necessariamente o domínio de regras formais. A Sociologia como disciplina se vale do senso comum na medida em que usa essas explicações que as pessoas dão para sua existência social como objeto de estudo.

Mas será que realmente existe apenas uma Sociologia? Ou seria mais adequado falarmos em "teorias sociológicas"?

A Sociologia, e sua pluralidade de vertentes teóricas, ajuda-nos a refletir sobre nossas certezas, põe sob observação as opiniões mais arraigadas. Uma boa teoria sociológica é como um Sistema de Posicionamento Global (GPS): ela nos ajuda a identificar os pontos relevantes, guia-nos em percursos mais sinuosos e evita que nos percamos entre lugares e fatos triviais. Fruto da concepção de seres humanos em um tempo específico, a Sociologia se aproxima da ideia de um mapa em construção, um GPS que só é eficiente à medida que se atualiza. Ela é um campo do conhecimento que modifica nossa percepção do cotidiano e, assim, contribui alterando a maneira pela qual enxergamos a própria vida e o mundo que nos cerca. Voltando à crítica de Anthony Giddens, podemos concordar com a primeira parte, contanto que o fim seja modificado: a Sociologia trata daquilo que já sabemos de um modo que não conhecíamos antes. E quanto mais conhecemos a organização geral da sociedade, seus diferentes grupos e interesses, seus valores e suas instituições coletivas, mais capacidade temos de intervir na realidade e transformá-la.

Essa maneira de olhar as motivações dos indivíduos e as relações que estabelecem em sua vida cotidiana dependeram de acontecimentos que possibilitaram a construção de um conhecimento especial. A Sociologia apresentada neste livro é filha direta do que ficou conhecido como "tempos modernos". Os próximos capítulos nos ajudarão a entrar na atmosfera desse tempo de grandes transformações, fazendo com que seja possível levar a ciência da sociedade aos estudantes do Ensino Médio. Venha conosco! A viagem está começando.

Leitura complementar

A promessa

Hoje em dia, os homens sentem, frequentemente, suas vidas privadas como uma série de armadilhas. Percebem que, dentro dos mundos cotidianos, não podem superar as suas preocupações, e quase sempre têm razão nesse sentimento: tudo aquilo de que os homens comuns têm consciência direta e tudo o que tentam fazer está limitado pelas órbitas privadas em que vivem. Sua visão, sua capacidade estão limitadas pelo cenário próximo: o emprego, a família, os vizinhos; em outros ambientes, movimentam-se como estranhos, e permanecem espectadores. [...]

Subjacentes a essa sensação de estar encurralados estão mudanças aparentemente impessoais na estrutura mesma de sociedades e que se estendem por continentes inteiros. As realidades da história contemporânea constituem também realidades para êxito e fracasso de homens e mulheres individualmente. Quando uma sociedade se industrializa, o camponês se transforma em trabalhador; o senhor feudal desaparece, ou passa a ser homem de negócios. Quando as classes ascendem ou caem, o homem tem emprego ou fica desempregado; quando a taxa de investimento se eleva ou desce, o homem se entusiasma, ou se desanima. Quando há guerras, o corretor de seguros se transforma no lançador de foguetes, o caixeiro da loja, em homem do radar; a mulher vive só, a criança cresce sem pai. A vida do indivíduo e a história da sociedade não podem ser compreendidas sem compreendermos essas alternativas.

E, apesar disso, os homens não definem, habitualmente, suas ansiedades em termos de transformação histórica [...]. O bem-estar que desfrutam, não o atribuem habitualmente aos grandes altos e baixos da sociedade em que vivem. Raramente têm consciência da complexa ligação entre suas vidas e o curso da história mundial [...]. Não dispõem da qualidade intelectual básica para sentir o jogo que se processa entre os homens e a sociedade, a biografia e a história, o eu e o mundo. Não podem enfrentar suas preocupações pessoais de modo a controlar sempre as transformações estruturais que habitualmente estão atrás deles. [...]

A própria evolução da história ultrapassa, hoje, a capacidade que têm os homens de se orientarem de acordo com valores que amam. E quais são esses valores? [...] as velhas maneiras de pensar e sentir entraram em colapso. [...] Que – em defesa do eu – se tornem moralmente insensíveis, tentando permanecer como seres totalmente particulares? [...]

Não é apenas de informação que precisam. [...]

O que precisam [...] é uma qualidade do espírito que lhes ajude a usar a informação e a desenvolver a razão, a fim de perceber com lucidez o que está ocorrendo no mundo e o que pode estar acontecendo dentro deles mesmos. É essa qualidade, afirmo, que jornalistas e professores, artistas e públicos, cientistas e editores estão começando a esperar daquilo que poderemos chamar de imaginação sociológica. [...]

O primeiro fruto dessa imaginação – e a primeira lição da ciência social que a incorpora – é a ideia de que o indivíduo só pode compreender a sua própria experiência e avaliar seu próprio destino localizando-se dentro de seu próprio período; só pode conhecer suas possibilidades na vida tornando-se cônscio das possibilidades de todas as pessoas, nas mesmas circunstâncias em que ele.

MILLS, C. Wright. *A imaginação sociológica*. Rio de Janeiro: Zahar Editores, 1980 [1959]. p. 9-12 (grifo nosso).

Sessão de cinema

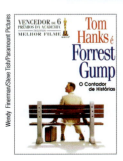

FORREST GUMP: O CONTADOR DE HISTÓRIAS

EUA, 1994, 142 min. Direção de Robert Zemeckis.

Enquanto espera a chegada de um ônibus, Forrest Gump relata sua trajetória a pessoas sentadas próximas a ele, entrelaçando sua biografia a acontecimentos da história de seu país.

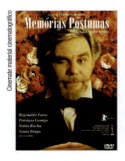

MEMÓRIAS PÓSTUMAS DE BRÁS CUBAS

Brasil, 2001, 101 min. Direção de André Klotzel.

Adaptado do romance homônimo de Machado de Assis, o defunto Brás Cubas decide se distrair na eternidade relembrando fatos de sua vida e de seu tempo.

Construindo seus conhecimentos

MONITORANDO A APRENDIZAGEM

Segundo o sociólogo inglês Anthony Giddens, os leigos – pessoas que não estão familiarizadas com o conhecimento disponibilizado pela Sociologia – frequentemente acham que ela trata do que todo mundo sabe com uma linguagem que ninguém entende. Vá ao dicionário e consulte o significado da palavra **jargão** e, em seguida, responda: O que justifica os sociólogos usarem uma linguagem própria, diferente da linguagem usada pelos leigos, para expressarem suas descobertas?

OLHARES SOBRE A SOCIEDADE

Sobre "senso comum" e "ciência" pesquise em livros ou em *sites* confiáveis as principais características do conhecimento produzido nesses dois sistemas de saber e faça um quadro comparativo. Compartilhe suas descobertas com os colegas da turma.

EXERCITANDO A IMAGINAÇÃO SOCIOLÓGICA
TEMA DE REDAÇÃO DO VESTIBULAR DA UERJ (2014).

CIÊNCIA NA EDUCAÇÃO POPULAR

Há uma dimensão ética da divulgação científica na qual eu gostaria de me deter: a circulação das ideias e dos resultados de pesquisas é fundamental para avaliar o seu impacto social e cultural, como também para recuperar, por meio do livre debate e confronto de ideias, os vínculos e valores culturais que a descoberta do novo, muitas vezes, rompe ou fere. Nesse sentido, a divulgação não é apenas página de literatura, mas exercício de reflexão sobre os impactos sociais e culturais de nossas descobertas.

[...]

Acredito que esse aspecto da divulgação da ciência, uma vez que o público leigo – insisto – também deve ser alcançado, é responsabilidade do cientista e, a meu ver, deveria ser item do financiamento público da própria pesquisa. Dificilmente podemos imaginar que fundos privados, provenientes de empresas interessadas na comercialização dos produtos das pesquisas, investiriam recursos para promover a livre discussão sobre as repercussões éticas das inovações ou descobertas por eles financiadas.

Ennio Candotti. Adaptado de casadaciencia.ufrj.br.

Proposta de redação

No texto acima, o autor trata da necessidade de divulgar ideias e resultados de pesquisas como forma de democratizar, na sociedade, o debate acerca de valores culturais e sociais, de vantagens e de problemas que envolvem todas as pesquisas científicas e seu uso posterior na vida do cidadão comum.

Elabore um texto dissertativo-argumentativo, em prosa, com no mínimo 20 e no máximo 30 linhas, no qual discuta a necessidade de que a sociedade conheça e debata as motivações, os interesses e usos das pesquisas científicas.

Utilize a norma-padrão da língua e atribua um título à sua redação.

1 A chegada dos "tempos modernos"

Sandro Botticelli. *Alegoria da primavera*, c. 1477-1478. Óleo sobre painel, 3,15 m × 2,05 m.
Esta é uma das pinturas mais conhecidas da arte ocidental. O tema foi inspirado na mitologia grega e em poemas que versam sobre a chegada dessa estação. A obra foi criada no alvorecer dos tempos modernos por Sandro Botticelli, pintor renascentista da Escola Florentina.

É importante entender o cenário de mudanças que favoreceu o surgimento da Sociologia no século XIX. Para isso, faremos uma primeira grande viagem no espaço e no tempo na companhia do conhecimento produzido por outras disciplinas, especialmente História e Geografia, que forneceram o terreno propício ao surgimento daquela que é a razão da escrita deste livro.

Os livros de História nos ensinam que, a partir do século XV, na Europa, os conceitos sobre o mundo começaram a se alterar. As mudanças foram tão importantes que se viu nelas o anúncio de uma nova era na história da humanidade: os "tempos modernos". Confiantes no futuro, ao olhar para trás, os europeus qualificaram o tempo vivido até então de uma idade intermediária entre duas épocas brilhantes, por isso chamaram de Idade Média o período que se estendeu do fim da Antiguidade Greco-Romana, no século V, até a Idade Moderna, que se iniciava em meio a grandes expectativas.

Que mudanças foram essas, afinal? Muitas, de vários aspectos, e não aconteceram todas ao mesmo tempo. Ao contrário, estenderam-se ao longo de séculos. Não é nossa intenção repetir aqui o que você já viu nas aulas de História. Mas é importante recuperarmos no tempo alguns acontecimentos que foram especialmente relevantes para o surgimento das Ciências Sociais e, em particular, da Sociologia.

Do campo para a cidade

Durante a maior parte da história do Ocidente, a população se concentrou no campo. A agricultura era a principal fonte de riqueza e a terra era o bem mais cobiçado. O historiador Eric Hobsbawm chamou a atenção para o fato de que, excetuando algumas áreas comerciais e industriais bastante desenvolvidas, seria muito difícil encontrar um grande Estado europeu no qual ao menos quatro de cada cinco habitantes não fossem camponeses. E até mesmo na própria Inglaterra, berço da Revolução Industrial, a população urbana só ultrapassou a população rural em 1851.

Até o século X, mesmo as maiores e mais importantes cidades da Europa ocidental – Veneza, Florença, Paris e Londres – não ultrapassavam 150 mil habitantes.

Essas cidades atraíam pessoas de várias etnias, que se organizavam em bairros onde tinham os próprios mercados, reservatórios de água e igrejas ou sinagogas. Por um lado, a disposição em bairros reduzia a possibilidade de conflitos entre indivíduos de diferentes etnias e religiões; por outro, limitava a troca de experiências, o que torna a vida urbana tão interessante. Havia, ainda, os guetos, bairros habitados somente pelas populações consideradas "indesejáveis" na época – os judeus, por exemplo.

No centro dessas cidades, em lugar de destaque, ficava uma igreja, geralmente a estrutura mais imponente e cara da cidade. Os edifícios governamentais e as casas da elite localizavam-se no entorno da igreja. Os pobres habitavam as proximidades das muralhas, que limitavam o espaço das cidades medievais. Quando a população aumentava, não era rara a opção pela expansão dessas muralhas, que eram demolidas e reconstruídas. Outras vezes, simplesmente mantinham-se as muralhas e se construíam novas cidades nos arredores.

Ilustração que representa o mês de março. Iluminura dos irmãos Limbourg que integra a obra *Les très riches heures du duc de Berry*, c. 1410.
29,4 cm × 21 cm.
A imagem mostra um camponês preparando a terra com arado puxado por uma parelha de bois. O arado de tração animal foi difundido na Europa meridional, mas outros instrumentos, como pás, enxadas e foices, também faziam parte da tecnologia agrícola da época, favorecida pelo desenvolvimento da metalurgia.

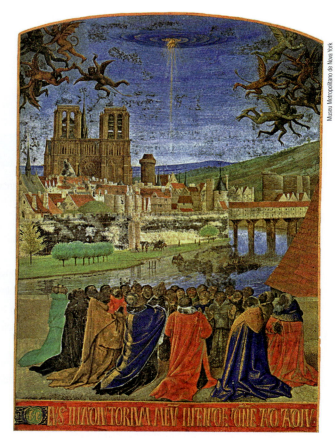

A descida do Espírito Santo. Iluminura de Jean Fouquet que integra a obra *Heures d'Étienne Chevalier*, século XV.
Paris, por ser a capital de um grande reino e concentrar inúmeras atividades, tornou-se a mais importante cidade do Ocidente medieval. Nesta imagem, a paisagem urbana é dominada pela Catedral de Notre Dame, que fica na Île de la Cité ("Ilha da Cidade"), isto é, no núcleo que deu origem à cidade medieval.

Capítulo 1 – A chegada dos "tempos modernos"

A partir do século XV, porém, importantes transformações ocorreram no cenário rural, até então predominante. Isso não quer dizer que, no fim da Idade Média, ressurgiram cidades semelhantes às do mundo antigo. A pólis grega e a cidade romana da Antiguidade foram criações de sociedades basicamente agrárias, enquanto as cidades que naquele momento surgiam ou prosperavam na Europa ocidental eram formadas de comerciantes, mercadores e artesãos – cujas atividades eram ligadas a uma economia mercantil. Não por acaso, a praça do mercado, onde se compravam e vendiam mercadorias, tornou-se o centro dessas cidades. A seu redor situavam-se a prefeitura, a escola, o tribunal e a prisão. Do outro lado, a igreja ou catedral. O sagrado se relacionava com o profano. Como lembra o sociólogo e historiador Dieter Hassenpflug, um bom exemplo dessa relação é a palavra alemã *messe*, que tem dois significados: um comercial ("feira") e outro religioso ("missa").

As cidades estenderam-se por toda parte. Na Inglaterra, por exemplo, o processo de cercamento dos campos provocou a expulsão de grande parcela da população das áreas rurais para as vilas ou cidades nas últimas décadas do século XVIII – especialmente de 1760 a 1790. O crescimento das cidades, a expulsão dos trabalhadores do campo e a saída em busca de trabalho nos ambientes urbanos promoveram a transformação de uma maneira específica de ser e de viver em outra, em muitos aspectos, inteiramente diferente.

Embora a cidade não tenha sido nem uma exclusividade europeia nem uma invenção do século XVIII, ocorreu uma alteração profunda na estrutura das sociedades nesse período. No sentido econômico, a modificação no processo de trabalho; no sentido político, a ampliação e a conquista de direitos que os indivíduos não experimentavam nos períodos anteriores. É importante lembrar que a palavra "cidadania" vem de *civitas*, que significa "cidade", em latim. Os gregos, no contexto da pólis, já haviam difundido as noções políticas de liberdade e igualdade que são fundamentais ao conceito de cidadania como o conhecemos hoje. Mas é no contexto da cidade moderna que emerge o cidadão como titular de direitos individuais, alguém que faz parte de um Estado regido por leis, e não mais um súdito do reino.

As transformações econômicas e políticas mudaram também o relacionamento entre as pessoas. A cidade foi o cenário onde essas transformações se tornaram visíveis a olho nu.

❚❚ A pólis grega e a antiga cidade romana

Entre aproximadamente 500 a.C. e 300 a.C., a pólis grega foi o principal centro cultural e intelectual do Ocidente. Foi ali que, pela primeira vez, uma sociedade discutiu e escolheu suas leis, as quais eram modificadas sempre que achassem necessário.

Por meio de uma série de reformas na cidade de Atenas, a partir de 508 a.C., Clístenes criou um regime que ficou conhecido como democracia. Os cidadãos votavam para eleger seus governantes, legisladores, magistrados, administradores, funcionários de toda espécie e até os chefes religiosos.

Em 529 d.C., depois que o Império Bizantino foi convertido ao cristianismo, Atenas perdeu bastante *status* e se tornou uma cidade provinciana. Mas a experiência dos antigos gregos não foi esquecida. No Renascimento, o exemplo da Grécia foi lembrado em algumas cidades italianas. Antes, a civilização grega influenciou radicalmente a composição de outra cidade muito importante para nós: Roma.

Dos romanos herdamos o chamado Direito Romano, presente até hoje na cultura ocidental, e também o latim, que deu origem à língua portuguesa, entre outras.

De Roma também veio a ideia de cidadania como capacidade para exercer direitos políticos e civis. A cidadania romana era atribuída somente aos homens livres, mas nem todos os homens livres eram considerados cidadãos.

Eram três os grupos principais:

- os patrícios (descendentes dos fundadores);
- os plebeus (descendentes dos estrangeiros) e os escravos (prisioneiros de guerra e pessoas que não saldavam suas dívidas);
- os clientes (homens livres, dependentes de um aristocrata romano que lhes fornecia terra para cultivar em troca de uma taxa e de trabalho).

O elemento central da grande estabilidade desfrutada por Roma era a instituição do latifúndio escravista, que, estabelecido em uma escala desconhecida pelos gregos, proporcionou aos patrícios o controle dos rumos da sociedade.

Novos tempos

Ao longo da Idade Média, tão forte era o poder da Igreja na organização da vida em sociedade que muitos historiadores se referem à Europa medieval como a "Europa cristã". A importância da religião católica ajuda, assim, a entender a mentalidade da sociedade medieval. Deus era o centro e a explicação de tudo, conforme pregava a Igreja: era Ele quem determinava por que uns deveriam ter uma posição social melhor e outros, pior; estabelecia quem deveria mandar – e como – na esfera política; decidia o que se poderia fazer com o dinheiro; e até regia o tempo! Vamos explicar melhor.

O tempo pertencia a Deus e os homens não deveriam utilizá-lo em interesse próprio. Os livros de História nos ensinam que a Igreja considerava o empréstimo de dinheiro a juros – a usura – um grave pecado. Nessa lógica de tempo divino, cobrar juros seria como cobrar o aluguel do tempo que só pertence a Deus. Além disso, emprestar dinheiro não era o mesmo que trabalhar visando à produção de um bem, de algo concreto. A Igreja tinha como referência o mundo rural, e a ideia de ganho pelo trabalho era muito diferente da ideia de ganho sem trabalho. Daí a expressão "com o suor do rosto" para falar de bens adquiridos por meio de um trabalho digno e edificante.

O calendário anual baseava-se nas festas e atividades religiosas; o dia era dividido de acordo com as horas canônicas, ou horas das orações, que variavam segundo as estações. Assim, no inverno, quando o Sol demora mais a aparecer, a hora da Ave-Maria era mais tardia; no verão, a hora das matinas era antecipada. Desse modo, a marcação do tempo era irregular como a natureza.

De fato, em uma sociedade basicamente rural, centrada no trabalho agrícola, a natureza regulava boa parte da vida. O historiador inglês E. P. Thompson apresenta, em seu artigo "Tempo, disciplina de trabalho e capitalismo industrial", aspectos muito interessantes dessa relação ser humano-natureza no Período Medieval. E conta também como foram profundas as alterações ocorridas com a chegada da sociedade de mercado.

"Quando é que sabemos que o dia amanheceu?", perguntaria alguém. "Quando puder enxergar as veias de minha mão", esta era a resposta considerada correta. Diálogos como esse estão registrados em escritos da época e nos ajudam a pensar o cotidiano medieval – a forma de dividir o tempo obedecia ao ritmo da natureza, e não ao dos intervalos regulares de uma máquina como o relógio. As pessoas não se orientavam por um marcador de tempo que lhes forneceria a hora, independentemente de ser noite ou dia. O relógio é uma invenção do século XIV, portanto, do final da Idade Média. Não havia luz elétrica que "esticasse" o dia, e não fazia qualquer sentido falar em "pontualidade", ou seja, em uma marcação rigorosa das horas. Até o século XVI, a semana era uma unidade irrelevante e, para os cristãos, o único dia a que de fato se atribuía um caráter especial era o domingo. Por um lado, a rotina religiosa dividia o tempo e informava às pessoas o início, a metade ou o fim do dia. Por outro, cabia à natureza definir a possibilidade e o limite de muitas atividades.

O tempo era natural e sagrado, noção que se difundiu à proporção que se espalhava a influência da Igreja e dos intérpretes da palavra sagrada. As badaladas dos sinos das igrejas anunciavam em que momento do dia as pessoas estavam. O papel central da Igreja

Página do calendário do mês de maio mostrando uma representação alegórica da cidade de Jerusalém. Iluminura que integra a obra *Les petites heures du duc Jean de Berry*, c. 1390. 21,2 cm × 14,5 cm. Ricamente ilustrado, este livro contém diversas orações e leituras apropriadas a cada momento do dia.

e a predominância da vida rural se fortaleceram mutuamente. Homens e mulheres, simples mortais, surpreendiam-se pelo imprevisto, pela força, pela magnitude dos fenômenos da natureza. Acima de tudo, acreditava-se que a natureza pertencia a Deus – não era dada aos homens e mulheres a capacidade de controlá-la, alterar seu curso, contê-la.

As transformações na forma de trabalho e na maneira de controlar o tempo são fundamentais para você compreender a nova roupagem da era moderna. Deixou-se de priorizar o tempo natural (regulado pela natureza) e abriram-se as portas para o tempo mecânico (marcado pelo relógio). Foi-se deixando de organizar a vida em torno de atividades a serem cumpridas segundo o ritmo da natureza e de obrigações prescritas pela religião. Pouco a pouco, passou-se a imaginar a existência em função de unidades de tempo, que são mensuráveis e universais. O tempo se tornou um recurso, ou seja, algo que se pode "aproveitar", "gastar", "perder" ou "economizar".

> Aqueles que são contratados experienciam uma distinção entre o tempo do empregador e o seu "próprio" tempo. E o empregador deve usar o tempo de sua mão de obra e cuidar para que não seja desperdiçado: o que predomina não é a tarefa, mas o valor do tempo quando reduzem a dinheiro. O tempo agora é moeda: ninguém passa o tempo, e sim o gasta.
>
> THOMPSON, E. P. Tempo, disciplina de trabalho e capitalismo industrial. In: *Costumes em comum*. São Paulo: Companhia das Letras, 2005. p. 272.

A sociedade dos homens e das mulheres passou a ser objeto de explicação de homens e mulheres. A explicação religiosa perdeu centralidade e a explicação científica ganhou cada vez mais relevância.

Seres humanos interpretando e transformando o mundo

A releitura do pensamento greco-romano empreendida nos séculos XV e XVI pelos chamados humanistas levou a um importante rompimento com a lógica católica. Se antes as pessoas eram levadas a acreditar que Deus havia colocado o ser humano no centro do universo, a teoria heliocêntrica, do astrônomo e matemático polonês Nicolau Copérnico (1473-1543), incitou o questionamento dessa lógica e

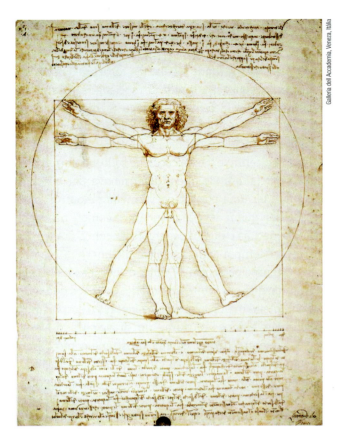

Leonardo da Vinci. *Homem vitruviano*, c. 1490, 31,3 cm × 24,5 cm.
A ilustração revela algumas diretrizes que pautavam a arte renascentista: a rigorosa representação geométrica das proporções do corpo humano remetendo à arte da Antiguidade e à ideia de equilíbrio e harmonia.

colocou um astro – o Sol – como centro. A sociedade começou a ser vista como fruto do trabalho e da invenção humana, e não mais resultado da criação divina. Se os homens e as mulheres fizeram a sociedade, eles podiam modificá-la.

A Igreja reagiu às ideias inovadoras, mas não conseguiu diminuir seu impacto sobre as novas gerações de cientistas, como o alemão Johannes Kepler (1571-1630) e o italiano Galileu Galilei (1564-1642). Além da Astronomia, impulsionada a partir desse período, a Medicina experimentou grande desenvolvimento, graças aos estudos do corpo humano, feitos por meio da dissecação de cadáveres, um procedimento científico até então considerado profano.

As explicações teológicas da Igreja Católica perderam ainda mais espaço com a Reforma protestante. Os reformistas eram favoráveis à difusão da Bíblia em todas as línguas – e não só em latim – e incentivavam a alfabetização em grande escala. A divulgação dessa nova forma de estabelecer relação entre Deus e fiéis foi beneficiada pela invenção da imprensa, por Gutenberg (c. 1394-1468), em meados do século XV.

Foi assim que a ciência moderna começou a se constituir: por meio do que foi chamado, mais tarde, de Revolução Científica, cujo princípio é o uso da razão como meio de alcançar o conhecimento. O fundamento da ciência moderna consiste na necessidade de observar os fatos e fenômenos e demonstrar as explicações propostas para eles. O conhecimento tornou-se mais estruturado e prático, ficando excluída qualquer especulação sem um experimento que comprove sua plausibilidade. A ciência moderna se caracteriza como um saber não dogmático, crítico, aberto, reformulável, suscetível de correções ou refutações. É um saber universal, que utiliza provas (experiências) para testar resultados.

Nova mobilidade de coisas e pessoas

Os livros de História nos contam que a sociedade medieval era composta basicamente de três ordens: o clero, a nobreza e os camponeses. O clero surgiu com a cristianização e o fortalecimento da Igreja Católica na Europa. A nobreza era formada essencialmente por guerreiros e nobres proprietários de terra, e os camponeses eram servos dos nobres senhores feudais.

Um aspecto importante para a reflexão sociológica é que, na sociedade medieval, praticamente não havia mobilidade social. Isso significa que quem nascesse camponês provavelmente morreria camponês, como seu pai e seu avô, e quem nascesse na família de um nobre proprietário de terras dificilmente veria sua condição se alterar. Por isso, a sociedade medieval pode ser chamada de estamental – tipo de **estratificação social** em que as diferentes camadas, ou estamentos, não chegam a ser tão rígidas quanto as castas nem tão flexíveis quanto as classes sociais.

Na Idade Média havia ainda outro tipo de imobilidade: a maioria das pessoas nascia e morria no mesmo lugar. Viajar não tinha a conotação positiva de hoje, não estava relacionado com lazer e divertimento. Note que o verbo *to travel* ("viajar", em inglês) e o substantivo *travail* ("trabalho", em francês) compartilham a mesma origem: a palavra latina *tripalium* – instrumento de tortura medieval composto de três estacas, que servia para alinhar o corpo.

As viagens eram, de fato, plenas de riscos e provações. Eram poucos os que se dispunham a enfrentar as surpresas provocadas por cataclismos da natureza, assaltos, doenças, cansaço, fome e sede. Não por acaso, os documentos históricos falam dos mercadores como desbravadores – pessoas corajosas que enfrentaram perigos para entrar em contato com novos mundos, produtos e cenários. Alguns ou muitos pagaram a ousadia com a vida. Outros, com terríveis prejuízos. Mas muitos venceram as dificuldades e tiveram ganhos extraordinários.

O hábito de trocar uma coisa por outra não é recente e não ocorreu apenas nas sociedades ocidentais. Em várias partes do mundo, nas mais diferentes épocas, trocavam-se produtos por produtos, mantimentos por outros mantimentos, e havia até mesmo situações em que um bem, considerado raro ou valorizado, servia como unidade de troca. Exemplo interessante é o uso da semente do cacau como moeda por vários grupos da América Pré-Colombiana.

Iluminura (detalhe) do manuscrito de Marco Polo, *Livro das maravilhas*, século XIII. O comerciante veneziano Marco Polo, acompanhado do pai e do tio, viajou durante 24 anos pela Ásia e se tornou o mais importante conhecedor da China na Modernidade. Ele foi um dos poucos viajantes a retornar com vida e ainda contar suas histórias. O *Livro das maravilhas*, que contém seu relato de viagem, tornou-se um dos livros mais lidos na época.

No caso da sociedade medieval europeia, a circulação de moeda, a abertura de rotas terrestres mais seguras e o desenvolvimento do transporte fluvial e marítimo geraram um trânsito cada vez mais intenso de mercadorias. Mas a liberdade de troca, a definição do que era possível trocar, o estímulo de trocar mais e mais e o incentivo ao comércio nas sociedades ocidentais eram confrontados pelas severas barreiras religiosas. Na rígida estrutura medieval, os comerciantes cristãos enfrentavam um grande dilema: o desejo de ver seus negócios prosperarem e o medo de ofender a Deus. Mas, pouco a pouco, a atividade comercial foi se expandindo com o ressurgimento das finanças, a volta da circulação monetária e o desenvolvimento do sistema de crédito – a ponto de se poder falar em uma Revolução Comercial a partir do século XII. No século XIII já havia na Europa intensa movimentação de comerciantes, que traziam mercadorias de diferentes lugares para feiras com grande número de pessoas.

À medida que o comércio europeu se expandia, a Igreja encontrava formas de amenizar a censura às iniciativas dos comerciantes. Uma delas foi defender a ideia de que as atividades dos mercadores traziam conforto a muita gente. O conceito de "bem comum" foi ficando cada vez mais forte. O trabalho investido em percorrer caminhos à procura de mercadorias era tão grande e tão custoso, que parecia justo que os mercadores lucrassem com a venda de seus produtos e cobrassem juros quando emprestavam dinheiro aos que precisavam. Afinal, os recursos que possuíam para emprestar eram frutos de muito trabalho e imenso esforço.

Com o passar dos séculos, os mercadores perceberam que muitos saberes estavam envolvidos em seu trabalho. Primeiro, era preciso saber para onde ir, ou seja, ter conhecimento geográfico: a distância a percorrer, como chegar ao destino, por onde passar, o tempo gasto e os cuidados exigidos para que a embarcação ou qualquer outro meio de transporte cumprisse o trajeto. Os mares podiam ser perigosos e as estradas, oferecer muitos riscos. Os filmes de piratas do mar e de terra são interessantes para imaginar por que se fala de "atividade de risco".

As viagens visavam à busca e posterior venda de mercadorias. Quais delas trazer? Para atender bem os clientes era preciso identificar suas preferências. Como escolher? Os clientes poderiam pagar por aquele produto? Investir muito em um produto que ninguém comprava era prejuízo certo. Como saber o preço a ser cobrado pelas mercadorias que levavam para suas cidades de origem e para as feiras? Era preciso fazer a conta: quanto se gastou, o que cobrar para cobrir as despesas e obter algum lucro. Os mercadores, a duras penas, foram compreendendo e aprendendo que, se tudo não fosse muito bem planejado e se não conseguissem prever o que precisariam no percurso, eles teriam um grande prejuízo ou iriam à falência.

Não foi outra a razão da iniciativa dos mercadores em criar escolas. Além da Geografia, é possível listar outros conhecimentos necessários ao desempenho daquela atividade. Saber ler, contar, calcular, planejar, considerar os desejos dos compradores, relacionar-se, ouvir as pessoas, conhecer vários idiomas, localizar-se, além de outras habilidades técnicas para enfrentar o desafio de desbravar mares e estradas.

As feiras de Champagne

Quando, hoje, passamos por uma feira, não nos damos conta de que estamos diante de uma forma de comércio cuja história está profundamente relacionada ao desenvolvimento do mundo tal como o conhecemos.

Apesar de as feiras fixas terem surgido no Império Romano, foi no século VII, durante a Idade Média, que elas se difundiram pela Europa de modo definitivo. Primeiro, sob a forma de mercados locais, situados nas rotas dos viajantes, essas estruturas ganharam força quando os produtores passaram a levar os excedentes da produção para onde pudessem trocá-los por outros bens ou até mesmo por moeda. Um produtor que tivesse um excedente de leite, mas que não tivesse carne suficiente encontrava nas feiras um ambiente que congregava oferta e procura de mercadorias, favorecido pelo estabelecimento de dias e lugares fixos para a troca.

Não tardou para que as feiras deixassem de ser pontos de intercâmbio comercial local para reunir produtos das mais diversas origens. Um dos melhores (e maiores) exemplos desse fenômeno de verdadeiro renascimento comercial na Europa foram as famosas feiras da região francesa de Champagne, cujo apogeu foi entre os séculos XII e XIV. Realizadas todos os anos, essas feiras eram importantes por se localizarem a meio caminho entre o norte da Itália e os Países Baixos. Nelas, os mercadores nórdicos comercializavam tecidos, peles, madeira, mel e peixes com mercadores italianos. As feiras de Champagne foram, por longo tempo, o verdadeiro coração do comércio europeu, até que, no século XIV, fatores como a Guerra dos Cem Anos, entre França e Inglaterra, e a peste negra levaram-nas ao declínio.

Ampliando horizontes e descobrindo o "outro"

Com o fim de eliminar a intermediação e baratear produtos, sobretudo as especiarias, alguns países da Europa passaram a investir na descoberta de novas rotas de acesso direto ao Oriente. Foi o caso de Portugal, que estava determinado a descobrir uma passagem marítima para as Índias e desenvolveu técnicas de navegação avançadas. Isso possibilitou a Vasco da Gama, no final do século XV, partir rumo às Índias, contornar o continente africano e retornar a seu país como herói, com naus carregadas de especiarias. Fora dada a partida para a Era das Grandes Navegações. A Coroa espanhola também se lançou ao mar em busca de uma rota que levasse ao Oriente, porém seguindo em direção ao oeste. À frente do empreendimento, Cristóvão Colombo deparou-se com um imprevisto: o Novo Mundo.

Assim, outra mudança importante no início dos "tempos modernos" foi a ampliação dos horizontes geográficos dos europeus por meio da conquista de novos mares e novos continentes. À expansão marítima, liderada inicialmente por Portugal e Espanha, seguiu-se a expansão colonial, que, a partir do século XVII, contou também com ingleses, franceses e holandeses.

A chegada dos europeus ao continente americano, no século XV, não apenas levou à descoberta de novas fontes de riqueza como também deu início a uma série de encontros fortemente marcados pelo estranhamento. Ao se depararem com povos cujos idiomas, hábitos e costumes eram completamente diferentes dos seus, os europeus registraram narrativas exóticas do Novo Mundo, vendo nos habitantes nativos verdadeiros selvagens. Diante dos muitos relatos que asseguravam o atraso e a inferioridade dos povos americanos, o filósofo francês Michel de Montaigne (1533-1592), em seu livro Ensaios, delineou uma perspectiva que punha em dúvida a razão e a sensibilidade de seus contemporâneos, questionando as certezas que sustentavam a tese da superioridade europeia. O capítulo "Dos canibais", por exemplo, no qual o autor fala da perplexidade causada pela descoberta de índios antropófagos (os tupinambás), ressalta a variedade dos costumes humanos, sugerindo que o olhar de estranhamento em relação aos nativos deveria gerar a reflexão sobre a própria sociedade europeia:

> [...] não vejo nada de bárbaro ou selvagem no que dizem daqueles povos; e, na verdade, cada qual considera bárbaro o que não se pratica em sua terra. [...] Não me parece excessivo julgar bárbaros tais atos de crueldade [o canibalismo], mas que o fato de condenar tais defeitos não nos leve à cegueira acerca dos nossos. Estimo que é mais bárbaro comer um homem vivo do que o comer depois de morto; e é pior esquartejar um homem entre suplícios e tormentos e o queimar aos poucos, ou entregá-lo a cães e porcos, a pretexto de devoção e fé, como não somente o lemos mas vimos ocorrer entre vizinhos nossos conterrâneos; e isso em verdade é bem mais grave do que assar e comer um homem previamente executado. [...] Podemos, portanto, qualificar esses povos como bárbaros em dando apenas ouvidos à inteligência, mas nunca se compararmos a nós mesmos, que os excedemos em toda sorte de barbaridades.
>
> MONTAIGNE, Michel de. Ensaios I. São Paulo: Abril Cultural, 1978. p. 108. (Coleção Os pensadores).

Representação do primeiro encontro entre Cristóvão Colombo e nativos americanos. Litografia colorida à mão de D. K. Bonatti, 1827.

Séculos mais tarde, o filósofo búlgaro Tzvetan Todorov (1939) retomou a discussão em seu conhecido livro *A conquista da América: a questão do outro* (de 1984). A chegada dos europeus à América provocou o que Todorov diz ser "o encontro mais surpreendente de nossa história". Foi o impacto desse encontro que causou o que o filósofo definiu como a "descoberta que o *eu* faz do *outro*". Todorov encontrou, nos relatos de viajantes que acompanharam as primeiras expedições ao Novo Mundo, as estratégias dos europeus para se comunicar com os povos nativos. Os relatos apaixonados dos viajantes mostraram a ele como se construiu o conceito de inferioridade dos indígenas em comparação com os que ali aportavam. A justificativa de inferioridade validou aquilo que o filósofo classificou como "o maior genocídio da história da humanidade". "Colombo descobriu a América, mas não os americanos", defende Todorov. E aponta em sua análise um tema recorrente nas Ciências Sociais: associar a diferença à inferioridade e a semelhança à superioridade é prática comum, dada a dificuldade que os seres humanos têm, diz Todorov, de "perceber a identidade humana dos outros, isto é, admiti-los, ao mesmo tempo, como iguais e como diferentes". Ser diferente não é ser inferior – esta é a mensagem mais importante da análise de Todorov daquele que foi considerado um dos mais impactantes encontros entre culturas de que há registro.

O Século das Luzes e as grandes revoluções modernas

Avancemos agora até o século XVII: se é verdade que àquela altura os efeitos da Revolução Comercial se faziam sentir, as cidades já estavam bem mais desenvolvidas, a Revolução Científica seguia seu curso e as fronteiras do mundo conhecido eram bem mais extensas, também é certo que nem tudo o que existira antes havia "desaparecido".

A maioria das pessoas permanecia no campo, a Igreja continuava a defender seus princípios e suas interdições e as monarquias absolutas sustentavam a ideia de que os homens nasciam desiguais – ou seja, de que a sociedade estava presa a uma estrutura hierárquica rigidamente definida. Na última década do século, porém, percebeu-se que um novo "Renascimento"

estava começando. O movimento intelectual que se iniciou então, e desabrochou no século seguinte, foi chamado de Iluminismo, e é considerado pelos estudiosos o primeiro grande passo na construção de uma cultura burguesa.

▮▮ Burguesia

A origem da palavra remonta ao século XII: burguês era o habitante do burgo, povoação formada em torno de um castelo ou mosteiro fortificado. Burguesia era o conjunto de mercadores e artesãos que habitavam as cidades e desfrutavam de direitos especiais na sociedade feudal. A partir do século XVIII, a palavra passou, gradualmente, a designar os empregadores dos ramos da manufatura, do comércio e das finanças, que se consolidavam como nova classe dominante concomitantemente ao declínio da nobreza.

O Iluminismo estimulava, no plano das ideias, uma cultura centrada na capacidade e na autonomia do indivíduo e defendia o predomínio da razão sobre a fé. Razão e ciência, e não submissão a dogmas, deveriam ser as bases para entender o mundo. Embora o movimento tenha surgido na Inglaterra e na Holanda, sua expressão máxima ocorreu na França. E o século XVIII ficou de tal maneira a ele associado que recebeu o nome de Século das Luzes.

O Iluminismo é a saída do homem do estado de tutela, pelo qual ele próprio é responsável. O estado de tutela é a incapacidade de utilizar o próprio entendimento sem a condução de outrem. Cada um é responsável por esse estado de tutela quando a causa se refere não a uma insuficiência do entendimento, mas à insuficiência da resolução e da coragem para usá-lo sem ser conduzido por outrem. *Sapere aude!** Tenha a coragem de usar seu próprio entendimento.
Essa é a divisa do Iluminismo.

KANT, Emmanuel. *Qu'est-ce que les Lumières?* [1784]. Paris: Flammarion, 1991. p. 43-45. Tradução nossa.

***Expressão latina que significa: "Tenha a coragem de saber, de aprender!".**

A aposta na razão tem consequências. Ver o mundo como fruto da ação dos seres humanos é diferente de considerá-lo resultado da vontade de Deus. A primeira consequência dessa perspectiva, que contribuiu para o surgimento da Sociologia, foi acreditar na capacidade de mudar o que era fruto da ação humana. As injustiças, os sofrimentos causados pelo fato de uns terem muito e outros pouco, as condições desiguais em que viviam as pessoas – tudo isso poderia ser alterado em nome de uma sociedade mais humana. Se o ser humano fez, ele mesmo pode modificar: foi essa a ideia que inspirou as duas grandes revoluções políticas do fim do século XVIII, a Revolução Americana de 1776 e a Revolução Francesa de 1789.

A Revolução Americana foi o desfecho da guerra de independência das Treze Colônias inglesas na América do Norte. Em 4 de julho de 1776, seus representantes reuniram-se e votaram a Declaração de Independência dos Estados Unidos da América. Em outro congresso na Filadélfia, em 1787, os chamados "pais fundadores" dos Estados Unidos promulgaram a primeira Constituição política escrita dos países do Ocidente.

Os ideais que moveram os líderes da Revolução Americana já eram cultivados na Europa, principalmente na França. As críticas se dirigiam ao poder centralizado, à manutenção de privilégios excessivos pela nobreza e pelo clero, e à exploração dos homens comuns, os plebeus, sem que se pudesse impor ao poder discricionário dos governantes o limite da ação dos governados. Entre os plebeus, os burgueses, que se dedicavam às atividades do comércio, da troca, do mercado, sentiam-se reprimidos em seus propósitos, limitados em suas ambições. Haviam aprendido com os iluministas que todos os homens eram iguais porque são racionais. Se eram iguais, nada justificava o fato de não poderem se desenvolver segundo suas capacidades, seu talento e sua disposição. Os ideais iluministas inspiraram, assim, o lema da Revolução Francesa: Liberdade, Igualdade e Fraternidade.

Em 14 de julho de 1789, a Bastilha, símbolo do poder da nobreza e da monarquia absoluta, foi tomada pelos revolucionários. Entretanto, outro símbolo da Revolução teve consequências mais profundas: a *Declaração dos Direitos do Homem e do Cidadão*, documento que proclamou a igualdade entre todos, pondo fim ao argumento que justificava os privilégios de origem. A sociedade estamental, que subsistira durante séculos, da Idade Média à monarquia absoluta – e passou então a ser chamada de Antigo Regime –, perdia sua razão de ser. O resultado mais proclamado da Revolução Francesa foi romper com a crença de que, nascidos em uma camada superior, os indivíduos teriam a garantia de nela permanecer até a morte, ou, ao contrário, nascidos em uma camada inferior, estariam para sempre impedidos de ascender a uma posição socialmente mais valorizada.

Jean-Pierre Houel (1734-1813). *A tomada da Bastilha*, Paris, França, 14 de julho de 1789. Óleo sobre tela, 39 cm x 51 cm.

Costuma-se dizer que a Sociologia é herdeira do legado iluminista no sentido de que os chamados "pais fundadores" da disciplina apostaram na razão humana como instrumento promotor de reformas ou transformações sociais. Foi em diálogo com o projeto racionalista dos iluministas, sua crença no progresso social e sua utopia de reconstrução do mundo pela vontade humana que a Sociologia emergiu.

A vez da indústria

No quadro das grandes revoluções do século XVIII, há ainda uma que não teve caráter político, mas, para o historiador inglês Eric J. Hobsbawm, representou o mais importante acontecimento da história do mundo desde o domínio da agricultura: a Revolução Industrial, que ampliou os meios de sobrevivência dos homens e das cidades, e permitiu uma nova forma de sociabilidade.

Sabe-se que a expressão "Revolução Industrial" foi aplicada às inovações técnicas que alteraram os métodos de trabalho tradicionais e, a partir das últimas décadas do século XVIII, propiciaram grande enriquecimento econômico. Há também consenso quanto ao fato de que a Inglaterra foi o primeiro país a entrar na era industrial. No entanto, a Revolução Industrial não foi um episódio precisamente datado, com princípio, meio e fim. Em muitos casos, a industrialização foi um processo lento. A essência da Revolução Industrial está, na verdade, na ideia de que a "mudança é a norma". A validade desse princípio pode ser facilmente percebida até hoje: inventa-se algo e, em pouco tempo, uma nova técnica ou um novo instrumento mais eficiente torna o anterior obsoleto.

Além de alterar a maneira de lidar com a técnica, a Revolução Industrial causou outras mudanças. A fábrica passou a ser um importante local de trabalho; os capitalistas tornaram-se os detentores dos meios de produção (terra, equipamentos, máquinas); o trabalhador, contratado livremente, começou a receber salário, podendo mudar de emprego. Além disso, alterou profundamente os meios de produção, estimulou e provocou a competição por mercados internos e externos, e fez com que o trabalho humano passasse a ser combinado de forma sistemática com as máquinas e inovações tecnológicas. As constantes mudanças passaram a ser estimuladas, aliando liberdade de pensamento a apoio político para a invenção de novos e mais sofisticados instrumentos.

Eduard Bierma. *Indústria de caldeiras a vapor em Berlim*, 1847. Óleo sobre tela, 1,10 m × 1,61 m.

❚❚ Capitalismo

Sistema econômico surgido na Europa nos séculos XVI e XVII, o capitalismo desenvolveu-se estimulado pela Revolução Industrial e está fundamentado na propriedade privada e no mercado com transações monetárias. Isso significa, por exemplo, que no sistema capitalista as fábricas, lojas, escolas, hospitais podem pertencer a empresários, e não ao Estado. Além disso, a produção e a distribuição das riquezas são determinadas pelo mercado, ou seja, em tese, os preços são definidos pelo jogo da oferta e da procura. De maneira geral, podemos resumir o funcionamento desse sistema da seguinte forma: o proprietário da empresa (o capitalista) compra a força de trabalho de terceiros (os proletários) para produzir bens que, uma vez comercializados, lhe permitem recuperar o capital investido e obter um excedente (lucro).

Afinal, para onde a razão nos conduziu?

A trajetória das sociedades ocidentais que acabamos de descrever de forma resumida não conduziu os homens ao paraíso. A vitória da razão e dos princípios democráticos oriundos das revoluções Americana e Francesa e do capitalismo não solucionou todos os problemas. Ao contrário, logo surgiram desmandos e outras formas de exploração.

O século XIX viu o novo sistema capitalista, fundamentado na propriedade privada e tendo como principais atores a burguesia e o proletariado, produzir prosperidade e pobreza, avanços e misérias. Para onde teriam escapado os ideais libertários e igualitários do século XVIII?

As transformações sofridas pela sociedade moderna nos campos intelectual, político e econômico acabaram por gerar perguntas que exigiram o esforço de pensadores para respondê-las: Se os homens têm direitos iguais, se todos são cidadãos, por que a sociedade é tão desigual? Como explicar e tratar as dife-

renças? Como combinar tradição com modernidade, costume com novidade? Foi na cidade que essas questões afloraram e foi lá também que se desenvolveu a proposta de pensar sobre elas. A Sociologia nasceu com este desafio: compreender as alterações profundas por que passaram as sociedades e refletir sobre o modo pelo qual homens e mulheres reagiram a elas. Como disse o sociólogo norte-americano Robert Nisbet a respeito desse novo campo do conhecimento: "[...] as ideias fundamentais da Sociologia europeia são mais bem compreendidas como respostas ao problema da ordem, criado em princípio do século XIX pelo colapso do velho regime, sob os golpes do industrialismo e da democracia revolucionária".

Há outra condição que também deve ser considerada para entendermos o "nascimento" da Sociologia: ela representa um campo de conhecimento que depende da liberdade de pensamento, do exercício da razão e da controvérsia, da possibilidade de manifestação pública de ideias distintas e muitas vezes opostas. Essa condição foi alcançada na Europa do século XIX, e desde então os sociólogos estão entre aqueles que lutam para que ela jamais desapareça.

◀◀ Recapitulando

Você aprendeu neste capítulo que os "tempos modernos" se iniciaram no século XV, quando uma série de mudanças afetou as sociedades europeias e a vida urbana foi impulsionada, como reflexo das Grandes Navegações e do desenvolvimento do comércio no continente europeu e no ultramar. A nova maneira de viver e de ver o mundo contrastava, cada vez mais, com a da sociedade medieval, caracterizada por estratificação rígida e imobilidade social. A estratificação era reforçada pelo dogma cristão que atribuía à vontade de Deus o lugar que cada um ocupava na sociedade. A Igreja também se encarregava de definir o que era certo ou errado nos campos político, econômico e cultural. Com isso, por muito tempo, as atividades ligadas ao comércio não tiveram a mesma importância social das atividades agrícolas.

O século XVIII se destacou no processo de mudanças que caracterizou os "tempos modernos" porque foi berço de importantes revoluções: a Revolução Industrial e a Revolução Francesa. A primeira trouxe, para as cidades, novos contingentes originários das vilas rurais, o que gerou um profundo impacto social; a segunda buscou assegurar direitos à nova população que havia se instalado no ambiente urbano. A cidade foi o espaço privilegiado para transformações sociais, econômicas e políticas na Era Moderna. O ritmo urbano acelerado e as mudanças econômicas e políticas, bem como o desenvolvimento da ciência e da tecnologia, alimentaram a ideia de que a vida em sociedade é fruto do trabalho e da invenção humana. Essa nova mentalidade contribuiu para o desenvolvimento, em meados do século XIX, de um campo de estudos dedicado a compreender o sentido das transformações sociais e como os indivíduos reagiam a elas. Com essa promessa, nasceu a Sociologia.

Capítulo 1 – A chegada dos "tempos modernos" ◀◀ **23**

Leitura complementar

Declaração dos Direitos do Homem e do Cidadão de 1789

Os representantes do Povo Francês, constituídos em Assembleia Nacional, considerando que a importância, o esquecimento ou o desprezo dos direitos do Homem são as únicas causas das desgraças públicas e da corrupção dos Governos, resolveram enunciar, numa Declaração solene, os direitos naturais, inalienáveis e sagrados do Homem a fim de que esta Declaração, constantemente presente a todos os Membros do corpo social, lhes lembre incessantemente seus direitos e seus deveres; a fim de que seus atos do poder legislativo, e os do poder executivo, podendo ser a cada instante comparados com o objetivo de toda instituição política, sejam por isso mais respeitados; a fim de que as reivindicações dos cidadãos, fundamentadas doravante em princípios simples e incontestáveis, tenham sempre em mira a preservação da Constituição e a felicidade de todos.

Em consequência, a Assembleia Nacional reconhece e declara, na presença e sob os auspícios do Ser supremo, os seguintes direitos do Homem e do Cidadão:

Art. 1º – Os homens nascem e continuam livres e iguais em direitos. As distinções sociais não podem ter outro fundamento senão a utilidade comum.

Art. 2º – A finalidade de toda associação política é a salvaguarda dos direitos naturais e imprescritíveis do Homem. Esses direitos são a liberdade, a propriedade, a segurança e a resistência à opressão.

Art. 3º – O princípio de toda Soberania reside essencialmente na Nação. Nenhum corpo social, nenhum indivíduo pode exercer autoridade que dela não emane expressamente.

Art. 4º – A liberdade consiste em poder fazer tudo o que não prejudique a outrem: assim, o exercício dos direitos naturais de cada homem não tem outros limites senão aqueles que asseguram aos outros Membros da sociedade o gozo dos mesmos direitos. Somente a Lei pode determinar esses limites.

Art. 5º – A Lei não tem o direito de proibir senão os atos prejudiciais à Sociedade. Tudo o que não é proibido pela Lei não pode ser impedido, e ninguém pode ser obrigado a fazer o que ela não ordena.

Art. 6º – A Lei é a expressão da vontade geral. Todos os cidadãos têm o direito de concorrer, pessoalmente ou por seus Representantes, para a sua formação. Ela deve ser a mesma para todos, seja para proteger, seja para punir. Todos os Cidadãos, sendo iguais a seus olhos, são igualmente admissíveis a todas as dignidades, lugares e empregos públicos, segundo a sua capacidade e sem outra distinção senão a de suas virtudes e de seus talentos.

Art. 7º – Nenhum homem pode ser acusado, preso ou detido, salvo nos casos determinados pela Lei, e de acordo com as formas que ela prescreveu. Aqueles que solicitam, expedem, executam ou mandam executar ordens arbitrárias devem ser punidos; mas todo cidadão convocado ou detido em virtude da Lei deve obedecer imediatamente: torna-se culpado se resistir.

Art. 8º – A Lei deve estabelecer penas estrita e evidentemente necessárias, e ninguém pode ser punido senão em virtude de uma Lei instituída e promulgada anteriormente ao delito e legalmente aplicada.

Art. 9º – Sendo todo homem presumidamente inocente até que seja declarado culpado, se for julgado indispensável prendê-lo, todo rigor que não seja necessário para apoderar-se de sua pessoa deve ser reprimido severamente pela Lei.

Art. 10º – Ninguém deve ser incomodado por suas opiniões, mesmo religiosas, desde que sua manifestação não perturbe a ordem pública estabelecida pela Lei.

Art. 11º – A livre comunicação dos pensamentos e das opiniões é um dos direitos mais preciosos do Homem: todo Cidadão pode, portanto, falar, escrever, imprimir livremente, sob condição de responder pelo abuso dessa liberdade nos casos determinados pela Lei.

Art. 12º – Para garantir os direitos do Homem e do Cidadão, é necessária uma força pública: essa força é instituída, portanto, para a vantagem de todos, e não para a utilidade particular daqueles a quem é confiada.

Art. 13º – Para a manutenção da força pública, e para as despesas de administração, é indispensável uma contribuição comum: deve ser distribuída igualmente entre todos os cidadãos, proporcionalmente às suas possibilidades.

Art. 14º – Todos os cidadãos têm o direito de comprovar, por si mesmos ou por representantes, a necessidade da contribuição pública, consenti-la livremente, acompanhar-lhe o emprego e determinar-lhe a proporção, a distribuição, a cobrança e a duração.

Art. 15º – A Sociedade tem o direito de pedir contas a todo Agente público de sua administração.

Art. 16º – Toda Sociedade em que a garantia dos Direitos não seja assegurada, nem a separação dos Poderes estabelecida, não possui Constituição.

Art. 17º – Sendo a propriedade um direito inviolável e sagrado, ninguém pode dela ser privado, a não ser quando a necessidade pública, legalmente comprovada, o exigir claramente e sob a condição de justa e prévia indenização.

ISHAY, Micheline R. (Org.) *Direitos Humanos*: uma antologia. São Paulo: Edusp, 2006. p. 243-245.

Fique atento!

Definição dos conceitos sociológicos estudados neste capítulo.

Burguesia: na página 20.

Capitalismo: na página 23.

Estratificação social: na seção **Conceitos sociológicos**, página 369.

Sessão de cinema

O mercador de Veneza

EUA, 2005, 138 min. Direção de Michael Radford.

Adaptação da peça homônima de William Shakespeare, o filme se passa na Veneza do século XVI e aborda o repúdio da sociedade europeia à prática econômica da usura (cobrança de juros).

1492. A conquista do Paraíso

Espanha/França/Inglaterra, 1992, 148 min. Direção de Ridley Scott.

O filme retrata os últimos 20 anos de vida de Cristóvão Colombo – desde que se convenceu de que a Terra era redonda até sua decadência e morte. Ele mostra o encontro dos europeus com as civilizações que habitavam as terras (América) que, supostamente, seriam as Índias.

Construindo seus conhecimentos

MONITORANDO A APRENDIZAGEM

1. O que significa dizer que a sociedade feudal era uma sociedade estamental? (Consulte o verbete "**Estratificação**" na seção **Conceitos sociológicos** na página 363).

2. As Grandes Navegações possibilitaram a exploração do Mar Tenebroso, hoje conhecido como Oceano Atlântico. Assim, os europeus puderam ter acesso a lugares longínquos e desconhecidos, dando início a um processo considerado por alguns historiadores como a "primeira globalização". Você concorda com esse significado atribuído às viagens marítimas dos séculos XV e XVI? Por quê?

3. O Iluminismo foi um movimento cultural que difundiu a convicção de que a razão e a ciência deveriam ser a base para a compreensão do mundo. Explique como a confiança na razão contribuiu para transformações políticas na modernidade.

4. Leia atentamente o texto a seguir.

> A Grã-Bretanha forneceu o modelo para as ferrovias e fábricas, o explosivo econômico que rompeu com as estruturas socioeconômicas tradicionais do mundo não europeu; mas foi a França que fez suas revoluções e a ela deu suas ideias, a ponto de bandeiras tricolores de um tipo ou de outro terem-se tornado o emblema de praticamente todas as nações emergentes, e a política europeia (ou mesmo mundial) entre 1789 e 1917 foi em grande parte a luta a favor e contra os princípios de 1789, ou os ainda mais incendiários de 1793. A França forneceu o vocabulário e os temas da política liberal e radical democrática para a maior parte do mundo. A França deu o primeiro grande exemplo, o conceito e o vocabulário do nacionalismo. A França forneceu os códigos legais, o modelo de organização técnica e científica e o sistema métrico de medidas para a maioria dos países. A ideologia do mundo moderno atingiu as antigas civilizações que tinham até então resistido às ideias europeias inicialmente através da influência francesa. Essa foi a obra da Revolução Francesa.
>
> HOBSBAWM, Eric. *A Era das Revoluções (1789-1848)*. Rio de Janeiro: Paz e Terra, 1981. p. 71-72.

- As revoluções Industrial e Francesa são marcos importantes para o entendimento das transformações da modernidade. Na análise do autor, de que forma cada uma delas contribuiu para essas transformações?

DE OLHO NO ENEM

1. (Enem 2013)

TEXTO I

Há já algum tempo eu me apercebi de que, desde meus primeiros anos, recebera muitas falsas opiniões como verdadeiras, e de que aquilo que depois eu fundei em princípios tão mal assegurados não podia ser senão mui duvidoso e incerto. Era necessário tentar seriamente, uma vez em minha vida, desfazer-me de todas as opiniões a que até então dera crédito, e começar tudo novamente a fim de estabelecer um saber firme e inabalável.

DESCARTES, R. *Meditações concernentes à Primeira Filosofia*. São Paulo: Abril Cultural, 1973 (adaptado).

TEXTO II

É o caráter radical do que se procura que exige a radicalização do próprio processo de busca. Se todo o espaço for ocupado pela dúvida, qualquer certeza que aparecer a partir daí terá sido de alguma forma gerada pela própria dúvida, e não será seguramente nenhuma daquelas que foram anteriormente varridas por essa mesma dúvida.

SILVA, F. L. *Descartes*: a metafísica da modernidade. São Paulo: Moderna, 2001 (adaptado).

A exposição e a análise do projeto cartesiano indicam que, para viabilizar a reconstrução radical do conhecimento, deve-se

(A) retomar o método da tradição para edificar a ciência com legitimidade.

(B) questionar de forma ampla e profunda as antigas ideias e concepções.

(C) investigar os conteúdos da consciência dos homens menos esclarecidos.

(D) buscar uma via para eliminar da memória saberes antigos e ultrapassados.

(E) encontrar ideias e pensamentos evidentes que dispensam ser questionados.

2. (Enem 2012)

TEXTO 1

Experimentei algumas vezes que os sentidos eram enganosos, e é de prudência nunca se fiar inteiramente em quem já nos enganou uma vez.

DESCARTES, R. *Meditações metafísicas*. São Paulo: Abril Cultural, 1979.

TEXTO 2

Sempre que alimentarmos alguma suspeita de que uma ideia esteja sendo empregada sem nenhum significado, precisaremos apenas indagar: de que impressão deriva esta suposta ideia? E se for impossível atribuir-lhe qualquer impressão sensorial, isso servirá para confirmar nossa suspeita.

HUME, D. *Uma investigação sobre o entendimento*. São Paulo: Unesp, 2004 (adaptado).

Nos textos, ambos os autores se posicionam sobre a natureza do conhecimento humano. A comparação dos excertos permite assumir que Descartes e Hume

(A) defendem os sentidos como critério originário para considerar um conhecimento legítimo.

(B) entendem que é desnecessário suspeitar do significado de uma ideia na reflexão filosófica e crítica.

(C) são legítimos representantes do criticismo quanto à gênese do conhecimento.

(D) concordam que conhecimento humano é impossível em relação às ideias e aos sentidos.

(E) atribuem diferentes lugares ao papel dos sentidos no processo de obtenção do conhecimento.

3. (Enem 2011)

Acompanhando a intenção da burguesia renascentista de ampliar seu domínio sobre a natureza e sobre o espaço geográfico, através da pesquisa científica e da invenção tecnológica, os cientistas também iriam se atirar nessa aventura, tentando conquistar a forma, o movimento, o espaço, a luz, a cor e mesmo a expressão e o sentimento.

SEVCENKO, N. *O Renascimento*. Campinas: Unicamp, 1984.

O texto apresenta um espírito de época que afetou também a produção artística, marcada pela constante relação entre

(A) fé e misticismo.

(B) ciência e arte.

(C) cultura e comércio.

(D) política e economia.

(E) astronomia e religião.

4. (Enem 2012)

> Esclarecimento é a saída do homem de sua menoridade, da qual ele próprio é culpado. A menoridade é a incapacidade de fazer uso de seu entendimento sem a direção de outro indivíduo. O homem é o próprio culpado dessa menoridade se a causa dela não se encontra na falta de entendimento, mas na falta de decisão e coragem de servir-se de si mesmo sem a direção de outrem. Tem coragem de fazer uso de teu próprio entendimento, tal é o lema do esclarecimento. A preguiça e a covardia são as causas pelas quais uma tão grande parte dos homens, depois que a natureza de há muito os liberou de uma condição estranha, continuem, no entanto, de bom grado menores durante toda a vida.
>
> KANT, I. *Resposta à pergunta*: O que é esclarecimento? Petrópolis: Vozes, 1985 (adaptado).

Kant destaca no texto o conceito de Esclarecimento, fundamental para a compreensão do contexto filosófico da Modernidade. Esclarecimento, no sentido empregado por Kant, representa

(A) a reivindicação de autonomia da capacidade racional como expressão da maioridade.

(B) o exercício da racionalidade como pressuposto menor diante das verdades eternas.

(C) a imposição de verdades matemáticas, com caráter objetivo, de forma heterônoma.

(D) a compreensão de verdades religiosas que libertam o homem da falta de entendimento.

(E) a emancipação da subjetividade humana de ideologias produzidas pela própria razão.

ASSIMILANDO CONCEITOS

1. Leia atentamente o quadrinho a seguir.

"A Caravela", tira publicada no *Jornal do Brasil*, 5 set. 2005.

a) Quem são os personagens investidos de poder retratados no primeiro quadro? A que tipo de sociedade eles estão associados?

b) De acordo com seu conhecimento histórico, os "reprimidos" no terceiro quadro representam quais segmentos sociais?

c) Cite e explique alguns fatores que contribuíram para que o "logo desisto" do último quadro se transformasse em "logo resisto" a partir do século XVIII.

OLHARES SOBRE A SOCIEDADE

Leia atentamente o texto a seguir.

> **O QUE É UM MODERNO?**
>
> A modernidade possui tantos sentidos quantos forem os pensadores ou jornalistas. Ainda assim, todas as definições apontam, de uma forma ou de outra, para a passagem do tempo. Através de um adjetivo moderno, assinalamos um novo regime, uma aceleração, uma ruptura, uma revolução do tempo. Quando as palavras "moderno", "modernização" e "modernidade" aparecem, definimos, por contraste, um passado arcaico e estável. Além disso, a palavra encontra-se sempre colocada em meio a uma polêmica, em uma briga onde há ganhadores e perdedores, os Antigos e os Modernos. "Moderno", portanto, é duas vezes assimétrico: assinala uma ruptura na passagem regular do tempo; assinala um combate no qual há vencedores e vencidos. Se há hoje tantos contemporâneos que hesitam em empregar este adjetivo, se o qualificamos através de preposições, é porque nos sentimos menos seguros ao manter esta dupla assimetria: não podemos mais assinalar a flecha irreversível do tempo, nem atribuir um prêmio aos vencedores. Nas inúmeras discussões entre os Antigos e os Modernos, ambos têm hoje igual número de vitórias, e nada mais nos permite dizer se as revoluções dão cabo dos antigos regimes ou os aperfeiçoam.
>
> LATOUR, Bruno. *Jamais fomos modernos*. São Paulo: Editora 34, 1994. p. 15.

Ao longo do curso de Sociologia você terá oportunidade de conhecer diferentes visões sobre a modernidade. Esperamos que reflita e desenvolva uma opinião própria a respeito do que vem a ser "modernidade" e suas diversas interpretações.

1. Para começar esse empreendimento, responda às questões a seguir.

   a) De acordo com o filósofo e antropólogo Bruno Latour, "moderno" refere-se a um tipo de pessoa ou povo, a um tempo ou um espaço? Como "moderno" e "modernidade" são caracterizados?

   b) De acordo com o texto, seria difícil definir vencedores e derrotados no embate entre "antigos" e "modernos". Considerando a contemporaneidade e os processos abordados neste capítulo, você concorda com a afirmação do autor? Explique.

EXERCITANDO A IMAGINAÇÃO SOCIOLÓGICA
TEMA DE REDAÇÃO DO VESTIBULAR FGV – ADMINISTRAÇÃO (2010)

> No mundo moderno, cuja legitimidade é baseada na liberdade e igualdade de seus membros, o poder não se manifesta abertamente como no passado. No passado, o pertencimento à família certa e à classe social certa dava a garantia, aceita como tal pelos dominados, de que os privilégios eram "justos" porque espelhavam a "superioridade natural" dos bem-nascidos [...].
>
> A ideologia principal do mundo moderno é a "meritocracia", ou seja, a ilusão, ainda que seja uma ilusão bem fundamentada na propaganda e na indústria cultural, de que os privilégios modernos são "justos" [...]. O ponto principal para que essa ideologia funcione é conseguir separar indivíduo da sociedade [...]. O "esquecimento" do social no individual é o que permite a celebração do mérito individual, que em última análise justifica e legitima todo tipo de privilégio em condições modernas.
>
> Jessé Souza. *A ralé brasileira*: quem é e como vive. Belo Horizonte: Ed. UFMG, 2009. p. 43.

Escreva uma redação argumentativa discutindo o texto acima, na qual, além de seu ponto de vista sobre as ideias defendidas pelo autor, estejam explícitos os seguintes aspectos:

- em que consiste a meritocracia?
- por que o autor considera a meritocracia uma "ilusão"?
- de que maneira a meritocracia se manifesta na realidade brasileira?

2 Saber o que está perto

Rua de um bairro pobre de Londres (Dudley Street), 1872. Litogravura do ilustrador francês Gustave Doré (1832-1883).

A Sociologia – ou ciência da sociedade – nasceu na segunda metade do século XIX. Por que ela surgiu só nesse momento, se a vida em sociedade existe desde tempos remotos e muitos dos problemas que a humanidade enfrenta até hoje a acompanham de longa data? Relações de grupo, formação de instituições, exercício do poder, manifestações e experiências culturais, tudo isso é muito antigo, mas a Sociologia é uma ciência historicamente recente. Por que essa defasagem?

O tempo histórico que possibilitou o nascimento da Sociologia foi aquele que se sucedeu às duas grandes revoluções ocorridas no século XVIII, a Revolução Industrial e a Revolução Francesa, cujos desdobramentos alteraram profundamente a vida de homens, mulheres, jovens, crianças e idosos. Essas mudanças provocaram expectativas e incertezas: o que era considerado certo foi caindo em descrédito, o que se julgava válido foi questionado. Os valores que orientavam a conduta das pessoas perderam gradativamente o sentido, sem que houvesse acordo sobre os novos valores que regeriam a vida em sociedade dali em diante. Em momentos como esses, ficam expostas as dificuldades e inseguranças de pessoas, grupos e instituições.

Nesse sentido, podemos dizer que a Sociologia surgiu com o compromisso de responder às questões que se apresentavam no dia a dia das pessoas que viviam nas cidades. Embora tenha se voltado também para o contexto rural, foi o ambiente urbano que possibilitou seu desenvolvimento, pois se configurou como área de conhecimento.

Nas cidades modernas, as diferenças e distâncias entre ricos e pobres acentuaram-se; a precariedade das relações de trabalho ficou evidente; as moradias foram desigualmente distribuídas; surgiram as tentativas de renovação dos valores vigentes; havia resistência a obedecer ao que estava determinado; o sofrimento de quem não conseguia proteção exigia atenção, assim como os maus-tratos e as injustiças; enfim, havia muitos problemas que, ainda hoje, você pode identificar em sua comunidade. Basta olhar com atenção à sua volta.

Nesse ambiente urbano, que abrigava um número cada vez maior de habitantes, o desafio era explicar por que as pessoas se distribuíam de forma tão desigual, ou, ainda, manter na mesma sociedade, compartilhando o mesmo tempo e território, grupos com pensamentos e atitudes tão diversos. Portanto, o desafio intelectual da Sociologia era compreender e explicar as diferenças entre aqueles que, mesmo fisicamente próximos, viam-se e/ou eram vistos distintamente.

Ainda hoje a noção de diferença e seus correlatos – diferenciação, distinção e **desigualdade** – é muito importante para a Sociologia. Tomemos a distinção por sexo ou a chamada "desigualdade de gênero". Mulheres e homens não são tratados da mesma maneira em situações semelhantes. O mercado de trabalho nos mostra isso claramente: mesmo exercendo as mesmas funções, mulheres ainda ganham salários menores do que os homens. Nos grupos etários também percebemos distinções: pessoas de idades diferentes podem ser discriminadas ou por serem mais novas ou mais velhas. Há casos ainda de diferenciação por grupos étnicos, ou seja, grupos que apresentam traços físicos e culturais considerados, em alguns casos, mais aceitáveis pela sociedade e, em outros, menos. Tomemos como exemplo os indígenas e os negros no Brasil. Esses grupos étnicos foram escravizados pelos colonizadores e até hoje sofrem preconceito por parte da sociedade. Também há casos de estranhamento e intolerância entre os que professam religiões diferentes da que é mais aceita em determinada comunidade, além dos casos de preconceito em relação aos que não professam nenhuma religião. E podemos ainda citar os diversos estilos de fazer política que separam grupos como "mais modernos" ou "mais atrasados", "mais progressistas" ou "mais conservadores".

Veja que a lista pode ser grande. Basta ficarmos atentos aos sinais que a sociedade nos dá sobre as diferenciações. Eles aparecem nos comentários, na imprensa, nas brincadeiras, nas conversas informais, nas piadas e, até mesmo, em livros didáticos. A diferenciação e os preconceitos que dela se desdobram são um tema clássico da Sociologia, que pode ser tomado como área de conhecimento e uma de suas principais motivações.

Resumindo, a proximidade entre indivíduos, possibilitada pelo avanço das cidades modernas, contribuiu para as comparações. Foi olhando para si mesmo e para os outros que convivem no mesmo espaço e tempo que os indivíduos puderam perceber as diferenças. É possível indagar por que de perto as pessoas ficam tão diferentes ou por que são tratadas de forma tão distinta.

Ao longo do século XIX, quando se impulsionou o processo de industrialização, houve um grande desenvolvimento das ocupações e especializações. O quadro da diferenciação ficou mais visível, e o desafio de explicar e compreender, mais urgente.

Os fundadores da Sociologia sofriam o impacto dos problemas e das novidades daquele momento. Um século e meio depois, voltamos a eles e ainda encontramos em seus escritos fontes inspiradoras e até sugestões para lidar com questões do tempo presente. As Ciências Sociais e, principalmente, a Sociologia, sempre estiveram atentas aos problemas urgentes e às situações de crise. Essa é uma das razões pelas quais dizemos que a Sociologia desenvolve o senso crítico, a capacidade de análise e o aprendizado específico para refletir sobre o que se passa ao redor.

❚❚ Diferenciação social

Relaciona-se com o estabelecimento de hierarquias. Lugares e posições são referências para indicar quem ou quais grupos são superiores ou inferiores; mais prestigiados ou desprezados. Essas diferenças são acompanhadas de julgamentos de valor, ou seja, são justificadas por algum argumento que confirma a própria diferença. Quem nunca ouviu que pobres são pobres porque não se esforçam o suficiente? Que os negros são bons de samba e futebol, mas que não são intelectualmente capazes para ocupar profissões de prestígio; que as mulheres são talentosas para cuidar da casa, mas não se adéquam ao mundo do trabalho, ou seja, o mundo de fora da casa; que homossexuais são frágeis e não aguentam a rotina e a disciplina de trabalho... Esses são exemplos, entre tantos outros possíveis, de mostrar e marcar a diferença entre as pessoas, justificar situações desiguais e estabelecer uma escala hierárquica que vai do menos ao mais, do menor ao maior, do pior ao melhor.

A Sociologia e a crítica do tempo presente

Vamos explorar um exemplo concreto: você já ouviu falar que homens e mulheres são movidos por interesses materiais? É como se fizesse parte da natureza das pessoas querer mais, cobiçar mais, acumular bens e vendê-los a outros. Uma corrente importante da economia, originária do pensador Adam Smith (1723-1790), orientou-se por essa crença e falou da "mão invisível do mercado", capaz de equilibrar os desacertos gerados pelo próprio mercado. Deixado em seu livre curso, o mercado organiza a vida, dá valor ao que tem valor, tira de circulação o que não é mais desejado, organiza as pessoas em torno do movimento de trocas. Se algo sair errado é porque alguma coisa atrapalhou o livre curso do mercado.

Os economistas alinhados a Adam Smith defendem que as sociedades se formaram motivadas por uma inclinação de todos os indivíduos pelas atividades econômicas de compra e venda. Para eles, o livre movimento de pessoas e produtos, a circulação de bens e a troca de mercadorias contribuíram para o progresso e o bem-estar cada vez maior das populações. O mercado, espaço onde essas trocas são feitas, seria uma consequência natural e espontânea desse modo de viver. Portanto, esse modo de viver é natural, ou seja, as pessoas são naturalmente assim. Esta última frase iguala todos os indivíduos, todas as épocas históricas, todas as culturas. É contra essa crença generalizada que Karl Polanyi (1886-1964) argumenta.

Karl Paul Polanyi
(Viena, Império Austro-Húngaro, 25 de outubro de 1886 – Ontário Canadá, 23 de abril de 1964.)

Austríaco de nascimento, mas de família húngara, Karl Polanyi foi filósofo e antropólogo. Seu livro mais conhecido – *A grande transformação: as origens de nossa época* (1944) – tornou-se importante referência para os cientistas sociais. Nessa obra, Polanyi procurou mostrar que, ao lado do mercado autorregulável, está a sociedade impondo limites, defendendo os interesses da comunidade e fortalecendo os laços sociais.

Karl Polanyi, 1953.

O progresso econômico amplia o conforto e o bem-estar, mas deixa seus deserdados. O mercado liberta, mas também aprisiona; emprega, mas retira as pessoas do emprego; expõe uma variedade imensa de produtos, mas lembra aos que não têm como pagar o quanto eles estão fora da vida econômica. Quando falamos dos progressos da indústria, sobretudo da produção industrial em massa como a que vemos hoje, nem sempre refletimos sobre os custos humanos causados por tanta acumulação. Os bens estão disponíveis para aqueles que podem comprar, os objetos são expostos nas vitrines, os divertimentos são anunciados para que as pessoas os adquiram, e aqueles que vendem bons produtos por melhores preços acabam sendo preferidos pelos compradores. Mas nem todos são compradores e, se compram, não o fazem da mesma maneira. A Sociologia, em seus primórdios, preocupou-se com a compreensão desses contrastes – os sinais contrários de um mesmo fenômeno e seus efeitos sobre a vida das pessoas comuns.

Essa área do conhecimento voltou-se também para outro aspecto fundamental: os indivíduos nem sempre têm no interesse econômico a motivação exclusiva para suas ações. Nem tudo pode ser explicado pelas regras do mercado ou da economia, ainda que muitas das ações causadas por outros sentimentos resultem em benefícios ou ganhos econômicos. É importante compreender esses sentimentos que "ligam" a vida das pessoas e dão sentido a ela. Afinal, são eles que informam as maneiras distintas de os grupos, as culturas e as sociedades se constituírem.

As revoluções modernas que originaram a Sociologia estimularam o individualismo e propiciaram a liberdade para que os indivíduos pudessem manifestar seus pensamentos, deslocar-se sem restrições, escolher seus destinos amorosos e definir suas profissões. Uma conquista e tanto! Um processo longo, considerado uma revolução.

No entanto, se todos procurarem exclusivamente os próprios interesses, se olharem apenas para si, como será possível fazer alguma coisa pelo conjunto? Em outras palavras: Como haverá sociedade – ou seja, a vida coletiva – se cada um considerar apenas o próprio bem-estar? O individualismo será capaz de eliminar a vida coletiva? Ou melhor, será que, cuidando dos indivíduos, poderemos construir o bem comum? Repare que são indagações como aquelas feitas por Karl Polanyi a respeito da aposta no mercado como organizador da vida coletiva. E foram perguntas desse tipo que também estimularam a imaginação dos autores que, neste livro, serão apresentados a você.

Parte I – Saberes cruzados

A Sociologia nos ajuda, portanto, a refletir sobre as opiniões que temos. Ela nos ensina a suspeitar de nossas certezas mais arraigadas. É um campo do conhecimento que modifica nossa percepção do dia a dia e, assim, contribui para alterar a maneira de vermos nossa vida e o mundo que nos cerca. Voltando à crítica feita à Sociologia, mencionada por Anthony Giddens – de que ela trata do que todo mundo sabe em uma linguagem que ninguém entende –, podemos concordar com a primeira parte, contanto que o final seja modificado: a Sociologia trata daquilo que já sabemos de uma maneira que não conhecíamos antes.

Há outro autor, chamado Peter Berger, que torna isso ainda mais claro ao descrever o trabalho do sociólogo. Vejamos a seguir o que ele escreveu a respeito.

> A maior parte do tempo, o sociólogo aborda aspectos da experiência que lhe são perfeitamente familiares, assim como à maioria dos seus compatriotas e contemporâneos. Estuda grupos, instituições, atividades de que os jornais falam todos os dias. Mas as suas investigações comportam outro tipo de paixão da descoberta. Não é a emoção da descoberta de uma realidade totalmente desconhecida, mas a de ver uma realidade familiar mudar de significação aos nossos olhos. A sedução da sociologia provém de ela nos fazer ver sob outra luz o mundo da vida cotidiana no qual todos vivemos.
>
> BERGER, Peter. *Comprendre la sociologie*: son rôle dans la société moderne. Paris: Centurion-Resma, 1973. p. 30. (Tradução nossa.)

Há muitas formas diferentes de compreender o que é sociedade, assim como há muitas maneiras de "fazer Sociologia". Ciência se faz com teorias, métodos, conceitos. No caso da Sociologia, há um leque de teorias e métodos, uma série quase infinita de conceitos, muitas vezes divergentes, e um sem-número de propostas de pesquisa. A ideia de uma ciência que não tenha uma resposta única para o mesmo problema pode parecer incoerente ou descabida, mas talvez seja justamente essa pluralidade de formas de ver o mundo e de responder à pergunta "O que é sociedade?" que torna a Sociologia tão fascinante.

Uma das lições mais interessantes da Sociologia é que sempre devemos desconfiar de tudo que se apresenta como "sempre foi assim" ou "é assim porque é". Os sociólogos gostam de comparar diferentes padrões de relacionamento e de pensar em arranjos alternativos. Ainda que, por vezes, discordem uns dos outros, sempre concordam em um ponto essencial: o segredo do ofício reside em ver o geral no particular, a individualidade no contexto social, o estranho no familiar. Esse seria o fundamento básico da "imaginação sociológica". E podemos usar essa "imaginação" em várias situações para pensar sobre os temas mais inusitados.

Economia e sociedade: manifestantes na entrada do Parlamento, em Atenas, capital da Grécia, reivindicando ao governo um acordo com líderes da zona do euro. O país sofre com a crise econômica desde 2008, e em 2015 a dívida monetária somava em torno de 320 bilhões de euros. Fotografia de 2015.

Da Europa do século XIX ao Brasil do século XXI

Os primeiros observadores do mundo social trataram de um conjunto razoavelmente homogêneo de questões relacionadas a ele. Mas, apesar de todos enxergarem os mesmos problemas, reagiram a eles de maneiras diferentes e os analisaram de ângulos distintos. A Sociologia surgiu, assim, das reações peculiares que os pensadores e observadores do mundo social tiveram diante das mesmas questões. Isso significa que a Sociologia é um campo fértil de respostas diferentes a uma pergunta comum: Como a vida em sociedade é possível?

O século XXI não eliminou os problemas encontrados no século XIX, no entanto muitos deles foram enfrentados com ganhos substanciais. Trata-se de conquistas da sociedade e da Sociologia. Da sociedade, porque refletem a mobilização de grupos sociais, classes e associações por melhoria de condições de vida e pelo atendimento, ainda que parcial, de seus interesses. Da Sociologia, por ela ter se constituído em ciência inquirindo e tentando responder às questões que afetam a vida em sociedade.

Entre as políticas que resultaram da movimentação da sociedade, destacam-se a legislação trabalhista, que protege mais os trabalhadores; a justiça, que garante os direitos civis a grupos que antes nem sequer podiam reivindicá-los; e o direito à educação, que é estendido a um número cada vez maior de habitantes. A extensão dos benefícios sociais tornou-se realidade para uns segmentos, ainda que não atinja a outros. Problemas e desafios contemporâneos têm estreita relação com as vitórias alcançadas em mais de um século – por exemplo, a urbanização acelerada, o fluxo crescente de pessoas que se deslocam para conhecer lugares ou para morar em outras cidades, entre outros. A melhoria de vida que trouxe o conforto dos carros e dos climatizadores de ar, com os consequentes problemas de congestionamento nas ruas, de poluição do ar e de uso excessivo de energia, é um exemplo da complexidade da vida social. O planeta ficou pequeno para tantos indivíduos motorizados? O que fazer? Reduzir a inclusão de pessoas no progresso e no estado de bem-estar? Produzir tecnologia para barrar o estrago? Educar para preservar os recursos naturais?

Todas essas são questões atuais que povoam e provocam a imaginação sociológica aqui e em muitos outros países. Reproduzimos a mensagem da socióloga brasileira Elisa Pereira Reis a respeito do desafio contemporâneo imposto à Sociologia, que tem mérito duplo: confirmar a importância dos estudos dos primeiros observadores do mundo social e, ao mesmo tempo, mostrar como o tempo presente continua provocando a imaginação e nos desafiando a encontrar outras respostas a problemas que nos são apresentados.

❚❚ Agenda para as Ciências Sociais

A vida das pessoas e das sociedades está sempre passando por mudanças. Entretanto, há épocas em que o ritmo e a abrangência das transformações são de tal ordem que somos levados a questionar nossas certezas de longa data. O mundo atual parece estar passando por um desses momentos. O processo ao qual nos referimos como globalização diz respeito, na verdade, a uma série de mudanças que vêm ocorrendo em escala global.

No plano cultural, há três mudanças em particular que não podem ser ignoradas pelas Ciências Sociais. Uma delas é a emergência de uma consciência ecológica que traduz uma nova maneira de pensar a relação entre os humanos e a natureza. A concepção, até bem pouco tomada como trivial, sugeria que a natureza precisava ser conquistada com a ajuda da tecnologia. Hoje, diferentemente, mais e mais se difunde a percepção segundo a qual nosso desafio é cuidar da natureza. É preservando-a que asseguramos o futuro da sociedade. É cuidando dela que preservamos a galinha dos ovos de ouro.

Uma segunda transformação cultural de enorme impacto é entender a autoridade pública, a organização de interesses pelo mercado e a sociedade civil como três princípios de organização social. Ou seja, se antes o Estado e o mercado eram vistos como os dois princípios de que dispunha a sociedade para organizar a vida coletiva, agora a própria sociedade civil é percebida como um terceiro tipo de recurso, a solidariedade.

Finalmente, outra grande mudança cultural contemporânea é a nova maneira de perceber as relações entre diferença, igualdade e desigualdade. Se o mundo moderno nasce recusando as diferenças estamentais para introduzir o valor da igualdade, hoje reconhecemos que diferença e igualdade não devem ser tomadas sempre como princípios excludentes. Ao contrário, muitas vezes, para lograr a igualdade precisamos reconhecer as diferenças.

REIS, Elisa P., 2012. Texto escrito para esta obra.

34 ▶▶ Parte I – Saberes cruzados

Estamos, assim, diante de uma situação particularmente interessante. A Sociologia nos ensina a pensar a respeito dos problemas que estão a nosso redor. No entanto, nós mesmos vivemos as situações sobre as quais devemos refletir. Portanto, somos ao mesmo tempo quem estuda e quem vive as situações que queremos estudar. Em parte, somos modificados pelo que acontece; em parte, modificamos o que está perto. O conhecimento que temos se altera à medida que novos problemas nos desafiam. Foi por isso que Elisa Reis nos apresentou as mudanças recentes que instigam as Ciências Sociais a se repensar a propor alternativas de entendimento mais adequadas ao movimento contemporâneo. O conhecimento que se renova e que se torna público modifica a própria situação. Interessante essa ciência que se constrói para pensar sobre problemas e se modifica em função dos conhecimentos que produzimos sobre eles, bem como pela percepção que temos deles.

Instalação do artista Olafur Eliasson, parte da Conferência Mundial sobre Mudanças Climáticas (COP21) de 2015, sediada em Paris, França.
A obra, intitulada *Ice Watch*, foi construída com 12 calotas de gelo da Groenlândia e montada em frente à Praça do Pantheon, em Paris, e representa um relógio de gelo. O objetivo é que as pessoas circulem por dentro do relógio e observem a passagem do tempo em cada calota, interagindo assim com a instalação.
Desafios de nosso tempo que fazem parte do programa de estudos das Ciências Sociais: economia global, desenvolvimento sustentável, pluralidade cultural, consolidação da democracia e organização da sociedade civil.

◀◀ Recapitulando

Neste capítulo, você recebeu um convite para nos acompanhar em uma viagem de conhecimento, uma jornada intelectual que tem a ciência da sociedade, isto é, a Sociologia, como percurso. Muitas perguntas motivam essa nossa viagem pelo tempo – do século XIX ao século XXI – e pelo espaço – da Europa ao Brasil. São indagações que giram em torno de uma curiosidade central que animou os fundadores da Sociologia e continua a inspirar os cientistas sociais contemporâneos: Como é possível a vida em sociedade?

Ao longo do percurso, pretendemos provocar em você o que o sociólogo norte-americano Charles Wright Mills chamou de "imaginação sociológica". A intenção é que, ao fim da jornada, a Sociologia possa ajudá-lo a desenvolver a capacidade de análise crítica a respeito daquilo que o cerca.

Leitura complementar

Em defesa da Sociologia

O que é que há com a Sociologia? Por que causa tamanha irritação a tantas pessoas? Alguns sociólogos poderiam responder "ignorância"; outros, "medo". Por que medo? Ora, porque consideram sua matéria algo arriscado e frustrante. A Sociologia, costumam afirmar, tende a subverter: ela questiona as premissas que desenvolvemos sobre nós mesmos, como indivíduos, e acerca dos contextos sociais mais amplos nos quais vivemos. [...]

A Sociologia é uma disciplina [...] que se preocupa, sobretudo, com a modernidade – com o caráter e a dinâmica das sociedades modernas e industrializadas. [...] Entre todas as ciências sociais, a Sociologia estabelece uma relação mais direta com as questões que dizem respeito à nossa vida cotidiana – o desenvolvimento do urbanismo moderno, crime e punição, gênero, família, religião e poder social e econômico.

Considerando que a pesquisa e o pensamento sociológicos são mais ou menos indispensáveis na sociedade contemporânea, é difícil depreender algum sentido das críticas que acusam os estudos desses aspectos de não trazerem nenhum esclarecimento – de serem senso comum embalado em jargões um tanto desenxabidos. Embora trabalhos específicos de pesquisa possam sempre ser questionados, ninguém poderia argumentar que não há nenhum propósito em, por exemplo, realizar estudos comparativos sobre a incidência de divórcio em diferentes países. Os sociólogos envolvem-se em todos os tipos de pesquisa que [...] acabam revelando-se interessantes, sendo considerados relevantes pela maioria dos observadores [...].

Na atualidade, a pesquisa social constitui parte tão integrante de nossa consciência que passamos a considerá-la natural. Todos nós dependemos dessa pesquisa para identificar o que efetivamente consideramos senso comum – "o que todo mundo sabe". Todos sabemos, por exemplo, que as taxas de divórcio são elevadas na sociedade de hoje; no entanto, tal "conhecimento óbvio", claro, depende de trabalhos de pesquisa social realizados com regularidade, quer sejam conduzidos por pesquisadores do governo, quer por sociólogos pertencentes aos círculos acadêmicos.

Isso explica, até certo ponto, a sina que persegue a Sociologia de ser tratada como menos original e menos fundamental à nossa existência social do que realmente o é. [...] Hoje, por exemplo, muitas pessoas perguntam se um líder tem carisma, discutem a questão do pânico moral ou falam a respeito do *status* social de alguém – todas noções que tiveram origem no discurso sociológico.

GIDDENS, Anthony. *Em defesa da Sociologia.*
São Paulo: Unesp, 2001. p. 11 e 14-16.

> **Fique atento!**
> Definição dos conceitos sociológicos estudados neste capítulo.
> **Desigualdade:** no verbete "Igualdade/desigualdade" da seção **Conceitos sociológicos**, página 371.
> **Diferenciação social:** na página 31.
> **Individualismo:** na seção **Conceitos sociológicos** na página 371.

Sessão de cinema

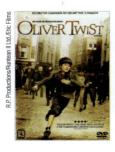

OLIVER TWIST

Várias nacionalidades, 2005, 130 min. Direção de Roman Polanski.

Filme baseado no clássico da literatura inglesa *Oliver Twist* (1838), do romancista Charles Dickens (1812-1870). A obra trata do fenômeno da delinquência provocado pelas condições precárias da sociedade inglesa do século XIX.

OS MISERÁVEIS

EUA, 1998, 131 min. Direção de Billie August.

Filme baseado no clássico da literatura francesa *Os miseráveis* (1862), de Victor Hugo (1802-1885). Trata-se de uma crítica às injustiças sociais praticadas na França pós-revolucionária (século XIX).

Construindo seus conhecimentos

MONITORANDO A APRENDIZAGEM

1. As transformações pelas quais as sociedades ocidentais passaram no Período Moderno contribuíram para a construção de saberes científicos voltados para o estudo das sociedades. Explique como esse processo colaborou para o surgimento da Sociologia.

2. Conhecer o mundo social não é tarefa exclusiva da Sociologia. Todas as sociedades produziram e produzem conhecimento sobre o mundo social.

   a) Cite exemplos de outras áreas cujo objeto de estudo seja o mundo social e explique-os.

   b) Em qual tipo de conhecimento do mundo social a Sociologia se enquadra? Por quê?

   c) Ao ler o subtítulo **A Sociologia e a crítica do tempo presente**, você deve ter percebido que a Economia e a Sociologia são disciplinas científicas que lidam com o mundo social, mas sob diferentes perspectivas. Que outras disciplinas científicas tomam o mundo social como objeto de estudo? Você reconhece as especificidades de cada uma delas?

3. Você aprendeu que a Sociologia é uma ciência em permanente transformação porque a sociedade, seu objeto de estudo, também se transforma permanentemente. Escreva uma lista com dois ou três temas ou questões sociais que você gostaria de compreender melhor e justifique por que os escolheu. Dos temas que você escolheu, qual coincidiu com os escolhidos pela turma e qual interessou apenas a você? De acordo com o que aprendeu neste capítulo, a Sociologia desenvolve estudos de amplo interesse social ou se dedica a temas que, na maioria das vezes, passam despercebidos pela maioria das pessoas?

DE OLHO NO ENEM

1. (Enem 2010)

> A Inglaterra pedia lucros e recebia lucros. Tudo se transformava em lucro. As cidades tinham sua sujeira lucrativa, suas favelas lucrativas, sua fumaça lucrativa, sua desordem lucrativa, sua ignorância lucrativa, seu desespero lucrativo. As novas fábricas e os novos altos-fornos eram como as Pirâmides, mostrando mais escravização do homem que seu poder.
>
> DEANE, P. *A Revolução Industrial*. Rio de Janeiro: Zahar, 1979 (adaptado).

Qual relação é estabelecida no texto entre os avanços tecnológicos ocorridos no contexto da Revolução Industrial Inglesa e as características das cidades industriais no início do século XIX?

(A) A facilidade em se estabelecer relações lucrativas transformava as cidades em espaços privilegiados para a livre iniciativa, característica da nova sociedade capitalista.

(B) O desenvolvimento de métodos de planejamento urbano aumentava a eficiência do trabalho industrial.

(C) A construção de núcleos urbanos integrados por meios de transporte facilitava o deslocamento dos trabalhadores das periferias até as fábricas.

(D) A grandiosidade dos prédios onde se localizavam as fábricas revelava os avanços da engenharia e da arquitetura do período, transformando as cidades em locais de experimentação estética e artística.

(E) O alto nível de exploração dos trabalhadores industriais ocasionava o surgimento de aglomerados urbanos marcados por péssimas condições de moradia, saúde e higiene.

2. (Enem 2015)

Dominar a luz implica tanto um avanço tecnológico quanto uma certa liberação dos ritmos cíclicos da natureza, com a passagem das estações e as alternâncias de dia e noite. Com a iluminação noturna, a escuridão vai cedendo lugar à claridade, e a percepção temporal começa a se pautar pela marcação do relógio. Se a luz invade a noite, perde sentido a separação tradicional entre trabalho e descanso – todas as partes do dia podem ser aproveitadas produtivamente.

SILVA FILHO, A. L. M. *Fortaleza*: imagens da cidade. Fortaleza: Museu do Ceará; Secult-CE, 2001 (adaptado).

Em relação ao mundo do trabalho, a transformação apontada no texto teve como consequência a

(A) melhoria da qualidade da produção industrial.

(B) redução da oferta de emprego nas zonas rurais.

(C) permissão ao trabalhador para controlar seus próprios horários.

(D) diminuição das exigências de esforço no trabalho com máquinas.

(E) ampliação do período disponível para a jornada de trabalho.

3. (Enem 2015)

Só num sentido muito restrito, o indivíduo cria com seus próprios recursos o modo de falar e de pensar que lhe são atribuídos. Fala o idioma de seu grupo; pensa à maneira de seu grupo. Encontra a sua disposição apenas determinadas palavras e significados. Estas não só determinam, em grau considerável, as vias de acesso mental ao mundo circundante mas também mostram, ao mesmo tempo, sob que ângulo e em que contexto de atividade os objetos foram até agora perceptíveis ao grupo ou ao indivíduo.

MANNHEIM, K. *Ideologia e utopia*. Porto Alegre: Globo, 1950 (adaptado).

Ilustrando uma proposição básica da sociologia do conhecimento, o argumento de Karl Mannheim defende que o(a)

(A) conhecimento sobre a realidade é condicionado socialmente.

(B) submissão ao grupo manipula o conhecimento do mundo.

(C) divergência é um privilégio de indivíduos excepcionais.

(D) educação formal determina o conhecimento do idioma.

(E) domínio das línguas universaliza o conhecimento.

ASSIMILANDO CONCEITOS

Cartaz do Fórum Social Mundial de 2015, na Tunísia.

O Fórum Social Mundial (FSM) é um evento anual que acontece desde 2001, organizado por diversos movimentos sociais de países de todos os continentes que buscam alternativas para a transformação social global. Em sua origem, o FSM foi proposto como contraponto ao Fórum Econômico Mundial de Davos (Suíça), realizado anualmente em janeiro.

1. De acordo com o que você leu no subtítulo **A Sociologia e a crítica do tempo presente**, você relacionaria o Fórum Social Mundial a qual autor: Adam Smith ou Karl Polanyi? Justifique sua resposta.

2. Em sua opinião, as pessoas e os grupos agem exclusivamente por interesses econômicos ou haveria outras motivações para suas ações?

38 ▶▶ Parte I – Saberes cruzados

OLHARES SOBRE A SOCIEDADE

1. Leia atentamente os textos a seguir.

> **TEXTO 1**
>
> Quando os homens passam pelas experiências de uma subjetividade privatizada e ao mesmo tempo percebem que não são tão livres e tão diferentes quanto imaginavam, ficam perplexos. Põem-se a pensar acerca das causas e do significado de tudo que fazem, sentem e pensam sobre eles mesmos. Os tempos estão maduros para uma psicologia científica.
>
> FIGUEIREDO, L. C. M. *Psicologia*: uma introdução; uma visão histórica da psicologia como ciência. São Paulo: Educ, 1991. p. 30.

> **TEXTO 2**
>
> O primeiro fruto dessa imaginação [sociológica] é a ideia de que o indivíduo só pode compreender a sua própria experiência e avaliar seu próprio destino localizando-se dentro de seu próprio período; só pode conhecer suas possibilidades na vida tornando-se cônscio das possibilidades de todas as pessoas, nas mesmas circunstâncias em que ele.
>
> MILLS, C. Wright. *A imaginação sociológica*. Rio de Janeiro: Zahar Editores, 1980 [1959]. p. 12.

- Estamos acostumados a pensar que a Sociologia trata do mundo social e a Psicologia, da subjetividade dos indivíduos. De acordo com os dois textos, é possível compreender o indivíduo isolando-o de seu contexto social? Explique e justifique seu ponto de vista.

EXERCITANDO A IMAGINAÇÃO SOCIOLÓGICA
TEMA DE REDAÇÃO DO VESTIBULAR DA UERJ (2012)

O texto abaixo foi extraído de uma entrevista com o historiador Eric Hobsbawm (1917-2012):

> Há uma diferença entre esses movimentos de jovens educados nos países do Ocidente, onde, em geral, toda a juventude é fenômeno de minoria, e movimentos similares de jovens em países islâmicos e em outros lugares, nos quais a maioria da população tem entre 25 e 30 anos. Nestes países, portanto, muito mais do que na Europa, os movimentos de jovens são politicamente muito mais massivos e podem ter maior impacto político. O impacto adicional na radicalização dos movimentos de juventude acontece porque os jovens hoje, em período de crise econômica, são desproporcionalmente afetados pelo desemprego e, portanto, estão desproporcionalmente insatisfeitos. Mas não se pode adivinhar que rumos tomarão esses movimentos. [...] Mas eles só, eles pelos seus próprios meios, não são capazes de definir o formato da política nacional e todo o futuro. [...] De qualquer modo, devo dizer que está a fazer-me perguntas enquanto historiador, mas sobre o futuro. Infelizmente, os historiadores sabem tanto sobre o futuro quanto qualquer outra pessoa. Por isso, as minhas previsões não são fundadas em nenhuma especial vocação que eu tenha para prever o futuro.
>
> HOBSBAWM, Eric. Disponível em: <http://cartamaior.com.br/?/Editoria/Internacional/Para-Hobsbawm-crise-explica-deriva-a-direita-na-Europa/6/17000> (adaptado).

Proposta de redação:

A fala do historiador Eric Hobsbawm também apresenta uma reflexão sobre o futuro e suas possibilidades, relacionando o tema à ação da juventude, tradicionalmente considerada o futuro próximo das sociedades.

A partir da leitura dos textos e de suas elaborações pessoais sobre o tema, redija um texto argumentativo em prosa, com no mínimo 20 e no máximo 30 linhas, em que discuta a seguinte questão:

É possível, para a juventude de hoje, alterar o futuro?

Utilize o registro padrão da língua e atribua um título a seu texto.

3 Saber o que está distante

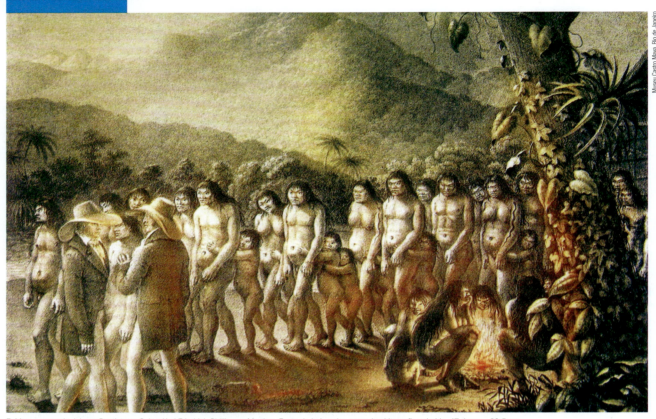

E. Meyer, segundo Johann Baptist von Spix e Karl Friedrich Phillip von Martius. *Festa de beber dos coroados*. Litografia colorida, 47,4 cm × 62,5 cm.
Nas primeiras décadas do século XIX estiveram no Brasil viajantes europeus com o intuito de pesquisar as particularidades da fauna, flora, hidrografia, dos minérios e costumes nativos. Suas impressões oscilaram entre o deslumbramento e o estranhamento diante desse mundo desconhecido. Frequentemente faziam registros escritos ou ilustrações como a reproduzida acima. Esses viajantes não eram antropólogos no sentido que entendemos hoje, pois seus esforços para compreender o "outro" falavam muito mais sobre suas próprias sociedades que daquelas que eles pesquisavam. A Antropologia é um campo científico que se desenvolveu posteriormente com o objetivo de "dar voz" aos nativos.

Se a Sociologia teve como primeiro desafio entender o que se passava no tempo e espaço presentes – ou seja, nas sociedades industriais modernas –, outro tipo de conhecimento das sociedades surgiu com uma aposta distinta. A Antropologia – das palavras gregas *antropos* (humano ou homem) + *logos* (pensamento ou razão) – tinha como objetivo estudar todas as formas de **cultura** humana. É importante entender o sentido dessa busca.

Os antropólogos procuraram o que era considerado diferente do que estava próximo, ou seja, o que estava distante – tanto geográfica quanto culturalmente – da sociedade em que viviam.

A maior lição que esse campo de conhecimento nos trouxe foi duvidar de algumas certezas que circulam em conversas informais e que, às vezes, provocam discussões ou estimulam conflitos. Dizeres como "esse povo é 'primitivo', aquele é 'selvagem', o outro é 'simples'", servem para classificar e ordenar grupos ou culturas em uma escala hierárquica, insinuando que umas são melhores ou mais sofisticadas que outras. Quem quer ser associado ao que é considerado menos? Será que ser diferente ou distante é ser menor? É ser menos? A Antropologia se empenhou em "dar voz" a esses "outros". Ouvir deles mesmos como pensam sua cultura, seu jeito de ser; como constroem suas crenças; como defendem seus interesses; como veem seu entorno; de que forma obedecem ou desobedecem; como promovem a guerra ou lutam pela paz. Ouvir deles, os que ali nasceram e ali vivem, os nativos, quais são os motivos que definem sua maneira de trabalhar, criar rituais, produzir festividades. São modos de viver desconhecidos para nós, mas bastante familiares para eles.

Antropologia e alteridade

A Antropologia, desde sua origem, caracterizou-se por um princípio básico: a ideia de **alteridade**. O termo vem da palavra latina *alter*, que significa "outro". A alteridade, ou a "outridade", é o exercício de reconhecer o outro em sua diferença, sem que isso implique qualquer julgamento de valor. Provocados pelo contato com o distante, com o outro, os antropólogos construíram um conceito que ainda hoje ocupa lugar de honra na tradição da disciplina – o **etnocentrismo**. O antropólogo brasileiro Roque de Barros Laraia nos ajuda a entender o significado desse engenho humano por meio do conceito que é uma das maiores contribuições da Antropologia às Ciências Sociais.

> O homem tem despendido grande parte de sua história na Terra, separado em pequenos grupos, cada um com a sua própria linguagem, sua própria visão de mundo, seus costumes e expectativas.
>
> O fato de que o homem vê o mundo através de sua cultura tem como consequência a propensão em considerar o seu modo de vida como o mais correto e o mais natural. Tal tendência, denominada etnocentrismo, é responsável em seus casos extremos pela ocorrência de numerosos conflitos sociais.
>
> LARAIA, Roque de Barros. *Cultura*: um conceito antropológico. Rio de Janeiro: Jorge Zahar Editor, 2002. p. 72-73.

Mas compreender a alteridade não foi tarefa fácil. Ao longo do século XIX, os primeiros antropólogos buscaram responder ao enigma da diversidade humana por meio de teses que levavam para a análise da sociedade as descobertas de Charles Darwin no campo da Biologia. Era o assim chamado **evolucionismo social**, que via na humanidade uma única linha evolutiva. Em que consistia essa corrente de ideias?

Os antropólogos evolucionistas defendiam que em todas as partes do mundo a sociedade humana teria se desenvolvido em estágios sucessivos e obrigatórios, numa trajetória unilinear e ascendente. Isso significa que todos os grupos humanos teriam de atravessar as mesmas etapas de desenvolvimento, e as diferenças observadas entre as sociedades contemporâneas seriam resultado das defasagens temporais, consequência dos ritmos diversos de **evolução**. Nessa perspectiva, os chamados "povos primitivos" eram vistos como uma etapa anterior pela qual o homem civilizado já teria passado. Assim como uma criança atinge naturalmente a vida adulta, os "selvagens" alcançariam a civilização. Era apenas uma questão de tempo.

Não é difícil imaginar que, nessa interpretação, a sociedade europeia ocupava o lugar de apogeu da civilização. Os povos nativos das Américas, os aborígenes da Austrália e as tribos da África, por exemplo, eram vistos como mais atrasados, selvagens e distantes dos padrões de civilização. Podemos ver, assim, que o conceito de "civilização" era usado para classificar, julgar e justificar o domínio sobre outros povos, com o argumento de que caberia aos mais evoluídos levar o progresso aos mais primitivos.

Dividindo a humanidade em etapas de desenvolvimento, os evolucionistas encontraram no conceito de **raça** a fundamentação científica para suas ideias. Ao se depararem com sociedades cuja organização e costumes eram muito distantes daquilo que se via na Europa, os evolucionistas acreditavam estar diante de raças inferiores, atrasadas, às quais faltava percorrer muitas etapas do desenvolvimento humano. A este "racismo científico", que usava a ciência para explicar supostas diferenças evolutivas entre os povos, deu-se o nome de **racialismo**.

Essas ideias parecem absurdas atualmente, mas eram amplamente aceitas até os primeiros anos do século XX. As críticas iniciais ao racialismo e ao evolucionismo começaram a surgir somente no final do século XIX, quando alguns pesquisadores passaram a questionar essa forma de compreensão da **diversidade humana**.

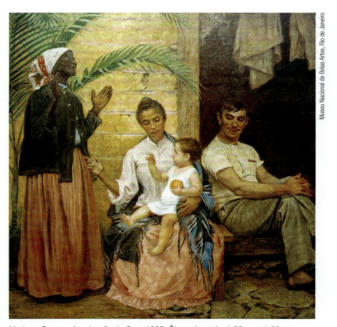

Modesto Brocos. *A redenção de Cam*, 1895. Óleo sobre tela, 1,99 m × 1,66 m.

▌▌ Teorias racialistas no Brasil

As teses racialistas tiveram grande influência sobre intelectuais brasileiros do final do século XIX e início do XX. Num momento em que o discurso científico defendia que negros e mestiços eram naturalmente inferiores a brancos, muitos pensadores se viram diante do desafio de pensar sobre o futuro de um país recém-saído da escravidão – cuja população era, em grande parte, formada por negros e mestiços. A solução encontrada por muitos dos principais intelectuais do período foi a defesa do assim chamado "branqueamento". A ideia era que a chegada maciça de imigrantes europeus ao Brasil levaria ao progressivo desaparecimento da população negra e mestiça do país. Segundo esse pensamento, a nova república poderia, enfim, encontrar o caminho do progresso e alinhar-se às grandes civilizações europeias.

João Batista Lacerda (1846-1915), médico e cientista brasileiro que dirigiu o Museu Nacional, certa vez afirmou: "O Brasil mestiço de hoje tem no branqueamento em um século sua perspectiva, saída e solução". Não teria sido essa ideia que Modesto Brocos procurou retratar em sua tela *A redenção de Cam* (página 41)?

Felizmente, essa visão foi se alterando e, na década de 1930, a mestiçagem brasileira ganhou outras interpretações. Mas será que ocorreram, em nosso país, mudanças na forma de entender a diversidade e de conviver com ela?

Superando o etnocentrismo científico

Um dos nomes mais importantes no processo de superação do evolucionismo foi o do prussiano Franz Boas (1858-1942). Em 1883, após alguns meses vivendo entre os esquimós da Ilha de Baffin, no Canadá, o antropólogo percebeu que havia aprendido a sentir, pensar e se comportar como eles. Isso o levou a concluir que as formas de vida são relativas ao contexto em que se desenvolvem, e não inatas, ou seja, são resultados de aprendizagem, e não fruto de nossa constituição biológica (natureza). Franz Boas passou então a defender uma compreensão relativista da diversidade humana, afirmando que as diferenças entre as sociedades eram culturais, e não biológicas. "Estamos acorrentados aos grilhões da tradição", disse ele, atentando para o fato de que cada ser humano percebe o mundo do ponto de vista da cultura em que cresceu. Além disso, para compreender o "outro" com base em seus próprios valores, dizia Boas, é preciso não transformar a diferença em hierarquia, classificando as sociedades como superiores e inferiores.

Se, para os evolucionistas, o objeto de estudo era a sociedade humana, no singular, vista em suas diferentes etapas de desenvolvimento, para os adeptos do **relativismo cultural** o que estava em evidência eram as particularidades das culturas humanas, sempre no plural. Assim, Boas defendia a substituição da ideia de "raça" pelo conceito de "cultura". Não havia entre os seres humanos variações raciais, e sim diferenças meramente superficiais, tais como a cor da pele ou a textura do cabelo. Essas diferenças, dizia Franz Boas, em nada influenciam o comportamento ou a capacidade intelectual dos indivíduos. Afirmando que "raça" não passa de um conceito pseudocientífico, sem nenhuma comprovação empírica, o antropólogo explicava que a compreensão das diferenças entre populações de origens distintas não depende de suas supostas características raciais, e sim de fatores como o meio ambiente e as condições sociais a que as populações estão submetidas.

Franz Boas fundava, assim, o **culturalismo**, uma forma de pensar a diversidade humana na qual as noções de bem e mal, certo e errado, assim como outros juízos de valores, são relativas a cada cultura. O relativismo de Boas nascia, portanto, do exercício de olhar o outro, o diferente. Era uma maneira nova de olhar a alteridade. Este seria o ponto de partida para o estudo das sociedades.

Um dos principais desdobramentos da obra de Franz Boas foi o estudo da relação entre o comportamento individual e os padrões culturais. Esse esforço foi levado adiante por alguns de seus alunos, como a antropóloga Ruth Benedict. Sua maior contribuição à Antropologia foi enfatizar a importância da cultura sobre a biologia. Em sua perspectiva, cada cultura molda o caráter dos indivíduos que dela fazem parte, influenciando a forma com que os membros de uma sociedade se comportam. Por exemplo, quem nunca escutou alguém dizer que os alemães são pessoas reservadas, os brasileiros expansivos, e os japoneses disciplinados? Isso significa que cada grupo tem padrões próprios, que, ao serem transmitidos aos indivíduos, condicionam seu modo de ver o mundo, sua apreciação moral e mesmo sua postura corporal. Reforçava-se então a lição dada por Boas: não podemos julgar aquilo que nos é estranho pelas lentes da nossa própria cultura.

42 ▶▶ **Parte I** – Saberes cruzados

Ruth Benedict
(Nova York, EUA, 5 de junho de 1887 – Nova York, EUA, 17 de setembro de 1948)

Ruth Benedict foi a primeira mulher a se dedicar profissionalmente à Antropologia. Aluna de Franz Boas, teve seu trabalho marcado pelo relativismo cultural, dedicando-se a combater os discursos "biologizantes" sobre a diversidade humana.

Entre 1922 e 1929, Benedict fez pesquisa de campo com povos indígenas norte-americanos, coletando o material que daria origem a seu livro mais famoso, *Padrões de cultura*, publicado em 1934. Nele, a antropóloga defende que cada cultura reúne elementos de origens díspares, porém mais ou menos integrados segundo um padrão próprio. Haveria assim sociedades mais calmas, equilibradas, e outras mais violentas, desordenadas, cada uma valorizando as características individuais mais alinhadas com seu padrão. Essa perspectiva lhe possibilitou reelaborar a questão, muito debatida na época, acerca dos indivíduos "desajustados", os quais, de portadores de patologias, passavam a ser vistos como pessoas cujas características inatas não eram aquelas valorizadas por sua cultura. O livro foi um *best-seller* para muito além das fronteiras da Antropologia, influenciando outras disciplinas e atingindo um amplo público.

A partir da década de 1940, essa visão da cultura passou a ser fortemente criticada, sendo valorizada a diversidade de cada cultura. Ainda assim, seu trabalho é até hoje considerado um marco importante no processo de consolidação do relativismo cultural.

Ruth Benedict, 1937.

Apesar da importância dos trabalhos de Franz Boas e Ruth Benedict para o campo da Antropologia, eles não foram suficientes para que o etnocentrismo de base racialista fosse totalmente superado. Em 1952, ainda sob o impacto da Segunda Guerra Mundial, o antropólogo belga Claude Lévi-Strauss escreveu *Raça e História*, um manifesto divulgado pela Unesco com o objetivo de difundir a ideia de que diversidade e igualdade eram perfeitamente compatíveis.

Lévi-Strauss, como Boas, posicionou-se contra o argumento racialista, pois, para ele, nesse argumento não haveria base biológica para explicar as diferenças entre as sociedades – discurso que havia ganhado força no contexto do nazismo. Defendendo que não havia nenhuma base científica que sustentasse a suspeita da desigualdade racial entre humanos, o autor afirmava: "Não existem povos crianças, todos são adultos, mesmo aqueles que não tiveram diário de infância". Mas, se não há essas distinções inatas, como explicar os progressos conseguidos pelo homem branco?

Claude Lévi-Strauss, 1986.

Claude Lévi-Strauss
(Bruxelas, Bélgica, 28 de novembro de 1908 – Paris, França, 30 de outubro de 2009)

Filho de artista e membro de família judia francesa, formou-se em Filosofia pela Universidade Sorbonne (Paris). Interessou-se pela etnologia, tornando-se, assim, um dos principais antropólogos de todos os tempos.

Seus primeiros contatos com a etnografia – trabalho de campo que embasa a pesquisa antropológica – foram estabelecidos entre 1935 e 1939, período no qual viveu no Brasil. Durante sua estadia, lecionou na então recém-fundada Universidade de São Paulo (USP) e viajou pelo Mato Grosso e pela Amazônia, vivendo algum tempo entre diversas tribos indígenas. Em 1955, essas experiências foram publicadas no livro *Tristes trópicos*, no qual o autor relata que aqueles foram anos cruciais à articulação de suas teorias e de sua identidade como antropólogo. A maior contribuição de Lévi-Strauss para a Antropologia e para as Ciências Sociais foi o desenvolvimento de uma análise das sociedades tribais baseada na noção de estrutura. A chamada Antropologia Estrutural teve grande influência sobre o universo intelectual dos anos 1960 e 1970, sobretudo em áreas como Filosofia, Psicologia e Sociologia (além de, naturalmente, Antropologia). A perspectiva estruturalista empregada por Lévi-Strauss propõe que a cultura reflete elementos universais que podem ser encontrados em todos os seres humanos. Essa postura implica diretamente uma recusa à ideia de que a civilização ocidental seria única e privilegiada, uma vez que sugere que as estruturas mentais que organizam as culturas chamadas selvagens são iguais às que regem aquelas consideradas civilizadas.

Em 1959, Lévi-Strauss assumiu o departamento de Antropologia Social no Collège de France, onde lecionou até se aposentar, em 1982. Suas principais obras são *Estruturas elementares do parentesco* (1949), *Antropologia estrutural* (1959), *O pensamento selvagem* (1962).

Com base nessa pergunta, Lévi-Strauss procurou mostrar que era preciso diferenciar sem hierarquizar. Para isso, atacava um dos pontos mais sensíveis à sociedade europeia: o conceito de progresso. O antropólogo argumentava que falar em progresso implica supor a existência de desigualdade entre os povos, pois, ao pensarmos nesses termos, somos naturalmente levados a classificar uns como mais adiantados e outros como mais atrasados. O problema estaria, portanto, nos critérios usados para julgar as outras culturas. As culturas que não se orientam pela ideia de progresso parecem sempre atrasadas aos olhos do europeu. Com essas ideias em mente, Lévi-Strauss conclui, na mais conhecida frase de seu manifesto: "Bárbaro é aquele que crê na barbárie".

É possível dizer que a Antropologia se desenvolveu do interesse pela cultura. E, como defendeu Lévi-Strauss, a cultura surgiu no momento em que o ser humano convencionou a primeira norma de comportamento para o grupo. O antropólogo identificou essa primeira regra como a proibição do incesto. Cada cultura estudada por ele definiu qual parentesco seria permitido na parceria sexual entre homens e mulheres. Na cultura judaico-cristã, por exemplo, não é permitida a relação sexual entre pais e filhos e entre irmãos e primos. Regras equivalentes foram encontradas em todas as culturas que Lévi-Strauss estudou, podendo variar o grau de parentesco da mulher, que é interditada ao sexo. Este é, portanto, o aprendizado que nos deixa a Antropologia: perceber e compreender a variedade com que os grupos constroem suas próprias culturas.

A construção dessa percepção não é, no entanto, tarefa fácil. Ela começa com uma forma especial de olhar para as culturas humanas, de investigá-las e encontrar nelas a riqueza das diferenças, que ficou conhecida como etnografia.

Etnografia: o método antropológico

A Antropologia foi, por muito tempo, feita a distância por pensadores fechados em seus escritórios. Utilizando informações coletadas por viajantes e missionários, os primeiros estudiosos da área não estabeleciam contato direto com seu objeto de estudo, praticando aquilo que ficou conhecido como uma antropologia "de gabinete".

Somente nas primeiras décadas do século XX o pesquisador passou a "ir a campo", ou seja, ir até os nativos e coletar seus próprios dados, fazendo da observação direta parte importante do trabalho antropológico. Nasceu assim a *etnografia* (dos gregos *ethno* = povo e *graphein* = escrita), que passou então a ser o método antropológico por excelência.

Bronislaw Malinowski nas Ilhas Trobriand, c.1914-1918.

A etnografia surgiu como resultado do esforço de conhecer profundamente o "outro", sem julgá-lo com os olhos do europeu.

Viver entre os nativos, compartilhar sua intimidade, falar sua língua, experimentar seus hábitos são alguns dos mandamentos básicos da pesquisa etnográfica. Assim, o antropólogo pode vivenciar o mundo do ponto de vista do povo que está pesquisando.

O polonês Bronislaw Malinowski teve um papel fundamental na consolidação da etnografia. Em seu livro *Os argonautas do Pacífico Ocidental* (1922), ele apresenta os resultados de sua estadia de quase um ano entre os trobriandeses (habitantes dos arquipélagos da Nova Guiné), defendendo que o conhecimento sobre o outro deveria ser produzido por meio da imersão total no cotidiano nativo. Malinowski dizia ser muito importante que o pesquisador permanecesse afastado dos outros homens brancos, recolhendo o máximo de informações possível por meio de observação e entrevistas. Em suas palavras, "é importante que o antropólogo ouça o que as pessoas dizem e veja o que elas fazem". Não por acaso, a etnografia ficou também conhecida como "observação participante".

Mais que uma mudança de método, o desenvolvimento da etnografia representou uma transformação profunda na maneira de olhar para o outro, de pensar sobre as diferenças. Isso porque, ao valorizar o "ponto de vista nativo", ela dá ao antropólogo as ferramentas necessárias para a produção da alteridade, deixando para trás os perigos do evolucionismo.

Lições do trabalho de campo

Um dos mais ilustres antropólogos norte-americanos – Clifford James Geertz (1926-2006) –, autor de um livro intitulado *Interpretação das culturas*, traz um exemplo instigante aos leitores interessados na diversidade cultural. Ele conta que, em uma aldeia em Bali, na Indonésia, as brigas de galo eram consideradas ilegais. Ao mesmo tempo, eram momentos em que boa parte dos grupos de balineses se reunia com expectativas a respeito do desempenho dos lutadores. A vitória ou derrota dos galos sinalizava o enaltecimento ou o fracasso de seus donos. O ritual, portanto, dizia muito dos hábitos e costumes da cultura do lugar. Nas palavras de Geertz, a briga de galo "é uma leitura balinesa da experiência balinesa, uma estória sobre eles que eles contam a si mesmos".

Nessa cultura, os galos são símbolo de masculinidade, poder e prestígio. As brigas são uma questão de vida ou morte, que expressam uma hierarquia de prestígio ou desprestígio. Elas provocam e deixam aflorar sentimentos como os de excitação do risco, desespero da derrota, prazer do triunfo. As brigas falam de como os balineses valorizam o sentimento de lealdade e de como vivem emoções variadas, que vão do júbilo à depressão. Não se pode apostar em qualquer galo. "Não fica bem" escolher um galo que não pertença à família do apostador; da mesma forma, não se permite que a aposta seja feita em um galo de fora da comunidade, se algum da aldeia estiver disputando. O balinês, nesse evento, deixa transparecer seu temperamento, suas emoções, seus sentimentos. Ele se vê no acontecimento, ao mesmo tempo que vê a própria sociedade onde a briga acontece. A briga de galos, por ocupar um lugar valorizado culturalmente nessa comunidade, foi para Geertz uma das maneiras de ter acesso aos costumes desse povo.

Vejamos a mensagem mais importante que ele nos deixou: "as sociedades, como as vidas, contêm suas próprias interpretações. É preciso apenas descobrir o acesso a elas". São duas lições que fazem parte do ofício do antropólogo. A primeira, é considerar como matéria-prima as interpretações que as culturas têm delas mesmas. Como fazer isso? Ouvindo com atenção o que os pertencentes àquela cultura têm a dizer sobre si mesmos – ou seja, ouvir os habitantes locais, dar voz aos nativos. A segunda lição é que o pesquisador não deve se comportar como quem tem uma ideia pronta sobre o que acontece em determinado grupo social. Antes, ele deve estar inclinado a aprender com aqueles que vivem, na prática, a experiência que ele busca compreender.

Briga de galos em Bali, Indonésia, 2014.

◀◀ Recapitulando

Neste capítulo você aprendeu que a Sociologia não está sozinha na difícil tarefa de pensar sobre a sociedade. Como vimos, a Antropologia se interessa especialmente pelo conhecimento do outro, daquilo que não conhecemos bem, de tudo o que nos parece estranho à primeira vista. Baseada nos princípios da alteridade e do relativismo, e no conceito de **cultura**, essa disciplina tem se preocupado em conhecer o outro com base em seus próprios termos, valorizando a voz dos nativos como fonte privilegiada de conhecimento. Para isso, os antropólogos desenvolveram um método próprio, a etnografia, que se caracteriza pela permanência prolongada entre o grupo estudado, possibilitando que o pesquisador veja de perto os hábitos e costumes desse grupo.

Leitura complementar

Raça e história

A atitude mais antiga e que repousa, sem dúvida, sobre fundamentos psicológicos sólidos, pois que tende a reaparecer em cada um de nós quando somos colocados numa situação inesperada, consiste em repudiar pura e simplesmente as formas culturais, morais, religiosas, sociais e estéticas mais afastadas daquelas com que nos identificamos. "Costumes de selvagem", "isso não é nosso", "não deveríamos permitir isso", etc., um sem número de reações grosseiras que traduzem este mesmo calafrio, esta mesma repulsa, em presença de maneiras de viver, de crer ou de pensar que nos são estranhas. Deste modo a Antiguidade confundia tudo que não participava da cultura grega (depois greco-romana) sob o nome de bárbaro; em seguida, a civilização ocidental utilizou o termo de selvagem no mesmo sentido.

Ora, por detrás destes epítetos dissimula-se um mesmo juízo: é provável que a palavra bárbaro se refira etimologicamente à confusão e à desarticulação do canto das aves, opostas ao valor significante da linguagem humana; e selvagem, que significa "da floresta", evoca também um gênero de vida animal, por oposição à cultura humana. Recusa-se, tanto num como noutro caso, a admitir a própria diversidade cultural, preferindo repetir da cultura tudo o que esteja conforme à norma sob a qual se vive. [...]

Esta atitude do pensamento, em nome da qual se expulsam os "selvagens" (ou todos aqueles que escolhemos considerar como tais) para fora da humanidade, é justamente a atitude mais marcante e a mais distintiva destes mesmos selvagens. Sabemos, na verdade, que a noção de humanidade, englobando, sem distinção de raça ou de civilização, todas as formas da espécie humana teve um aparecimento muito tardio e uma expansão limitada. Mesmo onde ela parece ter atingido o seu mais alto grau de desenvolvimento, não existe qualquer certeza – tal como a história recente o prova – de se ter estabelecido ao abrigo de equívocos ou de regressões. Mas para vastas frações da espécie humana e durante dezenas de

Indígenas da etnia guarani tocando flautas em aldeia Piraquê Açu, em Aracruz (ES), 2014.

milênios, esta noção parece estar totalmente ausente. A humanidade acaba nas fronteiras da tribo, do grupo linguístico, por vezes mesmo, da aldeia; a tal ponto que um grande número de populações ditas primitivas se designam por um nome que significa os "homens" (ou por vezes – digamos com mais discrição –, os "bons", os "excelentes", os "perfeitos"), implicando assim que as outras tribos, grupos ou aldeias não participem das virtudes – ou mesmo da natureza – humanas, mas são, quando muito, compostos por "maus", "perversos", "macacos terrestres"; ou "ovos de piolho". Chegando-se mesmo, a maior parte das vezes, a privar o estrangeiro deste último grau de realidade fazendo dele um "fantasma" ou uma "aparição". Assim acontecem curiosas situações onde os interlocutores se dão cruelmente réplica. Nas Grandes Antilhas, alguns anos após a descoberta da América, enquanto os espanhóis enviavam comissões de investigação para indagar se os indígenas possuíam ou não alma, estes últimos dedicavam-se a afogar os brancos feitos prisioneiros para verificarem, através de uma vigilância prolongada, se o cadáver daqueles estava ou não sujeito à putrefação.

Esta anedota, simultaneamente barroca e trágica, ilustra bem o paradoxo do relativismo cultural (que vamos encontrar mais adiante revestindo outras formas): é na própria medida em que pretendemos estabelecer uma discriminação entre as culturas e os costumes que nos identificamos mais completamente com aqueles que tentamos negar. Recusando a humanidade àqueles que surgem como os mais "selvagens" ou "bárbaros" dos seus representantes, mais não fazemos que copiar-lhes as suas atitudes típicas. O bárbaro é em primeiro lugar o homem que crê na barbárie.

LÉVI-STRAUSS, Claude. Raça e História. In: _____. *Antropologia estrutural II*. Rio de Janeiro: Tempo Brasileiro, 1976. p. 333-335.

Fique atento!

Definição dos conceitos sociológicos estudados neste capítulo.

Alteridade: na página 41.

Cultura: na seção **Conceitos sociológicos**, página 367.

Culturalismo: no verbete "Cultura" da seção **Conceitos sociológicos**, página 367.

Diversidade: na seção **Conceitos sociológicos**, página 368.

Etnocentrismo: na página 41.

Etnografia: na página 44.

Evolução/Evolucionismo social: na seção **Conceitos sociológicos**, na página 369.

Raça: no verbete "Etnia/raça" da seção **Conceitos sociológicos**, página 369.

Racialismo: na página 41.

Relativismo cultural: na seção **Conceitos sociológicos**, página 375.

Sessão de cinema

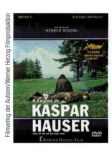

O ENIGMA DE KASPAR HAUSER

Alemanha, 1974, 110 min. Direção de Werner Herzog.

Conta a história real – ocorrida no século XIX – de uma criança abandonada em uma praça na Alemanha depois de viver toda sua vida dentro de um porão. Kaspar não desenvolveu a linguagem e outros aspectos da cultura do país em que vivia. O filme mostra como foi sua socialização e aprendizagem.

MUITA TERRA PARA POUCO ÍNDIO?

Brasil, s/d, 24 min. Direção de Bruno Pacheco de Oliveira.

Esse documentário etnográfico apresenta a diversidade dos povos indígenas e suas terras no Brasil. Apoiando-se em dados, depoimentos e imagens, o filme revela os argumentos que usualmente são utilizados contra a efetivação dos direitos indígenas e a formulação de políticas indigenistas afirmativas.

Disponível em: <www.abant.org.br/?code=5.3>. Acesso em: maio 2016.

Construindo seus conhecimentos

MONITORANDO A APRENDIZAGEM

1. O texto a seguir foi escrito no século XIX pelo naturalista alemão Von Martius e descreve o povo mura, que habitava a região do Rio Amazonas.

A CABANA DOS MURA

Quando entramos nessa cabana, acompanhados do **mundurucu**, fechou-se a carranca do **tuxaua**, num misto de cólera, embaraço e temor que pareceu aliviado quando da cabana baixa e enfumaçada nos retiramos para o ar livre. Também nos bastaram poucos minutos para ver-lhe os pobres e sujos objetos caseiros. Em parte alguma nos pareceu tão medonha e triste a miséria do silvícola americano como ali. Tudo indicava que mesmo as mais simples necessidades da vida se satisfaziam ali a modo dos animais.

A palhoça, construída com troncos de árvores, coberta de folhas de palmeira e ripas, cuja porta baixa também servia de janela e de chaminé, tinha quando muito o comprimento de uma rede, feita não com o artístico trançado, mas simplesmente de uma casca de árvore em forma de canoa. Além das armas, faltava todo utensílio doméstico. [...] A expressão das fisionomias era feroz, hesitante, abjecta.

MARTIUS, Karl Friedrich Philipp von apud FAYET, Ana Luisa. *Imagens etnográficas de viajantes alemães no Brasil do século XIX*. Disponível em: <www.rchav.cl/imagenes7/imprimir/fayet.pdf>. Acesso em: abr. 2016.

Vocabulário
Mundurucus – grupos indígenas que habitam as terras indígenas no sudoeste do estado do Pará. Também são conhecidos como: weidyenye, paiquize, pari e caras-pretas.
Tuxaua – líder, chefe da aldeia.

a) Como Von Martius caracterizou os muras?

b) Você percebe algum tipo de julgamento na descrição dos indígenas feita pelo viajante?

c) Relacione essa descrição com o conceito de **etnocentrismo**.

2. No século XIX o naturalista britânico Charles Darwin propôs uma teoria para explicar a evolução e seleção natural das espécies que revolucionou o pensamento científico da época. Os estudos das sociedades não europeias também se desenvolveram nesse período, marcados por teorias evolucionistas. Explique como, de acordo com essas correntes de pensamento, as diferenças entre as sociedades eram percebidas.

3. A Antropologia precisou superar seu próprio etnocentrismo para compreender a alteridade. Explique com suas palavras o que é **relativismo cultural**.

4. No plano biológico, a espécie humana é única. E, no plano cultural, também há unidade? Explique.

5. A Antropologia desenvolveu uma metodologia de pesquisa que possibilita conhecer a alteridade em seus próprios termos. É isso que representa dar voz aos nativos. Em sua opinião, o método antropológico contribui exclusivamente para o conhecimento do "outro" que está distante ou pode, assim como a Sociologia, contribuir para o conhecimento da sociedade da qual você também faz parte? Justifique sua resposta.

DE OLHO NO ENEM

1. (Enem 2010)

> Dali avistamos homens que andavam pela praia, obra de sete ou oito. Eram pardos, todos nus. Nas mãos traziam arcos com suas setas. Não fazem o menor caso de encobrir ou de mostrar suas vergonhas; e nisso têm tanta inocência como em mostrar o rosto. Ambos traziam os beiços de baixo furados e metidos neles seus ossos brancos e verdadeiros. Os cabelos seus são corredios.
>
> CAMINHA, P. V. Carta. RIBEIRO, D. et al. *Viagem pela história do Brasil*: documentos. São Paulo: Companhia das Letras, 1997 (adaptado).

O texto é parte da famosa Carta de Pero Vaz de Caminha, documento fundamental para a formação da identidade brasileira. Tratando da relação que, desde esse primeiro contato, se estabeleceu entre portugueses e indígenas, esse trecho da carta revela a

(A) preocupação em garantir a integridade do colonizador diante da resistência dos índios à ocupação da terra.

(B) postura etnocêntrica do europeu diante das características físicas e práticas culturais do indígena.

(C) orientação da política da Coroa Portuguesa quanto à utilização dos nativos como mão de obra para colonizar a nova terra.

(D) oposição de interesses entre portugueses e índios, que dificultava o trabalho catequético e exigia amplos recursos para a defesa da posse da nova terra.

(E) abundância da terra descoberta, o que possibilitou a sua incorporação aos interesses mercantis portugueses, por meio da exploração econômica dos índios.

2. (Enem 2011)

> Em geral, os nossos tupinambás ficam bem admirados ao ver os franceses e os outros dos países longínquos terem tanto trabalho para buscar o seu arabotã, isto é, pau-brasil. Houve uma vez um ancião da tribo que me fez esta pergunta: "Por que vindes vós outros, mairs e pêros (franceses e portugueses), buscar lenha de tão longe para vos aquecer? Não tendes madeira em vossa terra?"
>
> LÉRY, J. Viagem à Terra do Brasil. In: FERNANDES, F. *Mudanças sociais no Brasil*. São Paulo: Difel, 1974.

O viajante francês Jean de Léry (1534-1611) reproduz um diálogo travado, em 1557, com um ancião tupinambá, o qual demonstra uma diferença entre a sociedade europeia e a indígena no sentido

(A) do destino dado ao produto do trabalho nos seus sistemas culturais.

(B) da preocupação com a preservação dos recursos ambientais.

(C) do interesse de ambas em uma exploração comercial mais lucrativa do pau-brasil.

(D) da curiosidade, reverência e abertura cultural recíprocas.

(E) da preocupação com o armazenamento de madeira para os períodos de inverno.

3. (Enem 2002)

De acordo com a história em quadrinhos protagonizada por Hagar e seu filho Hamlet, pode-se afirmar que a postura de Hagar

(A) valoriza a existência da diversidade social e de culturas, e as várias representações e explicações desse universo.

(B) desvaloriza a existência da diversidade social e as várias culturas, e determina uma única explicação para esse universo.

(C) valoriza a possibilidade de explicar as sociedades e as culturas a partir de várias visões de mundo.

(D) valoriza a pluralidade cultural e social ao aproximar a visão de mundo de navegantes e não navegantes.

(E) desvaloriza a pluralidade cultural e social, ao considerar o mundo habitado apenas pelos navegantes.

4. (Enem 2010)

> A hibridez descreve a cultura de pessoas que mantêm suas conexões com a terra de seus antepassados, relacionando-se com a cultura do local que habitam. Eles não anseiam retornar com a cultura do local que habitam. Eles não anseiam retornar à sua "pátria" ou recuperar qualquer identidade étnica "pura" ou absoluta; ainda assim, preservam traços de outras culturas, tradições e histórias e resistem à assimilação.
>
> CASHMORE, E. *Dicionário de relações étnicas e raciais*. São Paulo: Selo Negro, 2000 (adaptado).

Contrapondo o fenômeno da hibridez à ideia de "pureza" cultural, observa-se que ele se manifesta quando

(A) criações originais deixam de existir entre os grupos de artistas, que passam a copiar as essências das obras uns dos outros.

(B) civilizações se fecham a ponto de retomarem os seus próprios modelos culturais do passado, antes abandonados.

(C) populações demonstram menosprezo por seu patrimônio artístico, apropriando-se de produtos culturais estrangeiros.

(D) elementos culturais autênticos são descaracterizados e reintroduzidos com valores mais altos em seus lugares de origem.

(E) intercâmbios entre diferentes povos e campos de produção cultural passam a gerar novos produtos e manifestações.

5. (Enem 2015)

Quanto ao "choque de civilizações", é bom lembrar a carta de uma menina americana de sete anos cujo pai era piloto na Guerra do Afeganistão: ela escreveu que – embora amasse muito seu pai – estava pronta a deixá-lo morrer, a sacrificá-lo por seu país. Quando o presidente Bush citou suas palavras, elas foram entendidas como manifestação "normal" de patriotismo americano; vamos conduzir uma experiência mental simples e imaginar uma menina árabe maometana pateticamente lendo para as câmeras as mesmas palavras a respeito do pai que lutava pelo Talibã – não é necessário pensar muito sobre qual teria sido a nossa reação.

ZIZEK, S. *Bem-vindo ao deserto do real*. São Paulo: Boitempo, 2003.

A situação imaginária proposta pelo autor explicita o desafio cultural do(a)

(A) prática da diplomacia.

(B) exercício da alteridade.

(C) expansão da democracia.

(D) universalização do progresso.

(E) conquista da autodeterminação.

ASSIMILANDO CONCEITOS

1. Leia o texto, analise o cartaz publicitário e responda às questões propostas.

OCIDENTE E ORIENTE

O anúncio "Ocidente e Oriente", criado pela Master Comunicação para a OSCIP Ação Ética & Cidadania, ganhou medalha de ouro no FIAP 2002 (Festival Ibero-Americano de la Publicidad), categoria especial. O anúncio foi criado logo após o atentado às Torres Gêmeas de Nova Iorque, em 11 de setembro de 2001.

Disponível em: <http://aecidadania.org.br>. Acesso em: mar. 2016.

a) Sabendo que a peça publicitária foi intitulada "Ocidente e Oriente", que subtítulo você proporia, considerando o contexto em que ela foi produzida? Explique.

b) É possível relacionar essa imagem ao conceito de etnocentrismo? Explique.

OLHARES SOBRE A SOCIEDADE

DO BOM USO DO RELATIVISMO

Hoje, pela multimídia, imagens e gentes do mundo inteiro nos entram pelos telhados, portas e janelas e convivem conosco. É o efeito das redes globalizadas de comunicação. A primeira reação é de perplexidade que pode provocar duas atitudes: ou de interesse para melhor conhecer, que implica abertura e diálogo, ou de distanciamento, que pressupõe fechar o espírito e excluir. De todas as formas, surge uma percepção incontornável: nosso modo de ser não é o único. Há gente que, sem deixar de ser gente, é diferente. Quer dizer, nosso modo de ser, de habitar o mundo, de pensar, de valorar e de comer não é absoluto. Há mil outras formas diferentes de sermos humanos, desde a forma dos esquimós siberianos, passando pelos yanomamis do Brasil, até chegarmos aos sofisticados moradores de **Alphavilles**, onde se resguardam as elites opulentas e amedrontadas. O mesmo vale para as diferenças de cultura, de língua, de religião, de ética e de lazer.

Deste fato surge, de imediato, o relativismo em dois sentidos: primeiro, importa relativizar todos os modos de ser; nenhum deles é absoluto a ponto de invalidar os demais; impõe-se também a atitude de respeito e de acolhida da diferença porque, pelo simples fato de estar-aí, goza de direito de existir e de coexistir; segundo, o relativo quer expressar o fato de que todos estão de alguma forma relacionados. Eles não podem ser pensados independentemente uns dos outros, porque todos são portadores da mesma humanidade. Devemos alargar a compreensão do humano para além de nossa concretização. Somos uma geosociedade una, múltipla e diferente.

Todas estas manifestações humanas são portadoras de valor e de verdade. Mas são um valor e uma verdade relativos, vale dizer, relacionados uns aos outros, autoimplicados, sendo que nenhum deles, tomado em si, é absoluto. Então não há verdade absoluta? Vale o **everything goes** de alguns pós-modernos? Quer dizer, o "vale tudo"? Não é o vale tudo. Tudo vale na medida em que mantém relação com os outros, respeitando-os em sua diferença. Cada um é portador de verdade mas ninguém pode ter o monopólio dela. Todos, de alguma forma, participam da verdade. Mas podem crescer para uma verdade mais plena, na medida em que mais e mais se abrem uns aos outros.

Bem dizia o poeta espanhol António Machado: "Não a tua verdade. A verdade. Vem comigo buscá-la. A tua, guarde-a". Se a buscarmos juntos, no diálogo e na cordialidade, então mais e mais desaparece a minha verdade para dar lugar à Verdade comungada por todos.

A ilusão do Ocidente é de imaginar que a única janela que dá acesso à verdade, à religião verdadeira, à autêntica cultura e ao saber crítico é o seu modo de ver e de viver. As demais janelas apenas mostram paisagens distorcidas. Ele se condena a um fundamentalismo visceral que o fez, outrora, organizar massacres ao impor a sua religião e, hoje, guerras para forçar a democracia no Iraque e no Afeganistão.

Devemos fazer o bom uso do relativismo, inspirados na culinária. Há uma só culinária, a que prepara os alimentos humanos. Mas ela se concretiza em muitas formas, as várias cozinhas: a mineira, a nordestina, a japonesa, a chinesa, a mexicana e outras. Ninguém pode dizer que só uma é a verdadeira e gostosa e as outras não. Todas são gostosas do seu jeito e todas mostram a extraordinária versatilidade da arte culinária. Por que com a verdade deveria ser diferente?

BOFF, Leonardo. Disponível em: <www.leonardoboff.com/site/vista/2008/jun20.htm>. Acesso em: abr. 2016.

Vocabulário

Alphavilles: expressão usada pelo autor para designar condomínios de luxo.
Everything goes: literalmente, "todas as coisas vão"; equivale à expressão "vale tudo".

1. O texto que você acabou de ler, do teólogo brasileiro Leonardo Boff, explora a noção de relativismo. Resuma os principais aspectos da visão do autor e tome uma posição: concorda, discorda ou concorda em parte. Em seguida, defenda seu ponto de vista em debate com a turma.

52 ▶▶ **Parte I** – Saberes cruzados

EXERCITANDO A IMAGINAÇÃO SOCIOLÓGICA
TEMA DE REDAÇÃO DO VESTIBULAR DA PUC-RIO (2014)

Autocrítica e autoconhecimento: caminhos para o outro

Formule um texto (de 20 a 25 linhas) que possa ter o título acima – "Autocrítica e autoconhecimento: caminhos para o outro" –, dissertando a respeito da questão do etnocentrismo na cultura ocidental. [...]

TEXTO 1
O QUE É ETNOCENTRISMO

Etnocentrismo é uma visão do mundo na qual o nosso próprio grupo é tomado como centro de tudo e todos os outros são pensados e sentidos através dos nossos valores, nossos modelos, nossas definições do que é a existência. No plano intelectual, pode ser visto como a dificuldade de pensarmos a diferença; no plano afetivo, como o fato de sentirmos estranheza, medo, hostilidade, etc. [...] Esse problema não é exclusivo de uma determinada época nem de uma única sociedade.

Como uma espécie de pano de fundo da questão etnocêntrica, temos a experiência de um choque cultural. De um lado, está "um grupo do eu", o "nosso" grupo, que come igual, veste igual, gosta de coisas parecidas, conhece problemas do mesmo tipo, acredita nos mesmos deuses, distribui o poder da mesma forma, empresta à vida significados em comum e procede, por muitas maneiras, semelhantemente. Aí, então, de repente, nos deparamos com um "outro", o grupo do "diferente" que, às vezes, nem sequer faz coisas como as nossas ou, quando as faz, é de forma tal que não as reconhecemos como possíveis. Mais grave ainda: esse "outro" também sobrevive à sua maneira, gosta do seu jeito de viver, também está no mundo e, ainda que diferente de nós, também existe. [...]

O grupo do "eu" faz, então, da sua visão a única possível ou, mais discretamente, se for o caso, a melhor, a natural, a superior, a certa. O grupo do "outro" fica, nessa lógica, como sendo engraçado, absurdo, anormal ou ininteligível. Esse processo resulta num considerável reforço da identidade do "nosso" grupo. No limite, algumas sociedades chamam-se por nomes que querem dizer "perfeitos", "excelentes" ou, muito simplesmente, "ser humano"; ao "outro", ao estrangeiro, chamam, por vezes, de "macacos da terra" ou "ovos de piolho". De qualquer forma, a sociedade do "eu" é a melhor, a superior. É representada como o espaço da cultura e da civilização por excelência. É onde existe o saber, o trabalho, o progresso. A sociedade do "outro" é atrasada. É o espaço da natureza, cheio de selvagens, de bárbaros. Eles são estranhos para nós, pois, lá no fundo, embora não saibamos, somos nós mesmos.

Adaptado do livro *O Que é Etnocentrismo*, de Everardo Rocha (Brasiliense, 1984, p. 7-22)

TEXTO 2
DESCOBERTA DE NOVOS MUNDOS

O antropólogo americano Loren Eiseley (1907-1977) conta uma história que exprime um possível encontro com outras realidades em nossa rotina. Para Eiseley, descobrir outro mundo não é apenas um fato imaginário, mas algo fantástico que acontece aos homens e aos outros animais. Por vezes, as fronteiras entre distintos universos resvalam ou interpenetram-se: basta estar presente nesse momento.

O antropólogo relata um fato que viu acontecer com um corvo: "Esse corvo é meu vizinho e eu nunca lhe fiz mal algum, mas ele tem o cuidado de se conservar no cimo das árvores, de voar alto e de evitar a humanidade. O seu mundo principia onde a minha vista acaba. Ora, uma manhã, os nossos campos estavam mergulhados num nevoeiro extraordinariamente espesso, e eu me dirigia às apalpadelas para a estação. Bruscamente, à altura dos meus olhos, surgiram duas asas negras, imensas, precedidas por um bico gigantesco, e tudo isso passou como um raio, soltando um grito de terror tal que eu faço votos para que nunca mais ouça coisa semelhante". O grito não saiu da mente de Eiseley durante toda a tarde, tamanha foi a sua intensidade. Em virtude do denso nevoeiro, a fronteira entre o mundo do corvo e o dele – um homem – resvalara, caíra, tombara. Aquele corvo, que achava estar voando à altitude habitual, tinha visto, subitamente, um espetáculo contrário, para ele, às leis da natureza: um homem caminhando no espaço, bem no centro do mundo dos corvos. A imensa ave tinha se deparado com a manifestação de estranheza mais completa que podia conceber. Na análise de Eiseley, o animal tinha visto, pela primeira vez, um fantástico homem voador: "Agora, quando me vê, lá do alto, solta pequenos gritos, nos quais reconheço a incerteza de um espírito cujo universo foi abalado. Já não é e nunca mais será como os outros corvos". Ninguém permanece igual quando se depara com o mundo do "outro".

Adaptado do livro "O Despertar dos Mágicos", de Louis Pauwels (Tradução de Gina de Freitas para a editora Bertrand Brasil, 1998, p. 23-25)

[...]

4 Saber as manhas e a astúcia da política

Frontispício de *Leviatã*, de Thomas Hobbes (detalhe). Gravura, 1651.
O principal acontecimento político dos séculos XVI e XVII foi a formação dos Estados absolutistas na Europa. *Leviatã* foi escrito pouco depois do término da guerra civil na Inglaterra (1642-1649). O contexto daquele momento foi comparado, por Thomas Hobbes (1588-1679), ao "estado de natureza" – quando, segundo esse autor, prevalecia a guerra de todos contra todos. Para superar o caos, Hobbes não via outro caminho: para viver em paz, os indivíduos deveriam ceder sua liberdade natural a um poder central com autoridade absoluta. A figura do Leviatã – monstro marinho de mitologias antigas – foi usada por ele para personificar o Estado. Na ilustração, o traje do Leviatã é formado pelos súditos.

Falaremos agora de mais uma área importante para a reflexão dos cientistas sociais: a Ciência Política. Enquanto os conceitos motivadores da Sociologia e da Antropologia são, respectivamente, diferenciação social e cultura, a Ciência Política estuda o saber relacionado ao **poder** que indivíduos ou grupos exercem sobre outros indivíduos ou outros grupos.

"Poder é a capacidade de uma pessoa ou de um grupo de pessoas de impor sua vontade a outras". Esta afirmação é de Max Weber (1864-1820), cientista social alemão, e nos dá uma pista para levantar outro aspecto fundamental que integra as Ciências Sociais. Se alguém ou algum grupo impõe sua vontade aos outros, o que resta aos demais? Obedecer? Não obedecer? Negociar? Rebelar-se? Manter-se apático, indiferente? Tentar convencê-lo do contrário? Manifestar sua posição ou desistir de sua convicção? Mudar a situação conquistando o lugar de quem está mandando? Os que têm poder estão falando em seu nome ou em nome de alguém? Eles são poderosos porque têm força para mandar ou porque foram capazes de convencer os outros de que estão no lugar certo? Veja quantas situações são possíveis quando estamos diante do fenômeno da **política**. Antes, porém, recuperemos o significado dessa palavra tão importante e de uso tão variado em nosso cotidiano.

A palavra **política** vem do grego *politikos*, "relativo ao governo de uma cidade, de um Estado". A política era exercida na pólis, a cidade-Estado grega, espaço fechado onde, nas civilizações antigas, decidia-se a vida da sociedade. Portanto, a origem da palavra já veio carregada de significados porque dizia respeito ao Estado e também ao cidadão. Indicava não só os procedimentos de governar, de organizar a vida dos cidadãos como também uma forma de expressar o ponto de vista, defender interesses e organizar a comunidade urbana daqueles considerados cidadãos (e não eram todos). É por essa razão que o termo diz respeito ao ato de governar, de exercer poder, de conquistar, e também de participar, concordar, resistir ou lutar. São gestos, decisões, movimentos dirigidos para o exercício do poder.

Veja que entender o que é política implica muitas ideias e se vale de conceitos fundamentais. O poder é um deles, mas como os cidadãos fazem suas demandas chegar aos que governam é outro. Como proceder para que os que estão no poder saibam dos desejos e aspirações dos que não estão no governo? De que maneira aqueles que decidem a vida em sociedade podem saber das necessidades dos cidadãos? Como se forma o governo? Que relação tem o governo com a sociedade por ele governada? Quem diz ao governo o que e como fazer? Os "governos governam" em todas as partes da mesma maneira? Os indivíduos de uma sociedade respondem de forma semelhante a todos os governos?

As perguntas que o exercício da política suscita trouxeram para as Ciências Sociais um campo repleto de possibilidades. Alguns governos são fruto da vontade do povo, expressa nas urnas em processos eleitorais livres. Outros decorrem da força de determinado grupo sobre a maioria, e não consideram o voto condição para sua existência. Há também os que recebem o poder como herança (a exemplo das monarquias, em que os critérios de sangue definem quem são os sucessores do monarca). E há ainda aqueles que combinam a figura do rei com a de um primeiro-ministro – que executa as atividades do governo. A Ciência Política se interessa pelo estudo do exercício do poder em suas variadas formas de manifestação e também em entender o movimento da sociedade para fazer valer sua vontade diante do Estado. Empenha-se ainda em explicar o funcionamento das instituições políticas, como os partidos políticos.

Tempos modernos e a nova ordem política

Um dos grandes nomes, sempre mencionado quando se trata da Ciência Política, é o de Nicolau Maquiavel (1469-1527), o italiano de Florença, que viveu no período do Renascimento.

Em sua obra mais conhecida, *O príncipe*, escrita em 1513, e publicada postumamente em 1532, Maquiavel faz recomendações precisas ao governante. O livro é considerado um receituário de como governar, controlar os conflitos, lidar com os inimigos, conquistar espaços, conceder benefícios e definir punições.

Um dos grandes pontos levantados por Maquiavel – o que conferiu a ele o símbolo de moderno – foi a defesa intransigente da separação entre a política e a religião. Dever-se-ia atribuir ao Estado e à sociedade o exercício da política. A Igreja cuidaria da formação religiosa, da orientação dos fiéis para o caminho da salvação ou aperfeiçoamento espiritual. Do mundo terreno, cuidam os homens; do mundo espiritual, da alma, cuida a Igreja. Não se tratava de pouca coisa se lembrarmos que, na tradição das monarquias, as autoridades religiosa e política se fundiam. E no caso da Itália ainda não unificada, sobretudo, os Estados Pontifícios, segundo Maquiavel, competiam com o Estado político, dificultando a formação de um Estado Nacional unificado.

A obra de Maquiavel é uma expressão fiel do tempo em que foi produzida, considerada inovadora por provocar o rompimento com a maneira tradicional de tratar os fenômenos históricos e políticos. Os fatos deveriam ser analisados como se apresentavam concretamente, como produtos das ações humanas reais, desenvolvidas em experiências históricas específicas. Foi o primeiro a propor uma ética para a política diferente daquela do ensinamento religioso. A finalidade da política seria a manutenção do Estado. Tudo, portanto, que dissesse respeito ao funcionamento do Estado – ato de governar, de obedecer, de administrar conflitos, de se representar – interessava ao conhecimento da política.

Nos séculos seguintes a Maquiavel – XVII e XVIII –, muitos outros pensadores ampliaram a advertência feita por ele. Como construir uma nova ordem social que não fosse submetida aos costumes que vigoravam e ao poder exclusivo de um monarca?

Os pensadores desse século, também chamados de contratualistas, estavam preocupados com ideias que hoje nos são caras. Noções de direitos, de participação dos cidadãos na vida política e nas questões que afetavam suas vidas, e de limites ao poder do rei, foram matéria de estudo e de clássicos que são referência no campo de conhecimento da Ciência Política. Fortalecer o Parlamento e definir regras para a sucessão dos governantes foram conquistas de uma famosa revolução ocorrida na Inglaterra em 1688-1689, a Revolução Gloriosa, também conhecida como "Revolução sem sangue". Foi dela que resultou um documento fundamental que viria a marcar os tempos modernos: a *Bill of Rights* (Declaração de Direitos).

O que aprendemos com esses exemplos? Nada é natural ou espontâneo quando pensamos na sociedade e no exercício da política. Os direitos são conquistados, disputados, negociados, muitas vezes abolidos, negados, desrespeitados. Os ensinamentos da Ciência Política nos ajudam a entender como esses movimentos de sucesso, fracasso e estabilidade, e também de retrocessos, são parte de épocas e situações sociais específicas.

J. Cary e Samuel Wale. *A Declaração de Direitos ratificada pelo rei William e pela rainha Mary antes da coroação*, séc. XVIII. Gravura, 30,2 cm × 21,6 cm.

▌ Teorias Contratualistas ou Teorias do Contrato Social

Como explicar a origem da ordem social e da política? De que modo indivíduos isolados passam a se perceber como participantes da mesma sociedade, do mesmo grupo ou da mesma organização política? Essas perguntas são antigas e tiveram respostas fundamentadas em diversos campos, como Religião, Mitologia, Filosofia e Ciência. Uma das maneiras de responder a essas questões foi dada por uma corrente filosófica que surgiu na Antiguidade e atravessou o Período Medieval – o Contratualismo. Ainda que tivessem origem remota, foi na modernidade que as teorias contratualistas contribuíram para o desenvolvimento da Ciência Política – ciência que estuda a organização política das sociedades.

A ideia central do pensamento contratualista é que a ordem política surge de um acordo estabelecido entre os indivíduos a fim de evitar mais danos ou garantir a paz. Esse acordo seria o Contrato Social. Isso significa que existiria, ainda que hipoteticamente, um tipo de vida associal ou apolítica, anterior ao contrato – momento definido pelos contratualistas como estado de natureza. Com o contrato, o estado de natureza desaparece e surge a sociedade civil (*civitas*, "Estado", "organização política").

As guerras religiosas decorrentes da Reforma e da Contrarreforma, a emergência do capitalismo e da burguesia e o surgimento da ciência moderna tiveram implicações no campo político no Período Moderno. As transformações sociais, culturais e econômicas modificaram a ordem social, que deixou de ser percebida como resultado da vontade divina e passou a ser compreendida como construção humana. Assim, o indivíduo passou a ser o protagonista da história. Se nos modelos políticos medievais a soberania era justificada pela religião e pela tradição, no contexto moderno a soberania (do monarca e, posteriormente, do povo) passou a ser justificada pelo acordo entre indivíduos.

O primeiro contratualista moderno foi o inglês Thomas Hobbes (1588-1679), mas outros nomes ligados ao Iluminismo fizeram parte dessa corrente de pensamento, como o inglês John Locke (1632-1704) e o genebriano Jean-Jacques Rousseau (1712-1778). Ambos pensaram o mundo social de forma diferente de Hobbes, mas os três compartilhavam um argumento comum: a vida social, para existir como tal, necessita de um acordo (que pode ser redefinido muitas vezes e de muitas maneiras) que estabelece os princípios básicos dessa sociedade. Os contratualistas trabalhavam três elementos: o estado de natureza, o contrato e o resultado do contrato, ou seja, os fundamentos das leis que deveriam orientar a constituição do Estado. A forma como cada pensador entendeu cada um desses aspectos (estado de natureza, contrato e fundamentos das leis) deu origem a teorias diferentes.

Poder, obediência e suas veredas

De um lado, temos o mando, o exercício do poder; de outro, a obediência. Nesse sentido, outra questão que motiva os cientistas políticos é por que os indivíduos obedecem. Uma das razões pode ser por acreditarem que o governante é alguém preparado, capaz e competente para fazer o bem para os governados. Outra razão pode estar relacionada à confiança em que o governante será bom porque pertence a determinada família ou foi treinado por alguém que parece saber governar, ou seja, por uma questão de tradição, de costume. Mas é possível também que pessoas apoiem e obedeçam ao governante por considerarem que ele tem um dom excepcional e carisma, podendo conduzir a sociedade na direção mais desejada. E ainda pode haver outras razões, e mesmo a combinação delas. O interessante e instigante é saber o que os governados dizem a respeito de quem os governa. Se o governante for considerado adequado pela maioria, o exercício do poder pode não ser percebido como uma violência por aqueles que o apoiam. O inverso também é plausível: os que discordam podem avaliar o exercício político como arbitrário, impositivo, violento.

Fidel Castro, revolucionário comunista cubano, dirigiu seu país de 1959 a 2008. Cuba, 2010.

Osama Bin Laden (1957-2011), saudita, fundador da organização terrorista Al Qaeda, a qual liderou até 2011. Afeganistão, 1998.

Barack Obama, eleito presidente dos Estados Unidos em 2008 e 2012. Estados Unidos da América, 2015.

Vladimir Putin, presidente russo eleito em 2000 e 2012. Rússia, 2015.

Angela Merkel, chanceler alemã eleita em 2005, 2009 e 2013. Alemanha, 2016.

Nicolas Maduro, eleito presidente da Venezuela, em 2013. Venezuela, 2014.

A Ciência Política traz às Ciências Sociais conceitos fundamentais para entender como a comunidade se faz representar, como se protege dos abusos de poder, como se manifesta para defender seus interesses, como avalia o desempenho dos políticos, que instituições as sociedades criam para controlar o poder do Estado e que instituições o Estado cria para proteger a vida dos cidadãos.

Ela procura compreender os regimes políticos. Aprende-se com ela as formas variadas que as sociedades encontram para organizar a vida política. Como se constituem os governos? Em que consiste um governo autoritário? Como sabemos se estamos diante de um regime democrático? A esse respeito, o cientista político norte-americano Robert Dahl pode nos ajudar.

O que é democracia

Todos nós temos objetivos que não conseguimos atingir sozinhos. No entanto, cooperando com outras pessoas que visam a objetivos semelhantes, podemos atingir alguns deles.

Suponhamos então que, para atingir certas metas em comum, você e muitas centenas de outras pessoas concordam em formar uma associação. Podemos deixar de lado os objetivos específicos dessa associação para nos concentrarmos na pergunta [...]: *O que é democracia?*

Na primeira reunião [...] diversos membros dizem que a associação precisará de uma constituição. A opinião deles é bem recebida. [...]

Entretanto, ao começar a tarefa, descobre-se que diversas associações e organizações que se chamam "democráticas" adotaram muitas constituições diferentes. Descobre-se que, mesmo entre países "democráticos", as constituições diferem em pontos importantes. Por exemplo, a Constituição dos Estados Unidos prevê um poderoso chefe executivo na presidência e, ao mesmo tempo, um poderoso legislativo no Congresso; cada um é bastante independente um do outro. Em compensação, a maioria dos países europeus preferiu um sistema parlamentar, em que o chefe do Executivo, o primeiro-ministro, é escolhido pelo Parlamento. Pode-se facilmente apontar muitas outras diferenças importantes. Aparentemente, não existe uma só constituição democrática [...].

Começamos então a nos perguntar se essas diferentes constituições têm algo em comum que justifique intitularem-se "democráticas". Talvez algumas sejam mais democráticas do que outras? O que significa *democracia*? Logo [...] aprenderão que a palavra é usada de maneiras pasmosamente diferentes. Sabiamente, você decidirá ignorar essa infinita variedade de definições, pois a tarefa [...] é [...]: criar um conjunto de regras e princípios, uma constituição, que determinará como serão tomadas as decisões da associação. Além disso, a sua associação deverá estar de acordo com um princípio elementar: todos os membros serão tratados (sob a constituição) como se estivessem igualmente qualificados para participar do processo de tomar decisões sobre as políticas que a associação seguirá. Sejam quais forem as outras questões, no governo desta associação todos os membros serão considerados politicamente iguais.

DAHL, Robert A. *Sobre a democracia*. Brasília: Editora Universidade de Brasília, 2001. p. 47-49.

Na época moderna, os direitos individuais foram sendo definidos com base na noção de que "todos são iguais perante a lei", ou seja, de que os direitos deveriam ser reconhecidos, independentemente de serem os sujeitos mais ou menos influentes, mais ricos ou mais pobres, de uma cor de pele ou de outra, homem ou mulher, religioso ou ateu etc. O reconhecimento jurídico moderno é o de que todo ser humano, sem distinção, deve receber respeito universal. Vale lembrar aqui da Declaração Universal dos Direitos do Homem (1789). Esse documento representou um grande diferencial em relação às sociedades medievais, em que os sujeitos só conseguiam obter reconhecimento jurídico quando reconhecidos como membros ativos da comunidade e apenas em função da posição que ocupavam na hierarquia social. Exceções e privilégios eram atribuídos às pessoas da sociedade em função do seu *status*. O sistema jurídico moderno nasceu justamente com o objetivo de combater esses privilégios e essas exceções.

Jean-Jacques-François Le Barbier. *Declaração dos direitos do homem e do cidadão*, 1791. Óleo sobre madeira, 56 cm × 71 cm.

Democracia e Ciência Política no Brasil

Entre os direitos, está aquele que concede aos cidadãos a liberdade de escolha de seus representantes. Quando e como se escolhem os representantes dos cidadãos na esfera do Poder Executivo (nos cargos de prefeito, governador e presidente da República) e do Poder Legislativo (vereadores, deputados estaduais, federais e senadores)? Nas experiências democráticas, esse momento é o das eleições, e o voto é o mecanismo que efetiva a participação dos cidadãos na escolha de seus governantes. Entretanto, o direito ao voto, por exemplo, nem sempre foi extensivo a todos no Brasil. E seu exercício nem sempre pôde ser praticado de maneira tranquila, como nos mostra o livro que foi um dos marcos inaugurais da Ciência Política brasileira: *Coronelismo, enxada e voto*, de Victor Nunes Leal.

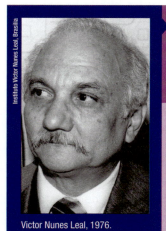

Victor Nunes Leal
(Alvorada, Minas Gerais, 11 de novembro de 1914 – Rio de Janeiro, 17 de maio de 1985)

Foi jurista e ministro do Supremo Tribunal Federal. Bacharelou-se em 1936 em Ciências Jurídicas e Sociais pela Faculdade Nacional de Direito da Universidade do Brasil. Em 1947, defendeu tese para ingresso, como professor, na Faculdade Nacional de Filosofia da Universidade do Brasil, intitulada *O municipalismo e o regime representativo no Brasil – uma contribuição para o estudo do coronelismo*, que ficou mais conhecida por seu nome comercial: *Coronelismo, enxada e voto*, publicada em 1948.

No final da década de 1940, em meio ao processo de redemocratização pós-deposição de Getúlio Vargas, muitos pensadores se dispuseram a refletir sobre os rumos políticos do país. Estavam na ordem do dia questões como a superação do autoritarismo e a necessidade de desenvolvimento industrial, em um cenário que colocava em xeque as bases políticas e econômicas da nação.

Era nesse contexto que nascia a obra *Coronelismo, enxada e voto*. Ela parte de uma proposta ambiciosa: analisar todo o sistema político nacional por meio de uma reflexão sobre um dos fenômenos mais complexos da Primeira República – o **coronelismo**. Você sabe o que é isso?

Em linhas gerais, podemos dizer que o coronelismo é um estado de compromisso caracterizado pela troca de favores entre o Estado, os chefes locais (os "coronéis") e os trabalhadores rurais. Funcionava assim: num tempo em que não havia televisão, e, portanto, os políticos em campanha não podiam entrar na casa dos eleitores, os candidatos a governador tinham outras maneiras de chegar à população. Considerando que a maioria dos brasileiros vivia no campo (68%, em 1940), os candidatos faziam acordos com os grandes proprietários de terra, aos quais prometiam benefícios em troca dos votos dos trabalhadores. Os coronéis, por sua vez, comandavam o "voto de cabresto" em sua área de influência oferecendo escolas, remédios ou até mesmo sapatos a quem ajudasse a eleger seu candidato. Os coronéis atuavam, portanto, como mediadores entre o Estado e os eleitores oferecendo sustentação política ao governo em troca da satisfação de seus interesses (cargos, títulos e mais prestígio ao coronel) ou de interesses pontuais da comunidade sob seu domínio (estradas, escolas, cestas básicas, merenda escolar etc.). Fechava-se assim um ciclo de favores e dependências, numa relação política fundamentada na reciprocidade e na qual se aproveitava, sobretudo, da fragilidade da condição dos trabalhadores rurais.

Alfredo Storn. Charge sobre voto de cabresto. *Revista Careta*, Rio de Janeiro, 19 fev. 1927.

Apoiado pela pesquisa em documentos e estatísticas (que até então eram pouco usadas nas Ciências Sociais), Victor Nunes Leal concluiu que o coronelismo, apesar de ser associado ao mundo rural, e não ter relação aparente com o Brasil urbano, permeava toda a vida política nacional. Isso ocorria porque esse sistema, ao submeter o voto da maior parte dos eleitores à lógica do compromisso entre os coronéis e os políticos, traindo o princípio democrático da livre escolha do voto, determinava toda a configuração política do país, extrapolando em muito os limites do Brasil rural.

O autor chama a atenção também para o fato de que o coronelismo era fruto direto da concentração fundiária (em 1940, 7,8% de grandes proprietários concentravam 73% de todas as terras do país). Em um período em que a antiga estrutura econômica baseada na monocultura e no latifúndio estava em franca decadência, o coronelismo garantia o poder aos coronéis, que, por meio desse sistema, asseguravam, no campo da política, o prestígio que haviam perdido no plano econômico. Com a dependência dos trabalhadores reafirmada a cada novo ciclo eleitoral, mantinha-se a profunda desigualdade que marcava as relações no campo.

Apesar de descrever e analisar um fenômeno de muitas décadas atrás, *Coronelismo, enxada e voto* permanece atual. Além de ter sido a primeira obra a apresentar uma análise de todo o sistema político nacional, o livro identificou questões que ainda hoje, num Brasil majoritariamente urbano, são válidas para pensar os problemas de nossa democracia.

Quem nunca ouviu casos de políticos que dão cargos de confiança a parentes? Ou histórias de pessoas que conseguem vagas em instituições públicas depois de conversar diretamente com o vereador? Ou ainda casos de bairros inteiros em que a rede de água e esgoto ou a instalação elétrica ficam a cargo de determinado deputado estadual? Histórias assim são tão comuns que às vezes nem paramos para pensar o que elas revelam sobre o funcionamento da política. O livro de Victor Nunes Leal nos ajuda a perceber que todas elas são novas formas para as velhas relações de reciprocidade que caracterizavam o coronelismo, além de revelar os perigos que a combinação do poder público com interesses privados causa ao bom funcionamento da democracia.

A política na vida contemporânea

Na base da democracia moderna está, portanto, a noção de direito. Entretanto, como é possível um indivíduo desenvolver a consciência de que tem direitos? Como identificar e conter os desrespeitos cometidos pela maioria contra os direitos das minorias? Essas são as perguntas fundamentais que a Ciência Política contemporânea tem procurado responder com base no conceito de reconhecimento.

A primeira experiência de reconhecimento que qualquer pessoa vivencia vem daqueles que nos são mais próximos. É com base no amor e na confiança que a mãe (ou outro responsável) transmite à criança a mensagem de que ela pode desenvolver amor por si mesma e autoconfiança. Muito cedo aprendemos a defender e a reivindicar o que parece ser "nosso direito". A criança com fome tem o direito de comer e, mesmo não conhecendo o Estatuto da Criança e do Adolescente, ela chora até ser alimentada, ou seja, até ter seu direito reconhecido. Por outro lado, a criança que chora e é sistematicamente ignorada ou agredida tem dificuldade de se reconhecer como alguém que merece ser atendido, ou seja, como uma pessoa que tem direitos.

À medida que somos socializados, aprendemos a reconhecer que, além de nós, as pessoas com quem convivemos também têm direitos. Desenvolvemos, gradualmente, a capacidade humana de empatia – de nos colocarmos no lugar do outro, avaliarmos suas necessidades e nos solidarizarmos com suas reivindicações. Somente chegamos à compreensão de que devemos ter nossos direitos reconhecidos quando sabemos que temos obrigações em relação ao outro.

Emanuela Annini, jovem portadora de Síndrome de Down que trabalha como garçonete. Roma, Itália, 2014.

O grande desafio dos estados democráticos é justamente definir e implementar leis que garantam o que os cientistas políticos chamam de reconhecimento jurídico, cujo princípio não pode ser o mesmo do reconhecimento afetivo a que nos referimos antes. A distinção entre reconhecimento afetivo e reconhecimento jurídico envolve muitos aspectos, porém a diferença principal talvez seja aquela entre o particularismo dos afetos e o universalismo das leis. Vejamos brevemente como essa distinção ocorreu ao longo do tempo.

Os problemas de diversidade e pluralismo colocados em pauta pelas sociedades multiculturais, a partir da década de 1980, obrigaram-nos a uma nova reflexão sobre o reconhecimento universalista proposto pela Modernidade. Os **movimentos sociais** organizados por homossexuais, negros, mulheres e outras minorias passaram a reivindicar a efetiva realização da igualdade de oportunidades e o fim dos princípios discriminatórios. Deu-se, então, o estabelecimento de **políticas públicas** que ficaram conhecidas como políticas de ação afirmativa.

Para os que apoiam a ação afirmativa, o conceito de igualdade não deve ser encarado como meramente formal. Eles defendem que se deve "tratar os iguais de forma igual e os desiguais de forma desigual". O objetivo do tratamento diferencial é, justamente, compensar os grupos que foram desfavorecidos ao longo da história. Dito de outro modo, reivindicam que seja considerado todo o processo histórico de discriminação das minorias, cujos efeitos negativos reduziram sensivelmente a chance de sucesso de pessoas desses grupos. Em termos práticos, os defensores desse novo tipo de reconhecimento social apoiam diferentes ações, entre elas a "política de cotas". As "cotas", como são popularmente conhecidas, baseiam-se na reserva de um percentual mínimo de vagas em seleções ou concursos públicos para indivíduos pertencentes a grupos minoritários diversos, como indígenas, mulheres, deficientes físicos, afrodescendentes, entre outros.

Em 2015, a Inter-Parliamentary Union publicou um relatório sobre a participação feminina nas Casas Legislativas de 190 países. Esse estudo confirmou o que se suspeitava: em todas as nações, quer no Ocidente, quer no Oriente, a participação na política formal é extremamente desequilibrada entre homens e mulheres. As mulheres totalizam 52% da população mundial, mas constituem apenas 22,1% dos legisladores do mundo. Em resposta a essa enorme desigualdade, partidos políticos e o Poder Legislativo de vários países criaram estratégias que visam ao incremento da participação feminina na política. Uma das estratégias mais disseminadas são as chamadas "cotas de gênero" para a composição das listas de candidaturas e direções partidárias.

Festa do Império de São Gonçalo na comunidade quilombola Kalunga Vão do Moleque. Cavalcante (GO), 2015.
Hoje, no Brasil, há políticas públicas voltadas a comunidades tradicionais de matriz africana – comunidades quilombolas e povos de cultura cigana (estimados em 800 mil brasileiros). A Constituição de 1988 reconheceu a existência de comunidades quilombolas no país e determinou a emissão, pelo Estado, dos títulos de suas terras – que são fundamentais para tais grupos, pois singularizam o modo de viver e de produzir dessas comunidades.

Apesar de implementar essa regra, em 2015 o Brasil ficou em 116º lugar no *ranking* mundial, com um total de 9,9% de mulheres (51 parlamentares) integrantes da Câmara dos Deputados e 13% (12 senadoras) no Senado. Esses índices mostram que o engajamento de mulheres brasileiras na política está abaixo da média mundial (que chega a 22,1% de mulheres ocupando cadeiras nos parlamentos). Ficamos também abaixo do percentual do Oriente Médio (que é de 16%), região conhecida por negar às mulheres direitos básicos que as brasileiras conquistaram há décadas.

Outra política de cotas adotada no Brasil é a que defende a reserva de vagas nas universidades para negros. O argumento principal é que, durante toda a história brasileira, os afrodescendentes foram discriminados: inicialmente como escravos e, atualmente, por integrar os grupos mais pobres da população, não tendo as mesmas oportunidades de estudo que os brancos. Os que se opõem às "políticas de cotas" questionam a constitucionalidade dessas ações e a viabilidade de realizar políticas com base no critério de "raça". As reações a esse tema são bons exemplos da diversidade de opiniões entre os Cientistas Sociais. Divergências e controvérsias, ao contrário de enfraquecer o campo de conhecimento das Ciências Sociais, revelam vitalidade na vida em sociedade. Veja a seguir dois textos sobre essa questão, com pontos de vista distintos.

▌▌ Argumentos em favor das cotas para a população negra no Brasil

As chamadas políticas de ação afirmativa são muito recentes na história da ideologia antirracista. Nos países onde já foram implantadas (Estados Unidos, Inglaterra, Canadá, Índia, Alemanha, Austrália, Nova Zelândia e Malásia, entre outros), elas visam oferecer aos grupos discriminados e excluídos um tratamento diferenciado para compensar as desvantagens devidas à sua situação de vítimas do racismo e de outras formas de discriminação. [...]

As experiências feitas pelos países que convivem com o racismo poderiam servir de inspiração ao Brasil, respeitando as peculiaridades culturais e históricas do racismo à moda nacional. [...]

Vozes eloquentes, estudos acadêmicos qualitativos e quantitativos recentes realizados pelas instituições de pesquisas respeitadíssimas como o IBGE e o IPEA não deixam dúvidas sobre a gravidade gritante da exclusão do negro, isto é, pretos e mestiços na sociedade brasileira. Fazendo um cruzamento sistemático entre a pertencia racial e os indicadores econômicos de renda, emprego, escolaridade, classe social, [...] idade, situação familiar e região ao longo de mais de 70 anos desde 1929, [o pesquisador] Ricardo Henriques [...] chega à conclusão de que "no Brasil, a condição racial constitui um fator de privilégio para brancos e de exclusão e desvantagem para os não brancos. Algumas cifras assustam quem tem preocupação social aguçada e compromisso com a busca de igualdade e qualidade nas sociedades humanas":

- Do total dos universitários, 97% são brancos, sobre 2% de negros e 1% de descendentes de orientais.

- Sobre 22 milhões de brasileiros que vivem abaixo da linha da pobreza, 70% deles são negros.

- Sobre 53 milhões de brasileiros que vivem na pobreza, 63% deles são negros. [...]

Deduz-se dessa pesquisa que se [...] o ensino básico e fundamental melhorar seus níveis para que os alunos desses níveis de ensino possam competir igualmente no vestibular com os alunos oriundos dos colégios particulares bem abastecidos, os alunos negros levariam cerca de 32 anos para atingir o atual nível dos alunos brancos. Isso supõe que os brancos fiquem parados em suas posições atuais esperando a chegada dos negros, para juntos caminharem no mesmo pé de igualdade. [...]

A questão fundamental que se coloca é como aumentar o contingente negro no ensino universitário e superior de modo geral, tirando-o da situação de 2% em que se encontra depois de 114 anos [dados de 2003] de abolição em relação ao contingente branco que sozinho representa 97% de brasileiros universitários. É justamente na busca de ferramentas e de instrumentos apropriados para acelerar o processo de mudança desse quadro injusto em que se encontra a população negra que se coloca a proposta das cotas, apenas como um instrumento ou caminho entre tantos a serem incrementados. Por que então a cota e não outros instrumentos? Numa sociedade racista, onde os comportamentos racistas difundidos no tecido social e na cultura escapam do controle social, a cota obrigatória se confirma, pela experiência vivida pelos países que a praticaram, como uma garantia de acesso e permanência aos espaços e setores da sociedade até hoje majoritariamente reservados à "casta" branca da sociedade. O uso deste instrumento seria transitório, esperando o processo de amadurecimento da sociedade global na construção de sua democracia e plena cidadania.

MUNANGA, Kabengele. Políticas de ação afirmativa em benefício da população negra no Brasil – Um ponto de vista em defesa de cotas. *Revista Espaço Acadêmico*, ano II, n. 22, mar. 2003. Disponível em: <www.espacoacademico.com.br/022/22cmunanga.htm>. Acesso em: fev. 2016.

Manifestação a favor das cotas para ingresso em universidades públicas, promovida por estudantes em frente à reitoria da Universidade Federal da Bahia (UFBA), Salvador (BA), 2006.

Manifestação contra a aprovação da Lei de Cotas. São Paulo (SP), 2012.

Legislação racial sempre tem frutos funestos

Cotas raciais, em minha opinião, são ilegítimas. A Secretaria de Políticas de Promoção da Igualdade Racial é uma instituição que desequilibra os princípios democráticos por entronizar a "raça", quando a única maneira de enfrentar o racismo e combatê-lo é destruir a própria ideia de "raça". Continuo advogando que o país é feito de cidadãos com direitos universais sem distinção de "raça", credo, condição social e demais atributos especificados na Constituição de 1988.

Em 2012 o STF decidiu, por unanimidade, a constitucionalidade das cotas raciais. Depois desta resolução, abriu-se a porta para que o país instituísse a "raça" como critério de distribuição de justiça.

O Congresso Nacional aprovou o Estatuto da Igualdade Racial, com a aquiescência de todos os partidos. Este, ao lado da decisão do STF, foi o passo mais radical no sentido de mudar o estatuto legal da nação. Determinaram-se aí cotas raciais em todas as esferas da vida dos cidadãos, que agora são definidos por sua "raça" com direitos diferenciados. Não somos mais brasileiros, legalmente somos negros, brancos ou indígenas.

Seguindo os ditames do Estatuto Racial, além da obrigatoriedade das cotas no ensino superior para egressos de escolas públicas com renda inferior a um salário mínimo e meio per capita e para pretos, pardos e indígenas, o governo anuncia que instituirá cotas raciais no serviço público federal, inclusive em cargos comissionados.

Quer, ainda, obrigar empresas privadas a adotarem essa política. É absolutamente transparente a intenção de afastar-se dos consagrados princípios universais que regulam a vida das nações. Se já é triste ver o país caminhar para a racialização das políticas para o ensino superior, mais triste ainda será ver o povo brasileiro ter de lutar por vagas no mercado de trabalho segundo esse critério. Em nome da luta contra o racismo, estão produzindo uma política de alto risco porque, historicamente, todas as vezes que um Estado legislou com base na "raça", as consequências foram funestas.

O mais estranho de tudo é saber que os EUA – que em muito influenciaram as políticas raciais aqui adotadas – se afastam cada vez mais da preferência racial na adoção de políticas públicas e enfatizam o critério social ou de classe.

Como noticiou o "The New York Times" do dia 13 de outubro, os juízes da Corte Suprema americana estão repensando a constitucionalidade das ações afirmativas.

No caso da estudante Abigail Fisher, que alega ter sido prejudicada no acesso a uma vaga na Universidade do Texas por ser branca, o argumento de seus opositores não é mais a justiça – ou seja, o tratamento desigual para aqueles que tiveram seus direitos negados por tanto tempo (os afro-americanos), pedra fundamental da política de ação afirmativa nos EUA. Passados quase 50 anos da instituição das ações afirmativas, a alegação passou a ser a necessidade de intensificar a diversidade nas salas de aula.

Porém, segundo os juízes da Corte Suprema, a verdade é que as ações afirmativas beneficiaram os mais ricos entre os afro-americanos, em detrimento dos pobres tanto brancos quanto negros. Para os juízes, elas contribuíram para o aprofundamento da separação entre os grupos de diferentes "raças", legalmente definidos em função delas.

Por isso, a Suprema Corte americana caminha para adotar critérios de classe no combate às injustiças, e não critérios raciais.

O Brasil, cego ao debate internacional, marcha célere no sentido inverso, criando leis que dividem os brasileiros. Leis que, em vez de erigir pontes e aproximar as pessoas, trazem no seu bojo o ovo da serpente da discórdia, da luta entre aqueles que se pensavam iguais.

MAGGIE, Yvonne. *Folha de S.Paulo*, 20 out. 2012. Opinião, Tendências/Debates. Disponível em: <www1.folha.uol.com.br/fsp/opiniao/72973-legislacao-racial-sempre-tem-frutos-funestos.shtml>. Acesso em: abr. 2016. Fornecido pela Folhapress.

O conceito de reconhecimento nos ajuda, assim, a entender por que as definições de participação política, de **direitos sociais**, **direitos civis** e **direitos políticos** estão fortemente relacionadas ao campo de estudos da disciplina Ciência Política. São problemas do cotidiano abordados na mídia, nas conversas, nos ambientes de trabalho e que nos instigam de diferentes formas. O exercício do poder envolve vários movimentos, ações, esforços e instituições. Por vezes percebemos esses movimentos de forma direta; outras sequer os consideramos. Em certos momentos, a sociedade se mobiliza para compreendê-los e modificá-los; em outros, parece não se importar. Os fenômenos que dizem respeito a nossa vida política são complexos e nem sempre os compreendemos.

Saberes cruzados

Classificamos didaticamente os conceitos como entradas (acessos) das motivações particulares que conduziram à formação das disciplinas das Ciências Sociais. Não é preciso muito esforço para chegar a uma conclusão interessante: esses saberes se cruzam. A diferenciação social não é um tema exclusivo da Sociologia, ele foi definido também pela cultura que fundamentou a criação da Antropologia. O exercício do poder, por exemplo, tratado como objeto da Ciência Política, interfere em muitas atividades da vida que são estudadas sociologicamente. Atualmente, a Antropologia não se orienta apenas pelas experiências distantes, ela incorporou a sociedade urbana como universo de investigação.

As questões contemporâneas de que trata a Antropologia são outro exemplo. Clifford Geertz, o antropólogo que nos deu o exemplo da briga de galos do capítulo anterior, preocupou-se especialmente com o tipo de indagação que se faz hoje à Antropologia relacionado ao fato de seu objeto não serem mais as culturas distantes. No mundo contemporâneo, unido pela comunicação digital, conectado pelos recursos virtuais da internet e pela transmissão via satélite, temos acesso a notícias, imagens, relatos e acontecimentos típicos de culturas que seriam inatingíveis à maioria da população, não fossem os avanços da tecnologia. Desse modo, aumenta a convicção de que o planeta está menor e mais acessível a todos.

Os antropólogos, anteriormente, talvez pensassem nos "primitivos", "selvagens" e "nativos" como se fossem marcianos, desconhecidos e alheios aos nossos costumes, e que poderiam ser uma alternativa a nós mesmos. Agora, porém, que compartilham o mesmo lugar ou espaço acessível, todos estão próximos. Geertz defende que é "no fortalecimento da capacidade de nossa imaginação para apreender o que está diante de nós que residem os usos da diversidade e do estudo da diversidade". A recomendação de Geertz também estimula nossa imaginação a respeito de diálogos possíveis e fecundos entre saberes especializados como a Sociologia, a Antropologia e a Ciência Política, mas que se cruzam quando voltados à compreensão da dinâmica da sociedade contemporânea.

Inauguração do 4º Congresso Mundial de Reservas de Biosfera, sediado em Lima, Peru, 2016.

Um bom exemplo da riqueza desses cruzamentos é a pesquisa que a antropóloga Beatriz Heredia fez em pequenas comunidades rurais no Nordeste do país. Com base em sua etnografia, Heredia analisa as relações entre política, família e comunidade, sugerindo que os processos eleitorais podem ser vistos sob o prisma das diferenças de gênero. Lembrando que, em nossa sociedade, o mundo da vida pública é fortemente associado ao sexo masculino, ela chama a atenção para o fato de que muitas vezes o voto não é uma decisão individual, mas um voto em família que reflete o lugar subalterno da mulher naquelas comunidades. A autora ressalta, assim, que em muitos lugares a legitimidade das mulheres para opinar e decidir não é socialmente reconhecida, sendo a definição do voto uma responsabilidade masculina. A pesquisa mostra que a política não é um mundo à parte. Ela está integrada à vida de todos os cidadãos e tem relação profunda com questões sociais mais amplas, como a desigualdade de gênero. O trabalho de Beatriz Heredia integra o que vem sendo chamado de Antropologia da Política, um cruzamento entre os saberes produzidos pela Antropologia com outros saberes mais identificados com a Ciência Política. Outros exemplos podem ser lembrados para nos convencer dos benefícios da troca de conhecimentos e da combinação possível, na atividade de pesquisa, entre conceitos caros a cada uma dessas disciplinas.

Essas questões são importantes para vocês, alunos do Ensino Médio, que começam a entrar em contato com o grande campo de conhecimento das Ciências Sociais. Afinal, elas contribuem para modificar nossa maneira de viver, olhar o mundo, ler jornais e revistas, conversar, entender as políticas destinadas ao público e que reorganizam nosso cotidiano, avaliar governos e decidir sobre novas escolhas, além de participar das decisões da vida em sociedade. Observar nosso ambiente mais próximo e refletir sobre ele é uma qualidade humana adquirida ao nos aproximarmos do imenso e complexo campo de estudos no qual a Sociologia se inclui de forma particular. Situações de consenso, acordo, conflito, negociação e coesão fazem parte de nossa rotina. Entender a lógica dessas situações é um passo importante para orientar nossa posição no mundo e a percepção a respeito do nosso lugar como indivíduos no conjunto maior. É dar sentido pleno e traduzir fielmente a expressão cunhada por Wright Mills – a imaginação sociológica –, parceira inseparável do esforço para levar a Sociologia aos jovens.

Câmara dos deputados em assembleia no interior do Congresso Nacional. Brasília (DF), 2016.
Nas eleições de 2014, de 167 candidatos ao Senado apenas 5 mulheres foram eleitas. O quadro se agrava no que consiste ao cargo de deputado federal: de 6.178 candidatos, 51 mulheres foram eleitas, enquanto para os homens o número atinge 462 eleitos. Para o cargo de deputado estadual, os números apresentam 115 mulheres eleitas e 920 homens, de 14.882 candidatos. Esses dados mostram como a representatividade feminina na política ainda é pequena, embora sua participação nas candidaturas em 2014 tenha crescido em 61% comparada à 2010.

◀◀ Recapitulando

Neste capítulo você aprendeu que as Ciências Sociais são formadas por saberes cruzados: além da Sociologia e da Antropologia há também a Ciência Política, que se dedica a compreender um fenômeno presente em toda a vida em sociedade: o *poder*. Quem manda? Quem obedece? Como se estabelece essa relação? Com perguntas semelhantes a essas, os cientistas políticos estudam as muitas formas que as diferentes sociedades encontraram para se organizar. Atualmente, um dos temas mais debatidos é o da articulação entre o princípio democrático (segundo o qual todos são iguais perante a lei) e a diversidade (que faz com que, na prática, nem todos sejam de fato iguais). A discussão sobre a implementação da política de cotas nas universidades é um bom exemplo da dificuldade de consenso nessa questão.

Enfim, Sociologia, Antropologia e Ciência Política se esforçam para compreender a vida em sociedade. Mas é o cruzamento desses saberes que constitui o patrimônio das Ciências Sociais.

Leitura complementar

As políticas públicas

A função que o Estado desempenha em nossa sociedade sofreu inúmeras transformações com o passar do tempo. Nos séculos XVIII e XIX, seu principal objetivo era a segurança pública e a defesa externa em caso de ataque inimigo.

Entretanto, com o aprofundamento e expansão da democracia, as responsabilidades do Estado se diversificaram. Atualmente, é comum se afirmar que a função do Estado é promover o bem-estar da sociedade.

Para tanto, ele necessita desenvolver uma série de ações e atuar diretamente em diferentes áreas, tais como saúde, educação, meio ambiente.

Para atingir resultados em diversas áreas e promover o bem-estar da sociedade, os governos se utilizam das Políticas Públicas, que podem ser definidas da seguinte forma:

[...] são a totalidade de ações, metas e planos que os governos (nacionais, estaduais ou municipais) traçam para alcançar o bem-estar da sociedade e o interesse público. É certo que as ações que os dirigentes públicos (os governantes ou os tomadores de decisões) selecionam (suas prioridades) são aquelas que eles entendem ser as demandas ou expectativas da sociedade. Ou seja, o bem-estar da sociedade é sempre definido pelo governo e não pela sociedade.

Isto ocorre porque a sociedade não consegue se expressar de forma integral. Ela faz solicitações [...] para os seus representantes (deputados, senadores e vereadores) e estes mobilizam os membros do Poder Executivo, que também foram eleitos (tais como prefeitos, governadores e inclusive o próprio Presidente da República) para que atendam as demandas da população.

As demandas da sociedade são apresentadas aos dirigentes públicos por meio de grupos organizados, no que se denomina de Sociedade Civil Organizada (SCO), a qual inclui [...] sindicatos, entidades de representação empresarial, associação de moradores, associações patronais e ONGs em geral.

As sociedades contemporâneas se caracterizam por sua diversidade, tanto em termos de idade, religião, etnia, língua, renda, profissão, como de ideias, valores, interesses e aspirações.

No entanto, os recursos para atender a todas as demandas da sociedade e seus diversos grupos [...] são limitados ou escassos. Como consequência, os bens e serviços públicos desejados pelos diversos indivíduos se transformam em motivo de disputa. Assim, para aumentar as possibilidades de êxito na competição, indivíduos que têm os mesmos objetivos tendem a se unir, formando grupos.

Não se deve imaginar que os conflitos e as disputas na sociedade sejam algo necessariamente ruim ou nega-

Cartaz da campanha contra o mosquito *Aedes aegypti*, que transmite a dengue, *chikungunya* e zica, 2016.

Cartaz da Semana de Ação Mundial, apresentando o 1º ano de implementação do Plano Nacional de Educação, 2015.

tivo. Os conflitos e as disputas servem como estímulos a mudanças e melhorias na sociedade, se ocorrerem dentro dos limites da lei e desde que não coloquem em risco as instituições. [...]

Compreendidas as diversas demandas e expectativas da sociedade, [o formulador de políticas públicas] fará a seleção de prioridades para, em seguida, oferecer as respostas. As respostas nunca atenderão às expectativas de todos os grupos. Alguns grupos serão contemplados, outros não. [...]

Em outras palavras, as Políticas Públicas são o resultado da competição entre os diversos grupos ou segmentos da sociedade que buscam defender (ou garantir) seus interesses. Tais interesses podem ser específicos – como a construção de uma estrada ou um sistema de captação das águas da chuva em determinada região – ou gerais – como demandas por segurança pública e melhores condições de saúde.

É importante ressalvar, entretanto, que a existência de grupos e setores da sociedade apresentando reivindicações e demandas não significa que estas serão atendidas, pois antes disso é necessário que as reivindicações sejam reconhecidas e ganhem força ao ponto de chamar a atenção das autoridades do Poder Executivo, Legislativo e Judiciário.

CALDAS, Ricardo Wahrendorff (Coord.). *Políticas públicas*: conceitos e práticas. Belo Horizonte: Sebrae, 2008, p. 5-7. Disponível em: <www.biblioteca.sebrae.com.br>. Acesso em: abr. 2016.

Fique atento!

Definição dos conceitos sociológicos estudados neste capítulo.

Coronelismo: na página 59.

Direitos civis: na seção **Conceitos sociológicos**, página 367.

Direitos políticos: na seção **Conceitos sociológicos**, página 367.

Direitos sociais: na seção **Conceitos sociológicos**, página 367.

Movimentos sociais: na seção **Conceitos sociológicos**, página 373.

Poder: na seção **Conceitos sociológicos**, página 374.

Política: na página 55.

Política pública: nas páginas 66 e 67.

Sessão de cinema

PORTA A PORTA – A POLÍTICA EM DOIS TEMPOS

Brasil, 2009, 80 min. Direção de Marcelo Brennand.

Documentário que acompanha uma eleição no interior do Nordeste e registra os bastidores de uma prática política que se tornou meio de sobrevivência para muitas comunidades. Durante 90 dias, em Gravatá, no interior de Pernambuco, as pessoas travam discussões acaloradas, os desempregados passam a empunhar bandeiras e distribuir santinhos, e os candidatos vão de porta em porta pedir voto, prometendo empregos e outras recompensas.

RAÇA HUMANA

Brasil, 2010, 42 min. Direção de Dulce Queiroz.

O documentário revela os bastidores das ações afirmativas na Universidade de Brasília e levanta a questão de raça no Brasil. Produção da TV Câmara, disponível em: <www2.camara.leg.br/camaranoticias/tv/materiais/DOCUMENTARIOS/187539-RACA-HUMANA.html>. Acesso em: jan. 2016.

Construindo seus conhecimentos

MONITORANDO A APRENDIZAGEM

1. O surgimento do Estado Moderno consagrou a separação entre política e religião. Que mudança ocorreu na compreensão da ordem social para que o Estado laico surgisse?

2. Os contratualistas não compartilhavam da mesma compreensão sobre a organização política ideal, mas havia um núcleo comum em suas ideias. Identifique os aspectos comuns e explique de que forma eles contribuíram para a compreensão científica da ordem social e política.

3. Com base no texto de Robert Dahl – no quadro "O que é democracia" –, proponha uma definição para esse regime político.

4. Explique, com suas palavras, algumas descobertas de Victor Nunes Leal a respeito do sistema político brasileiro.

5. A modernidade trouxe à tona a ideia de igualdade jurídica dos indivíduos, que pode ser sintetizada no artigo 1º da Declaração dos Direitos do Homem e do Cidadão (1789): "Os homens nascem e são livres e iguais em direitos. As distinções sociais só podem fundar-se na utilidade comum".

    - O princípio jurídico do reconhecimento que você aprendeu neste capítulo relaciona-se com os indivíduos? Explique.

DE OLHO NO ENEM

1. (Enem 2012)

> Não ignoro a opinião antiga e muito difundida de que o que acontece no mundo é decidido por Deus e pelo acaso. Essa opinião é muito aceita em nossos dias, devido às grandes transformações ocorridas, e que ocorrem diariamente, as quais escapam à conjectura humana. Não obstante, para não ignorar inteiramente o nosso livre-arbítrio, creio que se pode aceitar que a sorte decida metade dos nossos atos, mas [o livre-arbítrio] nos permite o controle sobre a outra metade.
>
> MAQUIAVEL, N. *O Príncipe*. Brasília: UnB, 1979 (adaptado).

Em *O Príncipe*, Maquiavel refletiu sobre o exercício do poder em seu tempo. No trecho citado, o autor demonstra o vínculo entre o seu pensamento político e o humanismo renascentista ao

(A) valorizar a interferência divina nos acontecimentos definidores do seu tempo.

(B) rejeitar a intervenção do acaso nos processos políticos.

(C) afirmar a confiança na razão autônoma como fundamento da ação humana.

(D) romper com a tradição que valorizava o passado como fonte de aprendizagem.

(E) redefinir a ação política com base na unidade entre fé e razão.

2. (Enem 2012)

> É verdade que nas democracias o povo parece fazer o que quer; mas a liberdade política não consiste nisso. Deve-se ter sempre presente em mente o que é independência e o que é liberdade. A liberdade é o direito de fazer tudo o que as leis permitem; se um cidadão pudesse fazer tudo o que elas proíbem, não teria mais liberdade, porque os outros também teriam tal poder.
>
> MONTESQUIEU. *Do espírito das leis*. São Paulo: Editora Nova Cultural, 1997 (adaptado).

A característica de democracia ressaltada por Montesquieu diz respeito

(A) ao status de cidadania que o indivíduo adquire ao tomar as decisões por si mesmo.

(B) ao condicionamento da liberdade dos cidadãos à conformidade às leis.

(C) à possibilidade de o cidadão participar no poder e, nesse caso, livre da submissão às leis.

(D) ao livre-arbítrio do cidadão em relação àquilo que é proibido, desde que ciente das consequências.

(E) ao direito do cidadão exercer sua vontade de acordo com seus valores pessoais.

3. (Enem 2013)

> Para que não haja abuso, é preciso organizar as coisas de maneira que o poder seja contido pelo poder. Tudo estaria perdido se o mesmo homem ou o mesmo corpo dos principais, ou dos nobres, ou do povo, exercesse esses três poderes: o de fazer leis, o de executar as resoluções públicas e o de julgar os crimes ou as divergências dos indivíduos. Assim, criam-se os poderes Legislativo, Executivo e Judiciário, atuando de forma independente para a efetivação da liberdade, sendo que esta não existe se uma mesma pessoa ou grupo exercer os referidos poderes concomitantemente.
>
> MONTESQUIEU, B. *Do espírito das leis.* São Paulo: Abril Cultural, 1979 (adaptado).

A divisão e a independência entre os poderes são condições necessárias para que possa haver liberdade em um Estado. Isso pode ocorrer apenas sob um modelo político em que haja

(A) exercício de tutela sobre atividades jurídicas e políticas.

(B) consagração do poder político pela autoridade religiosa.

(C) concentração do poder nas mãos de elites técnico-científicas.

(D) estabelecimento de limites aos atores públicos e às instituições do governo.

(E) reunião das funções de legislar, julgar e executar nas mãos de um governante eleito.

4. (Enem 2011)

> Completamente analfabeto, ou quase, sem assistência médica, não lendo jornais, nem revistas, nas quais se limita a ver as figuras, o trabalhador rural, a não ser em casos esporádicos, tem o patrão na conta de benfeitor. No plano político, ele luta com o "coronel" e pelo "coronel". Aí estão os votos de cabresto, que resultam, em grande parte, da nossa organização econômica rural.
>
> LEAL, V. N. *Coronelismo, enxada e voto.* São Paulo: Alfa-Ômega, 1978 (adaptado).

O coronelismo, fenômeno político da Primeira República (1889-1930), tinha como uma de suas principais características o controle do voto, o que limitava, portanto, o exercício da cidadania. Nesse período, esta prática estava vinculada a uma estrutura social

(A) igualitária, com um nível satisfatório de distribuição da renda.

(B) estagnada, com uma relativa harmonia entre as classes.

(C) tradicional, com a manutenção da escravidão nos engenhos como forma produtiva típica.

(D) ditatorial, perturbada por um constante clima de opressão mantido pelo exército e polícia.

(E) agrária, marcada pela concentração da terra e do poder político local e regional.

5. (Enem 2012)

> Na regulamentação de matérias culturalmente delicadas, como, por exemplo, a linguagem oficial, os currículos da educação pública, o status das Igrejas e das comunidades religiosas, as normas do direito penal (por exemplo, quanto ao aborto), mas também em assuntos menos chamativos, como, por exemplo, a posição da família e dos consórcios semelhantes ao matrimônio, a aceitação de normas de segurança ou a delimitação das esferas públicas e privadas – em tudo isso reflete-se amiúde apenas o autoentendimento ético-político de uma cultura majoritária, dominante por motivos históricos. Por causa de tais regras, implicitamente repressivas, mesmo dentro de uma comunidade republicana que garanta formalmente a igualdade de direitos para todos, pode eclodir um conflito cultural movido pelas minorias desprezadas contra a cultura da maioria.
>
> HABERMAS, J. *A inclusão do outro*: estudos de teoria política. São Paulo: Loyola, 2002.

A reivindicação dos direitos culturais das minorias, como exposto por Habermas, encontra amparo nas democracias contemporâneas, na medida em que se alcança

(A) a secessão, pela qual a minoria discriminada obteria a igualdade de direitos na condição da sua concentração espacial, num tipo de independência nacional.

(B) a reunificação da sociedade que se encontra fragmentada em grupos de diferentes comunidades étnicas, confissões religiosas e formas de vida, em torno da coesão de uma cultura política nacional.

(C) a coexistência das diferenças, considerando a possibilidade de os discursos de autoentendimento se submeterem ao debate público, cientes de que estarão vinculados à coerção do melhor argumento.

(D) a autonomia dos indivíduos que, ao chegarem à vida adulta, tenham condições de se libertar das tradições de suas origens em nome da harmonia da política nacional.

(E) o desaparecimento de quaisquer limitações, tais como linguagem política ou distintas convenções de comportamento, para compor a arena política a ser compartilhada.

ASSIMILANDO CONCEITOS

Segundo o cientista político Norberto Bobbio, haveria motivações específicas para cada tipo de poder: na forma de poder tradicional, o motivo da obediência seria a crença na sacralidade da pessoa do soberano; no poder racional, o motivo da obediência surge da crença na racionalidade do comportamento conforme a lei; no poder carismático, ela deriva da crença nos dotes extraordinários do chefe.

1. Observe a imagem ao lado e procure relacioná-la a alguma das formas de poder descritas anteriormente. Em seguida apresente uma explicação para a associação que você fez.

Arraial de Canudos (1893-1897), estado da Bahia. Comunidade de sertanejos liderada por Antônio Conselheiro (1830-1897).

OLHARES SOBRE A SOCIEDADE

CORONELISMO, ANTENA E VOTO: A APROPRIAÇÃO POLÍTICA DAS EMISSORAS DE RÁDIO E TV

"Coronel" é patente militar em quase todos os exércitos do mundo. [...] No Nordeste brasileiro, "coronel" também é sinônimo de grandes proprietários de terra, "os coroné", quem manda, aquele que dita as regras. Daí o termo "coronelismo", cunhado, em 1948, no clássico da ciência política moderna *Coronelismo, Enxada e Voto*, do jurista Victor Nunes Leal, para dar nome ao sistema político que sustentou a República Velha (1889-1930). [...]

Mais de 60 anos se passaram desde a publicação de Victor Nunes Leal. E o coronelismo de outrora ganhou novos contornos, entre eles, o chamado coronelismo eletrônico. [...]

[...] a expressão "coronelismo eletrônico" tem sido usada com frequência na mídia e em artigos acadêmicos para se referir ao cenário brasileiro no qual políticos eleitos se tornam proprietários de empresas concessionárias de rádio e televisão – ou, então, tão comum quanto, radiodifusores são eleitos para cargos do poder público e passam, no caso dos eleitos para o Congresso Nacional, a participar das comissões legislativas que outorgam os serviços e regulam os meios de comunicação no país, legislando em causa própria. [...]

Neste cenário, [...] as instituições políticas acabam cooptadas pelo poder econômico dos grupos de comunicação. "O coronelismo midiático provoca o fim da diversidade. É antidemocrático. Estimula as estruturas de oligopólios e as pautas [jornalísticas] em nome de uma elite. É uma censura de mercado, econômica" [...]

A esses meios de comunicação [rádio e TV] cabe o papel de dar expressão às demandas e à diversidade da sociedade em todos os seus aspectos, mas também de fiscalizar os poderes públicos e a iniciativa privada. É também por meio de uma mídia livre que se estabelece a ligação e o controle entre representantes e representados, como princípio fundamental para o ambiente democrático. Por isso, a Constituição Federal garante o direito de acesso à informação aos cidadãos e, em conjunto, a liberdade de imprensa.

YODA, Carlos Gustavo. Coronelismo, antena e voto: a apropriação política das emissoras de rádio e TV. In: Blog Intervozes. *Carta Capital*. Disponível em: <www.cartacapital.com.br/blogs/intervozes/coronelismo-antena-e-voto-a-apropriacao-politica-das-emissoras-de-radio-e-tv-5044.html>. Acesso em: maio 2016.

1. Com base no trecho acima, elabore um texto que indique o que engloba o fenômeno do "coronelismo eletrônico", de que modo as instituições democráticas são afetadas por ele, qual é o papel das mídias em uma sociedade democrática e se você identifica propostas para alterar o cenário apresentado.

EXERCITANDO A IMAGINAÇÃO SOCIOLÓGICA
TEMA DE REDAÇÃO DO VESTIBULAR DA UERJ (2010)

O IMPÉRIO DA LEI

Como conseguir que todo um povo tenha respeito às leis escritas pelo Estado? O Estado Democrático de Direito é um modelo de Estado inventado por cidadãos dos tempos modernos. Nesse novo tipo de Estado pressupõe-se que os poderes políticos sejam exercidos sempre em perfeita harmonia com as regras escritas nas leis e nos princípios do direito. Todavia, o que temos visto no Brasil e em outras partes do mundo é que muitos cidadãos comuns do povo, bem como também aqueles cidadãos eleitos e/ou aprovados em concurso público para exercerem os poderes do Estado, só obedecem às leis se estas lhes forem convenientes. O que fazer, então? Para início de conversa, teremos todos que saber distinguir perfeitamente o que pertence ao espaço público e o que pertence ao espaço privado. E se você considerar uma lei injusta tome uma posição política contra isso. Lute, pacífica e publicamente, pelo reconhecimento de seu direito e pela mudança da lei.

Adaptado de INÊS DO AMARAL BÜSCHEL. Promotora de Justiça de São Paulo. Disponível em: <www.correiodacidadania.com.br>.

Após a leitura dos textos, reflita sobre eles e redija uma dissertação de 20 a 30 linhas a respeito da cultura de transgressão das leis, tão comentada no Brasil atualmente. Ao expor sua opinião, utilize o registro padrão da língua e estrutura argumentativa completa. Atribua um título a seu texto.

PARTE II
A Sociologia vai ao cinema

Cena do filme *Tempos modernos*, de Charlie Chaplin.

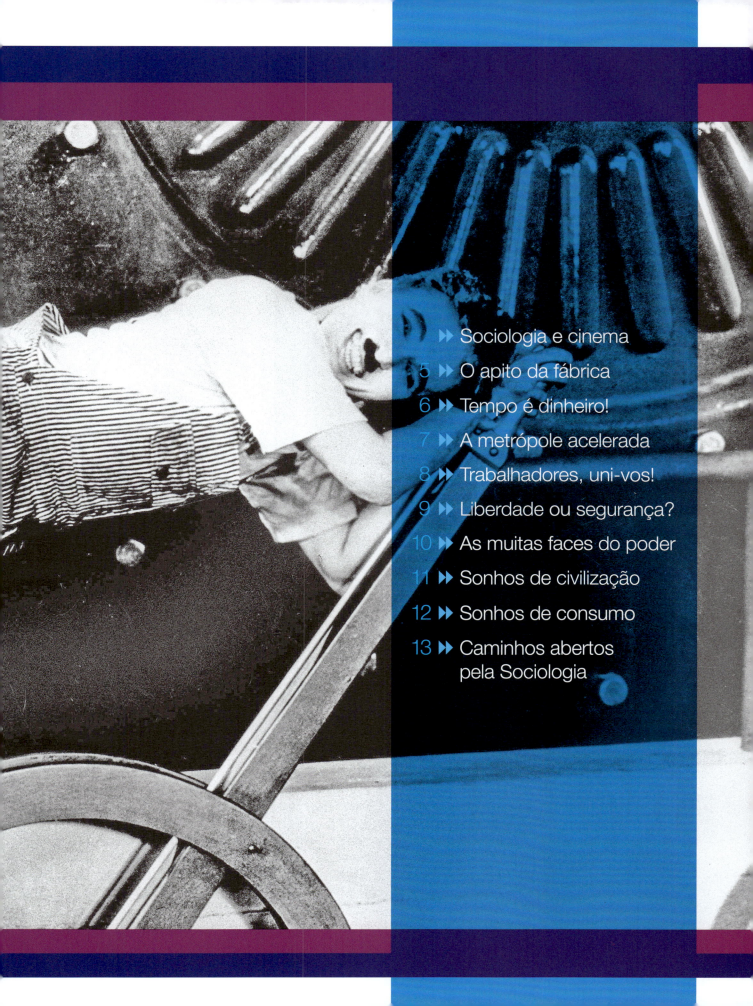

- ▶▶ Sociologia e cinema
- 5 ▶▶ O apito da fábrica
- 6 ▶▶ Tempo é dinheiro!
- 7 ▶▶ A metrópole acelerada
- 8 ▶▶ Trabalhadores, uni-vos!
- 9 ▶▶ Liberdade ou segurança?
- 10 ▶▶ As muitas faces do poder
- 11 ▶▶ Sonhos de civilização
- 12 ▶▶ Sonhos de consumo
- 13 ▶▶ Caminhos abertos pela Sociologia

Sociologia e cinema

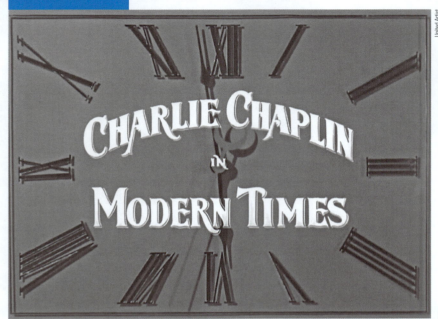

Cena de abertura do filme *Tempos modernos*.

▶ O Cine Escola orgulhosamente apresenta...

Nesta parte do livro, vamos exercitar nossa "imaginação sociológica" convidando alguns cientistas sociais famosos para "assistir" conosco a um filme genial. Você talvez já o tenha visto ou ouvido falar dele: chama-se *Tempos modernos*. É um filme com Carlitos, nome com que ficou conhecido no Brasil o personagem criado e encarnado no cinema por Charlie Chaplin. É um longa-metragem antigo, lançado em 1936, filmado em preto e branco e mudo – não totalmente, pois, embora não possamos ouvir os diálogos entre os personagens, há uma trilha sonora. Antes de tudo, é um filme que consegue a mágica de não envelhecer. Por tratar de temas que até hoje nos tocam, produz em nós uma profunda cumplicidade com seus personagens e nos incita a refletir sobre nossas próprias escolhas e expectativas.

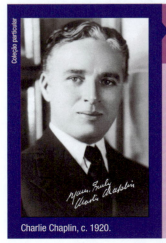

Charlie Chaplin, c. 1920.

Charlie Chaplin
(Londres, Inglaterra, 16 de abril de 1889 – Vevey, Suíça, 25 de dezembro de 1977)

Charles Spencer Chaplin Jr., ator e cineasta inglês, é considerado por muitos críticos e historiadores o maior gênio da história do cinema. Começou a participar de filmes em 1914, nos Estados Unidos, e em pouco tempo passou a criar seus próprios filmes, especialmente a partir da década de 1920. Conhecido pelo diminutivo Charlie Chaplin, não só produziu e estrelou, como escreveu, dirigiu e eventualmente compôs a trilha sonora de filmes que tinham como principal personagem The Tramp, conhecido no Brasil como Carlitos. Apesar de serem comédias, muitos dos filmes de Chaplin, em particular os realizados durante a Grande Depressão, têm conteúdo altamente político. Dos diversos filmes que produziu ao longo de seus 65 anos de carreira, destacam-se *Em busca do ouro*, de 1925; *Luzes da cidade*, de 1931; *Tempos modernos*, de 1936; e *O grande ditador*, de 1940.

Chaplin escreveu, dirigiu, produziu e, ao lado de Paulette Goddard, estrelou *Tempos modernos*, obra-prima que retrata o período da Grande Depressão nos Estados Unidos. Foram tempos de desemprego em massa, miséria, fome e desencantamento. O sonho do capitalismo parecia ter chegado ao fim justamente naquele que se acreditava ser o país da prosperidade ao alcance de todos, o berço da democracia moderna. O filme consegue tratar com fino humor os novos tempos de grandes frustrações e grandes apostas. Com base nele, vamos "pensar sociologicamente" sobre vários temas – trabalho, solidariedade, racionalidade, controle, segurança, liberdade, democracia, desigualdade, violência. Vamos também visitar, com uma série de pensadores, algumas instituições que surgiram no contexto da cidade moderna: a fábrica, a prisão, o manicômio, a loja de departamentos.

Tempos modernos é celebrado, ainda hoje, como um dos melhores filmes já feitos. Profundamente crítico e ao mesmo tempo cômico, convida-nos a refletir sobre o lugar que cada indivíduo – cada um de nós – ocupa nesse coletivo maior que chamamos de sociedade. Esperamos que você se divirta – seja assistindo ao filme, seja por meio das cenas narradas no livro – e que lhe agrade a companhia dos pensadores que serão apresentados.

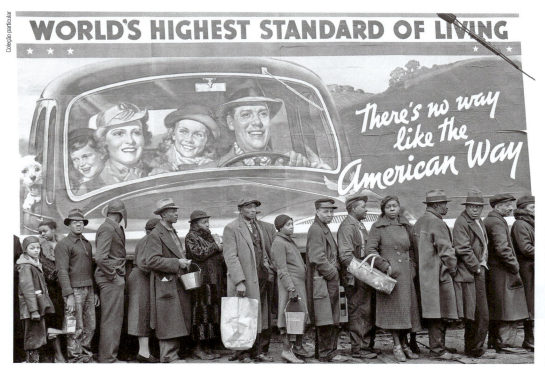

Nesta fotografia de Margaret Bourke-White vemos uma fila de afro-americanos, vítimas de enchente, em fila para receber comida e roupas da Cruz Vermelha; atrás deles um *outdoor* que ironicamente anuncia o maravilhoso modo de vida americano. Louiseville, Kentucky, fevereiro de 1937.

▍ A Grande Depressão

A Grande Depressão foi um período de recessão econômica considerado o pior e mais longo do século XX. Caracterizou-se por altas taxas de desemprego e quedas drásticas na produção industrial, no preço das ações e no Produto Interno Bruto (PIB) de diversos países.

Embora os Estados Unidos já estivessem atravessando um período de dificuldades, foi no dia 24 de outubro de 1929, conhecido como "Quinta-Feira Negra", que as ações da Bolsa de Valores de Nova York caíram drasticamente, levando milhares de pessoas a perder grandes quantias de dinheiro, ou até mesmo tudo o que tinham.

Os efeitos da Grande Depressão foram sentidos no mundo inteiro, mas de forma diferente em cada lugar. Países como o Canadá e os do Reino Unido – além do próprio Estados Unidos – foram duramente atingidos e sofreram grandes prejuízos econômicos e sociais. Já no Brasil, o período da Grande Depressão correspondeu a uma fase de industrialização acelerada.

Políticas de combate à recessão foram implementadas em diversas nações. Os pontos principais dessas políticas eram a intervenção do governo na economia e os programas de ajuda social, como o New Deal norte-americano. Foi com base nessas experiências que se construiu o chamado Estado de Bem-Estar Social, após a Segunda Guerra Mundial. Em alguns países, a Grande Depressão foi um dos fatores que contribuíram para a ascensão de governos de extrema direita, como o nacional-socialista na Alemanha.

Leitura complementar

Imagens em movimento

"Cinema e história" tornou-se, nos últimos tempos, sinônimo de campo de estudos inovador das ciências sociais e humanas. [...]

Estudos sobre a relação entre cinema e história [...] nasceram com o próprio cinema, no final do século XIX. Nessa época, pessoas ligadas à produção de filmes reconheciam não só o fato de a história estar sendo registrada por esse novo meio, mas também o caráter educativo nele contido [...].

Filmes e programas de televisão são [...] documentos históricos de seu tempo [...] uma vez que são produzidos sob um olhar do presente. [...] a linguagem audiovisual [...] construiu formas de representação e de reconstrução do passado em contextos históricos diversos e segundo diferentes concepções estéticas. [...]

A partir do século XX, os filmes e programas de televisão adquiriram crescentemente o estatuto de fonte preciosa para a compreensão dos comportamentos, das visões de mundo, dos valores, das identidades e das ideologias de uma sociedade ou de um momento histórico. Em seus vários registros, representaram de uma forma particular esses temas, a partir de diferentes gêneros e formas estéticas que dão sentido a um determinado conteúdo. Analisar a reconstrução histórica [...] nos remete ao fato de que tanto o cinema quanto a televisão possuem uma linguagem que deve ser desvendada. [...]

Uma outra dimensão importante da relação entre narrativas audiovisuais e história está no poder de atração daqueles para a atividade didática. Essa vocação, apontada desde o final do século XIX, não deve ser entendida como natural, como se um filme e/ou programa de televisão pudessem ser utilizados como fontes históricas sem a compreensão de sua linguagem e de todos os tipos de escolha feitos por seu realizador, além do próprio contexto histórico que os produziu. [...] O historiador pode atuar como realizador ou consultor de filmes e/ou ficção televisiva sobre o passado [...], mas isso não garante um conhecimento mais verdadeiro do passado histórico. E isso é válido tanto para a ficção quanto para o documentário. Esses lugares de memória, como quaisquer outros, merecem análises críticas acerca de sua construção.

KORNIS, Mônica Almeida. *Cinema, televisão e história*. Rio de Janeiro: Zahar, 2008. p. 7-8, 10, 14-16.

Sessão de cinema

CHARLIE: A VIDA E A ARTE DE CHARLES CHAPLIN

EUA, 2003, 132 min. Direção de Richard Schickel.

No filme, são explorados depoimentos de amigos, admiradores e filhos de Chaplin. Apresenta imagens inéditas da vida e da carreira do grande diretor, ator e roteirista, mostrando como ele inovou o cinema mudo.

TEMPOS MODERNOS

EUA, 1936, 87 min. Direção de Charlie Chaplin.

O filme conta a história de um trabalhador tentando sobreviver no mundo moderno e industrializado. Na trama, esse homem se encanta por uma jovem órfã e a seu lado se mete em muitas confusões e acalenta sonhos. O roteiro critica diversos aspectos da sociedade capitalista. Ao longo de cada capítulo desta parte do livro, você encontrará a sinopse de uma das cenas desse filme.

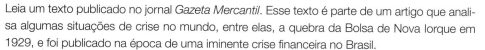

Construindo seus conhecimentos

DE OLHO NO ENEM

1. (Enem 1999)

Leia um texto publicado no jornal *Gazeta Mercantil*. Esse texto é parte de um artigo que analisa algumas situações de crise no mundo, entre elas, a quebra da Bolsa de Nova Iorque em 1929, e foi publicado na época de uma iminente crise financeira no Brasil.

> Deu no que deu. No dia 29 de outubro de 1929, uma terça-feira, praticamente não havia compradores no pregão de Nova Iorque, só vendedores. Seguiu-se uma crise incomparável: o Produto Interno Bruto dos Estados Unidos caiu de 104 bilhões de dólares em 1929, para 56 bilhões em 1933, coisa inimaginável em nossos dias. O valor do dólar caiu a quase metade. O desemprego elevou-se de 1,5 milhão para 12,5 milhões de trabalhadores – cerca de 25% da população ativa – entre 1929 e 1933. A construção civil caiu 90%. Nove milhões de aplicações, tipo caderneta de poupança, perderam-se com o fechamento dos bancos. Oitenta e cinco mil firmas faliram. Houve saques e norte-americanos que passaram fome.
>
> Gazeta Mercantil, 05/01/1999.

Ao citar dados referentes à crise ocorrida em 1929, em um artigo jornalístico atual, pode-se atribuir ao jornalista a seguinte intenção

(A) questionar a interpretação da crise.

(B) comunicar sobre o desemprego.

(C) instruir o leitor sobre aplicações em bolsa de valores.

(D) relacionar os fatos passados e presentes.

(E) analisar dados financeiros americanos.

ASSIMILANDO CONCEITOS

1. Observe a fotografia. O que você vê?

2. Crie uma legenda para essa imagem.

3. Em casa, na sala de informática de sua escola ou em um infocentro, pesquise em um *site* de busca o nome do fotógrafo Denis Darzacq e descubra o que ele capturou nessa imagem.

5 O apito da fábrica

Carlitos na linha de montagem em cena do filme *Tempos modernos*.

Em cena: Na linha de montagem

A primeira imagem é de um relógio: são quase seis da manhã. Depois dos créditos do filme, lemos na tela: "Tempos modernos. Uma história de indústria, de empreendimento individual – a humanidade em sua cruzada em busca da felicidade". Em seguida, como se estivéssemos posicionados num ponto mais alto, vemos um rebanho de ovelhas andando. Entre várias ovelhas brancas, apenas uma negra. Rapidamente, a imagem do rebanho é substituída por outra, também filmada de cima: operários apressados saem do metrô em direção à fábrica.

Os operários entram na fábrica, onde há relógios de ponto e máquinas enormes. Um apito soa, e o encarregado liga as máquinas num painel cheio de alavancas. De seu escritório, enquanto monta um quebra-cabeça ou passa os olhos no jornal, o dono da fábrica vigia tudo por um monitor. Ao acionar um dispositivo, o encarregado também pode vê-lo num telão e ouvir suas ordens.

Vemos então vários operários trabalhando em cadeia: é uma linha de montagem. Os movimentos dos homens são rápidos e repetitivos, ritmados e precisos, como se seus corpos também fossem máquinas. Não sabemos o que eles estão produzindo – será que eles sabem? –, mas o certo é que não podem parar. O "rebanho" trabalha e a produção segue a contento, até que uma "ovelha negra" rompe com a ordem e a disciplina.

Enquanto os operários, com uma ferramenta em cada mão, encaixam parafusos ou apertam roscas de maneira mecânica sobre placas em uma esteira que corre à sua frente, não é possível conversar, olhar para o lado ou deixar o pensamento vagar. Todos têm consciência disso – menos Carlitos. Ao se coçar ou espantar uma mosca que o incomoda, ele faz a cadeia desandar. Após levar uma bronca do supervisor, volta ao ritmo. De tanto repetir os mesmos movimentos, quando é substituído na linha de montagem para ir ao banheiro, continua a fazê-los mecanicamente, apertando roscas invisíveis, como um tique nervoso. Na porta do banheiro, o relógio de ponto marca a hora da entrada e da saída. E esta não tarda: a "ovelha negra" começa a fumar um cigarro, mas é interrompida pelo dono da fábrica, que, pelo telão, ordena-lhe que volte ao trabalho.

★ Apresentando Émile Durkheim

Foi com Émile Durkheim que a Sociologia passou a ser considerada propriamente uma ciência, dotada de um objeto específico – os fatos sociais – e de uma metodologia. Durkheim escreveu uma obra dedicada ao tema do trabalho, intitulada *Da divisão do trabalho social* (1893), e é com ele que começaremos a exercitar nossa imaginação sociológica. Se Durkheim assistisse ao filme que Chaplin dirigiu, o que teria a nos dizer sobre a sociedade que produziu aquela fábrica?

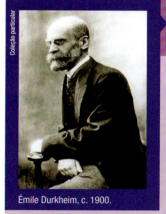

Émile Durkheim
(Épinal, França, 15 de abril de 1858 – Paris, França, 15 de novembro de 1917)

Émile Durkheim é considerado, ao lado de Karl Marx e Max Weber, um dos pais da Sociologia. Formado em Direito e Economia, tomou a sociedade como objeto legítimo de estudo, com natureza e dinâmica próprias, rompendo com a tendência então dominante de reduzir os fenômenos sociais a experiências individuais. Durkheim foi influenciado pelo positivismo de Auguste Comte, para quem a vida social era regida por leis e princípios a serem descobertos com base em métodos associados às ciências físicas e biológicas. Essa influência aparece de maneira muito clara nas metáforas utilizadas por ele para comparar a sociedade a um organismo vivo. Atento às instituições responsáveis pela ordem social, Durkheim estudou a religião como um sistema de forças cuja função era criar **coesão social**. Preocupou-se também com o estudo das relações entre as estruturas sociais e o comportamento individual, tema de *O suicídio* (1897). Conceitos como o de fato social e o de **anomia** mostram seu esforço em compreender a sociedade por meio de suas leis e regras.
Durkheim foi o primeiro professor de Sociologia em uma universidade. Suas principais obras, além da já citada *Da divisão do trabalho social* (1893), são: *As regras do método sociológico* (1895) e *As formas elementares da vida religiosa* (1912).

Solidariedade e coesão

Durkheim concebe a sociedade como um corpo vivo, um organismo cujas partes – cada instituição e cada indivíduo – cumprem papéis determinados e existem em função do todo. A "liga" que une esses diferentes componentes, tornando a sociedade possível, é o que ele chama de solidariedade.

Nas sociedades mais simples e mais homogêneas há uma integração equilibrada entre as partes porque elas diferem muito pouco entre si. As tarefas são divididas por gênero (por exemplo, homens caçam, mulheres plantam e colhem) ou por idade. Mesmo quando ocorre uma especialização de diferentes ofícios ou saberes, isso não se deve à "vocação profissional" ou ao "talento" de cada indivíduo. Um sujeito é sapateiro porque aprendeu o ofício com o pai, e esse mesmo ofício ele ensinará aos filhos. Nesses contextos, segundo Durkheim, o tipo de solidariedade que prevalece é a mecânica, ou seja, uma solidariedade que independe de reflexão intelectual ou de escolha. O nível de coesão social é altíssimo, e é inconcebível alguém se sentir sem lugar no mundo, sem direção.

Durkheim descreve essa situação de maneira clara: é como se o "sentido do nós" fosse mais forte do que o "sentido do eu". O coletivo é que define o individual: o bem-estar do grupo é o que dá sentido, e a tradição informa a direção a seguir. É por isso que nas sociedades de solidariedade mecânica qualquer crime é visto como um ato contra a sociedade. O malfeito a um atinge a todos, porque representa uma ruptura com os elos de solidariedade que tão fortemente unem o grupo. Nessas sociedades, nos diz Durkheim, fazer parte de um grupo, ser membro de uma corporação, pertencer a uma religião, ser conhecido como parte de uma família, tudo isso é mais forte do que se apresentar como alguém que responde por seu próprio destino, sua biografia. É o grupo que explica ao indivíduo a sua vida.

Em pleno século XXI, é difícil imaginar uma situação em que as pessoas não se apresentem como indivíduos, com vontades e escolhas próprias. No entanto, o que Durkheim afirma é que nem sempre foi assim, e não é assim em todo lugar. E, para deixar claro seu argumento, ele volta ao cenário pré-industrial. A aldeia medieval, por exemplo, por ser uma **comunidade** fechada e sem muito movimento de pessoas de fora do grupo, dava possibilidade ao coletivo de falar mais forte do que cada pessoa individualmente. Era uma comunidade pequena, onde todos se conheciam desde o nascimento até a morte, e indiferenciada, porque todos dependiam do conjunto para a satisfação de suas necessidades. O resultado é que a vida social ocorria em grupo, tanto no trabalho como no lazer.

Esse tipo de arranjo social, característico das sociedades pré-capitalistas, sofreu uma mudança importante quando, paralelamente ao aumento populacional, ocorreu um incremento das comunicações e das trocas de mercadorias e de ideias entre as pessoas. No mundo da Revolução Industrial, das cidades inchadas de gente, das distâncias encurtadas pelo rádio e pelo automóvel, ninguém mais sabia ao certo seu lugar ou a direção a seguir. As pessoas se viam como indivíduos portadores de características e personalidades que os tornavam únicos. Já não fazia sentido, portanto, falar de uma "liga" mecânica unindo partes parecidas entre si. É por isso que Durkheim diz que na nova sociedade predomina outro tipo de elo: a solidariedade orgânica. Ela é fruto justamente das diferenças, que ficam claras graças à nova divisão social do trabalho.

Os karajás do Araguaia

Indígenas da etnia karajá, na aldeia Santa Isabel, Tocantins. Uma delas confecciona uma boneca de cerâmica – ritxòkò –, atividade que na divisão social do trabalho do grupo cabe às mulheres.

Karajá, na verdade, é um termo tupi. Na língua nativa, o grupo se autodenomina Iny, que significa "nós". Um povo indígena cuja língua, pertencente ao grande tronco linguístico Macro-Jê, diferencia o modo de falar dos homens e das mulheres, e que possui uma complexa organização social e cultural, sendo até mesmo dividido em mais dois outros grupos: os Xambioá – ou Karajá do Norte – e os Javaé. [...]

A aldeia é a unidade básica de organização social e política. O poder de decisão é exercido prioritariamente por membros masculinos das famílias extensas, que discutem suas posições na Casa de Aruanã. [...]

Os Karajá estabelecem uma grande divisão social entre os gêneros, definindo socialmente os papéis previstos nos mitos para homens e mulheres. Aos homens cabem a defesa do território, a abertura das roças, a pescaria familiar ou coletiva, a construção das casas de moradia, a discussão política formalizada na Casa de Aruanã ou praça dos homens, a negociação com a sociedade nacional e a condução das principais atividades rituais. As mulheres são responsáveis por educar os filhos meninos até a idade da iniciação, e de modo permanente as meninas, em relação aos afazeres domésticos, como cozinhar e colher, ao cuidado com o casamento dos filhos, normalmente gerenciado pelas avós; pela confecção das bonecas de cerâmica, importante fonte de renda familiar desencadeada pelo contato; além da pintura corporal e ornamentação das crianças, moças e homens para os rituais do grupo.

No plano ritual, elas são as responsáveis pelo preparo dos alimentos das principais festas e pela memória afetiva da aldeia, que é expressa por meio de choros rituais, especialmente quando alguém fica doente ou morre.

LIMA FILHO, Manuel F. et al. *Bonecas cerâmicas ritxòkò*: arte e ofício do povo Karajá. Rio de Janeiro: Iphan; CNFCP, 2011. p. 9, 11-12. Disponível em: <www.cnfcp.gov.br/pdf/CatalogoSAP/CNFCP_sap165.pdf>. Acesso em: maio 2016.

Linha de montagem de automóveis. São Caetano do Sul (SP), 1940.

A nova divisão social do trabalho, a que se refere Durkheim, diz respeito não apenas à especialização de funções econômicas, mas à segmentação da sociedade em diferentes esferas e ao surgimento de novas instituições, como o Estado, a escola ou a prisão. Em decorrência dessa nova divisão, os indivíduos executam tarefas que, por serem especializadas, contribuem para o funcionamento do organismo social. Sua sobrevivência depende de muitos bens e serviços que outros podem oferecer. Cada indivíduo se vê, assim, ligado aos demais. Mas há outra razão pela qual a divisão do trabalho produz solidariedade e coesão: ela implica regras e princípios que conectam todos os membros da sociedade de maneira duradoura. Vamos entender isso melhor?

Direito e anomia

Nas sociedades simples, em que todos se parecem e se conhecem, a coesão é garantida por um conjunto de princípios – ou seja, uma moral – e um conjunto de regras e normas – um direito. Segundo Durkheim, trata-se, nesse caso, de um direito cuja função é punir aquele que, com sua transgressão, ofende todo o conjunto. É o que conhecemos como Direito Penal.

Nas sociedades complexas, em que precisamos ser solidários não porque somos iguais, mas justamente porque somos diferentes, também convivemos com regras e normas que dizem o que devemos fazer e nos punem quando não cumprimos o estabelecido. Mas nesse ambiente, como afirma Durkheim, diferentemente do que ocorre nas sociedades pré-industriais, a falta, o rompimento da regra, não afeta o coletivo, e sim as pessoas separadamente. A punição, portanto, será dirigida para a devolução, àquele que foi prejudicado, de parte ou da totalidade daquilo que lhe foi retirado. Durkheim chama esse tipo de regra de direito restitutivo – restituir é devolver, reparar um dano.

Quando a diferenciação de atividades e de ocupações de uma sociedade ocorre de maneira muito abrupta, produz-se um profundo desequilíbrio. Em vez de perceber que uns precisam dos outros, que cada um completa o que o outro não sabe fazer, os indivíduos passam a se ver como partes isoladas, sem qualquer conexão com a engrenagem maior. Começam a priorizar suas próprias vontades, e não mais os valores coletivos. É o que Durkheim chama de **individualismo** exacerbado: os indivíduos só pensam em si, em seu interesse mais direto, e não se preocupam com os outros. Nada freia suas ambições. A consequência desse exagero é o que Durkheim chama de anomia moral: ausência de norma, falta de regras e de limites. Perdem-se os valores comuns pelos quais os indivíduos podem se orientar. Os interesses individuais e os interesses coletivos deixam de ser os mesmos.

Marcha das operárias das indústrias têxteis de Nova York (Estados Unidos), 1857.
A fotografia ao lado foi tirada em 8 de março de 1857 durante a marcha das operárias das indústrias têxteis de Nova York. Elas reivindicavam melhores condições de trabalho, diminuição da jornada e igualdade salarial. Costuma-se atribuir a esse protesto a origem do Dia Internacional da Mulher. A situação das mulheres e crianças operárias das indústrias no século XIX ilustra o que Durkheim entendia como anomia – falta de regulamentação no mundo do trabalho.

Situações como a retratada na fotografia acima ocorreram de fato nos primeiros tempos do capitalismo. A falta de regulamentação das atividades econômicas, cujo desenvolvimento foi então extraordinário, gerou diferentes tipos de **conflitos**, causando nos indivíduos uma profunda desorientação. Mas qual seria, então, a saída para essa situação de anomia e conflito? O que fazer se instituições como a Igreja e a família, que regulavam a vida nas sociedades simples, apresentavam-se, naquele momento, tão enfraquecidas? Para Durkheim, a saída seria construir no mundo do trabalho uma nova moral condizente com os **valores** da sociedade industrial. Mas, afinal, o que Durkheim quer dizer com moral?

Ética e mercado

Os seres humanos são naturalmente egoístas, e é a vida em sociedade que os obriga a respeitar os interesses alheios e as instituições. Aprendemos a nos comportar no convívio familiar, escolar (com nossos professores e colegas) e social (com nossos vizinhos). Justamente por isso Durkheim acreditava fortemente que o bem-estar coletivo não poderia advir da satisfação egoísta dos interesses individuais. São as regras morais que podem garantir à sociedade um princípio de justiça. Referindo-se à ausência desses princípios na ordem econômica, dizia ele: "Há, nessa exploração do homem pelo homem, algo que nos ofende e nos indigna".

O que fazer se a família e a religião deixaram de ser eficazes como instituições integradoras, pelo fato de os indivíduos passarem grande parte do tempo longe delas? Segundo Durkheim, devemos voltar a atenção para o mercado de trabalho e de trocas. Afinal, é no ambiente de trabalho que homens e mulheres passam a maior parte do dia. E se todos – independentemente de origem, credo ou riqueza – precisam trocar bens e serviços para garantir a própria sobrevivência, é durante o período de trabalho que perceberão claramente como é impossível viver sem a cooperação de todos.

O mercado, adverte Durkheim, precisa de uma ética que deverá ser mais forte do que a pura lógica econômica. Deixado sem freio, sem regra, sem norma, o mercado não tem limite. Tudo se vende e tudo se compra, se houver quem compre. O papel de regulador da ética do mercado deveria ser desempenhado, nos sugere Durkheim, pelas corporações profissionais. Diferentemente dos sindicatos, nos quais se reúnem patrões de um lado e empregados do outro, as corporações unificariam as diferentes categorias interessadas no processo de produção. Nelas, conviveriam tanto os "dirigentes" quanto os "executores", ou seja, tanto o dono da fábrica quanto Carlitos e seus companheiros.

Linha de produção de automóveis automatizada, São José dos Pinhais (PR), 2015.
Quem são os operários de uniforme vermelho?

Fatos sociais

"Os fatos sociais são coisas." Com essa afirmação, Durkheim apresenta no livro *As regras do método sociológico* um de seus mais conhecidos conceitos. Mas a que "coisas" esse conceito se refere? A qualquer "coisa", própria da sociedade a que pertence um indivíduo, capaz de exercer algum tipo de coerção sobre ele. Isso significa que o fato social é independente e exterior ao indivíduo, e é capaz de condicionar ou mesmo determinar suas ações.

São fatos sociais, por exemplo, as regras jurídicas e morais de uma sociedade, seus dogmas religiosos, seu sistema financeiro e até mesmo seus costumes – ou seja, um conjunto de coisas aplicáveis a toda a sociedade, independentemente das vontades e ações de cada um. Na medida em que os fatos sociais moldam o comportamento de cada indivíduo com base em um modelo geral, a coerção que eles exercem garante, segundo Durkheim, o funcionamento do todo social.

Os fatos sociais podem, assim, ser definidos por três princípios básicos:

- a *coercitividade*, ou a força que exercem sobre os indivíduos, obrigando-os, por meio do constrangimento, a se conformar com as regras, normas e valores sociais vigentes;
- a *exterioridade*, ou o fato de serem padrões exteriores aos indivíduos e independentes de sua consciência;
- a *generalidade*, ou o fato de serem coletivos e permearem toda a sociedade sobre a qual atuam.

Recapitulando

Todos nós sabemos que as sociedades são diferentes umas das outras sob muitos aspectos. Durkheim propôs refletir sobre essas diferenças com base no conceito de solidariedade, verificando como a relação entre os indivíduos e a coletividade se apresentava em diferentes contextos. Nas sociedades simples, em que a coesão social é de tal modo intensa que o coletivo ("nós") prevalece sobre o individual ("eu"), Durkheim identifica o que ele chama de solidariedade mecânica. Nos contextos em que o "eu" tem certa autonomia, e os indivíduos se percebem como diferentes, embora continuem a ser dependentes uns dos outros, o que se tem é a solidariedade orgânica. Esse é o caso das sociedades industriais. Nelas, os indivíduos diferem muito do ponto de vista do trabalho, da classe social, das escolhas políticas, das religiões, e até mesmo das subculturas. Por essa razão, os valores coletivos e o respeito às normas precisam ser internalizados por eles, e a sociedade não perde a "liga". Na situação extrema em que um indivíduo (ou um conjunto deles) não reconhece mais os valores e as normas sociais, ocorre a anomia moral.

A sociedade moderna contribuiu para promover a solidariedade orgânica, mas a lógica do mercado, segundo Durkheim, atentava contra suas bases morais ao priorizar o lucro e tratar com indiferença as necessidades dos trabalhadores. Foi no próprio mundo do trabalho que Durkheim buscou uma alternativa para o quadro de anomia. As corporações funcionariam como verdadeiras escolas de valores e regras sociais, mantendo a sociedade coesa.

Leitura complementar

Prenoções e o método sociológico

[...] Os homens não esperaram o advento da ciência social para formar ideias sobre o direito, a moral, a família, o Estado, a própria sociedade; pois não podiam privar-se delas para viver.

[...] como os detalhes da vida social excedem por todos os lados a consciência, esta não tem uma percepção suficientemente forte desses detalhes para sentir a sua realidade. [...] Eis porque tantos pensadores não viram nos arranjos sociais senão combinações artificiais e mais ou menos arbitrárias. Mas, se os detalhes, se as formas concretas e particulares nos escapam, pelo menos nos representamos os aspectos mais gerais da existência coletiva de maneira genérica e aproximada, e são precisamente essas representações [...] que constituem as prenoções de que nos servimos para as práticas correntes da vida. [...] Elas não apenas estão em nós, como também, sendo um produto de experiências repetidas, obtêm da repetição – e do hábito resultante – uma espécie de ascendência quando buscamos libertar-nos delas. Ora, não podemos deixar de considerar como real o que se opõe a nós. Tudo contribui, portanto, para que vejamos nelas a verdadeira realidade social.

[...] É preciso descartar sistematicamente todas as prenoções. [...] A dúvida metódica de Descartes, no fundo, não é senão uma aplicação disso. Se, no momento em que vai fundar a ciência, Descartes impõe-se como lei por em dúvida todas as ideias que recebeu anteriormente, é que ele quer empregar apenas conceitos cientificamente elaborados, isto é, construídos de acordo com o método que ele institui; todos os que ele obtém de uma outra origem devem ser, portanto, rejeitados, ao menos provisoriamente. [...] é preciso, portanto, que o sociólogo, tanto no momento em que determina o objeto de suas pesquisas, como no curso de suas demonstrações, proíba-se resolutamente o emprego daqueles conceitos que se formaram fora da ciência e por necessidades que nada têm de científico. [...]

O que torna essa libertação [...] difícil em sociologia é que o sentimento com frequência se intromete. Apaixonamo-nos, com efeito, por nossas crenças políticas e religiosas, por nossas práticas morais, muito mais do que pelas coisas do mundo físico; em consequência, esse caráter passional transmite-se à maneira como concebemos e como nos explicamos as primeiras. As ideias que fazemos a seu respeito nos são muito caras, assim como seus objetos, e adquirem tamanha autoridade que não suportam contradição. Toda opinião que as perturba é tratada como inimiga.

DURKHEIM, Émile. *As regras do método sociológico*. 2. ed. São Paulo: Martins Fontes, 1999 [1895]. p. 18-19, 28-29, 32-33.

Fique atento!

Definição dos conceitos sociológicos estudados neste capítulo.

Anomia: na seção **Conceitos sociológicos**, página 364.
Coesão social: na seção **Conceitos sociológicos**, página 365.
Comunidade: na seção **Conceitos sociológicos**, página 365.
Conflito: na seção **Conceitos sociológicos**, página 366.
Individualismo: na seção **Conceitos sociológicos**, página 371.
Valores: na seção **Conceitos sociológicos**, página 377.

Sessão de cinema

CASAMENTO GREGO

EUA/Canadá, 2003, 103 min. Direção de Joel Zwick.

Uma jovem grega se vê dividida entre duas lógicas distintas: os costumes de seu grupo social e seus desejos pessoais.

AMOR SEM ESCALAS

EUA, 2009, 109 min. Direção de Jason Reitman.

O filme aborda questões sociais em contexto de crise econômica e o impacto das novas tecnologias no mundo do trabalho.

Construindo seus conhecimentos

MONITORANDO A APRENDIZAGEM

1. Leia o texto a seguir.

   > Chama-se suicídio todo caso de morte que resulta, direta ou indiretamente, de um ato, positivo ou negativo, executado pela própria vítima e que ela sabia que deveria produzir esse resultado. [...] Mas o fato assim definido interessa ao sociólogo?
   >
   > DURKHEIM, Émile. Suicídio: definição do problema. In: FERNANDES, Florestan. *Durkheim*: Sociologia. 8. ed. São Paulo: Ática, 1998 [1897]. p. 103.

   - Nesse texto, Durkheim questiona se o suicídio é um fato social – pois esse conceito é o objeto estudado pelo sociólogo. Com base nas características do fato social, responda à questão levantada pelo autor.

2. Com suas palavras, defina solidariedade mecânica e solidariedade orgânica.

3. Sempre ouvimos dizer que a educação formal (a que ocorre nas escolas) e a educação informal (a que ocorre no ambiente familiar, na igreja ou em outros espaços) são fundamentais para integrar os indivíduos à sociedade – seja porque elas unem as gerações mais novas às mais antigas, seja porque transmitem aos indivíduos as regras e os valores da sociedade em determinado momento. Essa afirmação está afinada com o pensamento de Durkheim, que julgava a educação um aspecto importante para o conhecimento de determinada sociedade. Você concorda com essa ideia? Argumente.

4. Leia o texto a seguir.

   > **A CULTURA DA MANDIOCA PELOS APURINÃ**
   >
   > A mandioca tem uma grande importância cultural na base alimentar para o povo Apurinã. No interior da comunidade, cada família tem a sua roça. Como são distantes da aldeia, em certos períodos, as famílias chegam a transferir sua morada para lá.
   >
   > A lida com a mandioca se inicia na estação seca, quando os homens Apurinã preparam o terreno da roça, fazem a limpeza e queimam, conforme o sistema de coivara.
   >
   > O plantio é uma atividade que envolve toda a família: enquanto o homem abre as covas para, junto com um filho, irem enterrando a maniva (caule da mandioca que serve de muda), a mãe vai cobrindo as covas com terra.
   >
   > Quando as raízes estão crescidas, são arrancadas da terra pelos homens, que já separam as manivas para o próximo plantio.
   >
   > São eles que levam a produção de mandioca para a aldeia, onde fica a Casa de Farinha, local onde [esta] é fabricada.
   >
   > As mulheres descascam e lavam as raízes da mandioca para os homens ralarem.
   >
   > Como a quantidade a ser produzida é, em geral, grande, utilizam uma pequena máquina rústica, chamada caititu (em alusão talvez aos catetos, porcos silvestres que atacam roças de mandioca).
   >
   > É também o homem quem espreme a massa no tipiti, um cilindro trançado de cipó, cuja extremidade superior é amarrada ao alto de uma estrutura de troncos finos. Um travessão preso à extremidade inferior vai puxando, de modo a retirar da massa todo o seu líquido.
   >
   > Num grande forno abastecido a lenha, a farinha é esparramada no tacho de cobre onde, com o auxílio de uma pá, os homens a torram. Os Apurinã consomem a mandioca na forma de farinha, beiju e caiçuma – bebida fermentada.
   >
   > A farinha associada ao peixe é a base da dieta Apurinã, que é complementada por frutas silvestres, como piquiá, bacuri, cacau bravo, buriti, abacaba, açaí e patuá.
   >
   > FUNAI. Museu do Índio, 2009. Disponível em: <www.museudoindio.gov.br/educativo/pesquisa-escolar/54-a-cultura-da-mandioca-pelos-apurina>. Acesso em: maio 2016.

   a) Entre os apurinãs, como é a divisão social do trabalho ligado à mandioca, produto mais importante da alimentação do grupo?

   b) A que tipo de solidariedade definido por Durkheim corresponderia a sociedade dos apurinãs? Justifique sua resposta.

DE OLHO NO ENEM

1. (Enem 2010)

A evolução do processo de transformação de matérias-primas em produtos acabados ocorreu em três estágios: artesanato, manufatura e maquinofatura. Um desses estágios foi o artesanato, em que se

(A) trabalhava conforme o ritmo das máquinas e de maneira padronizada.

(B) trabalhava geralmente sem o uso de máquinas e de modo diferente do modelo de produção em série.

(C) empregavam fontes de energia abundantes para o funcionamento das máquinas.

(D) realizava parte da produção por cada operário, com uso de máquinas e trabalho assalariado.

(E) faziam interferências do processo produtivo por gerentes com vistas a determinar o ritmo de produção.

2. (Enem 2015)

Se vamos ter mais tempo de lazer no futuro automatizado, o problema não é como as pessoas vão consumir essas unidades adicionais de tempo de lazer, mas que capacidade para a experiência terão as pessoas com esse tempo livre. Mas se a notação útil do emprego do tempo se torna menos compulsiva, as pessoas talvez tenham de reaprender algumas das artes de viver que foram perdidas na Revolução Industrial: como preencher os interstícios de seu dia com relações sociais e pessoais; como derrubar mais uma vez as barreiras entre o trabalho e a vida.

THOMPSON, E. P. *Costumes em comum*: estudos sobre a cultura popular tradicional. São Paulo: Cia. das Letras, 1998 (adaptado).

A partir da reflexão do historiador, um argumento contrário à transformação promovida pela Revolução Industrial na relação dos homens com o uso do tempo livre é o(a)

(A) intensificação da busca do lucro econômico.

(B) flexibilização dos períodos de férias trabalhistas.

(C) esquecimento das formas de sociabilidade tradicionais.

(D) aumento das oportunidades de confraternização familiar.

(E) multiplicação das possibilidades de entretenimento virtual.

3. (Enem 2010)

A ética exige um governo que amplie a igualdade entre os cidadãos. Essa é a base da pátria. Sem ela, muitos indivíduos não se sentem "em casa", experimentam-se como estrangeiros em seu próprio lugar de nascimento.

SILVA, R. R. Ética, defesa nacional, cooperação dos povos. In: OLIVEIRA, E. R. (Org.). *Segurança & defesa nacional:* da competição à cooperação regional. São Paulo: Fundação Memorial da América Latina, 2007 (adaptado).

Os pressupostos éticos são essenciais para a estruturação política e integração de indivíduos em uma sociedade. De acordo com o texto, a ética corresponde a

(A) valores e costumes partilhados pela maioria da sociedade.

(B) preceitos normativos impostos pela coação das leis jurídicas.

(C) normas determinadas pelo governo, diferentes das leis estrangeiras.

(D) transferências dos valores praticados em casa para a esfera social.

(E) proibição da interferência de estrangeiros em nossa pátria.

4. (Enem 2013)

Um trabalhador em tempo flexível controla o local do trabalho, mas não adquire maior controle sobre o processo em si. A essa altura, vários estudos sugerem que a supervisão do trabalho é muitas vezes maior para os ausentes do escritório do que para os presentes. O trabalho é fisicamente descentralizado e o poder sobre o trabalhador, mais direto.

SENNETT R. *A corrosão do caráter, consequências pessoais do novo capitalismo*. Rio de Janeiro: Record, 1999 (adaptado).

Comparada à organização do trabalho característica do taylorismo e do fordismo, a concepção de tempo analisada no texto pressupõe que

(A) as tecnologias de informação sejam usadas para democratizar as relações laborais.

(B) as estruturas burocráticas sejam transferidas da empresa para o espaço doméstico.

(C) os procedimentos de terceirização sejam aprimorados pela qualificação profissional.

(D) as organizações sindicais sejam fortalecidas com a valorização da especialização funcional.

(E) os mecanismos de controle sejam deslocados dos processos para os resultados do trabalho.

ASSIMILANDO CONCEITOS

1. A imagem ao lado é o quadro *Operários*, de Tarsila do Amaral. Observe-o e faça o que se pede.

    a) Descreva a imagem.

    b) Proponha uma interpretação para o quadro com base na explicação de Durkheim para a relação entre indivíduo e sociedade.

Tarsila do Amaral. *Operários*, 1933.
Óleo sobre tela, 1,50 m × 2,05 m.

2. A fotografia ao lado retrata famílias de sírios em fila para receber alimentos. O local é a Ilha de Lesbos, situada na Grécia, um dos principais pontos de entrada de refugiados que deixaram seu país em função da guerra civil iniciada em 2011. Com base na imagem e no que você aprendeu dos conceitos de Durkheim, responda: O fenômeno retratado pode ser considerado um "fato social"? Em caso afirmativo, aponte os três princípios básicos que formam o conceito de "fato social" e comente como a situação retratada se relaciona com eles.

Imigrantes e refugiados recebem alimentos de uma ONG logo após a chegada à Grécia, 2016.

OLHARES SOBRE A SOCIEDADE

1. Leia os dois textos a seguir.

TEXTO 1: CAÇADORES DE PIPAS

O velho campeonato de pipas era uma velha tradição de inverno no Afeganistão. O torneio começava de manhã cedo e só acabava quando a pipa vencedora fosse a única ainda voando no céu – lembro de uma vez que a competição terminou quando já era noite fechada. As pessoas se amontoavam pelas calçadas e pelos telhados, torcendo pelos filhos. As ruas ficavam repletas de competidores dando sacudidelas e puxões nas linhas, com os olhos fixos no céu, se pondo em condições de cortar a pipa do adversário. Todo pipeiro tinha um assistente – no meu caso Hassan –, que ficava segurando o carretel e controlando a linha.

Certa vez um gurizinho indiano, cuja família tinha acabado de se mudar para o nosso bairro, veio nos dizer que, lá na sua terra, havia regras estritas e toda uma regulamentação para se soltar pipa. Temos que ficar em uma área cercada e é preciso pôr em ângulo determinado com relação ao vento – disse ele todo prosa. – E não se pode usar alumínio para fazer sua própria linha com cerol.

Hassan e eu nos entreolhamos. E caímos na gargalhada. Aquele pirralho indiano logo, logo aprenderia o que os britânicos aprenderam no começo do século, e os russos viriam a descobrir em fins da década de 1980: que os afegãos são um povo independente. Cultivam os costumes, mas abominam as regras. E com as pipas não podia ser diferente. As regras eram simples: não havia regras. Empine a sua pipa. Corte a dos adversários. E boa sorte.

Só que isso não era tudo. A brincadeira começava mesmo depois que uma pipa era cortada. Era aí que entravam em cena os caçadores de pipas, aquelas crianças que corriam atrás das pipas levadas pelo vento, até que elas começassem a rodopiar e acabassem caindo no quintal de alguém, em uma árvore ou em cima de um telhado. Essa perseguição poderia se tornar bastante feroz; bandos de meninos saíam correndo desabalados pelas ruas, uns empurrando os outros como aquela gente da Espanha sobre quem li alguma coisa, aqueles que correm dos touros. Uma vez, um garoto da vizinhança subiu em um pinheiro para apanhar uma pipa. O galho caiu com seu peso e ele caiu de mais de dez metros de altura. Quebrou a espinha e nunca mais voltou a andar. Mas caiu segurando a pipa, ninguém pode tirá-la dele. Isso não é uma regra. É o costume.

HOSSEINI, Khaled. *O caçador de pipas*. Rio de Janeiro: Nova Fronteira, 2005. p. 57-58.

TEXTO 2: CONSCIÊNCIA COLETIVA

O conjunto das crenças e dos sentimentos comuns à média dos membros de uma mesma sociedade forma um sistema determinado que tem vida própria; podemos chamá-lo de consciência coletiva ou comum. Sem dúvida, ela não tem por substrato um órgão único; ela é por definição difusa em toda a extensão da sociedade, mas tem, ainda assim, características específicas que fazem dela uma realidade distinta. [...] Do mesmo modo, ela não muda a cada geração, mas liga umas às outras as gerações sucessivas. Ela é, pois, bem diferente das consciências particulares, conquanto só seja realizada nos indivíduos.

Ela é o tipo psíquico da sociedade, tipo que tem suas propriedades, suas condições de existência, seu modo de desenvolvimento, do mesmo modo que os tipos individuais, muito embora de outra maneira.

DURKHEIM, Émile. *Da divisão do trabalho social*. São Paulo: Martins Fontes, 1999 [1893]. p. 50.

a) O texto 1 narra uma atividade cultural que ocorre anualmente no Afeganistão e também na Índia. No entanto, em cada uma dessas sociedades, o campeonato de pipas ocorre de maneira distinta. No Afeganistão, ele é movido pelo costume e na Índia, pela regra. Com base no texto, que diferença você observa entre o que o autor chama de costume e o que ele chama de regra?

b) Um costume pode se transformar em regra e vice-versa?

c) Tanto as regras quanto os costumes fazem parte daquilo que Durkheim chamou, no texto 2, de consciência coletiva. Você concorda com essa afirmativa? Justifique sua resposta.

EXERCITANDO A IMAGINAÇÃO SOCIOLÓGICA
TEMA DE REDAÇÃO DA FUVEST (2006)

Os três textos abaixo apresentam diferentes visões sobre o trabalho. O primeiro procura conceituar essa atividade e prever seu futuro. O segundo trata de suas condições no mundo contemporâneo e o último, ilustrado pela famosa escultura de Michelangelo, refere-se ao trabalho artístico. Relacione esses três textos e, com base nas ideias neles contidas, além de outras que julgue relevantes, redija uma dissertação em prosa, argumentando sobre o que leu acima e também sobre os outros pontos que você tenha considerado pertinentes.

TEXTO 1

O trabalho não é uma essência atemporal do homem. Ele é uma invenção histórica e, como tal, pode ser transformado e mesmo desaparecer.

(Adaptado de A. Simões)

TEXTO 2

Há algumas décadas, pensava-se que o progresso técnico e o aumento da capacidade de produção permitiriam que o trabalho ficasse razoavelmente fora de moda e a humanidade tivesse mais tempo para si mesma. Na verdade, o que se passa hoje é que uma parte da humanidade está se matando de tanto trabalhar, enquanto a outra parte está morrendo por falta de emprego.

(M. A. Marques)

TEXTO 3

O trabalho de arte é um processo. Resulta de uma vida. Em 1501, Michelangelo retorna de viagem a Florença e concentra seu trabalho artístico em um grande bloco de mármore abandonado. Quatro anos mais tarde fica pronta a escultura "David".

(Adaptado de site da internet)

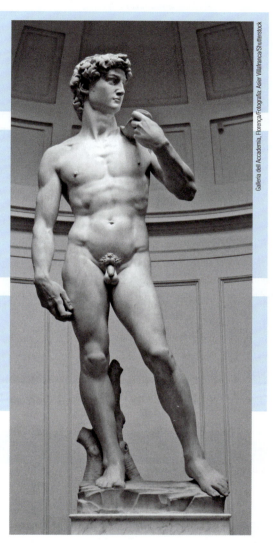

Michelangelo. Davi, 1504. Mármore, 5,17 m × 1,99 m.

6 Tempo é dinheiro!

Carlitos serve de cobaia para a "máquina de alimentar", em cena do filme *Tempos modernos*.

Em cena: A máquina de alimentar

O dono da fábrica recebe em seu escritório uma importante visita: um inventor e seus auxiliares vêm lhe mostrar uma nova máquina, que acelerará ainda mais o ritmo da linha de montagem. Uma voz gravada num disco anuncia: "Uma prática invenção que alimenta automaticamente seus homens enquanto eles trabalham! Não pare para almoçar! Fique à frente da concorrência! A máquina de alimentar eliminará a hora do almoço, aumentará sua produção, diminuirá seus gastos!". A máquina é composta de uma mesa giratória sobre a qual podemos ver pratos, um "empurrador" de comida, um suporte para espiga de milho e um dispositivo destinado a limpar a boca de quem come. Tudo isso significa que a pessoa, em momento algum, precisará usar as mãos.

Passemos agora do escritório para a linha de montagem.

Soa um apito: está na hora do almoço. As máquinas param, os operários pegam suas marmitas e ali mesmo começam a comer. Carlitos segue com seu tique nervoso e seus movimentos descontrolados, que o fazem derramar a sopa do colega ao lado. É quando o dono da fábrica o escolhe como cobaia para testar a máquina de alimentar. De início, tudo parece funcionar adequadamente: posta diante de Carlitos na altura de sua boca, a mesa vai girando e os dispositivos mecânicos o vão alimentando. Dispensado de usar as mãos para comer, ele as tem livres embaixo da mesa para continuar a trabalhar. Mas não demora e a geringonça passa a funcionar de maneira cada vez mais rápida e descontrolada. Enquanto os inventores tentam consertar a máquina, ela gira uma espiga de milho numa velocidade louca embaixo do nariz de Carlitos, atira sopa em seu peito, empurra roscas de ferro em sua boca e finalmente lhe esfrega uma torta na cara. O dono da fábrica encerra a demonstração: "Não serve, não é prática".

Apresentando Max Weber

Quem se senta agora a nosso lado para assistir à cena de Carlitos é outro pensador que também se impressionou com o novo jeito de ser da sociedade dos tempos modernos. O que diria Max Weber diante da absurda máquina de alimentar com que se debate Carlitos?

Max Weber certamente diria que aquela máquina fictícia ridiculariza os inventos criados pela sociedade ocidental para produzir mais, lucrar mais, acumular mais. Mas logo chamaria a atenção para um ponto muito importante. Não foi só no Ocidente, onde primeiro se fizeram sentir as consequências da Revolução Industrial, que homens e mulheres se dedicaram a produzir mais para ganhar mais. Essa atitude não é exclusiva das sociedades ocidentais. O que as distinguiu foi a "maneira" de realizar esse esforço. Entender o que levou a moderna civilização ocidental a ser diferente das demais foi o grande projeto intelectual de Weber.

Max Weber
(Erfurt, Alemanha, 21 de abril de 1864 – Munique, Alemanha, 14 de junho de 1920)

Max Weber foi um sociólogo, economista e historiador alemão. É considerado, ao lado de Karl Marx e Émile Durkheim, um dos fundadores da Sociologia. Vivenciou a unificação da Alemanha e, já no fim da vida, a Primeira Guerra Mundial. Serviu como conselheiro para os negociadores alemães do Tratado de Versalhes e para a comissão encarregada de elaborar a Constituição de Weimar.

Sua obra foi influenciada pelo pensamento social alemão, e um dos autores que o marcaram foi Georg Simmel. Tratou de temas diversos (**burocracia**, legitimidade, dominação e autoridade, entre outros), caros à Sociologia e à Ciência Política. Os contrastes das religiões ocidentais – judaísmo, islamismo e cristianismo – com as religiões milenaristas orientais – hinduísmo, budismo, taoísmo e xintoísmo – estimularam sua imaginação e se transformaram em tema de vários de seus estudos. O método comparativo, a flexibilidade no tratamento dos conceitos e a busca do sentido, que os atores atribuem às suas ações, são traços característicos da metodologia weberiana.

Em sua vasta produção intelectual, destacam-se os livros *A ética protestante e o "espírito" do capitalismo*, publicado pela primeira vez em 1904-1905 e reeditado com sua revisão em 1920, pouco depois de sua morte, e *Economia e sociedade*, também publicado postumamente, em 1925.

Max Weber, 1900.

Os caminhos da racionalidade

O que Max Weber identificou como a principal característica das sociedades ocidentais dos tempos modernos foi aquilo que ele chamou de **racionalidade**. A vida cotidiana tornou-se, a partir de então, muito diferente daquela que predominava nas sociedades tradicionais, pré-industriais, e isso ocorreu, basicamente, porque todas as relações das pessoas com o mundo ao redor – relações econômicas, políticas, sociais, religiosas e até mesmo artísticas – foram sendo impregnadas por um jeito racional de agir. Trata-se de um jeito, como o nome diz, que usa a razão. Mas de onde ele veio e por que se tornou tão marcante?

Weber concorda que o ponto de partida da racionalidade foi a economia. Saber quanto custa produzir um bem, como obter crédito, como aproveitar o tempo e ser eficiente para não ter prejuízo, tudo isso se tornou muito importante para a atividade econômica na sociedade industrial. Em *A ética protestante e o "espírito" do capitalismo*, ele transcreve conselhos de Benjamin Franklin (1706-1790), um dos fundadores dos Estados Unidos da América, a fim de mostrar claramente as atitudes que os tempos modernos passaram a valorizar como mais capazes de conduzir alguém ao sucesso.

Capítulo 6 – Tempo é dinheiro!

Conselhos de Benjamin Franklin

Lembra-te de que tempo é dinheiro; aquele que com seu trabalho pode ganhar dez xelins ao dia e vagabundeia metade do dia, ou fica deitado em seu quarto, não deve, mesmo que gaste apenas seis pence para se divertir, contabilizar só essa despesa; na verdade gastou, ou melhor, jogou fora, cinco xelins a mais.

Lembra-te de que crédito é dinheiro. Se alguém me deixa ficar com seu dinheiro depois da data do vencimento, está me entregando os juros ou tudo quanto nesse intervalo de tempo ele tiver rendido para mim. Isso atinge uma soma considerável se a pessoa tem bom crédito e dele faz bom uso.

Lembra-te de que o dinheiro é procriador por natureza e fértil. O dinheiro pode gerar dinheiro, e seus rebentos podem gerar ainda mais, e assim por diante. Cinco xelins investidos são seis, reinvestidos são sete xelins e três pence, e assim por diante, até se tornarem cem libras esterlinas. Quanto mais dinheiro houver, mais produzirá ao ser investido, de sorte que os lucros crescem cada vez mais rápido. Quem mata uma porca prenhe destrói sua prole até a milésima geração. Quem estraga uma moeda de cinco xelins, assassina tudo o que com ela poderia ser produzido: pilhas inteiras de libras esterlinas.

Lembra-te que – como diz o ditado – um bom pagador é senhor da bolsa alheia. Quem é conhecido por pagar pontualmente na data combinada pode a qualquer momento pedir emprestado todo o dinheiro que seus amigos não gastam.

Isso pode ser de grande utilidade. A par de presteza e frugalidade, nada contribui mais para um jovem subir na vida do que pontualidade e retidão em todos os seus negócios. Por isso, jamais retenhas dinheiro emprestado uma hora a mais do que prometeste, para que tal dissabor não te feche para sempre a bolsa de teu amigo.

As mais insignificantes ações que afetam o crédito de um homem devem ser por ele ponderadas. As pancadas de teu martelo que teu credor escuta às cinco da manhã ou às oito da noite o deixam seis meses sossegado; mas se te vê à mesa de bilhar ou escuta tua voz numa taberna quando devias estar a trabalhar, no dia seguinte vai reclamar-te o reembolso e exigir seu dinheiro antes que o tenhas à disposição, duma vez só.

Isso mostra, além do mais, que não te esqueces das tuas dívidas, fazendo com que pareças um homem tão cuidadoso quanto honesto, e isso aumenta teu crédito. Guarda-te de pensar que tudo o que possuis é propriedade tua e de viver como se fosse. Nessa ilusão incorre muita gente que tem crédito. Para te precaveres disso, mantém uma contabilidade exata de tuas despesas e receitas. Se te deres a pena de atentar para os detalhes, isso terá o seguinte efeito benéfico: descobrirás como pequenas despesas se avolumam em grandes quantias e discernirás o que poderia ter sido poupado e o que poderá sê-lo no futuro...

Por seis libras por ano podes fazer uso de cem libras, contando que sejas reconhecido como um homem prudente e honesto. Quem esbanja um groat [quatro pence] por dia esbanja seis libras por ano, que é o preço para o uso de cem libras. Quem perde a cada dia um bocado de seu tempo no valor de quatro pence (mesmo que sejam só alguns minutos) perde, dia após dia, o privilégio de utilizar cem libras por ano. Quem desperdiça seu tempo no valor de cinco xelins perde cinco xelins e bem que os poderia ter lançado ao mar. Quem perde cinco xelins não perde só essa quantia, mas tudo o que com ela poderia ganhar aplicando-a em negócios – o que, ao atingir o jovem uma certa idade, daria uma soma bem considerável.

FRANKLIN, Benjamin apud WEBER, Max. *A ética protestante e o espírito do capitalismo*. Lisboa: Presença, 2001. p. 121.

Mas esse jeito de prever e de calcular não ficou restrito à economia nem aos homens de negócios. Por isso mesmo Weber se interessou tanto por ele. O comportamento racional também estava presente, por exemplo, no campo da Ciência e Tecnologia. Foi exatamente nesse campo que a racionalidade alcançou seu apogeu. As descobertas científicas e os novos inventos se tornaram possíveis graças ao estímulo que as sociedades ocidentais deram à criação racional. A especialização científica e técnica, a organização da vida com base na divisão de tarefas e em sua distribuição ao longo do dia, dos meses e dos anos foi criando uma nova mentalidade. Entretanto, essa mentalidade tampouco ficou restrita aos cientistas. Não precisamos ser cientistas, como não precisamos ser homens de negócios, para valorizar o planejamento diário. Também não precisamos ser cientistas para respeitar os especialistas. As pessoas comuns foram sendo educadas para confiar neles, para pedir explicações a profissionais, como médicos, advogados, engenheiros, que estudaram os assuntos que as afligem ou que lhes interessam. Palavras como especialização e competência, além de eficiência e cálculo, também são importantes para compreendermos o conceito de racionalidade tal como Max Weber o definiu.

As máquinas modernas

As sucessivas inovações tecnológicas sem dúvida tiveram um importante papel no desenvolvimento do capitalismo.

Da segunda metade do século XIX até a primeira metade do século XX, essas inovações foram celebradas com toda a pompa nas chamadas Feiras Mundiais ou Exposições Universais, megaeventos que aconteciam com regularidade em diferentes cidades do mundo. Nelas, as nações expunham o que consideravam ser mais representativo de sua cultura e de sua produção, e ainda suas novas invenções, ostentando o grau de civilização que tinham atingido. Eram, como bem define a historiadora Margarida de Souza Neves, "vitrines do progresso". O Rio de Janeiro também foi sede desse tipo de mostra. Em 1908, realizou-se, na então capital da República, a Exposição Nacional Comemorativa do 1º Centenário da Abertura dos Portos do Brasil; e em 1922, a Exposição Internacional do Centenário da Independência. O progresso era o convidado principal em todas essas exposições, onde as nações celebravam a capacidade supostamente ilimitada da tecnologia de melhorar a vida.

Pôster da Exposição Universal de Paris, em 1889, ano da comemoração do centenário da Revolução Francesa.

Vista do Teatro Municipal do Rio de Janeiro (RJ), 1909. Eletricidade: uma invenção que transformou o espaço público.

Capítulo 6 – Tempo é dinheiro!

Importantes invenções dos séculos XIX-XX

Invento	Ano da invenção	Inventor
carro	1886	Gottlieb Daimler (alemão)
escada de incêndio	1887	Anna Connelly (norte-americana)
conexão *wireless*	1895	Hedy Lamarr (norte-americana)
rádio	1896	Guglielmo Marconi (italiano)
robô (moderno)	1898	Nikola Tesla (croata radicado nos EUA) – "barco teleoperado"
avião	1903	irmãos Wright (norte-americanos) – Flyer 1
	1906	Alberto Santos Dumont (brasileiro) – 14 Bis
televisão	1924	comunidade científica da Inglaterra
computador	1945	Marinha dos EUA e Universidade de Harvard – "Harvard Mark 1"
gerador de energia termoelétrica	1947	Maria Telkes (húngara-americana)
satélite	1957	comunidade científica da URSS – Sputnik
internet	1969	comunidade científica dos EUA – Arpanet

Diante das máquinas que a partir do século XIX se fizeram cada vez mais presentes no dia a dia das pessoas, sempre houve, também, quem fosse mais reticente, mais desconfiado. Daí a crítica de Chaplin à fascinação descabida pelas novas tecnologias, que, desconsiderando o ser humano, prometem tornar o processo de trabalho cada vez mais eficiente. A máquina de alimentar de Chaplin é mais uma invenção destinada a aumentar a produção, mas, sobretudo, a deixar a concorrência amedrontada. As invenções tecnológicas são armas na disputa entre os produtores de bens. E nessa disputa o tempo, como o dinheiro, deve ser aproveitado ao máximo.

O tempo mudou?

Uma das mudanças mais importantes na maneira de ser das pessoas nos tempos modernos está ligada à percepção do tempo. Nesse ponto a História pode nos ajudar, e recorreremos ao historiador Edward Palmer Thompson para entender o que aconteceu em nossas sociedades.

No período pré-fabril, a noção de tempo tinha como referência a natureza, e os costumes ajudavam a medi-lo. As atividades domésticas e os processos familiares de trabalho tinham uma duração delimitada, e isso servia como orientação. Num mundo essencialmente rural, como era o mundo medieval, falava-se, por exemplo, em dia de trabalho: o trabalho durava o tempo que durava a luz natural. Isso significa que a economia familiar do agricultor tinha um ritmo diferente do de hoje: tudo era feito sem pressa, sem a preocupação da exatidão, sem a angústia de produzir mais e mais. De que adiantaria produzir muito se não havia como guardar o excedente sem risco de o ver estragar-se?

A partir de determinado momento, porém, o trabalho passou a ser objeto de um contrato. Nesse ponto, a relação com o tempo mudou. Se o tempo estipulado para a realização de uma tarefa fosse ultrapassado pelo contratado, aquele que contratava sairia perdendo. Como diz Thompson, o empregador devia usar o tempo de seu empregado e cuidar para que não fosse desperdiçado. E assim o tempo se tornou moeda.

A cidade foi o espaço que favoreceu a percepção do tempo não mais como atividade, e sim como moeda. Na cidade, as pessoas são contratadas pelo que sabem ou podem fazer. Se não quiserem, se preferirem não fazer, não fazem, mas também não ganham. Voltando agora a Weber, ele via nessa forma de trabalho – o trabalho livre, em que tanto o empregador quanto o empregado podem desistir do acordo desde que observem as regras preestabelecidas – uma das condições mais importantes para o desenvolvimento do capitalismo no Ocidente tal como ocorreu.

Para que essa nova engrenagem pudesse funcionar, foi preciso que se difundisse o uso de outra máquina, bem mais antiga que as já mencionadas. Trata-se do relógio mecânico. Relógios de sol foram utilizados pelas mais antigas civilizações, mas o relógio mecânico só foi inventado no século XIV. A partir de então, foi aperfeiçoado como instrumento para medir o tempo com precisão, e seu uso se tornou cada vez mais comum. Espalharam-se relógios em pontos visíveis das cidades europeias, nas igrejas e nas praças, e pouco a pouco eles passaram a equipar também a casa das pessoas.

> Um grande progresso na exatidão dos relógios caseiros veio com o uso do pêndulo após 1658. Os relógios de pêndulo começaram a se espalhar a partir da década de 1660, mas os relógios com os ponteiros dos minutos (além dos ponteiros das horas) só se tornaram comuns depois dessa época.
>
> THOMPSON, E. P. *Costumes em comum*. São Paulo: Companhia das Letras, 1991. p. 275.

No filme *Tempos modernos*, enquanto os relógios de ponto controlam o uso do tempo pelos operários – até mesmo sua ida ao banheiro –, o relógio sobre a mesa do dono da fábrica lembra o quanto se produziu no horário de trabalho e o quanto se deixou de produzir nos intervalos. Foi para eliminar o intervalo do almoço que a máquina maluca foi "inventada". Também Chaplin quis mostrar, de forma crítica, que na sociedade capitalista "o tempo mudou": virou dinheiro.

Mudanças e resistências

Para que o capitalismo triunfasse, as pessoas tiveram de se adaptar a um ritmo diferente, não só de trabalho como de vida. E isso não foi natural nem fácil. Não foi de uma hora para outra que as pessoas passaram a entender as obrigações impostas pelos contratos de trabalho, consultar relógios, conviver com novas máquinas. Em A *ética protestante e o "espírito" do capitalismo*, Weber nos diz que de início tanto os empregados quanto os empregadores desconfiaram das inovações e opuseram resistência ao que aparecia como uma nova ordem. Podemos imaginar, por exemplo, que o trabalhador se perguntasse: Por que trabalhar o dobro para ganhar um pouquinho mais? Será que não é preferível ganhar menos e ficar mais tempo em casa com a família? Já o empregador talvez pensasse: Por que usar novas tecnologias para controlar e aumentar a produção se eu mesmo não sei como as controlar?

Para um jovem como você, talvez seja difícil imaginar a vida sem o computador ou a internet. Pois saiba que, quando os computadores chegaram, muitos empregadores resistiram a adotá-los em seus escritórios porque não sabiam como lidar com aquelas máquinas desconhecidas. Até então, o próprio empresário acompanhava a escrita de suas contas na empresa. Aceitar que o planejamento, a organização financeira e a contabilidade fossem feitos em um computador manuseado por outros soava como perder o controle sobre o próprio negócio, deixar os segredos da empresa em mãos estranhas.

As inovações sempre trazem ao mesmo tempo conforto e conflito, encantamento e ameaça. E é disso que Max Weber fala quando trata da chegada de uma nova forma de organizar a vida, dividir o tempo e executar tarefas. É comum ouvirmos dizer que trabalhadores perderam o emprego porque não conseguiram se adaptar às novas exigências. Mas também do lado do empregador sempre houve resistências. Weber chega a dizer que um empresário não é obrigado a levar as novidades para seu negócio, mas, se não o fizer, a cada dia que passa saberá que sua empresa pode falir... A mudança não depende tanto de querermos ou não mudar. Muitas vezes somos obrigados a mudar nossos costumes para sobreviver no tempo presente.

▌▌ Movimentos de resistência

Os trabalhadores ingleses dos séculos XVIII e XIX desenvolveram formas diversificadas de resistência às grandes transformações no mundo do trabalho, por exemplo, a sabotagem, os motins e as greves. A técnica sindical de um desses grupos foi destruir as máquinas ou mercadorias quando queriam protestar contra os baixos salários ou as más condições de trabalho. Algumas manifestações estavam diretamente relacionadas com a hostilidade das classes trabalhadoras às novas invenções, em especial aquelas que substituíam a mão de obra. Esses movimentos se preocupavam com a manutenção dos empregos e queriam evitar que o padrão de vida do trabalhador sofresse grandes prejuízos.

Ludistas destruindo maquinário.
Gravura anônima de 1811.

A mudança da maneira de pensar, ou a mudança de mentalidade, é um processo demorado. Não se aprende a pensar diferente de uma hora para outra, nem em um único lugar. Quando falamos da "modernidade", ou dos "tempos modernos", estamos falando de um conjunto de espaços, atividades e situações em que tudo vai se articulando para criar um jeito particular de ser e agir. O ritmo em que isso acontece depende de as pessoas se convencerem de que o novo jeito é melhor. Muitas vezes, depende de nos conformarmos por não existir outra opção.

O mercado de trabalho nos obriga a aprender novos ritmos. Ou aprendemos ou não temos emprego. Hoje, quando alguém se candidata a um trabalho, é logo informado de que deve saber manusear tais e tais equipamentos, ter experiência nisso ou naquilo. Aprende-se isso na escola, em cursos específicos e, também, com a experiência.

O protestantismo e o "espírito" do capitalismo

Ao estudar a mentalidade capitalista ocidental, Max Weber foi muito sensível a outro aspecto importante da vida em sociedade: a orientação religiosa. A seu ver, a Reforma Protestante, ocorrida no século XVI, ajudou muito a "fazer a cabeça" dos que a ela aderiram a respeito de como aproveitar o tempo, como evitar o ócio, como se dedicar ao trabalho, como ter disciplina na vida e no emprego. O protestantismo teria, assim, facilitado o desenvolvimento de uma atitude adequada ao "espírito" do capitalismo.

Weber observou que, enquanto as atividades do comércio e da indústria estavam se desenvolvendo, surgiu em alguns países uma nova ética religiosa que indicava como as pessoas deveriam organizar espiritualmente a vida a fim de trabalhar cada vez melhor. Para merecer a salvação, os fiéis teriam de dar demonstrações, nas atividades cotidianas, de que estavam se comportando de forma rigorosa. O aperfeiçoamento no trabalho, o empenho em fazer melhor as atividades de rotina, o rigor com o horário e o aproveitamento do tempo eram qualidades que aproximavam homens e mulheres de Deus. Se o católico dava provas de sua extrema fé recolhendo-se a um mosteiro, o protestante demonstrava a sua sendo um bom trabalhador. Fazer bem o trabalho diário era a forma mais louvável de servir a Deus.

▌▌ Reforma Protestante

A Reforma Protestante foi um **movimento social** com orientação religiosa, deflagrado no século XVI. Por meio desse movimento, críticas foram dirigidas à Igreja Católica, especialmente contra a venda de indulgências. Essa prática consistia em receber pagamentos dos fiéis em troca do perdão dos pecados, mesmo os ainda não cometidos. Inicialmente, os reformadores pretendiam realizar apenas mudanças na doutrina sem provocar rupturas no seio da Igreja. Com o tempo, porém, dada a contrarreação católica e o desdobramento do movimento em diversas correntes, foram surgindo novas igrejas cristãs, hoje conhecidas como evangélicas.

Para algumas correntes protestantes, a salvação era um dom de Deus que não envolvia a mediação da Igreja e não podia ser negociada ou alcançada por meio das boas obras. Essa doutrina contribuiu para que a Bíblia Sagrada fosse traduzida para vários idiomas e difundida amplamente na sociedade, pois, sem a mediação dos sacerdotes, os fiéis deveriam ler e interpretar a Bíblia por conta própria.

Uma das correntes protestantes mais influentes ao longo do século XVI foi o calvinismo, assim chamada por ter-se inspirado nas ideias do teólogo francês João Calvino. Para os calvinistas, a salvação era fruto da predestinação divina. De acordo com essa doutrina, o salvo era um eleito de Deus e o trabalho era uma vocação, ou seja, um chamado que deveria ser respondido pelo fiel com a mesma diligência que a vocação religiosa. Com isso, os praticantes dessa doutrina dedicavam-se intensamente ao trabalho como forma de glorificar a Deus. A riqueza material ou prosperidade, desde que originada do trabalho árduo e honesto, era sinal da eleição divina. Além de valorizar o trabalho, o calvinismo pregava a frugalidade, a sobriedade e uma rígida conduta moral.

O mundo desencantado

Tudo o que foi visto até aqui ajuda a entender o que Max Weber quis dizer com racionalidade e por que considera esta uma importante característica das modernas sociedades ocidentais. Mas o que mais ele disse a respeito de nosso tempo?

Em nosso tempo, dizia Max Weber, há disputa entre ideias e orientações. Isso ocorre porque deixamos para trás o costume de tudo explicar pela religião: se a sociedade era desigual, Deus a fizera assim; se os homens e mulheres eram bem ou malsucedidos, era porque a vontade divina assim decidira. Os governantes eram os que tinham recebido um mandato de Deus. Se tudo dependia de Deus, nada era

96 ▶▶ **Parte II** – A Sociologia vai ao cinema

explicável pelo conhecimento que os homens desenvolviam com seu intelecto. Acontece que essa maneira única de pensar mudou. Ao lado das explicações "não humanas", religiosas, surgiram outras, com forte capacidade de convencimento. Foi como se as pessoas dissessem: "Se quisermos, podemos usar nosso intelecto, nossa razão, para explicar por que as coisas são como são". Ou ainda, nas palavras de Max Weber: "Não existe, a princípio, nenhum poder misterioso e imprevisível que interfira no curso de nossa vida".

Mas como se passou de um tempo em que a explicação religiosa era dominante para outro em que, além dela, outra forma de entendimento cresceu e se impôs? A chave para esse enigma, segundo Weber, está no desenvolvimento da ciência, na maneira pela qual o Ocidente a formulou. Está na autonomia do pensamento científico. Diferentemente do que ocorreu em outras partes do mundo, no Ocidente o pensamento científico desvinculou-se do pensamento religioso e fincou seus alicerces na experimentação racional.

Mas dizer que o Ocidente se preocupa em racionalizar o mundo não é o mesmo que lhe atribuir todas as invenções tecnológicas. Ao contrário, o que o Ocidente muitas vezes fez foi se apropriar de descobertas feitas em outros lugares e transformá-las em ferramentas e objetos úteis no dia a dia. A bússola, por exemplo, foi inventada pelos chineses 2 mil anos antes de Cristo. Mas foi no Ocidente, esclarece Max Weber, que ela se combinou a outros inventos e possibilitou as Grandes Navegações e a colonização das Américas. Outro exemplo: o princípio da vacina também é uma descoberta atribuída ao Oriente. Mas foi o Ocidente quem lhe deu utilização de massa, graças ao processamento feito pela ciência. Peças musicais não foram, obviamente, uma exclusividade do Ocidente. Max Weber nos lembra que as sociedades asiático-orientais também conceberam a escrita musical. Mas foi no Ocidente que se utilizaram os princípios matemáticos para compor uma pauta em que se distinguem visualmente quatro níveis principais de valor das notas (longa, breve, semibreve e mínima). Essa racionalização da experiência musical possibilitou sua universalização – a pauta tornou-se um idioma comum a qualquer músico, em qualquer lugar do planeta – e sua complexificação, por exemplo, nas sinfonias.

Quando Max Weber procura entender o que a cultura das sociedades ocidentais criou de particular, está se referindo à *maneira* pela qual essas sociedades inventaram determinados princípios ou se apropriaram de invenções já existentes e lhes deram uma utilização racional e regular. Ao agir assim, contudo, a ciência tira a magia do mundo. Tudo vai se desencantando. Por isso Max Weber disse que podemos, se quisermos, procurar outras maneiras de entender as coisas que não seja pelo encanto, pelo mistério, pelo feitiço, pelas religiões. Esse grande movimento eliminou as crenças religiosas? De forma alguma. Elas apenas se deslocaram. Foram interiorizadas pelas pessoas que acreditam nos ensinamentos religiosos e escolhem se orientar por eles.

Tábua suméria com os salários dos empregados da esposa do rei sumérico Uruka Gina, c. 2375 a.C.

Capítulo 6 – Tempo é dinheiro! 97

Aplicativo contábil utilizado em um *tablet*, 2015.

pelo divino e derivados dele. Com a separação entre o profano e o religioso, essa correspondência deixou de fazer sentido. E, no mundo profano, a ciência foi ganhando cada vez mais o poder de esclarecer questões e mistérios que sempre conviveram com os seres humanos. Mas Weber é o primeiro a nos advertir: a ciência nunca chega a resolver todas as dúvidas e jamais responderá a questões fundamentais, como "qual é o sentido da vida?" ou "por que devo fazer o bem?". E mesmo aquelas questões que ela pretende investigar não têm respostas definitivas. Outras aparecem desafiando a imaginação e inquietando os espíritos. A ciência vive de ultrapassar barreiras, mesmo sabendo que encontrará outras maiores e às vezes piores. A cada passo que dá, depara-se com a certeza de que muitas dessas barreiras ainda nem sequer foram identificadas...

Os tempos modernos, portanto, trouxeram mais esta novidade: separaram o mundo religioso do mundo profano. Até o Renascimento, existia uma correspondência entre o belo, o justo e o verdadeiro, porque esses três elementos eram vistos como inspirados

◀◀ Recapitulando

As inovações tecnológicas tomaram conta do mundo moderno. Se, por um lado, fascinavam, por outro, provocavam desconfianças. Suas promessas de tornar a vida mais prática e dar mais eficiência ao trabalho contribuíram para alterar a mentalidade dos indivíduos.

O que chamou a atenção de Max Weber não foram as novas tecnologias em si, mas de que maneira elas ajudaram a criar novas atitudes e novas formas de pensar, que por sua vez foram essenciais para consolidar o sistema capitalista. Uma invenção simples como o relógio mecânico deslocou o referencial de contagem do tempo, baseado na natureza, nas horas litúrgicas e no trabalho doméstico, para o tempo produtivo regido pelo contrato de trabalho entre patrão e empregado. A partir daí foram desenvolvidas técnicas de controle e medição do tempo gasto na produção – o relógio de ponto é um exemplo.

Outro aspecto que chamou a atenção de Weber na formação da mentalidade capitalista foi a Reforma Protestante. Com base nela surgiram diversas seitas cristãs dissidentes da Igreja Católica, que estimulavam os fiéis a ser diligentes no trabalho, evitar o ócio e usar o tempo em atividades para a glória de Deus. Entre os protestantes, a fé não ficava reservada às práticas dominicais ou aos que se internavam em mosteiros. Ela era confirmada no cotidiano pelo comportamento do fiel. Essa nova fé contribuiu para a difusão da disciplina do trabalho, tão valorizada pelo sistema capitalista.

Essas mudanças – tempo controlado, novas máquinas e contrato de trabalho – não se concretizaram sem que houvesse resistência tanto dos trabalhadores quanto dos empregadores. Um elemento que contribuiu para sedimentá-las é o que Weber chamou de **racionalidade**. Para sobreviver ou prosperar, os indivíduos modernos tiveram de aprender a calcular ações e fazer as melhores escolhas.

Isso significa que a racionalidade passou a estar presente na vida do indivíduo comum moderno. Mas ela também foi impulsionada pelo desenvolvimento do pensamento científico.

A ciência foi a mola propulsora da racionalidade ao desencantar o mundo. Tudo o que a fé religiosa entendia como intocável e sagrado, a ciência "profanou" investigando, inquirindo e desvendando "mistérios". Assim, a racionalidade científica funda os tempos modernos quando dissolve a noção de verdade absoluta e propõe um controle prático da natureza (por meio de técnicas) segundo os objetivos estipulados pelos próprios homens. Ela não se propõe a fornecer regras morais nem oferecer novas visões de mundo para orientar a vida em sociedade.

Para Weber, a ciência é um campo autônomo, separado da religião e da política – terrenos dos profetas e dos demagogos.

Leitura complementar

O significado da disciplina

[...] O conteúdo da disciplina é apenas a execução da ordem recebida, coerentemente racionalizada, metodicamente treinada, e exata, na qual toda crítica pessoal é incondicionalmente eliminada e o agente se torna um mecanismo preparado exclusivamente para a realização da ordem. Além disso, tal comportamento em relação às ordens é uniforme. [...]

A disciplina em geral, como seu ramo mais racional, a burocracia, é impessoal. Infalivelmente neutra, ela se coloca à disposição de qualquer força que pretenda seus serviços e saiba como promovê-los. [...] Em lugar do êxtase heroico ou da piedade individual, do entusiasmo ou dedicação a um líder, como pessoa, do culto da "honra" ou do exercício da habilidade pessoal como uma "arte" – a disciplina coloca o hábito à habilidade rotineira. Na medida em que a disciplina apela para os motivos firmes de um caráter "ético", pressupõe um "senso de dever" e "consciência". [...]

A disciplina do exército deu origem a toda disciplina. A organização econômica em grande escala é o segundo grande agente que prepara os homens para a disciplina. [...]

[...] a disciplina orgânica da fábrica estrutura-se em bases completamente racionais. Com a ajuda de métodos de mensuração adequados, a lucratividade ótima do trabalhador individual é calculada como a de qualquer meio material de produção. À base desse cálculo, o sistema americano de "administração científica" obteve os maiores triunfos no condicionamento e treinamento racional do comportamento de trabalho. As consequências finais são obtidas com a mecanização e disciplina da fábrica, e o aparato psicofísico do homem se ajusta completamente às exigências do mundo exterior, das ferramentas, das máquinas – em suma, a uma "função" individual. O indivíduo é destituído de seu ritmo natural, determinado pela estrutura de seu organismo; seu aparato psicossocial é adaptado a um novo ritmo através de uma especialização metódica de músculos que funcionam separadamente, e estabelece-se uma economia ótima de forças correspondente às condições de trabalho. [...]

O avanço sempre crescente da disciplina processa-se irresistivelmente com a racionalização do atendimento das necessidades econômicas e políticas. Esse fenômeno universal restringe cada vez mais a importância do **carisma** e da conduta diferenciada individualmente.

WEBER, Max. *Ensaios de Sociologia.* 5. ed. Rio de Janeiro: LTC, 2008. p. 177-178, 182-183.

Fique atento!

Definição dos conceitos sociológicos estudados neste capítulo.

Burocracia: na seção **Conceitos sociológicos**, página 364.

Conflito social: na seção **Conceitos sociológicos**, página 366.

Movimento social: no verbete "movimentos sociais", seção **Conceitos sociológicos**, página 373.

Racionalidade: na página 91.

Sessão de cinema

O DIA EM QUE DORIVAL ENCAROU A GUARDA

Brasil, 1986, 14 min. Direção de Jorge Furtado e José Pedro Goulart.

Esse curta-metragem nos ajuda a refletir sobre as irracionalidades da racionalidade. Disponível em: <portacurtas.org.br>. Acesso em: maio 2016.

A SAGA DO PRÊMIO NOBEL

Série de documentários. Duração aproximada dos episódios: 25 min.

O documentário é rico em imagens de arquivos e apresenta explicações sobre o prêmio desde sua criação. Informações disponíveis em: <http://canalcurta.tv.br/pt/series/serie.aspx?serieId=360>. Acesso em: maio 2016.

Construindo seus conhecimentos

MONITORANDO A APRENDIZAGEM

1. Você aprendeu que a Sociologia é um saber científico que nos ajuda a entender que certas ideias e fenômenos sociais nem sempre foram percebidos por nós da mesma forma que hoje. Um bom exemplo é o tempo.

   a) De que modo o tempo era medido, controlado e percebido na Idade Média?

   b) Que situações contribuíram para que o tempo passasse a ser percebido como riqueza?

2. Leia o texto.

> Lembra-te de que tempo é dinheiro. [...] Lembra-te que – como diz o ditado – um bom pagador é senhor da bolsa alheia. [...] Guarda-te de pensar que tudo o que possuis é propriedade tua e de viver como se fosse.
>
> Benjamin Franklin, texto escrito entre 1736 e 1748 apud WEBER, Max. *A ética protestante e o espírito do capitalismo*. Lisboa: Presença, 2001. p. 121.

   ■ Esses três conselhos de Benjamin Franklin – fazer uso adequado do tempo, ter crédito na praça e ter ambição para ganhar mais do que o necessário para viver – são parte daquilo que Max Weber chamou de "espírito do capitalismo". Essas orientações nada têm de religiosas. Por que Weber entendeu que a ética da religião protestante combinava com essa visão de mundo e contribuiu para o desenvolvimento do capitalismo?

3. Construa uma definição para racionalidade com base no que você aprendeu sobre a Sociologia de Max Weber.

DE OLHO NO ENEM

1. (Enem 2015)

> A crescente intelectualização e racionalização não indicam um conhecimento maior e geral das condições sob as quais vivemos. Significa a crença em que, se quiséssemos, poderíamos ter esse conhecimento a qualquer momento. Não há forças misteriosas incalculáveis; podemos dominar todas as coisas pelo cálculo.
>
> WEBER, M. A ciência como vocação. In: GERTH, H.; MILLS, W. (Org.). *Max Weber*: ensaios de Sociologia. Rio de Janeiro: Zahar, 1979 (adaptado).

   Tal como apresentada no texto, a proposição de Max Weber a respeito do processo de desencantamento do mundo evidencia o(a)

   (A) progresso civilizatório como decorrência da expansão do industrialismo.

   (B) extinção do pensamento mítico como um desdobramento do capitalismo.

   (C) emancipação como consequência do processo de racionalização da vida.

   (D) afastamento de crenças tradicionais como uma característica da modernidade.

   (E) fim do monoteísmo como condição para a consolidação da ciência.

2. (Enem 2015)

O impulso para o ganho, a perseguição do lucro, do dinheiro, da maior quantidade possível de dinheiro não tem, em si mesma, nada que ver com o capitalismo. Tal impulso existe e sempre existiu. Pode-se dizer que tem sido comum a toda sorte e condição humanas em todos os tempos e em todos os países, sempre que se tenha apresentada a possibilidade objetiva para tanto. O capitalismo, porém, identifica-se com a busca do lucro, do lucro sempre renovado por meio da empresa permanente, capitalista e racional. Pois assim deve ser: numa ordem completamente capitalista da sociedade, uma empresa individual que não tirasse vantagem das oportunidades de obter lucros estaria condenada à extinção.

WEBER, M. *A ética protestante e o espírito do capitalismo*. São Paulo: Martin Claret, 2001 (adaptado).

O capitalismo moderno, segundo Max Weber, apresenta como característica fundamental a
(A) competitividade decorrente da acumulação de capital.
(B) implementação da flexibilidade produtiva e comercial.
(C) ação calculada e planejada para obter rentabilidade.
(D) socialização das condições de produção.
(E) mercantilização da força de trabalho.

3. (Enem 2005)

A situação abordada na tira torna explícita a contradição entre
(A) as relações pessoais e o avanço tecnológico.
(B) a inteligência empresarial e a ignorância dos cidadãos.
(C) a inclusão digital e a modernização das empresas.
(D) a economia neoliberal e a reduzida atuação do Estado.
(E) a revolução informática e a exclusão digital.

4. (Enem 2011)

O acidente nuclear de Chernobyl revela brutalmente os limites dos poderes técnico-científicos da humanidade e as "marchas a ré" que a "natureza" nos pode reservar. É evidente que uma gestão mais coletiva se impõe para orientar as ciências e as técnicas em direção a finalidades mais humanas.

GUATTARI, F. *As três ecologias*. São Paulo: Papirus, 1995 (adaptado).

O texto trata do aparato técnico-científico e suas consequências para a humanidade, propondo que esse desenvolvimento
(A) defina seus projetos a partir de interesses coletivos.
(B) guie-se por interesses econômicos, prescritos pela lógica do mercado.
(C) priorize a evolução da tecnologia, se apropriando da natureza.
(D) promova a separação entre natureza e sociedade tecnológica.
(E) tenha gestão própria, com o objetivo de melhor apropriação da natureza.

ASSIMILANDO CONCEITOS

1. Observe a charge a seguir:

Quadrinho de Wiley Miller, publicado em 4 de dezembro de 2001. Disponível em: <www.gocomics.com/nonsequitur/2001/12/04>. Acesso em: maio 2016.

a) Consulte o dicionário e anote os sentidos da palavra **réplica**. Em seguida descreva e interprete a situação representada na charge.

b) Retome o dicionário e procure o sentido da palavra **dogma**. A charge sugere que a ciência é neutra ou que ela também pode ser dogmática como a religião, por exemplo?

OLHARES SOBRE A SOCIEDADE

1. Leia o texto a seguir.

CÉREBRO ELETRÔNICO O cérebro eletrônico faz tudo Faz quase tudo Faz quase tudo Mas ele é mudo O cérebro eletrônico comanda Manda e desmanda Ele é quem manda Mas ele não anda Só eu posso pensar se Deus existe	Só eu Só eu posso chorar quando estou triste Só eu Eu cá com meus botões de carne e osso Hum, hum Eu falo e ouço Hum, hum Eu penso e posso Eu posso decidir se vivo ou morro Por que Porque sou vivo, vivo pra cachorro E sei	Que cérebro eletrônico nenhum me dá socorro No meu caminho inevitável para a morte Porque sou vivo, sou muito vivo E sei Que a morte é nosso impulso primitivo E sei Que cérebro eletrônico nenhum me dá socorro Com seus botões de ferro e seus olhos de vidro *Cérebro eletrônico*, Gilberto Gil. Gege Edições Musicais Ltda. (Brasil e América do Sul)/Preta Music (resto do mundo). Todos os direitos reservados.

a) O que seria o "cérebro eletrônico" de que fala a letra da música? Você o identifica em seu dia a dia?

b) De que maneira podemos relacionar a letra da música com a racionalidade de que nos fala Max Weber?

c) Na letra da música, quais trechos tratam dos limites da racionalidade científica?

EXERCITANDO A IMAGINAÇÃO SOCIOLÓGICA
TEMA DE REDAÇÃO DO VESTIBULAR DA UERJ (2013)

TEXTO IV

Lembra-te de que tempo é dinheiro. Aquele que pode ganhar dez xelins* por dia com seu trabalho e vai passear, ou fica vadiando metade do dia, embora não despenda mais do que seis pence durante seu divertimento ou vadiação, não deve computar apenas essa despesa; gastou, na realidade, ou melhor, jogou fora, cinco xelins a mais. [...] Aquele que perde cinco xelins, não perde somente esta soma, mas todo o proveito que, investindo-a, dela poderia ser tirado, e que durante o tempo em que um jovem se torna velho, integraria uma considerável soma de dinheiro.

Benjamin Franklin

* xelim – unidade de moeda equivalente a 12 pence

WEBER, Max. *Os pensadores*. São Paulo: Abril Cultural, 1985.

TEXTO V

Dizemos, com frequência, que fomos atropelados pelos acontecimentos – mas quais acontecimentos têm poder de atropelar o sujeito? Aqueles em direção aos quais ele se precipita, com medo de ser deixado para trás. Deixamo-nos atropelar, em nossa sociedade competitiva, porque medimos o valor do tempo pelo dinheiro que ele pode nos render. Nesse ponto remeto o leitor, mais uma vez, à palavra exata do professor Antonio Candido: "O capitalismo é o senhor do tempo. Mas tempo não é dinheiro. Isso é uma brutalidade. O tempo é o tecido de nossas vidas". A velocidade normal da vida contemporânea não nos permite parar para ver o que atropelamos; torna as coisas passageiras, irrelevantes, supérfluas.

Maria Rita Kehl
mariaritakehl.psc.br

Proposta de redação

Os textos IV e V apresentam posições opostas sobre a relação com o tempo: para o primeiro, tempo é dinheiro, porque deve ser empregado em produzir riqueza; para o segundo, tempo não pode ser resumido ao dinheiro, porque isso é uma brutalidade.

Com base na leitura de todos os textos e de suas elaborações pessoais sobre o tema, **escolha uma das duas posições e a defenda**, redigindo um texto argumentativo em prosa, com no mínimo 20 e no máximo 30 linhas.

Utilize a norma-padrão da língua e atribua um título a sua redação.

7 A metrópole acelerada

O tique nervoso de Carlitos em cena do filme *Tempos modernos*.

Em cena: O surto e o manicômio

O dia de trabalho chega ao fim. Os operários estão exaustos, porém o dono da fábrica dá ordem para acelerar a produção. Carlitos tenta heroicamente acompanhar o ritmo, mas já não consegue: em uma das cenas mais famosas da história do cinema, atira-se sobre a esteira que passa à sua frente e é literalmente engolido pelas engrenagens circulares que compõem a máquina gigantesca. Sob o olhar incrédulo do "rebanho", a "ovelha negra" enlouquece.

Após ser cuspido de volta pela máquina, tomado por uma espécie de transe, Carlitos aperta o nariz dos colegas com suas chaves como se fossem roscas e persegue até a rua a secretária do dono da fábrica com o intuito de apertar-lhe os botões da saia. Em seguida, corre atrás de outra mulher, fixado agora nos botões da blusa dela, e entra novamente na fábrica fugindo de um guarda que se aproxima. Daí em diante as coisas pioram: ele liga e desliga máquinas, explode fusíveis, borrifa óleo nos colegas, saltita loucamente pela linha de montagem, dependura-se em um enorme gancho e borrifa óleo no próprio dono da fábrica. Os operários e seguranças tentam contê-lo, mas Carlitos, incontrolável, corre para a rua. Nesse momento, depois de borrifar o enfermeiro, é metido numa ambulância que o conduzirá ao manicômio.

Na cena seguinte, Carlitos, bem mais calmo – não mais usando o macacão de operário, e sim o famoso terno preto, chapéu coco e bengala –, deixa a clínica psiquiátrica. Antes de partir, escuta atentamente o conselho do médico: "Vá com calma e evite a excitação". Será realmente possível viver sossegado nestes tempos modernos?

Parte II – A Sociologia vai ao cinema

★ Apresentando Georg Simmel

Um ótimo autor para nos acompanhar nesta cena e ajudar a compreender o surto de Carlitos é Georg Simmel, sociólogo que estudou temas variados. Especialmente interessante para nós é seu ensaio sobre a vida nas **metrópoles** modernas, no qual analisa a relação entre os diversos aspectos da vida social e da vida psíquica, ou seja, entre o ambiente urbano e a personalidade das pessoas.

Georg Simmel
(Berlim, Alemanha, 1 de março de 1858 – Estrasburgo, França, 28 de setembro de 1918)

Embora Georg Simmel nem sempre apareça entre os pais da Sociologia, sua obra foi muito importante para o desenvolvimento do conhecimento sociológico. Uma de suas preocupações foi, assim como para Durkheim, discorrer sobre os objetos e a metodologia próprios dos estudos da sociedade.

Simmel teve sua obra marcada pelo intenso crescimento urbano por que passava Berlim, capital alemã, no final do século XIX e início do século XX. Atento a essas mudanças, desenvolveu um método de análise que ficou conhecido como microssociologia, propondo olhar para os fenômenos sociais em suas pequenas manifestações. Para ele, a sociedade estava em constante transformação, sendo feita e refeita com base nas relações do dia a dia.

Formado em História e Filosofia, Georg Simmel foi muito influenciado pelo filósofo alemão Immanuel Kant, embora tenha sido na análise sociológica que empreendeu seu maior esforço. Os temas mais explorados em sua obra são a modernidade, o indivíduo moderno e a importância social do dinheiro. Sobre esse tripé, analisou as mais diversas formas de interação, tendo como pano de fundo a questão mais ampla da relação entre indivíduo e sociedade.

Suas principais obras são coletâneas de ensaios e, dentre seus textos mais famosos, destaca-se "As grandes cidades e a vida do espírito" (1903).

Georg Simmel, c. 1900.

Tempos nervosos

A modernidade, incontestavelmente, mudou o ritmo da produção. Mas não só isso: mudou o ritmo das ruas, das cidades, da vida. Na verdade, tudo foi se acelerando. As formas de entretenimento são bons exemplos: a quietude exigida pela leitura contrasta radicalmente com a velocidade da montanha-russa ou do cinema de ação. Nossa capacidade de percepção também se alterou: pense na quantidade de variáveis em que você precisa prestar atenção enquanto joga uma partida de *video game*. Não por acaso, as habilidades dos jovens do século XXI deixam os mais velhos perplexos: falam ao telefone, checam mensagens, escutam música e fazem o dever de casa ao mesmo tempo!

Times Square, Manhattan, Nova York, 2015.
Times Square é uma grande área comercial situada na região central da Ilha de Manhattan, Nova York (EUA). É um dos pontos turísticos mais visitados do mundo. Seus prédios ostentam gigantescos painéis publicitários de telas LED, intensamente iluminados.

Capítulo 7 – A metrópole acelerada **105**

Georg Simmel viveu muito antes de nosso tempo, mas formulou um conceito que nos ajuda a pensar na aceleração do cotidiano e em suas consequências psíquicas: o conceito de intensificação da vida nervosa. No contexto da cidade, dizia ele, somos frequentemente expostos a estímulos – imagens, sons, rostos, anúncios – que acabam exigindo de nós uma sensibilidade específica. É necessário sermos capazes de nos concentrar, de manter um ritmo acelerado de produção e de nos adequar a um tempo marcado por um "calendário estável e impessoal". Os avanços tecnológicos e a racionalização da vida – lembre-se do que Max Weber ensinou – contribuem para que o cotidiano se torne ao mesmo tempo mais simples e mais complicado.

Pedestres e automóveis dividem as ruas em Mumbai (Índia), 2015. Mumbai é considerada uma das cidades mais populosas do mundo.

Paradoxos da moderna vida urbana

Segundo dados da Organização das Nações Unidas (ONU), na primeira década do século XXI metade da população mundial passou a viver em áreas urbanas. Com o crescimento das cidades, o número de veículos também aumentou. Os automóveis e transportes coletivos são tecnologias desenvolvidas para facilitar a vida das pessoas, seja nas cidades, seja nas áreas rurais. No entanto, essas mesmas tecnologias trouxeram desafios à vida nas grandes cidades, como os congestionamentos gigantescos que vemos nos noticiários de jornais ou que nós mesmos já enfrentamos. Criadas para encurtar distâncias e reduzir o tempo de locomoção, também impuseram a complexa tarefa de organizar a circulação de pedestres e veículos. Surgiu, inclusive, a necessidade de uma área específica no campo da engenharia para tratar dessa questão urbana: a engenharia de tráfego. Além disso, não podemos esquecer o quanto a concentração de veículos contribui para o aquecimento global e aumento da poluição atmosférica, que afeta a saúde dos habitantes das áreas urbanas.

Fonte: FUNDO DE POPULAÇÃO DAS NAÇÕES UNIDAS – UNFPA. Pessoas e possibilidades em um mundo de sete bilhões. *Relatório sobre a situação da população mundial*, 2011. p. 78.

Se você nasceu ou mora em uma cidade grande há muito tempo, dificilmente pensa, antes de sair de casa, no quanto é complicado caminhar em meio à multidão apressada. Mas, para que isso não seja um problema, você precisou ser socializado, precisou adquirir certos saberes que hoje são automáticos em seu comportamento, como: desviar de transeuntes enquanto presta atenção no sinal de trânsito e nos carros; ignorar certos sons e estar atento a outros (uma sirene ou buzina, por exemplo); manter o foco quando tantas imagens passam pela janela do ônibus; agir quando está cercado por rostos estranhos.

▌▌ Mobilidade urbana

Em junho de 2013, milhares de jovens brasileiros foram às ruas protestar contra o aumento das tarifas de ônibus. Ainda que as manifestações tenham encontrado aí sua motivação inicial, seu estopim colocou na pauta dos movimentos sociais um assunto cada vez mais importante: a mobilidade urbana. O tema da mobilidade urbana está diretamente ligado à questão do direito à cidade porque trata de como, e em quais condições, as pessoas se movem – ou são impedidas de se mover – dentro das cidades. Não é difícil imaginar por que ele se tornou um dos principais desafios das metrópoles mundiais. Vejamos o caso do Brasil.

Trem em movimento próximo à estação São Cristóvão, Rio de Janeiro (RJ), 2014.

O caos da mobilidade urbana está presente diariamente nos noticiários. Já nos acostumamos a cenas de congestionamentos, acidentes, ônibus, metrôs e trens lotados, num enredo que parece não ter fim. Essas imagens se refletem claramente nos números: segundo o Censo 2010-IBGE, mais de 1 milhão de pessoas no Brasil levam mais de duas horas para chegar ao local de trabalho. O município de Japeri, na Baixada Fluminense (Região Metropolitana do Rio de Janeiro), ficou em primeiro lugar no *ranking* dos trabalhadores com maior tempo de deslocamento do país. Ali, mais de 20% da População Economicamente Ativa (PEA) participa de um grupo conhecido como migrantes pendulares: são trabalhadores que saem de seu município dormitório para trabalhar em outras cidades, enfrentando diariamente um caminho longo e lento, por causa de atrasos e da precariedade dos meios de transporte coletivos.

Além dos problemas do transporte público, outro fator contribui para a crescente piora nas condições de deslocamento, sobretudo nas grandes cidades do país: multiplicação da frota de veículos. De acordo com o Observatório das Metrópoles, nos últimos anos o aumento do número de veículos automotores no Brasil foi dez vezes maior do que o crescimento da população: enquanto a população cresceu 12,2% numa década, o aumento do número de veículos motorizados foi de 138,6%. Segundo dados disponibilizados pelo Denatran, o país terminou 2012 com mais de 50,2 milhões de automóveis e 19,9 milhões de motos.

Não por acaso, cada ano, mais pessoas e entidades aderem ao Dia Mundial Sem Carro (DMSC), iniciativa que começou na França em 1997. Trata-se de uma ação que tem como ideia principal sensibilizar e mobilizar a população em torno das diversas questões relacionadas à mobilidade urbana. Recentemente, no Brasil, têm surgido muitas ações de incentivo ao uso de bicicletas, pressionando o poder público a criar ciclovias e melhorar a segurança de quem opta por esse meio de transporte. E você, como se desloca até a escola? Quanto tempo do dia gasta em deslocamentos pela cidade?

O ritmo do tempo nas cidades grandes

Partidas Internacionais / International Departures

Previsto Schedule Destino/To Escalas/Vias	Cia/Airline	Vôo/Flight	Terminal	Check-in	Portão Gate	Horário Time	Observação/Remarks
15:20 Madrid		6824	3	E:	37	15:20	Estimated
15:40 Paris		0457	3	G07-G0	41	15:40	Confirmed
15:45 Lisboa		0082	3	F2	39	15:45	Confirmed
15:50 Santa Cruz de la Sierra		0737	2	C47-(	20	15:50	Estimated
16:15 Londres		0246	3		33	16:15	Estimated
16:20 Santiago		0751	3	E	47	16:20	Check-in E
16:45 Munique		0505	3	F1	43	16:45	Estimated
17:25 Buenos Aires		0722	3	E	-	17:25	Check-in E
17:30 Santiago		0761	3	E	48	17:30	Check-in E
17:50 Santiago		0603	2	B28-I	20	17:50	Estimated
17:55 Buenos Aires		0771	3	5-F17-F1	33	17:55	Estimated
18:00 Joanesburgo		0223	3	-	29	18:00	Estimated
18:10 Frankfurt		0507	3	F:	39	18:10	Estimated
18:15 Buenos Aires		8008	3	-	-	18:15	Estimated
18:25 Buenos Aires		7684	2	B	14D	18:25	Cancelled / Report to the A
18:30 Buenos Aires		0015	3	E20-E	43	18:30	Estimated
18:30 Zurich		0093	3	F(	41	18:30	Confirmed

Luiz Carlos Murauskas/Folhapress

Painel com os horários de partida de voos nacionais e internacionais do aeroporto de Cumbica, Guarulhos (SP), 2015.
O painel luminoso informa os horários de partida e de chegada dos aviões domésticos e internacionais nos aeroportos. O cumprimento rigoroso dos horários é fundamental para garantir a eficiência desse meio de transporte, uma vez que o cancelamento ou o atraso dos voos pode gerar esperas superiores a um dia.

As relações e oportunidades do habitante típico da cidade grande costumam ser tão variadas e complicadas, e sobretudo: mediante a acumulação de tantos homens, com interesses tão diferenciados, suas relações e atividades engrenam um organismo tão complexo que, sem a mais exata pontualidade nas promessas e nas realizações, o todo se esfacelaria em um caos inextricável. Se repentinamente todos os relógios de Berlim andassem em direções variadas, mesmo que apenas no intervalo de uma hora, toda a sua vida e tráfego econômicos, e não só, seriam perturbados por longo tempo. A isto se acresce, de modo aparentemente ainda mais exterior, a grandeza das distâncias, que torna toda espera e viagem perdida uma perda de tempo insuportável. Assim, a técnica da vida na cidade grande não é concebível sem que todas as atividades e relações mútuas tenham sido ordenadas em um esquema temporal fixo e suprassubjetivo.

SIMMEL, Georg. As grandes cidades e a vida do espírito. *Mana*, v. 11, n. 2, p. 577-591, 2005 [1903]. Disponível em: <www.scielo.br>. Acesso em: maio 2016.

O que hoje já se tornou um comportamento em grande medida naturalizado foi objeto de reflexão das ciências e das artes na virada do século XIX para o XX. Cientistas, filósofos, literatos e poetas escreveram sobre os novos "choques" cotidianos e suas consequências – positivas e negativas – para a personalidade dos indivíduos. Como explica o antropólogo Luiz Fernando Duarte, foi nessa época que os psiquiatras criaram um novo vocabulário clínico em torno da "doença dos nervos", com a intenção de explicar as "perturbações de caráter", "irritações", "tensões" e "surtos" a que estariam submetidos os que vivem nas grandes cidades. Esse vocabulário, aliás, atualiza-se continuamente: hoje, por exemplo, é comum explicarmos reações típicas da vida nas grandes cidades usando a palavra "estresse".

Georg Simmel argumentou em seus escritos que, para lidar com os novos estímulos e acelerações, com a intensificação da vida nervosa, os habitantes das grandes cidades desenvolveram um comportamento estranho ao mundo rural e à cidade pequena, a que chamou de atitude de reserva. Homens e mulheres urbanos, para preservar sua sanidade mental, acabam fechando-se, protegendo-se dos estímulos exteriores e se distanciando das emoções cotidianas. Aprendem a se tornar indiferentes àquilo que não lhes diz respeito diretamente, a mergulhar em si mesmos, a prestar atenção apenas a seu pequeno círculo de convívio. Imagine, por exemplo, se você tivesse de cumprimentar ou saber o nome de cada pessoa com que você cruza no caminho entre sua casa e a escola. Se você mora em uma cidade grande, isso é simplesmente inconcebível. Simmel descreve essa impossibilidade com as seguintes palavras:

108 ▶▶ **Parte II** – A Sociologia vai ao cinema

> A atitude espiritual dos habitantes da cidade grande uns com os outros poderia ser denominada [...] como reserva. [Na cidade grande] somos coagidos àquela reserva, em virtude da qual mal conhecemos os vizinhos que temos por muitos anos, e que nos faz frequentemente parecer, ao habitante da cidade pequena, como frios e sem ânimo.
>
> Decerto [...], o lado interior dessa reserva exterior não é apenas a indiferença, mas sim [...] uma leve aversão, uma estranheza e repulsa mútuas [...]. Toda organização interior de uma vida de circulação ampliada [...] baseia-se em uma gradação extremamente multifacetada de simpatias, indiferenças e aversões, das mais efêmeras como das mais duradouras. [...] Essa reserva [...] garante precisamente ao indivíduo [...] uma medida de liberdade pessoal [...].
>
> SIMMEL, Georg. As grandes cidades e a vida do espírito. *Mana*, n. 11, p. 577-591, 2005 [1903]. Disponível em: <www.scielo.br>. Acesso em: maio 2016.

A vida na metrópole acelerada seria marcada, portanto, pela pluralidade de experiências e pelo anonimato das interações.

A cultura subjetiva e a cultura objetiva

Georg Simmel nos aponta um paradoxo fundamental da vida moderna: partindo do princípio de que a capacidade dos indivíduos de absorver informações tem um limite, à medida que aumenta a oferta de informações disponíveis, reduz-se proporcionalmente a parcela desse acervo que cada indivíduo pode reter. Para dar um exemplo: a simples leitura de uma revista semanal talvez nos ofereça mais informação do que um homem dos tempos medievais seria capaz de adquirir ao longo de sua vida. Mas, certamente, a quantidade de informações que o homem medieval conseguia apreender da cultura de sua época é maior que aquela processada pelo homem de hoje. Isso mostra, segundo Simmel, que na vida moderna há um fosso intransponível entre o que ele chama de cultura subjetiva e cultura objetiva.

É fácil perceber que nas sociedades modernas o número de livros, músicas, espetáculos, filmes, teorias e ideias que estão à nossa disposição é enorme. Além disso, as sociedades se caracterizam pela presença de um imenso acervo de máquinas, equipamentos, brinquedos, instrumentos, objetos de uso comum – uma lista interminável de bens que se multiplicam a cada dia, ocupando o lugar da novidade de ontem e já anunciando que ficarão obsoletos amanhã, numa espiral sem fim. Esses bens são obras do intelecto, do engenho e da criatividade de homens e mulheres, mas não pertencem exclusivamente a seus criadores, porque estão disponíveis a todos que puderem usufruí-los ou adquiri-los: são bens públicos. A propaganda cuida de mostrar essas novidades a cada instante para convencer a todos de que vale a pena comprar esses bens e usá-los.

▮▮ Revoluções tecnológicas e transformações subjetivas

Todos reconhecemos que inovações tecnológicas dos mais variados tipos introduzem transformações em nossas vidas. Além das transformações que presenciamos em primeira mão, somos capazes de ter acesso a inúmeras outras quando estabelecemos contato, por meio de relatos dos mais velhos, livros, filmes, viagens etc., com os modos de vida de épocas e lugares em que uma ou outra tecnologia ainda era desconhecida. Esse tipo de contato com o *antes* de determinada tecnologia torna fácil perceber as transformações por ela geradas no *depois*.

Quem não sabe que, antes da energia elétrica, a família se reunia ao redor do piano? Quem desconhece que, depois da energia elétrica, o piano foi substituído pelo rádio e, ainda mais recentemente, pela televisão? Alguém que tenha uma geladeira que já parou de funcionar pode desconhecer as transformações que esse eletrodoméstico gerou na nossa relação com o mercado de suprimentos? Quantos de nós, acostumados que estamos às calculadoras de bolso, ainda sabemos fazer contas de cabeça ou na ponta do lápis?

Não parece haver dúvidas de que nossos comportamentos e hábitos podem sofrer alterações em função do desenvolvimento de novas tecnologias. O difícil é perceber que algumas tecnologias têm impactos bem mais profundos sobre os seres humanos que a elas são expostos, chegando mesmo, embora em raros casos, a gerar transformações internas radicais. Em outras palavras, embora seja fácil detectar que novas tecnologias têm o poder de alterar nossos hábitos e nossas formas de agir, é bem mais difícil registrar que algumas tecnologias também podem alterar radicalmente nossos modos de ser (como pensamos, percebemos e organizamos o mundo externo e interno, como nos relacionamos com os outros e com nós mesmos, como sentimos etc.). [...]

NICOLACI-DA-COSTA, Ana Maria. Revoluções tecnológicas e transformações subjetivas. *Psicologia: Teoria e Pesquisa*, Brasília, v. 18, n. 2, 2002. Disponível em: <www.scielo.br>. Acesso em: maio 2016.

Novas Tecnologias de Informação e Comunicação (NTIC): novas possibilidades de informação e sociabilidade.

A vida metropolitana nos expõe: ao desejo de bens culturais e à ansiedade por não sermos capazes de tudo conhecer e/ou adquirir; ao movimento incessante das ruas e à sensação de solidão que experimentamos mesmo cercados por uma multidão; ao prazer de saber que não somos vigiados por nossos conhecidos e ao medo de não sermos conhecidos por ninguém; à sensação de liberdade ao caminharmos sem explicar por que estamos vestidos assim ou assado; e ao receio de não sermos socorridos por alguém, caso necessitemos.

Aproximação e distanciamento são duas faces da mesma moeda. São o paraíso e o inferno da vida moderna. Esse foi um tema estudado por Simmel, sobre o qual também escreveram muitos pensadores geniais, como Sigmund Freud, o pai da Psicanálise, que revolucionou a maneira de pensar os assuntos da vida do espírito. A seguir, extrato de texto escrito por Freud.

> Não existe, então, nenhum ganho no prazer, nenhum aumento inequívoco no meu sentimento de felicidade, se posso, tantas vezes quantas me agrade, escutar a voz de um filho meu que está morando a milhares de quilômetros de distância ou saber, no mais breve tempo possível depois de um amigo ter atingido seu destino, que ele concluiu incólume a longa e difícil viagem? [...] Se não houvesse ferrovias para abolir as distâncias, meu filho não teria jamais deixado a cidade natal e eu não precisaria de telefone para poder ouvir a sua voz; se as viagens marítimas transoceânicas não tivessem sido introduzidas, meu amigo não teria partido em sua viagem por mar, e eu não precisaria de um telegrama para aliviar minha ansiedade a seu respeito.
>
> FREUD, Sigmund. *O mal-estar na civilização*. Rio de Janeiro: Imago, 1974. v. 21. (Obras Psicológicas Completas).

Enquanto Émile Durkheim apostava em um reavivamento da moral como solução para a anomia ou para a falta de coesão da sociedade, Georg Simmel nos deixa como mensagem uma postura bem mais pessimista.

Não é difícil imaginar Durkheim aconselhando Carlitos a se juntar a uma corporação profissional. Mas, por outro lado, não é fácil pensar no que Simmel poderia dizer. O conselho do médico ao despedir-se de Carlitos no manicômio – "Vá com calma e evite a excitação" – não faria sentido para Simmel, porque a vida moderna é por si só repleta de estímulos excitantes.

◀◀ Recapitulando

Você aprendeu com Georg Simmel que a cidade grande oferece a cada um de seus habitantes múltiplos estímulos que contribuem para formar uma personalidade psíquica peculiar. Um cidadão urbano é socializado a cada dia para enfrentar situações com alto nível de excitação, que exigem o desenvolvimento de habilidades específicas. Exemplos: mover-se na multidão, usar seletivamente os sentidos e comportar-se de maneira reservada quando julgar necessário.

Com a vida moderna nasceu um paradoxo: o cotidiano ficou ao mesmo tempo mais simples e mais complexo. A modernidade ampliou os horizontes dos indivíduos, mas trouxe novos desafios. Nas metrópoles, a complexidade da vida aumenta por causa da enorme massa de indivíduos que nelas vivem: as filas para o atendimento em repartições públicas, supermercados e hospitais são grandes e lentas; os congestionamentos de trânsito podem durar muitas horas em cidades como São Paulo ou Rio de Janeiro. Morar em grandes centros urbanos muitas vezes significa ter de esperar quando se tem pressa. Nada mais estressante do que isso.

A vida moderna, que se mostrou tão promissora para o desenvolvimento da individualidade, do gosto pessoal, da cultura subjetiva, enfrenta ainda outro desafio: a atração exercida pela cultura objetiva, que iguala os homens e ofusca suas singularidades.

A "vida do espírito" dos indivíduos urbanos enfrenta a tensão entre a originalidade e os constantes convites para seguir os passos da civilização, fazendo o que todo mundo faz, gostando do que todo mundo gosta e tendo o que todo mundo tem. Haja nervos!

Leitura complementar

O significado sociológico da semelhança e da diferença entre indivíduos

Acima de tudo o significado prático do ser humano é determinado por meio da semelhança e da diferença. Seja como fato ou como tendência, a semelhança com os outros não tem menos importância que a diferença com relação aos demais; semelhança e diferença são, de múltiplas maneiras, os grandes princípios de todo o desenvolvimento externo e interno. Desse modo, a história da cultura da humanidade deve ser apreendida pura e simplesmente com a história da luta e das tentativas de conciliação entre esses dois princípios. Bastaria dizer que, para a ação no âmbito das relações do indivíduo, a diferença perante outros indivíduos é muito mais importante do que a semelhança entre eles. A **diferenciação** perante outros seres é o que incentiva e determina em grande parte a nossa atividade. Precisamos observar as diferenças dos outros [...].

É compreensível que esse interesse na diferença do que se possui expande-se conceitualmente para todas as relações do indivíduo. Pode-se dizer que, ante uma igualdade no geral que é tão importante objetivamente como uma diferença, para o espírito subjetivo, a primeira [igualdade] existirá mais na forma inconsciente, e a segunda [diferença], mais na forma consciente. [...] O interesse pela diferenciação chega a ser grande o suficiente para produzi-la na prática, mesmo onde não haja nenhum motivo objetivo para isso. Percebe-se, assim, que associações – desde grupos legislativos até agremiações com fins de diversão – com pontos de vista e objetivos unificados, após algum tempo, se desmembram em facções que se relacionam entre si da mesma maneira que, quando unidos, se mobilizariam contra um grupo de tendência radicalmente diferente. É como se cada individualidade sentisse seu significado tão somente em contraposição com os outros, a ponto de essa contraposição ser criada artificialmente onde antes não existia. [...]

SIMMEL, Georg. *Questões fundamentais da Sociologia*: indivíduo e sociedade. Rio de Janeiro: Jorge Zahar Editor, 2006. p. 45-47.

Fique atento!

Definição dos conceitos sociológicos estudados neste capítulo.

Diferenciação: no verbete "diferenciação social", página 31.

Metrópole: na seção **Conceitos sociológicos**, página 372.

Sessão de cinema

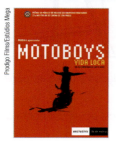

Motoboys: vida loca

Brasil, 2003, 52 min. Direção de Caíto Ortiz.

Entrevistas com motoboys e uma motogirl que fazem entregas pela cidade de São Paulo revelam o dia a dia, as habilidades e os riscos da profissão, além dos sonhos desses trabalhadores. O documentário mostra como essa categoria de trabalhadores surgiu e como ela se tornou indispensável para alguns negócios na cidade.

Medianeras: Buenos Aires da era do amor virtual

Argentina/Espanha/Alemanha, 2011, 95 min. Direção de Gustavo Taretto.

Martin e Mariana caminham pelos mesmos lugares, mas não percebem um ao outro. Como podem se encontrar em uma cidade com 3 milhões de pessoas? Eles vivem no centro de Buenos Aires, a metrópole que os une e também os separa.

Construindo seus conhecimentos

MONITORANDO A APRENDIZAGEM

1. Impressionado com a variedade de estímulos que os moradores das cidades grandes do início do século XX tinham de enfrentar a cada dia, Georg Simmel analisou as habilidades que eles desenvolviam para lidar com essa situação. Comparando a época em que viveu Simmel com os dias de hoje, você acha que alguma coisa mudou?

2. Leia o texto a seguir.

> É interessante notar que o filme de Chaplin não localiza, em momento algum, em que cidade se passa a história narrada. É como se *Tempos modernos* pudesse ter como cenário qualquer metrópole industrial. O drama de Carlitos e dos demais personagens, seus surtos e desafios, poderiam ser os mesmos de qualquer habitante de uma grande cidade do mundo capitalista dos anos 1930.
>
> Simmel nos faz pensar sobre um interessante paradoxo: à medida que as metrópoles crescem aceleradamente, suas diferenças internas também aumentam, e isso as torna semelhantes em muitos aspectos. Por exemplo, há mais semelhanças entre os centros de negócios de São Paulo e Nova York – ambos com arranha-céus, espaços climatizados, clientes de terno e gravata – do que entre a rica Zona Norte de São Paulo e sua periferia. Do mesmo modo, Kibera e Darahvi – respectivamente as maiores favelas da África e da Ásia – têm mais semelhanças entre si do que com espaços de moradia e lazer reservados às elites do Quênia e da Índia.

- Aponte exemplos, além dos que foram citados no texto, que ajudam a refletir sobre esse processo de diferenciação e identificação entre os vários lugares do planeta.

DE OLHO NO ENEM

ATIVIDADE INTERDISCIPLINAR

1. (Enem 2010)

A tirinha mostra que o ser humano, na busca de atender suas necessidades e de se apropriar dos espaços,

(A) adotou a acomodação evolucionária como forma de sobrevivência ao se dar conta de suas deficiências impostas pelo meio ambiente.

(B) utilizou o conhecimento e a técnica para criar equipamentos que lhe permitiram compensar as suas limitações físicas.

(C) levou vantagens em relação aos seres de menor estatura, por possuir um físico bastante desenvolvido, que lhe permitia muita agilidade.

(D) dispensou o uso da tecnologia por ter um organismo adaptável aos diferentes tipos de meio ambiente.

(E) sofreu desvantagens em relação a outras espécies, por utilizar os recursos naturais como forma de se apropriar dos diferentes espaços.

2. (Enem 2003)

Em um debate sobre o futuro do setor de transporte de uma grande cidade brasileira com trânsito intenso, foi apresentado um conjunto de propostas.

Entre as propostas reproduzidas abaixo, aquela que atende, ao mesmo tempo, a implicações sociais e ambientais presentes nesse setor é

(A) proibir o uso de combustíveis produzidos a partir de recursos naturais.

(B) promover a substituição de veículos a diesel por veículos a gasolina.

(C) incentivar a substituição do transporte individual por transportes coletivos.

(D) aumentar a importação de diesel para substituir os veículos a álcool.

(E) diminuir o uso de combustíveis voláteis devido ao perigo que representam.

3. (Enem 2011)

O professor Paulo Saldiva pedala 6 km em 22 minutos de casa para o trabalho, todos os dias. Nunca foi atingido por um carro. Mesmo assim, é vítima diária do trânsito de São Paulo: a cada minuto sobre a bicicleta, seus pulmões são envenenados com 3,3 microgramas de poluição particulada – poeira, fumaça, fuligem, partículas de metal em suspensão, sulfatos, nitratos, carbono, compostos orgânicos e outras substâncias nocivas.

SARAIVA SCOBAR, H. *Sem ar*. O Estado de S. Paulo, ago. 2008.

A população de uma metrópole brasileira que vive nas mesmas condições socioambientais das do professor citado no texto apresentará uma tendência de

(A) ampliação da taxa de fecundidade.

(B) diminuição da expectativa de vida.

(C) elevação do crescimento vegetativo.

(D) aumento na participação relativa de idosos.

(E) redução na proporção de jovens na sociedade.

ASSIMILANDO CONCEITOS

1. Observe a charge.

Maldito trânsito. Charge de Jean Galvão publicada na *Folha de S.Paulo*, abr. 2008.

a) Descreva a situação retratada na charge e interprete-a.

b) A situação retratada na charge se enquadra naquilo que Georg Simmel chamou de paradoxo da modernidade? Explique.

c) De que forma essa imagem se articula com os ensinamentos de Simmel sobre a "vida do espírito" na cidade grande?

2. Leia a tira a seguir.

Quadrinho elaborado exclusivamente para esta obra.

a) A situação ilustrada na tira corresponde a algum ensinamento de Georg Simmel sobre a vida nas grandes cidades? Qual?

b) Você acha que essa forma de convivência é própria dos moradores das grandes cidades?

c) Mesmo nas cidades grandes haveria espaço para outro tipo de sociabilidade entre os indivíduos? Cite exemplos.

d) Quais são as vantagens e desvantagens do comportamento reservado dos indivíduos na sociedade moderna?

OLHARES SOBRE A SOCIEDADE

1. Leia o trecho a seguir, retirado do conto *O homem da multidão*, escrito por Edgar Allan Poe em meados do século XIX.

> A maior parte dos que passavam tinha o aspecto de gente satisfeita consigo mesma e solidamente instalada na vida. Parecia que pensavam apenas em abrir caminho por entre a multidão. Franziam o cenho e lançavam olhares para todos os lados. Se recebiam um encontrão dos que passavam mais perto, não se descompunham, mas endireitavam as roupas e se apressavam em prosseguir. Outros, e também esse grupo era numeroso, moviam-se de maneira descomposta, tinham o rosto afogueado, falavam entre si e gesticulavam, como se justamente no meio da multidão incalculável que os cercava, se sentissem perfeitamente sós. Quando tinham que parar, deixavam inesperadamente de murmurar, mas intensificavam sua gesticulação, e esperavam, com um sorriso ausente e forçado, que tivessem passado aqueles que os atrapalhavam.

a) O texto descreve uma cena passada na cidade de Londres mais de 150 anos atrás. Quais dos aspectos descritos são válidos para pensar uma metrópole brasileira nos dias de hoje?

b) Que aspectos descritos por Poe podem ser pensados como um "modo de vida urbano" independentemente de tempo e lugar?

c) O texto fala da solidão em meio à multidão. De que forma isso nos remete ao pensamento de Georg Simmel sobre as grandes cidades?

EXERCITANDO A IMAGINAÇÃO SOCIOLÓGICA
TEMA DE REDAÇÃO DO VESTIBULAR DA UGF-RJ/CESGRANRIO-RJ – 2º SEMESTRE (2011)

TEXTO 1

Atualmente, vivemos numa sociedade em que as pessoas se agridem até mesmo sem motivo. O colega olha diferente e você já tira satisfações. O garçom entrega um prato errado e você vira a mesa. Alguém disca seu número por engano e você manda longe. Dentro do ônibus, na fila do banco, na beira da praia: todo local serve de ringue para agressões desmedidas.

Em entrevista, o antropólogo Roberto DaMatta afirma que é enganosa a ideia de que não toleramos a desigualdade: na verdade, o que não toleramos é a igualdade. Cidadãos com os mesmos direitos, a mesma liberdade e a mesma importância é uma democracia com que não estamos acostumados a lidar na prática, só no discurso. No fundo, mantemos uma atitude aristocrática que nos impede de aguardar nossa vez e respeitar o espaço do outro.

Porém, em vez de aprofundar essa questão, simplesmente botamos tudo na conta do estresse. Trabalha-se muito, ganha-se pouco: estresse. Vários compromissos, pouco tempo para lazer: estresse. Acorda-se cedo, dorme-se tarde: estresse. Sem falar no pior dos desaforos: ninguém reparar que você existe. Existo, sim, olhe aqui: bang!

Chá de camomila não resolve. Terapia coletiva para todos.

Adaptado de MEDEIROS, Martha. Superaquecimento. Revista *O Globo*, p. 24. mar. de 2011.

TEXTO 2

Estamos todos mais irritados do que nunca, mais impacientes do que jamais estivemos. Não há tempo para nada e nos comportamos como uma bomba-relógio. As pessoas trabalham estressadas, loucas por voltar para casa.

Mas, antes de chegar aos seus ninhos, sabem que vão enfrentar filas, engarrafamentos, metrô superlotado e ônibus que chacoalham, freiam e desrespeitam seus usuários. Não há, hoje, em quase nenhuma forma de relacionamento, a delicadeza de ouvir o desejo do outro. Somos todos produtos. Pior, somos produtos explodindo. Conviver com o próximo deixou de ser um exercício de respeito e delicadeza para se tornar o de um caminhar num campo minado. Nossas bombas podem ser detonadas por uma bobagem qualquer.

Retomando o lado mais fraco da corda, é preciso torná-la mais resistente. É essa a palavra que deve ser adotada como uma reza nos tempos de hoje. O mais importante para combater as indelicadezas que sofremos todo dia é não reagir, e sim resistir. E tem mais, resistir pacificamente. O que mais se espera do outro é a reação violenta. Jamais a delicadeza. E só para fechar, gentileza gera gentileza.

Adaptado de LISBOA, Cláudia. Gentileza gera gentileza. Revista *O Globo*, p. 62, maio 2011.

TEXTO 3

TOLERÂNCIA – Tendência a admitir, nos outros, maneiras de pensar, de agir e de sentir diferentes ou mesmo diametralmente opostas às nossas.

HOUAISS, Antonio; VILLAR, Mauro de Salles. *Dicionário Houaiss da Língua Portuguesa*. Rio de Janeiro: Objetiva, 2001.

Os textos 1 e 2 são fragmentos de crônicas que abordam questões a respeito do comportamento das pessoas na atualidade, revelando determinadas atitudes que comprometem o relacionamento social. Os dois textos apresentam propostas distintas para a falta de tolerância entre as pessoas. Já o Texto 3 é um verbete de dicionário que define "tolerância".

Tomando como ponto de partida essas reflexões, elabore um texto dissertativo-argumentativo em que você discuta a necessidade da tolerância como uma das condições da vida na sociedade contemporânea. Justifique sua posição por meio de argumentos.

Dê um título ao texto.

8 Trabalhadores, uni-vos!

Carlitos "liderando" uma manifestação em cena do filme *Tempos modernos*.

Em cena: Comunista por engano

Carlitos deixa o manicômio. Na rua, a multidão, os carros e os ônibus em movimento lembram um formigueiro. Em uma rua mais calma, a fábrica exibe o cartaz: "Fechada". A época é de crise e desemprego. Passa um caminhão carregado de peças de madeira com uma bandeira atrás para sinalizar uma peça saliente. A bandeira cai. Carlitos, inocentemente, a recolhe do chão, grita e acena para que o caminhão pare. Atrás dele, dobrando a esquina, surge uma multidão em marcha com cartazes pregando união e liberdade.

Carlitos não percebe a multidão, mas, diante dela, a câmera o mostra empunhando a bandeira, no centro da cena. Visto assim, em vez do operário enlouquecido das cenas anteriores, parece um líder que todos seguem. É o que concluem os policiais que avançam para reprimir a passeata. E mais: que aquele não era um líder qualquer, mas um temível comunista brandindo uma bandeira vermelha – embora o filme seja em preto e branco, podemos apostar que esta é a cor da bandeira (no final do capítulo, você entenderá por quê). Carlitos não sabe ainda, mas o mal-entendido terá sérias consequências: será preso e levado em um camburão.

Apresentando Karl Marx

O pensador que nos acompanhará para que possamos entender o problema da bandeira vermelha empunhada por Carlitos chama-se Karl Marx. Para começar, vamos situá-lo entre os outros pensadores já apresentados.

Tanto Georg Simmel quanto Max Weber consideravam que a realidade é composta de uma variedade quase infinita de elementos, e que o cientista social, por mais que se empenhe, só é capaz de apreender uma fração limitada dela. Max Weber era ainda mais explícito: para ele, o sociólogo não deve se deixar confundir com um líder político ou moral, pois seu papel não é prescrever regras de conduta. Tampouco deve atuar como um vidente prevendo o futuro ou como um juiz julgando os atos do passado. Émile Durkheim, ao contrário, acreditava na capacidade da Sociologia de orientar as pessoas a viver de forma menos conflituosa e mais ordenada. Segundo ele, se o objeto de investigação sociológica fosse seriamente observado, se o cientista social o encarasse de forma objetiva e desapaixonada, seria possível produzir um conhecimento que levaria os seres humanos a uma vida melhor.

Karl Marx, assim como Durkheim, acreditava ser possível um conhecimento capaz de levar à construção de uma sociedade mais justa. Durkheim, como já vimos, considerava que o caminho era a ética do mercado, a ser regulada pelas corporações profissionais. E Marx?

Karl Marx, c. 1875.

Karl Marx
(Trier, Prússia, 5 de maio de 1818 – Londres, Inglaterra, 14 de março de 1883)

Karl Einrich Marx foi economista político, sociólogo e revolucionário alemão. É considerado, ao lado de Émile Durkheim e Max Weber, um dos fundadores da Sociologia. Seus escritos foram influenciados principalmente por três correntes de pensamento: a economia clássica inglesa, associada ao utilitarismo; o socialismo francês; e o idealismo filosófico de Friedrich Hegel.

As ideias de Marx foram tão controversas quanto influentes. Na Sociologia, pode-se dizer que todos os que vieram depois tiveram, de alguma forma, de dialogar com suas teorias – seja para criticá-las, seja para apoiá-las. No terreno da política, as ideias dele inspiraram a formação de partidos comunistas em diversos países – inclusive no Brasil – e serviram de base para a construção de Estados socialistas, como a extinta União Soviética, a China e Cuba.

Uma de suas obras mais conhecidas é o *Manifesto comunista*, originalmente intitulado *Manifesto do Partido Comunista*, escrito em parceria com Friedrich Engels, que foi publicado em 1848 e se tornou um marco para o chamado socialismo científico. Após 1848, Marx publicou estudos no campo da economia política em que aprofundou a análise do capitalismo. Nessa fase, sua principal obra foi *O capital*, cujo primeiro volume foi publicado em 1867, e os dois seguintes em 1885 e 1894, postumamente.

Friedrich Engels, c. 1860.

Friedrich Engels
(Barmen, Prússia, 28 de novembro de 1820 – Londres, Inglaterra, 5 de agosto de 1895)

Friedrich Engels foi pensador social e filósofo alemão. Oriundo de uma família abastada, aos 22 anos foi para Manchester, na Inglaterra, trabalhar em uma empresa têxtil da qual seu pai era acionista.

Sua estada em Manchester colocou-o em contato com as deploráveis condições de trabalho dos operários ingleses e o inspirou a escrever seu primeiro livro, *A situação da classe trabalhadora na Inglaterra* (1845).

Outra de suas obras é *A origem da família, da propriedade privada e do Estado* (1884), em que conecta o capitalismo com a família. Engels também teve uma longa parceria com Karl Marx, com quem escreveu o *Manifesto comunista* (1848). Suporte financeiro e emocional da família de Karl Marx por vários anos, Engels editou os dois últimos volumes póstumos de *O capital*.

Capítulo 8 – Trabalhadores, uni-vos! 117

O pequeno ensaio intitulado *Manifesto comunista*, que Marx escreveu com seu grande amigo, Friedrich Engels, foi traduzido para centenas de línguas e é considerado um dos tratados políticos de maior influência mundial. Tem até hoje servido de inspiração para levantes políticos mundo afora, na medida em que sugere um curso de ação para o desencadeamento da revolução socialista com a tomada do poder pelo proletariado.

Embora o texto tenha sido escrito quando Marx e Engels eram muito jovens, e seja considerado um documento de propaganda política, alguns aspectos centrais do pensamento de Marx já estão ali presentes. Há uma frase que costuma ser citada com muita frequência: "Toda a história até os nossos dias é a história da luta de classes". Essa frase só faz sentido se soubermos claramente o que Marx entendia por sociedade.

II Das utopias

Utopia: que palavra é essa?

Você conhece a palavra "utopia"? Normalmente, ela é empregada para falar de um desejo ou sonho irrealizável. "Isso é uma utopia", dizem, "não vai dar em nada".

Em sua origem, a palavra significava "não lugar". Não seria, propriamente, um lugar inexistente, e sim um lugar inverso ou diferente dos lugares que existem ou que já existiram. Esse termo foi empregado pela primeira vez pelo inglês Thomas More (1478-1535) no livro publicado em 1516, que lhe rendeu fama até hoje.

More foi súdito de Henrique VIII – monarca absolutista que tornou o anglicanismo a religião oficial da Inglaterra. Foi influente na política do reino, mas não escapou da morte ordenada pelo rei, que suspeitava de sua traição: sendo católico, More não aprovava a anulação do casamento de Henrique VIII com Catarina de Aragão a fim de se casar com Ana Bolena.

Ao longo da vida, Thomas More presenciou as primeiras transformações dos tempos modernos. Ele viveu no século das Grandes Navegações, da descoberta do Novo Mundo e de suas civilizações tão diferentes da civilização europeia. Impressionado com tudo isso, escreveu *Utopia* – o livro que conta a história de um povo que habitava uma ilha (assim como More), mas que vivia na contramão da civilização europeia de seu tempo. Naquela república, a propriedade era um bem comum. Todos os cidadãos tinham casas iguais, trabalhavam no campo e em seu tempo livre se dedicavam à leitura e à arte. Toda a organização social da ilha estava voltada para a dissolução das diferenças e ao fomento da **igualdade**. Era uma terra próspera, com abundância de alimentos, onde ninguém passava fome, pois havia distribuição gratuita de suprimentos. O princípio da igualdade se refletia até mesmo na geografia – todas as cidades eram planejadas para terem características semelhantes. A comunidade utopiana foi concebida por More para ser uma sociedade com organização perfeita.

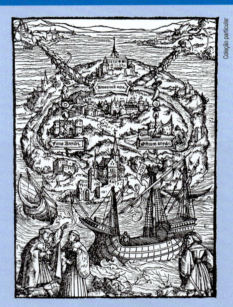

Mapa da Ilha de Utopia, de Thomas More, por Ambrosius Holbein, 1516.

Leia a seguir o que More escreveu.

Bem, foi este o melhor relato que pude fazer-vos da República Utopiana. Em minha opinião, trata-se não apenas do melhor país do mundo, mas também do único que tem o direito de atribuir-se o nome de república. Em todas as outras partes, as pessoas falam o tempo todo sobre o interesse público, mas na verdade a sua única preocupação é a propriedade privada. Aqui, onde isso não existe, as pessoas levam a sério a sua preocupação com o bem comum. E nos dois casos, é perfeitamente possível compreender as diferentes atitudes. Nas outras "repúblicas", são poucos os que ignoram que, se não cuidarem dos seus próprios interesses, morrerão de fome a despeito de quão rico e próspero seja o seu país. São, portanto, forçados pela amarga necessidade a pensar que devem pôr seus interesses pessoais acima do interesse público, ou seja, do bem-estar dos demais cidadãos. Em Utopia, porém, onde tudo pertence a todos, ninguém tem medo de que lhe falte o necessário enquanto os celeiros públicos estiverem bem supridos. Todos têm a sua parte, de modo que ali não existem pobres ou mendigos. Ninguém possui nada de seu, mas todos são ricos – pois que riqueza pode ser maior que o bom humor, a paz de espírito e a ausência de preocupações?

Em vez de se preocuparem com a alimentação, se angustiarem com as reclamações de suas esposas, com o medo da pobreza que ronda o seu filho e com o problema do dote da filha, os cidadãos utopianos podem ter certeza de que eles próprios, suas esposas, seus filhos, seus netos e bisnetos, toda a descendência, enfim, de que os nobres tanto costumam orgulhar-se, terão sempre o suficiente para comer e viver com felicidade. Há mais, ainda: todos os que já são velhos demais para trabalhar têm assegurados todos os direitos e todas as vantagens dos cidadãos que ainda estão trabalhando.

MORE, Thomas. *Utopia*. 3. ed. São Paulo: WMF Martins Fontes, 2009. p. 197-198.

Da cooperação à propriedade privada

Todo dia, nosso corpo e o mundo a nosso redor acordam diferentes. São modificações quase imperceptíveis, que com o passar do tempo se tornam mais e mais visíveis. É possível que um parente ou amigo que passou alguns anos sem ver você, ao encontrá-lo, tenha exclamado: "Nossa, como você cresceu!". O que talvez passe despercebido para aqueles que convivem com você diariamente é evidente para quem está há muito tempo sem vê-lo. O mesmo acontece quando, depois de alguns anos, voltamos à cidade onde costumávamos passar férias. Mudou a placa de trânsito, algumas casas foram pintadas, outras destruídas, um *shopping center* ocupou o lugar da pracinha. Para que essas alterações ocorressem, tanto em seu corpo quanto na cidade das férias, foi necessário que o "velho" cedesse lugar ao "novo". Esse novo não é inteiramente diferente do que veio antes, assim como seu corpo de adolescente não é completamente outro em relação a seu corpo de criança. O novo guarda uma identificação com o velho, compartilha algumas características, mas já não é o mesmo porque transformações importantes aconteceram.

Marx vê a sociedade – e também a natureza – como uma composição entre o novo e o velho, entre forças contrárias que se complementam e cooperam umas com as outras, mas também se enfrentam. Esse embate provoca, inevitavelmente, uma série de **mudanças sociais**. Para Marx, a história da humanidade é a história desse embate constante entre o velho e o novo, entre os interesses dos que já foram e dos que ainda estão por vir.

Pensar a sociedade humana como fruto da cooperação e do enfrentamento, da solidariedade e do conflito, significa dizer que nada é estático, nada é para sempre. Os seres humanos, como Marx os concebe, são animais sociais porque sempre dependem da cooperação uns dos outros. Mas são também animais eternamente insatisfeitos. É na busca da satisfação de suas necessidades e desejos que eles transformam sua vida e a natureza a seu redor. Transformam a si e ao mundo porque são os únicos animais sobre a Terra que trabalham – ou seja, que intervêm no mundo de forma criativa. Nós, humanos, não apenas nos adaptamos às condições ecológicas como ainda interferimos na natureza – para o bem e para o mal.

Assim como Durkheim, Marx também recorre ao exemplo das "sociedades primitivas" para contar a

Arte rupestre na Toca do João Arsena, Parque Nacional Serra da Capivara. São Raimundo Nonato (PI), 2015.
O modo de produção primitivo ou comunismo primitivo representa, na teoria marxista, uma etapa do desenvolvimento das sociedades caracterizada pela propriedade coletiva, pelo baixo nível de desenvolvimento dos meios de produção e pela distribuição igualitária dos produtos. Essas sociedades dedicavam-se à caça, pesca e coleta de frutos. Essa forma de cooperação teria surgido em função da necessidade dos humanos de vencerem as forças da natureza e corresponderia ao período chamado pelos arqueólogos de Paleolítico: fase da Pré-História anterior ao desenvolvimento da agricultura, atividade produtiva considerada a primeira a propiciar a especialização e divisão social do trabalho.

história dessas transformações, que, em sua concepção, marcariam a evolução da humanidade. Os homens e as mulheres dessas sociedades, para satisfazer suas necessidades primárias – alimentação, abrigo, reprodução –, engajavam-se em um sistema de cooperação harmônico. Não se produzia mais do que a capacidade diária de consumo. Também não havia nada que excedesse, ou seja, que ficasse acumulado.

E, porque não se produzia um excedente que pudesse ser apropriado por uns e não por outros, não havia superiores e inferiores nem antagonismo e conflito de interesses.

No processo de transformação criativa da natureza, os seres humanos foram sofisticando suas ferramentas e sua maneira de trabalhar, e assim se tornando capazes de produzir mais. Produzindo mais, foram acumulando. As necessidades primárias foram atendidas, e aí vieram outras – uma alimentação mais requintada, uma casa maior, um parceiro mais interessante. Os excedentes, porém, não eram suficientes para serem divididos igualmente entre todos. O que fazer? Em algum momento da história da humanidade, alguns decidiram se apropriar desse excedente em detrimento dos demais. Esse seria o princípio da **propriedade privada**.

Marx, aliás, não foi o primeiro a levantar essa questão. Inspirou-se nesse ponto nos filósofos iluministas do século XVIII, principalmente em Jean-Jacques Rousseau (1712–1778), para quem a propriedade privada originou todos os males que se seguiram na história da humanidade: crimes, guerras, mortes, misérias e horrores.

▌▌ O nascimento da propriedade privada

O primeiro que, tendo cercado um terreno, atreveu-se a dizer: Isto é meu, e encontrou pessoas bastante simples o suficiente para acreditar nele, foi o verdadeiro fundador da sociedade civil. Quantos crimes, guerras, assassínios, quantas misérias e horrores não teria poupado ao gênero humano aquele que, arrancando as estacas ou enchendo o fosso, houvesse gritado aos seus semelhantes: "Evitai ouvir esse impostor. Estareis perdidos se esquecerdes que os frutos são de todos, e que a terra não é de ninguém!".

ROUSSEAU, Jean-Jacques. *Discurso sobre a origem e os fundamentos da desigualdade entre os homens*. São Paulo: Martins Fontes, 2005 [1754]. p. 203.

As classes sociais

Se uns têm mais – mais bens, mais terras, mais moedas, mais poder – do que os outros, uns mandam e os outros obedecem. A cooperação característica das sociedades de comunismo primitivo deixa de ser harmônica e torna-se antagônica. Os seres humanos continuam dependendo uns dos outros, mas agora a divisão do trabalho estabelece uma hierarquia, funda uma **desigualdade** que opõe os que têm e os que não têm. É da divisão do trabalho que se originam as classes sociais. E são elas, segundo Marx, os principais atores do drama histórico.

Museu Nacional do Bardo, Túnis/Fotografia: DeAgostini/G. Dagli Orti/Diomedia

Mosaico com a representação de um carregamento de minério de ferro, séc. III d.C., Tunísia.

Os escravos na Roma Antiga eram, anteriormente, homens e mulheres livres oriundos de povos conquistados pelos romanos. Tratados de forma cruel por seus senhores, eram submetidos a castigos físicos e a jornadas de trabalho extenuantes. A situação de um ex-escravo era melhor do que a condição de escravo; mas, ainda assim, o liberto não tinha os direitos de que os cidadãos romanos livres gozavam. Nas condições impostas pela escravidão, era muito difícil para esses trabalhadores organizarem-se a fim de resistir a esse sistema de trabalho. Como no Brasil Colonial, a fuga – individual ou coletiva – foi o principal meio de rebelião e resistência dos escravos na Antiguidade.

Todas as relações entre as pessoas e todos os sistemas de ideias estão, segundo Marx, enraizados em períodos históricos específicos. Apesar de afirmar que a luta de classes marca toda a história da humanidade, ele também enfatiza que essas lutas diferem de acordo com os estágios históricos. Os protagonistas desse enfrentamento não são sempre os mesmos. Ainda que possa haver semelhanças entre o escravo da Roma Antiga, o servo da Idade Média e o operário da indústria, seus desafios são outros, e sua luta não é a mesma. O regime de trabalho é penoso para os três, mas servos não eram escravos, assim como operários não são servos.

Qual é a diferença? O escravo não pactua, não é parte interessada em um contrato, não tem direitos a serem respeitados; é apenas propriedade de alguém e, como tal, pode ser vendido ou trocado de acordo com a vontade do proprietário. O servo, apesar de não ser um trabalhador livre, também não pertence ao senhor. Entretanto, diferentemente do operário, que pode trocar um emprego por outro, o servo está preso à terra – e isso marca sua condição servil. Ao recebê-la para plantar, ele se compromete a viver e trabalhar nela. No entanto, há uma relação de dependência mútua, porque também o senhor feudal está obrigado a manter sua palavra e não expulsar o servo da terra que lhe foi destinada. Assim, há um conjunto de deveres e obrigações que o senhor e o servo devem observar. Embora a balança penda para o lado do senhor do feudo, há a expectativa de obrigações, de proteção dele para com os servos. O burguês capitalista, porém, não tem essa mesma relação com seus empregados. Sua única obrigação é o pagamento de um salário em troca de determinado número de horas de trabalho.

São, portanto, as relações de propriedade que dão origem às diferentes classes sociais. Assim como não podemos

Iluminura retirada de *Crônicas de Jean Froissarts* que representa o massacre dos Jacques em Meaux, séc. XIV.

Em 1358, em meio à Guerra dos Cem Anos e à epidemia de peste negra ocorreu uma revolta camponesa na França contra a nobreza. Os nobres não estavam cumprindo sua parte no contrato feudal, que era dar proteção e abrigo aos servos em troca do trabalho que estes realizavam nas terras feudais para obter parte significativa dos produtos agrícolas que eles produziam. A Jaquerie – termo que passou a ser sinônimo de revolta camponesa – foi reprimida, mas deixou a nobreza alerta, por longo tempo, para a possibilidade de rebeliões semelhantes voltarem a acontecer.

escolher nossos pais, não podemos escolher nossa classe social. Esse pertencimento de classe está relacionado ao lugar que ocupamos na produção. Para Marx, a base da ordem social de todas as sociedades reside na produção de bens, na organização econômica. O que é produzido, como é produzido e como os bens são trocados é o que determina as diferenças de riqueza, de poder e de *status* social entre as pessoas.

Manifestação dos trabalhadores no dia 1º de maio de 1886 pela redução das horas de trabalho, Chicago, EUA. Uma expressão da luta de classes entre operários e burguesia. A imagem foi publicada na revista *Harper's Weekly*, em 1886.

Teoria e prática

O pensamento de Marx teve ampla repercussão acadêmica e inspirou – e até hoje inspira – partidos políticos, **movimentos sociais**, sindicatos, organizações humanitárias etc. Mas, além de influenciar homens e mulheres com seus livros e artigos, o próprio escritor pôs em prática suas ideias. Ao lado de líderes trabalhadores, participou da fundação da Liga Comunista (no final de 1847) e da Associação Internacional dos Trabalhadores, ou Primeira Internacional (em 1864). Essas duas organizações reuniram trabalhadores que lutavam contra o sistema econômico capitalista e eram a favor da propriedade coletiva dos bens. Para Marx, era fundamental participar desse tipo de organização, pois a teorização e a atuação política deviam ser inseparáveis – era o que ele chamava de práxis, que pode ser resumida em uma frase: "Até hoje os filósofos não fizeram mais do que interpretar o mundo; é preciso agora transformá-lo". Essa transformação a que Marx se refere é, ao mesmo tempo, um projeto intelectual de compreensão da realidade e um projeto político de superação do sistema capitalista. Apesar de ter escrito sobre diferentes sistemas de propriedade e produção, o sistema capitalista mobilizou o interesse intelectual de Marx e sua energia política.

Marx olha para o capitalismo com profunda fascinação. Em nenhum outro momento da história a humanidade foi capaz de realizar tanto, de produzir com tanta velocidade um número tão grande de bens. Em um espaço de tempo relativamente curto, historicamente falando, o capitalismo revolucionou as formas de produzir, viver e pensar. As forças da natureza foram colocadas a serviço da indústria, as possibilidades de comunicação se multiplicaram, e as cidades se tornaram palco de debates e questionamentos sobre a ordem social que, no século anterior, seriam inconcebíveis. Por isso Marx diz que os burgueses capitalistas foram "os primeiros a mostrar do que a atividade humana é capaz". Foram também a primeira classe dominante cuja autoridade não se baseia na herança dos antepassados ou em atributos divinos, mas na capacidade de realização material. Assim, a burguesia teria provado, como classe social, que há livre-arbítrio em relação ao destino de cada um, que é possível inovar e transformar a própria vida e a ordem do mundo.

Mas, se o destino não está dado, se é possível modificar as estruturas da sociedade, por que a humanidade não seguia investindo todas as energias para tornar o mundo mais justo? Por que a capacidade produtiva de que o capitalismo dispõe não era mobilizada a favor da construção de uma vida melhor para todos? Se nunca os seres humanos haviam produzido tanto, por que tanta miséria? Foram perguntas como essas que Marx e vários outros pensadores procuraram responder. Muitos argumentaram que a nova forma de organizar a produção imposta pelo capitalismo era a culpada pela desordem social. Máquinas e indústrias deveriam, portanto, ser abolidas; e o antigo modo de produção, retomado. Essa não era a opinião de Marx; ao contrário, ele aplaudia

▌▌ Proletariado

Teorizado e qualificado por Karl Marx como classe social oposta à burguesia – segmento dos capitalistas detentores dos meios de produção –, o proletariado é a classe operária responsável pela produção das riquezas. Por estar privado da posse dos meios de produção, o proletário vende ao capitalista sua força de trabalho, a única fonte de recursos que possui.

Ainda segundo a teoria marxista, a burguesia e o proletariado seriam categorias antagônicas, uma vez que seus interesses seguem em direções opostas: enquanto os trabalhadores das fábricas (proletários) anseiam por salários altos, os donos (burgueses) procuram conter gastos, de modo a garantir a obtenção de lucro. É esse choque de posições no sistema produtivo que Marx chamou de luta de classes.

Surgida como conceito sociológico no século XIX, principalmente com base nos escritos de Marx, a noção de proletariado ficou marcada pela associação direta dela ao contexto da Revolução Industrial e, consequentemente, seu emprego é sempre vinculado ao trabalhador urbano moderno.

É principalmente o pertencimento de classe que nos define, estabelecendo nossos valores e os princípios de nosso comportamento. A divisão da sociedade em classes dá origem a diferentes percepções políticas, éticas, filosóficas e religiosas. Essas percepções e visões de mundo – a **ideologia**, no vocabulário de Marx – tendem a consolidar o poder e a autoridade da classe dominante.

Isso não quer dizer, contudo, que os dominados precisam se submeter ao poder e à autoridade de quem os domina sem questioná-los ou desafiá-los. Mas, para virar o jogo, é preciso que a classe dominada se conscientize e que ocorra a convergência daquilo que Max Weber, em outra situação, chamou de "interesse material" e "interesse ideal", ou seja, a combinação de demandas econômicas e políticas com questionamentos morais e ideológicos.

de pé os avanços tecnológicos e a industrialização. As imensas unidades de produção que compõem as indústrias modernas reúnem grande número de trabalhadores, cujas tarefas dependem da cooperação mútua – e isso é fundamental para que eles pensem e ajam coletivamente. Se continuassem isolados na antiga maneira de produzir, os seres humanos jamais teriam condições de perceber que é preciso unir forças e se organizar politicamente para modificar a ordem vigente.

Se a solução não era voltar a um tempo em que não havia máquinas, o que dizia Marx a respeito do sistema de trabalho de seu próprio tempo? O capitalismo precisa ser superado, no entender de Marx, justamente porque impede que sejam realizadas as possibilidades decorrentes da tecnologia. Diariamente, no mundo todo, são criados dispositivos de produção mais eficazes, mas a distribuição da renda não acompanha o mesmo ritmo. Alguns países capitalistas conseguiram atingir um nível social mais equilibrado, sem tanta desigualdade entre ricos e pobres, mas essa não é a realidade da maior parte do planeta. O que Marx propunha, então, é que as capacidades de produção e de inovação que o capitalismo trouxe fossem reorga-

nizadas em favor não de uma única classe social, mas do conjunto da sociedade. "O livre desenvolvimento de cada um", profetizou Marx, "será a condição para o livre desenvolvimento de todos".

E o que é preciso fazer para chegar a esse "livre desenvolvimento de todos"? Como superar o capitalismo e fundar uma sociedade na qual a riqueza seja distribuída igualmente entre todos que ajudam a construí-la? Nesse ponto, voltamos à ideia do embate entre o novo e o velho. O capitalismo, que era o "novo" do feudalismo, tornara-se o "velho" de uma nova forma de organização social: o socialismo. A burguesia, que era o elemento "novo" do senhor feudal, representava o "velho" na perspectiva do proletariado. Sendo a única classe social que "já não tem nada a perder" e constituindo a maioria da sociedade, o proletariado tornara-se capaz de conduzir o processo de libertação de toda a humanidade. Para Marx, esse processo começaria com o socialismo em uma nação e se encerraria com o comunismo em todo o planeta. Daí sua participação na organização da Liga Comunista e da Primeira Internacional, instituições políticas que ajudariam os trabalhadores de todo o mundo nessa jornada.

▌▌ Socialismo

O socialismo é um sistema político-econômico que foi idealizado no século XIX em contraposição ao liberalismo e ao capitalismo. Concebido como reação às más condições dos trabalhadores – salários baixos, jornadas de trabalho abusivas etc. –, esse modelo de organização social propõe a extinção da propriedade privada dos meios de produção, a tomada do poder pelo proletariado, o controle do Estado e a divisão igualitária da renda.

Apesar de muitos pensadores terem investido na elaboração das premissas do socialismo, foi apenas depois dos escritos de Karl Marx e Friedrich Engels que esse conceito deixou de ser uma utopia sem qualquer aplicabilidade histórica (o socialismo utópico) e passou a se referir a um modo de produção passível de ser implantado (o socialismo científico). De acordo principalmente com Marx, o socialismo, pensado como socialismo estatal, substituiria o capitalismo industrial por meio de uma **revolução** feita pelos trabalhadores, que seria acompanhada da transformação estrutural da sociedade. Assim, se no sistema capitalista os meios de produção são detidos e controlados por um grupo que emprega trabalhadores em troca de salário como meio de produzir riqueza, no socialismo estatal eles seriam propriedade do Estado ou de organizações coletivas de trabalhadores. A implantação do socialismo visaria, portanto, à destruição do sistema de classes sociais, substituindo a motivação do lucro pela preocupação com o bem-estar coletivo. Ainda de acordo com Marx, uma vez alcançado esse estágio de regulação democrática da sociedade, o Estado se tornaria dispensável, e então teria início o regime comunista. Dessa forma, o socialismo seria a fase de transição entre o capitalismo e o comunismo.

O primeiro país a implantar o socialismo foi a Rússia, quando a Revolução de 1917 depôs o governo monarquista. Após a Segunda Guerra Mundial, o regime socialista foi introduzido em países do Leste Europeu e, a partir de então, adotado por outras nações em diferentes lugares do mundo, como China, Cuba, alguns países africanos e outros do Sudeste Asiático. Embora o socialismo, como regime político, sobreviva ainda hoje em poucos países – Cuba, China, Vietnã, Coreia do Norte e Laos –, alguns governos se declaram socialistas por aderirem a determinadas posições relativas à política econômica e social, como o governo de Hugo Chávez, na Venezuela, e de Evo Morales, na Bolívia. Esse fato deixa claro que o socialismo, sob a forma de ideologia, modo de produção ou sistema político econômico, vem se atualizando ao longo dos anos. Ao adquirir diferentes conotações e aplicações, ele continua a se apresentar como alternativa ao sistema capitalista e a suas desigualdades sociais.

Capítulo 8 – Trabalhadores, uni-vos! ◀◀ **123**

A saída que Marx veria para o operário Carlitos não poderia ser outra senão a luta revolucionária. E a bandeira que levou Carlitos involuntariamente à prisão só podia ser vermelha, porque esse foi o símbolo escolhido pelo Partido Comunista para lembrar que o sangue de todos os seres humanos é exatamente da mesma cor.

Manifestação organizada pelo Partido Comunista Chinês em uma escola secundária. China, 2016.

Manifestação organizada pelo Partido Comunista Cubano, no Dia Internacional do Trabalho. Havana, Cuba, 2013.

◀◀ Recapitulando

Neste capítulo, você aprendeu que os cientistas sociais não têm a mesma opinião sobre o papel da ciência. Se, para Max Weber e Georg Simmel, por exemplo, a Ciência Social deveria se afastar da esfera moral e política, para Émile Durkheim e Karl Marx, cabia a ela produzir um tipo de conhecimento capaz de conduzir os homens a uma vida melhor e a uma sociedade mais justa.

Marx levou até as últimas consequências o papel político da ciência por meio de sua concepção da luta de classes. Além de propor uma teoria sobre a transformação das sociedades, convocou as pessoas, especialmente a classe trabalhadora, a ser agentes da história.

Os indivíduos não escolhem a classe social à qual pertencem, mas as concepções de mundo, valores, opiniões políticas, posição social, renda, entre outros aspectos de sua vida, são moldados pelo pertencimento a uma determinada classe. Marx reconhecia que, embora na sociedade possa haver várias classes sociais, o principal conflito social sempre se origina da oposição entre as classes dominantes e as dominadas.

Em todos os períodos da história ocidental existiram classes antagônicas: escravo × senhor; servo × senhor feudal; proletariado × burguesia. Atualmente, a classe dominante é a burguesia, que em sua origem teve o mérito de ser uma classe revolucionária. Usando largamente as inovações tecnológicas e científicas, ela alterou as formas de produção. Em sua nova concepção de mundo, tudo está dentro da esfera do ganho e do lucro.

O novo regime de trabalho inaugurado pela burguesia ficou conhecido como capitalismo. Apesar de produzir riqueza em larga escala, o capitalismo não distribui essa riqueza, concentrando-a nas mãos de uma minoria, enquanto a maioria da população sofre inúmeras privações. Por essa razão, Marx convocou os trabalhadores a se tornarem agentes da história e a conduzirem a superação do capitalismo. Temos assim, em Marx, o encontro da ciência com a política.

Leitura complementar

As condições de vida e trabalho dos operários

Com o desenvolvimento da burguesia, isto é, do capital, desenvolve-se também o proletariado, a classe dos operários modernos, os quais só vivem enquanto têm trabalho e só têm trabalho enquanto seu trabalho aumenta o capital. Esses operários, constrangidos a vender-se a retalho, são mercadoria, artigo de comércio como qualquer outro; em consequência, estão sujeitos a todas as vicissitudes da concorrência, a todas as flutuações do mercado.

O crescente emprego de máquinas e a divisão do trabalho, despojaram a atividade do operário de seu caráter autônomo, tirando-lhe todo o atrativo. O operário torna-se um simples apêndice da máquina e dele só se requer o manejo mais simples, mais monótono, mais fácil de aprender. Desse modo, o custo do operário se reduz, quase exclusivamente, aos meios de subsistência que lhe são necessários para viver e perpetuar sua espécie. Ora, o preço do trabalho, como de toda mercadoria, é igual ao custo de produção. Portanto, à medida que aumenta o caráter enfadonho do trabalho, decrescem os salários. Mais ainda, na medida em que aumenta a maquinaria e a divisão do trabalho, sobe também a quantidade de trabalho, quer pelo aumento das horas de trabalho, quer pelo aumento do trabalho exigido num determinado tempo, quer pela aceleração do movimento das máquinas etc.

A indústria moderna transformou a pequena oficina do antigo mestre da corporação patriarcal na grande fábrica do industrial capitalista. Massas de operários, amontoadas na fábrica, são organizadas militarmente. Como soldados rasos da indústria, estão sob a vigilância de uma hierarquia completa de oficiais e suboficiais. Não são apenas servos da classe burguesa, do Estado burguês, mas também dia a dia, hora a hora, escravos da máquina, do contramestre e, sobretudo, do dono da fábrica. E esse despotismo é tanto mais mesquinho, mais odioso e exasperador quanto maior é a franqueza com que proclama ter no lucro seu objetivo exclusivo.

Quanto menos habilidade e força o trabalho manual exige, isto é, quanto mais a indústria moderna progride, tanto mais o trabalho dos homens é suplantado pelo de mulheres e crianças. As diferenças de idade e de sexo não têm mais importância social para a classe operária. Não há senão instrumentos de trabalho, cujo preço varia segundo a idade e o sexo.

Depois de sofrer a exploração do fabricante e de receber seu salário em dinheiro, o operário torna-se presa de outros membros da burguesia: o senhorio, o varejista, o penhorista etc.

MARX, Karl; ENGELS, Friedrich. *Manifesto Comunista*. Trad. Álvaro Pina. São Paulo: Boitempo Editorial. 2005. p. 46-47.

Fique atento!

Definição dos conceitos sociológicos estudados neste capítulo.

Ideologia: na seção **Conceitos sociológicos**, página 371.

Igualdade/desigualdade: na seção **Conceitos sociológicos**, página 371.

Movimentos sociais: na seção **Conceitos sociológicos**, página 373.

Mudança social: na seção **Conceitos sociológicos**, página 373.

Revolução: na seção **Conceitos sociológicos**, página 375.

Sessão de cinema

Machuca

Chile, 2004, 120 min. Direção de Andrés Wood.

Retrata a amizade entre Gonzalo Infante e Pedro Machuca, dois garotos de 11 anos, durante o conturbado período de transição do presidente eleito, Allende, para o ditador Pinochet.

A fuga das galinhas

Reino Unido, 2000, 84 min. Direção de Peter Lord e Nick Park.

Na granja da sra. Tweedy, as galinhas conspiram para fugir. Com trabalho de equipe, determinação e um pouco de sorte, elas tecem planos para conseguir a liberdade.

MONITORANDO A APRENDIZAGEM

1. Neste capítulo, você descobriu que os cientistas sociais divergem a respeito do papel da ciência na transformação da sociedade. Em outras palavras, não há uma opinião única sobre as relações que a ciência deve manter com o campo político. Sintetize as informações do debate dos cientistas sociais sobre as relações entre ciência e política e identifique como os autores estudados até aqui se posicionaram.

2. Karl Marx e Friedrich Engels, no *Manifesto comunista*, apresentaram em linhas gerais o desenvolvimento da história humana com base no conceito de luta de classes.

> **A HISTÓRIA DE TODAS AS SOCIEDADES ATÉ HOJE EXISTENTES É A HISTÓRIA DA LUTA DE CLASSES.**
>
> Homem livre e escravo, patrício e plebeu, senhor feudal e servo, mestre de corporação e companheiro, em resumo, opressores e oprimidos, em constante oposição, têm vivido numa guerra ininterrupta, ora franca, ora disfarçada; uma guerra que terminou sempre ou por uma transformação revolucionária da sociedade inteira, ou pela destruição das duas classes em conflito.
>
> MARX, Karl; ENGELS, Friedrich. *Manifesto Comunista*. Trad. Álvaro Pina. São Paulo: Boitempo Editorial. 2005. p. 40.

   a) Marx e Engels viam no surgimento da propriedade privada um fato importante para explicar a desigualdade social. Por que, para esses autores, esse fato está na origem das classes sociais e da luta entre elas?

   b) Que classes sociais identificadas por esses autores tiveram, ao longo da história, relação conflituosa?

3. Leia este texto:

> A burguesia não pode existir sem revolucionar incessantemente os instrumentos de produção, por conseguinte, as relações de produção e, com isso, todas as relações sociais. A conservação inalterada do antigo modo de produção era, pelo contrário, a primeira condição de existência de todas as classes industriais anteriores. Essa subversão contínua da produção, esse abalo constante de todo o sistema social, essa agitação permanente e essa falta de segurança distinguem a época burguesa de todas as precedentes.
>
> MARX, Karl; ENGELS, Friedrich. *Manifesto Comunista*. Trad. Álvaro Pina. São Paulo: Boitempo Editorial. 2005. p. 43.

   ■ Escreva uma dissertação sobre o papel da burguesia na construção do mundo moderno, segundo Marx e Engels, levando em conta seu aspecto revolucionário e o conceito de luta de classes.

DE OLHO NO ENEM

1. (Enem 2010)

> Homens da Inglaterra, por que arar para os senhores que vos mantêm?
> Por que tecer com esforços e cuidado as ricas roupas que vossos tiranos vestem?
> Por que alimentar, vestir e poupar do berço até o túmulo esses parasitas ingratos que exploram vosso suor – ah, que bebem vosso sangue?
>
> SHELLEY. Os homens da Inglaterra apud HUBERMAN, L. *História da riqueza do homem*. Rio de Janeiro: Zahar, 1982.

A análise do trecho permite identificar que o poeta romântico Shelley (1792-1822) registrou uma contradição nas condições socioeconômicas da nascente classe trabalhadora inglesa durante a Revolução Industrial. Tal contradição está identificada

(A) na pobreza dos empregados, que estava dissociada da riqueza dos patrões.

(B) no salário dos operários, que era proporcional aos seus esforços nas indústrias.

(C) na burguesia, que tinha seus negócios financiados pelo proletariado.

(D) no trabalho, que era considerado uma garantia de liberdade.

(E) na riqueza, que não era usufruída por aqueles que a produziam.

2. (Enem 2010)

> O movimento operário ofereceu uma nova resposta ao grito do homem miserável no princípio do século XIX. A resposta foi a consciência de classe e a ambição de classe. Os pobres então se organizavam em uma classe específica, a classe operária, diferente da classe dos patrões (ou capitalistas). A Revolução Francesa lhes deu confiança; a Revolução Industrial trouxe a necessidade da mobilização permanente.
>
> HOBSBAWM, E. J. *A Era das Revoluções.* São Paulo: Paz e Terra, 1977.

No texto, analisa-se o impacto das Revoluções Francesa e Industrial para a organização da classe operária. Enquanto a "confiança" dada pela Revolução Francesa era originária do significado da vitória revolucionária sobre as classes dominantes, a "necessidade da mobilização permanente", trazida pela Revolução Industrial, decorria da compreensão de que

(A) a competitividade do trabalho industrial exigia um permanente esforço de qualificação para o enfrentamento do desemprego.

(B) a completa transformação da economia capitalista seria fundamental para a emancipação dos operários.

(C) a introdução das máquinas no processo produtivo diminuía as possibilidades de ganho material para os operários.

(D) o progresso tecnológico geraria a distribuição de riquezas para aqueles que estivessem adaptados aos novos tempos industriais.

(E) a melhoria das condições de vida dos operários seria conquistada com as manifestações coletivas em favor dos direitos trabalhistas.

3. (Enem 2013)

> Na produção social que os homens realizam, eles entram em determinadas relações indispensáveis e independentes de sua vontade; tais relações de produção correspondem a um estágio definido de desenvolvimento das suas forças materiais de produção. A totalidade dessas relações constitui a estrutura econômica da sociedade – fundamento real, sobre o qual se erguem as superestruturas política e jurídica, e ao qual correspondem determinadas formas de consciência social.
>
> MARX, K. Prefácio à Crítica da economia política. In: MARX, K.; ENGELS F. *Textos 3.* São Paulo. Edições Sociais, 1977 (adaptado).

Para o autor, a relação entre economia e política estabelecida no sistema capitalista faz com que

(A) o proletariado seja contemplado pelo processo de mais-valia.

(B) trabalho se constitua como o fundamento real da produção material.

(C) a consolidação das forças produtivas seja compatível com o progresso humano.

(D) a autonomia da sociedade civil seja proporcional ao desenvolvimento econômico.

(E) a burguesia revolucione o processo social de formação da consciência de classe.

4. (Enem 2011)

> Estamos testemunhando o reverso da tendência histórica da assalariação do trabalho e socialização da produção, que foi característica predominante na era industrial. A nova organização social e econômica baseada nas tecnologias da informação visa à administração descentralizadora, ao trabalho individualizante e aos mercados personalizados. As novas tecnologias da informação possibilitam, ao mesmo tempo, a descentralização das tarefas e sua coordenação em uma rede interativa de comunicação em tempo real, seja entre continentes, seja entre os andares de um mesmo edifício.
>
> CASTELLS, M. *A sociedade em rede*. São Paulo: Paz e Terra, 2006. Adaptado.

No contexto descrito, as sociedades vivenciam mudanças constantes nas ferramentas de comunicação que afetam os processos produtivos nas empresas. Na esfera do trabalho, tais mudanças têm provocado

(A) o aprofundamento dos vínculos dos operários com as linhas de montagem sob influência dos modelos orientais de gestão.

(B) o aumento das formas de teletrabalho como solução de larga escala para o problema do desemprego crônico.

(C) o avanço do trabalho flexível e da terceirização como respostas às demandas por inovação e com vistas à mobilidade dos investimentos.

(D) a autonomização crescente das máquinas e computadores em substituição ao trabalho dos especialistas técnicos e gestores.

(E) o fortalecimento do diálogo entre operários, gerentes, executivos e clientes com a garantia de harmonização das relações de trabalho.

ASSIMILANDO CONCEITOS

TEXTO 1

Todas as pessoas nascem livres e iguais em dignidade e direitos.

Declaração Universal dos Direitos Humanos, artigo 1, 1948.

TEXTO 2

Charge de Frank publicada em *A notícia*, de Joinville (SC), 25 jan. 2012.

1. Analise os textos 1 e 2 utilizando o verbete **igualdade/desigualdade** localizado na seção **Conceitos sociológicos** no final do livro. Resuma suas ideias.

2. Levando em conta o que você aprendeu a respeito do pensamento social de Karl Marx, interprete o conteúdo do Texto 2.

OLHARES SOBRE A SOCIEDADE

1. Leia o texto a seguir.

> **COMIDA**
>
> Bebida é água.
> Comida é pasto.
> Você tem sede de quê?
> Você tem fome de quê?
> A gente não quer só comida,
> a gente quer comida, diversão e arte.
> A gente não quer só comida,
> a gente quer saída para qualquer parte.
> A gente não quer só comida,
> a gente quer bebida, diversão, balé.
> A gente não quer só comida,
> a gente quer a vida como a vida quer.
> Bebida é água.
> Comida é pasto.
> Você tem sede de quê?
> Você tem fome de quê?
> A gente não quer só comer,
> a gente quer comer e quer fazer amor.
> A gente não quer só comer,
> a gente quer prazer pra aliviar a dor.
> A gente não quer só dinheiro,
> a gente quer dinheiro e felicidade.
> A gente não quer só dinheiro,
> a gente quer inteiro e não pela metade.
>
> Comida. Arnaldo Antunes, Marcelo Fromer e Sérgio Brito. *Jesus não tem dentes no país dos banguelas*, 1987.
> Warner Chappell Edições Musicais Ltda. Todos os direitos reservados/©by Universal Mus.
> Pub. MGB Brasil Ltda./Rosa Celeste Empreendimentos Artísticos Ltda.

A canção "Comida", além de tecer críticas à realidade social, apresenta a utopia de seus compositores sobre uma sociedade na qual os indivíduos seriam livres, felizes e teriam suas necessidades satisfeitas.

a) Não é somente com comida e bebida (ou bens materiais) que as necessidades das pessoas são satisfeitas. Que outras necessidades são valorizadas nos versos da canção?

b) As perguntas "Você tem sede de quê? / Você tem fome de quê?" ajudam a provocar a imaginação do ouvinte a respeito daquilo que ele julga ser a sociedade ideal. Responda a essas perguntas levando em conta sua utopia sobre a cidade em que mora ou sobre o Brasil.

EXERCITANDO A IMAGINAÇÃO SOCIOLÓGICA
TEMA DE REDAÇÃO DA FUVEST (2016)

UTOPIA (de *ou-topia*, lugar *inexistente* ou, segundo outra leitura, de *eu-topia*, lugar *feliz*). Thomas More deu esse nome a uma espécie de romance filosófico (1516), no qual relatava as condições de vida em uma ilha imaginária denominada Utopia: nela, teriam sido abolidas a propriedade privada e a intolerância religiosa, entre outros fatores capazes de gerar desarmonia social. Depois disso, esse termo passou a designar não só qualquer texto semelhante, tanto anterior como posterior (como a *República* de Platão ou a *Cidade do Sol* de Campanella), mas também qualquer ideal político, social ou religioso que projete uma nova sociedade, feliz e harmônica, diversa da existente. Em sentido negativo, o termo passou também a ser usado para designar projeto de natureza irrealizável, quimera, fantasia.

Nicola Abbagnano, *Dicionário de Filosofia* (adaptado).

A utopia nos distancia da realidade presente, ela nos torna capazes de não mais perceber essa realidade como natural, obrigatória e inescapável. Porém, mais importante ainda, a utopia nos propõe novas realidades possíveis. Ela é a expressão de todas as potencialidades de um grupo que se encontram recalcadas pela ordem vigente.

Paul Ricoeur (adaptado).

A desaparição da utopia ocasiona um estado de coisas estático, em que o próprio homem se transforma em coisa. Iríamos, então, nos defrontar com o maior paradoxo imaginável: o do homem que, tendo alcançado o mais alto grau de domínio racional da existência, se vê deixado sem nenhum ideal, tornando-se um mero produto de impulsos. O homem iria perder, com o abandono das utopias, a vontade de construir a história e, também, a capacidade de compreendê-la.

Karl Mannheim (adaptado).

Acredito que se pode viver sem utopias. Acho até que é melhor, porque as utopias são ao mesmo tempo ineficazes e perigosas. Ineficazes quando permanecem como sonhos; perigosas quando se quer realizá-las.

André Comte-Sponville (adaptado).

CIDADE PREVISTA

[...]
Irmãos, cantai esse mundo
que não verei, mas virá
um dia, dentro em mil anos,
talvez mais... não tenho pressa.
Um mundo enfim ordenado,
uma pátria sem fronteiras,
sem leis e regulamentos,
uma terra sem bandeiras,
sem igrejas nem quartéis,
sem dor, sem febre, sem ouro,
um jeito só de viver,
mas nesse jeito a variedade,
a multiplicidade toda

que há dentro de cada um.
Uma cidade sem portas,
de casas sem armadilha,
um país de riso e glória
como nunca houve nenhum.
Este país não é meu
nem vosso ainda, poetas.
Mas ele será um dia
o país de todo homem.

Carlos Drummond de Andrade

A utopia não é apenas um gentil projeto difícil de se realizar, como quer uma definição simplista. Mas se nós tomarmos a palavra a sério, na sua verdadeira definição, que é aquela dos grandes textos fundadores, em particular a Utopia de Thomas More, o denominador comum das utopias é seu desejo de construir aqui e agora uma sociedade perfeita, uma cidade ideal, criada sob medida para o novo homem e a seu serviço. Um paraíso terrestre que se traduzirá por uma reconciliação geral: reconciliação dos homens com a natureza e dos homens entre si. Portanto, a utopia é a desaparição das diferenças, do conflito e do acaso: é, assim, um mundo todo fluido – o que supõe um controle total das coisas, dos seres, da natureza e da história.

Desse modo, a utopia, quando se quer realizá-la, torna-se necessariamente totalitária, mortal e até genocida. No fundo, só a utopia pode suscitar esses horrores, porque apenas um empreendimento que tem por objetivo a perfeição absoluta, o acesso do homem a um estado superior quase divino, poderia se permitir o emprego de meios tão terríveis para alcançar seus fins. Para a utopia, trata-se de produzir a unidade pela violência, em nome de um ideal tão superior que justifica os piores abusos e o esquecimento da moral reconhecida.

Frédéric Rouvillois (adaptado).

O conjunto de excertos acima contém um verbete que traz uma definição de utopia seguido de outros cinco textos que apresentam diferentes reflexões sobre o mesmo assunto. Considerando as ideias neles contidas, além de outras informações que você julgue pertinentes, redija uma dissertação em prosa, na qual você exponha o seu ponto de vista sobre o tema – **As utopias: indispensáveis, inúteis ou nocivas**?

Instruções:

- A redação deve ser uma dissertação, escrita de acordo com a norma-padrão da língua portuguesa.
- Escreva, no mínimo, 20 linhas, com letra legível. Não ultrapasse o espaço de 30 linhas da folha de redação.
- Dê um título a sua redação.

9 Liberdade ou segurança?

Carlitos, ao receber a notícia de sua liberdade, em cena do filme *Tempos modernos*.

Em cena: Os confortos da cadeia

"Preso como líder comunista, nossa vítima inocente mofa na cadeia" – informa o entretítulo que anuncia nova cena. Conduzido a uma cela, Carlitos faz trapalhadas que quase o levam a ser trucidado por seu truculento companheiro. Uma campainha o salva, ao convocar os detentos para que sigam marchando até o refeitório da prisão. Carlitos senta-se entre um preso franzino e seu enorme companheiro de cela, com quem disputa um pedaço de pão. Enquanto os presos almoçam, chegam o diretor da prisão e um policial à paisana que reconhece o tipo franzino. Por baixo da mesa, o homem tira um saquinho do bolso e derrama um pó misterioso no saleiro. Põe o saleiro em cima da mesa e, em seguida, é revistado e retirado do refeitório. Achando que a comida estava sem sal, Carlitos despeja o conteúdo do saleiro em seu prato. Depois de algumas garfadas, fica agitado e valentão.

Quando o guarda apita anunciando o fim do horário de almoço – na cadeia, como na fábrica, a disciplina é estrita –, Carlitos, agitadíssimo, marcha para as celas junto com os companheiros. Contudo, em vez de entrar na sua cela, dá meia-volta sem que ninguém perceba, entra num pátio, recua espantado, segue pelo corredor, então vazio, e sai do foco da câmera. Ao retornar, pouco depois, depara-se com dois fugitivos armados que estão trancafiando o diretor da prisão e os guardas e libertando os prisioneiros. Enfrenta os bandidos, derrota-os, liberta os policiais e evita a fuga dos presos.

Como seria de esperar, é cumprimentado pelo diretor da prisão.

Na cena seguinte, Carlitos descansa em uma confortável cela privativa, certamente oferecida em recompensa por seu ato de bravura. Podemos vê-lo deitado no catre lendo um jornal cuja manchete anuncia "Greves e distúrbios populares", ou então conversando com um guarda dentro da cela com a porta aberta. Afinal, o diretor manda chamá-lo e lhe dá a boa-nova: já pode deixar a prisão. Mas a notícia não lhe parece tão boa assim. O que o espera do lado de fora? Fome e desemprego?

Com o rosto triste, pergunta: "Não posso ficar um pouco mais? Sou tão feliz aqui...".

★ Apresentando Alexis de Tocqueville

Em que contexto recusar a liberdade torna-se uma alternativa? Para nos ajudar a responder a essa pergunta e dar sentido à cena cuja descrição acabamos de ler, convidamos o pensador francês Alexis de Tocqueville. O aristocrata Tocqueville preocupou-se com questões parecidas com aquelas que ocuparam os pensamentos de Marx, mas deu a elas respostas diferentes. Conhecer as diferentes respostas que os cientistas sociais deram a problemas comuns é um dos desafios interessantes que a Sociologia nos ensina a enfrentar.

Theodore Chassarieu. *Alexis de Tocqueville*, 1850. Óleo sobre tela.

Alexis de Tocqueville
(Paris, França, 29 de julho de 1805 – Cannes, França, 16 de abril de 1859)

Tocqueville foi um pensador político, historiador e escritor francês que se tornou conhecido por suas análises da Revolução Francesa, da democracia americana e do desenvolvimento das democracias ocidentais. O contexto político francês em que viveu influenciou profundamente sua obra.

Em 1830, ainda muito jovem, Tocqueville viajou durante nove meses pelos Estados Unidos. Conheceu ali um modelo de Estado muito diferente do francês, além de uma estrutura social que desconhecia títulos de nobreza, direitos corporativos ou privilégios hereditários.

Desenvolveu então um fascinante estudo de Sociologia Comparada, interessando-se, principalmente, pelas consequências dos vários modelos de democracia na vida social, no direito, na economia, na religião e na arte. *A democracia na América* (1835), que resultou desse estudo, tornou-se um clássico da Sociologia.

Apesar de sua origem aristocrática, Tocqueville abraçou a ideologia liberal. Deputado a partir de 1839, ele assumiu a pasta de Negócios Exteriores no governo de Luís Napoleão, em 1849, e retirou-se da vida política em 1850, quando passou a dedicar-se apenas a seus livros. Suas principais obras, além de *A democracia na América*, são *O Antigo Regime e a Revolução* (1854) e *Lembranças de 1848* (1893), publicado postumamente.

Quando a liberdade é ameaçada

Tocqueville acompanhou de perto os efeitos da Revolução Francesa, que em 1789 pôs fim ao regime monárquico e inaugurou a república na França. O documento mais importante desse movimento histórico foi a Declaração dos Direitos do Homem e do Cidadão, conhecida como o certificado de nascimento da **democracia** moderna.

Aprovada pela Assembleia Nacional Constituinte da França em 26 de agosto de 1789, a declaração sintetiza em seu preâmbulo e 17 artigos os ideais libertários da Revolução Francesa.

Seu primeiro artigo correu o mundo: "Os homens nascem e permanecem livres e iguais em direitos. As distinções sociais só podem basear-se no bem comum". Os princípios que nortearam a declaração alteraram profundamente a tradição das monarquias espalhadas por todo o continente europeu. Duas ideias, sobretudo, revolucionaram os costumes e deixaram inquietações: a de que alguém pode nascer pobre e mudar sua posição na sociedade (e que o contrário também é válido, ou seja, os privilégios não são garantidos de antemão), e a de que os governantes podem e devem ser escolhidos pelo povo.

Capítulo 9 – Liberdade ou segurança? **133**

O que mais impressionou Tocqueville em relação à Revolução Francesa foi a violência com que ela ocorreu. Por que uma **revolução** que defendia a liberdade, a **igualdade** e a fraternidade levou ao Terror? Lutar pelo ideal de igualdade pode levar à violência? O desejo de liberdade pode levar ao resultado oposto? Em que condições a luta pela liberdade e a igualdade leva à violência ou à tirania? Por que é tão difícil garantir a liberdade? O que fazer para preservá-la? O que vale mais, a liberdade ou a igualdade? Combinar os ideais de igualdade e liberdade transformou-se na obsessão de Tocqueville, a qual apareceu em todos os livros que escreveu e que teve origem na história de seu país. E foi por aparecer com tanta frequência em toda a sua obra que a desafiante combinação de igualdade com liberdade acabou batizada como o "dilema tocquevilliano".

A sensibilidade de Tocqueville para o dilema que foi batizado com seu nome, e que constitui um grande desafio da democracia moderna, certamente não nasceu de informações recolhidas nos livros ou nos jornais. Sua família viveu aquele momento, e alguns membros, como seu avô, o marquês de Rosanbo, não escaparam da guilhotina.

Seus pais só não foram mortos porque, em 1794, morreu Robespierre, o líder político que comandava o regime responsável pelas execuções. É possível que a vivência familiar de Tocqueville tenha originado seu interesse.

O Terror

O Terror, ou Grande Terror (1793-1794), foi a etapa mais violenta da Revolução Francesa. No início da revolução, a França tinha uma população calculada entre 24 milhões e 26 milhões de habitantes. Estima-se que no período do Terror, que durou de 5 de setembro de 1793 a 27 de julho de 1794, entre 16 500 e 40 mil pessoas tenham sido mortas.

O Terror foi instituído pelos revolucionários conhecidos como "jacobinos", que, liderados pelo advogado Maximilien Robespierre, levaram a cabo uma repressão sistemática e brutal contra aqueles considerados "inimigos da revolução". Muitos foram condenados sumariamente à morte na guilhotina pelo tribunal revolucionário, e outros foram linchados pela própria população. Alguns morreram devido às suas ações ou opiniões políticas, mas muitas das vítimas foram condenadas por causa de mera suspeita. Entre os condenados pelo tribunal revolucionário, em torno de 8% eram aristocratas, 6% clérigos, 14% da classe média e 70% trabalhadores ou camponeses, acusados de evasão do alistamento militar, deserção, rebelião, entre outros crimes.

O Terror chegou ao fim dez meses depois de seu início, com a prisão e subsequente execução de Robespierre.

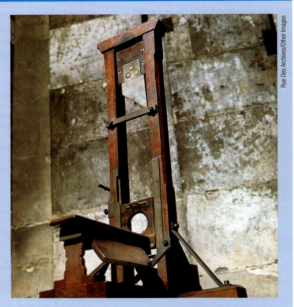

Réplica de guilhotina usada na Revolução Francesa durante a fase do Terror.

O Novo Mundo e o sonho da liberdade

Os temas da liberdade e da igualdade entre homens e mulheres levaram Tocqueville a uma viagem que ficou famosa, com destino à ex-colônia americana da Inglaterra, que alcançara a independência em 1776 e adotara o nome de Estados Unidos da América. Se a França tinha feito sua revolução em 1789, os Estados Unidos haviam antecipado em 13 anos um projeto revolucionário que também tinha como bandeira a democracia, a liberdade e a igualdade. E mais: parecia que aquele país tinha realmente encontrado a fórmula de como associar igualdade de condições com liberdade de ação e expressão. Certamente, era isso que chamava tanto a atenção dos franceses.

A decisão de Tocqueville de visitar a América tinha um objetivo específico: conhecer a organização das prisões. Afinal, a jovem nação era muito falada pela experiência da democracia, dos **direitos civis**, da liberdade.

Haveria lá algo que pudesse ajudar a França a reformar seu sistema prisional? Nos nove meses que passou em viagem pelos Estados Unidos da América durante o ano de 1830, com seu amigo Beaumont, Tocqueville fez anotações sobre as prisões, mas não apenas sobre elas. Registrou com riqueza de detalhes todos os aspectos da vida no país. Fez um relatório completo e nele esmiuçou como os americanos professavam suas crenças religiosas, por quais caminhos escolhiam seus representantes, de que maneira defendiam seus interesses nas associações, como se organizavam na vida cotidiana, com que interesse ou indiferença olhavam para a arte, como se comportavam diante da comida, de que maneira eram educados, em que aspectos eram rudes, entre muitas outras observações.

A democracia da América era única no mundo, e Tocqueville queria saber qual era a fórmula daquele sucesso. No fundo, perguntava: Como é possível organizar uma sociedade em que a maioria pode participar e decidir seu destino? O relato de sua viagem, publicado em 1835 com o título A democracia na América, ficou famoso e até hoje é um livro fundamental para quem se interessa pela História dos Estados Unidos, pela democracia e pela cultura democrática. Aliás, há outro livro famoso, de outro autor de quem você já ouviu falar, que também foi escrito após uma viagem aos Estados Unidos: A ética protestante e o espírito do capitalismo. Max Weber esteve nos Estados Unidos em 1904, 74 anos depois de Tocqueville, e escreveu essa importante obra igualmente inspirado no que tinha percebido naquela sociedade em que o capitalismo florescia em ritmo acelerado.

Na percepção de Tocqueville, a sociedade americana nasceu sob o sinal da liberdade. Os colonos vindos da Inglaterra fugiam da repressão religiosa em seu país de origem. "Foi a paixão religiosa que levou os puritanos para a América e lá os levou a desejar governar a si próprios."

Ao afirmar isso, Tocqueville quis dizer duas coisas: primeiro, que a liberdade de crença e de pensamento sempre fez parte da história que os americanos contam uns para os outros e ao mundo, querendo afirmar seu amor pela liberdade; segundo, que a sociedade americana, na medida em que deseja "governar a si própria", desenvolveu o individualismo como ideal e prática de vida.

Ora, Tocqueville também chama a atenção em seu livro para o fato de que eleições livres, por si só, não garantem que os que foram eleitos serão bons governantes. Não é uma advertência intrigante? Marx diz algo parecido quando critica a democracia burguesa e a acusa de estabelecer uma falsa equivalência entre o direito de voto e a liberdade real. Curiosamente, encontramos no conservador Tocqueville alerta semelhante. Viver em liberdade é mais complicado, parece nos dizer o aristocrata francês. A manutenção da liberdade exige atenção redobrada. Por exemplo, um dos mais

Estátua da Liberdade na cidade de Nova York, 2015.
O monumento foi um presente dos franceses aos estadunidenses no centenário da Independência da América (1876), inaugurado apenas em 1886. Hoje ele é considerado Patrimônio Mundial pela Unesco e fica situado na Ilha de Bedloe, na bacia superior da cidade de Nova York (EUA).

importantes elementos da vida democrática é a imprensa livre. A imprensa livre tem a função de impedir o avanço de atos condenáveis quando os divulga e chama a atenção do público para eles, mas isso não quer dizer que tudo que ela faz é bom. A frase de Tocqueville sobre a imprensa livre é clara: "Amo-a mais por considerar os males que impede que pelo bem que faz".

Portanto, mais importante ou tão importante quanto conquistar a democracia é cuidar diariamente dela para que possa funcionar em benefício da sociedade. Essa é uma das razões pelas quais Tocqueville valoriza o conhecimento dos hábitos e costumes de uma sociedade, ou seja, daquilo que se aprende a gostar, do que se ensina a observar, do que se proíbe e do que se toma como direção de vida. Apesar de as democracias partirem de pontos comuns – a liberdade de escolha dos representantes pelos representados, a liberdade de imprensa, de opinião, de crença –, elas não funcionam da mesma maneira. As diferentes sociedades produzem formas diferentes de vivenciar o que entendem por democracia. Chegar a essas formas é um bom exercício de imaginação sociológica. E os usos e costumes de cada sociedade são ótimas pistas. Essa era a aposta de Alexis de Tocqueville.

O Velho Mundo e suas contradições

A França revolucionária foi tema de outro grande livro de Tocqueville, *O Antigo Regime e a revolução*, publicado quase 20 anos depois de *A democracia na América*.

Nele, Tocqueville procurou mostrar o que na França pré-revolucionária possibilitou que a revolução alcançasse seu resultado singular. Investigou, dentro do país, os elementos que facilitaram a perda da liberdade e a centralização do governo até o clímax do Terror. Em outras palavras, ele buscou nos costumes, nos hábitos, nos vícios e na maneira de ser dos franceses traços e características que o ajudassem a entender por que a tirania havia se instalado no período pós-revolucionário. Crenças, costumes, formas de ser, tudo foi valorizado como material para a compreensão da sociedade francesa.

Tocqueville sabia que o ideal de democracia tinha vindo para ficar. Não era mais possível defender a visão de que os homens eram desiguais por nascimento e a sociedade deveria permanecer assim, com alguns dotados de privilégios por toda a vida e outros condenados a não participar dos benefícios econômicos, sociais e políticos.

Mas isso não significa que ele fosse um revolucionário. Como deputado, assistiu à grande movimentação dos operários nas jornadas de 1848, um tempo de convulsão e mobilização política intensa. Em um dos discursos que proferiu no Parlamento, chegou a dizer, referindo-se à mobilização dos trabalhadores por mais justiça e direitos: "Há um vulcão sob os nossos pés!". Embora as reivindicações fossem justas, a imagem do vulcão, fenômeno natural que a iniciativa humana não controla, é forte o bastante para percebermos o quanto parecia temível, a seus olhos, a movimentação política da classe trabalhadora. Em nome da construção de algo melhor, a turbulência descontrolada poderia destruir tudo.

▍▍ As jornadas de 1848

Diversas revoluções ocorreram em quase todos os grandes Estados europeus em 1848. Essas revoltas não tiveram caráter único, mas foram motivadas pelas mesmas insatisfações. Em primeiro lugar, indignação com os regimes governamentais autocráticos e com a falta de representação política das classes médias. Em segundo lugar, inconformidade com as crises econômicas. As péssimas colheitas de 1845 e 1846 desencadearam uma crise agrícola em todo o continente. Essa crise elevou o custo de vida e provocou fome entre os camponeses e a população urbana mais pobre. Nas cidades, o desemprego também era um sério problema. Além disso, as revoluções foram influenciadas por ideais nacionalistas, liberais, democráticos e socialistas. Essas revoluções, também conhecidas como Primavera dos Povos, tiveram início na França e logo se espalharam para o resto da Europa. Ocorreram revoltas nos Estados alemães e italianos (ainda não unificados), na Áustria, na Hungria e ainda em outros países. Até mesmo no Brasil houve repercussões, como a Revolução Praieira, em Pernambuco.

Na França, a Revolução de 1848 depôs o rei Luís Filipe e deu início à Segunda República. O sufrágio universal masculino, reivindicado pelos revolucionários, logo foi instituído. Luís Napoleão Bonaparte foi eleito presidente da República, mas, em 1851, deu um golpe de Estado e intitulou-se Napoleão III, pondo fim à Segunda República e dando início ao Segundo Império.

Dois importantes autores das Ciências Sociais escreveram sobre os eventos de 1848 na França. Karl Marx, em sua obra intitulada *O 18 de Brumário de Luís Bonaparte* (1852), analisa os eventos com base em sua teoria do conflito de classes. Já Alexis de Tocqueville, em *Lembranças de 1848* (1893), faz um relato apoiado em sua experiência pessoal como político no período.

Mas, como dizia Tocqueville em seus textos, o princípio da igualdade chegou como algo definitivo. Era justo e desejável que assim fosse, mas cada sociedade o havia abrigado ou abrigaria à sua maneira. Em sua avaliação, a França não havia adotado a melhor forma, porque, para garantir a igualdade, estava sacrificando a liberdade.

Dos tempos de Tocqueville até os dias de hoje, a igualdade se firmou progressivamente como um valor fundamental em boa parte do mundo. E, como forma de garantir o direito à igualdade, diversos países aderiram a regimes democráticos de governo no decorrer do século XX. O gráfico abaixo, fruto de uma pesquisa do cientista político norte-americano Robert Dahl, dá uma boa mostra do aumento do número de países democráticos entre 1860 e 1990 – além de revelar que no final do século XX eles ainda eram uma clara minoria no quadro geral das nações.

Mas é importante também saber que nem todas as democracias são iguais, ou igualmente democráticas. A revista *The Economist* desenvolveu um índice de avaliação de regimes democráticos baseado em cinco critérios: processo e pluralismo eleitoral, liberdades civis, funcionamento do governo, participação política e cultura política – cada um mensurado com uma nota de 0 a 10. Com base nisso os países podem ser classificados como "democracias plenas", "democracias imperfeitas", "regimes híbridos" (todos considerados democracias) e "regimes autoritários" (considerados ditatoriais). Por esses critérios, em 2014 a Noruega ocupava o primeiro lugar, seguida da Suécia e da Islândia. O Brasil, classificado como uma democracia imperfeita, aparece em 44º lugar. E, em último lugar, no posto de país menos democrático do mundo, está a Coreia do Norte.

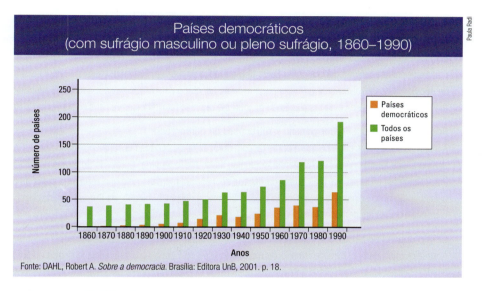

Fonte: DAHL, Robert A. *Sobre a democracia*. Brasília: Editora UnB, 2001. p. 18.

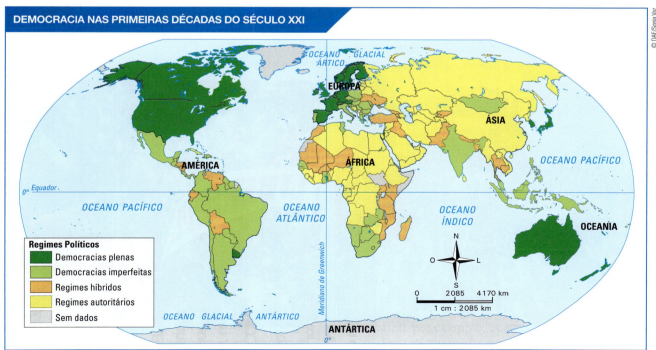

Fonte: Economist Intelligence Unit (EIU). Disponível em: <www.eiu.com>. Acesso em: maio 2016.

A democratização nos tempos modernos

Samuel Huntington (1927-2008), cientista político estadunidense, cunhou o termo "ondas democráticas" para definir os movimentos simultâneos que ocorrem em determinados períodos de tempo, levando à democracia países não democráticos. Ele percebeu que, além das ondas democráticas, ocorreram também ondas reversas, por meio de movimentos antidemocráticos que interromperam a democratização de determinados países. Huntington identificou, entre os séculos XIX e XX, três ondas de democratização e duas ondas reversas, apresentadas na tabela a seguir.

Onda	Democrática	Reversa
primeira	1828-1926	1922-1942
segunda	1943-1962	1958-1975
terceira	1974	

A Primavera dos Povos e o outono da democracia

A origem da primeira onda de democratização remonta às revoluções americana e francesa no século XVIII, mas Huntington entendeu que o surgimento de instituições democráticas foi um acontecimento específico do século XIX. Em 1828, nos Estados Unidos, pela primeira vez coexistiram dois critérios democráticos: incorporação de todos os homens adultos no direito político (sufrágio universal masculino) e preenchimento de cargos executivos e parlamentares por meio de eleições populares. Em seguida, veio a Primavera dos Povos (1848) e a formação de novos Estados Nacionais (final do século XIX). A luta pelo sufrágio universal marcou essa fase no continente europeu. Passaram pelo processo de democratização, nesse período, países como Suíça, Itália, França, Inglaterra, Espanha, Lituânia, Letônia, Polônia, Argentina e Chile. No entanto, no início do século XX desenvolveu-se a primeira onda reversa, atingindo países que haviam adotado o regime democrático pouco antes. Isso ocorreu por meio de golpes militares e da instalação de ditaduras e regimes totalitários em países como Portugal, Itália, Alemanha, Grécia, Brasil e Argentina.

Pós-guerra e Guerra Fria: expansão e retrocesso da democracia

A segunda onda, mais curta do que a primeira, com duração de duas décadas, teria começado após a Segunda Guerra Mundial, quando instituições democráticas foram criadas na Alemanha Ocidental, Itália, Japão, Áustria, Coreia do Sul e depois na Turquia, Brasil, Grécia, Costa Rica, Argentina, Peru, Colômbia e Venezuela. Mas o final da década de 1950 foi marcado pelo que seria uma segunda onda reversa, que atingiu especialmente os países latino-americanos. Na Ásia (Coreia do Sul, Indonésia, Filipinas e Índia), na Europa (Grécia) e na África (33 países descolonizados) também ocorreram ondas antidemocráticas.

Último quartel do século XX: expansão da democracia em diversas partes do mundo

A terceira onda democrática, fenômeno de maior interesse de Huntington, teria iniciado com o golpe que depôs Marcelo Caetano – sucessor do ditador Salazar –, em Portugal, e a Revolução dos Cravos. A Espanha seguiu pelo mesmo caminho, com a morte do ditador Francisco Franco. Em seguida, na década de 1980, os países da América Latina, América Central e Ásia passaram por processos de redemocratização. No final da década de 1990, foi a vez dos países que formavam o bloco socialista no Leste Europeu e das repúblicas que formavam a URSS se redemocratizarem. O marco desse processo foi a Queda do Muro de Berlim, em 1989.

Tomando como referência essas considerações de Huntington, podemos fazer as seguintes perguntas: A democratização seria um acontecimento implacável, como afirmou Tocqueville, ou a consolidação da democracia é uma obra inacabada? O que você acha?

Hitler recebendo a saudação nazista após seu discurso na Kroll Opera House. Berlim, 1934.

Manifestantes a favor da democracia durante a Revolução dos Cravos. Lisboa, 1º de maio de 1974.

Livre na prisão?

Perceba como é preciso estimular a imaginação para compreender a recusa de Carlitos à liberdade e o pedido que fez para permanecer na prisão. Tão dura e desprotegida estava sua vida que a cadeia lhe pareceu mais segura: ali teria teto e alimentação. Diante dessa situação, talvez Tocqueville fortalecesse seu ponto de vista sobre o amplo significado da liberdade: estar solto em privação é estar preso! Só a sensação de infelicidade e a falta de sentido humano para a vida justificariam uma escolha tão trágica como a de Carlitos: a da privação da liberdade de ir e vir, do prazer de escolher os lugares aonde ir e as pessoas com quem se deseja estar.

O dilema de Carlitos, se pensarmos bem, talvez não esteja tão distante de nós. Em muitas cidades brasileiras, especialmente nas metrópoles, o problema da segurança pública tornou-se tão crítico que já não parece absurdo trocar liberdade por segurança. Os cidadãos trocam a liberdade das ruas pela segurança do condomínio fechado e do *shopping center*. Trocam também a privacidade – outro valor da democracia – pela vigilância das câmeras no elevador, no estacionamento e no metrô. Tudo isso porque se sentem ameaçados, desprotegidos, indefesos. Em contexto de insegurança coletiva, abre-se a brecha para a intolerância, para o desrespeito aos direitos dos outros, e a democracia se vê ameaçada naquilo que é seu próprio fundamento – a liberdade.

Manifestantes egípcios protestando na Praça El-Tahir, Cairo, 1º de fevereiro de 2011. Primavera Árabe é como ficou conhecida a onda de protestos e revoltas contra governos dos países árabes que eclodiram em 2011. A crise econômica foi o estopim para que os civis do Egito, Tunísia, Líbia, Síria, Iêmen e Bahrein reivindicassem o fim das ditaduras e a democratização de seus países.

◀◀ Recapitulando

Tocqueville era um observador do mundo social que gostava de fazer comparações. Para ele, o avanço da democracia era inexorável, ela vinha para ficar. Contudo, mesmo fundamentada em um conjunto de princípios comuns, a democracia não funcionava de maneira idêntica nas sociedades que a abraçavam. Tocqueville chegou a essa conclusão ao comparar dois países que conheceu de perto – a França, onde nasceu, e os Estados Unidos, onde residiu durante nove meses. Com base nessas duas experiências, percebeu que a combinação dos ideais democráticos com os costumes, as tradições e a cultura dos povos produz regimes democráticos singulares.

Tocqueville viu de perto, em seu país, duas revoluções deflagradas em nome da democracia – a Revolução Francesa e a Revolução de 1848. A primeira desembocou no Terror, que levou à guilhotina alguns de seus amigos e parentes; e a segunda o preocupava por se parecer com um "vulcão" – se as massas se descontrolassem, o terror poderia se instaurar novamente ou a demagogia dos governantes poderia prevalecer.

Essas inquietações de Tocqueville diante dos possíveis desdobramentos da democracia o levaram a fazer uma série de perguntas: Como a liberdade pode ser ameaçada em um regime que garante a participação da maioria? Ou: Como garantir o equilíbrio entre a igualdade e a liberdade em sociedades democráticas? Ou ainda: O sufrágio universal e a escolha dos governantes garantem a liberdade? Esses foram os problemas "teóricos" que mobilizaram sua "imaginação sociológica". Foi com esses temas importantes que Tocqueville contribuiu para o desenvolvimento das Ciências Sociais. Os métodos de investigação que empregou em seus estudos – sobretudo a comparação de um mesmo fenômeno social em dois contextos sociais diferentes – são usados até hoje. Ao registrar as diversas facetas da vida dos norte-americanos, quando fez a "observação de campo", ou o que hoje os cientistas sociais chamam de etnografia, Tocqueville gerou informações que fundamentam o trabalho dos cientistas sociais.

Apesar de as conclusões de Tocqueville estarem distantes de nós cerca de 150 anos, não podemos deixar de concordar com elas: a democracia envolve vigilância permanente, e a participação dos cidadãos é fundamental para a garantia dos direitos. Ele também nos ensinou que viver com liberdade dá muito mais trabalho do que se pode supor à primeira vista.

Leitura complementar

Do espírito público nos Estados Unidos

Existe um amor à pátria que tem sua fonte nesse sentimento impensado, desinteressado e indefinível que liga o coração do homem aos lugares em que nasceu. Esse lugar instintivo se confunde com o gosto dos costumes antigos, com o respeito aos ancestrais e à memória do passado; os que o sentem, querem a seu país como se ama a casa paterna. Amam a tranquilidade de que lá desfrutam, gostam dos hábitos calmos que lá contraíram, apegam-se às lembranças que ela lhes apresenta e até veem alguma doçura em nela viver na obediência. [...]

De onde vem que, nos Estados Unidos, onde os habitantes chegaram ontem à terra que ocupam, aonde não levaram nem usos nem lembranças, onde se encontram pela primeira vez sem se conhecer; onde, para dizê-lo numa palavra, o instinto da pátria mal pode existir; de onde vem que todos se interessam pelos problemas de sua comuna, do seu cantão e do Estado inteiro, como se fossem os seus? É que cada um, em sua esfera, toma uma parte ativa no governo da sociedade.

Nos Estados Unidos, o homem do povo compreendeu a influência que a prosperidade geral exerce sobre sua felicidade, ideia tão simples e, no entanto, tão pouco conhecida do povo. Além do mais, ele se acostumou a ver essa prosperidade como obra sua. Portanto vê na fortuna pública a sua, e trabalha para o bem de seu Estado não apenas por dever ou por orgulho, mas quase ousaria dizer, por cupidez.

[...] O americano, por tomar parte em tudo o que se faz nesse país, crê-se interessado em defender tudo o que é criticado nele, pois não é apenas seu país que atacam então, mas ele mesmo. Por isso vemos seu orgulho nacional recorrer a todos os artifícios e descer a todas as puerilidades da vaidade individual.

[...] Na América, o homem do povo concebeu uma ideia elevada dos **direitos políticos**, porque tem direitos políticos; ele não ataca os direitos alheios para que não violem os seus. E, ao passo que na Europa esse mesmo homem desconhece até a autoridade soberana, o americano submete-se sem se queixar ao poder do menor de seus magistrados. [...]

O governo da democracia faz descer a ideia dos direitos políticos até o menor dos cidadãos, tal como a divisão dos bens põe a ideia do direito de propriedade em geral ao alcance de todos os homens. É esse um de seus maiores méritos a meu ver.

Não digo que seja fácil ensinar todos os homens a se servir dos direitos políticos, digo apenas que, quando isso é possível, os efeitos resultantes são grandes. [...]

Nunca será dizer demais: não há nada mais fecundo em maravilhas do que a arte de ser livre; mas não há nada mais difícil do que o aprendizado da liberdade. O mesmo não se aplica ao despotismo. O despotismo se apresenta muitas vezes como o reparador de todos os males sofridos; ele é o apoio do direito do justo, o arrimo dos oprimidos e o fundador da ordem. Os povos adormecem no seio da prosperidade momentânea que ele faz nascer e, quando despertam, são miseráveis. A liberdade, ao contrário, nasce de ordinário no meio das tempestades, estabelece-se penosamente entre as discórdias civis e somente quando já está velha é que se podem conhecer seus benefícios.

TOCQUEVILLE, Alexis de. *A democracia na América*: Livro I– Leis e costumes. São Paulo: Martins Fontes, 2001. p. 274, 276-278 e 280.

Fique atento!

Definição dos conceitos sociológicos estudados neste capítulo.

Democracia: na página 133.

Direitos civis: na seção **Conceitos sociológicos**, página 367.

Direitos políticos: na seção **Conceitos sociológicos**, página 367.

Igualdade: no verbete "Igualdade/desigualdade" da seção **Conceitos sociológicos**, página 371.

Revolução: na seção **Conceitos sociológicos**, página 375.

Sessão de cinema

Jornada pela liberdade
EUA/Reino Unido, 2006, 117 min. Direção de Michael Apted.

Com base em uma história real, é narrada a luta política do líder de um dos movimentos abolicionistas britânicos. São mostradas as dificuldades de propagação dos ideais liberais que fundamentam a noção de "direitos humanos" em uma sociedade que acreditava que a estabilidade do Império Britânico estava ligada à escravidão.

Democracia em preto e branco
Brasil, 2014, 82 min. Direção de Pedro Asberg.

No ano de 1982, a Ditadura Militar completava 18 anos e a luta pela redemocratização do Brasil embalava o país. A música popular brasileira sofria com a censura, e o clube de futebol Corinthians passava por um período interno turbulento. No meio disso, o *rock* nacional começava a nascer. O filme mostra como a música, o esporte e a política se encontraram para mudar o rumo da história do país.

As sufragistas
Reino Unido, 2015, 107 min. Direção de Sarah Gavron.

No início do século XX, após décadas de manifestações pacíficas, as mulheres ainda não tinham o direito de voto no Reino Unido, sendo ridicularizadas e ignoradas pelos políticos. Inspirado no movimento sufragista, o filme retrata o momento em que um grupo militante decide coordenar atos de insubordinação violenta a fim de chamar a atenção para sua causa.

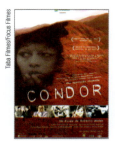

Condor
Brasil, 2007, 103 min. Direção de Roberto Mader.

O filme mostra diversos depoimentos e imagens de arquivo das crises políticas na América do Sul, nos anos de 1960 e 1970. O destaque principal são as ações da chamada Operação Condor, nascida de um acordo entre as polícias secretas dos países do Cone Sul com conhecimento da CIA. Essa operação gerou várias ações violentas dos governos militares contra militantes e representantes da esquerda comunista e socialista da região.

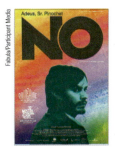

No
Chile, 2012, 112 min. Direção de Pablo Larraín.

No momento em que o povo chileno é chamado para votar em um referendo pela permanência do General Augusto Pinochet no poder, e seu chefe está trabalhando na campanha do "Sim", o publicitário René recebe o convite para integrar a equipe do "Não". Sua missão: criar filmes e materiais promocionais que convençam a maioria do povo chileno a votar "Não", interrompendo dessa forma a ditadura no país.

Construindo seus conhecimentos

MONITORANDO A APRENDIZAGEM

1. Explique com suas palavras o "dilema tocquevilleano" mencionado neste capítulo.

2. Alexis de Tocqueville não foi um revolucionário como Karl Marx. Tampouco tomou como ponto de partida para seus estudos a "luta de classes" ou o sistema capitalista. Embora tenham lançado olhares diferentes sobre a sociedade, esses dois observadores concordavam em alguns aspectos. Este capítulo abordou uma dessas convergências entre eles. Destaque-a e explique-a com suas palavras.

3. Neste capítulo, você conheceu alguns aspectos das democracias francesa e norte-americana que chamaram a atenção de Alexis de Tocqueville. Ele viu a democracia ser instaurada nesses dois contextos sociais com resultados diferentes. Como ele explicou esse fato?

4. Tocqueville ficou muito impressionado com o desenvolvimento da democracia nos Estados Unidos da América, mas advertiu que tanto lá como na França poderiam surgir situações em que as pessoas preferissem abrir mão da liberdade em favor de outro princípio. Você identifica situações desse tipo na democracia brasileira?

DE OLHO NO ENEM

1. (Enem 2009)

    Na democracia estadunidense, os cidadãos são incluídos na sociedade pelo exercício pleno dos direitos políticos e também pela ideia geral de direito de propriedade. Compete ao governo garantir que esse direito não seja violado. Como consequência, mesmo aqueles que possuem uma pequena propriedade sentem-se cidadãos de pleno direito.

    Na tradição política dos EUA, uma forma de incluir socialmente os cidadãos é

    (A) submeter o indivíduo à proteção do governo.

    (B) hierarquizar os indivíduos segundo suas posses.

    (C) estimular a formação de propriedades comunais.

    (D) vincular democracia e possibilidades econômicas individuais.

    (E) defender a obrigação de que todos os indivíduos tenham propriedades.

2. (Enem 2009)

    Na década de 30 do século XIX, Tocqueville escreveu as seguintes linhas a respeito da moralidade nos EUA: "A opinião pública norte-americana é particularmente dura com a falta de moral, pois esta desvia a atenção frente à busca do bem-estar e prejudica a harmonia doméstica, que é tão essencial ao sucesso dos negócios. Nesse sentido, pode-se dizer que ser casto é uma questão de honra".

    TOCQUEVILLE, A. *Democracy in America*. Chicago: Encyclopaedia Britannica, Inc., Great Books 44, 1990 (adaptado).

    Do trecho, infere-se que, para Tocqueville, os norte-americanos do seu tempo

    (A) buscavam o êxito, descurando as virtudes cívicas.

    (B) tinham na vida moral uma garantia de enriquecimento rápido.

    (C) valorizavam um conceito de honra dissociado do comportamento ético.

    (D) relacionavam a conduta moral dos indivíduos com o progresso econômico.

    (E) acreditavam que o comportamento casto perturbava a harmonia doméstica.

3. (Enem 2010)

A política foi, inicialmente, a arte de impedir as pessoas de se ocuparem do que lhes diz respeito. Posteriormente, passou a ser a arte de compelir as pessoas a decidirem sobre aquilo de que nada entendem.

VALÉRY, P. Cademos. Apud BENEVIDES, M. V. M. *A cidadania ativa*. São Paulo: Ática, 1996.

Nessa definição, o autor entende que a história da política está dividida em dois momentos principais: um primeiro, marcado pelo autoritarismo excludente, e um segundo, caracterizado por uma democracia incompleta. Considerando o texto, qual é o elemento comum a esses dois momentos da história política?

(A) A distribuição equilibrada do poder.

(B) O impedimento da participação popular.

(C) O controle das decisões por uma minoria.

(D) A valorização das opiniões mais competentes.

(E) A sistematização dos processos decisórios.

4. (Enem 2011)

TEXTO 1

A ação democrática consiste em todos tomarem parte do processo decisório sobre aquilo que terá consequência na vida de toda coletividade.

GALLO, S. et al. *Ética e cidadania*: caminhos da Filosofia. Campinas: Papirus, 1997 (adaptado).

TEXTO 2

É necessário que haja liberdade de expressão, fiscalização sobre os órgãos governamentais e acesso por parte da população às informações trazidas a público pela imprensa.

Disponível em: <www.observatoriodaimprensa.com.br>. Acesso em: out. 2015.

Partindo da perspectiva de democracia apresentada no Texto 1, os meios de comunicação, de acordo com o Texto 2, assumem um papel relevante na sociedade por

(A) orientarem os cidadãos na compra dos bens necessários à sua sobrevivência e bem-estar.

(B) fornecerem informações que fomentam o debate político na esfera pública.

(C) apresentarem aos cidadãos a versão oficial dos fatos.

(D) propiciarem o entretenimento, aspecto relevante para conscientização política.

(E) promoverem a unidade cultural, por meio das transmissões esportivas.

5. (Enem 1998)

A América Latina dos últimos anos insere-se num processo de democratização, oferecendo algumas oportunidades de crescimento econômico-social num contexto de liberdade e dependência econômica internacional. Cuba continua caracterizada por uma organização própria com restrições à liberdade econômica e política, crescimento em alguns aspectos sociais e um embargo econômico americano datado de 1962. Em 1998, o Papa João Paulo II visitou Cuba e depois disse ao cardeal Jaime Ortega, arcebispo de Havana, e a 13 bispos em visita ao Vaticano que apreciou as mudanças realizadas em Cuba após sua visita à ilha e espera que sejam criados novos espaços legais e sociais, para que a sociedade civil de Cuba possa crescer em autonomia e participação. A resposta internacional ao intercâmbio com Cuba foi boa, mas as autoridades locais mostraram pouco entusiasmo, não estando dispostas a abandonar o sistema socialista monopartidário.

A maioria dos países latino-americanos tem se envolvido, nos últimos anos, em processos de formação socioeconômicos caracterizados por

(A) um processo de democratização à semelhança de Cuba.

(B) restrições legais generalizadas à ação da Igreja no continente.

(C) um processo de desenvolvimento econômico com restrições generalizadas à liberdade política.

(D) excelentes níveis de crescimento econômico.

(E) democratização e oferecimento de algumas oportunidades de crescimento econômico.

6. (Enem 2013)

> Tenho 44 anos e presenciei uma transformação impressionante na condição de homens e mulheres gays nos Estados Unidos. Quando nasci, relações homossexuais eram ilegais em todos os Estados Unidos, menos Illinois. Gays e lésbicas não podiam trabalhar no governo federal. Não havia nenhum político abertamente gay. Alguns homossexuais não assumidos ocupavam posições de poder, mas a tendência era eles tornarem as coisas ainda piores para seus semelhantes.
>
> ROSS, A. Na máquina do tempo. *Época*, ed. 766, 28 jan. 2013.

A dimensão política da transformação sugerida no texto teve como condição necessária a

(A) ampliação da noção de cidadania.

(B) reformulação de concepções religiosas.

(C) manutenção de ideologias conservadoras.

(D) implantação de cotas nas listas partidárias.

(E) alteração da composição étnica da população.

ASSIMILANDO CONCEITOS

1. Considerando que os dois textos a seguir reforçam o mesmo aspecto da experiência política em um contexto democrático, aponte argumentos favoráveis e contrários à participação política, explicitando formas e espaços de participação que você conhece.

TEXTO 1

Quadrinho de Alexandre Beck, de 12 de junho de 2015. Disponível em: <http://tirasarmandinho.tumblr.com/post/121346102594/tirinha-original>. Acesso em: maio 2016.

TEXTO 2

É claro que uma pessoa pode não se preocupar com a Política e os políticos. Trata-se de uma escolha pessoal perfeitamente respeitável. Mas, quando se age assim, deve-se ter consciência das implicações, pois se trata de uma atitude de passividade que sempre favorece a quem, em dado momento, está numa situação de mando dentro da sociedade. [...]

RIBEIRO, João Ubaldo. 3. ed. *Política*: quem manda, por que manda, como manda. Rio de Janeiro: Nova Fronteira, 1998. p. 16.

OLHARES SOBRE A SOCIEDADE

1. Leia o texto a seguir.

> **DELICADEZAS**
>
> Já fomos a três festas de rua desde que chegamos aqui. Uma numa praça ao lado de uma Igreja Ortodoxa Armênia, na Segunda Avenida. Outra ao longo da Terceira Avenida, entre as ruas 14 e 34, vinte quadras de estandes com comidas de todos os tipos, jogos e pequenos palcos para apresentações musicais por amadores. E inventamos de ir num sábado à noite à festa de San Gennaro, na Little Italy. Acabamos não vendo nada, porque a multidão era tamanha que nossa única preocupação era não perder as crianças.
>
> A festa de San Gennaro, santo padroeiro da colônia italiana, é a mais antiga da cidade. Lá você encontra os italianos fazendo na calçada o que eles fazem melhor do que ninguém, comida e barulho.
>
> Pretendemos voltar antes que a festa acabe. Alguns pedaços de pizza e calzones vistos de passagem, enquanto a turba nos carregava, nos chamam de volta. Na festa dos armênios, havia estandes de comida grega e até filipina. A música ia da valsa ao jazz, passando por danças folclóricas armênias e polonesas.
>
> Na Terceira Avenida, a mistura era maior ainda e jovens porto-riquenhos dançavam salsa em frente a estandes de comida chinesa sob o olhar de senhoras italianas sentadas em cadeiras no meio-fio. Na festa dos armênios, o padre, às vezes, saía da igreja e dava uma volta na praça para ver como estavam se comportando seus paroquianos. Quer dizer, precisei vir a Nova York para redescobrir a quermesse.
>
> O Tom Jobim dizia que Nova York é a cidade das grosserias e das delicadezas. Referia-se aos groceries e às delicatessens. Grocery stores são simplesmente armazéns que vendem tudo. Delicatessens vendem tudo e mais alguma coisa. Sanduíches prontos, por exemplo, entre eles monstros como os hero sandwiches – feitos com pão de um metro e cheios de divina porcaria –, e coisas tradicionalmente judias, como o sanduíche de pastrami com pão de centeio. O pastrami é um tipo de carne em conserva, ou curtida, ou coisa parecida. Delicioso. Não sei de onde vem a palavra delicatessen, mas uma tradução bem poderia ser "quebra-galho". Recorremos à delicatessen aqui perto de casa para tudo, até para troco para o ônibus, que só aceita a quantia da passagem contada. As delicatessen costumavam ser todas de judeus, mas isso faz tempo. Essa aqui perto é de uma família de origem misteriosa. Não descobrimos ainda se são hindus ou latino-americanos, e a pronúncia não ajuda. Um dia teremos a revelação: vieram da Paraíba. Tudo é possível em Nova York.
>
> As fronteiras entre Chinatown e Little Italy são difusas.
>
> Os dois bairros se misturam e em certas ruas letreiros em chinês e fachadas de coisas como Luigi's ou a loja maçônica Filhos da Itália se intercalam. Os chineses estão se expandindo. Só os italianos pobres ainda moram na Little Italy. Mas a convivência é pacífica. Em mais de um estande da festa de San Gennaro, além dos pedaços de pizza, havia espetinhos de porco caramelado.
>
> Na Segunda Avenida tem um restaurante que, para mim, define Nova York e sua bendita promiscuidade. "Goldberg's Pizzeria".
>
> Delicadezas. In: *Traçando New York*, de Luis Fernando Verissimo, Artes e ofícios, Porto Alegre © by Luis Fernando Verissimo.

A crônica de Luis Fernando Verissimo nos oferece uma descrição de três atividades culturais de que o cronista participou em Nova York (EUA). De nenhuma das três festas ele diz: "os americanos se comportam assim ou assim…". Menciona porto-riquenhos, italianos, judeus e armênios – estrangeiros como ele próprio.

a) O que você sabe da sociedade norte-americana que explica essa "aglomeração" de identidades étnicas diferentes na mesma cidade? (Se desejar, leia o verbete etnia/raça na seção **Conceitos sociológicos**, ao final do livro.)

b) Esse convívio entre várias etnias, para Tocqueville, era uma característica da democracia norte-americana que às vezes funcionava positivamente, às vezes negativamente. O que você sabe a respeito disso?

EXERCITANDO A IMAGINAÇÃO SOCIOLÓGICA
TEMA DE REDAÇÃO DA FUVEST (2011)

TEXTO 1

A ciência mais imperativa e predominante sobre tudo é a ciência política, pois esta determina quais são as demais ciências que devem ser estudadas na pólis. Nessa medida, a ciência política inclui a finalidade das demais, e, então, essa finalidade deve ser o bem do homem.

Aristóteles. Adaptado.

TEXTO 2

O termo "idiota" aparece em comentários indignados, cada vez mais frequentes no Brasil, como "política é coisa de idiota". O que podemos constatar é que acabou se invertendo o conceito original de idiota, pois a palavra *idiótes*, em grego, significa aquele que só vive a vida privada, que recusa a política, que diz não à política.

Talvez devêssemos retomar esse conceito de idiota como aquele que vive fechado dentro de si e só se interessa pela vida no âmbito pessoal. Sua expressão generalizada é: "Não me meto em política".

Cortella, M. S.; Ribeiro, R. J. *Política*: para não ser idiota. Adaptado.

TEXTO 3

Filhos da época

Somos filhos da época
e a época é política.

Todas as tuas, nossas, vossas coisas
diurnas e noturnas,
são coisas políticas.

Querendo ou não querendo,
teus genes têm um passado político,
tua pele, um matiz político,
teus olhos, um aspecto político.

O que você diz tem ressonância,
o que silencia tem um eco
de um jeito ou de outro, político.
[...]

SZYMBORSKA, Wislawa. *Poemas*.

TEXTO 4

As instituições políticas vigentes (por exemplo, partidos políticos, parlamentos, governos) vivem hoje um processo de abandono ou diminuição do seu papel de criadoras de agenda de questões e opções relevantes e, também, do seu papel de propositoras de doutrinas. O que não significa que se amplia a liberdade de opção individual. Significa apenas que essas funções estão sendo decididamente transferidas das instituições políticas (isto é, eleitas e, em princípio, controladas) para forças essencialmente não políticas, primordialmente as do mercado financeiro e do consumo. A agenda de opções mais importantes dificilmente pode ser construída politicamente nas atuais condições. Assim esvaziada, a política perde interesse.

BAUMAN, Zygmunt. *Em busca da política*. Adaptado.

TEXTO 5

Os textos aqui reproduzidos falam de política, seja para enfatizar sua necessidade, seja para indicar suas limitações e impasses no mundo atual. Reflita sobre esses textos e redija uma dissertação em prosa, na qual você discutirá as ideias neles apresentadas e argumentará de modo a deixar claro seu ponto de vista sobre o tema "Participação política: indispensável ou superada?".

10 As muitas faces do poder

A Garota e suas irmãs prestes a serem levadas para um orfanato, em cena do filme *Tempos modernos*.

Em cena: A garota órfã

Há uma personagem de *Tempos modernos* que até agora não foi apresentada: uma adolescente descalça, vestida pobremente, que aparece pela primeira vez roubando bananas no cais e distribuindo-as entre outras crianças pobres. O entretítulo explica: "A Garota – uma menina do cais que se recusa a passar fome". E a ação começa: descobertas pelo dono da carga de bananas, as crianças e a Garota fogem em disparada. Ela chega ofegante a uma casa pobre onde estão duas meninas menores, e somos informados, sempre pelo entretítulo, de que as três são irmãs e órfãs de mãe. Dali a pouco chega o pai, deprimido porque não consegue emprego. A Garota distribui as bananas, e todos comem alegremente.

Na segunda sequência, enquanto a garota e as irmãs pegam pedaços de madeira no cais, certamente para usá-los como lenha, trabalhadores desempregados protestam em uma rua próxima. Ouvem-se tiros, a Garota se aproxima e vê o pai morto, caído no chão. Sem mãe nem pai, as meninas passarão, então, à responsabilidade do Estado. Dois homens engravatados e um policial vão à casinha das órfãs, examinam papéis e encaminham as duas pequenas para um abrigo de menores. Enquanto isso, mais uma vez, a Garota escapa.

⭐ Apresentando Michel Foucault

O pensador que convidamos para assistir a essas cenas, embora não fosse um sociólogo, marcou o campo das Ciências Sociais com reflexões sobre a relação entre verdade e poder. Seu nome é Michel Foucault.

Para entender a complicada relação entre verdade e poder, Foucault realizou pesquisas sobre temas variados. Um dos pontos em que mais se deteve foi a questão da disciplina. Como homens e mulheres aprendem a se comportar? O que acontece quando não se comportam de acordo com o previsto? Em que tipo de justificativas baseiam-se as regras de comportamento? Em que lugares os ensinamentos sobre o que é socialmente aceitável e não aceitável são transmitidos? Por que e por quem eles são cobrados? Para responder a questões como essas, Foucault investigou a origem e o desenvolvimento de várias instituições de **controle social**, entre elas os abrigos, como aquele para onde as pequenas órfãs de *Tempos modernos* foram enviadas, e as prisões, como aquela de onde Carlitos não queria sair. Seguiremos, portanto, com Michel Foucault, numa visita por algumas instituições de controle e **poder**.

Michel Foucault
(Poitiers, França, 15 de outubro de 1926 – Paris, França, 26 de junho de 1984)

Michel Foucault, c. 1969.

Michel Foucault foi um filósofo, historiador, crítico e ativista político francês que desenvolveu uma teoria e um método de pesquisa próprios, caracterizados por aproximar a História da Filosofia. Seus trabalhos abordam temas diversos, como poder, conhecimento, discurso, sexualidade, loucura.

Foucault foi influenciado pela Filosofia da Ciência francesa, pela Psicologia e pelo Estruturalismo. Já sua atuação política foi determinada, sobretudo, pela desilusão com o comunismo e pelo Movimento de Maio de 1968 na França. Sua experiência pessoal com tratamento psiquiátrico motivou-o a estudar a loucura. Interessava-se pela relação entre poder, conhecimento científico e discurso, e pelas práticas a eles associadas na definição da loucura e no tratamento destinado àqueles classificados como "loucos".

Suas ideias inspiraram tanto críticas quanto apoios fervorosos e influenciaram diversas áreas, como Arte, Filosofia, História, Sociologia, Antropologia e muitas outras. Entre suas obras destacam-se *História da loucura na Idade Clássica* (1961), *As palavras e as coisas* (1966), *Arqueologia do saber* (1969), *Vigiar e punir* (1975), *Microfísica do poder* (1979) e ainda o projeto inacabado *História da sexualidade*, composto de *A vontade de saber* (1976), *O uso dos prazeres* (1984) e *O cuidado de si* (1984).

Curar e adestrar, vigiar e punir

Nos capítulos anteriores, vimos como as transformações trazidas pela Revolução Industrial e pela Revolução Francesa possibilitaram o surgimento de novos hábitos e **valores**, novas estruturas de pensamento e práticas sociais. Michel Foucault também se voltou para esse momento de profunda transformação, em que as instituições sociais do Antigo Regime cederam lugar a sistemas de organização inéditos. Seu interesse se voltou, sobretudo, para as condições responsáveis pelo surgimento de novos saberes – ciências como Biologia, Economia Política, Psiquiatria e a própria Sociologia – e novos dispositivos disciplinares. A influência progressiva desses novos saberes e a multiplicação desses dispositivos por toda a sociedade levaram, segundo ele, à consolidação de um modelo peculiar de organização social: as "**sociedades disciplinares**" dos séculos XIX e XX.

A emergência desse novo formato de arranjo social, com suas lógicas de controle e penalização, constitui o tema central de uma das obras mais conhecidas de Foucault, que tem o sugestivo título *Vigiar e punir: nascimento da prisão*. Nesse livro, ele nos mostra como, a partir dos séculos XVII e XVIII, houve o que chama de um "desbloqueio tecnológico da produtividade do poder". Esse desbloqueio teria resultado no estabelecimento de procedimentos de controle ao mesmo tempo muito mais eficazes e menos dispendiosos. E isso ocorreu não apenas nas prisões mas também em várias outras instituições nas quais a vigilância dos indivíduos é constante e necessária.

Obviamente, já havia mecanismos de disciplina e controle muito antes do surgimento de saberes como a Economia ou a Sociologia. Durante o Antigo Regime, lembra-nos Foucault, havia critérios para identificar os indivíduos que eram capazes de se submeter às normas – os "normais" – e os que, incapazes de respeitá-las, deveriam receber como castigo a exclusão da vida em sociedade.

Nesse grupo dos que eram afastados do convívio com os outros, estavam aqueles considerados "loucos", "maus", "doentes" ou "monstros" – qualquer um, portanto, que apresentasse "desvios de conduta", quer por causa de sua demência, de sua índole, de sua moléstia, quer de sua aparência. Durante a Idade Média, os que fossem considerados "dementes" eram confinados na chamada nau dos insensatos. Todos os criminosos eram condenados à pena de morte, quaisquer tipos de "deformados" eram recolhidos aos mosteiros, e os que sofriam de males físicos eram levados a hospitais que na verdade eram "depósitos de doentes".

Foucault lembra também que foi a partir do século XVIII que se iniciou um processo de organização e classificação científica dos indivíduos, que veio a garantir uma nova forma de disciplinar e controlar a sociedade. Cada "anormalidade" passou a ser identificada em seus mínimos detalhes por um saber específico e a ser encaixada em um complexo quadro de "patologias sociais".

Estamos tão acostumados a depender desses saberes especializados e a conviver com os espaços que lhes são próprios que muitas vezes nos esquecemos de que nem sempre eles existiram. O nascimento da Medicina Clínica e a criação do hospital tal como o conhecemos, por exemplo, são fenômenos historicamente recentes. Foucault toma como exemplo o projeto de criação de hospitais que apareceu na França em fins do século XVIII, em que pela primeira vez foram expostas regras minuciosas de separação dos vários tipos de doentes. O médico – e não mais qualquer "curandeiro" – passou a ser o responsável por essa nova "máquina de curar", que lembrava muito pouco aquele "depósito de doentes" medieval.

Nau dos insensatos

A alegoria, ou representação figurativa, da "nau dos insensatos" surgiu no final da Idade Média e teve uma de suas mais famosas expressões artísticas no quadro, de mesmo nome, de Hieronymus Bosch (de 1490), que nele faz uma profunda crítica aos costumes da época, denunciando a fragilidade dos princípios religiosos e a devassidão presente em todos os grupos sociais, inclusive no clero.

Michel Foucault inspirou-se nessa imagem para escrever a introdução de sua *História da loucura*. Assim como as naus dos insensatos da Idade Média, navios que deslizavam pelos rios e mares com uma carga de loucos e sem rumo definido, o saber psiquiátrico desenvolvido no século XIX seria um mecanismo radical de exclusão, cuja maior expressão seria os manicômios. A alegoria da nau foi tomada por ele como símbolo de uma cultura – a ocidental – marcada pela não aceitação no corpo social daqueles considerados loucos. Se no início da Renascença a nau dos insensatos fazia parte do imaginário coletivo, para Foucault isso expressava o crescente fascínio pela questão da loucura, que, a partir do século XV, passou a ganhar cada vez mais espaço entre as preocupações humanas.

Hieronymus Bosch. *Nau dos insensatos*, c.1490.
Óleo sobre madeira, 58 cm × 33 cm.

Se a Medicina clássica trabalhava com o conceito vago de "saúde" e procurava "eliminar a doença", a Medicina Clínica passou a ter como foco o corpo do doente e como objetivo trazer esse corpo "de volta ao normal". Surgiram então expressões como "temperatura normal", "pulsação normal", "altura e pesos normais". Esse padrão de normalidade passou a ser um parâmetro para toda a sociedade – é claro que há componentes culturais que determinam variações nesse padrão –, e a Medicina ganhou uma dimensão política de controle. Hoje, mais do que nunca, vivemos em função de ter o corpo "normal", de acordo com todos os padrões, índices e prescrições que a Medicina estabelece. Muitas vezes estamos nos sentindo bem e vamos ao médico para um simples exame de rotina. O médico nos examina e diz que há algo errado, algo "que não está normal". Saímos da consulta com uma lista de remédios que supostamente farão nosso corpo voltar à normalidade. Também nos é apresentada uma longa lista de coisas que podemos ou não fazer e de alimentos que podemos ou não ingerir. É certo que nem sempre obedecemos a tudo que nos diz o médico. No entanto, ao fim e ao cabo, acreditamos que a Medicina, como ciência, tem o poder de curar porque tem o poder de saber mais coisas sobre nosso corpo do que nós mesmos.

Um novo olhar sobre a loucura

No livro *História da loucura*, de 1961, Foucault nos convida a questionar as noções tradicionais de sanidade e loucura. Ele defende que a doença mental não existe como uma realidade em si mesma, dizendo que só é considerada doença – ou loucura – o conjunto de práticas legitimadas e reconhecidas como tal dentro de uma sociedade. No Brasil, uma das pessoas mais importantes na crítica ao discurso científico tradicional sobre a loucura foi a psiquiatra Nise da Silveira. Nascida em Maceió, Alagoas, em 1905, Nise ingressou na Faculdade de Medicina de Salvador em 1921, sendo a única mulher de sua turma, bem como uma das primeiras médicas do Brasil. Em 1933, passou no concurso público para o Hospital Pedro II, no Rio de Janeiro. Por discordar dos tratamentos tradicionais, foi transferida para a Seção de Terapia Ocupacional, na qual revolucionou o tratamento clínico dos pacientes ao criar ateliês de pintura e modelagem. Defendendo o fim de tratamentos tradicionais, como o eletrochoque, o uso de drogas e o confinamento clínico, Nise da Silveira revolucionou a maneira de tratar os doentes mentais utilizando técnicas artísticas – pintura e desenho – como terapia. Ela faleceu em 1999, aos 93 anos.

Nise da Silveira, 1995.

A ideia de uma educação que não está a cargo dos pais, e sim do Estado, que é oferecida a todos os cidadãos, que tem um conteúdo comum e necessita do espaço da escola também é fruto das transformações de que fala Foucault. Não por coincidência, a escola organizada de acordo com parâmetros pedagógicos é uma invenção do fim do século XVIII e início do XIX. Acreditamos que a escola tem o poder de ensinar porque tem o poder de saber quais são os comportamentos desejáveis, quais são os conteúdos imprescindíveis e qual é a didática adequada.

> Para Foucault, a escola é uma das "instituições de sequestro", como o hospital, o quartel e a prisão. "São aquelas instituições que retiram compulsoriamente os indivíduos do espaço familiar ou social mais amplo e os internam, durante um período longo, para moldar suas condutas, disciplinar seus comportamentos, formatar aquilo que pensam [...]". Com o advento da Idade Moderna, tais instituições deixam de ser lugares de suplício, com castigos corporais, para se tornarem locais de criação de "corpos dóceis". A docilização do corpo tem uma vantagem social e política sobre o suplício, porque este enfraquece ou destrói os recursos vitais. Já a docilização torna os corpos produtivos.
>
> FERRARI, Márcio. Michel Foucault: um crítico da instituição escolar. *Nova Escola*. Disponível em: <http://revistaescola.abril.com.br/formacao/critico-instituicao-escolar-423110.shtml?page=2>. Acesso em: maio 2016.

O mesmo ocorre com o conjunto das instituições de justiça e punição, que se concretiza nas prisões. O grupo dos "maus" desdobra-se em uma série de subgrupos de "personalidades criminosas", que passam a ser objeto de um saber específico: a Criminologia. A reclusão por tempo determinado no presídio substituiu, na maioria dos países do Ocidente, a morte punitiva.

Foucault nos lembra que, até o século XVIII, a pena de morte era precedida por um detalhado suplício do corpo – torturas, esquartejamentos, queimaduras, enforcamentos – realizado em praça pública para a glória

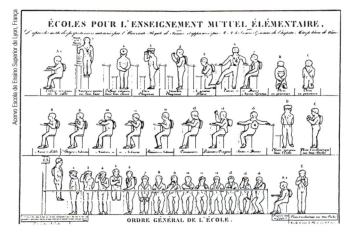

Orientações aos alunos sobre a postura corporal: escola francesa de Port-Mahon. Litografia de Hippolyte Lecomte, 1818.

do soberano. Atualmente, mesmo em um estado como o Texas, nos Estados Unidos, onde vigora a pena de morte, há também uma série de princípios que buscam garantir uma "morte humanizada" para o condenado, sem torturas ou humilhações. Acreditamos que o sistema judiciário tem o poder de vigiar e punir (com a morte, se necessário) porque tem o poder de saber distinguir entre os inocentes e os criminosos.

Foucault fez uma "arqueologia" – uma investigação minuciosa da origem e do desenvolvimento histórico – de todos estes saberes: Medicina Clínica, Psiquiatria, Criminologia etc.; e também se encarregou de formular uma crítica incisiva das práticas disciplinadoras – de controle e adestramento – de cada uma das instituições nas quais esses saberes são praticados e reproduzidos.

Operárias na fabricação de munição, Inglaterra, c. 1915.
Em uma linha de produção, o trabalho é disciplinado, os corpos são adestrados, e tudo é supervisionado por técnicos que conhecem o ritmo adequado ("normal"), o produto de qualidade ("normal") e a produtividade esperada ("normal").

Os corpos dóceis e o saber interessado

As formas de curar, educar e punir não foram as únicas a ter seus princípios alterados na modernidade. Foucault nos mostra como as maneiras de produzir e os lugares da produção também passaram por um processo cuidadoso de especialização e controle. As fábricas, por exemplo, reproduzem a estrutura da prisão ao colocar os indivíduos, separados segundo suas diferentes funções, sob um rígido sistema de vigilância. Lembremo-nos da fábrica de Carlitos: disciplinados e sob o olhar vigilante do capitalista, os operários produzem mais. A indisciplina e o descontrole de Carlitos atrapalham a produção. Ele é levado ao manicômio para aprender a se comportar como os demais e novamente se tornar apto a produzir.

Podemos observar que, ao se voltar para a produção, Foucault não reduz a questão ao aspecto puramente econômico. Mesmo nesse contexto, diferentemente de Marx, ele está interessado não tanto na dominação econômica, mas nas relações de poder que perpassam toda a sociedade. Leia um trecho da entrevista que Foucault concedeu ao brasileiro Alexandre Fontana, na qual resumiu sua posição.

> Para dizer as coisas mais simplesmente: o internamento psiquiátrico, a normalização mental dos indivíduos, as instituições penais têm, sem dúvida, uma importância muito limitada se se procura somente sua significação econômica. Em contrapartida, no funcionamento geral das engrenagens do poder, eles são, sem dúvida, essenciais. Enquanto se colocava a questão do poder subordinando-o à instância econômica e ao sistema de interesse que garantia, se dava pouca importância a estes problemas.
>
> Michel Foucault. *Microfísica do poder*. Rio de Janeiro: Graal, 1979. p. 6.

O que Foucault disse exatamente? Em primeiro lugar, que não podemos entender as relações de poder reduzindo-as a sua dimensão econômica ou à esfera do Estado. Para ele, as estruturas de poder extrapolam o Estado e permeiam, ainda que de forma difusa e pouco evidente, as diversas práticas sociais cotidianas. Ouvimos dizer que os governantes detêm o poder. Sim, mas apenas até certo ponto. Governantes não têm o poder, por exemplo, de determinar qual será a nova moda que mobilizará os jovens e fará circular uma quantidade incalculável de dinheiro no próximo inverno. Será, então, que são os ricos que detêm o poder? Os ricos certamente têm muito poder, mas não todo o poder. Nem eles, nem ninguém. Ninguém é titular do poder, porque ele se espalha em várias direções, em diferentes instituições, na rua e na residência, no mundo público e nas relações afetivas.

Em segundo lugar, Foucault insiste em uma ideia característica de toda sua obra e que vimos destacando até aqui: há uma forte correlação entre saber e poder. Instituições como a escola, o hospital, a prisão, o abrigo para menores etc. nem são politicamente neutras, nem estão simplesmente a serviço do bem geral da sociedade. Nós é que julgamos que elas são neutras, legítimas e eficazes porque acreditamos na neutralidade, na legitimidade e na eficácia dos saberes científicos – como a Pedagogia, a Medicina, o Direito, o Serviço Social – que lhes dão sustentação. Foucault nos ajuda a perceber, portanto, que há relações de poder onde elas não eram normalmente percebidas. O conhecimento não é uma entidade neutra e abstrata; ele expressa uma vontade de poder. Se a ciência moderna se apresenta como um discurso objetivo, acima das crenças particulares e das preferências políticas, alheio aos preconceitos, na prática, ela ajuda a tornar os "corpos dóceis", para usar outra de suas expressões.

"Se o poder fosse somente repressivo, se não fizesse outra coisa a não ser dizer não", provoca Foucault, "você acredita que seria obedecido?". Por meio de perguntas como esta, ele nos leva a refletir sobre os mecanismos de manutenção, aceitação e reprodução do poder. O poder, tal como Foucault o concebe, não equivale à dominação, à soberania ou à lei. É um poder aceito porque está associado ao conceito de verdade: "Somos submetidos pelo poder à produção da verdade e só podemos exercer o poder mediante a produção da verdade", afirma ele. Estamos acostumados a pensar a verdade como independente do poder porque acreditamos que ela de nada depende, é única e absoluta. Desse modo, temos dificuldade em aceitar a ideia de que o "verdadeiro" é "apenas" aquilo que os próprios seres humanos definem como tal. Para Foucault, é a crença nessa verdade que independe das decisões humanas que nos autoriza a julgar, condenar, classificar, reprimir e coagir uns aos outros.

Indivíduos e populações

Em seus últimos escritos, Foucault dedicou-se a examinar como o poder, surgido no século XVIII e fundamentado no conceito de disciplina, foi se sofisticando e adquirindo contornos ainda mais complexos no decorrer do século XX. Ao poder disciplinar veio somar-se o que ele chamou de "**biopoder**". Enquanto o primeiro tem como alvo o corpo de cada indivíduo, o biopoder dirige-se à massa, ao conjunto da população e a seu hábitat – a metrópole, sobretudo. Isso ocorre porque o processo de especialização, deflagrado com a divisão do trabalho, exige cada vez mais que a população como um todo seja racionalmente classificada, educada e controlada para, então, ser transformada em força produtiva. O objeto do biopoder são fenômenos coletivos, como os processos de natalidade, longevidade e mortalidade, que são medidos e controlados por meio de novos dispositivos, como os censos e as estatísticas.

O biopoder mede, calcula, prevê e por fim estabelece, por exemplo, que é preciso diminuir a taxa de natalidade de determinado país. Como alcançar tal objetivo? Controlando o número de nascimentos, ou seja, intervindo diretamente na vida do conjunto da população. Isso não precisa ser feito por meio de uma lei específica e punitiva, como na China. O processo de controle não depende necessariamente da repressão direta do Estado. Muitas outras instâncias de poder podem ser mobilizadas, como as instituições de educação e de saúde ou os meios de comunicação de massa. Essas instâncias passam a produzir discursos sobre as desvantagens da

Pessoas se exercitando em academia na cidade de Londres (Inglaterra), 2016.

maternidade precoce ou as dificuldades enfrentadas por famílias muito numerosas, e o fato é que nós, como população, somos afetados por essas ideias. Introjetamos esses discursos como verdades absolutas, e não como convenções históricas e socialmente estabelecidas. Mas não custa lembrar, por exemplo, que para muitas pessoas que vivem em contextos rurais ter uma família numerosa é desejável, porque a mão de obra mobilizada na produção é de base familiar. Ou que nem sempre ter filhos aos 15 anos foi algo visto com maus olhos. Durante o longo período em que a expectativa de vida não chegava a ultrapassar 50 anos, era desejável que as jovens começassem a procriar tão logo ocorresse a primeira menstruação.

Além das políticas de controle da natalidade, as políticas de habitação social ou de higiene pública são exemplos do biopoder, que é acionado para garantir a resolução e o controle dos problemas da coletividade. Nem sempre, porém, tais políticas surtem o efeito desejado.

❙❙ Revolta da Vacina

Um dos episódios mais polêmicos do início do Período Republicano no Brasil pode nos ajudar a refletir sobre o conceito de biopoder e as formas de controle que ele articula. Em 1904, o Rio de Janeiro começava a passar pelo processo de reformas urbanas, levado a cabo pelo então prefeito, Pereira Passos, mas ainda conservava muito da estrutura colonial que o governo buscava eliminar. Ruas estreitas, pessoas amontoadas em cortiços e noções de higiene precárias compunham a paisagem carioca. Tuberculose, sarampo, tifo e hanseníases faziam parte do cotidiano de muitos cidadãos, que sofriam principalmente com grandes epidemias de febre amarela, varíola e peste bubônica.

Foi diante desse quadro que Oswaldo Cruz, médico sanitarista convocado pelo presidente, Rodrigues Alves, para higienizar a cidade e a população carioca, tomou algumas medidas para conter doenças. Era preciso sa-

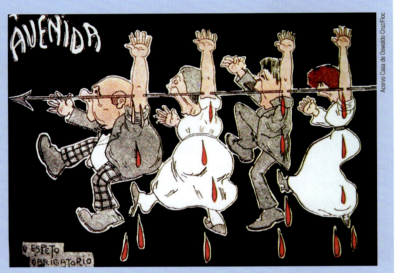

O espeto obrigatório, charge publicada no periódico *A Avenida*, out. 1904.

near para modernizar. Entre as muitas propostas apresentadas pelo médico, uma causou especial polêmica: a da vacinação obrigatória, que se tornou lei em 31 de outubro de 1904. De acordo com a lei, brigadas sanitárias, acompanhadas de policiais, deveriam entrar nas casas para aplicar, de bom grado ou à força, a vacina contra a varíola em toda a população.

Grande parte da população e setores da oposição se revoltaram contra o autoritarismo da medida. Lojas foram saqueadas, bondes depredados, lampiões quebrados: era a Revolta da Vacina, uma reação violenta ao disciplinamento sanitário imposto pelo governo à população, legitimado pela posse de um saber – o higienismo – aplicado como forma de controle em nome do ideal de modernidade. A reação popular levou à suspensão da obrigatoriedade da vacina e à declaração do estado de sítio por parte do governo. A rebelião terminou em dez dias, deixando cinquenta mortos e mais de cem feridos, além de centenas de presos. Pouco depois, o processo de vacinação foi reiniciado; e a varíola, rapidamente erradicada da capital da República.

O poder da resistência

Vimos que Carlitos e a Garota órfã são, em grande medida, "personagens indisciplinados".

Os dois **resistem** a muitas convenções e estão à margem da sociedade. Mas isso não quer dizer que não estejam inseridos, não façam parte dos jogos de poder e controle de que fala Foucault. Apesar de socialmente inadequados em tantos aspectos, eles também introjetam os valores de sua sociedade e, como veremos, aspiram a viver de maneira "civilizada".

Na imagem a seguir podemos ver nosso convidado, Michel Foucault, no passeio público usando um megafone. O que ele estaria fazendo ali? O que estaria dizendo?

Filósofos Michel Foucault e Jean-Paul Sartre durante protesto em tributo à morte do operário Pierre Overney na greve de uma fábrica automobilística, 1972.
A fotografia nos mostra o "Foucault ativista" fazendo aquilo que ele considerava uma possibilidade de enfrentamento do poder no cotidiano. Em seus escritos mais tardios, ele enfatizou o papel do indivíduo e das coletividades nas lutas para transformar as estruturas de poder vigentes. O modo pelo qual essas lutas de resistência ocorriam conferia aos pequenos e múltiplos movimentos de contestação — que correm à margem dos partidos políticos e de outras ações institucionalizadas — papel decisivo na vida política contemporânea.

◀◀ Recapitulando

O olhar dos cientistas sociais pode se voltar para muitas direções. No capítulo anterior vimos Tocqueville interessado no tema da liberdade. Neste, tomamos contato com Michel Foucault, um observador da sociedade que desvendou as minúcias da disciplina e do controle social.

As mudanças trazidas pelos tempos modernos foram, sem dúvida alguma, de ordem econômica e política. Nesses domínios, já estamos acostumados a operar com a noção de poder. Foucault, no entanto, foi além. Buscou em outras instituições modernas os mecanismos por meio dos quais o poder é exercido. A Medicina, a Pedagogia, a Criminologia, a Engenharia etc. serviram-lhe como pistas. É curioso constatar que esses saberes são chamados de "disciplinas". O que eles disciplinam? Eles constroem padrões de normalidade que circulam pela sociedade como um todo. Ao classificar o que é normal e o que é anormal, eles se valem da noção de verdade. Os especialistas se tornaram autoridades e por isso exercem o poder dizendo-nos o que fazer. É difícil resistir, porque acreditamos em suas verdades. Foucault entendia que o poder é um conceito muito mais amplo do que parece. Não diz respeito apenas à enunciação explícita de uma regra ou lei a que devemos obedecer, já que há comandos aos quais obedecemos sem perceber. Ele também nos lembra que o poder circula em várias direções na estrutura social. No Período Pré-Moderno não havia "sociedades disciplinares". Aqueles que fossem considerados anormais eram banidos do convívio social. A sociedade moderna incorporou esses indivíduos, mas confinou-os em espaços nos quais podiam ser controlados de perto. Desse modo, surgiram os hospitais, os abrigos e muitas outras instituições disciplinadoras, como orfanatos, escolas e fábricas.

Foucault quis nos fazer entender que o poder se espalha por diferentes domínios sociais, atua nos indivíduos e também nas massas. O biopoder, por exemplo, é exercido toda vez que, com base na voz dos especialistas, é feito um controle do comportamento da coletividade. Ele não se preocupou em dizer se esse controle é positivo ou negativo. Interessou-se pelo processo que levou as pessoas a depositar confiança nessas vozes especializadas e pela maneira com a qual isso alterou o desenho das sociedades.

Aprendemos com Foucault que o poder nos impele a agir e, quando o fazemos, é em conformidade com o poder. Para nosso convidado, o poder seria parecido com uma rede, na qual figuramos, em alguns momentos, como indivíduos sujeitados pelo poder e, em outros, somos sujeitos de poder em nossas relações com os outros.

Se o poder está em toda parte e se nós o vivenciamos, como seria possível enfrentá-lo? Por meio de uma revolução ou da tomada de poder? De acordo com Foucault, não. Se o poder não tem "quartel-general", seu enfrentamento não advém de outro "quartel-general antagônico". Os indivíduos podem, por meio de lutas pontuais de resistência e da crítica, tornar-se mais livres e emancipados dos poderes disciplinares. Essas lutas seriam permanentes e sem vitória final. Muitos viram nas reflexões de Foucault sobre o poder a inspiração para diversas frentes de luta de emancipação e para o surgimento de vários movimentos de transformação social no final do século passado, como o pacifismo, o ambientalismo, o feminismo, o grupo LGBT, as minorias étnicas etc.

Leitura complementar

O panóptico

O Panóptico de Bentham [...] é conhecido: na periferia, uma construção em anel; no centro, uma torre; esta é vazada de largas janelas que se abrem sobre a face interna do anel; a construção periférica é dividida em celas, cada uma atravessando toda a espessura da construção; elas têm duas janelas, uma para o interior correspondendo às janelas da torre; outra, que dá para o exterior, permite que a luz atravesse a cela de lado a lado. Basta então colocar um vigia na torre central, e em cada cela trancar um louco, um doente, um condenado, um operário ou um escolar. Pelo efeito da contraluz, pode-se perceber da torre, recortando-se exatamente sobre a claridade, as pequenas silhuetas cativas nas celas da periferia. Tantas jaulas, tantos pequenos teatros, em que cada ator está sozinho, perfeitamente individualizado e constantemente visível. O dispositivo panóptico organiza unidades espaciais que permitem ver sem parar e reconhecer imediatamente. Em suma, o princípio da masmorra é invertido; ou antes, de suas três funções – trancar, privar de luz e esconder – só se conserva a primeira e suprimem-se as outras duas. A plena luz e o olhar de um vigia captam melhor do que a sombra, que finalmente protegia. A visibilidade é uma armadilha. [...]

Daí o efeito mais importante do Panóptico: induzir no detento um estado consciente e permanente de visibilidade que assegura o funcionamento automático do poder. Fazer com que a vigilância seja permanente em seus efeitos, mesmo se é descontínua em sua ação; que a perfeição do poder tenda a tornar inútil a atualidade de seu exercício; que esse aparelho arquitetural seja uma máquina de criar e sustentar uma relação de poder independente daquele que o exerce; enfim, que os detentos se encontrem presos numa situação de poder de que eles mesmos são os portadores. Para isso, é ao mesmo tempo excessivo e muito pouco que o prisioneiro seja observado sem cessar por um vigia: muito pouco, pois o essencial é que ele se saiba vigiado; excessivo, porque ele não tem necessidade de sê-lo efetivamente. Por isso Bentham colocou o princípio de que o poder devia ser visível e inverificável. Visível: sem cessar o detento terá diante dos olhos a alta silhueta da torre central de onde é espionado. Inverificável: o detento nunca deve saber se está sendo observado; mas deve ter certeza de que sempre pode sê-lo. Para tornar indecidível a presença ou ausência do vigia, para que os prisioneiros, de suas celas, não pudessem nem perceber uma sombra ou enxergar uma contraluz, previu Bentham, não só persianas nas janelas da sala central de vigia, mas, por dentro, separações que a cortam em ângulo reto e, para passar de um quarto a outro, não portas, mas biombos: pois a menor batida, a luz entrevista, uma claridade numa abertura trairiam a presença do guardião. O Panóptico é uma máquina de dissociar o par ver-ser visto: no anel periférico, se é totalmente visto, sem nunca ver; na torre central, vê-se tudo, sem nunca ser visto.

FOUCAULT, Michel. *Vigiar e punir*: nascimento da prisão. 34. ed. Petrópolis: Vozes, 2007. p. 165-167.

Penitenciária Estadual de Illinois em forma de panóptico. Stateville, Illinois (Estados Unidos), 2012.

Sala de monitoramento do Centro de Operações da Polícia Militar (Copom) na cidade de São Paulo (SP), 2015.

Panópticos espalhados nas cidades, representados pelas tecnologias informacionais de monitoramento, rastreamento e segurança: "Ver, sem jamais ser visto".

Fique atento!

Definição dos conceitos sociológicos estudados neste capítulo.

Biopoder: na página 153.

Controle social: na seção **Conceitos sociológicos**, página 366.

Poder: na seção **Conceitos sociológicos**, página 374.

Resistência: na página 154.

Sociedade disciplinar: na página 149.

Valores: na seção **Conceitos sociológicos**, página 377.

Sessão de cinema

Juízo

Brasil, 2007, 90 min. Direção de Maria Augusta Ramos.

A trajetória de jovens pobres infratores com menos de 18 anos é acompanhada desde o instante da prisão até o julgamento.

Sem pena

Brasil, 2014, 83 min. Direção de Eugenio Puppo.

Nenhuma população carcerária cresce como a brasileira, que já é a quarta maior do mundo. O filme mostra a precária vida nas prisões do país e os medos, preconceitos e equívocos que cercam o tema.

Nise – O coração da loucura

Brasil, 2016, 108 min. Direção de Roberto Berliner.

Nise da Silveira propõe uma nova forma de tratamento aos pacientes que sofrem de esquizofrenia: eliminar o eletrochoque e a lobotomia. Os colegas de trabalho discordam de seu meio de tratamento e a isolam, restando a ela assumir o abandonado Setor de Terapia Ocupacional, em que dá início a uma nova forma de lidar com os pacientes por meio do amor e da arte.

Construindo seus conhecimentos

MONITORANDO A APRENDIZAGEM

1. O interesse de Michel Foucault, como observador do mundo social, era estudar como o poder se configura nas sociedades modernas. Com base nas informações deste capítulo, defina "sociedade disciplinar".

2. De que forma a institucionalização dos saberes especializados contribuiu para alterar a distribuição do poder nas sociedades modernas, segundo Foucault?

3. O que diferencia as sociedades pré-modernas das sociedades modernas no que diz respeito ao tratamento dado às pessoas consideradas "anormais"?

4. Os observadores da sociedade podem produzir diferentes interpretações sobre o mesmo fenômeno social. Karl Marx e Michel Foucault, por exemplo, observaram a distribuição do poder nas sociedades modernas. Com base nas informações deste capítulo, aponte as divergências entre esses dois autores sobre a "questão sociológica" do poder.

5. Citando exemplos do dia a dia explique o que é o "biopoder" na definição de Foucault.

DE OLHO NO ENEM

1. (Enem 2010)

> A lei não nasce da natureza, junto das fontes frequentadas pelos primeiros pastores; a lei nasce das batalhas reais, das vitórias, dos massacres, das conquistas que têm sua data e seus heróis de horror: a lei nasce das cidades incendiadas, das terras devastadas; ela nasce com os famosos inocentes que agonizam no dia que está amanhecendo.
>
> FOUCAULT, M. Aula de 14 de janeiro de 1976. In: *Em defesa da sociedade*. São Paulo: Martins Fontes, 1999.

O filósofo Michel Foucault (séc. XX) inova ao pensar a política e a lei em relação ao poder e à organização social. Com base na reflexão de Foucault, a finalidade das leis na organização das sociedades modernas é

(A) combater ações violentas na guerra entre as nações.
(B) coagir e servir para refrear a agressividade humana.
(C) criar limites entre a guerra e a paz praticadas entre os indivíduos de uma mesma nação.
(D) estabelecer princípios éticos que regulamentam as ações bélicas entre países inimigos.
(E) organizar as relações de poder na sociedade e entre os Estados.

2. (Enem 2008)

> William James Herschel, coletor do governo inglês, iniciou na Índia seus estudos sobre as impressões digitais ao tomar as impressões digitais dos nativos nos contratos que firmavam com o governo. Essas impressões serviam de assinatura. Aplicou-as, então, aos registros de falecimentos e usou esse processo nas prisões inglesas, na Índia, para reconhecimento dos fugitivos. Henry Faulds, outro inglês, médico de hospital em Tóquio, contribuiu para o estudo da datiloscopia. Examinando impressões digitais em peças de cerâmica pré-histórica japonesa, previu a possibilidade de se descobrir um criminoso pela identificação das linhas papilares e preconizou uma técnica para a tomada de impressões digitais, utilizando-se de uma placa de estanho e de tinta de imprensa.
>
> Disponível em: <www.fo.usp.br> (com adaptações).

Que tipo de relação orientava os esforços que levaram à descoberta das impressões digitais pelos ingleses e, posteriormente, à sua utilização nos dois países asiáticos?

(A) De fraternidade, já que ambos visavam aos mesmos fins, ou seja, autenticar contratos.

(B) De dominação, já que os nativos puderam identificar os ingleses falecidos com mais facilidade.

(C) De controle cultural, já que Faulds usou a técnica para libertar os detidos nas prisões japonesas.

(D) De colonizador-colonizado, já que, na Índia, a invenção foi usada em favor dos interesses da coroa inglesa.

(E) De médico-paciente, já que Faulds trabalhava em um hospital de Tóquio.

3. (Enem 2011)

A imagem representa as manifestações nas ruas da cidade do Rio de Janeiro, na primeira década do século XX, que integraram a Revolta da Vacina. Considerando o contexto político-social da época, essa revolta revela

(A) a insatisfação da população com os benefícios de uma modernização urbana autoritária.

(B) a consciência da população pobre sobre a necessidade de vacinação para a erradicação das epidemias.

(C) a garantia do processo democrático instaurado com a República, através da defesa da liberdade de expressão da população.

(D) o planejamento do governo republicano na área de saúde, que abrangia a população em geral.

(E) o apoio ao governo republicano pela atitude de vacinar toda a população em vez de privilegiar a elite.

Charge publicada em 1904 sobre a rebelião popular conhecida como Revolta da Vacina, contra a vacinação antivariola obrigatória, instituída pelo médico Oswaldo Cruz.

4. (Enem 2011)

> O edifício é circular. Os apartamentos dos prisioneiros ocupam a circunferência. Você pode chamá-los, se quiser, de *celas*. O apartamento do inspetor ocupa o centro; você pode chamá-lo, se quiser, de *alojamento do inspetor*. A moral reformada; a saúde preservada; a indústria revigorada; a instrução difundida; os encargos públicos aliviados; a economia assentada, como deve ser, sobre uma rocha; o nó górdio da Lei sobre os Pobres não cortado, mas desfeito – tudo por uma simples ideia de arquitetura!
>
> BENTHAM, L. *O panóptico*. Belo Horizonte: Autêntica, 2008.

Essa é a proposta de um sistema conhecido como panóptico, um modelo que mostra o poder da disciplina nas sociedades contemporâneas, exercido preferencialmente por mecanismos

(A) religiosos, que se constituem como um olho divino controlador que tudo vê.

(B) ideológicos, que estabelecem limites pela alienação, impedindo a visão da dominação sofrida.

(C) repressivos, que perpetuam as relações de dominação entre homens por meio da tortura física.

(D) sutis, que adestram os corpos no espaço-tempo por meio do olhar como instrumento de controle.

(E) consensuais, que pactuam acordo com base na compreensão dos benefícios gerais de se ter as próprias ações controladas.

ASSIMILANDO CONCEITOS

1. Você já viu uma placa como esta?

   a) Em que tipo de lugar ela é usada? Por quê?

   b) Ao refletir sobre o controle social em nossa sociedade, com base na observação desta imagem, o que você pode concluir?

OLHARES SOBRE A SOCIEDADE

[...] Winston Smith [...] passou depressa pelas portas de vidro das Mansões Victory [...].

O vestíbulo cheirava a repolho cozido e a velhos capachos de pano trançado. Numa das extremidades, um pôster colorido, grande demais para ambientes fechados, estava pregado na parede. Mostrava simplesmente um rosto enorme, com mais de um metro de largura: o rosto de um homem de uns quarenta e cinco anos, de bigodão preto e feições rudemente agradáveis. Winston avançou para a escada [...]. O apartamento ficava no sétimo andar e Winston, com seus trinta e nove anos e sua úlcera varicosa acima do tornozelo direito, subiu devagar, parando para descansar várias vezes durante o trajeto. Em todos os patamares, [...] o pôster com o rosto enorme fitava-o da parede. Era uma dessas pinturas realizadas de modo a que os olhos o acompanhem sempre que você se move. O GRANDE IRMÃO ESTÁ DE OLHO EM VOCÊ, dizia o letreiro, embaixo.

No interior do apartamento, uma voz agradável lia alto uma relação de cifras que de alguma forma dizia respeito à produção de ferro-gusa. A voz saía de uma placa oblonga de metal semelhante a um espelho fosco, integrada à superfície da parede da direita. Winston girou um interruptor e a voz diminuiu um pouco, embora as palavras continuassem inteligíveis. O volume do instrumento (chamava-se teletela) podia ser regulado, mas não havia como desligá-lo completamente. Winston foi para junto da janela [...].

[...] Lá embaixo, na rua, [...] a impressão que se tinha era de que não havia cor em coisa alguma a não ser nos pôsteres colados por toda parte. Não havia lugar de destaque que não ostentasse aquele rosto de bigode negro a olhar para baixo. Na fachada da casa logo do outro lado da rua, via-se um deles. O GRANDE IRMÃO ESTÁ DE OLHO EM VOCÊ, dizia o letreiro, enquanto os olhos escuros pareciam perfurar os de Winston. Embaixo, no nível da rua, outro pôster, esse com um dos cantos rasgado [...]. Ao longe, um helicóptero, voando baixo sobre os telhados, pairou um instante como uma libélula e voltou a afastar-se a grande velocidade, fazendo uma curva. Era a patrulha policial, bisbilhotando pelas janelas das pessoas. As patrulhas, contudo, não eram um problema. O único problema era a Polícia das Ideias.

Por trás de Winston, a voz da teletela continuava sua lenga-lenga infinita [...]. Todo som produzido por Winston que ultrapassasse o nível de um sussurro muito discreto seria captado por ela; mais: enquanto Winston permanecesse no campo de visão [...], além de ouvido também poderia ser visto. Claro, não havia como saber se você estava sendo observado num momento específico. Tentar adivinhar o sistema utilizado pela Polícia das Ideias para conectar-se a cada aparelho individual ou a frequência com que o fazia não passava de especulação. Era possível inclusive que ela controlasse todo mundo o tempo todo. Fosse como fosse, uma coisa era certa: tinha meios de conectar-se a seu aparelho sempre que quisesse. Você era obrigado a viver – e vivia, em decorrência do hábito transformado em instinto – acreditando que todo som que fizesse seria ouvido e, se a escuridão não fosse completa, todo movimento examinado meticulosamente.

ORWELL, George. *1984*. São Paulo: Companhia das Letras, 2009. p. 11-13.

1. O fragmento em destaque foi extraído de um dos livros mais conhecidos da literatura do século XX – *1984* –, publicado pela primeira vez em 1949. Seu autor foi Eric Arthur Blair (1903-1950), um inglês de Motihari – cidade da Índia sob o domínio da Grã-Bretanha. Eric, que adotava o pseudônimo George Orwell, também escreveu *A revolução dos bichos* (1945).

   A história se passa no futuro: o ano de 1984. Winston Smith, personagem principal, vivia em um Estado permanentemente vigiado pelo Grande Irmão – em inglês Big Brother –, que personificava um poder cínico e cruel. Nessa distopia*, o principal objetivo do Partido que governava era o "poder pelo poder", ou seja, o poder puro e nada mais que isso.

   Como o livro foi lançado durante a Guerra Fria e pouco depois do fim da Segunda Guerra Mundial, seus primeiros leitores associaram a trama ao totalitarismo nazifascista e soviético. Contudo, o leitor dos dias de hoje pode encontrar ali uma ficção que convida à reflexão sobre os excessos de qualquer tipo de poder considerado incontestável.

Com *1984*, George Orwell lançou um olhar sobre o poder, assim como Michael Foucault em *Vigiar e punir*. Com base no que você aprendeu sobre a pesquisa de Foucault, estabeleça comparações entre as duas representações de poder.

*Distopia: lugar ou estado imaginário em que se vive em condições de extrema opressão, desespero ou privação (o oposto de utopia).

EXERCITANDO A IMAGINAÇÃO SOCIOLÓGICA
TEMA DE REDAÇÃO DO ENEM (2011)

Com base na leitura dos textos motivadores seguintes e nos conhecimentos construídos ao longo de sua formação, redija texto dissertativo-argumentativo em norma-padrão da língua portuguesa sobre o tema VIVER EM REDE NO SÉCULO XXI: OS LIMITES ENTRE O PÚBLICO E O PRIVADO, apresentando proposta de conscientização social que respeite os direitos humanos. Selecione, organize e relacione, de forma coerente e coesa, argumentos e fatos para defesa de seu ponto de vista.

LIBERDADE SEM FIO

A ONU acaba de declarar o acesso à rede um direito fundamental do ser humano – assim como saúde, moradia e educação. No mundo todo, pessoas começam a abrir seus sinais privados de *wi-fi*, organizações e governos se mobilizam para expandir a rede para espaços públicos e regiões aonde ela ainda não chega, com acesso livre e gratuito.

ROSA, G.; SANTOS, P. *Galileu*, n. 240, jul. 2011 (fragmento).

A INTERNET TEM OUVIDOS E MEMÓRIA

Uma pesquisa da consultoria Forrester Research revela que, nos Estados Unidos, a população já passou mais tempo conectada à internet do que em frente à televisão. Os hábitos estão mudando. No Brasil, as pessoas já gastam cerca de 20% de seu tempo *on-line* em redes sociais. A grande maioria dos internautas (72%, de acordo com o Ibope Mídia) pretende criar, acessar e manter um perfil em rede. "Faz parte da própria socialização do indivíduo do século XXI estar numa rede social. Não estar equivale a não ter uma identidade ou um número de telefone no passado", acredita Alessandro Barbosa Lima, CEO da e.Life, empresa de monitoração e análise de mídias.

As redes sociais são ótimas para disseminar ideias, tornar alguém popular e também arruinar reputações. Um dos maiores desafios dos usuários de internet é saber ponderar o que se publica nela. Especialistas recomendam que não se deve publicar o que não se fala em público, pois a internet é um ambiente social e, ao contrário do que se pensa, a rede não acoberta anonimato, uma vez que mesmo quem se esconde atrás de um pseudônimo pode ser rastreado e identificado. Aqueles que, por impulso, se exaltam e cometem gafes podem pagar caro.

Disponível em: <www.terra.com.br>. Acesso em: 30 jun. 2011 (adaptado).

11 Sonhos de civilização

Carlitos sonha com uma vida melhor, em cena do filme *Tempos modernos*.

Em cena: Lar, doce lar

Depois de deixar a cadeia a contragosto, munido de uma carta de recomendação do diretor, Carlitos arranja emprego em um estaleiro, mas a experiência acaba rapidamente e de maneira desastrada. "Decidido a voltar para a prisão", como informa o entretítulo, ele sai andando pela rua. A seu lado, a Garota, sozinha e faminta, fugindo das autoridades que queriam levá-la para um abrigo de menores, também vaga sem destino. Ao passar diante de uma padaria, ela rouba um pão, sai correndo, por acaso esbarra em Carlitos e o derruba. Ao perceber que a Garota seria presa pelo furto do pão, Carlitos diz ao guarda: "Não foi ela! Quem roubou o pão fui eu!". Mas o ato solidário – e também interessado – de Carlitos logo é desmentido por uma mulher bem-vestida que presenciou o furto e diz, com expressão malvada: "Foi a menina, não o homem". Diante da acusação da testemunha, a Garota é presa.

Acontece que Carlitos está realmente decidido a voltar para a cadeia. E as cenas seguintes o mostram em suas tentativas hilárias de alcançar seu objetivo. Depois de se fartar em um restaurante sem pagar a conta e surrupiar charutos e balas, que distribui entre crianças que passam, consegue, por fim, ser preso. Mais uma vez por obra do acaso, ele e a Garota se encontram no camburão, que acaba despejando os dois porta afora ao desviar de outro carro. "Esta é sua chance de escapar!", diz Carlitos encorajando a mocinha, que sai correndo. Chamado agora por ela, ele muda de

162 ▶▶ Parte II – A Sociologia vai ao cinema

ideia em relação a voltar para a prisão, alcança-a e fogem juntos. Ao passar diante de uma casa, sentam-se no chão e começam a conversar. A porta da casa se abre, uma mulher saltitante sai e se despede do marido, que vai trabalhar. Carlitos suspira e diz para a amiga: "Você consegue nos imaginar vivendo numa casinha assim?".

A cena seguinte é um devaneio de Carlitos e da Garota em torno do lar perfeito, habitado por ele e pela Garota, já vestida como dona de casa. No lar encantado, algo como um Éden moderno, misturam-se o melhor da natureza e o melhor da civilização. Um pé carregado de laranjas cresce ao lado da janela, cachos de uvas pendem na porta da cozinha, diante da qual passa uma vaca que fornece leite fresco. Cercada de eletrodomésticos, a Garota prepara um bife num fogão moderno. Na vida real, sentada na calçada, ela lambe os lábios, com fome. "Eu conseguirei! Nós teremos uma casa, nem que eu tenha de trabalhar para isso!", promete Carlitos com um entusiasmo que contagia a amiga. Trazidos, porém, à realidade por um policial que passa, os dois fugitivos se afastam rapidamente.

★ Apresentando Norbert Elias

Um novo pensador nos ajudará a interpretar o sonho de Carlitos e sua amiga mostrando que caminhos foram percorridos até que se estabelecesse o modelo de família, privacidade e convivência social conhecido no Ocidente. Esse pensador é o sociólogo alemão Norbert Elias.

Tendo vivido a maior parte de sua vida no século XX, Elias escreveu sobre temas importantes e variados, como **cultura**, civilização ocidental, sociedade de corte e formação dos Estados Nacionais. Também escreveu um livro sobre seus conterrâneos, os alemães. Com o mesmo interesse, debruçou-se sobre Wolfgang Amadeus Mozart, músico famoso e genial do século XVIII. Em todos os estudos e escritos de Norbert Elias predomina uma convicção: que as manifestações culturais, artísticas, culinárias, as maneiras de lidar com o sofrimento e com a alegria, tudo isso revela muito sobre as sociedades.

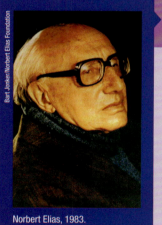

Norbert Elias
(Breslau, Alemanha, 22 de junho de 1897 – Amsterdã, Holanda, 1º de agosto de 1990)

Ainda que sua obra só tenha recebido atenção a partir da década de 1970, Norbert Elias é hoje considerado um dos mais importantes pensadores do século XX.

Com base em um intenso diálogo com a história da cultura, Elias situa os diferentes padrões de relações sociais em seus devidos contextos históricos e culturais. Assim como Simmel, enfatiza a importância das interações. Para ele, a vida em sociedade é composta de padrões gerados nas interações entre indivíduos ligados por uma relação de interdependência.

Seu livro *O processo civilizador* (1939) foi ignorado até ser traduzido para o inglês, em 1969, e hoje é um grande clássico da Sociologia. Em dois volumes, a obra mapeia historicamente os comportamentos e os hábitos europeus, procurando entender como as atitudes individuais são moldadas por atitudes sociais. Num diálogo com a psicanálise de Freud, Elias pensou sociologicamente o desenvolvimento do autocontrole e de sentimentos como a vergonha e a repugnância, de modo a traçar uma história e uma sociologia da ideia de civilização gerada pela Idade Moderna.

Além de *O processo civilizador*, escreveu outros trabalhos de grande destaque, como *A sociedade de corte* (1969), *O que é Sociologia?* (1970) e *A sociedade dos indivíduos* (1987).

Norbert Elias, 1983.

As sociedades reveladas

Norbert Elias deu importância a uma questão que os cientistas sociais até então haviam estudado perifericamente. Ele se interessou pelas emoções dos indivíduos, como amor, tristeza, ódio, solidão, agressividade, inveja e muitas outras. Quando falamos de emoções, não pensamos em Sociologia ou Antropologia: imediatamente nos vêm à mente a Psicologia e a Psicanálise, disciplinas que abordam o desenvolvimento da personalidade humana. Sendo assim, por que as emoções poderiam interessar a um cientista social dedicado ao estudo das manifestações coletivas?

Um bom começo para responder a essa pergunta poderia ser a indagação de por que ligamos as emoções às pessoas e, com frequência, à herança genética. Se alguém é gentil ou rude, calmo ou estressado, pacífico ou agressivo, imaginamos que isso se deva à sua "natureza". Ademais, associamos o comportamento dos indivíduos aos instintos: sentindo fome, procura alimento; sentindo dor, chora; sentindo-se ameaçado, agride; sentindo-se feliz, sorri. Então, podemos dizer que, para o senso comum – e até para alguns especialistas –, temperamento, emoção e comportamento são aspectos ligados às dimensões biológicas dos seres humanos. Há diversos campos das ciências médicas que pesquisam a ação da genética, dos hormônios e das estruturas cerebrais na configuração da personalidade dos indivíduos e na variação de seus humores. Então, surge outra pergunta: diante de tantas variáveis biológicas, como pensar as emoções e os comportamentos humanos como dimensões moldadas pela cultura?

As Ciências Sociais debruçaram-se sobre esse problema e vêm demonstrando que a cultura age sobre a natureza biológica dos seres humanos. Isso significa que somos entes culturais ou, dito de outra forma, que a cultura é nossa segunda natureza. Isso é fácil de compreender quando imaginamos que nossa capacidade para percorrer distâncias com muita rapidez é limitada por nosso corpo. Mesmo um velocista de primeiro escalão não é capaz de atingir a velocidade de um tigre ao perseguir sua caça. Para superar essa limitação, a cultura criou tecnologias e equipamentos como a lança, a carroça, o carro e o ônibus espacial, com a ajuda dos quais os seres humanos veem aumentadas sua capacidade e agilidade para percorrer, em velocidade desconhecida até então,

Atleta paraolímpico em prova de salto em distância no Campeonato Alemão de Atletismo. Nuremberg, Alemanha, 2015.
A cultura, como segunda natureza, pode ser observada na situação acima: atletas que, por meio do uso de tecnologias avançadas, conseguem superar desafios físicos, diminuindo cada vez mais as limitações impostas por suas condições.

distâncias antes inalcançáveis. É nesse sentido que a cultura oferece uma segunda natureza, pois ela "amplia" nossas capacidades biológicas. Faça um breve exercício de imaginação: tente identificar como os limites do corpo humano são superados por meio da cultura...

Mas a cultura também modela nossas emoções, mesmo aquelas que julgamos mais instintivas. Os animais são "programados" por seus instintos, reagindo imediatamente diante de ataques e imprevistos. Os seres humanos, no entanto, são capazes de "domar" seus instintos, chegando a limites extremos. Nós, por exemplo, ainda que famintos, somos treinados para esperar pela hora da refeição em uma festa de casamento, pois a comensalidade tem uma importância social e estabelece o momento convencionado para nos alimentarmos. Falamos em instinto sexual, mas tomamos conhecimento de monges celibatários no Tibete com absoluto controle diante desse instinto. Sabemos também do instinto de sobrevivência. No entanto, temos notícias dos camicases, que provocam a própria morte. Aonde queremos chegar? A cultura nos possibilita ir além da natureza; ela é capaz de nos modelar para controlar nossos instintos mais básicos.

Diante disso, é possível afirmar que existem padrões culturais para as emoções. Vamos explorar um exemplo: o sentimento de empatia – aquela emoção que me liga ao próximo, como se eu pudesse sentir sua dor e sua alegria, identificando-me com ele. Você sabe que em nossa cultura esse sentimento é valorizado: queremos compreensão, solidariedade, respeito, ternura de uns para com os outros. Mas, para chegarmos a uma configuração social em que tais padrões emocionais sejam valorizados, temos de considerar todo um processo de aprendizagem, no qual passamos por conflitos, avanços e retrocessos (e ainda temos muito que aprender). Lembre-se de que a empatia envolve o entendimento de que o outro é um ser igual a mim. Quanto tempo faz que as pessoas começaram a tomar conhecimento do fato de que todos são iguais? Certamente, desde tempos remotos existiram pessoas que propuseram uma forma de ver as diferenças na contramão dos padrões culturais vigentes, como sábios e líderes religiosos. No entanto, para o desenvolvimento da empatia (emoção que está na base da percepção da igualdade entre indivíduos) passamos pela Revolução Francesa, pela Abolição da Escravatura, pela Declaração Universal dos Direitos Humanos, pela luta das feministas e diversas lutas que resultaram em muitas outras conquistas.

Com isso, nossas emoções foram modeladas no decorrer da história – processo que leva à mudança da sociedade em muitas direções. Além dessa variação na história, podemos concluir que também as emoções variam de cultura para cultura, de sociedade para sociedade.

Essas reflexões nos possibilitam entender o interesse de Norbert Elias por sentimentos como os que mencionamos e pelas situações da vida nas quais eles estão presentes e são mobilizados. Elias pretendia descobrir como, ao longo do tempo, as pessoas foram aprendendo a controlar seus sentimentos (fossem eles bons ou ruins) e também os instintos biológicos em nome da convivência social. Para ele, o autocontrole foi desenvolvendo-se em um extenso processo.

Vejamos um dos temas estudados por Norbert Elias – o esporte. Uma atividade como essa, que emociona multidões, também acaba sendo reveladora do tipo de cultura e de sociedade que a incentiva e a incorpora em seu cotidiano. Trata-se de uma sociedade em que os intensos sentimentos coletivos provocados pelo esporte são contidos por regras, normas e freios, sem os quais o próprio esporte e a própria sociedade sucumbiriam. Veja a seguir como Elias transformou essa dimensão da vida em tema sociológico.

> [...] Que espécie de sociedade é esta onde as pessoas, em número cada vez maior, e em quase todo o mundo, sentem prazer, quer como actores ou espectadores, em provas físicas e confrontos de tensões entre indivíduos ou equipes, e na excitação criada por estas competições realizadas sob condições onde não se verifica derrame de sangue, nem são provocados ferimentos sérios nos jogadores?
>
> ELIAS, Norbert; DUNNING, Eric. *A busca da excitação*. Lisboa: Difel, 1992. p. 40.

Também a morte, na visão de Elias, é reveladora. As sociedades não lidaram sempre da mesma maneira com a morte, diz ele, porque ela não se reduz a um acontecimento biológico e natural. Acompanhar as mudanças no trato da morte nos revela muito, portanto, sobre as mudanças que as sociedades sofreram em seus costumes.

As sociedades urbano-industriais, por exemplo, criaram um ritual de morte particular: separaram a morte do ambiente doméstico. Os doentes terminais vão para o hospital, e o velório, assim como o enterro, não é mais feito em casa. Mas nem sempre foi assim. Na Idade Média, a morte era mais presente e familiar – cabia aos parentes cuidar no próprio lar de seus velhos enfermos –, e ao mesmo tempo mais coletiva e violenta – basta lembrar os enforcamentos e as torturas em praça pública de que fala Foucault. O livro em que Elias trata desse tema se chama *A solidão dos moribundos* – em referência ao isolamento daqueles que estão no final da vida e são apartados da família e de casa, sendo entregues à tecnologia hospitalar e médica.

Elias é um sociólogo instigante, que compreendeu a sociedade como resultado de muitos processos, movimentos do corpo e da alma, manifestações as mais diversas. Onde menos esperamos, lá está a sociedade sendo revelada, parece nos dizer ele em cada um de seus escritos. Entre seus livros, grande parte dos quais já foi publicada no Brasil, um tornou-o mais conhecido: *O processo civilizador*. Talvez nessa obra, em dois volumes, esteja sua tese fundamental. Principalmente no primeiro deles, subintitulado *Uma história dos costumes*, Elias acompanha em detalhes a história das maneiras, dos hábitos, dos jeitos de ser das pessoas, grupos e sociedades. A história dos costumes, diz ele, é uma boa pista para sabermos como a sociedade se pensa, movimenta-se e é percebida. Sua análise nos ajudará a compreender a extensão do sonho de Carlitos e de sua amiga em *Tempos modernos*: um dia terem uma tranquila vida doméstica.

Partida de handebol entre Brasil e Argentina nos Jogos Pan-Americanos de Toronto, Canadá, 24 jul. 2015.

Um manual que virou catecismo

Em *Uma história dos costumes*, Norbert Elias volta ao ano de 1530 e nos oferece de presente o texto do filósofo renascentista holandês Erasmo de Rotterdam, que escreveu um pequeno tratado intitulado *A civilidade pueril*. Assim que foi publicado, teve enorme aceitação. Quanto mais se tornava conhecido, mais era procurado, como provam suas sucessivas edições, em diferentes países da Europa, 13 delas feitas no século XVIII. "Essa obra evidentemente tratava de um tema que estava maduro para discussão", diz Elias.

Mas, afinal, de que tratava o livro *A civilidade pueril*? O manual discorria sobre as boas maneiras, a forma mais polida, mais contida, de se comportar diante dos outros, sobre o controle dos gestos, da postura, das expressões faciais, do vestuário. O que mostramos externamente diz muito de nosso interior – é o que quer ensinar Erasmo de Rotterdam às crianças, para que cresçam já treinadas quanto ao modo adequado de agir socialmente, na companhia de outras pessoas.

Outras recomendações, que hoje também soam engraçadas, aparecem no decorrer da obra: como se sentar à mesa, como usar corretamente os talheres em vez das mãos para pegar a comida, como controlar os gestos de cuspir ou "soltar ventos" (os meninos devem "reter os ventos comprimindo a barriga"). Há muito mais ainda: diz o autor que, antes de beber na caneca que outra pessoa passa, deve-se enxugar a boca; deve-se evitar passar para alguém a carne que se está comendo, pois não é gentil oferecer alguma coisa semimastigada: "Mergulhar no molho o pão que mordeu é comportar-se como um camponês e demonstra pouca elegância retirar da boca a comida mastigada e recolocá-la na quadra. [...]".

Norbert Elias trata o manual de civilidade como um documento, um testemunho de uma época que mostra um grande movimento de mudança. Dizendo o que não deveria ser feito, Erasmo nos expõe costumes e valores de sua sociedade. Indicando como as crianças deveriam ser educadas, revela o ideal de uma sociedade que teria de ser construída em moldes distintos dos até então conhecidos. Com Elias, portanto, percebemos na obra de Erasmo um duplo interesse sociológico: aprendemos o que é o presente indesejado e o futuro desejado, o que é a sociedade tradicional e a nova sociedade a ser construída sobre novas bases de relacionamento.

> O olhar esbugalhado é sinal de estupidez, o olhar fixo é sinal de inércia [...] Não é por acaso que os antigos dizem: os olhos são espelho da alma. [...] Não é muito decoroso oferecer a alguém alguma coisa semimastigada. [...] Não exponha sem necessidade as partes a que a Natureza conferiu pudor.
>
> Não deve haver meleca nas narinas [...]. O camponês enxuga o nariz no boné ou no casaco e o fabricante de salsichas no braço ou no cotovelo. Ninguém demonstra decoro usando a mão e, em seguida, enxugando-a na roupa. É mais decente pegar o catarro em um pano, preferivelmente se afastando dos circunstantes. Se, quando o indivíduo se assoa com dois dedos, alguma coisa cai no chão, ele deve pisá-la imediatamente com o pé. O mesmo se aplica ao escarro [...].
>
> ROTTERDAM, Erasmo de. *A civilidade pueril*, 1530.

Erasmo de Rotterdam
(Rotterdam, Países Baixos, 27 de outubro de 1466 – Basileia, Suíça, 12 de julho de 1536)

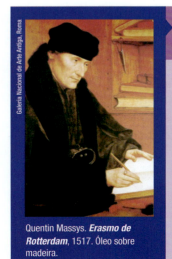

Quentin Massys. ***Erasmo de Rotterdam***, 1517. Óleo sobre madeira.

Desiderius Erasmus Roterodamus ficou conhecido como Erasmo de Rotterdam, nome da cidade onde nasceu. Figura marcante do Renascimento, esse teólogo e humanista holandês foi contemporâneo de pensadores como Maquiavel, Leonardo da Vinci, Michelangelo e Martinho Lutero. Como um dos intelectuais mais respeitados de seu tempo, dava os primeiros passos na chamada filosofia humanista, baseada no predomínio do humano sobre o transcendente e na defesa da libertação da criatividade e da vontade humanas em oposição ao pensamento escolástico, que pregava a subordinação de todas as questões terrenas à religião. Apesar de ter-se desenvolvido principalmente nas cidades do norte da Itália, a doutrina humanista irradiou-se por toda a Europa, e Erasmo foi um dos nomes mais importantes nesse processo, sendo o mais influente humanista entre os não italianos.

Seu livro mais conhecido é *O elogio da loucura*, de 1509, no qual faz uma sátira à inversão de valores que, segundo ele, caracterizava seu tempo. Preocupada com a questão da moralidade, essa obra faz uma crítica profunda às condutas da Igreja de então e é considerada um dos catalisadores da Reforma Protestante.

Na citação que transcrevemos, a figura do camponês é associada a características e comportamentos que não se devia repetir. O que representa o camponês? A sociedade medieval, na qual todo trabalho se concentrava no campo. Erasmo, portanto, atribui valor negativo ao comportamento próprio de uma sociedade que não era mais desejada e ao mesmo tempo aponta para outro tipo de sociedade, considerada mais desenvolvida, progressista e educada. E quanto ao presente? É exatamente esse presente, sempre em transição, o foco do interesse de Norbert Elias.

A sociedade do presente que interessa a Elias é a que floresceu em alguns países da Europa Ocidental e disseminou uma maneira própria de pensar, de se apresentar diante das outras, de olhar para si própria. Nesses países desenvolveu-se uma ideia de civilização que obrigou homens e mulheres a mudar sua conduta no dia a dia.

Um dos sinais de que estamos nesse longo **processo civilizador** é o estranhamento que sentimos quando lemos as recomendações de Erasmo em seu pequeno tratado. "Não fica bem, nem é agradável, escrever sobre assuntos tão escabrosos e nojentos" – poderíamos argumentar. Achar estranho, sentir constrangimento, achar nojento são sintomas de que já não estamos mais acostumados aos gestos que Erasmo recriminava. Mas, como ensina Elias, isso tem repercussões.

Crianças em fila para utilizar brinquedo em escola na cidade de São Paulo (SP), 2015.
Você consegue identificar os diversos manuais de civilidade presentes na sociedade nos dias de hoje? Onde estão nossos Erasmos?

Quando estranhamos maneiras de ser distintas das nossas, podemos ser tentados a definir nosso jeito de ser como bom, desejável, melhor, e classificar o que é diferente, distante, desconhecido, como "ruim", "atrasado", "decadente", "selvagem", "rude". Olhamos o mundo com base no que consideramos melhor, e o que consideramos melhor é o que nos acostumamos a ser, ter, saber. A atitude de julgar o diferente com base no que é nosso foi analisada por outros sociólogos e por muitos antropólogos. É a origem de um dos conceitos mais importantes da Antropologia: o **etnocentrismo**. Vamos entender o que é isso?

■ Civilidade: aprendendo a conter-se

Dizem que educação vem do berço. O que isso significa? Será que gentileza ou cortesia nascem com as pessoas? Certamente, não. Boas maneiras não são inatas: elas são cultivadas na vida em sociedade, tornam-se costumes sociais e passam por transformações permanentemente.

Vamos refletir um pouco sobre o que acontece com as crianças. Quando éramos pequeninos, dificilmente conseguíamos compartilhar nossos brinquedos: "empresta para o amiguinho", diziam-nos. Mediante intenso processo de **socialização**, as crianças aprendem a trocar, respeitar o espaço do outro, não tomar objetos dos colegas, conter o desejo de bater e chorar quando não conseguem o que desejam. Mal aprendem a falar e já são orientadas a comunicar suas emoções e descontentamentos "com educação".

Esse processo de aprendizagem de boas maneiras está presente na família (por isso a ideia de berço), na escola, nas comunidades religiosas e, se prestarmos atenção, perceberemos que está também no espaço público. Repare os cartazes e avisos presentes em toda cidade: "Aguarde sua vez"; "Ceda o lugar"; "Não é permitida a entrada de animais"; "Não ultrapasse a faixa de pedestres" e tantos outros ensinamentos que pedem de nós o autocontrole. Com isso, emoções e vontades vão sendo disciplinadas para que nossas ações contribuam para o bom andamento das coisas e para uma melhor convivência social. O que se espera é que nos tornemos pessoas "civilizadas" e "cidadãs". Essas duas palavras têm a mesma raiz latina do termo *civitas*, que os romanos usavam para se referir à cidade. Cidade não significa apenas espaço urbano, representa um lugar de encontro de pessoas muito diferentes que compartilham uma infinidade de coisas. Para viver em um espaço plural, é preciso ter uma linguagem comum, e essa linguagem recebeu o nome de civilidade ou boas maneiras.

Todos nós somos socializados para agir de modo previsível, sem assustar ou surpreender o "outro", seja na forma como comemos, falamos, circulamos pelas ruas, resolvemos problemas e muito mais. Essa previsibilidade, segundo Norbert Elias, é uma das condições que tornam possíveis a vida em sociedade.

Capítulo 11 – Sonhos de civilização **167**

Julgar os outros pelo próprio ponto de vista

Você já deve ter ouvido muitas vezes comentários do tipo "aquele país é atrasado", "aquela cultura é decadente", "aquele grupo é selvagem", "aquele povo é bárbaro", "aquelas pessoas são inferiores" e outros na mesma linha. Quando uma pessoa diz isso, está fazendo uma avaliação. Ela faz uma escala do melhor para o pior, de seu próprio ponto de vista e, com base nele, emite seu juízo sobre o "outro" (**alteridade**). Essa é uma atitude muito mais comum do que seria desejável do ponto de vista sociológico ou antropológico. Por quê? Porque estamos tomando o que é diferente não pelo que o faz diferente, mas pelo que o distancia daquilo que o grupo a que pertencemos considera melhor, ou mais evoluído, ou mais desenvolvido. Porque estamos qualificando a diferença como algo necessariamente ruim, ameaçador ou repugnante.

Como vimos no Capítulo 4, o conceito de etnocentrismo refere-se justamente a essa atitude de qualificar um grupo, uma cultura ou um país comparando-o à sua própria referência, que é considerada melhor. A composição da palavra deixa isso claro: **etn(o)** também está presente em **etnia**, que quer dizer cultura, e centrismo indica o centro. Quer dizer: toma-se a própria cultura como centro de referência para medir as demais por comparação.

O antropólogo Everardo Rocha assim explica o conceito de etnocentrismo:

> Etnocentrismo é uma visão do mundo onde o nosso próprio grupo é tomado como centro de tudo, e todos os outros são pensados e sentidos através dos nossos valores, nossos modelos, nossas definições do que é a existência. No plano intelectual, pode ser visto como a dificuldade de pensarmos a diferença; no plano afetivo, como sentimentos de estranheza, medo, hostilidade etc.
>
> Perguntar sobre o que é etnocentrismo é, pois, indagar sobre um fenômeno onde se misturam tanto elementos intelectuais e racionais quanto elementos emocionais e afetivos. No etnocentrismo, estes dois planos do espírito humano – sentimento e pensamento – vão juntos compondo um fenômeno não apenas fortemente arraigado na história das sociedades, como também facilmente encontrável no dia a dia das nossas vidas.
>
> ROCHA, Everardo. *O que é o etnocentrismo*. São Paulo: Brasiliense, 1999. p. 7.

Na maioria das vezes, a atitude etnocêntrica implica uma desvalorização do que é diferente de nossa própria cultura. Consideramos bárbaro o que não é civilizado, e só consideramos civilizado o que nos é familiar, próximo de nosso jeito de ser, nossos valores, nossas maneiras. O etnocentrismo indica que determinado grupo étnico se considera superior a outro, já que o diferente é visto como inferior. Provoca uma atitude preconceituosa em relação ao diferente e pode mesmo gerar gestos de incompreensão diante dos modos e comportamentos de outras culturas. A xenofobia (aversão ao estrangeiro) e o racismo (classificação dos povos segundo raças e defesa da superioridade de uma delas) são exemplos desses possíveis desdobramentos.

A execução do inca Atahualpa, gravura colorida em relato de viagem de Theodore de Bry, 1597. O etnocentrismo pode se manifestar de muitas maneiras: desde um pequeno comentário negativo a respeito de integrantes de outra cultura até uma ação extrema, como genocídio. A situação retratada na imagem mostra o conflito entre espanhóis – liderados pelo conquistador Francisco Pizarro – e incas, que resultou na morte do imperador inca Atahualpa, em 1532. A civilização inca foi completamente dizimada ao longo do século XVI, sendo Tupac Amaru I (morto em 1572) seu último imperador. Hoje, o legado inca permanece vivo por meio das línguas quíchua e aimará, faladas por diversos grupos étnicos da América do Sul.

A atitude etnocêntrica reduz as diferenças quando define determinado modelo como aquele que deve prevalecer. E mais: além de reduzir as diferenças porque não as aceita, elege determinada visão de mundo, de cultura, de jeito de ser como aquela que deve ser universalizada. Só é considerado aceitável aquilo que está de acordo com a concepção com base na qual se está olhando.

Em geral, o etnocentrismo se apoia em outra noção também muito poderosa – **estereótipo**. O estereótipo tem duas características básicas: é ao mesmo tempo generalizante e redutor. Vejamos um exemplo. Quando dizemos que "todo brasileiro gosta de praia e futebol", estamos acionando um estereótipo. Em primeiro lugar, nem todos os brasileiros gostam de futebol; em segundo, os brasileiros não gostam apenas de futebol. O mesmo argumento vale para muitos outros estereótipos: o carioca malandro, o judeu pão-duro, a loura burra.

Mas atenção: os estereótipos não precisam ser necessariamente negativos, assim como o etnocentrismo nem sempre coloca a própria cultura como superior. Um exemplo? É comum ouvirmos dizer que os estadunidenses são patriotas e tecnologicamente desenvolvidos. Muitas vezes os próprios brasileiros comparam-se a eles e usam a comparação para se acusar de não serem patriotas ou suficientemente avançados. Quer sejam positivos ou negativos, elogiosos ou depreciativos, o etnocentrismo e os estereótipos remetem a relações de poder desiguais e hierarquizadas.

Cartaz do Governo Federal contra o racismo.
O cartaz acima veicula mensagem educativa sobre a igualdade racial ou respeito às diferenças. Você saberia dizer qual é a relação entre essa campanha publicitária e o processo civilizador estudado por Norbert Elias?

Os sonhos dos novos tempos

Lembremos agora do filme *Tempos modernos*: a casa aconchegante e bem equipada, a ideia de uma vida confortável, tudo isso faz parte de uma cultura que foi estimulada pelo desenvolvimento do comércio e do consumo, e que passou a ocupar um lugar central em nossas sociedades. O sonho de Carlitos e de sua amiga está, portanto, integrado ao que poderíamos chamar de sonho coletivo: usufruir das coisas de que a civilização dispõe no dia a dia e exibe em locais como lojas de departamentos, galerias, feiras. Aguarde os próximos capítulos.

◀◀ Recapitulando

Norbert Elias nos ensina a perceber que há aspectos da sociedade que julgamos ter sempre existido, mas que passaram por longo processo de desenvolvimento até tomar a forma que conhecemos. Isso vale para as formas de governo, para os modelos de família e também para as boas maneiras e os costumes. Aprendemos com ele que as normas são criadas e recriadas para conter os impulsos ou as ações instintivas das pessoas e possibilitar que a sociabilidade ocorra dentro de uma linguagem comum a todos (os códigos de civilidade). Essas normas estão presentes em diversos aspectos da vida social, como os esportes, a arte, as relações entre os Estados Nacionais etc. Por meio da civilidade, o indivíduo aprende a lidar com os integrantes de seu grupo e com os de grupos diferentes do seu.

Elias se dedicou ao estudo do desenvolvimento da civilidade no Ocidente a partir do século XVI, a que chamou de processo civilizador. Considerava importante esse período da História por um conjunto de razões: naquele momento o fundamento religioso cedeu espaço para o pensamento secular, a urbanização se acentuou e os mercadores abriram o diálogo com grupos diferentes fora do território europeu. Essas transformações se consolidaram em períodos mais avançados, mas foi no século XVI que ocorreu uma sistematização e difusão dos padrões de civilidade por meio do manual de Erasmo de Rotterdam. *A civilidade pueril*, muito lido na época, serviu como recurso para civilizar uma sociedade que deixava o meio rural e se firmava no meio urbano.

Um efeito indesejável do processo civilizador foi o que os antropólogos chamaram de etnocentrismo – uma visão de mundo em que o próprio grupo é tomado como centro de referência, e o diferente é visto de forma depreciativa. As fronteiras entre os civilizados e os bárbaros (ou selvagens) foram o que marcou a história ocidental no período moderno – é só lembrar os desdobramentos históricos do contato entre brancos europeus, de um lado, e negros africanos, indígenas americanos, orientais e outros grupos étnicos, de outro.

Leitura complementar

Tecnização e civilização

[...] A mudança radical no transporte de bens e pessoas foi uma das maiores e extensas mudanças científico-tecnológicas ocorridas nos séculos XIX e XX. Essa revolução corresponde a um processo que, em todos os estágios, avançou na mesma direção, sempre buscando o aumento da mobilidade e a redução das distâncias ao redor da Terra e, mais recentemente, no que, sem muita precisão, chamamos de espaço. [...] O que terá levado os seres humanos a concentrar por gerações, particularmente nos séculos XIX e XX, sua capacidade de pesquisa científica, entre outras coisas, no incremento de sua própria mobilidade, na aceleração do transporte? [...]

Geralmente não nos perguntamos quem de fato inventou o automóvel. Esta seria, na verdade, uma falsa maneira de apresentar o problema. Pois, em vez de um inventor, encontramos um processo de experimentação – inicialmente difuso e depois crescentemente concentrado – que durou cerca de 100 anos. [...]

O problema sociológico apresentado pelo desenvolvimento das inovações sociais é diferente do – agora rotineiro – problema histórico relacionado ao inventor individual. Formular sociologicamente a questão significa voltar a atenção para o desenvolvimento social responsável por casos, como o do veículo sem cavalos ou do avião, nos quais a experimentação não organizada e em certo sentido difusa, feita por muitas pessoas, vai aos poucos levando o conhecimento humano suficientemente longe até permitir que se alcance uma solução prática para um problema da sociedade. [...]

Se eu estivesse contando uma história, teria agora que continuar: "E então veio Henry Ford", como escreveu Robert Lacey:

O carro para o povo, de Henry Ford... não era uma ideia comum em 1907. Foi consequência dos instintos populistas de Henry, de seu inconformismo com o monopólio dos ricos sobre a boa vida...

Contudo, a ideia não era unicamente de Henry Ford. Outros fabricantes tentaram produzir carros baratos em grande escala. A ambição de Henry ganhou notoriedade por resultar na tecnologia, nas sólidas inovações de engenharia que tornaram isso possível.

Efetivamente, naquela época, além dos fabricantes de carros, outros industriais começaram a antever um consumo em massa, a perceber a existência de um consumidor em potencial para bens até então acessíveis apenas para os ricos. Bastava que esses itens pudessem ser produzidos em grande quantidade e, portanto, de maneira mais barata. A ampliação do mercado e o interesse despertado nos empreendedores eram sintomas de uma transformação na estrutura das próprias sociedades industrializadas. A produção mecanizada começara a gerar bem-estar suficiente para permitir que os empregados das fábricas e toda a rede de dependentes daqueles estabelecimentos obtivessem renda suficiente para comprar o que antes lhes era impossível. Em outras palavras, o padrão de vida das massas estava aumentando.

O mercado massificado não foi inventado, foi pressentido e utilizado por homens como Henry Ford. Assim, tiveram início a produção em grande escala de carros motorizados e a generalização do uso desses veículos nas estradas dos países industrializados – bem como o assassinato em massa. [...] uma pessoa morreu num acidente de carro em 1899. Em 1974, os automóveis do mundo inteiro mataram, no total, 230 276 pessoas.

ELIAS, Norbert. *Escritos & ensaios*. Rio de Janeiro: Jorge Zahar Editor, 2006. p. 41-45.

Exposição de carros em Detroit, Michigan (Estados Unidos), 2015.
Automóvel: tecnologia de transporte, sonho de consumo e desafio para a civilização.

Fique atento!

Definição dos conceitos sociológicos estudados neste capítulo.

Alteridade: na página 41.

Cultura: na seção **Conceitos sociológicos**, página 367.

Estereótipo: na seção **Conceitos Sociológicos**, página 368.

Etnocentrismo: na página 167.

Processo civilizador: na página 167.

Socialização: na seção **Conceitos sociológicos**, página 376.

Sessão de cinema

SANTA PACIÊNCIA

Reino Unido, 2010, 105 min. Direção de Josh Appignanesi.

Mahmud é um muçulmano típico que vive com sua família. Certo dia, ele descobre que é filho adotivo e que seus pais biológicos eram judeus. Surge daí uma crise de identidade graças à qual ele começa a duvidar dos valores muçulmanos em que acreditava; afinal, ele é um judeu de nascimento. A comédia ajuda a refletir sobre algumas convicções a respeito de herança biológica e a pensar sobre a "natureza cultural".

CRASH – NO LIMITE

EUA, 2004, 113 min. Direção de Paul Haggis.

A história se passa na cidade de Los Angeles (Califórnia, EUA) e explora situações marcadas por fortes sentimentos de hostilidade e preconceitos demonstrados em múltiplas direções: negros, brancos, muçulmanos, latinos, pobres, ricos. Muitas emoções afloram nos encontros e esbarrões casuais.

ENTRE OS MUROS DA ESCOLA

França, 2008, 130 min. Direção de Laurent Cantet.

François e os demais professores se preparam para enfrentar mais um ano letivo numa escola pública com alunos das mais diversas origens. Num cotidiano cheio de conflitos, François quer surpreender os jovens ensinando o sentido da ética, mas eles não parecem dispostos a aceitar os métodos propostos.

Construindo seus conhecimentos

MONITORANDO A APRENDIZAGEM

1. Com base nos conhecimentos que você construiu ao longo do curso, elabore uma definição para "civilidade" citando exemplos de códigos de civilidade que regulam a vida das pessoas no cotidiano.

2. É possível conhecer uma sociedade com base em seus costumes e sua civilidade? Justifique sua resposta.

3. As relações entre indivíduos, grupos sociais e mesmo entre sociedades mais amplas costumam ser pautadas nas formas pelas quais as diferenças culturais são percebidas. Nesse sentido, de que modo o etnocêntrico reage perante o outro? Cite exemplos concretos.

4. O que é um estereótipo? Consulte a seção **Conceitos sociológicos**, no final do livro, e explique o conceito com suas palavras.

DE OLHO NO ENEM

1. (Enem, questão-modelo)

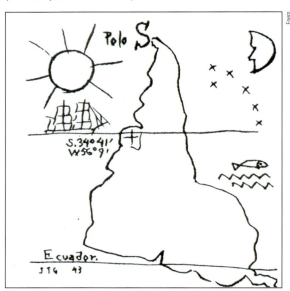

O desenho do artista uruguaio Joaquín Torres-García trabalha com uma representação diferente da usual da América Latina. Em artigo publicado em 1941, em que apresenta a imagem e trata do assunto, Joaquín afirma:

"Quem e com que interesse dita o que é o norte e o sul? Defendo a chamada Escola do Sul por que na realidade, nosso norte é o Sul. Não deve haver norte, senão em oposição ao nosso sul. Por isso colocamos o mapa ao revés, desde já, e então teremos a justa ideia de nossa posição, e não como querem no resto do mundo. A ponta da América assinala insistentemente o sul, nosso norte."

TORRES-GARCÍA, J. *Universalismo constructivo*. Buenos Aires: Poseidón, 1941. (com adaptações).

O referido autor, no texto e imagem acima,

(A) privilegiou a visão dos colonizadores da América.

(B) questionou as noções eurocêntricas sobre o mundo.

(C) resgatou a imagem da América como centro do mundo.

(D) defendeu a Doutrina Monroe expressa no lema "América para os americanos".

(E) propôs que o sul fosse chamado de norte e vice-versa.

2. (Enem 2003)

A primeira imagem abaixo (publicada no século XVI) mostra um ritual antropofágico dos índios do Brasil. A segunda mostra Tiradentes esquartejado por ordem dos representantes da Coroa portuguesa.

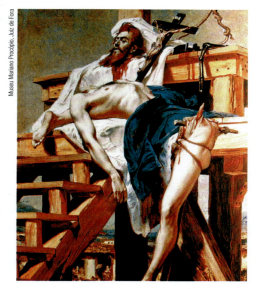

Theodor de Bry. *Preparo da carne humana em episódio canibal*, c. 1590. Gravura em cobre.

Pedro Américo. *Tiradentes esquartejado*, 1893. Óleo sobre tela.

A comparação entre as reproduções possibilita as seguintes afirmações:

I – Os artistas registraram a antropofagia e o esquartejamento praticados no Brasil.

II – A antropofagia era parte do universo cultural indígena e o esquartejamento era uma forma de se fazer justiça entre luso-brasileiros.

III – A comparação das imagens faz ver como é relativa a diferença entre "bárbaros" e "civilizados", indígenas e europeus.

Está correto o que se afirma em:

(A) I apenas.
(B) II apenas.
(C) III apenas.
(D) I e II apenas.
(E) I, II e III.

3. (Enem 2003)

Jean de Léry viveu na França na segunda metade do século XVI, época em que as chamadas guerras de religião opuseram católicos e protestantes. No texto abaixo, ele relata o cerco da cidade de Sancerre por tropas católicas.

> [...] desde que os canhões começaram a atirar sobre nós com maior frequência, tornou-se necessário que todos dormissem nas casernas. Eu logo providenciei para mim um leito feito de um lençol atado pelas suas duas pontas e assim fiquei suspenso no ar, à maneira dos selvagens americanos (entre os quais eu estive durante dez meses), o que foi imediatamente imitado por todos os nossos soldados, de tal maneira que a caserna logo ficou cheia deles. Aqueles que dormiram assim puderam confirmar o quanto esta maneira é apropriada tanto para evitar os vermes quanto para manter as roupas limpas [...].

Neste texto, Jean de Léry

(A) despreza a cultura e rejeita o patrimônio dos indígenas americanos.

(B) revela-se constrangido por ter de recorrer a um invento de "selvagens".

(C) reconhece a superioridade das sociedades indígenas americanas com relação aos europeus.

(D) valoriza o patrimônio cultural dos indígenas americanos, adaptando-o às suas necessidades.

(E) valoriza os costumes dos indígenas americanos porque eles também eram perseguidos pelos católicos.

4. (Enem 2012)

TEXTO I

O que vemos no país é uma espécie de espraiamento e a manifestação da agressividade através da violência. Isso se desdobra de maneira evidente na criminalidade, que está presente em todos os redutos – seja nas áreas abandonadas pelo poder público, seja na política ou no futebol. O brasileiro não é mais violento do que outros povos, mas a fragilidade do exercício e do reconhecimento da cidadania e a ausência do Estado em vários territórios do país se impõem como um caldo de cultura no qual a agressividade e a violência fincam suas raízes.

Entrevista com Joel Birman. A corrupção é um crime sem rosto. *Istoé*. Edição 2099; 3 fev. 2010.

TEXTO II

Nenhuma sociedade pode sobreviver sem canalizar as pulsões e emoções do indivíduo, sem um controle muito específico de seu comportamento. Nenhum controle desse tipo é possível sem que as pessoas anteponham limitações umas às outras, e todas as limitações são convertidas, na pessoa a quem são impostas, em medo de um ou outro tipo.

ELIAS, N. *O Processo Civilizador*. Rio de Janeiro: Jorge Zahar, 1993.

Considerando-se a dinâmica do processo civilizador, tal como descrito no Texto II, o argumento do Texto I acerca da violência e agressividade na sociedade brasileira expressa a

(A) incompatibilidade entre os modos democráticos de convívio social e a presença de aparatos de controle policial.

(B) manutenção de práticas repressivas herdadas dos períodos ditatoriais sob a forma de leis e atos administrativos.

(C) inabilidade das forças militares em conter a violência decorrente das ondas migratórias nas grandes cidades brasileiras.

(D) dificuldade histórica da sociedade brasileira em institucionalizar formas de controle social compatíveis com valores democráticos.

(E) incapacidade das instituições político-legislativas em formular mecanismos de controle social específicos à realidade social brasileira.

5. (Enem 2012)

Nossa cultura lipofóbica muito contribui para a distorção da imagem corporal, gerando gordos que se veem magros e magros que se veem gordos, numa quase unanimidade de que todos se sentem ou se veem "distorcidos".

Engordamos quando somos gulosos. É o pecado da gula que controla a relação do homem com a balança. Todo obeso declarou, um dia, guerra à balança. Para emagrecer é preciso fazer as pazes com a dita cuja, visando adequar-se às necessidades para as quais ela aponta.

FREIRE, D. S. *Obesidade não pode ser pré-requisito*. Disponível em: http://GNT.globo.com. Acesso em: 3 abr. 2012 (adaptado).

O texto apresenta um discurso de disciplinarização dos corpos, que tem como consequência

(A) a ampliação dos tratamentos médicos alternativos, reduzindo os gastos com remédios.

(B) a democratização do padrão de beleza, tornando-o acessível pelo esforço individual.

(C) o controle do consumo, impulsionando uma crise econômica na indústria de alimentos.

174 ▶▶ Parte II – A Sociologia vai ao cinema

(D) a culpabilização individual, associando obesidade à fraqueza de caráter.

(E) o aumento da longevidade, resultando no crescimento populacional.

ASSIMILANDO CONCEITOS

1. Analise a história em quadrinhos a seguir e responda às questões.

Adão. *Folha de S.Paulo*, 31 de março de 2008.

a) As situações mostradas nessa tira relacionam-se com o que Norbert Elias chamou de civilidade?

b) As sanções sugeridas pelos quadros evidentemente não correspondem à realidade. Você poderia mencionar sanções para essas e outras "incivilidades"?

2. Leia o texto, analise o cartaz publicitário e responda à questão proposta.

Em meio a uma nova cultura ecológica e aos graves problemas urbanos ocasionados pelo trânsito e pela crise dos transportes coletivos, já se percebe uma mudança de comportamento de parte da população dos centros urbanos. Muitos cidadãos passaram a adotar meios de transporte alternativos, e por isso tem sido comum ver bicicletas e carros compartilhando as vias de circulação nas cidades.

Levando em conta o contexto apresentado e a noção de processo civilizador de Norbert Elias, proponha uma interpretação para o *slogan* do cartaz – "Conviver para viver melhor" – e responda: Por que o poder público se preocuparia com a convivência entre os cidadãos?

OLHARES SOBRE A SOCIEDADE

1. Você aprendeu neste capítulo que a noção de civilização e de civilidade são muito importantes para as sociedades ocidentais e que tais noções vêm sendo empregadas para construir hierarquias entre as diferentes culturas. As duas imagens juntas tecem uma crítica à visão ocidental de civilização. Analise as imagens e explique a crítica contida nelas.

Não civilizado

Indígenas da etnia aparai-wayana pescam no Rio Paru D'Este. Serra do Tumucumaque (AP), 2015.

Civilizado

Praia do Fundão, com resíduos expostos na areia e no mar. Rio de Janeiro (RJ), 2016.

EXERCITANDO A IMAGINAÇÃO SOCIOLÓGICA
TEMA DE REDAÇÃO DA FUVEST (1998)

Após a leitura dos textos a seguir, redija uma dissertação em prosa discutindo as ideias neles contidas.

[...] o inferno são os Outros.

(Jean-Paul Sartre)

[...] padecer a convicção de que, na estreiteza das relações da vida, a alma alheia comprime-nos, penetra-nos, suprime a nossa, e existe dentro de nós, como uma consciência imposta, um demônio usurpador que se assenhoreia do governo dos nossos nervos, da direção do nosso querer; que é esse estranho espírito, esse espírito invasor que faz as vezes de nosso espírito, e que de fora, a nossa alma, mísera exilada, contempla inerte a tirania violenta dessa alma, outrem, que manda nos seus domínios, que rege as intenções, as resoluções e os atos muito diferentemente do que fizera ela própria [...]

(Raul Pompeia)

— Os outros têm uma espécie de cachorro farejador, dentro de cada um, eles mesmos não sabem. Isso feito um cachorro, que eles têm dentro deles, é que fareja, todo o tempo, se a gente por dentro da gente está mole, está sujo ou está ruim, ou errado... As pessoas, mesmas, não sabem. Mas, então, elas ficam assim com uma precisão de judiar com a gente...

(João Guimarães Rosa)

[...] experimentar

colonizar

civilizar

humanizar

o homem

descobrindo em suas próprias entranhas

a perene, insuspeitada alegria

de con-viver.

(Carlos Drummond de Andrade)

O filósofo e psicólogo William James chamou a atenção para o grau em que nossa identidade é formada por outras pessoas: são os outros que nos permitem desenvolver um sentimento de identidade, e as pessoas com as quais nos sentimos mais à vontade são aquelas que nos "devolvem" uma imagem adequada de nós mesmos [...]

(Alain de Botton)

Capítulo 11 – Sonhos de civilização

12 Sonhos de consumo

A Garota e Carlitos na loja de departamentos, em cena do filme *Tempos modernos*.

Em cena: Na loja de departamentos

Determinado a começar uma vida "civilizada", Carlitos sai com a Garota em busca de emprego. Mais uma vez, o acaso interfere em seu destino: ao passar em frente a uma elegante loja de departamentos, os dois ficam sabendo que o vigia noturno sofreu um acidente. Com a carta de recomendação do diretor da prisão, Carlitos pleiteia a vaga e consegue ser contratado. Os dois ficam felizes, cheios de esperança de que o novo emprego lhes permita concretizar seus sonhos de civilidade e consumo.

Quando a noite chega, todos se retiram e a loja fecha. Carlitos, o único a ficar lá dentro, corre então para a porta dos fundos, pega a amiga que o espera do lado de fora e leva-a à lanchonete da loja, onde ela finalmente se alimenta com deliciosos sanduíches e bolos. Em seguida, os dois sobem até o andar de brinquedos, onde Carlitos se diverte perigosamente com um par de patins. Depois vão ao andar onde estão os móveis de quarto. Cercada por tantos produtos luxuosos, que lhe são inacessíveis no dia a dia, a Garota

178 ▶▶ Parte II – A Sociologia vai ao cinema

abraça-se a um casaco de peles e encara a câmera: seu rostinho sujo parece transformar-se, e ela adquire ares de estrela de cinema. "Agora vá dormir", diz-lhe Carlitos, enquanto a acomoda em uma cama luxuosa e a cobre com o casaco, "que eu virei acordá-la antes de a loja abrir". Ágil e veloz sobre os patins, Carlitos nos leva a um passeio pela loja. Com sua limpeza e fartura, ela contrasta com os outros espaços e situações que o filme mostrou até aqui. Tem muito mais que ver com a casa dos sonhos de Carlitos e da Garota do que com a fábrica, a prisão ou o casebre.

Tudo parece correr a contento, até que três ladrões conseguem entrar na loja e topam com Carlitos. "Fique onde está!!!", ordena o chefe dos bandidos, de arma em punho. Como ficaria parado, se Carlitos estava na escada rolante? Afinal, na lanchonete, Carlitos é imobilizado diante de um barril de rum, que é perfurado por tiros. O líquido jorra por um dos furos bem diante de sua boca, e Carlitos o bebe sem querer. Quando, já bêbado, vira-se para os ladrões, é reconhecido por Big Bill, seu antigo companheiro de fábrica. "Nós não somos ladrões – estamos famintos", confessa Big Bill em lágrimas. Para comemorar o encontro, uma garrafa de champanha é aberta e todos bebem – Carlitos inclusive.

Na manhã seguinte, a Garota acorda assustada e foge. Com a loja aberta, vemos senhoras elegantes, vendedores solícitos e muitos produtos. Por onde andará Carlitos? Para escândalo das clientes e dos funcionários, ele é descoberto dormindo em cima de um balcão, coberto por cortes de tecido. A polícia chega e o leva mais uma vez para a cadeia. Assim, ele e a Garota veem frustradas suas tentativas de fazer parte do mundo "civilizado".

★ Apresentando Walter Benjamin

O pensador que nos ajudará a refletir sobre a cena a que acabamos de assistir chama-se Walter Benjamin. Com ele, conheceremos as chamadas passagens, galerias parisienses do século XIX cuidadosamente projetadas para atender o desejo de consumo das massas urbanas e estimulá-lo. Esses espaços inspiraram a loja de departamentos de Carlitos e o *shopping center* que você provavelmente frequenta.

Benjamin era alemão, mas morreu sem nacionalidade definida. Tomaram-lhe o passaporte alemão antes que conseguisse, como exilado político, a cidadania francesa. O nazismo o perseguiu duplamente, pois, além de judeu, era comunista. Sua obra traz a característica desses trânsitos complicados entre diferentes identidades e territórios: para os comunistas, seu apego ao judaísmo era inaceitável; para os judeus, suas referências marxistas não tinham cabimento. Para os filósofos, seu trabalho era literário demais; para os críticos literários, era muito sociológico.

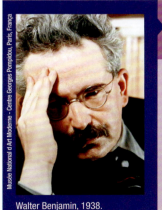

Walter Benjamin, 1938.

Walter Benjamin
(Berlim, Alemanha, 15 de julho de 1892 – Portbou, fronteira entre França e Espanha, 27 de setembro de 1940)

Walter Benjamin foi ensaísta, crítico literário, tradutor, filósofo e sociólogo da cultura. Esse pensador de origem judaica deixou uma obra de difícil classificação, uma vez que escreveu sobre temas variados, e muitos de seus textos jamais foram concluídos.

Benjamin teve sua trajetória intelectual ligada à chamada Escola de Frankfurt, que reunia pensadores voltados para o desenvolvimento de uma teoria crítica social que ultrapassasse algumas das premissas de Marx e focasse as dimensões culturais do modo capitalista de produção. Expressões como **indústria cultural** e **cultura de massa** são heranças diretas dos estudos da Escola de Frankfurt e remetem a um universo de reflexões muito caro à sua obra. Profundo conhecedor da língua francesa, Benjamin traduziu para o alemão obras dos escritores Marcel Proust e Charles Baudelaire, estabelecendo forte vínculo entre a crítica social e a produção artística.

Investiu também na análise do advento da modernidade e do conceito de história, sempre entrecruzando diferentes áreas do pensamento social. Entre suas obras mais conhecidas estão *A obra de arte na era de sua reprodutibilidade técnica* (1936), *Teses sobre o conceito de história* (1940), a inacabada *Paris, capital do século XIX* e *Passagens*, compilação de escritos publicada postumamente.

De fato, Benjamin não foi um cientista social no sentido estrito. Além disso, escreveu de forma pouco sistemática, num estilo propositadamente fragmentado e alegórico, utilizando poucos conceitos e muitas imagens literárias. Reconhecemos que seus críticos têm razão quando o acusam de ter sido dispersivo e muitas vezes incoerente. Mas também é preciso reconhecer que poucos pensadores sociais tiveram igual sensibilidade para observar o cotidiano da modernidade e decifrar os personagens da metrópole. Como o próprio Benjamin disse, ele tinha um interesse especial por aquilo que outros intelectuais classificavam como "lixo". E foi assim que antecipou a reflexão crítica sobre fotografia, cinema, miniaturas, brinquedos, poesia, flâneur, ópio, prostituição – assuntos e personagens considerados "irrelevantes" ou "indignos" por muitos de seus contemporâneos.

Nosso passeio com Benjamin nos levará, para começar, a Paris, metrópole que ele batizou de "capital do século XIX", modelo de "cidade moderna". Também examinaremos de perto algumas invenções tecnológicas que surgiram em fins do século XIX e alteraram profundamente a nossa relação com a "realidade" e com a arte no Ocidente.

Flâneur

A palavra *flâneur* vem do verbo francês *flâner*, que significa "passear", "vagar sem destino". O *flâneur* é, assim, aquele que caminha pela cidade experimentando as diferentes sensações que ela produz sem se fixar em lugar algum. É aquele que caminha pelas ruas e galerias, um "andarilho urbano" que participa da dinâmica da cidade ao mesmo tempo em que a observa. Dessa paixão do *flâneur* pela cidade e pela multidão decorre a *flânerie* como ato de apreensão e representação do panorama urbano.

Interessado na cidade moderna, Benjamin encontrou no *flâneur* a melhor expressão de seus ritmos e estilos de vida: à vontade no meio da multidão, ele observa o mundo e as pessoas a seu redor decifrando sinais e imagens apesar da aparente distração de seu olhar. É nesse sentido que Benjamin afirma ser o *flâneur* um estudioso da alma humana, um "botânico do asfalto", alguém que consegue, entre os muitos esbarrões que os passantes dão e recebem nas calçadas e galerias, captar e entender a cidade em seus detalhes e em sua dinâmica.

A capital do século XIX

Benjamin escreveu vários textos em que toma a capital francesa como suporte para tratar de temas como reformas urbanas modernizadoras, sociedade de massa, indústria do entretenimento, surrealismo, entre outros. Seu interesse era retratar Paris não apenas como ambiente construído – suas avenidas, monumentos, praças – mas também como experiência. Para examinar essa experiência urbana, em lugar de se basear nas descrições dos urbanistas, cientistas ou políticos, preferiu voltar-se para aquilo que os escritores e os poetas registraram em suas obras. Por acreditar na capacidade da literatura de revelar os dramas sociais mais intensos, Benjamin valeu-se da poesia de Charles Baudelaire e da ficção realista de Victor Hugo.

Jean Béraud. *O Boulevard Montmartre e o Teatro de Variedades*, c. 1886. Óleo sobre tela, 45 cm × 55 cm. Obra do impressionista francês, famoso por retratar em suas telas os cafés, os bulevares, os teatros e o cotidiano da cidade de Paris na Belle Époque.

Reformas urbanas

Redesenhar a cidade para redesenhar a sociedade: foi com esse princípio que Luís Napoleão, com o título de Napoleão III, inaugurou, em 1852, o Segundo Império francês, determinado a acabar com as revoltas populares que até então eclodiam com frequência em Paris. Como conter as barricadas que ameaçavam a ordem social tão almejada pelo novo imperador? A resposta foi encontrada no urbanismo: Paris sofreria uma reforma radical, deixando para trás os muros e as ruas estreitas da cidade medieval para ostentar avenidas largas, dotadas de iluminação noturna, facilitando assim o controle policial. A cidade se transformaria em nome de princípios como organização, harmonia, racionalidade e, principalmente, modernidade.

Mapa da ampliação das ruas de Paris elaborado pelo Barão Georges Haussmann, 1864.

Charles Baudelaire
(Paris, França, 9 de abril de 1821 – Paris, França, 31 de agosto de 1867)

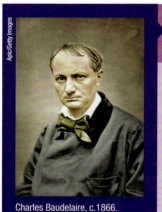

Charles Baudelaire, c.1866.

Charles-Pierre Baudelaire foi um dos maiores poetas do século XIX. É considerado um dos principais expoentes do simbolismo e um precursor da poesia moderna. Conhecido por seus textos polêmicos, teve seu livro mais importante, *Flores do mal* (de 1857), censurado por conter "ofensas à moral pública e aos bons costumes". Com um misto de horror e encantamento diante da cidade moderna, sua obra se tornou um elemento central nas análises de Walter Benjamin. O poema "A uma passante" é um bom exemplo da sensibilidade com que Baudelaire retratou a modernidade:

A rua ensurdecedora em torno de mim gritava.
Longa, magra, de luto profundo, dor majestosa.
Uma mulher passava, com uma mão suntuosa.
Erguendo, balançando a bainha e os babados do vestido;

Ágil e nobre, com suas pernas de estátua.
Eu, bebia, contorcido por aquela extravagância,
Nos olhos dela, o céu lívido formava um furacão,
A doçura que fascina, o prazer que mata.

Um clarão... depois a noite! Beleza fugidia
Cujo olhar me faz repentinamente renascer,
Não a verei mais senão na eternidade?

Em outro lugar, bem longe daqui... tarde demais! Jamais talvez!
Porque eu ignoro para onde tu vais, tu não sabes para onde vou,
Oh, tu a quem eu teria amado, oh, tu que disso sabia.

BAUDELAIRE, Charles. A une passante. In: *Les fleurs du mal*. (Tradução nossa). Disponível em: <www.dominiopublico.gov.br/download/texto/gu006099.pdf>. Acesso em: maio 2016.

Benjamin viu nesse poema um retrato fiel da experiência moderna. Nele, um transeunte comum apreende a cidade à sua volta de maneira fragmentada. Sua percepção é semelhante à do espectador diante da tela de cinema: capta uma sucessão de imagens, sem continuidade entre uma e outra, como numa sequência de choques. Ninguém sabe de onde vem a mulher ou para onde vai. Ninguém a conhece. A história se reduz a uma passagem sem começo nem fim, feita ao ritmo de uma caminhada pelas ruas da metrópole.

Quando aportamos com Benjamin na Paris do século XIX, testemunhamos o surgimento de novos valores e padrões de convivência. Ele chama nossa atenção para os grandes eventos históricos – são bastante duras suas críticas ao governo "falsificado" de Luís Napoleão –, mas também para pequenos detalhes que são reveladores. Conta-nos, por exemplo, que em 1824 somente 47 mil pessoas eram assinantes de algum jornal na capital francesa; em 1836 esse número saltou para 70 mil e, na década seguinte, chegou a 200 mil. A partir daí, observa uma contradição: com o aumento significativo do número de leitores, era de se esperar que os jornais se tornassem mais autônomos, menos dependentes do dinheiro dos poderosos. No entanto, isso não ocorreu. Na verdade, a imprensa passou a depender cada vez mais dos anúncios para sobreviver.

Uma novidade aparentemente banal, como o surgimento do cartaz, também ganha outra dimensão nas mãos de Benjamin. Observando os cartazes que começavam a ser colados nos muros de Paris, ele reflete sobre a nova cultura urbana, associada diretamente ao entretenimento e ao consumo de produtos. De tão habituados a conviver com uma cidade repleta de cartazes e *outdoors* que divulgam produtos, espetáculos, ideias, nós nos esquecemos de que esse meio de comunicação foi uma invenção do século XIX. Antes, não existia o conceito de propaganda, até porque não havia uma produção significativa de bens de consumo. Em outras palavras, não havia, como hoje, diversos produtos em competição pela preferência do consumidor.

Quando Benjamin reflete sobre o surgimento dos cartazes, além de associá-los ao nascimento da nova sociedade de consumidores, ele os vincula à chamada espetacularização da política. Pense na proximidade entre essas duas operações: "campanha publicitária" e "campanha política". A primeira promove um produto ou uma ideia. A segunda, uma pessoa e seu projeto político. Ambas dependem, para alcançar seus objetivos, da utilização de recursos de comunicação que atinjam as massas urbanas. As mercadorias que se quer vender precisam "aparecer". Os políticos também. Cria-se, assim, o "palco da política", onde se encena o "espetáculo da democracia". Isso tem seu lado bom e seu lado ruim, segundo Benjamin. É muito bom que tenha aumentado o número de pessoas que participam dos processos eleitorais. É muito ruim, porém, que a política tenha se transformado em "encenação". A discussão dos projetos e ideias foi substituída por um desfile de imagens produzidas para seduzir o eleitor, assim como se procura seduzir o cliente por meio da embalagem de um produto.

Cartaz de propaganda *Amandines de Provence da Biscuits H. Lalo*. Litografia de Leonetto Cappiello, c.1900.

Propaganda

Pode ser definida como a tentativa deliberada de uns poucos de influenciar as atitudes e o comportamento de muitos pela manipulação da comunicação simbólica. [...]

Parece haver cinco elementos-chaves que são comuns a toda propaganda, seja qual for a sua inclinação ideológica ou a causa defendida [...]. É, primeiro, algo consciente ou deliberadamente feito para atingir determinadas metas. Todos os propagandistas estão tentando influenciar um público. [...] Em segundo lugar, a propaganda tenta afetar o comportamento através da modificação de atitudes, em vez de recorrer ao emprego direto da força, à intimidação ou ao suborno. [...] Em terceiro lugar, é o comportamento que constitui a principal preocupação. [...] É o que as pessoas fazem, não o que elas pensam, o que importa em última instância. Em quarto lugar, a propaganda é de interesse político e sociológico por ser, essencialmente, um fenômeno elitista. É a tentativa de uns poucos que têm acesso à mídia como disseminadores de influenciar os muitos que só têm acesso a ela como público ouvinte. Finalmente, o vínculo entre o propagandista e o público se estabelece através de símbolos: objetos que podem ser percebidos pelos sentidos para além de sua própria existência física; significados que lhes são atribuídos por seus usuários. Os símbolos incluem todas as formas de linguagem, todas as representações gráficas, música, exposições, arte e, de modo geral, tudo que pode ser percebido.

QUALTER, Terence H. Propaganda. In: OUTHWAITE, W.; BOTTOMORE, T. (Ed.). *Dicionário do pensamento social do século XX*. Rio de Janeiro: Jorge Zahar Editor, 1996. p. 616-618.

Um mundo em miniatura

Boa parte da reflexão de Benjamin sobre a modernidade encontra-se no livro *Passagens* – centenas e centenas de páginas que escreveu de 1927 até as vésperas de sua morte, em 1940. Trata-se, portanto, de uma obra inacabada, que só foi publicada postumamente. Por que, afinal, Benjamin julgou as passagens de Paris tão interessantes?

Para começar, por que essas galerias feitas de estruturas de ferro e vidro surgiram apenas no século XIX, e não antes? Benjamin associa seu aparecimento, sobretudo, ao desenvolvimento do comércio de tecidos. Na época ainda não havia lojas de roupas prontas, e as pessoas compravam tecidos para que a costureira ou o alfaiate produzisse as peças desejadas. Mas, como nos lembra Benjamin, as passagens não abrigavam somente lojas de tecidos: havia também o que se chamava de *magasins de nouveautés*, "lojas de novidades". Nelas era possível encontrar uma infinidade de mercadorias de luxo que deslumbravam os parisienses e os turistas. Benjamin cita um guia ilustrado de Paris que dizia: "Essas passagens, uma recente invenção do luxo industrial, são galerias cobertas de vidro e com paredes revestidas de mármore, que atravessam quarteirões inteiros, cujos proprietários se uniram para esse tipo de especulação. Em ambos os lados dessas galerias, que recebem a luz do alto, alinham-se as lojas mais elegantes, de modo que tal passagem é uma cidade, um *mundo em miniatura*".

Galeria Vivienne, Paris, c. 1880. Fotógrafo desconhecido.

Passagens

Ruas-salões: "As mais largas e mais bem situadas dentre as ruas-galerias foram ornamentadas com gosto e suntuosamente mobiliadas. As paredes e os tetos foram cobertos de mármores raros, de espelhos e de quadros; guarneciam-se as janelas de magníficas tapeçarias e de cortinas bordadas com desenhos maravilhosos; cadeiras, poltronas, canapés ofereceram assentos cômodos aos visitantes fatigados; enfim, móveis artísticos, antigos baús, vitrines cheias de curiosidades, potes contendo flores naturais, aquários cheios de peixes vivos, gaiolas povoadas de pássaros raros completaram a decoração dessas ruas-galerias que, à noite, eram iluminadas por candelabros dourados e lustres de cristal. O Governo quis que as ruas pertencendo ao povo de Paris ultrapassassem em magnificência os salões dos mais poderosos soberanos. Pela manhã, as ruas-galerias ficam entregues ao pessoal da limpeza que areja, varre cuidadosamente, escova, espana, esfrega móveis e conserva por toda parte a mais escrupulosa limpeza. Em seguida, conforme a estação, fecham-se as janelas ou deixam-nas abertas, acende-se a lareira ou se descem as cortinas. Entre nove e dez horas, todo esse trabalho de limpeza está terminado e os transeuntes, raros até então, se põem a circular em grande número. A entrada das galerias é rigorosamente proibida a todo indivíduo sujo ou portador de um grande fardo; é igualmente proibido fumar e escarrar".

BENJAMIN, Walter. *Passagens*. Edição brasileira: BOLLE, Willi (Org.). Traduzido do alemão por Irene Aron e do francês por Cleonice Paes Barreto Mairão. Belo Horizonte: Editora UFMG; São Paulo: Imprensa Oficial do Estado de São Paulo, 2007. p. 94.

Para Benjamin, as passagens eram um "mundo em miniatura" em vários sentidos. Em primeiro lugar, porque ali se concentravam diferentes mercadorias, vindas dos lugares mais remotos, principalmente das colônias francesas. Além disso, gente de toda parte vinha admirá-las e consumi-las. Mas as passagens também eram um "mundo em miniatura" porque possibilitavam a percepção, em seu espaço, das várias contradições do sistema capitalista mundo afora: a contradição entre abundância e escassez, entre império e colônia, entre o tempo útil de um produto e o tempo descartável da moda, entre os que podiam entrar e consumir e os que ficavam do lado de fora sonhando.

Benjamin vê as passagens como locais de intensas trocas materiais e culturais, verdadeiros espaços de exposição de produtos e de corpos. Os consumidores "desfilavam" pelas galerias para ver e serem vistos. Alguns levavam para passear tartarugas com fitas de veludo amarradas ao pescoço! Esse hábito, que nos parece tão ridículo hoje, era uma maneira de forçar o passo lento. As pessoas estavam sendo "treinadas" para a incorporação de um hábito novo: o de "olhar vitrines" e assim desejar o supérfluo, a novidade por ela mesma. Quantas vezes nos recusamos a usar uma peça de roupa ainda em bom estado só porque ela "saiu de moda"? Quantas vezes descobrimos que simplesmente não podemos viver sem aquele novo modelo de celular, que nem sabíamos que existia até nos depararmos com ele em uma vitrine?

Benjamin nos ajuda a perceber a origem de uma poderosa associação: aquela entre consumo e lazer. Hoje esse par nos parece natural. Muitas vezes vamos ao shopping center só para "nos distrair" ou "relaxar". Acabamos, geralmente, comprando uma coisinha, fazendo um lanche. Ou seja, acabamos consumindo, quando a intenção era passear. "Fazer compras" se tornou uma atividade privilegiada em nosso tempo "livre", o tempo do não trabalho.

As passagens parisienses eram espaços frequentados, sobretudo, pelas mulheres da classe média e das elites. Não se esqueça de que, durante muito tempo – e ainda hoje nas sociedades mais tradicionais

▌▌ *Shopping centers*

Apesar de associarmos os *shopping centers* à vida das grandes cidades de hoje, esse tipo de centro de comércio não é exatamente uma invenção recente. Já no século X a.C., em Esfahan, no atual Irã, o Grande Bazar reunia uma enorme variedade de produtos num ambiente coberto com nada menos que 10 quilômetros de extensão. Em 1774, em Oxford, na Inglaterra, também foi inaugurado um grande mercado coberto, que, assim como as galerias parisienses descritas por Walter Benjamin, já prenunciava o que viria a ser o modelo de *shopping* conhecido por nós.

O primeiro *shopping center* tal como conhecemos hoje surgiu em 1828, nos Estados Unidos, no estado de Rhode Island. No Brasil, os primeiros *shoppings* surgiram na década de 1960, no Rio de

Fachada do antigo prédio do Mappin, Praça do Patriarca em São Paulo (SP), 1937.

Janeiro e em São Paulo. No entanto, antes da construção desses centros de comércio, já havia, desde o início do século XX, grandes lojas de departamentos que vendiam uma enorme variedade de produtos e atraíam verdadeiras multidões.

A primeira dessas lojas no Brasil foi o extinto Mappin, fundado na Inglaterra em 1774 e inaugurado em São Paulo em 1913. Foi ele que introduziu práticas que hoje nos parecem muito comuns no mundo do comércio, como colocar etiquetas com preços nas vitrines e criar programas de crediário para os clientes. Durante as décadas de 1940 e 1950, o Mappin foi um verdadeiro ponto de encontro da elite paulistana, antecipando o *shopping center*, que só viria a se disseminar no Brasil algumas décadas mais tarde, oferecendo produtos de diversos tipos e funcionando também como espaço de encontro.

– as mulheres estiveram associadas ao espaço doméstico. Mesmo às mulheres mais pobres, que trabalhavam fora de casa, não era permitido circular pelos espaços públicos impunemente. Uma mulher "de bem", "de família", com um sobrenome a ser preservado, não perambulava pelas ruas. Isso era coisa de outro tipo de mulher – a prostituta. As prostitutas frequentavam as ruas porque eram, por assim dizer, "mercadorias" que precisavam ser "expostas" para o consumo masculino. As passagens, assim como as lojas de departamentos no início do século XX, vieram garantir às mulheres um espaço seguro onde podiam passear e se divertir sem serem "confundidas". A ironia reside no fato de que, para conquistar os espaços públicos, as mulheres tiveram de substituir a identidade de "mercadorias em si" pela de "consumidoras de mercadorias".

Benjamin vê as passagens como espaços ao mesmo tempo de opressão e de libertação. Eram opressoras porque impunham a ideologia do consumo. Mas também carregavam em si o que ele chamou de "utópicas promessas de liberdade", na medida em que apontavam para a possibilidade de construir uma sociedade próspera e dominada pela tecnologia, funcionando como verdadeiras "casas de sonhos coletivos", conforme sua expressão. Seguindo o caminho trilhado anteriormente por Marx, Benjamin reconhece uma dimensão positiva no capitalismo e considera que o que impede produtos e sonhos de serem acessíveis a todos não é uma falha técnica do sistema, e sim a lógica egoísta e desigual em que ele se baseia. Num interessante jogo de palavras, resume: "Paris era a capital do sonho e o sonho do capital".

Ilusões e realidades da arte e da tecnologia

Ao longo de sua obra, Benjamin se manteve preocupado com as transformações ocorridas em nossa maneira de perceber o mundo. *Como os novos recursos tecnológicos alteraram nossa maneira de perceber o que está ao nosso redor?* A resposta a essa questão complicada foi dada em um ensaio de título igualmente complicado – *A obra de arte na era de sua reprodutibilidade técnica* – que foi escrito na década de 1920, quando a fotografia e o cinema ainda eram grandes novidades.

❚❚ Fotografia de *A última ceia* faz sucesso na internet

Uma fotografia de alta definição do afresco *A última ceia*, de Leonardo da Vinci, está fazendo sucesso na internet e já registrou mais de três milhões de visitas desde que foi publicada no *site* <www.haltadefinizione.com>.

As pessoas voltaram a ver *A última ceia* em 1999, após uma restauração que durou 21 anos. No entanto, poucos privilegiados puderam contemplá-la, numa das paredes da Igreja Santa Maria delle Grazie, em Milão. O espaço estreito não permite que mais de 20 pessoas entrem ao mesmo tempo. As pessoas precisam reservar uma visita meses antes. Por isso, cerca de 300 mil pessoas conseguem vê-la anualmente.

Além disso, os visitantes não podem ficar a menos de dois metros de distância da famosa imagem. O site, inaugurado no último sábado, oferece uma grande oportunidade para as pessoas observarem uma das obras-primas do artista renascentista. [...]

A qualidade da fotografia — 16 bilhões de pixels — permite que os internautas possam ver todos os detalhes da imagem de Da Vinci. [...]

Os objetos que estão na mesa [...] podem ser vistos claramente, entre eles, copos com vinho e alguns pedaços de laranja num prato em frente a São Mateus. [...]

Leonardo da Vinci. *A última ceia*, 1495. Afresco, 4,60 m × 8,88 m.

Agência EFE, 31 de outubro de 2007. Disponível em: <http://g1.globo.com/Noticias/PopArte/0,,MUL163965-7084,00.html>. Acesso em: maio 2016.

O progresso das técnicas de reprodução e as alterações da percepção, segundo Benjamin, começam na fotografia e se aprofundam no cinema. Observe que a fotografia, ao contrário da pintura, não tem propriamente um "original". Seu "original" era o negativo, que só se transformava em fotografia após a revelação, e hoje é o arquivo digital, que vira fotografia ao ser impresso. Como a condição de sua existência é a reprodução mecânica, que possibilita um número infinito de cópias, a fotografia já nasce questionando os conceitos de originalidade e autenticidade. Ela faz circular a imagem de objetos, paisagens, figuras humanas, mas também de obras de arte que eram únicas e só podiam ser contempladas por poucos, por isso mesmo, pareciam envoltas em uma espécie de "aura". Pense, por exemplo, na *Mona Lisa*, de Leonardo da Vinci. Durante muito tempo, esse quadro foi visto apenas por aqueles que tinham o privilégio de visitar o Museu do Louvre, em Paris. Hoje, graças à reprodução fotográfica, a pintura de Da Vinci tornou-se presente no imaginário de pessoas de diferentes idades e classes sociais, em vários lugares do mundo. E, graças também à fotografia, o sorriso enigmático da Mona Lisa pode estampar camisetas, panos de prato, tapetes, almofadas – a imaginação é o limite.

Mona Lisa, de Leonardo da Vinci, quadro exposto no Museu do Louvre, em Paris (França), 2015.

Visitantes fotografando a obra *Mona Lisa*, de Leonardo da Vinci, no Museu do Louvre, em Paris (França), 2013.

Curtis Jackson, conhecido como 50 Cent, no Festival de Música iHeartRadio. Las Vegas, Nevada (Estados Unidos), 2014.

Cultura de massa e indústria cultural

Entre o final do século XIX e a Primeira Guerra Mundial, aproximadamente, ocorreram importantes mudanças que contribuíram para promover novos estilos de vida e novas formas de pensar. Esse curto período conhecido como *Belle Époque* – assim chamado por causa da paz que as nações europeias gozavam com acentuado desenvolvimento tecnológico e prosperidade econômica – foi propício à ostentação do luxo e à consolidação de uma cultura burguesa.

As revoluções que atravessaram o século XIX deixaram marcas profundas na vida política e social dos países europeus. Essas experiências contribuíram para que setores dirigentes – temerosos com a possibilidade de eclosão de novos processos revolucionários – colocassem em andamento políticas sociais no âmbito do trabalho, da segurança e da educação pública, a fim de conter a agitação das classes trabalhadoras. No início do século XX já se notavam os efeitos dessas políticas, por exemplo, a queda da taxa de analfabetismo da população.

O aumento do letramento e o contexto econômico favorável que levou à melhoria das condições de vida favoreceram a penetração dos meios de comunicação em todos os segmentos sociais – inicialmente, através da imprensa e do rádio. Assim, as diversas manifestações artístico-culturais foram difundidas em larga escala e a uma velocidade sem precedentes. Esses acontecimentos contribuíram para o advento da chamada cultura de massa, ou seja, um tipo de configuração cultural que abrange grandes populações e difere das culturas particulares dos grupos sociais ou da cultura nacional. A sua difusão ocorre por meio dos veículos de comunicação de massa – as mídias.

Na década de 1920, alguns intelectuais alemães começaram a falar de uma indústria cultural, ou seja, de redes de mídias que produziam, distribuíam e transmitiam o conteúdo artístico-cultural visando ao lucro. Um aspecto que chamava a atenção desses intelectuais era a forma como as massas lidavam com as informações veiculadas pelos meios de comunicação e seu comportamento acrítico diante das campanhas publicitárias. A particularidade do produto da indústria cultural seria o enfraquecimento da arte erudita e da arte popular, pois, ao transformar a cultura em mercadoria – sujeita às leis da oferta e procura –, mantinha o público passivo, acrítico, desencorajado a buscar novas experiências, conformado ao conhecido e já experimentado. A arte que se caracteriza por se opor à sociedade – por expressar suas incertezas, contradições e sonhos – estaria perdendo essa capacidade, pois sua mercantilização a transformava em mero reflexo da vontade imediata do consumidor.

Para Benjamin, o cinema aprofunda as transformações trazidas pela fotografia. Com suas técnicas de filmagem, montagem e edição – *close-up*, câmera lenta, *flashback* etc. –, o cinema altera drasticamente nossa percepção do tempo. Com o cinema, aprendemos a incorporar descontinuidades e nos exercitamos como se estivéssemos numa verdadeira máquina do tempo. Se as galerias eram "mundos em miniatura", o cinema é "o mundo em pedaços". Um mundo de fantasia, de simulação, de reconstrução e de reapresentação da realidade. Outra coisa que o cinema altera é a concepção de autoria. Além do diretor, há tantas pessoas envolvidas na produção de um filme – os atores, o roteirista, o cinegrafista, o responsável pelos efeitos especiais etc. – que não cabe apontar um único autor.

Com a fotografia e o cinema, a arte saía dos palácios e museus para atingir um número infinito de pessoas. Estabeleceu-se então uma nova forma de interação entre o público e a produção artística, o que gerou uma grande transformação nas relações da arte com seu público consumidor. Ao lado do desenvolvimento de mídias como o rádio e a televisão, a reprodutibilidade técnica criava assim as condições para o nascimento de dois fenômenos bastante atuais: a cultura de massa e a indústria cultural.

Benjamin estava interessado em refletir sobre as alterações ocorridas não apenas nas maneiras de produzir imagens, mas também nas formas de perceber o mundo. Pense em como as pessoas deviam perceber o próprio rosto antes de o espelho se tornar um objeto comum. Elas podiam se utilizar de outras superfícies refletoras, mas certamente obtinham uma imagem menos definida de si. Hoje, ampliando uma fotografia nossa, podemos ver cada detalhe de nosso rosto, cada pequena marca, cada poro. Usando ferramentas de manipulação de imagens podemos ainda alterar detalhes de nosso retrato ou compor imagens inexistentes na realidade, mas que parecem muito "reais" a quem as observa.

Andy Warhol e a *Pop Art*

A assim chamada *Pop Art* (abreviatura para *Popular Art*, ou "Arte Popular", em português) foi um movimento artístico surgido no final da década de 1950, na Inglaterra e nos Estados Unidos. Inspirados na cultura de massa, os artistas ligados ao movimento se aproximavam da estética da publicidade para ironizar o consumismo que marcava, já naquela época, a cultura ocidental.

Um dos nomes mais importantes da *Pop Art* foi, sem dúvida, o norte-americano Andy Warhol. Graduado em *design*, Warhol começou sua carreira como ilustrador de importantes revistas, como *Vogue*, *Harper's Bazaar* e *The New Yorker*, além de fazer anúncios publicitários e *displays* para vitrines de lojas. Nos anos 1960, já bastante conhecido por seu trabalho como *designer* gráfico, passou a dedicar-se às artes plásticas. Suas obras rapidamente ganharam fama por carregar temas e conceitos do mundo da publicidade, como o uso de cores fortes e brilhantes e o emprego da serigrafia (técnica de baixo custo usada na reprodução em massa de uma imagem impressa). Estampando repetidamente itens como garrafas de Coca-Cola e latas de sopa Campbell's, Warhol levava para o campo artístico temas do cotidiano, ironizando o consumismo e sua relação com a publicidade. No mesmo sentido, fez também séries de rostos de celebridades como Marilyn Monroe, Elvis Presley e Che Guevara, mostrando, por meio da reprodução mecânica das imagens, a transformação de mitos em produtos da cultura de massa.

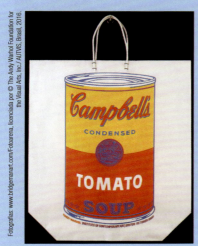

Andy Warhol. Lata de sopa Campbell's em sacola de compras. Imagem em saco de compras, 1966. 49 cm × 43 cm.

Andy Warhol. Mosaico de Marilyn Monroe, 1964.

Capítulo 12 – Sonhos de consumo

Graças à invenção de novos instrumentos – espelho, gravador, microscópio, luneta, câmera fotográfica, cinema, computador –, cada época histórica altera a percepção que os seres humanos podem ter da realidade. Benjamin analisou bastante o impacto das invenções na vida das pessoas, ressaltando não tanto seu aspecto "técnico", mas seu aspecto "existencial". Um bom exemplo é o da transmissão da memória. As sociedades ágrafas, ou sem escrita, que não dispõem de dispositivos tecnológicos de gravação e difusão da informação, têm uma relação com a memória muito diferente da nossa. Nessas sociedades, a memória está diretamente ligada à transmissão oral dos fatos dignos de serem lembrados e ao compartilhamento da informação entre os mais velhos e os mais jovens. Nossa relação com a memória é outra. Quando queremos nos recordar de um evento coletivo do passado, fazemos uma pesquisa nos livros e nos jornais da época – sem falar na internet. Para nos lembrarmos de nossos primeiros anos de vida, recorremos aos álbuns de fotografias e aos vídeos feitos por nossos familiares. Isso não quer dizer que tenhamos perdido o gosto pelas histórias que nos contam nossos avós, que não compartilhemos oralmente fatos passados ou que não tenhamos mais a experiência afetiva da memória. Mas, como nos diz Benjamin, algo muito importante mudou, primeiro com a introdução da escrita, depois com as inúmeras ferramentas de busca e de difusão da informação que encontramos a nosso dispor. Já não há necessidade de estar no mesmo espaço físico aquele que busca a informação e aquele que a transmite. No caso da internet, muitas vezes nem sabemos de onde veio uma informação capaz de alcançar milhares de pessoas.

Benjamin sempre procura, nos fenômenos sociais que observa, ponderar o que há de positivo e de negativo. Ele reconhece, por exemplo, os benefícios que a reprodução técnica oferece a um contingente maior de pessoas em termos de ampliação do acesso às obras de arte e de preservação delas. Sua análise, de maneira geral, permite-nos ver a realidade como uma estrada que se abre em vários caminhos possíveis. Se isso muitas vezes complica o entendimento de suas reflexões, certamente as torna mais desafiadoras e interessantes.

Expressionismo

A Belle Époque caracterizou-se por intenso desenvolvimento tecnológico. No campo artístico, os exemplos mais marcantes foram o surgimento da fotografia e do cinema, que acabaram por desencadear uma profunda reflexão sobre a arte. Diante da possibilidade de capturar a realidade (estática ou em movimento) por meio de processos mais simples, ágeis e reprodutíveis, quais razões haveria para a pintura, literatura, escultura, dança, teatro, música, enfim, para todas as manifestações artísticas continuarem imprimindo realidade às suas obras?

Foi com base nessa reflexão que se desenvolveu, no início do século XX, na Alemanha, um movimento cultural que procurou ultrapassar as concepções impressionistas da arte buscando novas linguagens para que o artista pudesse se comunicar com seu público. Esse movimento ficou conhecido como Expressionismo e, embora tenha perpassado todos os campos artísticos, teve na pintura seu terreno mais fértil.

O Expressionismo constituiu-se, primeiro, num estilo que preconizava a deformação da realidade com o objetivo de expressar as emoções do artista em relação à natureza e ao ser humano retratando seu mundo interior. O movimento rejeitava a descrição objetiva da realidade, ou seja, a cópia do real. A ruptura com os pressupostos da arte impressionista fez com que o Expressionismo e todos os movimentos artísticos associados (Fauvismo, Cubismo, Surrealismo, arte abstrata) se tornassem sinônimos de arte moderna e de vanguarda.

Os vanguardistas queriam que suas obras expressassem o inconsciente coletivo da sociedade que representavam e que os espectadores participassem ativamente da compreensão de suas obras. Após a Segunda Guerra Mundial, o Expressionismo desapareceu como estilo artístico, mas continuou influenciando muitas correntes artísticas da segunda metade do século XX.

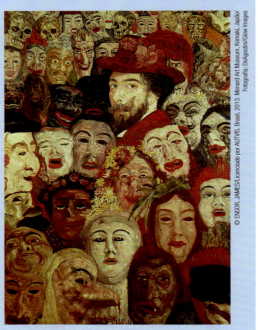

James Ensor (1860-1949). *Autorretrato com máscaras*, 1899. Óleo sobre tela, 117 cm × 82 cm.

▐▐ Por que tiramos e postamos tantos *selfies*?

O ato de tirar um autorretrato e publicá-lo para que todos possam ver talvez diga mais sobre a natureza humana do que sobre um suposto narcisismo da era digital.

É uma tradição: anualmente o *Oxford Dictionary* escolhe um termo da língua inglesa que considera a "palavra do ano". São conhecidos os debates entre os linguistas da casa ao redor do termo da vez, que raramente é unânime. Não foi o que aconteceu em 2013. "A decisão foi unânime, quase não houve discussão", escreveu a equipe da secular publicação britânica em seu *blog* oficial. A palavra de 2013 foi "*selfie*".

A palavra em si não é nova: há registros do uso do termo "*selfie*" para definir uma foto de si mesmo sendo usada em 2002, em um fórum australiano. Se a palavra não é nova, a ideia de tirar o próprio autorretrato é muito menos: as pessoas tiram *selfies* desde antes da chegada da câmera digital, reproduzindo uma expressão artística histórica — afinal fotógrafos e pintores os produzem há séculos. O primeiro *selfie* da história é atribuído ao fotógrafo Robert Cornelius, que em 1839 tirou uma foto de si mesmo. [...]

O que mudou em 2013 é que nunca foram tirados tantos *selfies*. A terceira *tag* mais popular do Instagram é #me e a lista das celebridades que tiram autorretratos e os publicam *on-line* saiu da esfera pop, chegando até a líderes políticos [...].

A psicóloga Pamela Rutledge, que analisa o impacto das redes sociais e da tecnologia na sociedade, [...] é otimista sobre a maneira como nós lidamos com estas formas de exposição *on-line* e diz que é forma de contato e comunicação. [...] "Dizer que a cultura dos *selfies* pode impactar a personalidade dos adolescentes e torná-los mais egocêntricos é exagero", diz. "O impacto social não tem a ver com *selfies*, mas com presunções de agentes individuais e controle e com quem tem direito do quê. É a primeira vez na história que as pessoas podem ser, ao mesmo tempo, o agente e o artista", conclui.

"Ao combinar um meio conveniente e ágil de produzir fotos com uma conexão permanente e rápida à rede de amigos, o uso da fotografia como veículo de conversas entrou na vida das pessoas com surpreendente naturalidade", analisa o fotógrafo Mario Amaya. [...] O clichê "uma imagem vale mais do que mil palavras" não é um clichê à toa.

Mas que ninguém decrete morte ao texto escrito! O sociólogo Ben Agger, da Universidade do Texas, diz que essas formas de comunicação já convivem harmoniosamente e vão continuar assim. "[...] O desafio é ler, interpretar e desvendar imagens para enxergar o 'texto' que elas realmente contam", propõe. Ou seja, um *selfie* pode ser muito mais do que um *selfie* e talvez, instintivamente, todos nós saibamos interpretar as mensagens por trás dessas imagens. Afinal, se não fosse o caso, não estaríamos cercados por estas fotos.

FREITAS, Ana. Por que tiramos e postamos tantos *selfies*. *Galileu*, 21 fev. 2014. Disponível em <http://revistagalileu.globo.com/Revista/noticia/2014/02/por-que-tiramos-e-postamos-tantos-selfies.html>. Acesso em: maio 2016.

◀◀ Recapitulando

As transformações no mundo do trabalho e na economia, nas crenças e nos valores, na política e nas instituições foram objeto de estudo dos observadores da sociedade a partir do século XIX. A grande contribuição de Walter Benjamin foi introduzir nas discussões sobre os tempos modernos alguns temas relacionados à vida urbana que não foram tratados por outros estudiosos de sua época – temas que não despertaram interesse por serem considerados irrelevantes, como a indústria do entretenimento, a sociedade de consumo e a sociedade de massa. Além de refletir sobre novos temas, Benjamin ampliou o campo das pesquisas sociais, nele incluindo os cartazes de propaganda, as obras literárias, as passagens e as novas tecnologias. Lançou mão de tudo isso para discutir os paradoxos da vida moderna, ou seja, o quanto ela aprisiona os indivíduos com sua ideologia do consumo e o quanto ela traz de liberdade para a coletividade. Podemos perceber, por seus escritos, que tudo o que diz respeito à vida em sociedade interessa à Sociologia.

Walter Benjamin também se mostrou sensível à mudança de comportamento das mulheres e à mudança da sociedade em relação a elas. Desde os primórdios da Revolução Industrial, as mulheres das camadas baixas saíram junto com o marido e os filhos para ganhar o sustento nas fábricas ou manufaturas. Paulatinamente, deixaram o ambiente doméstico (privado) e foram introduzidas no espaço público. O que chamou a atenção de Benjamin foi a circulação de mulheres, especialmente das camadas mais abastadas, pelas passagens ou galerias, a fim de consumir novidades. Esse e outros aspectos, segundo Benjamin, explicitavam as contradições da modernidade – a divisão da sociedade entre consumidores e não consumidores de determinados bens; entre os que usam o tempo trabalhando e os que passam o tempo em passeios de consumo; entre os que têm abundância de recursos e os que sofrem de escassez.

As novas tecnologias interessaram a Benjamin porque, além de oferecer respostas para múltiplas necessidades cotidianas, contribuem para alterar a apreensão do mundo pelos indivíduos. A fotografia, a filmagem, a gravação de áudio e outras técnicas de reprodução foram objeto de reflexão de Walter Benjamin por alterarem a produção da memória coletiva nas sociedades modernas.

Capítulo 12 – Sonhos de consumo ◀◀ **189**

Leitura complementar

Experiência e pobreza

Em nossos livros de leitura havia a parábola de um velho que no momento da morte revela a seus filhos a existência de um tesouro enterrado em seus vinhedos. Os filhos cavam, mas não descobrem qualquer vestígio do tesouro. Com a chegada do outono, as vinhas produzem mais que qualquer outra na região. Só então compreenderam que o pai lhes havia transmitido uma certa experiência: a felicidade está não no ouro, mas no trabalho. Tais experiências nos foram transmitidas, de modo benevolente ou ameaçador, à medida que crescíamos: "Ele é muito jovem, em breve poderá compreender". Ou: "Um dia ainda compreenderá". Sabia-se exatamente o significado da experiência: ela sempre fora comunicada aos jovens. De forma concisa, com a autoridade da velhice, em provérbios; de forma prolixa, com a sua loquacidade, em histórias; muitas vezes como narrativas de países longínquos, diante da lareira, contadas a pais e netos. Que foi feito de tudo isso? Quem encontra ainda pessoas que saibam contar histórias como elas devem ser contadas? Que moribundos dizem hoje palavras tão duráveis que possam ser transmitidas de geração em geração? Quem é ajudado hoje por um provérbio oportuno? Quem tentará, sequer, lidar com a juventude invocando sua experiência? [...]

Uma nova forma de miséria surgiu com esse monstruoso desenvolvimento da técnica, sobrepondo-se ao homem. [...] Pensemos nos esplêndidos quadros de Ensor, nos quais uma fantasmagoria enche as ruas das metrópoles: pequenos-burgueses com fantasias carnavalescas, máscaras disformes, brancas de farinha, coroas de folha de estanho rodopiam imprevisivelmente ao longo das ruas. Esses quadros são talvez a cópia da Renascença terrível e caótica na qual tantos depositam suas esperanças. [...] Pois qual o valor de todo o nosso patrimônio cultural, se a experiência não mais o vincula a nós? [...]. Sim, é preferível confessar que essa pobreza de experiência não é mais privada, mas de toda a humanidade. Surge assim uma nova barbárie.

Barbárie? Sim. Respondemos afirmativamente para introduzir um conceito novo e positivo de barbárie. Pois o que resulta para o bárbaro dessa pobreza de experiência? Ela o impele a partir para frente, a começar de novo, a contentar-se com pouco, sem olhar nem para a direita nem para a esquerda. Entre os grandes criadores sempre existiram homens implacáveis que operaram a partir de uma tábula rasa. Queriam uma prancheta: foram construtores [...]

Pobreza de experiência: não se deve imaginar que os homens aspirem a novas experiências. Não, eles aspiram a libertar-se de toda experiência, aspiram a um mundo em que possam ostentar tão pura e tão claramente sua pobreza externa e interna, que algo de decente possa resultar disso. Nem sempre eles são ignorantes ou inexperientes. Muitas vezes podemos afirmar o oposto: eles "devoram" tudo, a "cultura" e os "homens", e ficam saciados e exaustos. [...] Ao cansaço segue-se o sonho, e não é raro que o sonho compense a tristeza e o desânimo do dia, realizando a existência inteiramente simples e absolutamente grandiosa que não pode ser realizada durante o dia, por falta de forças. A existência do camundongo Mickey é um desses sonhos do homem contemporâneo. É uma existência cheia de milagres, que não somente superam os milagres técnicos como zombam deles. Pois o mais extraordinário neles é que todos [...] saem do corpo do camundongo Mickey, dos seus aliados e perseguidores, dos móveis mais cotidianos, das árvores, nuvens e lagos. A natureza e a técnica, o primitivismo e o conforto se unificam completamente, e aos olhos das pessoas, fatigadas com as complicações infinitas da vida diária e que veem o objetivo da vida apenas como o mais remoto ponto de fuga [...], surge uma existência que se basta a si mesma, em cada episódio, do modo mais simples e mais cômodo, e na qual um automóvel não pesa mais que um chapéu de palha, e uma fruta na árvore se arredonda como a gôndola de um balão.

Podemos agora tomar distância para avaliar o conjunto. Ficamos pobres. Abandonamos uma depois da outra todas as peças do patrimônio humano, tivemos que empenhá-las muitas vezes a um centésimo do seu valor para recebermos em troca a moeda miúda do "atual". A crise econômica está diante da porta, atrás dela está uma sombra, a próxima guerra. A tenacidade é hoje privilégio de um pequeno grupo dos poderosos, que sabe Deus não são mais humanos que os outros; na maioria bárbaros, mas não no bom sentido. Porém os outros precisam instalar-se, de novo e com poucos meios. São solidários dos homens que fizeram do novo uma coisa essencialmente sua, com lucidez e capacidade de renúncia. Em seus edifícios, quadros e narrativas a humanidade se prepara, se necessário, para sobreviver à cultura. E o que é mais importante: ela o faz rindo. Talvez esse riso tenha aqui e ali um som bárbaro. Perfeito. No meio tempo, possa o indivíduo dar um pouco de humanidade àquela massa, que um dia talvez retribua com juros e com os juros dos juros.

BENJAMIN, Walter. Experiência e pobreza (1933). In: *Obras escolhidas*: magia e técnica, arte e política. 3. ed. Trad. Sérgio Paulo Rouanet. São Paulo: Brasiliense, 1987. p. 114-119.

Fique atento!

Definição dos conceitos sociológicos estudados neste capítulo.

Cultura de massa: na página 186.

Indústria cultural: na página 186.

Propaganda: na página 182.

Sessão de cinema

A ALMA DO NEGÓCIO

Brasil, 1996, 8 min. Direção de José Roberto Torero.

Um casal feliz apresenta todas as vantagens dos objetos que possui, mas o relacionamento dos dois chega a um final surpreendente. Disponível em: <portacurtas.org.br>. Acesso em: jan. 2016.

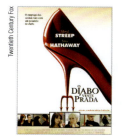

O DIABO VESTE PRADA

EUA, 2006, 109 min. Direção de David Frankel.

Uma jornalista recém-formada consegue o emprego de assistente de editora-chefe de uma célebre revista de moda. Ela não tem traquejo para o cargo e, para manter-se no emprego, precisa aprender o sentido do consumo de luxo e da ostentação.

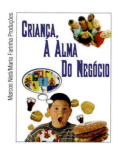

CRIANÇA, A ALMA DO NEGÓCIO

Brasil, 2008, 50 min. Direção de Estela Renner.

O filme faz uma análise dos efeitos da mídia de massa e da publicidade nas crianças, mostrando também como essa indústria descobriu que elas são o melhor alvo para vender um produto.

OS DELÍRIOS DE CONSUMO DE BECKY BLOOM

Estados Unidos, 2009, 50 min. Direção de P. J. Hogan.

Rebecca Bloomwood adora fazer compras, e seu vício a leva à falência. Seu grande sonho é trabalhar em sua revista de moda preferida, mas, quando está prestes a realizá-lo, ela repensa suas ambições.

Construindo seus conhecimentos

MONITORANDO A APRENDIZAGEM

1. Émile Durkheim, ao formular o conceito de fato social, estabeleceu alguns critérios para definir as questões que interessam aos sociólogos. Responda: Por que, apesar de Walter Benjamin ter estudado alguns temas que não faziam parte do "repertório" dos sociólogos de sua época e de não ser considerado propriamente um sociólogo, seus temas podem ser considerados sociológicos?

2. Que aproximações podem ser feitas entre a análise de Marx e a de Benjamin sobre o capitalismo?

3. Max Weber, assim como Walter Benjamin, preocupava-se com as contradições existentes nas sociedades modernas. Os dois autores perceberam que as tecnologias ao mesmo tempo fascinam e criam dilemas no dia a dia. Ambos entenderam também que as inovações tecnológicas podem alterar a apreensão do mundo pelas pessoas. Com suas palavras, resuma os principais pontos da reflexão de Benjamin sobre a difusão da fotografia: Que mudanças essa tecnologia provocou nas sociedades modernas?

DE OLHO NO ENEM

1. (Enem 2003)

A Propaganda pode ser definida como divulgação intencional e constante de mensagens destinadas a um determinado auditório visando a criar uma imagem positiva ou negativa de determinados fenômenos. A Propaganda está muitas vezes ligada à ideia de manipulação de grandes massas por parte de pequenos grupos. Alguns princípios da Propaganda são: o princípio da simplificação, da saturação, da deformação e da parcialidade.

Adaptado de Norberto Bobbio et al. *Dicionário de política*. Brasília: UnB, 2007.

Segundo o texto, muitas vezes a propaganda

(A) não permite que minorias imponham ideias à maioria.

(B) depende diretamente da qualidade do produto que é vendido.

(C) favorece o controle das massas difundindo as contradições do produto.

(D) está voltada especialmente para os interesses de quem vende o produto.

(E) convida o comprador à reflexão sobre a natureza do que se propõe vender.

2. (Enem 2015)

TEXTO I

A melhor banda de todos os tempos da última semana
O melhor disco brasileiro de música americana
O melhor disco dos últimos anos de sucessos do passado
O maior sucesso de todos os tempos entre os dez maiores fracassos
Não importa contradição
O que importa é televisão
Dizem que não há nada que você não se acostume
Cala a boca e aumenta o volume então.

MELLO, B.; BRITTO, S. *A melhor banda de todos os tempos da última semana*. São Paulo: Abril Music, 2001 (fragmento).

192 ▶▶ Parte II – A Sociologia vai ao cinema

TEXTO II

O fetichismo na música e a regressão da audição

Aldous Huxley levantou em um de seus ensaios a seguinte pergunta: quem ainda se diverte realmente hoje num lugar de diversão? Com o mesmo direito poder-se-ia perguntar: para quem a música de entretenimento serve ainda como entretenimento? Ao invés de entreter, parece que tal música contribui ainda mais para o emudecimento dos homens, para a morte da linguagem como expressão, para a incapacidade de comunicação.

ADORNO, T. *Textos escolhidos*. São Paulo: Nova Cultural, 1999.

A aproximação entre a letra da canção e a crítica de Adorno indica o(a)

(A) lado efêmero e restritivo da indústria cultural.

(B) baixa renovação da indústria de entretenimento.

(C) influência da música americana na cultura brasileira.

(D) fusão entre elementos da indústria cultural e da cultura popular.

(E) declínio da forma musical em prol de outros meios de entretenimento.

3. **(Enem 2010)**

No século XX, o transporte rodoviário e a aviação civil aceleraram o intercâmbio de pessoas e mercadorias, fazendo com que as distâncias e a percepção subjetiva das mesmas se reduzissem constantemente. É possível apontar uma tendência de universalização em vários campos, por exemplo, na globalização da economia, no armamentismo nuclear, na manipulação genética, entre outros.

HABERMAS, J. *A constelação pós-nacional:* ensaios políticos. São Paulo: Littera Mundi, 2001 (adaptado).

Os impactos e efeitos dessa universalização, conforme descritos no texto, podem ser analisados do ponto de vista moral, o que leva à defesa da criação de normas universais que estejam de acordo com

(A) os valores culturais praticados pelos diferentes povos em suas tradições e costumes locais.

(B) os sistemas políticos e seus processos consensuais e democráticos de formação de normas gerais.

(C) os pactos assinados pelos grandes líderes políticos, os quais dispõem de condições para tomar decisões.

(D) os sentimentos de respeito e fé no cumprimento de valores religiosos relativos à justiça divina.

(E) os imperativos técnico-científicos, que determinam com exatidão o grau de justiça das normas.

ASSIMILANDO CONCEITOS

1. Descreva a charge e proponha uma interpretação usando como referência o que você aprendeu neste capítulo sobre as contradições do capitalismo.

Charge publicada no jornal *Folha de S.Paulo*, em 2 de junho de 2008.

OLHARES SOBRE A SOCIEDADE

VITRINES

As vitrines são vitrines
Sonhos guardados perdidos
Em claros cofres de vidro

Um astronauta risonho
Como um boneco falante
Numa pequena vitrine
De plástico transparente
Uma pequena vitrine
Na escotilha da cabine

Mundo do lado de fora
Do lado de fora ilha
A ilha terra distante
Pequena esfera rolante
A terra bola azulada
Numa vitrine gigante

O cosmo lotou a vitrine
O cosmo de tudo nada
De éter de eternidade
De qualquer forma vitrine

Tudo que seja ou que esteja
Dentro e fora da cabine
E ser – cosmo – nave – nautas
Acoplados no fluido
Uma vitrine gigante
Plataforma de vitrine

Eu penso nos olhos dela
Atrás das lentes azuis
Dos óculos encantados
Que ela viu numa vitrine
Óculos que eu dei a ela
Num dia de muita luz

Os óculos são vitrines
Seus olhos azuis, meu sonho
Meu sonho de amor perdido
Atrás de lentes azuis
Vitrines de luz, seus olhos
[...]

Vitrines, Gilberto Gil, © Gege Edições Musicais Ltda.
(Brasil e América do Sul)/Preta Music (Resto do mundo).1969.
Todos os direitos reservados.

1. Na canção *Vitrines*, o compositor analisa determinado espaço de consumo contemporâneo. Explicite esse espaço e como os consumidores se relacionam com ele.

2. Faça um levantamento de anúncios publicados em jornais, revistas, *outdoors* e internet observando a mensagem que veiculam sobre o produto ou serviço que pretendem vender. Organize seu material e escreva um poema, uma crônica ou um conto registrando suas impressões sobre a sociedade de consumo.

EXERCITANDO A IMAGINAÇÃO SOCIOLÓGICA
TEMA DE REDAÇÃO DA FUVEST (2013)

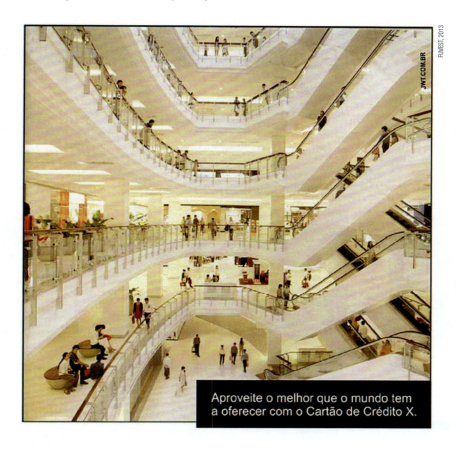

Aproveite o melhor que o mundo tem a oferecer com o Cartão de Crédito X.

Esta é a reprodução (aqui, sem as marcas normais dos anunciantes, que foram substituídas por X) de um anúncio publicitário real, colhido em uma revista publicada no ano de 2012.

Como toda mensagem, esse anúncio, formado pela relação entre imagem e texto, carrega pressupostos e implicações: se o observarmos bem, veremos que ele expressa uma determinada mentalidade, projeta uma dada visão de mundo, manifesta uma certa escolha de valores e assim por diante.

Redija uma dissertação em prosa, na qual você interprete e discuta a mensagem contida nesse anúncio, considerando os aspectos mencionados no parágrafo anterior e, se quiser, também outros aspectos que julgue relevantes. Procure argumentar de modo a deixar claro seu ponto de vista sobre o assunto.

Instruções:

- A redação deve obedecer à norma-padrão da língua portuguesa.
- Escreva, no mínimo, 20 e, no máximo, 30 linhas.
- Dê um título à sua redação.

13 Caminhos abertos pela Sociologia

Carlitos e a Garota na casinha, em cena do filme *Tempos modernos*.

Em cena: A realidade do sonho

Na saída da cadeia, Carlitos encontra a Garota, que o espera contentíssima e diz ter conseguido uma casinha para os dois. Trata-se na verdade de um pobre barraco feito de tábuas, que nem de longe lembra a casa superequipada de seus sonhos. A trave da porta cai na cabeça de Carlitos, a mesa desmonta, o teto despenca, a parede cede e ele próprio cai dentro de um brejo, mas ninguém perde o bom humor. Quando chega a noite, ele dorme num puxadinho, ela no chão da sala. No café da manhã, pão duro e chá em latas usadas, em vez de xícaras.

Mas eis que Carlitos abre o jornal e depara com uma notícia inesperada: a fábrica em que tinha trabalhado reabrira e estava recrutando operários! "Trabalho, enfim!", comemora ele, enquanto sua amiga salta de alegria. Carlitos promete: "Agora nós conseguiremos uma casa de verdade!". A cena encerra-se com Carlitos partindo em direção à fábrica.

Na cena seguinte, trabalhadores comprimem-se diante do portão da fábrica, ansiosos por uma chance de recomeçar. Carlitos é o último a passar pelo portão, que se fecha deixando para trás uma massa de desempregados. Agora ele será assistente de um mecânico mais velho, cuja missão é consertar uma gigantesca máquina, há muito parada. Depois de muita confusão, o mecânico é engolido pela máquina, ficando apenas com a cabeça de fora.

Quando afinal Carlitos consegue resgatá-lo, o trabalho na fábrica é interrompido por uma greve. Já do

Carlitos dançando na cafeteria, em cena do filme *Tempos modernos*.

lado de fora, enquanto os operários se retiram, Carlitos pisa sem querer numa tábua, que, como uma gangorra, dispara um tijolo na cabeça de um guarda. Resultado: é novamente preso.

Enquanto isso, a Garota dança na rua, em frente ao Red Moon Cafe, para ganhar uns trocados. O dono do café se entusiasma e resolve contratá-la. A figura suja e esfarrapada se dissolve à nossa frente, reaparecendo em trajes de dançarina.

Chega a hora de Carlitos deixar a cadeia. Mais uma vez a Garota está à sua espera. É difícil para ele acreditar no que vê: a mocinha maltrapilha se transformara em uma elegante e bem-vestida artista! A moça consegue convencê-lo de que a solução para seus problemas não está na fábrica, e sim nos novos espaços de lazer e entretenimento, como o Red Moon Cafe. Também contratado como garçom e cantor, Carlitos, ao circular com sua bandeja, produz uma sequência hilariante de trapalhadas. Enquanto ele está apresentando seu número musical, dois detetives aparecem no café com o objetivo de prender a Garota, procurada por "vadiagem" desde que fugira das autoridades ligadas ao abrigo de menores. Mais uma vez, os dois conseguem escapar.

Tempos modernos encerra-se com uma sequência famosíssima: o sol nascente ilumina um caminho empoeirado. Na beira da estrada, estão sentadas as pobres figuras de Carlitos e sua amiga. Ela chora, num misto de raiva e desilusão: "De que adianta tentar?". Carlitos responde com ternura: "Nunca diga que o fim chegou. Nós vamos conseguir!". E a ensina a sorrir. O filme despede-se com uma cena memorável: Carlitos e a Garota, de braços dados, caminham pela estrada em direção ao horizonte. A silhueta dos dois vai desaparecendo da tela, enquanto ficamos a imaginar o que o futuro reserva a Carlitos, à Garota e a nós mesmos.

Carlitos e a Garota caminhando pela estrada na cena final do filme *Tempos modernos*.

★ Apresentando Um mapa imaginário

Como já explicado, a Sociologia foi uma criação da sociedade urbana. Essa sociedade, que cresceu com o desdobramento da produção industrial, acabou se tornando ambígua: de um lado, espaço de liberdade e prosperidade; de outro, lugar de pobreza e conflito. As grandes cidades transformaram-se em cenário da diversificação de oportunidades, mas também de sofrimento e carência.

Quando pensamos nas cidades em que vivemos, percebemos quanto é difícil encontrar soluções rápidas e consensuais para muitos problemas que enfrentamos.

Os problemas da vida em sociedade acontecem simultaneamente e desafiam nosso pensamento pela velocidade com que surgem e pela complexidade que apresentam. Mais uma vez, o filme que nos serviu como motivação é estimulante para entendermos a extensão desses problemas. *Tempos modernos* expõe o cotidiano de forma cômica e trágica, corriqueira e excepcional. Estão ali representados os operários com suas dificuldades; o dono da fábrica empenhado em produzir e ganhar cada vez mais; os supervisores que controlam o tempo da produção; o chefe de família desempregado; as órfãs conduzidas ao abrigo público; os militantes políticos; o dono do café-concerto, e muitos outros personagens. A quebra das regras e as trapalhadas do protagonista resultam em repreensão e punição, mas também em aplauso e descoberta de novos caminhos. Provocam seu esgotamento nervoso, sua ida para o manicômio, sua prisão, mas também o encontro afetivo, as tentativas de inserção no mundo do trabalho e a busca de reconhecimento do talento artístico. Quanto da sociedade está presente nesse filme genial, escrito, dirigido e interpretado por Charlie Chaplin!

Assim como os personagens do filme, nós também somos expostos a uma multiplicidade de estilos de vida, disputas, fatos e reações sociais. Por essa razão, não podemos afirmar que compreendemos nossa sociedade completamente. Tampouco podemos acreditar que resolveremos todos os problemas que irrompem à nossa volta, ou que será possível encontrar uma solução engenhosa para acertar todos os descompassos da sociedade. Ter essa consciência é como estar diante da imagem da estrada aberta com que o filme *Tempos modernos* despede-se de nós.

> A Sociologia trata do que já sabemos de uma forma que não havíamos pensado antes. Falar de Sociologia é chamar a atenção para uma pluralidade de olhares, de contribuições e sugestões, às vezes contraditórias, outras vezes complementares. Esses olhares nos ajudam a desenhar mapas para nos orientarmos, mas esses mapas nunca são completos, assim como a vida em sociedade nunca se esgota.

A cada movimento novo, a cada rearranjo da rotina, a cada fato inesperado, homens e mulheres reagem de um jeito até então desconhecido. Mas os "mapas sociais" são essenciais, porque nos indicam as

Queima de panelas de barro em Vitória (ES), 2014.
As paneleiras de Goiabeiras (ES) empregam técnicas tradicionais e matérias-primas provenientes do meio natural. O saber envolvido na fabricação artesanal dessas panelas está incluído no *Livro de Registro dos saberes* como Patrimônio Imaterial do Brasil.

Festa de tecnobrega em Belém (PA), 2016.
Cultura *pop*: uma de suas características é disponibilizar produtos culturais voltados para o público jovem, exercendo influência na moda e no estilo.

Desafio: analisar as manifestações ou representações da diversidade do patrimônio cultural e artístico em diferentes sociedades e para diferentes grupos.

fronteiras, as distâncias, os obstáculos e as possibilidades da vida em sociedade.

Que mapa oferecemos até aqui? O mapa da sociedade moderna, com seus relevos, suas formas, os traços que a diferenciam de outros modelos de sociedade. Mas também procuramos mostrar que a Sociologia não é uma bússola capaz de nos orientar por todo o universo. O que ela nos oferta são perspectivas parciais da realidade social.

Um sarau imaginário

Nos capítulos anteriores, propusemos um exercício de imaginação sociológica: após descrever as cenas do filme *Tempos modernos*, convidamos pensadores para uma "conversa" sobre a vida nos tempos modernos. Cada um dos vários autores apresentados acrescentou um detalhe ao já citado mapa. Um mesmo contexto social – a vida nas cidades, a maneira moderna de trabalhar, a luta pela sobrevivência, a busca incessante da liberdade e da igualdade, as tentações do consumo – provocou em nossos convidados respostas singulares e nem sempre consensuais. Que tal imaginarmos agora um sarau em que todos eles estivessem reunidos?

Digamos que, nesse sarau, Karl Marx fosse o primeiro a opinar. Certamente afirmaria que a vida moderna avançou muito em comparação com o período pré-industrial, abriu as portas ao desenvolvimento da ciência e ao avanço da tecnologia, liberou homens e mulheres de preconceitos religiosos, ampliou as possibilidades de trabalho e as oportunidades de mobilidade social – mas não para todos! Aliás, diria ele, as portas se abriram para muito poucos. E, quanto mais esses poucos acumulam, menos o capitalismo distribui a riqueza entre os demais. Diante da modernidade que se apresentava no século XIX, Marx impressionou-se, sobretudo, com a distância profunda entre os que foram beneficiados pelo desenvolvimento do capitalismo e os que foram deserdados de todos os ganhos. Essas duas classes, apartadas pelo que classificou como conflito fundamental, são a burguesia e o operariado. Como vencer a enorme distância que as separa? Como fazer que os avanços gerados pelo capitalismo sejam distribuídos de maneira justa? Para Marx, o caminho seria a política: somente uma revolução – a tomada de poder pelos operários – poderia conduzir a sociedade a uma realidade melhor, mais justa e mais igualitária.

Mas essa opinião estaria longe de produzir consenso entre os outros convidados. Não porque algum deles considerasse que a sociedade é justa ou que a vida está bem resolvida. Mas a revolução não seria a saída! – diria prontamente Alexis de Tocqueville, que viveu na mesma época de Marx, na mesma cidade onde Marx escreveu o *Manifesto comunista*. Também ele defenderia uma saída política, mas não revolucionária. Sua proposta seria a via legal: é preciso aprimorar as leis e controlar os governantes para que cumpram a função de conduzir responsavelmente a sociedade. Convicto de que o ideal de igualdade era uma conquista da democracia moderna, e preocupado com a manutenção da liberdade, Tocqueville sempre viu com muita desconfiança a alternativa revolucionária – quer se tratasse da revolução burguesa, quer se tratasse da revolução proletária. Revoluções, diria Tocqueville, facilmente desembocam em terror, como vira acontecer na França revolucionária. Elas podem subtrair a liberdade.

Estudantes secundaristas em protesto contra a reorganização escolar e fechamento de escolas. São Paulo (SP), 2015.

Policial observa o protesto de imigrantes refugiados da guerra síria, em frente à estação de Bicske, Hungria, 2015.

Desafio: relacionar cidadania e democracia na organização das sociedades e analisar o papel dos valores éticos na estruturação política das sociedades.

O que mais a sociedade moderna oferece para estimular a conversa em nosso sarau? Perguntemos a Max Weber o que o inquietou nesse cenário de modernidade, 50 anos depois de Marx e Tocqueville. Ele também queria compreender e explicar o surgimento de um fenômeno social tão singular, e de consequências sociais tão profundas, como foi o capitalismo ocidental. Nisso estava muito próximo de Marx. Embora reconhecesse que o capitalismo não era uma criação do Ocidente, via na forma pela qual esse sistema econômico se desenvolveu nos países ocidentais uma originalidade que teve diversas consequências na vida cotidiana. Weber nos diria que se impressionou com a maneira pela qual se distribuíram as funções, com a forma pela qual emergiu uma ética especial que serviu de alicerce não apenas para o trabalho e para a organização da produção mas também para seu controle. O que motivava os indivíduos a se comportar de determinado modo? O que levava as pessoas a escolher uma ou outra maneira de agir?

Weber deu muita importância à compreensão dos valores, das crenças, daquilo que orienta homens e mulheres em suas respectivas condutas de vida. Acreditava que, se compreendêssemos essas condutas, poderíamos nos aproximar de um entendimento do que é a vida social. Foi por essa motivação intelectual que dedicou tantas páginas de sua obra ao estudo das religiões. As religiões têm, em suas mais variadas feições, a característica de orientar a conduta das pessoas que as seguem. E Weber encontrou em uma delas, o protestantismo, uma ligação forte com os valores que passaram a ser apreciados no capitalismo ocidental.

Muitos intelectuais consideram que a economia explica a vida social. Qual seria a opinião de Émile Durkheim a respeito disso? Em resposta aos economicistas, ele diria duas coisas: em primeiro lugar, que, se só prevalecesse o interesse econômico, não haveria sociedade; segundo, que, se observássemos apenas a dimensão econômica, não conseguiríamos um entendimento da vida social, porque homens e mulheres fazem muito mais do que apenas trabalhar e consumir. Durkheim procurou mostrar por que e em que situações as pessoas se integram, e quais são os custos da não integração. O que acontece em uma sociedade quando as normas e os valores compartilhados pela maioria não mais orientam a conduta das pessoas? É possível pensar em uma sociedade sem normas? Sem crenças? Quando os valores se perdem, diria ele, a sociedade está ameaçada, o esfacelamento está posto. Se as pessoas não acreditarem mais no benefício das ações coletivas, não virem mais vantagem em se associar, não perceberem o valor da agregação, estaremos diante da anomia – a ausência de normas. Isso quer dizer que estaremos diante da não sociedade. Ora, os tempos modernos parecem não se importar mais com as agregações. Ficamos com a impressão de que todos têm como lema o "cada um por si". Que fazer para novamente agregar? Onde as pessoas se juntam, nas sociedades movidas pelo ganho? Durkheim também apostou muitas fichas na religião, nos rituais, nas festas cívicas, na cultura. É aí que todos se agregam, é aí que floresce o sentimento de estar em um lugar comum. A sociedade está aí. E habita cada pessoa que se sente parte dela.

Agora a palavra está com outro grande sociólogo, que nos contou o que significa falar de "civilização". Norbert Elias percebeu, assim como Weber, que o Ocidente havia criado uma maneira particular de dizer o que é "ser civilizado", o que é "ser ocidental", o que é ter "maneiras próprias da cultura ocidental". Fazer parte dessa sociedade é ser treinado em certos ensinamentos. E isso pode produzir efeitos distintos. Quando dizemos "isto é civilização", sem querer podemos sugerir que tudo que não é "isto" não é civilização. Para cada ideia criativa, podemos ter contato com sua contraparte. E o Ocidente apostou fortemente numa ideia: aqui e só aqui se desenvolveu a civilização, a modernidade. Esse tipo de postura intelectual teve – e tem – contrapartidas e consequências

Mulheres carregam cartazes em manifestação contra a crise econômica e falta de acesso à moradia adequada. No cartaz lê-se: "Pão e teto a preço justo". Madri, Espanha, 2015.
Desafio: compreender a produção e o papel histórico das instituições sociais, políticas e econômicas, associando-as aos diferentes grupos, conflitos e movimentos sociais.

muito concretas. O projeto colonizador, por exemplo, baseou-se nessa ideia de superioridade do Ocidente em relação ao resto do mundo.

Estudar a sociedade, como podemos ver, não é missão para leigos. Há muito que explicar e compreender. Sugerir perguntas e encontrar respostas foi a motivação desses grandes intelectuais. Marx, Tocqueville, Durkheim, Weber e Elias concentraram suas energias em mostrar como se formam os grandes processos que provocam a organização da sociedade de uma ou de outra maneira. Mas alguns outros convidados impressionaram-se com os efeitos desses grandes processos sobre as atitudes, as emoções, as percepções dos indivíduos neles envolvidos. É como se operassem com uma lente de aumento e tornassem visíveis aqueles pontos que se escondem nos grandes panoramas. Um deles foi Georg Simmel.

Se déssemos a palavra a Simmel, ele certamente nos diria que, ao olhar para as metrópoles e seus habitantes, para o ritmo acelerado do cotidiano, viu não apenas multidões sem face mas também indivíduos buscando reconhecimento. Olhando os indivíduos, quis entender como eles reagem diante do amor, da moda, dos sentimentos, dos ritmos nervosos impostos pela vida moderna. Simmel quis tratar dos fenômenos coletivos, mas sem perder de vista a dimensão subjetiva. Conseguir amarrar essas duas pontas – a do coletivo e a do individual, a do "macro" e a do "micro", a do geral e a do particular – não é tarefa simples, e ainda hoje muitos cientistas sociais buscam esse elo em suas pesquisas.

Outro convidado que também se preocupou com os detalhes, as miniaturas que compõem a vida social,

Manifestação em tributo às vítimas dos atentados terroristas de Bruxelas, três dias após os ataques. Na placa lê-se "Contra o terrorismo e o ódio, a solidariedade". Centro de Bruxelas, Bélgica, 2016.
Desafio: compreender os elementos culturais que constituem as identidades e avaliar criticamente atuais conflitos culturais.

é Walter Benjamin. Ele diria que procurou costurar, com a linha da história, cada pequeno detalhe – o cinema, a fotografia, o cartaz, a vitrine, a poesia de Baudelaire – ao grande e rebuscado tecido chamado capitalismo. Sua preocupação com as formas de percepção do mundo, com a transmissão da memória e com as narrativas coletivas só pode ser compreendida se nos lembrarmos de que Benjamin também estava buscando uma "saída", uma "resposta" para a irracionalidade do nazismo e a agonia do Holocausto. É incrível que alguém, mesmo vivendo uma situação tão ameaçadora e urgente, tenha conseguido manter a sensibilidade para o detalhe e, com o detalhe, fazer sociologia.

Para encerrar esta conversa, ao menos por agora, daremos a palavra a Michel Foucault. Quais são os efeitos dos processos de controle, disciplina, poder sobre a liberdade de agir de cada um? Por que obedecemos a ordens que não compreendemos ou com as quais não concordamos? Por meio de que mecanismos se constrói

Destroços em Bento Rodrigues após o rompimento da barragem de Mariana, com resíduos de lama tóxica que cobriram a cidade. Minas Gerais, 2015.

Vista aérea de obras da barragem Boa Vista – parte do projeto de transposição do Rio São Francisco – em São José de Piranhas (PB), 2014.

Desafio: compreender e analisar as interações da sociedade com o meio físico, levando em consideração as contribuições das Ciências Humanas.

e se reproduz a verdade? Foucault diria que buscou as respostas possíveis a essas perguntas tão complicadas não na dimensão econômica ou na esfera do Estado, mas nas relações cotidianas ensaiadas nas salas de aulas, nas organizações, nas prisões, nos manicômios. E é bom lembrar que ele fez questão de indicar a responsabilidade dos próprios intelectuais na perpetuação de verdades e saberes que controlam os indivíduos.

A despeito de suas prioridades temáticas e opções metodológicas, cada um dos convidados que nos acompanharam até aqui teve o mérito de nos fazer pensar em questões muito concretas e palpáveis. Teve a coragem de compartilhar conosco suas perguntas e ofereceu as respostas que acreditava serem as mais coerentes. O que vimos é que, para tantas perguntas, há uma infinidade de respostas possíveis. E esse é o grande interesse da Sociologia.

A estrada aberta e outros caminhos possíveis

Aprendemos até aqui que a Sociologia questiona-se sobre diversos temas e oferece respostas variadas diante de desafios comuns. Mas ela também nos ensina que devemos usar "ferramentas" de pesquisa adequadas a cada tipo de pergunta. Por exemplo: se quisermos saber por que a sociedade é desigual e por que a riqueza não é distribuída de maneira justa, teremos de procurar dados e informações que mostrem como a economia está organizada, qual é o volume de recursos disponível, como a riqueza se distribui entre os grupos. Mas, se quisermos realçar a maneira pela qual os indivíduos percebem esses processos, agem em relação a eles e são afetados por eles, as ferramentas de pesquisa e as informações serão outras.

O mais interessante é saber que podemos contar com ferramentas e caminhos distintos para chegar ao que mais nos impressiona ou nos inquieta. A Sociologia nos dá essas ferramentas: indica que caminhos devemos traçar para alcançar uma resposta possível à pergunta que construímos, bem como as informações que devemos buscar para compreender o que foi sugerido pela pergunta. Os caminhos são os métodos de pesquisa. As informações são os dados que vamos procurar nas fontes em que estão disponíveis. E as interpretações ou explicações que daremos são as teorias construídas como sugestões de respostas aos dilemas que estamos querendo decifrar.

Cientista observa broto de alfafa geneticamente modificado para resistir às pragas que danificam colheitas. Rosário (Argentina), 2015.
Desafio: entender as transformações técnicas e tecnológicas e seu impacto nos processos de produção, no desenvolvimento do conhecimento e na vida social, bem como analisar as várias formas de uso e apropriação dos espaços rural e urbano.

◀◀ Recapitulando

Em conversas com nossos parentes e amigos, frequentemente somos tentados a afirmar que há uma resposta ou saída única para os desafios coletivos enfrentados. Às vezes nos vemos dizendo: "O problema da sociedade é este, e, se for feito isto, haverá mais justiça". Se nosso interlocutor entender que a solução para o problema é diferente daquela que propomos, surgirão polêmicas – muitas delas acaloradas! Sem chegar a uma conclusão sobre o assunto, descobriremos múltiplos pontos de vista sobre qualquer tema relacionado à experiência social. Esses episódios nos ajudam a perceber que nosso ângulo de visão nem sempre nos permite enxergar aquilo que os outros veem.

Quando supomos ter descoberto a "chave" para a compreensão da sociedade, contraditoriamente nos afastamos do conhecimento sociológico. Isso ocorre porque a Sociologia nos ensina que a complexidade do mundo social, suas grandes ou sutis transformações exigem dois entendimentos fundamentais: em primeiro lugar, que não é possível abarcar a totalidade da experiência social, pois o que podemos conhecer dela será sempre parcial (por causa do ponto de vista de quem observa e porque a sociedade está em transformação permanente); em segundo lugar, que a parcela de conhecimento que conseguimos obter não deve ser desprezada. Ela é essencial para nos orientar no mundo em que vivemos, como um mapa. Você aprendeu neste capítulo que os cientistas sociais expressaram suas ideias sobre a modernidade de perspectivas diferentes. Mas, em relação ao método, podemos dizer que eles focalizaram suas "lentes objetivas" em dois níveis – o macrossociológico, ao olhar para as estruturas, os sistemas, as grandes organizações da sociedade, e o microssociológico, ao observar os indivíduos em meio à multidão. Se as respostas dos cientistas sociais foram singulares, por que, então, foram consideradas sociológicas e não "achismos" ou opiniões pessoais? Porque eles transformaram suas perguntas em problemas, investigaram-nos usando métodos, traduziram suas descobertas em conceitos e submeteram seus trabalhos a seus pares, que analisaram seus procedimentos e a coerência de suas conclusões. São saberes sociológicos porque são regidos pela lógica científica. Apesar de "tratarem do que todo mundo sabe", o fazem de um modo distinto – cientificamente.

Leitura complementar

Ruptura histórica

A globalização do mundo pode ser vista como um processo histórico-social de vastas proporções, abalando mais ou menos drasticamente os quadros sociais e mentais de referência de indivíduos e coletividades. [...] Os territórios e as fronteiras, os regimes políticos e os estilos de vida, as culturas e as civilizações parecem mesclar-se, tensionar-se e dinamizar-se em outras modalidades, direções ou possibilidades. As coisas, as gentes e as ideias movem-se em múltiplas direções, desenraízam-se, tornam-se volantes ou simplesmente desterritorializam-se. Alteram-se as sensações e as noções de próximo e distante, lento e rápido, instantâneo e ubíquo, passado e presente, atual e remoto, visível e invisível, singular e universal. [...] As religiões universais, tais como o budismo, o taoismo, o cristianismo e o islamismo, tornam-se universais também como realidades histórico-culturais. O imaginário de indivíduos e coletividades, em todo o mundo, passa a ser influenciado, muitas vezes decisivamente, pela mídia mundial, uma espécie de "príncipe eletrônico", do qual nem Maquiavel nem Gramsci suspeitaram.

É assim que os indivíduos e as coletividades, compreendendo povos, tribos, nações e nacionalidades, ingressam na era do globalismo. Trata-se de um novo "ciclo" da história, no qual se envolvem uns e outros, em todo o mundo. [...] O globalismo compreende relações, processos e estruturas de dominação e apropriação desenvolvendo-se em escala mundial. [...]

O que está em causa quando se trata de globalização é uma ruptura histórica de amplas proporções [...].

O objeto das ciências sociais deixa de ser principalmente a realidade histórico-social nacional, ou o indivíduo em seu modo de ser, pensar, agir, sentir e imaginar. Desde que se evidenciam os mais diversos nexos entre indivíduos e coletividades, ou povos, tribos, nações e nacionalidades, em âmbito mundial, o objeto das ciências sociais passa a ser também a sociedade global. [...]

Esse [é] o desafio diante do qual se colocam as ciências sociais. Ao lado das suas muitas realizações, são desafiadas a recriar o seu objeto e os seus procedimentos, submetendo muito do conhecimento acumulado à crítica e avançando para novas ambições. Os cientistas sociais não precisam mais imaginar o que poderia ser o mundo para estudá-lo. O mundo já é uma realidade social, complexa, difícil, impressionante e fascinante, mas pouco conhecida. [...]

Mais uma vez, as ciências sociais revelam-se formas de autoconsciência científica da realidade social. [...] São muitos, inúmeros, os estudos de todos os tipos, sobre todos os aspectos da realidade social, produzidos em todo o mundo, em todas as línguas. Há toda uma biblioteca de Babel formada com os livros e as revistas de ciências sociais que se publicam, conformando uma visão múltipla, polifônica, babélica ou fantástica das mais diversas formas de autoconsciência, compreensão, explicação, imaginação e fabulação tratando de entender o presente, repensar o passado e imaginar o futuro.

IANNI, Octavio. As Ciências Sociais na época da globalização. *Revista Brasileira de Ciências Sociais*, São Paulo, Fapesp; Bireme, v. 13, n. 37, p. 33-41, 1998. Disponível em: <www.scielo.br>. Acesso em: maio 2016.

Sessão de cinema

NARRADORES DE JAVÉ

Brasil, 2003, 100 min. Direção de Eliane Caffé.

Javé é uma cidadezinha ameaçada de extinção por causa da construção de uma hidrelétrica. Para evitar a destruição, alguns moradores entendem que a cidade precisa ser reconhecida como Patrimônio Cultural da Humanidade. Sem monumentos históricos, a única alternativa é resgatar a memória da cidade.

O GRANDE DITADOR

EUA, 1940, 124 min. Direção de Charlie Chaplin.

Primeiro filme falado de Chaplin, trata-se de uma paródia sobre Hitler e o nazismo. Chaplin representa ao mesmo tempo o barbeiro judeu e o "grande ditador". Por um acidente, esses personagens trocam de lugar, mas nem por isso mudam seus pontos de vista.

Construindo seus conhecimentos

MONITORANDO A APRENDIZAGEM

1. Usamos ao longo deste capítulo a metáfora do "mapa imaginário" para explicar o sentido da Sociologia para o mundo de hoje. Explique essa metáfora com suas palavras.

2. Dissemos que a Sociologia nos ensina a ver a sociedade como aquela "estrada aberta" que encerra o filme *Tempos modernos*, de Chaplin. O que isso quer dizer? Explique usando suas palavras.

3. O "sarau" que "montamos" neste capítulo, dando voz aos convidados sobre o que pensam ser os "tempos modernos", teve como objetivo deixar clara a ideia de que a Sociologia oferece múltiplas respostas para as mesmas questões sociais. Por que essas respostas são consideradas científicas, e não um conjunto de ideias de senso comum?

DE OLHO NO ENEM

1. (Enem 2004)

HAGAR   DIK BROWNE

> Da minha aldeia vejo quanto da terra se pode
> ver no Universo...
> Por isso minha aldeia é grande como outra
> qualquer
> Porque sou do tamanho do que vejo
> E não do tamanho da minha altura...
>
> Alberto Caeiro.

A tira "Hagar" e o poema de Alberto Caeiro (um dos heterônimos de Fernando Pessoa) expressam, com linguagens diferentes, uma mesma ideia: a de que a compreensão que temos do mundo é condicionada, essencialmente,

(A) pelo alcance de cada cultura.

(B) pela capacidade visual do observador.

(C) pelo senso de humor de cada um.

(D) pela idade do observador.

(E) pela altura do ponto de observação.

2. (Enem 2015)

> Na sociedade democrática, as opiniões de cada um não são fortalezas ou castelos para que neles nos encerremos como forma de autoafirmação pessoal. Não só temos de ser capazes de exercer a razão em nossas argumentações, como também devemos desenvolver a capacidade de ser convencidos pelas melhores razões. A partir dessa perspectiva, a verdade buscada é sempre um resultado, não ponto de partida: e essa busca inclui a conversação entre iguais, a polêmica, o debate, a controvérsia.
>
> SAVATER, F. *As perguntas da vida*. São Paulo: Martins Fontes, 2001 (adaptado).

A ideia de democracia presente no texto, baseada na concepção de Habermas acerca do discurso, defende que a verdade é um(a)

(A) alvo objetivo alcançável por cada pessoa, como agente racional autônomo.

(B) critério acima dos homens, de acordo com o qual podemos julgar quais opiniões são as melhores.

(C) construção da atividade racional de comunicação entre os indivíduos, cujo resultado é um consenso.

(D) produto da razão, que todo indivíduo traz latente desde o nascimento, mas que só se firma no processo latente educativo.

(E) resultado que se encontra mais desenvolvido nos espíritos elevados, a quem cabe a tarefa de convencer os outros.

ASSIMILANDO CONCEITOS

1. Observe a charge.

Quadrinho de Wiley Miller, publicado em 23 de agosto de 2002. Disponível em: <http://www.gocomics.com/nonsequitur/2002/08/23>. Acesso em: maio 2016.

a) Dogma, como você deve lembrar, é uma doutrina que não admite contestação ou discussão. O que a charge está retratando?

b) A noção de diálogo está presente na charge?

2. Leia a história em quadrinhos:

Quadrinho de Bill Waterson, publicado em 17 de junho de 1990. Disponível em: <http://www.gocomics.com/calvinandhobbes/1990/06/17>. Acesso em: maio 2016.

a) Em sua opinião, o debate entre Calvin e o pai foi bem-sucedido? Explique.

b) O abandono do "único ponto de vista" alterou a percepção de Calvin sobre o mundo. Cite exemplos de transformações históricas e/ou sociais que decorreram/decorrem do abandono do "único ponto de vista".

OLHARES SOBRE A SOCIEDADE

METAMORFOSE AMBULANTE

Eu prefiro ser
Essa metamorfose ambulante [...]

Eu quero dizer
Agora, o oposto do que eu disse antes
Eu prefiro ser
Essa metamorfose ambulante

Do que ter aquela velha opinião
Formada sobre tudo [...]
Sobre o que é o amor

Sobre o que eu nem sei quem sou

Se hoje eu sou estrela
Amanhã já se apagou
Se hoje eu te odeio
Amanhã lhe tenho amor
Lhe tenho amor
Lhe tenho horror
Lhe faço amor
Eu sou um ator...
É chato chegar
A um objetivo num instante

Eu quero viver
Nessa metamorfose ambulante

[...]

Eu vou desdizer
Aquilo tudo que eu lhe disse antes
Eu prefiro ser
Essa metamorfose ambulante

[...]

Raul Seixas, *Krig-ha,* bandolo! 1973. Warner Chappell Edições Musicais Ltda. Todos os direitos reservados.
© 2008 by KK Seixas Edições, adm. por Nowa Produções Artísticas LTDA.

1. O que os versos "Eu prefiro ser / essa metamorfose ambulante" significam no contexto da canção de Raul Seixas?

2. Desde pequenos ouvimos que é importante ter uma opinião pessoal a respeito do que se passa no mundo. Você acha que a mensagem da canção se opõe a essa concepção?

3. Por que a música sugere "que ter aquela velha opinião / formada sobre tudo" é algo negativo?

4. Que experiências permitem a mudança de ponto de vista de uma pessoa?

EXERCITANDO A IMAGINAÇÃO SOCIOLÓGICA
TEMA DE REDAÇÃO DO VESTIBULAR DA UERJ (2009)

A gravura acima, chamada "Relatividade", é de autoria do artista holandês M. C. Escher. Ela combina, numa mesma imagem, várias maneiras de perceber o espaço. Na realidade, não se podem perceber ao mesmo tempo todas as possíveis visões de um acontecimento; é preciso, junto com o artista, fazer um esforço para imaginar outras perspectivas, ou as perspectivas dos outros. Recorrendo [...] à imagem, demonstre, em uma dissertação de 20 a 30 linhas, a necessidade de que todos compreendam perspectivas diferentes das suas próprias para se conviver melhor. Utilize o registro padrão da língua e estrutura argumentativa completa. Atribua um título ao seu texto.

PARTE III
A Sociologia vem ao Brasil

José Caldas, *Vila da Felicidade*, Manaus (AM), 2003.

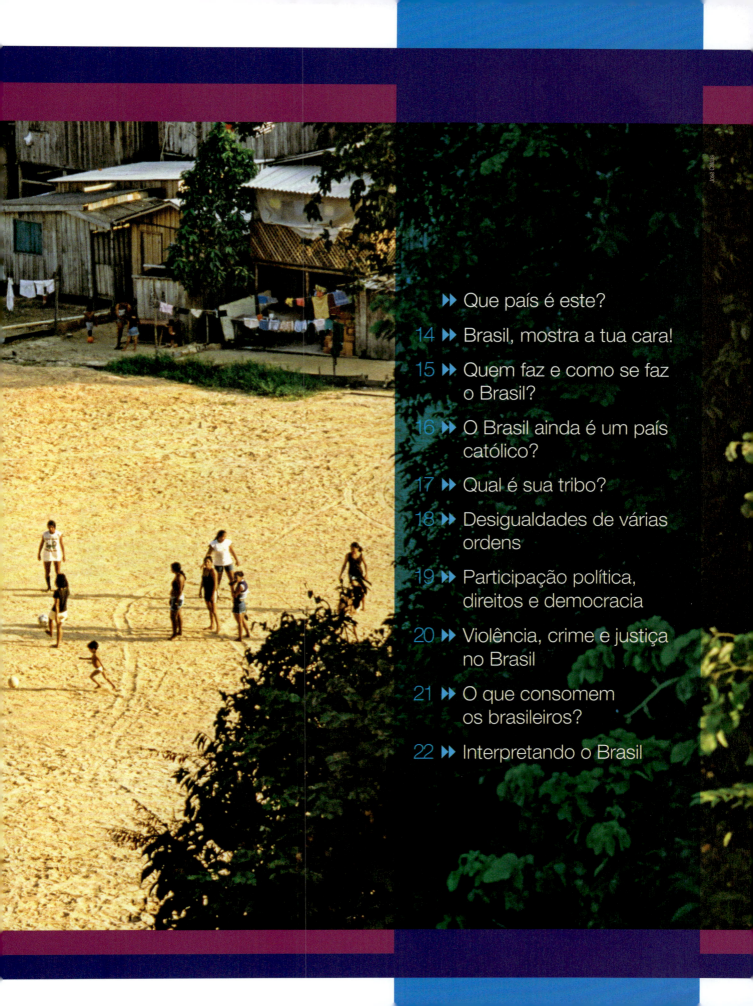

- ▸▸ Que país é este?
- 14 ▸▸ Brasil, mostra a tua cara!
- 15 ▸▸ Quem faz e como se faz o Brasil?
- 16 ▸▸ O Brasil ainda é um país católico?
- 17 ▸▸ Qual é sua tribo?
- 18 ▸▸ Desigualdades de várias ordens
- 19 ▸▸ Participação política, direitos e democracia
- 20 ▸▸ Violência, crime e justiça no Brasil
- 21 ▸▸ O que consomem os brasileiros?
- 22 ▸▸ Interpretando o Brasil

Que país é este?

Johann Moritz Rugendas. *Rua Direita*, 1822-1825. Aquarela, 29 cm × 21 cm.
Ao longo do século XIX, viajantes europeus estiveram no Brasil com o objetivo de conhecer a "natureza" tropical e a nova sociedade que ali nascia. O pintor alemão Johann Moritz Rugendas (1802-1852) registrou essa natureza exuberante e uma vida urbana complexa. O olhar estrangeiro reconhecia aspectos civilizados, que colocavam essa gente luso-brasileira no mesmo "patamar" de um europeu, e percebia modos e costumes que apontavam para a ausência de civismo na mesma ótica eurocêntrica. Para alguns comentaristas de sua obra, Rugendas documentava em suas pinturas a impossibilidade de a realidade brasileira se converter em impressão artística.

Se alguém lhe disser que é fácil apresentar o Brasil, desconfie logo: você está diante de um daqueles enganos que a "imaginação sociológica" ajuda a desfazer. Este é o desafio desta parte do livro, que você está começando a ler agora.

Exatamente porque sabemos que a tarefa não é simples, vamos tomar a literatura como inspiração. Iniciaremos nossa apresentação do Brasil com um viajante: Diogo Ribera Flores, personagem do livro *Rio das flores*, do escritor português Miguel Sousa Tavares.

> [...] enfim, uma explosão sociológica incontrolável, incompreensível e impossível de catalogar, porque, no mundo inteiro, nunca tinha existido um país assim como o Brasil, uma tamanha orgia de raças e proveniências, de instintos e emoções, de selvagem e de civilizado, de primitivo e de moderno, de mar e de floresta, de cidades e de selva, de sons, de música, de cheiros, de cores, de amores. E, sobre tudo isso, mesmo sobre as imensas tristezas, desgraças, injustiças e abusos de toda a ordem, sobrava sempre uma incompreensível alegria – uma alegria que brotava das montanhas e das florestas por desbravar, pairava sobre os morros como os gaviões, descia sobre as cidades com um cheiro flutuante a clorofila, introduzia-se nas conversas dos botequins e dos cafés, infiltrava-se entre o beijo dos namorados incendiando o seu desejo, transformava-se em sons nas ruas e em música nos bares, enrolava-se como um novelo sobre a areia das praias e nunca, nunca, partia pelo mar fora, abandonando essa terra brasil.
>
> TAVARES, Miguel Sousa. *Rio das flores*. São Paulo: Companhia das Letras, 2008. p. 401-402.

Homem de negócios, sufocado pelo regime de Salazar em Portugal, Diogo veio para o Brasil na década de 1930 esperando encontrar "espaço, ar, vida, um país novo e jovem, um país onde três quartas partes do território ainda estavam por desbravar e quase tudo ainda parecia possível e desconhecido". A respeito desse país, que tanto o atraía, sabia que havia indígenas na Amazônia, pescadores quase bíblicos na Bahia, jagunços no Nordeste, migrantes vindos do Nordeste para o Sudeste em paus de arara, descendentes de antigos escravos e caboclos construindo arranha-céus nas grandes cidades, brasileiros "de todas as cores e raças" se movimentando de uma região para outra, músicos e cantores fantásticos, e novos deuses do futebol – um esporte "que juntava pretos e brancos numa anarquia de talentos misturados".

O escritor usa as palavras e imagens para traduzir a sensação do protagonista de seu romance ao entrar em contato com o Brasil.

O texto fornece todos os ingredientes para nos aproximarmos do que alguns chamam de "o gigante adormecido" e outros, de "o país em convulsão". Estão ali a paixão, o encantamento, o espanto e a perplexidade que sempre encontramos quando vamos buscar as impressões que a terra brasileira deixou naqueles que a conheceram, desde tempos remotos. Foi assim com os viajantes europeus do século XIX, com os intelectuais que quiseram compreender o país, e assim permanece com escritores contemporâneos, como Sousa Tavares.

Que ingredientes mais se salientam nessas impressões? A exuberância dos recursos naturais, o clima, a imensidão do território, o temperamento do povo, a sensualidade, a cordialidade, a alegria, os sofrimentos provocados pelas desgraças, os abusos de toda ordem, a injustiça social, tudo isso se mistura nos relatos daqueles que tomaram o Brasil como alvo de comentários ou como objeto de estudo.

É essa complexidade de indicações simultâneas que explica a frase do compositor Antonio Carlos Jobim (1927-1994) endossada pelo antropólogo Roberto DaMatta: "O Brasil não é para principiantes".

Isso significa que o Brasil não cabe em uma fórmula, não se esgota em uma teoria, não admite uma única explicação.

Aproximar-se sociologicamente do Brasil como universo de pesquisa é ter, antes de qualquer coisa, uma atitude de abertura, flexibilidade e reflexão diante de muitas possibilidades de interpretação.

Apresentaremos a seguir um conjunto de informações e pesquisas que têm o Brasil como motivação. Elas estão longe de esgotar o que é possível conhecer do Brasil e o que é possível pensar a respeito dos temas e problemas mencionados. Trata-se, portanto, de uma introdução, oferecida com a certeza de que muito mais pode ser incluído e muito mais pode ser exercitado com base na "imaginação sociológica". Iniciemos a aventura. O que podemos escolher para desenhar em grandes linhas a cara de nosso país?

Coleção de Artes Visuais do Instituto de Estudos Brasileiros - USP

Luís Pedro de Souza Soares (1875-1948).
Maracatu – Cabinda Velha, s. d.
25,1 cm × 18,2 cm.

Introdução 211

Leitura complementar

O destino nacional

Que é o Brasil entre os povos contemporâneos? Quem são os brasileiros? Enquanto povo das Américas contrasta com os povos testemunhos como o México e o altiplano andino, com seus povos oriundos de altas civilizações que vivem o drama de sua dualidade cultural e o desafio de sua fusão numa nova civilização.

Outro bloco contrastante é a dos povos transplantados, que representa nas Américas tão só a reprodução de humanidades e de paisagens europeias. Os Estados Unidos da América e o Canadá são de fato mais parecidos e mais aparentados com a África do Sul branca e com a Austrália do que conosco. A Argentina e o Uruguai, invadidos por uma onda gringa que lançou 4 milhões de europeus sobre um mero milhão que havia devassado o país e feito a independência, soterrando a velha formação hispano-índia, são outros transplantados [...]

Os outros latino-americanos são, como nós mesmos, povos novos, em fazimento. Tarefa infinitamente mais complexa, porque uma coisa é reproduzir no além-mar o mundo insosso europeu, outra é o drama de refundir altas civilizações, um terceiro desafio, muito diferente, é o nosso, de reinventar o humano, criando um novo gênero de gentes, diferentes de quantas haja.

Se olharmos lá para fora, a África contrasta conosco porque vive ainda o drama de sua europeização, prosseguida por sua própria liderança libertária, que tem mais horror à tribalidade que sobrevive e ameaça explodir do que à recolonização. São ilusões! Se os índios sobreviventes do Brasil resistiram a toda a brutalidade durante quinhentos anos e continuam sendo eles mesmos, seus equivalentes da África resistirão também para rir na cara de seus líderes neoeuropeizadores. Mundos mais longínquos, como os orientais, mais maduros que a própria Europa, se estruturam na nova civilização, mantendo seu ser, sua cara. Nós, brasileiros, nesse quadro, somos um povo em ser, impedido de sê-lo. Um povo mestiço na carne e no espírito, já que aqui a mestiçagem jamais foi crime ou pecado. Nela fomos feitos e ainda continuamos nos fazendo. Essa massa de nativos oriundos da mestiçagem viveu por séculos sem consciência de si, afundada na rünguendade. Assim foi até se definir como uma nova identidade étnico-nacional, a de brasileiros. Um povo, até hoje, em ser, na dura busca de seu destino. Olhando-os, ouvindo-os, é fácil perceber que são, de fato, uma nova romanidade, uma romanidade tardia mas melhor, porque lavada em sangue índio e sangue negro.

Somos povos novos ainda na luta para nos fazermos a nós mesmos como um gênero humano novo que nunca existiu antes. Tarefa muito mais difícil e penosa, mas também muito mais bela e desafiante.

Na verdade das coisas, o que somos é a nova Roma. Uma Roma tardia e tropical. O Brasil é já a maior das nações neolatinas, pela magnitude populacional, e começa a sê-lo também por sua criatividade artística e cultural.

Precisa agora sê-lo no domínio da tecnologia da futura civilização, para se fazer uma potência econômica, de progresso autossustentado. Estamos nos construindo na luta para florescer amanhã como uma nova civilização, mestiça e tropical, orgulhosa de si mesma. Mais alegre, porque mais sofrida. Melhor, porque incorpora em si mais humanidades. Mais generosa, porque aberta à convivência com todas as raças e todas as culturas e porque assentada na mais bela e luminosa província da Terra.

RIBEIRO, Darcy. *O povo brasileiro*: a formação e o sentido do Brasil. São Paulo: Companhia das Letras, 1995. p. 452-454.

Sessão de cinema

CENTRAL DO BRASIL

Brasil-França, 1998, 113 min.
Direção de Walter Salles.

O filme mostra migrantes que buscam melhorar de vida ou reencontrar parentes deixados para trás.

OLHAR ESTRANGEIRO

Brasil, 2006, 70 min.
Direção de Lúcia Murat.

O documentário aborda os clichês sobre o Brasil no estrangeiro por meio da visão que o cinema mundial tem do país.

Construindo seus conhecimentos

DE OLHO NO ENEM

1. (Enem 2010)

CHEGANÇA

Sou Pataxó,
Sou Xavante e Cariri,
Ianomâmi, sou Tupi
Guarani, sou Carajá.
Sou Pancararu,
Carijó, Tupinajé,
Sou Potiguar, sou Caeté,
Ful-ni-ô, Tupinambá.
Eu atraquei num porto muito seguro, Céu azul, paz e ar puro...
Botei as pernas pro ar.
Logo sonhei que estava no paraíso,
Onde nem era preciso dormir para sonhar.

Mas de repente me acordei com a surpresa:
Uma esquadra portuguesa veio na praia atracar.
Da grande-nau,
Um branco de barba escura,
Vestindo uma armadura me apontou pra me pegar.
E assustado dei um pulo da rede,
Pressenti a fome, a sede,
Eu pensei: "vão me acabar".
Levantei-me de Borduna já na mão.
Aí senti no coração,
O Brasil vai começar.

NÓBREGA, A.; e FREIRE, W. C. D. *Pernambuco falando para o mundo*, 1998.

A letra da canção apresenta um tema recorrente na história da colonização brasileira, as relações de poder entre portugueses e povos nativos, e representa uma crítica à ideia presente no chamado mito

(A) da democracia racial, originado das relações cordiais estabelecidas entre portugueses e nativos no período anterior ao início da colonização brasileira.

(B) da cordialidade brasileira, advinda da forma como os povos nativos se associaram economicamente aos portugueses, participando dos negócios coloniais açucareiros.

(C) do brasileiro receptivo, oriundo da facilidade com que os nativos brasileiros aceitaram as regras impostas pelo colonizador, o que garantiu o sucesso da colonização.

(D) da natural miscigenação, resultante da forma como a metrópole incentivou a união entre colonos, ex-escravas e nativas para acelerar o povoamento da colônia.

(E) do encontro, que identifica a colonização portuguesa como pacífica em função das relações de troca estabelecidas nos primeiros contatos entre portugueses e nativos.

2. (Enem 2004)

BRASIL

O Zé Pereira chegou de caravela
E perguntou pro guarani da mata virgem
– Sois cristão?
– Não. Sou bravo, sou forte, sou filho da Morte
Teterê tetê Quizá Quizá Quecê!
Lá longe a onça resmungava Uu! ua! uu!

O negro zonzo saído da fornalha
Tomou a palavra e respondeu
– Sim pela graça de Deus
Canhem Babá Canhem Babá Cum Cum!
E fizeram o Carnaval

(Oswald de Andrade)

Este texto apresenta uma versão humorística da formação do Brasil, mostrando-a como uma junção de elementos diferentes. Considerando-se esse aspecto, é correto afirmar que a visão apresentada pelo texto é

(A) ambígua, pois tanto aponta o caráter desconjuntado da formação nacional, quanto parece sugerir que esse processo, apesar de tudo, acaba bem.

(B) inovadora, pois mostra que as três raças formadoras – portugueses, negros e índios – pouco contribuíram para a formação da identidade brasileira.

(C) moralizante, na medida em que aponta a precariedade da formação cristã do Brasil como causa da predominância de elementos primitivos e pagãos.

(D) preconceituosa, pois critica tanto índios quanto negros, representando de modo positivo apenas o elemento europeu, vindo com as caravelas.

(E) negativa, pois retrata a formação do Brasil como incoerente e defeituosa, resultando em anarquia e falta de seriedade.

3. (Enem 2007)

O CANTO DO GUERREIRO

Aqui na floresta
Dos ventos batida,
Façanhas de bravos
Não geram escravos,
Que estimem a vida
Sem guerra e lidar.

– Ouvi-me, Guerreiros,
– Ouvi meu cantar.
Valente na guerra,
Quem há, como eu sou?
Quem vibra o tacape
Com mais valentia?

Quem golpes daria
Fatais, como eu dou?
– Guerreiros, ouvi-me;
Quem há, como eu sou?

Gonçalves Dias.

MACUNAÍMA

(Epílogo)

Acabou-se a história e morreu a vitória.
Não havia mais ninguém lá. Dera
tangolomângolo na tribo Tapanhumas e os filhos
dela se acabaram de um em um. Não havia mais
ninguém lá. Aqueles lugares, aqueles campos,

furos puxadouros arrastadouros meios-barrancos,
aqueles matos misteriosos, tudo era solidão do
deserto... Um silêncio imenso dormia à beira do rio
Uraricoera.
Nenhum conhecido sobre a terra não
sabia nem falar da tribo nem contar aqueles casos
tão pançudos. Quem podia saber do Herói?

Mário de Andrade.

A leitura comparativa dos dois textos acima indica que

(A) ambos têm como tema a figura do indígena brasileiro apresentada de forma realista e heroica, como símbolo máximo do nacionalismo romântico.

(B) a abordagem da temática adotada no texto escrito em versos é discriminatória em relação aos povos indígenas do Brasil.

(C) as perguntas "Quem há, como eu sou?" (1º texto) e "Quem podia saber do Herói?" (2º texto) expressam diferentes visões da realidade indígena brasileira.

(D) o texto romântico, assim como o modernista, aborda o extermínio dos povos indígenas como resultado do processo de colonização no Brasil.

(E) os versos em primeira pessoa revelam que os indígenas podiam expressar-se poeticamente, mas foram silenciados pela colonização, como demonstra a presença do narrador, no segundo texto.

4. (Enem 2008)

> A velha Totonha de quando em vez batia no engenho. E era um acontecimento para a meninada... Que talento ela possuía para contar as suas histórias, com um jeito admirável de falar em nome de todos os personagens, sem nenhum dente na boca, e com uma voz que dava todos os tons às palavras!
>
> Havia sempre rei e rainha, nos seus contos, e forca e adivinhações. E muito da vida, com as suas maldades e as suas grandezas, a gente encontrava naqueles heróis e naqueles intrigantes, que eram sempre castigados com mortes horríveis! O que fazia a velha Totonha mais curiosa era a cor local que ela punha nos seus descritivos. Quando ela queria pintar um reino era como se estivesse falando dum engenho fabuloso. Os rios e florestas por onde andavam os seus personagens se pareciam muito com a Paraíba e a Mata do Rolo. O seu Barba-Azul era um senhor de engenho de Pernambuco.
>
> José Lins do Rego. *Menino de engenho*. Rio de Janeiro: José Olympio, 1980, p. 49-51 (com adaptações).

Na construção da personagem "velha Totonha", é possível identificar traços que revelam marcas do processo de colonização e de civilização do país. Considerando o texto acima, infere-se que a velha Totonha

(A) tira o seu sustento da produção da literatura, apesar de suas condições de vida e de trabalho, que denotam que ela enfrenta situação econômica muito adversa.

(B) compõe, em suas histórias, narrativas épicas e realistas da história do país colonizado, livres da influência de temas e modelos não representativos da realidade nacional.

(C) retrata, na constituição do espaço dos contos, a civilização urbana europeia em concomitância com a representação literária de engenhos, rios e florestas do Brasil.

(D) aproxima-se, ao incluir elementos fabulosos nos contos, do próprio romancista, o qual pretende retratar a realidade brasileira de forma tão grandiosa quanto a europeia.

(E) imprime marcas da realidade local a suas narrativas, que têm como modelo e origem as fontes da literatura e da cultura europeia universalizada.

5. (Enem 2002)

> "Agora, com a chegada da equipe imortal, as lágrimas rolam. Convenhamos que a seleção as merece. Merece por tudo: não só pelo futebol, que foi o mais belo que os olhos mortais já contemplaram, como também pelo seu maravilhoso índice disciplinar. Até este Campeonato, o brasileiro julgava-se um cafajeste nato e hereditário. Olhava o inglês e tinha-lhe inveja. Achava o inglês o sujeito mais fino, mais sóbrio, de uma polidez e de uma cerimônia inenarráveis. E, súbito, há o Mundial. Todo mundo baixou o sarrafo no Brasil. Suecos, britânicos, alemães, franceses, checos, russos, davam botinadas em penca. Só o brasileiro se mantinha ferozmente dentro dos limites rígidos da esportividade. Então, se verificou o seguinte: o inglês, tal como o concebíamos, não existe. O único inglês que apareceu no Mundial foi o brasileiro. Por tantos motivos, vamos perder a vergonha [...], vamos sentar no meio-fio e chorar. Porque é uma alegria ser brasileiro, amigos."

Em 1958, a seleção brasileira foi campeã mundial pela primeira vez. O texto foi extraído da crônica "A alegria de ser brasileiro", do dramaturgo Nelson Rodrigues, publicada naquele ano pelo jornal *Última Hora*.

Além de destacar a beleza do futebol brasileiro, Nelson Rodrigues quis dizer que o comportamento dos jogadores dentro do campo

(A) foi prejudicial para a equipe e quase pôs a perder a conquista da copa do mundo.

(B) mostrou que os brasileiros tinham as mesmas qualidades que admiravam nos europeus, principalmente nos ingleses.

(C) ressaltou o sentimento de inferioridade dos jogadores brasileiros em relação aos europeus, o que os impediu de revidar as agressões sofridas.

(D) mostrou que o choro poderia aliviar o sentimento de que os europeus eram superiores aos brasileiros.

(E) mostrou que os brasileiros eram iguais aos europeus, podendo comportar-se como eles, que não respeitavam os limites da esportividade.

Introdução **215**

14 Brasil, mostra a tua cara!

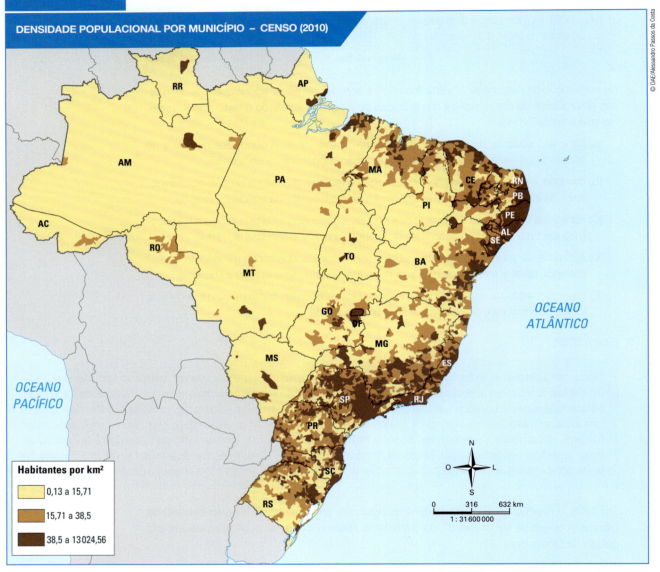

DENSIDADE POPULACIONAL POR MUNICÍPIO – CENSO (2010)

Habitantes por km²
- 0,13 a 15,71
- 15,71 a 38,5
- 38,5 a 13 024,56

Fonte: SOMAIN, René. A população do Brasil em 2010. *Confins*. Disponível em: <http://confins.revues.org/7215>. Acesso em: abr. 2016.

Caras e caras

"O Brasil é um país continental" – certamente você já ouviu essa frase muitas vezes. Com seus 8 514 876,599 km², é o maior país da América do Sul, o terceiro das Américas e o quinto do mundo, tendo à sua frente a Rússia (17 075 400 km²), o Canadá (9 970 610 km²), a China (9 517 300 km²) e os Estados Unidos (9 372 614 km²). O território está dividido em 26 estados e um Distrito Federal, que por sua vez se dividem em 5 570 municípios. A população brasileira já passa de 200 milhões de habitantes, distribuídos desigualmente entre cinco regiões (Norte, Nordeste, Sul, Sudeste e Centro-Oeste).

As regiões brasileiras apresentam condições geográficas distintas, traços particulares de cultura e níveis desiguais de desenvolvimento econômico e social. Tudo isso é importante para entendermos por que é tão impróprio falar de "cultura brasileira" – como se fosse uma cultura única e homogênea – e "realidade brasileira" – como se a realidade do país pudesse ser capturada de uma só vez, por um gesto ou por uma explicação. As indicações gerais sem dúvida servem como orientação, fornecem um mapa. Mas os mapas não reproduzem exatamente o que existe no espaço que seu traçado representa. Vamos nos aproximar um pouco mais e tomar contato com o que existe dentro do espaço gigantesco, continental, do Brasil, que tanto impressiona os que dele se aproximam.

Quando afirmamos que as regiões brasileiras apresentam um desequilíbrio do ponto de vista econômico e social, queremos dizer que algumas delas dispõem de riquezas e oportunidades decorrentes da produção industrial, enquanto outras dependem de recursos provenientes do governo federal, porque a produção local não é suficiente para promover seu desenvolvimento. Veja, no mapa ao lado, como a produção brasileira se distribui entre as regiões.

Com base em dados coletados em 2012, o IBGE nos informa que metade do Produto Interno Bruto (PIB) nacional estava concentrada em apenas 1% dos municípios brasileiros. Dos 5 570 municípios, apenas 56 concentravam a metade da riqueza produzida no país. Moram ali 30,8% da população brasileira, ou seja,

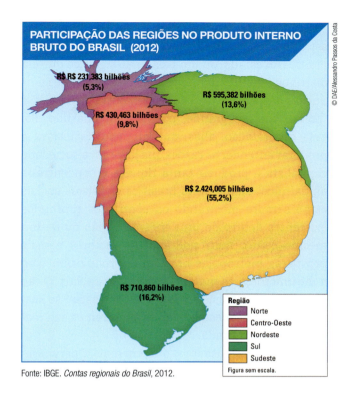

Fonte: IBGE. *Contas regionais do Brasil*, 2012.

quase um terço dela. A explicação é que a falta de oportunidade de trabalho, a pobreza, a produção insuficiente, tudo isso expulsa os moradores das regiões mais pobres em direção àquelas onde se supõe que a vida possa ser melhor. No relatório sobre concentração do PIB, o IBGE aponta que cerca de 40% de toda a riqueza, bens e serviços produzidos no Brasil estão concentrados em 25 municípios. São eles:

São Paulo (SP)	Rio de Janeiro (RJ)	Brasília (DF)	Duque de Caxias (RJ)	Salvador (BA)
Fortaleza (CE)	Recife (PE)	Canoas (RS)	Goiânia (GO)	Jundiaí (SP)
Campinas (SP)	Belém (PA)	São José dos Campos (SP)	Manaus (AM)	Osasco (SP)
Porto Alegre (RS)	Belo Horizonte (MG)	Curitiba (PR)	Guarulhos (SP)	Betim (MG)
Barueri (SP)	São Bernardo do Campo (SP)	Santos (SP)	Vitória (ES)	Campos dos Goytacazes (RJ)

IBGE

O Instituto Brasileiro de Geografia e Estatística (IBGE) é uma fundação pública da administração federal brasileira. Criado na década de 1930, produz indicadores demográficos, sociais e econômicos. É responsável, entre outras coisas, pelo censo demográfico, realizado a cada dez anos, e por elaborar cartas topográficas e mapas nacionais, regionais, estaduais e municipais. Os indicadores, os mapas e as publicações do IBGE são importantes subsídios tanto para as políticas públicas quanto para a pesquisa.

Para conhecer melhor essa importante instituição, visite o *site* <www.ibge.gov.br>.

É importante observar que o fato de uma região ser economicamente rica – assim como um município, ou um estado, ou um país – não significa que ela distribua equilibradamente suas oportunidades e riquezas entre seus habitantes. Em outras palavras, o "bolo" pode ser grande, porém mal repartido. Foi essa constatação, aliás, que motivou Karl Marx a procurar entender as razões que levaram a sociedade capitalista a produzir tanta riqueza e concentrá-la ainda mais. Também no Brasil os cientistas sociais estão sempre mostrando os contrastes profundos existentes dentro de uma mesma região ou de um mesmo centro metropolitano. As maiores e mais prósperas metrópoles brasileiras produziram com a mesma força os maiores contrastes sociais. O tão comum dito "o Brasil é o país dos contrastes" se sustenta, portanto, mesmo quando adentramos sua realidade mais profunda.

Mas os pesquisadores querem mais. Querem saber como vive a população, qual é sua qualidade de vida. Isso pode ser medido por um indicador chamado Índice de Desenvolvimento Humano (IDH), que informa como um país distribui a renda, cuida da saúde e da educação de seu povo. Para viver com qualidade e se desenvolver, uma pessoa precisa de renda, saúde e educação. E o Brasil não se sai muito bem nessa avaliação. Segundo os dados divulgados pelo Programa das Nações Unidas para o Desenvolvimento (Pnud) em 2014, o Brasil ficou em 79º entre 187 países. De 1980 a 2013, o IDH do Brasil foi o que mais cresceu entre os países da América Latina e do Caribe, com alta acumulada de 36,4%. Isso significa que nessas três décadas os brasileiros ganharam mais anos em expectativa de vida, mais tempo de escolaridade para as crianças e para os adultos com 25 anos ou mais. Mas também aqui acontece um fenômeno típico brasileiro: as desigualdades regionais são tão grandes que em algumas regiões os índices são comparáveis aos dos países mais pobres do mundo, enquanto em outras, ao contrário, aproximam-se dos mais desenvolvidos e com melhor qualidade de vida. De acordo com os dados do Pnud em 2010, Alagoas era o estado brasileiro em pior situação: seus habitantes tinham uma expectativa de vida bem menor que a de outros estados. Já o Distrito Federal, nesse item, foi o que apresentou melhor posição.

❚❚ Desenvolvimento Humano

O conceito de Desenvolvimento Humano [...] parte do pressuposto de que para aferir o avanço na qualidade de vida de uma população é preciso ir além do viés puramente econômico e considerar outras características sociais, culturais e políticas que influenciam a qualidade da vida humana. [...]

O que é IDH

O objetivo da criação do Índice de Desenvolvimento Humano foi o de oferecer um contraponto a outro indicador muito utilizado, o Produto Interno Bruto (PIB) *per capita*, que considera apenas a dimensão econômica do desenvolvimento. Criado por Mahbub ul Haq com a colaboração do economista indiano Amartya Sen, ganhador do Prêmio Nobel de Economia de 1998, o IDH pretende ser uma medida geral, sintética, do desenvolvimento humano. Apesar de ampliar a perspectiva sobre o desenvolvimento humano, o IDH não abrange todos os aspectos do desenvolvimento e não é uma representação da "felicidade" das pessoas, nem indica "o melhor lugar no mundo para se viver". [...]

Desde 2010, quando o Relatório de Desenvolvimento Humano completou 20 anos, novas metodologias foram incorporadas para o cálculo de IDH. Atualmente, os três pilares que constituem o IDH (saúde, educação e renda) são mensuradas da seguinte forma:

- ■ Uma vida longa e saudável (saúde) é medida pela expectativa de vida;

- ■ O acesso ao conhecimento (educação) é medido por: i) média de anos de educação de adultos, que é o número médio de anos de educação recebidos durante a vida por pessoas a partir de 25 anos; e ii) a expectativa de anos de escolaridade para crianças na idade de iniciar a vida escolar, que é o número total de anos de escolaridade que um criança na idade de iniciar a vida escolar pode esperar receber se os padrões prevalecentes de taxas de matrículas específicas por idade permanecerem os mesmos durante a vida da criança;

- ■ E o padrão de vida (renda) é medido pela Renda Nacional Bruta (RNB) *per capita* expressa em poder de paridade de compra (PPP) constante, em dólar, tendo 2005 como ano de referência.

Publicado pela primeira vez em 1990, o índice é calculado anualmente. Desde 2010, sua série histórica é recalculada devido ao movimento de entrada e saída de países e às adaptações metodológicas, o que possibilita uma análise de tendências. Aos poucos, o IDH tornou-se referência mundial. É um índice-chave dos Objetivos de Desenvolvimento do Milênio das Nações Unidas e, no Brasil, tem sido utilizado pelo governo federal e por administrações regionais através do Índice de Desenvolvimento Humano Municipal (IDH-M). [...]

Programa das Nações Unidas para o Desenvolvimento (Pnud/Brasil), 2009. Disponível em: <www.pnud.org.br>. Acesso em: maio. 2016.

Moradia à beira do Lago Paranoá, em Brasília (DF), 2016.

Moradia na margem da Lagoa Manguaba, em Marechal Deodoro (AL), 2015.

A mancha nacional

O desenvolvimento educacional dos estados e municípios brasileiros também é revelador da situação mais geral. Os indicadores de analfabetismo, por exemplo, são mais altos nas regiões mais pobres e mais baixos nas mais favorecidas. Os estados mais pobres do Brasil se aproximam de países mais pobres, como Madagascar, na África, com posição bastante desfavorável entre os países considerados pelas agências que tratam do desenvolvimento humano.

Quando tomamos como referência uma questão importante, como educação, vemos com clareza as diferenças agudas entre as regiões mais favorecidas e as menos favorecidas do Brasil. Se a educação é um direito de todos, estamos ainda muito longe de cumprir esse direito fundamental de maneira igualitária. As discrepâncias entre as regiões acentuam as desigualdades e as diferenças entre os cidadãos brasileiros, o que é demonstrado pelos dados da Pesquisa Nacional por Amostra de Domicílios (PNAD).

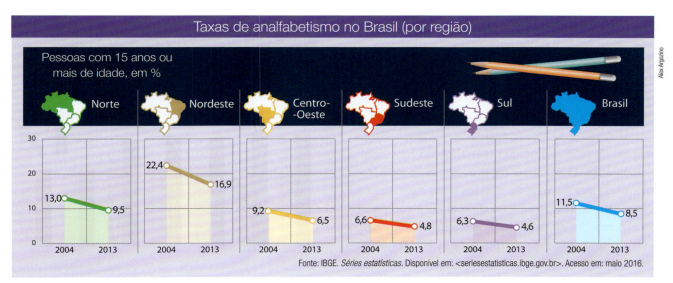

Taxas de analfabetismo no Brasil (por região) — Pessoas com 15 anos ou mais de idade, em %

Região	2004	2013
Norte	13,0	9,5
Nordeste	22,4	16,9
Centro-Oeste	9,2	6,5
Sudeste	6,6	4,8
Sul	6,3	4,6
Brasil	11,5	8,5

Fonte: IBGE. *Séries estatísticas*. Disponível em: <seriesestatisticas.ibge.gov.br>. Acesso em: maio 2016.

Se compararmos as zonas urbanas e rurais, veremos que os números também são muito diferentes. Apesar de o Brasil ter investido mais em educação nos últimos 20 anos, há uma grande disparidade entre o que acontece nesses dois espaços.

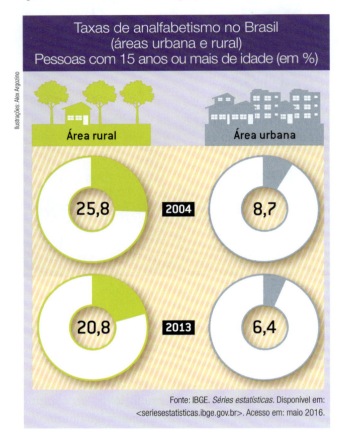

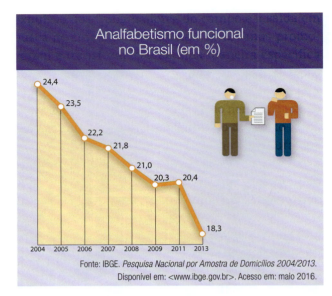

Tomemos, por exemplo, uma noção importante na área educacional, a do chamado *analfabetismo funcional*. O analfabeto funcional, embora consiga juntar letras, não consegue entender o que lê, nem o que significam as palavras nos parágrafos de um texto. Embora conheça os números, não consegue fazer as operações matemáticas básicas. Essa deficiência evidentemente compromete a posição de alguém que está competindo por um lugar melhor no mercado de trabalho. E esse conceito revela o tipo de aprendizado que a pessoa teve, pois ela pode ser analfabeta funcional mesmo tendo completado o Ensino Fundamental. O IBGE define como analfabeto funcional a pessoa com 15 anos ou mais de idade, porém com menos de quatro anos de estudos completos. Para alcançar um indicador, é feita uma análise comparativa em relação ao total de pessoas do mesmo grupo etário. Por meio dessa metodologia, o PNAD nos oferece os dados a seguir:

Os analfabetos funcionais não conseguem compreender textos curtos e localizar informações, inclusive as que estão indicadas nos próprios textos lidos. O mais preocupante é que isso tem acontecido com adolescentes e adultos que concluíram tanto o Ensino Fundamental II quanto o Ensino Médio. Essa situação se tornou um problema tão sério para nosso país que foi criado um medidor para isso: o Índice de Analfabetismo Funcional (Inaf). E o retrato não é muito estimulante. A pesquisadora Paula Louzano, da Universidade de São Paulo, nos dá um alerta: "Oito por cento das pessoas que têm ensino médio completo podem ser consideradas analfabetas funcionais...". Essa situação faz parte da vida de 15% da população brasileira com idade entre 15 e 24 anos. Em cada dez brasileiros, apenas três estão plenamente alfabetizados, ou seja, leem, interpretam textos longos e resolvem cálculos com maior quantidade de elementos e etapas.

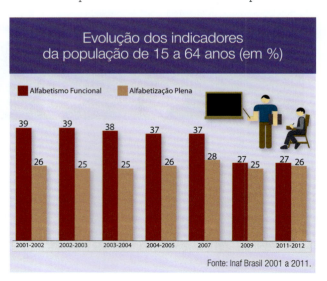

Em muitos outros aspectos as distâncias podem ser percebidas. Os indicadores de educação e saúde são sempre lembrados porque, se um ou outro forem muito baixos, todos os demais (renda, moradia, posição social) se alteram. São áreas tão importantes que, no início do século XX, nas primeiras décadas da República, caravanas de cientistas e educadores percorreram o Brasil para identificar e denunciar o que diagnosticaram como o "flagelo nacional": as más condições educacionais e sanitárias. Miguel Pereira, médico sanitarista, chegou a dizer em 1916 que "o Brasil é um imenso hospital". Não foi por acaso que em 1930, quando o governo Getúlio Vargas decidiu cuidar do "flagelo nacional", criou o Ministério da Educação e Saúde. Até 1953 foram tratadas juntas, em um mesmo ministério, as duas áreas que mais duramente mostravam a dificuldade de lidar com a distância entre uns e outros em nosso país.

Sala de aula em escola municipal. Turmalina (MG), 2015.
As condições que colaboram para o baixo rendimento dos alunos podem ser a má luminosidade – que dificulta a leitura e a concentração –, falta de materiais complementares e estrutura precária.

Alunos em sala de aula em escola municipal. Sobral (CE), 2013.
As condições que resultam em bom rendimento dos alunos muitas vezes estão relacionadas ao ambiente da sala de aula, como boa luminosidade, fornecimento de materiais de apoio, boa estrutura, com carteiras e lousas etc.

Capítulo 14 – Brasil, mostra a tua cara! **221**

Tudo virando urbano

Outro fenômeno importante provocou a necessidade de olhar o Brasil de forma mais atenta: a **urbanização**. O Brasil tem sido apontado por especialistas nacionais e estrangeiros como um país que passou por um dos maiores movimentos de urbanização registrados na época contemporânea. A população predominantemente rural transformou-se em majoritariamente urbana em um período de tempo muito curto, de apenas 25 anos. A rapidez desse processo e a concentração de pessoas que ele produziu têm exigido dos especialistas muitas explicações. Aos habitantes das cidades, têm provocado um misto de aceitação e inquietação. Afinal, como e por que tudo virou urbano?

Este livro começou falando da importância das cidades e da atmosfera urbana para que pudessem emergir novos valores, novas crenças, novas formas de relacionamento e de poder. Associamos também a vida urbana ao surgimento e à consolidação da atividade industrial. A cidade, fizemos questão de insistir, foi o cenário onde ocorreram profundas transformações tanto no sentido econômico, com as mudanças no processo de trabalho, quanto no sentido sociopolítico, com a ampliação e a conquista de direitos.

As cidades fazem parte da paisagem social brasileira desde o Período Colonial, mas foi a partir da segunda metade do século XIX, quando ocorreu o primeiro surto de industrialização no país, que elas começaram a ter um número expressivo de habitantes. As cidades cresceram, sobretudo, graças aos imigrantes

Tarsila do Amaral. *Estrada de Ferro Central do Brasil*, 1924. Óleo sobre tela, 1,42 m × 1,02 m. A obra evidencia o contraste entre as paisagens rurais e as estradas de ferro da emergente São Paulo industrial. Quais símbolos da modernidade estão presentes nessa pintura?

italianos, japoneses e alemães, que se dirigiram primeiro para o Sul do país e em seguida para os estados do Rio de Janeiro e de São Paulo – que também se tornariam atraentes para as migrações internas. Estima-se que na última década do século XIX cerca de 1,2 milhão de imigrantes entraram no Brasil.

Se as migrações internacionais provocaram o crescimento urbano na primeira metade do século XX, entre 1960 e 1980 seriam as migrações internas que definiriam os contornos das cidades. Em duas décadas, saíram do campo para a cidade cerca de 43 milhões de pessoas. A industrialização do Sudeste estimulou o movimento de migrantes, oriundos sobretudo da região Nordeste, os quais deixavam o campo com a esperança de uma vida melhor no Rio de Janeiro e em São Paulo.

Migrantes de diferentes locais do Nordeste chegam a São Paulo (SP), 1960.

Ao longo da história, a rede urbana brasileira foi se concentrando no litoral. De início, as cidades mais importantes eram aquelas que se relacionavam diretamente com a metrópole portuguesa. No Império e no início da República, as cidades estavam articuladas entre si em função das atividades agrícolas, e todas tinham como referência a capital da província ou do estado. Nas capitais estavam os serviços públicos e as principais instituições comerciais e financeiras. Até a década de 1960, as principais cidades brasileiras, além do Rio de Janeiro, capital federal, eram todas capitais de estado: Belém, Manaus, Fortaleza, Recife, Salvador, Cuiabá, São Paulo, Curitiba e Porto Alegre. Eram poucas as cidades de médio porte. A partir da década de 1970, porém, ocorreu uma desconcentração da população nos grandes aglomerados urbanos, em consequência da redução das migrações e da queda da taxa de fecundidade – estimativa do número médio de filhos por mulher em idade de procriar. As cidades médias não metropolitanas ganharam relevância e passaram a apresentar maior crescimento. Paralelamente, assistiu-se à formação de grandes regiões metropolitanas.

Hoje o Brasil é um país majoritariamente urbano. De acordo com o Censo 2010, 84,4% da população nacional habitam domicílios situados em área urbana. Na comparação entre as grandes regiões, observamos que 26,9% dos domicílios do Nordeste, 26,5% do Norte, 15,1% do Sul, 11,2% do Centro-Oeste e 7,1% do Sudeste estão situados em área rural. As cidades de Rio de Janeiro e São Paulo concentram 9,84% do total da população urbana.

Como afirmou Georg Simmel, as cidades em geral têm a propriedade de mostrar muitas coisas ao mesmo tempo – e as brasileiras não são diferentes. Elas abrem oportunidades de vida e trabalho para milhares de pessoas e mostram caminhos para a realização de muitos desejos: participar das decisões políticas, usufruir dos equipamentos culturais, andar pelas ruas com liberdade, adquirir bens. Mas também abrigam pessoas que não conseguem realizar nenhum desses anseios. As cidades brasileiras revelam, assim, a cara do Brasil: são amigáveis e violentas; cordiais e injustas; livres e opressoras; generosas e excludentes; hospitaleiras e cruéis.

Os muitos retratos possíveis do Brasil estão presentes em traços desconexos nos ambientes urbanos, porque foi nas cidades que a imprensa e os meios de comunicação surgiram e se disseminaram – nelas as notícias se espalham com rapidez. Os isolamentos se quebram, porque somos obrigados a compartilhar espaços, mas ao mesmo tempo se criam novas fronteiras entre os grupos sociais. Por isso é que a "imaginação sociológica" recomenda que não nos atenhamos a uma fórmula única, a uma só versão dos acontecimentos, a uma possibilidade de solução. Por isso ela nos incentiva a observar de perto como se alteram aspectos considerados estáveis e permanentes em nosso cotidiano. Para percebermos quão complexa é a vida em sociedade, tomemos um exemplo apenas. O que acontece com as famílias brasileiras?

Regiões metropolitanas

Região metropolitana é o nome dado a um grande centro populacional formado por uma cidade central – uma metrópole – e as cidades adjacentes. Em uma região metropolitana, os limites físicos entre as cidades praticamente desaparecem, formando-se uma única aglomeração urbana. Você sabe quais são as regiões metropolitanas do país? Conhece os processos que as formaram? Sabe onde encontrar informações a respeito delas? Vamos pesquisar!

As muitas famílias

Uma boa maneira de iniciar esta reflexão é imaginarmos uma pesquisa com as pessoas mais velhas que estão à nossa volta. O que diriam os mais velhos sobre a vida familiar do tempo em que eram crianças? Do que será que eles se lembram? Contariam que as famílias eram sustentadas com o rendimento do trabalho do pai ou do pai e da mãe? Diriam que pais e mães sempre permaneciam casados ou, ao contrário, sentiam-se livres para se separar se assim o desejassem? Quando se separavam, continuavam a morar na mesma casa ou continuavam casados morando em casas separadas? As famílias eram sempre constituídas de um homem e uma mulher e seus filhos ou já havia casais formados por pessoas do mesmo sexo? Havia famílias só com mães e filhos, ou só com pais e filhos? Casais sem filhos?

Essas perguntas indicam que há vários formatos possíveis de família que hoje não nos causam estranhamento, mas podem ter causado em outros tempos. Em muitos casos, as famílias mudaram de formato em comparação com o passado, mas em outros mantiveram as formas tradicionalmente conhecidas. Famílias, portanto, como percebeu Émile Durkheim, são ricos objetos de pesquisa para os que querem entender a vida em sociedade.

Uma das causas mais importantes da mudança familiar no Brasil a ser observada é a alteração do comportamento das mulheres em nossa sociedade. Mais uma vez as indicações do IBGE são esclarecedoras. O nível de escolaridade das mulheres subiu, em muitos casos mais que o dos homens. Por outro lado, a taxa de fecundidade diminuiu. As mulheres têm menos filhos, participam cada vez mais do mercado de trabalho, contribuem crescentemente para o rendimento familiar, e muitas vezes são as principais responsáveis pelo sustento da família. Aumentou o número de mulheres com apenas um filho: em 1997, elas eram 25,8%, mas em 2007 esse percentual subiu para 30,7%. Também aqui, a variação regional é significativa. Em 2010, Norte e Nordeste apresentavam taxas mais elevadas de fecundidade – 2,47 e 2,06, respectivamente, contra 1,86 da média nacional. Ainda assim, essas foram as regiões com maior redução da fecundidade entre 2000 e 2010, com queda de 23,5% (Norte) e 25,2% (Nordeste).

Os dados do Censo 2010 apontam ligeira queda de participação dos grupos de 15 a 19 anos e de 20 a 24 anos de idade na fecundidade total, os quais concentravam 18,8% e 29,3% em 2000 e passaram a concentrar 17,7% e 27% em 2010. O recenseamento também indicou aumento de participação nos níveis de fecundidade dos grupos de idade acima de 30 anos – de 27,6% em 2000 para 31,3% em 2010.

Portanto, quando queremos saber como se constituem as famílias brasileiras nos dias de hoje, temos de contabilizar muitas informações. Os divórcios, os casamentos sucessivos, os filhos provenientes de casamentos distintos do pai ou da mãe, os meios-irmãos, os padrastos e madrastas, as diferentes casas onde as crianças e os jovens transitam dentro do ambiente familiar, os filhos registrados por casais do mesmo sexo, tudo isso tem de ser levado em consideração.

O casal Toni Reis e David Harrad, com os filhos adotivos Alyson, Jéssica e Felipe, 2014.

Certamente, há resistência aos arranjos pouco usuais, que contrariam os formatos familiares tradicionais. A vida em sociedade está cheia de casos que revelam tensões, não só no Brasil como em outros países. O que uns escolhem ou defendem pode parecer ofensivo a outros. E isso não acontece apenas com os formatos familiares. Acontece também, por exemplo, com as diferentes manifestações culturais que dão sentido às tribos formadas pelos jovens e com as diferentes opções religiosas. São comuns as discussões entre os que defendem e os que condenam a legalização do aborto ou a descriminalização das drogas. Tudo isso é revelador da vida em sociedade, e nada disso é objeto de consenso.

A riqueza da Sociologia está em caminhar pelas discordâncias, pela diversidade de concepções da vida, pelas conquistas das negociações, pelo que junta e pelo que separa opiniões e maneiras de ser. As cidades, em todo o mundo, expuseram a multiplicidade das manifestações da vida coletiva de forma concentrada, facilitando o desenvolvimento de uma ciência da sociedade. No Brasil não foi diferente.

A nova família brasileira

O Censo 2010 mostrou que a família brasileira mudou bastante ao longo dos últimos anos. Pela primeira vez a formação clássica "casal com filhos" deixou de ser maioria nos arranjos familiares, representando 49,9% dos domicílios. Nos 50,1% restantes, uma grande variedade de configurações deixa clara a necessidade cada vez maior de pensar a unidade familiar de forma plural.

Segundo os dados do IBGE, casais sem filhos, pessoas morando sozinhas, três gerações sob o mesmo teto, casais do mesmo sexo, mães sozinhas com filhos, pais sozinhos com filhos, amigos morando juntos, netos com avós, irmãos e irmãs, entre outros, são hoje maioria. Não por acaso, o último censo listou 19 laços de parentesco para dar conta das mudanças, oito a mais que em 2000.

Um dos arranjos que mais aumentou nas últimas décadas foi o dos chamados "Dinks", denominação importada do inglês para designar casais sem filhos (*double income, no kids*, ou, em português, "dupla renda, nenhum filho"). De acordo com o IBGE, o número de famílias Dinks dobrou entre 1996 e 2006, chegando a mais de 2 milhões em 2010 (cerca de 4% dos domicílios brasileiros). Além de casais que ainda pretendem ter filhos, também são considerados Dinks casais homossexuais, pessoas de meia-idade cujos filhos já saíram de casa ou ainda casais que não podem ou não querem ter filhos.

Outra novidade trazida pelo último censo foi a inclusão das chamadas "famílias mosaico" nas estatísticas. Formados por segundos e terceiros casamentos, nos quais há filhos só do pai, só da mãe ou de ambos, esses lares já representam 16% dos domicílios de casais com filhos, correspondendo a nada menos que 4,5 milhões de famílias. O aumento do número de pessoas que se divorciam e se casam novamente com outros parceiros é também responsável pelo surgimento de um tipo de arranjo ainda não pesquisado pelo IBGE: filhos de casais separados que estabeleceram o regime de guarda compartilhada e, por isso, têm dois domicílios, dividindo seu tempo entre a casa do pai e a da mãe.

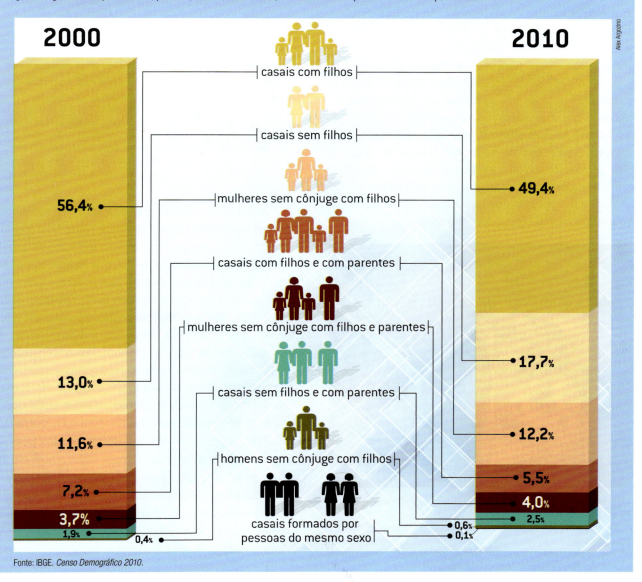

Fonte: IBGE. *Censo Demográfico 2010*.

Outros brasis...

A despeito da extensão do território, da diversidade entre as regiões e da distância entre suas muitas realidades, uma certeza é sempre mencionada quando se trata do Brasil: uma única língua oficial, o português, é reconhecida em todo o país. Mas não é a única falada...

O Censo 2010, que investigou pela primeira vez as **etnias** e línguas indígenas, encontrou nada menos que 247 línguas faladas por 305 etnias. Os dados disponíveis até então apontavam para a existência de cerca de 180 línguas e 220 etnias, numa mostra do desconhecimento que ainda hoje paira sobre essas populações.

Recorrentemente associados ao passado colonial, os indígenas (que em 2010 somavam cerca de 900 mil pessoas, apenas 0,47% da população brasileira) não podem, hoje, ser resumidos à velha imagem de homens e mulheres nus, vivendo em ocas e sem nenhum contato com outras formas de civilização. Ainda que existam comunidades vivendo dessa maneira, elas coexistem com muitas outras formas de vida, sem que isso implique prejuízo algum para sua identidade indígena.

Uma das constatações do IBGE nesse sentido foi que muitas pessoas não associam sua condição de indígena a características físicas, como a cor da pele. O instituto passou então a perguntar aos moradores das terras indígenas que se declaravam de outra cor se eles se consideravam indígenas segundo aspectos como tradições, costumes, cultura e antepassados. No total, 78,9 mil pessoas que haviam dito ser de outra cor (sobretudo parda) responderam que sim.

Indígenas da etnia pankararu, vestidos para o ritual de passagem Toré, em Tacaratu (PE), 2014.
Os pankararus fazem parte de um grupo de "indígenas do sertão" conhecidos como tapuias, forma pela qual os tupis da costa brasileira chamavam a todo grupo não tupi. Com uma população aproximada de 6 500 indivíduos, estão localizados nos municípios de Jatobá, Petrolândia e Tacaratu, no estado de Pernambuco.

Outro aspecto que aponta para a pluralidade da situação do indígena brasileiro diz respeito à moradia. O antropólogo João Pacheco de Oliveira nos ajuda a traçar um panorama do assunto, chamando atenção para o fato de que a identidade indígena é sobretudo múltipla, não cabendo em nenhuma tentativa de classificação muito rígida ou estática:

> A população indígena vive nas situações mais diversas: alguns têm terra demarcada, vivem em parques indígenas ou terras mais amplas, como os povos do Xingu e os Yanomami, têm boas condições ambientais, meios de sobrevivência e estão assegurados pelo Estado, que os defende contra populações invasoras. Por outro lado, uma parte muito grande de indígenas vive em áreas menores, na condição de trabalhadores rurais, como camponeses, seringueiros e pescadores. Outros indígenas, no entanto, têm áreas demarcadas, às vezes pequenas, onde não dá nem para desenvolver atividades produtivas. E existem muitos que não têm qualquer resolução em torno de suas terras e passam a protagonizar situações dramáticas de disputa de territórios no Brasil, como os Guarani Kaiowá, do Mato Grosso do Sul. Eles são um dos maiores grupos do Brasil, chegam a mais de 30 mil, e tiveram suas áreas tomadas. Uma parte dessa população vive à beira da estrada, acampada em toldos, como sem-terras, correndo riscos de toda natureza.
>
> João Pacheco de Oliveira traça panorama dos indígenas no Brasil. *Globo Universidade*. Rio de Janeiro, 24 abr. 2012. Disponível em: <http://redeglobo.globo.com/globouniversidade/noticia/2012/04/joao-pacheco-de-oliveira-traca-panorama-dos-indigenas-no-brasil.html>. Acesso em: maio. 2016.

Ainda que a Constituição de 1988 tenha reconhecido a demarcação de terras indígenas (que hoje somam um total de 699, ocupando 13,6% do território nacional), o último censo mostrou que 43% dos indígenas não vivem em áreas protegidas. Outro dado interessante é que 36,2% dessa população mora em áreas urbanas. Também contradizendo nosso imaginário, a pesquisa revelou que somente 12,6% dos domicílios indígenas eram do tipo "oca" e que no restante predominavam construções do tipo "casa". Mesmo nas terras indígenas demarcadas, as ocas e malocas não eram muito comuns: em apenas 2,9% dessas áreas todos os domicílios eram desse tipo, e em 58,7% delas essas moradias não foram encontradas.

Diante desses dados, é comum vermos pessoas dizendo que "o índio não é mais índio", que ele foi "aculturado". Segundo João Pacheco de Oliveira, essa perspectiva tem de ser revista: "[...] cultura é algo que naturalmente vai sendo transmitido, copiado, adotado e modificado. Dizer que alguém ou alguma coletividade é 'aculturado(a)' é errado porque todos nós estamos sempre trocando elementos de cultura. Os indígenas mantêm sua língua, suas práticas são muito fortes, eles são grandes líderes e agricultores".

Mas como saber, afinal, quem é indígena? Defendendo a garantia do espaço para o reconhecimento das diferenças e a superação da ideia de que existe um padrão único para definição da identidade indígena, o antropólogo afirma que "é indígena quem se julga indígena e tem uma comunidade que o reconhece enquanto isso. É um processo coletivo".

Esse dinamismo pode ser visto também numa avaliação recente feita pelo Instituto Nacional de Estudos e Pesquisas Educacionais Anísio Teixeira (Inep), que revelou existir, em 2014, mais de 13 mil universitários indígenas no Brasil. Em 2011 eram apenas 5 mil. Para João Pacheco, isso mostra que "eles estão estudando, se habilitando, fazendo planos para o futuro e querendo ser administrados por si mesmos, pelos seus membros".

Essas novas formas de relação da população indígena com o restante da sociedade brasileira esbarram em outro problema: a **desigualdade**. O censo mostrou que, apesar do aumento da taxa de alfabetização computada em 2000 (que era de 73,9%), em 2010 apenas 76,7% dos indígenas eram alfabetizados, índice 15% menor do que o registrado entre os não indígenas. A baixa remuneração é outro problema que merece atenção: 83% dos indígenas com idade acima de 10 anos recebem hoje até um salário mínimo ou não têm rendimentos. Em todo o país, apenas 1,5% ganha mais de cinco salários mínimos, percentual que cai para 0,2% entre os moradores de terras indígenas.

Tudo isso mostra que, mais que um assunto para os livros de História, as populações indígenas são parte importante das questões que mobilizam nossa sociedade nos dias atuais. Presentes em mais da metade dos municípios do país, os indígenas participam ativamente das mudanças em curso, atualizando, de diferentes formas, seu papel na formação da nacionalidade brasileira.

❚❚ Parque Indígena do Xingu

Criado em 1961 por decreto assinado pelo então presidente Jânio Quadros, o Parque Indígena do Xingu foi a primeira terra indígena homologada pelo governo federal. Situado ao norte do estado de Mato Grosso, ele ocupa uma área de mais de 27 mil quilômetros quadrados, onde vivem cerca de 5 500 indígenas de 16 etnias diferentes.

A idealização do parque foi resultado de uma longa mobilização dos irmãos Leonardo, Cláudio e Orlando Villas-Boas. Disfarçados de sertanejos, esses paulistanos de classe média se enveredaram na Expedição Roncador-Xingu (também conhecida como "Marcha para o Oeste"), organizada em 1943 pelo governo de Getúlio Vargas com o objetivo de ocupar o interior do Brasil. Apesar de seu caráter militarista, ela resultou no contato com diversas etnias indígenas ainda desconhecidas, despertando a atenção dos irmãos Villas-Boas para a necessidade de preservação daquelas comunidades diante da chegada irrefreável do homem branco. Nas palavras de Orlando, a ideia original era conservar os povos e a natureza da região: "O governo brasileiro, ao criar o Parque, procurou cumprir dois importantes objetivos: constituir uma reserva natural para a fauna, flora e, sobretudo, fazer chegar diretamente às tribos sua ação protetora". Redigido pelo antropólogo Darcy Ribeiro, então funcionário do Serviço de Proteção aos Índios, o projeto foi implementado após muitos anos de polêmicas e discussões.

Hoje, passados mais de 50 anos de sua criação, o parque enfrenta problemas que põem em risco os princípios que nortearam sua concepção. Uma das questões mais alarmantes é o avanço da agropecuária em seu entorno, o que tem provocado a rápida devastação das cabeceiras dos rios formadores da bacia do Xingu. A perspectiva é que, com o avanço do desmatamento das fazendas ao redor da reserva, em poucos anos as águas que abastecem todas as aldeias do parque estejam contaminadas com agrotóxicos e metais pesados. A forte presença desses elementos nos rios pode levar ainda à diminuição do volume de peixes, base da alimentação das comunidades locais.

◀◀ Recapitulando

Você aprendeu que o Brasil, em razão de seus contrastes sociais e de sua multiplicidade cultural, é muito complexo, sendo impossível apreendê-lo de um único ângulo. Frequentemente se ouve falar em "realidade brasileira" ou "cultura brasileira", mas estamos convencidos de que não é possível dar uma explicação definitiva e total sobre o que se passa em nossa sociedade. Essa afirmação não pretende desanimar quem queira fazer uma pesquisa científica sobre o país. Ao contrário, é uma forma de instigar a imaginação sociológica em relação a temas ou questões sociais que nos inquietam no dia a dia e que nos ajudam a compreender a sociedade brasileira. Isso nos ensina também que é necessário dialogar com outras interpretações sobre – como diria o antropólogo Roberto DaMatta – "o que faz o brasil, Brasil".

A complexidade brasileira foi tratada neste capítulo com base em diversos temas: as desigualdades regionais e locais em termos de desenvolvimento econômico e social; a diversidade cultural presente no território brasileiro; a urbanização que "redefiniu" o Brasil nos últimos 50 anos e as consequências desse processo sobre os costumes dos brasileiros, tomando como exemplo as famílias.

Leitura complementar

A situação dos povos indígenas na educação superior

A educação superior indígena é uma questão que estava praticamente fora das agendas governamentais e não governamentais até finais da década de 1990, mas que nos últimos anos começou a ter maior visibilidade, num contexto político favorável às ações afirmativas e ao combate da desigualdade educativa no Ensino Superior. A demanda por acesso à universidade tem se tornado relevante para muitos povos indígenas, em vista da situação contemporânea que atravessam e da nova relação estabelecida com o Estado inaugurada com a Constituição Federal de 1988. [...] Considera-se que, apesar do crescente número de universidades que implementam ações afirmativas para indígenas, pouco se sabe ainda sobre as situações que eles vivenciam e sobre os impactos que tal formação está exercendo em suas trajetórias individuais e sociais – daí o interesse pela abordagem destas questões.

[...] Quando a implementação de ações afirmativas nas universidades públicas estava no seu início, [...] Segundo dados da Funai, em 2003, [...] estimava-se que aproximadamente 1 300 indígenas estavam recebendo educação superior universitária, dos quais cerca de 60 a 70% estavam matriculados em IES privadas. Até então, as estratégias para ingressar e conseguir manter-se durante os estudos universitários eram principalmente individuais e familiares, e a Funai era o único órgão de governo que atendia parcialmente à demanda indígena por educação superior, através da concessão de auxílio financeiro ou bolsas. A maioria dos beneficiados por esse apoio o destinava a pagar a matrícula e as mensalidades das universidades privadas que frequentavam. No ano de 2011 estimava-se que quase sete mil indígenas estavam cursando o Ensino Superior, aí compreendidos os que cursavam licenciaturas específicas e os que estudavam em cursos regulares em universidades públicas e privadas. [...] em meados da década de 90 o número de estudantes nesse nível de ensino não chegava a 500. Este fenômeno reflete, entre outras coisas, o impacto das políticas de ação afirmativa, principalmente da política de cotas. [...]

Têm sido duas as vertentes principais das demandas indígenas por educação superior. Uma é a formação de professores em nível superior, o que reflete a preocupação dos professores indígenas em aperfeiçoar suas práticas docentes ter mais instrumentos de capacitação para conduzir com autonomia as escolas indígenas e se ajustar às normas e leis que exigem sua titulação em nível superior. A outra vertente das demandas, decorrente do estado das relações atuais entre os povos indígenas e o Estado, vincula-se à necessidade de formar, dentro do movimento indígena, quadros que possam assumir de forma qualificada os processos de interlocução e intervenção nas políticas públicas em favor dos direitos e interesses indígenas. Também se requer uma capacitação para dar conta dos desafios surgidos a partir dos processos contemporâneos de territorialização, para que os próprios indígenas possam gerir seus territórios e os projetos de etnodesenvolvimento que neles se levam a cabo. [...]

O primeiro aspecto a problematizar é o fato de não existir uma correspondência entre a distribuição da população indígena pelo território nacional e a localização das iniciativas por parte das universidades destinadas a garantir o acesso desse segmento ao ensino superior, ou seja, não se verifica um maior número de ações afirmativas nas regiões em que a presença indígena é numericamente superior. [...] Apesar de as universidades federais não restringirem a inscrição de candidatos indígenas ao estado onde elas se situam, tal discordância entre localização de população indígena e localização da instituição faz com que os candidatos tenham que se deslocar a grandes distâncias, com tudo o que isso representa de dificuldades e custos. [...] Outra questão que merece ser discutida é o tipo de modalidades de acesso disponível para a população indígena e o impacto disto sobre as suas escolhas e trajetórias. Verificamos que trinta das setenta e duas IESPs em que identificamos a implementação de ações afirmativas para indígenas optaram pelo sistema de reserva de vagas, ou seja, o estabelecimento de uma percentagem de cotas para estudantes indígenas, a saber: trinta e seis pelo sistema de vagas suplementares, ou seja, vagas que a universidade disponibiliza a mais; quatro pelo sistema de acréscimo de pontos no vestibular; e duas por um sistema misto de reserva de vagas e vagas suplementares, o que indica o predomínio da modalidade de vagas suplementares. [...] Em alguns casos, os cursos nos quais os candidatos indígenas podem se inscrever são discutidos entre a FUNAI, representantes indígenas e a comissão da universidade responsável pela implementação das ações afirmativas. Em outros casos, só decide a própria universidade. [...]

Outro desafio é o acompanhamento pedagógico dos estudantes indígenas, em face das dificuldades encontradas tanto pelos próprios estudantes quanto pelas instituições que os recebem. Em algumas universidades é difícil contar com professores treinados e dispostos a exercer a tarefa de tutoria e acompanhamento de povos culturalmente diferenciados. [...]

As mais bem-sucedidas ações de estímulo à permanência até agora realizadas abrangem uma diversidade de atividades, tais como tutorias, acompanhamento social e pedagógico, projetos de pesquisa e extensão que envolvem estudantes indígenas como estagiários ou pesquisadores, realização de cursos e eventos que têm como objetivo visibilizar a presença indígena na universidade e valorizar os conhecimentos indígenas, entre outros. [...]

Outro tema escassamente contemplado é a inserção no mercado de trabalho dos que concluíram a formação universitária, a maneira como se dá o "retorno" às comunidades e como a presença de profissionais indígenas impacta o cotidiano, as relações sociais e as formas de liderança.

Segundo informação da Coordenação Geral de Educação da Funai, os cursos de licenciatura são os que contam com o maior número de alunos indígenas matriculados, seguidos pelo Normal Superior, Pedagogia e Direito. Em princípio, estas escolhas remetem à vontade de assumir as vagas de professor existentes nas aldeias [...]; no entanto, observando-se as entrevistas realizadas, os registros feitos em seminários e reuniões sobre educação superior indígena e a bibliografia existente, percebe-se que as escolhas seguem motivações diferenciadas. Existem os que optaram por um determinado curso fizeram-no por uma decisão coletiva da comunidade, preocupada em contar com pessoal preparado em áreas como saúde, educação e gerenciamento de projetos, e os que escolheram cursos porque lhes agradavam ou eram de seu interesse e curiosidade desde crianças, ou simplesmente porque eram as únicas possibilidades existentes de formação superior.

A institucionalização de políticas de permanência de estudantes indígenas no Ensino Superior [...] é o grande desafio a ser enfrentado, já que são muitas as dificuldades por eles atravessadas e uma quantidade considerável estuda sem qualquer apoio do governo ou da universidade.

PALADINO, Mariana. Algumas notas para a discussão sobre a situação de acesso e permanência dos povos indígenas na educação superior. *Práxis Educativa*, Ponta Grossa, v. 7, número especial, p. 175-195, maio. 2016.

Fique atento!

Definições dos conceitos sociológicos estudados neste capítulo.

Etnia: na seção **Conceitos sociológicos**, página 369.

Desigualdade: no verbete Igualdade/desigualdade da seção **Conceitos sociológicos**, página 371.

Urbanização: na seção **Conceitos sociológicos**, página 377.

Sessão de cinema

PRO DIA NASCER FELIZ
Brasil, 2006, 88 min.
Direção de João Jardim.
O filme mostra como as expectativas de futuro são construídas pelos jovens de várias regiões brasileiras e contextos sociais desiguais.

ÍNDIOS NO BRASIL, QUEM SÃO ELES? (SÉRIE)
Brasil. TV Escola, primeiro episódio, 18 min.
Esse episódio da série *Índios no Brasil* apresenta quem são e como vivem os indígenas no Brasil atual, tomando como foco a relação deles com os outros brasileiros. Disponível em: <www.tvescola.mec.gov.br>. Acesso em: maio 2016.

Construindo seus conhecimentos

MONITORANDO A APRENDIZAGEM

1. Explique com suas palavras a seguinte frase: "Aproximar-se sociologicamente do Brasil como universo de pesquisa é ter, antes de qualquer coisa, uma atitude de abertura, flexibilidade e reflexão ante muitas possibilidades de interpretação".

2. É impróprio falar de "cultura brasileira" – como se fosse uma cultura única e homogênea – e de "realidade brasileira" – como se a realidade do país pudesse ser capturada de uma só vez, por um gesto ou por uma explicação. Que argumentos apresentados neste capítulo justificam essa frase?

3. "O Brasil é o país dos contrastes": esta é uma frase muito familiar. Levando em conta a noção de distribuição de riqueza, explique-a.

4. Como você viu neste capítulo, quando se pretende conhecer a distribuição da renda e também a qualidade de vida de uma população, utiliza-se o IDH. Um dos quesitos avaliados pelo IDH é a educação. Por que ela foi definida por alguns estudiosos brasileiros como "mancha da nação" ou "flagelo nacional"?

5. Que razões levaram alguns estudiosos a afirmar que o Brasil passou por "um dos maiores movimentos de urbanização registrados contemporaneamente"? Que consequências esse movimento teve para as populações envolvidas?

6. Analise o gráfico a seguir:

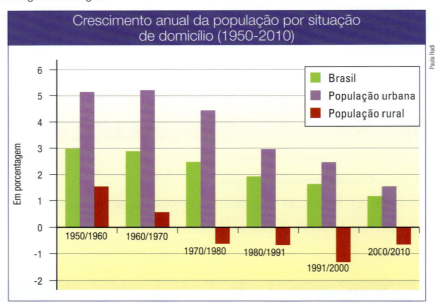

Fonte: IBGE. *Censo demográfico 2010*.

   a) Desde a década de 1970, a população rural brasileira está diminuindo em termos relativos. Explique esse fenômeno.

   b) Desde 1960, o ritmo de crescimento da população urbana vem diminuindo significativamente. Explique.

   c) É possível afirmar que o processo de urbanização da sociedade brasileira estava em curso entre 2000 e 2010? Justifique sua resposta.

7. O capítulo apresenta os novos arranjos familiares como exemplo de mudança de hábitos e costumes decorrente da urbanização. O comportamento das mulheres também foi mencionado como um dos principais fatores de mudança na formação da família brasileira. Explique.

DE OLHO NO ENEM

1. (Enem 2015)

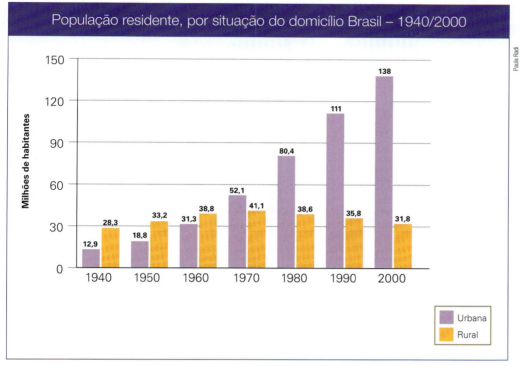

IBGE. Tendências demográficas: uma análise da sinopse preliminar do censo demográfico 2000. Rio de Janeiro: IBGE, 2001.

O processo indicado no gráfico demonstra um aumento significativo da população rural no Brasil. Esse fenômeno pode ser explicado pela

(A) atração de mão de obra pelo setor produtivo concentrado nas áreas urbanas.

(B) manutenção da instabilidade climática nas áreas rurais.

(C) concentração da oferta de ensino nas áreas urbanas.

(D) inclusão da população das áreas urbanas em programas assistenciais.

(E) redução dos subsídios para os setores da economia localizados nas áreas rurais.

2. (Enem 2015)

> O reconhecimento da união homoafetiva levou o debate à esfera pública, dividindo opiniões. Apesar da grande repercussão gerada pela mídia, a população ainda não se faz suficientemente esclarecida, confundindo o conceito de união estável com casamento. Apesar de ter sido legitimado pelo Supremo Tribunal Federal (STF), o reconhecimento da união homoafetiva é fruto do protagonismo dos movimentos sociais como um todo.
>
> ARÊDES, N.; SOUZA, I.; FERREIRA, E. Disponível em: http://reporterpontocom.wordpress.com. Acesso em: 1 mar. 2012 (adaptado).

As decisões em favor das minorias, tomadas pelo Poder Judiciário, foram possíveis pela organização desses grupos. Ainda que não sejam assimiladas por toda a população, essas mudanças

(A) contribuem para a manutenção da ordem social.

(B) reconhecem a legitimidade desses pleitos.

(C) dependem da iniciativa do Poder Legislativo Federal.

(D) resultam na celebração de um consenso político.

(E) excedem o princípio da isonomia jurídica.

3. (Enem 2004)

Ao longo do século XX, as características da população brasileira mudaram muito. Os gráficos mostram as alterações na distribuição da população da cidade e do campo e na taxa de fecundidade (número de filhos por mulher) no período entre 1940 e 2000.

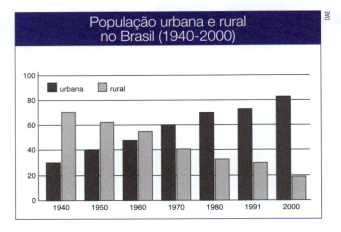

(IBGE)

Comparando-se os dados dos gráficos, pode-se concluir que

(A) o aumento relativo da população rural é acompanhado pela redução da taxa de fecundidade.

(B) quando predominava a população rural, as mulheres tinham em média três vezes menos filhos do que hoje.

(C) a diminuição relativa da população rural coincide com o aumento do número de filhos por mulher.

(D) quanto mais aumenta o número de pessoas morando em cidades, maior passa a ser a taxa de fecundidade.

(E) com a intensificação do processo de urbanização, o número de filhos por mulher tende a ser menor.

OLHARES SOBRE A SOCIEDADE

1. Leia o texto "A situação dos povos indígenas na educação superior", indicado como **Leitura complementar** (páginas 228-229), e o trecho de reportagem abaixo. Em seguida, responda às questões.

INDÍGENAS VIAJAM ATÉ ALDEIAS PARA DIVULGAR COTAS EM UNIVERSIDADES

[...] O representante da Associação de Estudantes Indígenas da UFPA, Edimar Fernandes, diz que o evento tem um grande desafio: incentivar e orientar chefes das famílias e jovens das aldeias sobre a oportunidade de ingresso no ensino superior.

"É importante que nossos parentes, nossas lideranças e nossos jovens saibam mais sobre esse mundo da universidade, que é tão estranho a nós. Queremos aproximar a universidade das aldeias. As lideranças, os pais precisam saber para onde os filhos estão sendo enviados e os alunos do ensino médio, adolescentes e jovens devem ser despertados para a importância desta escolha não apenas de ingresso no ensino superior, mas também da carreira que ele quer seguir", defende o estudante de Pós-Graduação em Direito.

"Vamos explicar melhor informações sobre os cursos, as regras, as oportunidades de bolsas, as políticas de ações afirmativas e também detalhes sobre o conteúdo dos cursos e as oportunidades no mercado de trabalho para que eles tenham uma ideia mais precisa sobre como será a vida de cada um na Universidade e após se formar", explica o assessor da Pró-reitoria de Ensino de Graduação da UFPA, Mauro Magalhães.

INDÍGENAS viajam até aldeias para divulgar cotas em universidades. *G1*. Pará, 17 set. 2012. Disponível em: <http://g1.globo.com/pa/para/noticia/2012/09/indigenas-viajam-ate-aldeias-para-divulgar-cotas-em-universidades.html>. Acesso em: maio 2016.

*UFPA: Universidade Federal do Pará.

a) O que você pensa sobre os jovens indígenas serem educados em locais considerados no imaginário popular como instituições educacionais de "brancos"?

b) Quais argumentos favoráveis e contrários são frequentemente usados quando o assunto é "políticas de cotas" ou "política de reservas de vagas em universidades"?

c) A construção de um direito individual ou coletivo relaciona-se com princípios de justiça. No caso das políticas de ação afirmativa, qual princípio de justiça as fundamenta?

EXERCITANDO A IMAGINAÇÃO SOCIOLÓGICA
TEMA DE REDAÇÃO DO VESTIBULAR DA FUVEST (2014)

Leia o seguinte extrato de uma reportagem do jornal inglês **The Guardian**, de 22 de janeiro de 2013, para em seguida atender ao que se pede:

O ministro de finanças do Japão, Taro Aso, disse na segunda-feira (dia 21) que os velhos deveriam "apressar-se a morrer", para aliviar a pressão que suas despesas médicas exercem sobre o Estado.

"Deus nos livre de uma situação em que você é forçado a viver quando você quer morrer. Eu acordaria me sentindo cada vez pior se soubesse que o tratamento é todo pago pelo governo", disse ele durante uma reunião do conselho nacional a respeito das reformas na seguridade social. "O problema não será resolvido, a menos que você permita que eles se apressem a morrer".

Os comentários de Aso são suscetíveis de causar ofensa no Japão, onde quase um quarto da população de 128 milhões tem mais de 60 anos. A proporção deve atingir 40% nos próximos 50 anos.

Aso, de 72 anos de idade, que tem funções de vice-primeiro-ministro, disse que iria recusar os cuidados de fim de vida. "Eu não preciso desse tipo de atendimento", declarou ele em comentários citados pela imprensa local, acrescentando que havia redigido uma nota instruindo sua família a negar-lhe tratamento médico para prolongar a vida.

Para maior agravo, ele chamou de "pessoas-tubo" os pacientes idosos que já não conseguem se alimentar sozinhos. O ministério da saúde e do bem-estar, acrescentou, está "bem consciente de que custa várias dezenas de milhões de ienes" por mês o tratamento de um único doente em fase final de vida.

Mais tarde, Aso tentou explicar seus comentários. Ele reconheceu que sua linguagem fora "inapropriada" em um fórum público e insistiu que expressara apenas sua preferência pessoal. "Eu disse o que eu, pessoalmente, penso, não o que o sistema de assistência médica a idosos deve ser", declarou ele a jornalistas.

Não foi a primeira vez que Aso, um dos mais ricos políticos do Japão, questionou o dever do Estado para com sua grande população idosa. Anteriormente, em um encontro de economistas, ele já dissera: "Por que eu deveria pagar por pessoas que apenas comem e bebem e não fazem nenhum esforço? Eu faço caminhadas todos os dias, além de muitas outras coisas, e estou pagando mais impostos".

theguardian.com, Tuesday, 22 January 2013. Traduzido e adaptado.

Considere as opiniões atribuídas ao referido político japonês, tendo em conta que elas possuem implicações éticas, culturais, sociais e econômicas capazes de suscitar questões de várias ordens: essas opiniões são tão raras ou isoladas quanto podem parecer? O que as motiva? O que elas dizem sobre as sociedades contemporâneas? Opiniões desse teor seriam possíveis no contexto brasileiro? Como as jovens gerações encaram os idosos?

Escolhendo, entre os diversos aspectos do tema, os que você considerar mais relevantes, redija um texto em prosa, no qual você avalie as posições do citado ministro, supondo que esse texto se destine à publicação – seja em um jornal, uma revista ou em um *site* da internet.

Instruções:

- A redação deve ser uma dissertação, escrita de acordo com a norma-padrão da língua portuguesa.
- Escreva, no mínimo, 20 linhas, com letra legível. Não ultrapasse o espaço de 34 linhas da folha de redação.
- Dê um título a sua redação.

15 Quem faz e como se faz o Brasil?

Edgar Calhado. *Colhedores de bananas*, 2004. Óleo sobre tela, 50 cm × 70 cm.

A Sociologia e o mundo do trabalho

Você já foi apresentado a um sociólogo que considera o mundo do trabalho elemento precioso para o entendimento da sociedade. Ao observar a vida social de seu tempo, Émile Durkheim deu-se conta do quanto ela havia sido modificada pelas novas formas de produzir bens. Para ele, era no ambiente das fábricas, das corporações, do trabalho enfim, onde os homens e as mulheres passavam a maior parte de seu tempo, que eles aprendiam a se relacionar com os ofícios e as pessoas com as quais conviviam. Por isso mesmo Durkheim considerava que um bom caminho para conhecer essas relações era prestar atenção a esses ambientes. O que as pessoas faziam ali? Só cumpriam tarefas? Ou interagiam umas com as outras?

Da mesma forma, nós também podemos nos perguntar: Onde passamos a maior parte do tempo? O que fazemos com nossos dias? Como nos ocupamos e onde estamos quando estamos ocupados? Essas perguntas mobilizam muito as pessoas em nossa sociedade. "O que você quer ser quando crescer?" acabou sendo uma maneira corriqueira de perguntar às crianças como elas se imaginam quando ficarem adultas. Mas é também uma maneira de pôr na cabeça das crianças que elas devem se imaginar em alguma ocupação, cumprindo alguma tarefa, trabalhando em algum lugar. A pergunta indica que fazer parte da sociedade é estar inserido em alguma atividade produtiva.

A sociedade urbana criou uma diversidade de ocupações e de espaços onde se pode trabalhar. Como vimos com Durkheim, se os trabalhadores passam a maior parte do tempo no local de trabalho, eles têm de aprender ali o que podem ou não fazer, que atitude se espera deles, como devem conviver com os que estão a seu lado. Alguns são chefes, outros, subordinados, outros, ainda, colegas na mesma posição. O que interessava a Durkheim ao observar esse tipo de ambiente era perceber ali a sociedade que estava em funcionamento. Como ele identificava essa sociedade? Pelas regras, normas e orientações definidas para que todos soubessem como deveriam proceder e como seriam punidos caso não respeitassem o que fora estipulado. Conhecendo as regras do mundo do trabalho, seria possível entrar em contato com a moralidade que dirigia o comportamento das pessoas – boa pista para perceber como a sociedade funciona.

Acontece que nem sempre todas as pessoas têm trabalho, e nem todas, mesmo trabalhando, o fazem em lugares fixos. No Brasil, fala-se muito em **trabalho formal** e **trabalho informal**. O trabalho formal é aquele regulado por regras precisas: carteira assinada, número preestabelecido de horas de trabalho, salário correspondente à função, direito a férias e 13º salário, pagamento de impostos e da contribuição para a Previdência Social com vista à aposentadoria. Mas, no Brasil, existe um número grande de jovens e adultos que estão fora do ambiente formal. Segundo os dados fornecidos pela Pesquisa Mensal de Emprego do IBGE, em 2016, 8% da população estava empregada sem carteira de trabalho assinada no setor privado e 20% trabalhava por conta própria nas regiões metropolitanas de Recife, Salvador, Belo Horizonte, Rio de Janeiro, São Paulo e Porto Alegre.

Quando entramos no universo do trabalho, percebemos que muitas questões estão em jogo: oportunidades abertas no mercado, condições de trabalho, respeito aos direitos do trabalhador. Nada disso é natural, surgiu espontaneamente ou é realidade no país como um todo. Os direitos que os trabalhadores adquiriram foram conquistas históricas, embora nem sempre respeitadas em todos os lugares ou da mesma maneira. Vamos entender melhor esse importante capítulo da História do Brasil?

Começamos mal ou o passado nos condena?

Os historiadores Ida Lewkowicz, Horacio Gutiérrez e Manolo Florentino iniciam seu livro *Trabalho compulsório e trabalho livre na História do Brasil* destacando o fato de que "o trabalho no período colonial no Brasil pautou-se por modalidades compulsórias, sendo a escravidão a principal e a mais cruenta de todas". Tudo começou quando a população que habitava a terra foi capturada pelos portugueses, que aqui aportaram em 1500, para trabalhar na extração do pau-brasil a ser vendido no mercado internacional. Os nativos – povos diferentes, que os portugueses chamaram genericamente de **índios** – foram, portanto, as primeiras cobaias dessa forma compulsória, obrigatória, de trabalhar. Posteriormente, as tentativas de aprisionamento e escravização dessas populações tiveram como meta o cultivo da cana-de-açúcar. Era um trabalho pesado, desgastante e, segundo nossos historiadores, "considerado feminino" na prática cultural indígena, contra o qual os nativos se rebelaram.

Agostino Brunias (c. 1730-1796).
Índios atravessando um riacho.
Óleo sobre tela, 80 cm × 112 cm.

Os hábitos europeus de trabalho se chocavam brutalmente com os das culturas nativas. Mas, a partir de meados do século XVI, os colonizadores contaram com a ajuda de religiosos empenhados na conversão dos indígenas à fé cristã. Nessa campanha de catequização cabia também o treinamento para novos hábitos de vida e de trabalho, ou seja, para comportamentos mais afinados com os costumes europeus. Tentou-se, assim, criar um campesinato indígena. Segundo os dados dos religiosos, em 1600 mais de 50 mil indígenas viviam em aldeamentos voltados para o trabalho no campo. Imagine quão violento deve ter sido o contato dos nativos com o colonizador, que, mais forte, chegou impondo hábitos totalmente estranhos! No sul da colônia, os indígenas que tentavam escapar dos espanhóis foram acolhidos pelos jesuítas. Mas não conseguiram escapar dos bandeirantes, que aprisionaram milhares deles e os conduziram ao cativeiro em marcha forçada.

As capturas de nativos se espalharam muito, a ponto de o antropólogo Carlos Fausto afirmar que, no século que se seguiu à chegada dos portugueses à América, houve um "repovoamento" do território. Os nativos foram dizimados aos milhares. A história do trabalho na colônia teve um começo cruel que prosseguiu com mais sofrimento. Aos indígenas seguiram-se os negros africanos, que já vieram escravizados de seu continente de origem.

O mercado de gente

Comprar e vender pessoas para o trabalho forçado – é disso que se trata quando falamos da escravidão no Brasil. O comércio de pessoas na costa africana alimentou o território brasileiro com mão de obra farta e continuada de meados do século XVI a meados do século XIX, o que significa que por mais de 300 anos a sociedade brasileira conviveu com uma prática de trabalho cruel e condenável.

As cifras são implacáveis. Veja no mapa a seguir.

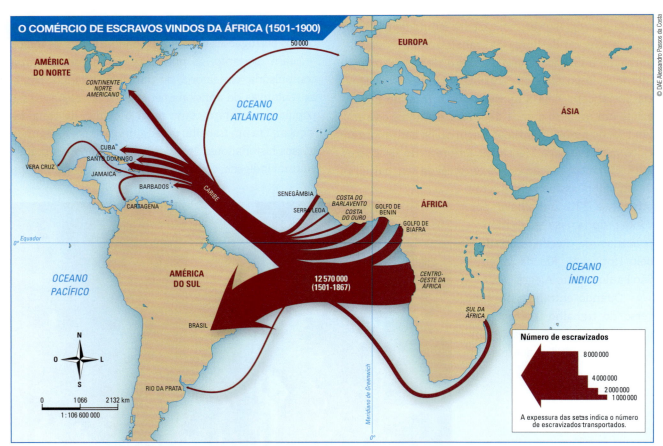

Fonte: ELTIS, David; RICHARDSON, David. *Atlas of the transatlantic slave trade*. Londres: Yale University Press Books, 2010.

O trabalho escravo espalhou-se por amplos setores da produção. O cultivo da cana-de-açúcar, no Nordeste, somado à atividade dos engenhos, foi o que mais utilizou o trabalho forçado. Nos séculos XVI e XVII, o nordeste foi, assim, o principal destino dos africanos escravizados. Mas a economia do Período Colonial contou ainda com uma intensa produção de café nas fazendas do Rio de Janeiro e São Paulo, além da atividade mineradora, sobretudo em Minas Gerais.

Como escreveu André João Antonil (1649-1761) em um livro clássico intitulado *Cultura e opulência do Brasil por suas drogas e minas*, publicado em 1711, os escravizados eram "as mãos e os pés do senhor de engenho". Mas não só dele: também do senhor do café, dos que extraíam metais preciosos nas minas, dos que criavam gado, dos que movimentavam a produção em todas as escalas.

Tão extensa foi a participação dos escravos em toda a rotina da vida dos senhores, e tão identificado ficou o trabalho com os negros, que Ina von Binzer, educadora alemã que morou em uma fazenda de café do Rio de Janeiro no final do século XIX, contratada como preceptora dos filhos do fazendeiro, escreveu em carta a uma amiga que ficara na Alemanha:

> Neste país, os pretos representam o papel principal; acho que, no fundo, são mais senhores do que escravos dos brasileiros. Todo trabalho é realizado pelos pretos, toda a riqueza é adquirida por mãos negras [...]. Todo o serviço doméstico é feito por pretos; é um cocheiro preto quem nos conduz, uma preta quem nos serve, junto ao fogão o cozinheiro é preto e a escrava amamenta a criança branca; gostaria de saber o que fará essa gente, quando for decretada a completa emancipação dos escravos...

BINZER, Ina von. *Os meus romanos*: alegrias e tristezas de uma educadora alemã no Brasil. Introdução Antonio Callado. 5. ed. Rio de Janeiro: Paz e Terra, 1991. p. 34.

Embora a educadora alemã considerasse os negros "mais senhores do que escravos", pela capacidade de trabalho que demonstravam e pela agilidade com que se moviam em todas as funções, o regime de escravidão se caracterizava pela ausência completa de direitos: o escravo não era remunerado, sua jornada de trabalho não tinha limites prefixados, não havia descanso garantido nem liberdade de escolher onde e para quem trabalhar. Muitos escravos que conseguiam a alforria – ou seja, a liberdade concedida pelo senhor – prosseguiam nas atividades produtivas, e alguns até conseguiam comprar escravos para trabalhar em seus negócios. Mas, mesmo vivendo em liberdade, os negros não eram considerados semelhantes aos brancos. Muitas ocupações e postos de trabalho lhes eram proibidos.

Com a Abolição da Escravatura, em 13 de maio de 1888, às vésperas da Proclamação da República, em 1889, o trabalho no Brasil tornou-se, por lei, livre. Mas a caminhada foi longa, e desde então os trabalhadores construíram uma história de resistências, lutas, conquistas e retrocessos, que se confunde com a dos movimentos coletivos por mais justiça nas sociedades.

Jean-Baptiste Debret. *Carregadores de café a caminho da cidade*, 1826. Aquarela sobre papel, 15,9 cm × 22 cm. A imagem retrata a vida de trabalhadores escravizados no Brasil antes de 1888.

Trabalho livre: libertos e imigrantes

Florestan Fernandes, importante sociólogo brasileiro, escreveu um livro considerado clássico na Sociologia. *A integração do negro na sociedade de classes* é o título desse trabalho, que trata da passagem do regime escravista para o do trabalho livre em nosso país. O livro nos mostra como, saindo de uma longa tradição escravista, sem acesso aos benefícios socias – estudo, proteção social, preparação psicológica, educação para o mercado –, o negro liberto foi jogado na sociedade competitiva sem nenhuma habilidade para competir. Era um jogo condenado ao fracasso, que reproduzia tudo de negativo que a sociedade divulgava sobre os negros, uma imensa parcela da população desprovida de qualquer direito à cidadania. Como se não bastasse, eles teriam de enfrentar todos os preconceitos que ficaram enraizados nos costumes da sociedade, marcando-os como inferiores, incapazes, em suma, inabilitados para o trabalho livre, que exigia iniciativa, conhecimento e capacidade.

Completadas duas décadas de república, o Brasil passou a estimular a vinda de imigrantes para o desenvolvimento da cultura cafeeira, sobretudo no estado de São Paulo. A entrada de estrangeiros de várias nacionalidades – italianos, espanhóis, alemães, japoneses – foi tão grande que em 1930 foi aprovada a Lei dos Dois Terços, estabelecendo que as empresas tinham de ter em seus quadros dois terços de trabalhadores brasileiros. Se foi preciso promulgar uma lei protegendo os trabalhadores nacionais, é porque havia uma real ameaça de as vagas serem ocupadas majoritariamente pelos imigrantes. Vejamos os números: em 1889, quando o governo paulista abriu as portas à imigração para abastecer de braços a lavoura cafeeira, entraram no estado cerca de 2 milhões de imigrantes, um terço deles vindos da Itália. Em 1932, 33 mil fazendas de café do oeste paulista, equivalentes a 42% do total, estavam nas mãos de italianos, portugueses e espanhóis. Os imigrantes italianos, que vinham de precárias condições de trabalho em seu país de origem, engajaram-se também no trabalho fabril, que começava a se disseminar no fim do século XIX. Tiveram, aqui também, uma vida de sacrifícios, escrita e lembrada em muitas pesquisas feitas por historiadores e sociólogos.

O período conhecido como Primeira República (1889-1930) ferveu em manifestações de trabalhadores pela conquista de direitos. Depois do primeiro marco

Florestan Fernandes, 1995.

Florestan Fernandes
(São Paulo, 22 de julho de 1920 – São Paulo, 10 de agosto de 1995)

Filho de uma empregada doméstica, Florestan Fernandes teve sua educação formal interrompida ainda na infância devido à necessidade de trabalhar para ajudar no sustento da família. Trabalhou como engraxate e em outros serviços, mas continuou a estudar por conta própria, lendo diversos livros que encontrava em sebos. No fim da década de 1930, graças ao apoio de pessoas ligadas à sua madrinha – a patroa de sua mãe – e de clientes de um bar onde trabalhava como garçom, retomou os estudos no curso noturno. Ingressou em seguida no curso de Ciências Sociais e Políticas da Faculdade de Filosofia, Ciências e Letras da Universidade de São Paulo (USP). Em 1945, tornou-se professor e pesquisador dessa mesma faculdade.

As mudanças sociais, econômicas e políticas que ocorreram com a urbanização, a industrialização e a migração interna, a partir das décadas de 1940 e 1950, tiveram grande impacto no pensamento de Florestan Fernandes. Convencido de que a reflexão sociológica poderia criar condições para a mudança social, acreditava também que, para tanto, era necessário estabelecer a Sociologia como ciência no país. A Sociologia foi, assim, seu ponto de partida tanto para trabalhar em defesa da educação pública quanto para denunciar e lutar contra o Regime Militar.

Preso em 1964, após o Golpe Militar, foi liberado em pouco tempo, mas, em 1969, foi afastado da USP e aposentado pelo AI-5. Após a aposentadoria forçada, dedicou-se ao ensino e pesquisa em universidades nos Estados Unidos e no Canadá. Retornou ao Brasil no final da década de 1970, passando a trabalhar como professor da Pontifícia Universidade Católica de São Paulo (PUC-SP). Em 1986, filiou-se ao Partido dos Trabalhadores (PT) e foi eleito deputado federal constituinte. Teve grande participação no processo de elaboração, discussão e aprovação da Lei de Diretrizes e Bases da Educação Nacional, a partir de 1988.

Dentre seus trabalhos, merecem destaque *A organização social dos tupinambá*, que foi publicado em 1949 e contribuiu para o desenvolvimento da Antropologia brasileira, e o estudo realizado no âmbito do Programa de Pesquisa sobre Relações Raciais no Brasil, patrocinado pela Unesco, que desmentiu a tese da inexistência de preconceito e discriminação no país e inaugurou uma nova fase de estudos do afrodescendente.

importante na história dos direitos trabalhistas, representado pela Abolição da Escravatura, uma longa caminhada se iniciou. As décadas de 1920 e 1930 foram tomadas por movimentos de trabalhadores que reivindicavam a redução da carga horária, a regulamentação do trabalho feminino e infantil, e a promulgação de uma lei de proteção contra acidentes de trabalho. Os trabalhadores também organizaram greves. Do outro lado, a repressão policial era intensa – tão intensa que uma expressão da época ficou famosa: "A questão operária é uma questão de polícia". Os trabalhadores criavam suas associações de classe, faziam boicotes, promoviam greves e campanhas contra a alta de preços, a falta de dinheiro, as condições abusivas de trabalho e a guerra. Formavam partidos operários e lançavam candidatos às eleições. Enfim, organizavam a vida coletiva com o objetivo de melhorar suas próprias condições de vida e de trabalho.

Imigrantes recém-chegados ao Brasil no pátio da Hospedaria de Imigrantes, São Paulo (SP), c. 1910.
Tratava-se de um verdadeiro mercado de trabalho, no qual se firmavam contratos entre imigrantes e fazendeiros.

Trabalhadores do Brasil!

A chegada maciça de imigrantes europeus ao Brasil contribuiu para a valorização social do trabalho. Como nossa tradição tinha sido predominantemente escravista, o trabalho era associado ao escravo. Logo, era degradante trabalhar, como era degradante ser escravo. Imigrantes brancos que, mesmo pobres em seus países, tinham recebido alguma educação formal, sabiam ler e tinham conhecimentos rudimentares, o que propiciou o contato dos brasileiros com formas mais organizadas de pressionar o governo por melhorias.

Fazer que o trabalho fosse aceito como atividade digna, que o trabalhador se sentisse honrado por ser trabalhador, foi a bandeira de alguns governantes brasileiros. Um deles ficou famoso por ter abraçado

Getúlio Vargas recebido por uma concentração de trabalhadores às portas do Ministério da Fazenda no dia em que a CLT entrou em vigor. Rio de Janeiro, 11 out. 1943.

Capítulo 15 – Quem faz e como se faz o Brasil? **239**

essa causa. Trata-se de Getúlio Vargas, que governou o país de 1930 a 1945 e, depois, de 1951 a 1954. Vargas passou à história como o "pai dos pobres" e "o presidente dos trabalhadores", aquele que criou a Carteira de Trabalho, em 1932, e assinou a Consolidação das Leis do Trabalho (CLT), em 1º de maio de 1943.

A partir da década de 1940, aos imigrantes estrangeiros veio se juntar, nas grandes cidades, um grande contingente de migrantes oriundos do próprio país. Os historiadores relatam com detalhes as migrações internas. Em um Brasil ainda predominantemente rural, as pessoas sofriam com as péssimas condições de vida e trabalho em regiões desprovidas de oportunidades, machucadas por problemas graves, como a seca, as doenças e a falta de incentivo à produção. O historiador Paulo Fontes descreve esse fenômeno em um livro cujo título é expressivo: *Um Nordeste em São Paulo: trabalhadores migrantes em São Miguel Paulista (1945-66)*. Era uma região migrando para outra, à procura de trabalho. Eram as regiões rurais expulsando seus habitantes.

FONTES, Paulo. *Um Nordeste em São Paulo*: trabalhadores migrantes em São Miguel Paulista (1945-66). Rio de Janeiro: FGV, 2008. p. 43.

De novo, o governo de São Paulo, o estado mais desenvolvido do país, abriu as portas para receber os migrantes como força de trabalho. A antiga política de subsídio à imigração foi então dirigida aos trabalhadores

Carteira de Trabalho

A CARTEIRA PROFISSIONAL

Por menos que pareça e por mais trabalho que dê ao interessado, a carteira profissional é um documento indispensável à proteção do trabalhador.

Elemento de qualificação civil e de habilitação profissional, a carteira representa também título originário para a colocação, para a inscrição sindical e, ainda, um instrumento prático do contrato individual de trabalho.

A carteira, pelos lançamentos que recebe, configura a história de uma vida. Quem a examina, logo verá se o portador é um temperamento aquietado ou versátil; se ama a profissão escolhida ou ainda não encontrou a própria vocação; se andou de fábrica em fábrica, como uma abelha, ou permaneceu no mesmo estabelecimento, subindo a escala profissional. Pode ser um padrão de honra. Pode ser uma advertência.

(a) Alexandre Marcondes Filho

Texto em carteira de trabalho de 1978.

A expressão "trabalho informal" se refere a uma modalidade de trabalho caracterizada, sobretudo, pela ausência de documentação legal na regulação da atividade praticada. Feirantes, camelôs e tantos outros personagens de nosso dia a dia são, assim, classificados como trabalhadores informais, uma vez que suas atividades não estão submetidas a nenhum vínculo empregatício. E o que caracteriza um vínculo empregatício? Qual é a documentação legal cuja existência – ou não – é critério básico para a definição de um trabalho como "formal" ou "informal"? Essas perguntas nos levam diretamente ao ano de 1932, quando o então presidente Getúlio Vargas criou a Carteira de Trabalho.

Mais que um documento, a Carteira de Trabalho nasceu como a materialização de um vasto conjunto de direitos que, aos poucos, passaram a garantir ao trabalhador benefícios como o descanso semanal, as férias remuneradas, o sistema previdenciário, o seguro-desemprego, o 13º salário (a partir de 1962) e o Fundo de Garantia por Tempo de Serviço (FGTS, a partir de 1966). Podemos dizer, portanto, que a criação da Carteira de Trabalho significou também a instituição da ideia de formalidade no universo trabalhista, uma vez que antes dela não havia nenhum princípio de regulação das atividades profissionais.

É interessante notar que, na época em que surgiu, a Carteira de Trabalho continha, além do espaço para o registro do empregado pelo empregador, um espaço destinado a "anotações policiais". O documento funcionava, assim, como uma espécie de "atestado de conduta" do trabalhador, conforme fica claro no texto da imagem à esquerda, impresso nas Carteiras de Trabalho a partir da década de 1940.

Hoje, mais de 70 anos após seu surgimento, a Carteira de Trabalho continua como sinônimo de segurança e estabilidade. Isso fica claro, por exemplo, em pesquisas que mostram que no cenário atual, marcado pelo crescimento da informalidade e pela constante ameaça do desemprego, a busca por um trabalho "com carteira assinada" está no topo da lista de prioridades dos jovens que ingressam no mercado de trabalho. Apesar disso, cerca de 42% dos brasileiros economicamente ativos não têm suas atividades reguladas pela legislação trabalhista, ficando de fora da proteção do Estado.

240 ▶▶ **Parte III** – A Sociologia vem ao Brasil

nacionais. Entre 1935 e 1939, mais de 285 mil trabalhadores estrangeiros passaram pela Hospedaria de Imigrantes, na cidade de São Paulo, antes de ser encaminhados às fazendas do interior. Entre 1946 e 1960 foram recebidos ali 1,6 milhão de trabalhadores brasileiros. Os números não pararam de crescer: entre 1950 e 1960, a capital paulista triplicou de tamanho e a população de origem nordestina aumentou dez vezes. O censo de 1970 indicava que cerca de 70% da população economicamente ativa da cidade havia passado por algum tipo de experiência migratória.

Barbara Rochlitz. *Os retirantes*, 2011. Óleo sobre tela, 30 cm × 50 cm.
A figura do trabalhador nordestino escapando da fome, da miséria e, periodicamente, das secas, chegando à metrópole industrial em busca de emprego e melhores condições de vida, tornou-se um símbolo da migração no imaginário social brasileiro.

Os soldados da borracha

Um dos episódios mais marcantes da história do trabalho no Brasil é também um dos menos lembrados. Em 1942, em meio à Segunda Guerra Mundial, o Japão, então responsável por 97% da produção de borracha no mundo, cortou o fornecimento para os países inimigos. Matéria-prima fundamental à indústria bélica, a borracha diminuía rapidamente nos estoques, deixando muitos dos países em guerra (em especial, os Estados Unidos) em situação alarmante. Uma comissão foi então convocada pelo presidente americano Franklin D. Roosevelt e, após estudar as possibilidades de novas fontes de fornecimento, concluiu que a Amazônia tinha uma quantidade de seringueiras capaz de produzir 800 mil toneladas anuais de borracha – mais que o dobro das necessidades norte-americanas. No entanto, apesar do potencial revelado, havia na época apenas 35 mil seringueiros em atividade na Amazônia, quando seriam necessários cerca de 100 mil homens para elevar a produção aos níveis desejados.

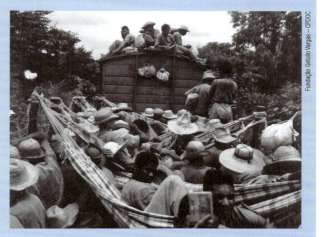

Transporte de trabalhadores para as áreas de extração da borracha, no Amazonas, década de 1940.

Foi esse contexto que levou o presidente Getúlio Vargas a firmar os Acordos de Washington, que estabeleciam que o governo norte-americano investisse maciçamente no financiamento da produção de borracha na Amazônia. Em contrapartida, o governo brasileiro deveria organizar o encaminhamento de grandes contingentes de trabalhadores para os seringais. Numa grande mobilização por todo o país, Getúlio Vargas veiculou muitas promessas àqueles que se dispusessem a colaborar. Com a criação do Serviço Especial de Mobilização de Trabalhadores da Amazônia (Semta), o governo previa um pequeno salário para o trabalhador durante a viagem até a Amazônia e, após a chegada, uma remuneração de 60% de todo o capital obtido com a borracha. Comparados pelo governo e pela imprensa a soldados, o que lhes rendeu o apelido de "soldados da borracha", os trabalhadores foram envolvidos num verdadeiro esforço de guerra.

Aos poucos ficou claro que o alistamento voluntário não seria suficiente para dar conta do montante de produção esperado. Teve início então o recrutamento forçado de jovens, focado principalmente na população do Sertão nordestino. Ofereciam-se apenas duas opções às famílias: ou seus filhos partiam para os seringais como soldados da borracha ou então seguiriam para o *front* na Europa, a fim de lutar contra os fascistas italianos. Não é difícil imaginar que muitos daqueles jovens preferiram a Amazônia...

Tratados, no início da campanha, como verdadeiros heróis de guerra, os soldados da borracha não tardaram a deparar-se com inúmeros problemas: além das dificuldades de chegada à Amazônia (a viagem podia demorar mais de três meses, em péssimas condições de transporte e alimentação), padeciam diante da total ausência de assistência médica e dos inúmeros conflitos entre trabalhadores e proprietários de terras. O resultado fala por si: dos 60 mil soldados da borracha enviados para os seringais entre 1942 e 1945, metade acabou morrendo na Amazônia ou mesmo na viagem. Para termos uma ideia dos números, basta lembrar que, no mesmo período, dos 20 mil combatentes brasileiros na Itália, morreram 454.

Em 1988, passados mais de 40 anos do fim da Segunda Guerra Mundial, a nova Constituição brasileira determinou que os soldados da borracha ainda vivos passassem a receber uma pensão como reconhecimento pelos trabalhos prestados ao país.

E as mulheres?
E as crianças?

O capítulo do trabalho não só é longo, como tem muitas facetas às quais um sociólogo precisa ficar atento. Você sabia que, mesmo tendo as mesmas ocupações regulares que os homens, as mulheres ainda ganham menos que eles? Essa situação também tem história.

Durante muito tempo, o trabalho feminino foi visto como essencialmente doméstico. "Lugar de mulher é na cozinha!" – você já deve ter ouvido isso algumas vezes. Frases como esta vêm de hábitos recorrentes de uma cultura patriarcal. Mas na verdade não era só dentro de casa que as mulheres trabalhavam. Ao contrário, executavam serviços tão pesados quanto os homens nas lavouras e nos engenhos do Nordeste. Como eles, aravam, plantavam e limpavam os canaviais. Para você ter uma ideia, em 1820 as mulheres constituíam 23% dos escravos; em 1880, passaram a constituir 44%. Nas cidades, depois da Abolição, elas se ocupavam do comércio ambulante. Mas foi na tecelagem e na confecção que a mão de obra feminina prevaleceu no final do século XIX.

Os costumes foram criando uma lista de ocupações para as mulheres: parteiras, amas de leite, empregadas domésticas, fiandeiras, rendeiras, costureiras, tecelãs... No início do século XX, quase dois terços da força de trabalho da indústria têxtil era formado por mulheres. Seja nas fábricas de tecidos, seja nas casas de famílias, as mulheres foram encontrando espaço para um trabalho remunerado.

Também entre as mulheres foram constantes as lutas por melhor remuneração, férias, 13º salário, diminuição da jornada de trabalho... Era uma luta que começava dentro de casa. Até praticamente a década de 1960, o marido podia impedir a esposa de ter um emprego caso considerasse que aquela atividade perturbava as obrigações da mulher em casa. O Código Civil de 1917 designava o marido como chefe da família e dava-lhe esse direito. A Lei nº 4.121, de 1962, alterou em parte o Código Civil de 1917, e a Constituição de 1988 instituiu a igualdade de direitos e deveres entre homens e mulheres. Mas essa é uma conquista que ainda não foi plenamente realizada em nosso país.

Algumas estatísticas nos ajudam a perceber esses avanços e desafios. Em pesquisa divulgada em 2015, o IBGE mostrou que a participação das mulheres no mercado de trabalho aumentou significativamente (acréscimo de 4,5% entre 2000 e 2014, contra decréscimo de 4% dos homens). Por outro lado, em 2014 as mulheres brasileiras ainda ganhavam, em média, salário equivalente a 74,5% do que recebiam os homens. A diferença fica ainda maior quando se trata de mulheres negras ou pardas, como mostra o gráfico abaixo.

A diferença entre homens e mulheres no mercado de trabalho brasileiro se faz sentir também no ramo de atividade. Segundo dados do IBGE, em 2013 as mulheres eram maioria em setores como saúde e serviços sociais (73,3%), educação (66,6%) e alimentação (57,6%). Os homens, por sua vez, dominavam os setores de

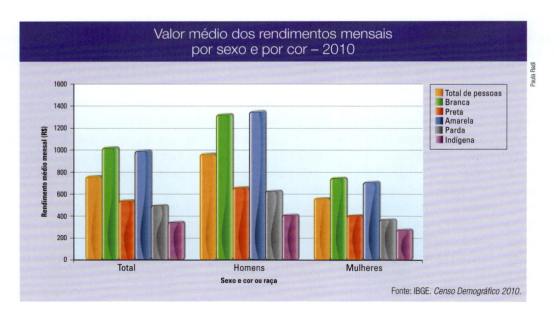

Fonte: IBGE. *Censo Demográfico 2010.*

construção (91%), indústria extrativa (87,9%) e transporte (82,4%). Entretanto, a mesma pesquisa mostra sinais de que esses números devem mudar em breve, pois a presença das mulheres está aumentando em setores tradicionalmente masculinos. Entre as áreas em que houve maior avanço da participação feminina na economia entre 2009 e 2013, duas são setores tipicamente ocupados por homens: indústria extrativa e reparação de veículos.

Além das mulheres, as crianças também têm uma história cheia de episódios condenáveis socialmente. No século XVII, as Ordenações Filipinas as consideraram aptas para o trabalho desde que tivessem 7 anos completos. Até o século XIX, elas foram vítimas do tráfico de escravos. Ao longo dos séculos, muitas vezes foram obrigadas a trabalhar e mantidas fora da escola, sem proteção.

Hoje, os abusos e as desatenções do mundo adulto com relação à infância têm sido denunciados com mais frequência pelos meios de comunicação. No Brasil, a legislação passou a prever que apenas com 16 anos se poderá admitir um jovem em um emprego. Pelo Estatuto da Criança e do Adolescente, promulgado em 1990, já como resultado da Constituição de 1988, as crianças devem ficar fora do mercado de trabalho para estudar e se formar como cidadãs dotadas de direitos. A lei tem sido mais observada nos ambientes formais de contrato: grandes indústrias, empresas e ocupações regulares. Mas o mercado informal utiliza ainda grandes contingentes de adolescentes e crianças, muitas vezes menores de 10 anos. Em 2014, por exemplo, 19% das crianças e adolescentes brasileiros entre 10 e 17 anos exercem algum tipo de trabalho ilegal.

Como você pode ver, o mundo do trabalho, como acreditava Émile Durkheim, é revelador do que a sociedade constrói para si mesma. E podemos completar: a falta de trabalho igualmente denuncia o que a sociedade impede a ela mesma e aos seus membros.

Criança trabalhando em avenida no Recife (PE), 2015.

◀◀ Recapitulando

As primeiras experiências de trabalho no Brasil foram compulsórias – os nativos eram aprisionados, e os negros eram trazidos da África para servir de mão de obra nas lavouras.

Ao longo do tempo, esses dois grupos sofreram grandes perdas, devido aos deslocamentos por mar e terra até chegarem a seus destinos como escravos, às péssimas condições de trabalho e aos maus-tratos que sofriam. A abolição da escravidão no Brasil no final do século XIX não significou a extinção dessa prática, nem resultou na incorporação dos descendentes de escravos ao mundo do trabalho formal.

A imigração de povos estrangeiros durante o século XIX representou também um novo desafio para o problema da mão de obra no país – grandes contingentes de brasileiros foram preteridos devido à preferência dos empregadores (das lavouras e das indústrias) por imigrantes.

O trabalhismo – encabeçado pelo presidente Getúlio Vargas – contribuiu para a valorização do trabalho e a ampliação dos direitos dos trabalhadores, ainda que fossem conquistas reguladas pelo Estado brasileiro.

Um quarto grupo de trabalhadores foi destacado: os migrantes, que entre 1950 e 1975 deixaram suas terras de origem (especialmente o Nordeste) e foram para as regiões industrializadas do Sudeste. Aumentou com isso, nos centros urbanos, o volume de mão de obra não qualificada, que não foi absorvida pelas indústrias, e sim pelo setor de serviços – muitos deixaram de ser "boias-frias" para se transformar em "peões" de obra ou "domésticas", nem sempre com a Carteira de Trabalho assinada.

Atualmente o mundo do trabalho enfrenta diversos desafios: incorporar os jovens e os portadores de necessidades especiais, gerar igualdade entre homens e mulheres e também entre diferentes etnias, qualificar a mão de obra, ampliar a oferta de empregos e amenizar os efeitos do desemprego estrutural (que afeta indivíduos com diferentes níveis de qualificação), melhorar as condições dos trabalhadores informais e conter o tráfico ilegal de trabalhadores.

Leitura complementar

O rural sobrevive

O deslocamento de grandes massas rurais para a cidade revelou-nos uma dimensão desdenhada do mundo rural: um modo de ser [...] e uma perspectiva crítica poderosa em relação ao desenvolvimento capitalista [...] e à desumanização das pessoas apanhadas de modo anômico, incompleto e marginal pelas grandes transformações econômicas e políticas [...]. O deslocamento nos mostrou [...] que o rural pode subsistir culturalmente por longo tempo fora da economia agrícola [...] como visão de mundo, como nostalgia criativa [...], como moralidade em ambientes moralmente degradados das grandes cidades, como criatividade e estratégia de vida [...].

Desde os anos 70 a modernização forçada do campo [...] vem mostrando que esse modelo imperante de desenvolvimento acarretou um contradesenvolvimento social responsável por formas perversas de miséria antes desconhecidas em muitas partes do mundo. As favelas e cortiços desta nossa América Latina, e de outras partes, constituem enclaves rurais no mundo urbano [...] modos de sobreviver mais do que de viver. O mundo rural está também aí, como resíduo, como resto da modernização forçada e forçadamente acelerada, que introduziu na vida das populações do campo um ritmo de transformação social e econômica gerador de problemas sociais que o próprio sistema em seu conjunto não tem como remediar. [...]

Aqui no Brasil, tivemos, nos anos 80 e 90, a grande [...] expansão da fronteira agropecuária na Amazônia. Espaços ocupados por populações indígenas [...] e por populações camponesas pobres remanescentes das ondas de povoamento dos séculos XVIII e XIX, foram declarados espaços vazios pelo Estado nacional. Estímulos fiscais escandalosos foram concedidos a ricos grupos econômicos, nacionais e estrangeiros, para que fizessem uma ocupação moderna do território. Uma modernização postiça, pesadamente subvencionada pela sociedade brasileira, mais expressão da ineficiência da grande empresa do que de sua louvada eficiência.

Os cientistas sociais deste país, e muitos estrangeiros que para aqui vieram a fim de estudar e acompanhar o deslocamento da fronteira econômica na região amazônica, testemunharam e documentaram uma das grandes falácias [...] da função emancipadora da modernização técnica e econômica. As grandes empresas recorreram ao trabalho escravo, à peonagem, à escravidão por dívida, para efetivar a implantação de megaprojetos agropecuários. Invariavelmente usando pistoleiros para torturar, perseguir, violentar e matar os que tentavam fugir. [...]

Não só aqui esses fatos têm acontecido. [...] Estamos trabalhando com a hipótese [...] de que há no mundo hoje 200 milhões de escravos. Todos vitimados pela decomposição do mundo rural que resultou de intervenções de "engenharia social" modernizadora.

[...] O desafio dos sociólogos rurais [...] é o de mergulhar no sonho inventivo e regenerador que ainda há no mundo rural. Tanto para decifrá-lo e prezá-lo, quanto porque há nele a nostalgia do futuro e a negação das privações que o presente representa para muitos.

MARTINS, José de Souza. O futuro da Sociologia Rural e sua contribuição para a qualidade de vida rural. *Estudos avançados*, São Paulo: USP, v. 15, n. 43, p. 31-36, set.-dez. 2001.

Fique atento!

Definição dos conceitos sociológicos estudados neste capítulo.
Trabalho formal: na página 235.
Trabalho informal: na página 235.

Sessão de cinema

PEÕES

Brasil, 2004, 85 min.
Direção de Eduardo Coutinho.

Por meio do depoimento dos trabalhadores da indústria metalúrgica, é recuperada a história do movimento grevista do ABC paulista entre 1979 e 1980. O trabalho nas fábricas, a militância política dos grevistas e suas avaliações sobre os rumos do país formam o enredo do filme.

DOMÉSTICA

Brasil, 2012, 75 min.
Direção de Gabriel Mascaro.

Entre o choque da intimidade, as relações de poder e a *performance* do dia a dia, o filme lança um olhar contemporâneo sobre o trabalho doméstico no ambiente familiar e se transforma em um potente ensaio sobre afeto e trabalho.

Construindo seus conhecimentos

MONITORANDO A APRENDIZAGEM

1. Com suas palavras explique a frase: "A história do trabalho em nosso país é uma história de resistências, lutas, conquistas e retrocessos, como muitas das histórias que envolvem os movimentos coletivos por mais bem-estar e mais justiça nas sociedades".

2. O contato do colonizador com os nativos das terras brasileiras provocou choque cultural, em particular, quanto à forma de trabalhar. Mencione alguns hábitos de trabalho dos europeus – aqueles que você aprendeu com Émile Durkheim e Max Weber – e esclareça como eles entravam em choque com a organização do trabalho dos povos nativos.

3. Caracterize o regime de escravidão.

DE OLHO NO ENEM

1. (Enem 2007)

Antonio Rocco. *Os imigrantes*, c. 1910.
Óleo sobre tela, 2,02 m × 1,31 m.

> Um dia, os imigrantes aglomerados na amurada da proa chegavam à fedentina quente de um porto, num silêncio de mato e de febre amarela. Santos. – É aqui! Buenos Aires é aqui! – Tinham trocado o rótulo das bagagens, desciam em fila. Faziam suas necessidades nos trens dos animais onde iam. Jogavam-nos num pavilhão comum em São Paulo. – Buenos Aires é aqui! – Amontoados com trouxas, sanfonas e baús, num carro de bois, que pretos guiavam através do mato por estradas esburacadas, chegavam uma tarde nas senzalas donde acabava de sair o braço escravo. Formavam militarmente nas madrugadas do terreiro homens e mulheres, ante feitores de espingarda ao ombro.
>
> Oswald de Andrade. *Marco Zero II – Chão*. Rio de Janeiro: Globo, 1991.

Levando-se em consideração o texto de Oswald de Andrade e a pintura de Antonio Rocco reproduzida acima, relativos à imigração europeia para o Brasil, é correto afirmar que

(A) a visão da imigração presente na pintura é trágica e, no texto, otimista.

(B) a pintura confirma a visão do texto quanto à imigração de argentinos para o Brasil.

(C) os dois autores retratam dificuldades dos imigrantes na chegada ao Brasil.

(D) Antonio Rocco retrata de forma otimista a imigração, destacando o pioneirismo do imigrante.

(E) Oswald de Andrade mostra que a condição de vida do imigrante era melhor que a dos ex-escravos.

2. (Enem 2014)

NEVES, E. Engraxate. Disponível em: www.grafar.blogspot.com. Acesso em: 15 fev. 2013.

Considerando-se a dinâmica entre tecnologia e organização do trabalho, a representação contida no cartum é caracterizada pelo pessimismo em relação à

(A) ideia de progresso.

(B) concentração do capital.

(C) noção de sustentabilidade.

(D) organização dos sindicatos.

(E) obsolescência dos equipamentos.

3. (Enem 2010)

> De março de 1931 a fevereiro de 1940, foram decretadas mais de 150 leis novas de proteção social e de regulamentação do trabalho em todos os seus setores. Todas elas têm sido simplesmente uma dádiva do governo. Desde aí, o trabalhador brasileiro encontra nos quadros gerais do regime o seu verdadeiro lugar.
>
> DANTAS, M. A força nacionalizadora do Estado Novo. Rio de Janeiro: DIP, 1942. Apud BERCITO, S. R. *Nos tempos de Getúlio*: da revolução de 1930 ao fim do Estado Novo. São Paulo: Atual, 1990.

A adoção de novas políticas públicas e as mudanças jurídico-institucionais ocorridas no Brasil, com a ascensão de Getúlio Vargas ao poder, evidenciam o papel histórico de certas lideranças e a importância das lutas sociais na conquista da cidadania. Desse processo resultou a

(A) criação do Ministério do Trabalho, Indústria e Comércio, que garantiu ao operariado autonomia para o exercício de atividades sindicais.

(B) legislação previdenciária, que proibiu migrantes de ocuparem cargos de direção nos sindicatos.

(C) criação da Justiça do Trabalho, para coibir ideologias consideradas perturbadores da "harmonia social".

(D) legislação trabalhista que atendeu reivindicações dos operários, garantindo-lhes vários direitos e formas de proteção.

(E) decretação da Consolidação das Leis do Trabalho (CLT), que impediu o controle estatal sobre as atividades políticas da classe operária.

4. (Enem 2009)

> Entre 2004 e 2008, pelo menos 8 mil brasileiros foram libertados de fazendas onde trabalhavam como se fossem escravos. O governo criou uma lista em que ficaram expostos os nomes dos fazendeiros flagrados pela fiscalização. No Norte, Nordeste e Centro-Oeste, regiões que mais sofrem com a fraqueza do poder público, o bloqueio dos canais de financiamento agrícola para tais fazendeiros tem sido a principal arma de combate a esse problema, mas os governos ainda sofrem com a falta de informações, provocada pelas distâncias e pelo poder intimidador dos proprietários. Organizações não governamentais e grupos como a Pastoral da Terra têm agido corajosamente, acionando as autoridades públicas e ministrando aulas sobre direitos sociais e trabalhistas.
>
> "*Plano Nacional para Erradicação do Trabalho Escravo*".
> Disponível em: www.mte.gov.br. Acesso em: 17 mar. 2009 (adaptado).

Nos lugares mencionados no texto, o papel dos grupos de defesa dos direitos humanos tem sido fundamental, porque eles

(A) negociam com os fazendeiros o reajuste dos honorários e a redução da carga horária de trabalho.

(B) defendem os direitos dos consumidores junto aos armazéns e mercados das fazendas e carvoarias.

(C) substituem as autoridades policiais e jurídicas na resolução dos conflitos entre patrões e empregados.

(D) encaminham denúncias ao Ministério Público e promovem ações de conscientização dos trabalhadores.

(E) fortalecem a administração pública ao ministrarem aulas aos seus servidores.

5. (Enem 2004)

A distribuição da População Economicamente Ativa (PEA) no Brasil variou muito ao longo do século XX. O gráfico representa a distribuição por setores de atividades (em %) da PEA brasileira em diferentes décadas.

As transformações socioeconômicas ocorridas ao longo do século XX, no Brasil, mudaram a distribuição dos postos de trabalho do setor

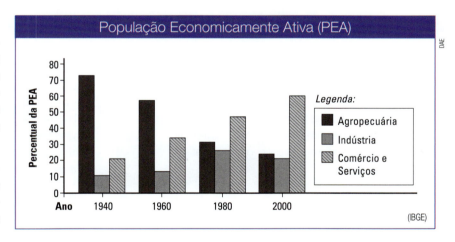

(A) agropecuário para o industrial, em virtude da queda acentuada na produção agrícola.

(B) industrial para o agropecuário, como consequência do aumento do subemprego nos centros urbanos.

(C) comercial e de serviços para o industrial, como consequência do desemprego estrutural.

(D) agropecuário para o industrial e para o de comércio e serviços, por conta da urbanização e do avanço tecnológico.

(E) comercial e de serviços para o agropecuário, em virtude do crescimento da produção destinada à exportação.

ASSIMILANDO CONCEITOS

Leia a tirinha e responda às questões.

BECK, Alexandre. *Armandinho Sete*. Florianópolis: A. C. Beck, 2015. p. 54.

1. A qual mercado o professor de Armandinho se refere? Qual é a relação que esse mercado mantém com a escolarização nas sociedades modernas?

2. No terceiro quadro, Armandinho afirma a ideia de que o processo de escolarização exige esforço. Você concorda?

3. Nas sociedades escolarizadas, alguma recompensa é prometida aos alunos "esforçados"? Vá até a página 279 e descubra o significado da palavra **meritocracia**.

4. Quais são os sentidos que podem ser atribuídos à palavra "consumido" no último quadro?

5. Qual crítica social está contida na tirinha? Você concorda com essa crítica?

OLHARES SOBRE A SOCIEDADE

A seguir, leia a letra da canção:

TRABALHADOR

Está na luta, no corre-corre, no dia a dia
Marmita é fria mas se precisa ir trabalhar
Essa rotina em toda firma começa às sete da manhã
Patrão reclama e manda embora quem atrasar

Trabalhador
Trabalhador brasileiro
Dentista, frentista, polícia, bombeiro
Trabalhador brasileiro
Tem gari por aí que é formado engenheiro
Trabalhador brasileiro
Trabalhador

E sem dinheiro vai dar um jeito
Vai pro serviço
É compromisso, vai ter problema se ele faltar
Salário é pouco, não dá pra nada
Desempregado também não dá
E desse jeito a vida segue sem melhorar

Trabalhador
Trabalhador brasileiro
Garçom, garçonete, jurista, pedreiro
Trabalhador brasileiro
Trabalha igual burro e não ganha dinheiro
Trabalhador brasileiro
Trabalhador

SEU Jorge. Trabalhador. Intérprete: Seu Jorge. In: SEU JORGE. *Seu Jorge América Brasil*. EUA: EMI Records, 2007.

1. Na percepção do compositor, quais são os principais problemas enfrentados pelo trabalhador brasileiro?

2. Os problemas indicados na canção são de ordem individual ou remetem à estrutura da sociedade? Explique.

3. Elenque algumas transformações e permanências no que diz respeito aos direitos trabalhistas no Brasil.

EXERCITANDO A IMAGINAÇÃO SOCIOLÓGICA
TEMA DE REDAÇÃO DO ENEM (2010)

Com base na leitura dos seguintes textos motivadores e nos conhecimentos construídos ao longo de sua formação, redija texto dissertativo-argumentativo em norma culta escrita da língua portuguesa sobre o tema O Trabalho na Construção da Dignidade Humana, apresentando experiência ou proposta de ação social, que respeite os direitos humanos. Selecione, organize e relacione, de forma coerente e coesa, argumentos e fatos para defesa de seu ponto de vista.

O QUE É TRABALHO ESCRAVO

Escravidão contemporânea é o trabalho degradante que envolve cerceamento da liberdade

A assinatura da Lei Áurea, em 13 de maio de 1888, representou o fim do direito de propriedade de uma pessoa sobre a outra, acabando com a possibilidade de possuir legalmente um escravo no Brasil. No entanto, persistiram situações que mantêm o trabalhador sem possibilidade de se desligar de seus patrões. Há fazendeiros que, para realizar derrubadas de matas nativas para formação de pastos, produzir carvão para a indústria siderúrgica, preparar o solo para plantio de sementes, entre outras atividades agropecuárias, contratam mão de obra utilizando os contratadores de empreitada, os chamados "gatos". Eles aliciam os trabalhadores, servindo de fachada para que os fazendeiros não sejam responsabilizados pelo crime.

Trabalho escravo se configura pelo trabalho degradante aliado ao cerceamento da liberdade. Este segundo fator nem sempre é visível, uma vez que não mais se utilizam correntes para prender o homem à terra, mas sim ameaças físicas, terror psicológico ou mesmo as grandes distâncias que separam a propriedade da cidade mais próxima.

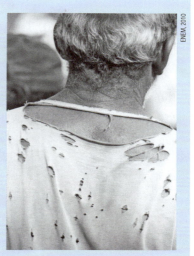

Disponível em: http://www.reporterbrasil.org.br. Acesso em: 02 set. 2010 (fragmento).

O FUTURO DO TRABALHO

Esqueça os escritórios fixos e a aposentadoria. Em 2020, você trabalhará em casa, seu chefe terá menos de 30 anos e será uma mulher

Felizmente, nunca houve tantas ferramentas disponíveis para mudar o modo como trabalhamos e, consequentemente, como vivemos. E as transformações estão acontecendo. A crise despedaçou companhias gigantes tidas até então como modelos de administração. Em vez de grandes conglomerados, o futuro será povoado de empresas menores reunidas em torno de projetos em comum. Os próximos anos também vão consolidar mudanças que vêm acontecendo há algum tempo: a busca pela qualidade de vida, a preocupação com o meio ambiente, e a vontade de nos realizarmos como pessoas também em nossos trabalhos. "Falamos tanto em desperdício de recursos naturais e energia, mas quanto ao desperdício de talentos?", diz o filósofo e ensaísta suíço Alain de Botton em seu novo livro *The Pleasures and Sorrows of Works* (Os prazeres e as dores do trabalho, ainda inédito no Brasil).

Disponível em: http://revistagalileu.globo.com. Acesso em: 02 set. 2010 (fragmento).

Instruções:

- Seu texto tem de ser escrito à tinta, na folha própria.
- Desenvolva seu texto em prosa: não redija narração, nem poema.
- O texto com até 7 (sete) linhas escritas será considerado texto em branco.
- O texto deve ter, no máximo, 30 linhas.
- O Rascunho da redação deve ser feito no espaço apropriado.

16 O Brasil ainda é um país católico?

Victor Meirelles. *A primeira missa no Brasil*, 1860. Óleo sobre tela, 2,68 m × 3,56 m.
Um dos mais importantes artistas brasileiros do século XIX, especialista no gênero de pintura histórica. Essa é uma de suas telas mais conhecidas, que representa a primeira missa realizada no Brasil, por Frei Henrique de Coimbra, em Porto Seguro, Bahia, em 26 de abril de 1500.

Por que a Sociologia se interessa pela religião?

Você conhece alguém que nunca ouviu falar em religião, que não saiba o que é isso? Apostamos que não. Ainda que estejamos distantes de qualquer ambiente religioso, ou que não nos identifiquemos com qualquer religião, encontramos sempre à nossa volta quem frequente um templo e acredite em um deus. Uma avó ou um avô, tio ou tia, primo ou prima, o amigo do lado, o colega de sala, o conhecido, os personagens da novela – há sempre quem diga que tem essa ou aquela religião. Alguma tradição religiosa, algum objeto sagrado, algum ritual ou celebração estão sempre presentes quando indagamos sobre as crenças das pessoas. Há inclusive um ditado no Brasil segundo o qual religião, futebol e política são coisas que não se discutem. Cada um tem sua preferência, defendendo seu ponto de vista com vigor ou até com intransigência.

A presença constante dos rituais religiosos desde os primórdios da humanidade merece realmente ser estudada. E essa recorrência tão grande, em lugares e culturas tão diferentes e distantes, tanto no espaço quanto no tempo, sempre interessou aos que quiseram e querem aprofundar seu conhecimento sobre as sociedades. Você já viu que para Max Weber, por exemplo, conhecer as religiões era uma forma de compreender as sociedades. Para entender como indivíduos e grupos orientam suas ações, ou definem suas condutas e se comportam uns em relação aos outros, dizia ele, é importante saber que crença religiosa eles professam.

Assim como as pessoas agem de diferentes formas, também as orientações religiosas são distintas. Não importava, para Weber, se uma religião tinha mais adeptos que outra; nem ele próprio dizia qual, entre as muitas religiões estudadas, era sua escolhida. Como sociólogo, o que ele pretendia era entender as razões que levavam pessoas e grupos a aderir a um conjunto de crenças. Interessava-lhe saber como as pessoas justificavam suas escolhas e, também, o que tais escolhas produziam em seus comportamentos.

Muitos outros pensadores, antropólogos e sociólogos também deram bastante atenção às crenças religiosas que se espalharam pelas sociedades. A própria palavra **religião** pode nos ajudar a entender por que, desde sua origem, a Sociologia se interessou por esse assunto. Religião tem a mesma origem de religar, que significa "ligar de novo", ou "ligar fortemente". Ligar quem a quem ou a quê? Uma pessoa religiosa responderia que a religião que professa a aproxima de um deus, uma fé, uma doutrina – que, por sua vez, unem muitas pessoas em torno de si mesmas. E é isso que interessa à Sociologia: como conjuntos imensos de pessoas tão diferentes se ligam a uma só ideia. Não importa o deus, a doutrina ou o objeto sagrado, a religião é um fenômeno que até hoje está presente em todas as sociedades – na nossa também. Vejamos como.

Religiões com mais adeptos ao redor do mundo

Você sabe quais são e onde se praticam as religiões com mais adeptos ao redor do mundo?

Cristianismo: tem mais de 2,1 bilhões de fiéis, ou cerca de 33% da população mundial. O Brasil é o país com maior número de católicos no mundo, seguido por México, Estados Unidos, Filipinas e Itália.

Islamismo: tem cerca de 1,3 bilhão de seguidores, ou 20% da população mundial. Apenas 18% dos islâmicos vivem nos países árabes, e a maior comunidade islâmica nacional encontra-se na Indonésia.

Hinduísmo: tem por volta de 850 milhões de fiéis, ou 13% da população mundial. É praticado predominantemente na Índia.

Budismo: tem mais de 300 milhões de praticantes, ou 5,8% da população mundial. A maior concentração (um terço do total) encontra-se na China.

É importante ressaltar que os que se declaram sem religião formavam, em 2012, 16,3% da população mundial – constituindo, portanto, o terceiro maior grupo.

Em que acreditam os brasileiros?

O Brasil, como mostram os números, é o maior país católico do mundo. Eram católicos os navegadores portugueses que aqui chegaram em 1500. É só lembrar que a terra então recém-encontrada foi primeiro chamada de Ilha de Vera Cruz, depois de Terra de Santa Cruz, para percebermos a importância que os portugueses davam à propagação de sua fé. Junto com os colonizadores, vieram os jesuítas, missionários que tinham a ambição expressa de converter as populações nativas ao catolicismo por meio da catequese. Basta um passeio pela história e pelos documentos históricos para constatarmos a força dessa propagação. Igrejas, capelas, santuários, imagens sacras, cantos, procissões, a presença de várias ordens religiosas – franciscanos, beneditinos, carmelitas e outras mais –, tudo isso indica o empenho da Igreja Católica em doutrinar e conquistar mais e mais adeptos.

Séculos se passaram, e confirmou-se o predomínio da religião católica no país. Quem nos diz isso? Para começar, símbolos como o quadro de Victor Meirelles *A primeira missa no Brasil*, rezada por Frei Henrique de Coimbra em Porto Seguro em 26 de abril de 1500 – uma tela pintada no século XIX e desde então inúmeras vezes reproduzida (observe a pintura na página 250), ou a proclamação, em 1930, de Nossa Senhora Aparecida como padroeira do Brasil.

Fiéis católicos acendem velas no Santuário Nacional de Nossa Senhora da Conceição Aparecida, que recebeu 160 mil pessoas no dia da padroeira do Brasil (12 out.). Aparecida do Norte (SP), 2015.

Outra fonte importantíssima são as estatísticas, construídas com base nas informações colhidas entre os brasileiros sobre a religião que professam. Os números sempre indicaram o predomínio do catolicismo, como mostra a tabela a seguir.

Religiões do Brasil de 1940 a 2010 (%)								
Religião	**1940**	**1950**	**1960**	**1970**	**1980**	**1990**	**2000**	**2010**
Católicos	95,2	93,7	93,1	91,1	89,2	83,3	73,8	64,8
Evangélicos	2,6	3,4	4,0	5,8	6,6	9,0	15,4	22,2
Outras religiões	1,9	2,4	2,4	2,3	2,5	2,9	3,5	5,0
Sem religião	0,2	0,5	0,5	0,8	1,6	4,8	7,3	8,0
Total*	100,0	100,0	100,0	100,0	100,0	100,0	100,0	100,0

*Não inclui religião não declarada e não determinada. Fonte: IBGE, censos demográficos.

Como as pesquisas demonstram, houve recentemente uma alteração na composição religiosa da população brasileira. Ainda que a religião católica continue sendo a primeira, outras crenças vêm ganhando espaço. Essa tendência coloca o Brasil ao lado de outras sociedades em que o predomínio de uma religião vai cedendo lugar à diversificação das práticas religiosas. Como também mostra a tabela acima, de 1960 a 1990 houve um crescimento de mais de 100% do contingente de evangélicos. De 1990 a 2000, esse crescimento prosseguiu, chegando a mais de 70%. Logo, não é correto dizer que a religiosidade do povo brasileiro está diminuindo: ela vem se manifestando de forma diferente, e isso nos informa sobre a dinâmica da própria sociedade.

Em setembro de 2008, o jornal O Globo publicou uma matéria intitulada "Questão de fé", que confirmava a religiosidade de jovens entre 18 e 29 anos. Segundo a reportagem, pesquisadores da fundação alemã Bertelsmann Stiftung entrevistaram 21 mil jovens em 21 países, com o objetivo de saber se era possível falar de religiosidade entre os jovens no mundo contemporâneo. Constatou-se que os brasileiros apareceram como os terceiros mais religiosos, ficando atrás apenas dos jovens da Nigéria e da Guatemala e "empatando" com a Indonésia e o Marrocos.

Religiosos participam da Marcha para Jesus, realizada na praça Heróis da FEB, em São Paulo (SP), 2015.

O levantamento revelou ainda dados mais detalhados sobre nosso país: 95% dos jovens brasileiros entrevistados declararam-se religiosos, e 65% muito religiosos. São números altos, se comparados com os de países como Rússia e Áustria, onde apenas 3% e 5% dos jovens, respectivamente, declararam praticar uma religião. O que os pesquisadores também consideraram importante foi o fato de que as declarações dos jovens eram semelhantes às da população acima de 60 anos. Os jovens não se distanciavam das populações mais velhas quando a pergunta era se acreditavam em Deus, se professavam alguma religião ou se rezavam em alguma ocasião e com que frequência.

Também no Brasil há muitos pesquisadores que se dedicam a estudar a religiosidade. Uma pesquisa realizada pela antropóloga Regina Novaes e pelo sociólogo Alexandre Brasil Fonseca revela que a religião tem forte poder de agregação entre os jovens. Os números são interessantes: enquanto 27,3% dos entrevistados são filiados a organizações sociais como clubes, 81,1% integram grupos religiosos.

Se falar de religiosidade não significa falar de uma mesma religião, também no interior das religiões há diferenciações importantes. E a Sociologia se ocupa igualmente dessas distinções. O termo **evangélico**, por exemplo, aplica-se a distintas confissões religiosas cristãs não católicas, entre eles há os luteranos, os presbiterianos, os batistas, os calvinistas, os segmentos pentecostais e neopentecostais.

O olhar sociológico perceberá igualmente distinções dentro da umbanda. A umbanda surgiu em 1917, em Niterói, Rio de Janeiro, por meio da união de elementos africanos, indígenas, católicos e espíritas. Por esse motivo, na década de 1920 diversos intelectuais passaram a considerá-la a melhor expressão popular do sincretismo religioso praticado no país. Alguns estudiosos a valorizavam por ser uma crença adaptada ao jeito de ser não somente dos negros mas de todas as outras etnias que compunham a sociedade brasileira. Outros, como o sociólogo francês Roger Bastide, viam a umbanda como resultado de um processo de "desafricanização", ou de um branqueamento de tradições negras, como a macumba, por meio da mistura com o espiritismo. Depois que o IBGE, em 1991, decidiu colher separadamente os dados da umbanda e do candomblé, foi possível perceber que também aqui houve migração. O sociólogo Antonio Flávio Pierucci mostra que a umbanda passou de 541 mil seguidores em 1991 para 432 mil em 2000, ou seja, perdeu mais de 100 mil adeptos, enquanto o candomblé teve um acréscimo de 33 mil adeptos no mesmo período.

Adeptos do candomblé fazem oferendas e homenagens a Xangô, no bairro Cajazeiras X, em Salvador (BA), 2016.

Roger Bastide
(Nîmes, França, 1º de abril de 1898 – Maisons Laffitte, França, 10 de abril de 1974)

Roger Bastide, c. 1950.

Pode parecer estranho, mas o primeiro estudo a ressaltar a importância das religiões de origem africana no Brasil foi feito por um francês. Roger Bastide, sociólogo que chegou a São Paulo em 1938 e permaneceu 16 anos no país lecionando e realizando pesquisas, fez em 1944 uma viagem ao litoral da Bahia e de Pernambuco, e ali entrou em contato com diversas manifestações de religiosidade afro-brasileira, a cujo conjunto chamou de "o mundo dos candomblés". Naquela época, os rituais, as danças e os cânticos dos terreiros ainda eram vistos com maus olhos pelas elites, que os qualificavam de "coisa de negros". Só não eram mais perseguidos pela polícia graças à proteção de intelectuais como Jorge Amado e Pierre Verger, também francês, que, por meio da literatura e da fotografia, traziam ao conhecimento de toda a sociedade o universo da cultura e da religiosidade africanas. Daquela viagem nasceram as obras mais conhecidas de Bastide, *O candomblé da Bahia* (1959) e *As religiões africanas do Brasil* (1960), que até hoje são grandes referências nos estudos afro-brasileiros. Esses livros mostram o profundo interesse do autor pelo estudo das manifestações culturais de origem africana e a especial atenção que deu à forma pela qual as heranças africanas se preservavam e se misturavam em nossa sociedade.

Para compreender o impacto da obra de Bastide sobre a sociologia brasileira, basta lembrar que, antes dele, os estudos sobre a cultura negra no Brasil eram carregados de preconceitos e tratavam as manifestações religiosas de origem africana como provas da histeria e da inferioridade dos negros, que deveriam ser rapidamente "civilizados" pelos brancos "superiores".

A sociologia das religiões de Bastide é, sem dúvida, um marco no estudo da variedade religiosa brasileira não apenas pelo pioneirismo de sua pesquisa mas por mostrar que a religião é uma das expressões mais ricas para pensar a sociedade como um conjunto complexo de culturas, influências e sobreposições.

O que diz o Estado e o que faz a sociedade?

Uma boa maneira de conhecer a religiosidade de determinada cultura ou país é observar as leis que os regem. A chamada Carta Magna, ou Constituição de um país, é uma espécie de mapa que estabelece o que se pode e o que não se pode fazer em todas as áreas. Estão ali prescritos tanto o que o governo tem de garantir quanto o que se espera que a sociedade cumpra, os direitos e as obrigações de todos, governantes e sociedade civil. Como toda a vida da sociedade está ali prevista, também é possível encontrar referências à religião.

No Brasil, já temos registradas oito constituições. A primeira, datada de 1824, declarava que a religião católica era a religião oficial do Império. Isso significa que o Estado brasileiro reconhecia apenas uma religião entre várias outras. Tal determinação não permaneceu nas constituições seguintes. De toda forma, há referência à religião em nossa atual Constituição, promulgada em 1988. Não há mais menção a uma religião oficial, mas o assunto tampouco é ignorado. O texto constitucional garante a "liberdade de consciência e de crença" e o "livre exercício dos cultos religiosos", bem como a "proteção aos locais de culto e suas liturgias". Ou seja, os brasileiros são livres para escolher seus cultos, professar sua fé, frequentar igrejas, terreiros ou quaisquer outros espaços sagrados de sua preferência, e o Estado tem de garantir essa liberdade e dar segurança aos fiéis para que vivam livremente sua religiosidade. Mais ainda: como podemos ver no preâmbulo da Constituição, os representantes do povo declaram promulgá-la "sob a proteção de Deus". Podemos concluir que, se o Estado brasileiro é leigo, somos uma nação teísta, que acredita em Deus como Ser supremo.

Constituição de 1988

Nós, representantes do povo brasileiro, reunidos em Assembleia Nacional Constituinte para instituir um Estado Democrático, destinado a assegurar o exercício dos direitos sociais e individuais, a liberdade, a segurança, o bem-estar, o desenvolvimento, a igualdade e a justiça como valores supremos de uma sociedade fraterna, pluralista e sem preconceitos, fundada na harmonia social e comprometida, na ordem interna e internacional, com a solução pacífica das controvérsias, promulgamos, *sob a proteção de Deus*, a seguinte Constituição da República Federativa do Brasil.

BRASIL. Constituição (1988). *Constituição da República Federativa do Brasil* (Preâmbulo). Disponível em: <www2.camara.leg.br/atividade-legislativa/legislacao/Constituicoes_Brasileiras/constituicao1988.html/ConstituicaoTextoAtualizado_EC71.pdf>. Acesso em: abr. 2016. (Grifo nosso).

O Censo 2010 oferece dados mais completos sobre as religiões no Brasil. Em uma população de 190 755 799 pessoas, então contabilizadas, os pesquisadores encontraram as religiões e crenças citadas na tabela a seguir.

Principais religiões e crenças no Brasil e seus seguidores

Religião ou crença	Número de seguidores no Brasil
Católica Apostólica Romana	123 280 172
Sem religião	14 595 979
Igreja Assembleia de Deus	12 314 410
Evangélica não determinada	9 218 129
Outras igrejas evangélicas de origem pentecostal	5 267 029
Espírita	3 848 876
Igreja Evangélica Batista	3 723 853
Igreja Congregação Cristã do Brasil	2 289 634
Igreja Universal do Reino de Deus	1 873 243
Igreja Evangelho Quadrangular	1 808 389
Igreja Evangélica Adventista	1 561 071
Outras religiosidades cristãs	1 461 495
Testemunhas de Jeová	1 393 208
Igreja Evangélica Luterana	999 498
Igreja Evangélica Presbiteriana	921 209
Igreja Deus é Amor	845 383
Religiosidade não determinada/mal definida	628 219
Ateu	615 096
Católica Apostólica Brasileira	560 781
Umbanda	407 331
Igreja Maranata	356 021
Igreja Evangélica Metodista	340 938
Budismo	243 966
Evangélica renovada não determinada	230 461
Igreja de Jesus Cristo dos Santos dos Últimos Dias	226 509
Igreja o Brasil para Cristo	196 665
Comunidade Evangélica	180 130
Candomblé	167 363
Católica Ortodoxa	131 571
Igreja Casa da Bênção	125 550
Agnóstico	124 436
Igreja Evangélica Congregacional	109 591
Judaísmo	107 329
Igreja Messiânica Mundial	103 716
Igreja Nova Vida	90 568
Tradições esotéricas	74 013
Tradições indígenas	63 082
Espiritualista	61 739
Outras novas religiões orientais	52 235
Islamismo	35 167
Outras Evangélicas de Missão	30 666
Declaração de múltipla religiosidade	15 379
Outras declarações de religiosidades afro-brasileiras	14 103
Outras religiosidades	11 306
Outras religiões orientais	9 675
Hinduísmo	5 675

Fonte: IBGE, *Censo Demográfico 2010*.

Se você fosse responder à pergunta que dá título a este capítulo – "O Brasil ainda é um país católico?" –, o que diria, com base nos dados da tabela acima? Se substituíssemos a pergunta pela afirmação "O Brasil ainda é um país cristão", você concordaria ou discordaria? Observando os mesmos dados, mas fazendo perguntas diferentes, deparamo-nos com diferentes ângulos da realidade brasileira.

Capítulo 16 – O Brasil ainda é um país católico? **255**

A polêmica sobre a pluralidade religiosa brasileira

Celebração do Ramadã em mesquita na cidade de São Paulo (SP), 2015.

Hoje em dia, todos nós sabemos que é impossível pensar sobre a religiosidade no Brasil sem considerar suas múltiplas manifestações. Ainda que constatemos a indiscutível maioria católica entre os brasileiros, não podemos ignorar, por exemplo, a presença dos cultos de origem africana, as vertentes do espiritismo, as comunidades judaicas e o grande crescimento dos grupos evangélicos por todo o país. Vivemos claramente num país de **religiosidade plural**, no qual as crenças, além de coexistirem e conviverem, muitas vezes se misturam.

Embora isso pareça óbvio, é importante sabermos que nem sempre se pensou assim. Até o início do século XX, nem os governantes nem a opinião pública haviam aberto os olhos para a pluralidade de religiões no país. Governo, jornais, escritores e grande parte da população acreditavam que o catolicismo era a única religião praticada pelos brasileiros, desconsiderando práticas e crenças de grupos sociais geralmente condenados à marginalidade.

Isso começou a mudar em 1904, quando o jornal *Gazeta de Notícias*, do Rio de Janeiro, publicou uma série de reportagens sobre as muitas religiões encontradas na então capital do país, surpreendendo (e até ofendendo) muitas autoridades e cidadãos. O responsável por essas reportagens foi o jornalista João do Rio (pseudônimo de Paulo Barreto), muito conhecido na época por observar as transformações dos costumes na cidade e por dar atenção a temas como a pobreza, as profissões informais e os cortiços. Disposto a conhecer profundamente a cidade, João do Rio saiu às ruas à procura de personagens e situações que revelassem aspectos surpreendentes, provando que a sociedade brasileira era muito mais complexa e variada do que o mostrado nos jornais e nos discursos oficiais.

"O Rio, como todas as cidades nestes tempos de irreverência, tem em cada rua um templo e em cada homem uma crença diversa", concluiu João do Rio após quatro meses de pesquisa pelos mais variados bairros, que resultou num verdadeiro relatório sobre as religiões praticadas pelos cariocas. Assim, determinado a "levantar um pouco o mistério das crenças nesta cidade", o jornalista descobriu muitas manifestações religiosas minoritárias, chocando grande parte da população que acreditava na hegemonia católica.

Logo na introdução do livro que reuniu a série de reportagens, lançado em 1906 com o nome de *As religiões do Rio*, João do Rio lembrava que, "ao ler os grandes diários, imagina a gente que está num país essencialmente católico, onde alguns matemáticos são positivistas. Entretanto, a cidade pulula de religiões. Basta parar em qualquer esquina, interrogar. A diversidade dos cultos espantar-vos-á". E sua pesquisa realmente causou espanto: políticos, jornalistas e até mesmo policiais acusaram o autor de mentiroso, dizendo que aqueles relatos sobre tantas religiões e cultos desconhecidos da maioria da população não passavam de fruto de sua imaginação. Só algum tempo depois, quando um delegado de polícia encontrou numa investigação alguns dos lugares e situações descritos por João do Rio, a veracidade de suas reportagens pôde ser confirmada. A partir de então o país viu-se obrigado a reconhecer a pluralidade religiosa que se escondia pelas áreas marginais da capital.

As *religiões do Rio* foi um *best-seller* de seu tempo, deixando claro o interesse que as descobertas feitas pelo jornalista despertaram na população letrada de todo o país. A pesquisa levantou nada menos que 23 modalidades de práticas religiosas, o que levou o autor a chamar o Rio de Janeiro de "Babel de crenças". Entrevistando maronitas, presbiterianos, metodistas, batistas, adventistas, judeus, espíritas, cartomantes, pais de santo e até mesmo um frei exorcista, João do Rio deu o primeiro passo no longo processo de reconhecimento da diversidade religiosa que acabou sendo aceita como marca cultural do Brasil.

Mas isso não significa que a polêmica esteja encerrada. Veja o que disse o sociólogo Antonio Flávio Pierucci acerca da pluralidade religiosa brasileira.

O brasileiro olha para si com olhos de multiculturalismo imaginado, irreal, exagerado. [...]

Pelos dados do IBGE para o ano 2000, a população brasileira é 74% católica e 15,5% evangélica. Somando esses valores, chega-se a 89,5%, de onde se conclui que nove entre 10 brasileiros são declaradamente cristãos. Ou seja, somos realmente "o país do Cristo Redentor". Agora, se você observar o percentual da categoria "outras religiões" apurado a cada 20 anos desde 1940, vai observar que ele é sempre baixo. E seu crescimento é muito suave: sai de 1,9% em 1940, chega a 2,3% em 1960, a 2,5% em 1980 e finalmente a 3,5% no ano 2000. Pergunto: que bela diversidade religiosa é essa a nossa, na qual as religiões verdadeiramente outras, as religiões não cristãs – judeus, afros, hinduístas, islâmicos, budistas etc. – não somam mais do que 3,5% da população? É uma autoilusão que alimentamos. Podemos de fato ter gente de todas as cores e etnias, mas temos que calibrar melhor, diante do espelho censitário, essa autoimagem de uma formidável diversidade religiosa.

PIERUCCI, Antonio Flávio. Entrevista: Antonio Flávio Pierucci. *Ciência Hoje*, Rio de Janeiro, n. 222, dez. 2005. Entrevista concedida a Mônica Pileggi. Disponível em: <http://cienciahoje.uol.com.br/revista-ch/revista-ch-2005/222/entrevista-antonio-flavio-pierucci>. Acesso em: abr. 2016.

E você, o que acha desse debate?

◀◀ Recapitulando

Por que imaginamos o Brasil como um país católico? Pela quantidade de feriados dedicados aos santos e padroeiros? Pela quantidade de igrejas e capelas católicas que vemos no trajeto de casa até a escola? Por causa da quantidade de pessoas que se dizem leais ao papa? Tudo isso é verdade, mas a construção dessa realidade social não se deu de uma hora para outra. Ela tem raízes profundas na História do Brasil, desde a chegada dos primeiros portugueses à Terra de Santa Cruz.

Outras experiências religiosas surgiram no Brasil durante o Período Colonial – os huguenotes franceses, os calvinistas holandeses, os anglicanos ingleses, sem falar das religiões praticadas pelos escravos negros e pelos indígenas. No entanto, elas encontraram muitas dificuldades para se consolidar entre os brasileiros – em alguns momentos ocorreram episódios de intolerância religiosa. Após a quebra dos laços coloniais com os portugueses, a religião católica firmou-se como a principal crença na nova nação, sendo apontada como religião oficial do país na primeira Constituição brasileira (1824).

Essa predominância se manteve nas últimas décadas? Essa foi a pergunta que percorreu todo o capítulo. Observamos que o catolicismo é a religião mais praticada, mas não é a única. Os brasileiros ampliaram seu leque de escolhas religiosas a ponto de a mais recente Constituição (1988) não mais estabelecer uma religião oficial. Isso indica que os brasileiros estão mais afinados com o individualismo moderno, ou seja, seguem no campo religioso uma lógica de escolha, e não de manutenção de uma tradição. Em outras palavras, o campo religioso brasileiro reflete aquilo que os sociólogos chamam de *modernização* da sociedade.

Mas assumindo outra perspectiva, vemos com os dados dos Censos 2000 e 2010 do IBGE que o Brasil é um país predominantemente cristão – é só somar os percentuais dos católicos com o dos evangélicos que chegaremos a 90% da população praticante de alguma modalidade de cristianismo. As migrações religiosas acontecem, mas majoritariamente dentro da mesma matriz. Houve o aumento do número de pessoas que se identificam como "sem religião", e o conjunto de praticantes de outras religiões (aquelas que não são cristãs) representa 3% da população brasileira.

Concluímos que o fenômeno religioso brasileiro admite múltiplas interpretações. As perspectivas adotadas pelos pesquisadores revelam facetas diferentes da mesma realidade social.

Leitura complementar

A invenção de novas religiões

Embora a Constituição republicana afirmasse o princípio da liberdade de cultos, era uma quase evidência para a mentalidade das classes ilustradas dos finais do século XIX e início do XX que apenas o catolicismo e o protestantismo podiam ser chamados de religiões. Não havia no Brasil qualquer outro culto estabelecido. O conjunto das práticas variadas [...] caíam no campo da magia, da superstição e eram, portanto, práticas antissociais a serem combatidas. O caso da doutrina espírita [...] era bastante particular. [...] era muito incomum que os espíritas se referissem às suas doutrinas como de natureza religiosa. [...] Em um momento em que se discutia, rotineiramente, nos laboratórios a possibilidade de demonstração experimental da existência de almas, e era compreensível que os espíritas chamassem para si os fundamentos do discurso científico para recusar os absurdos dogmáticos do catolicismo que não prescindia dos mistérios, altares, sacramentos e sacerdotes. Por outro lado, a ciência espírita pretendia trazer uma contribuição para uma nova filosofia e a formulação de novos princípios morais que superassem o ateísmo imanente na ciência.

O Código Penal combateu o espiritismo não pela doutrina que professava, mas por ter invadido o campo da prática ilegal da medicina. O curioso de tudo isso foi que, no processo de defender-se judicialmente, os espíritas foram obrigados a buscar refúgio nas únicas brechas legais que lhes afiançavam o exercício de sua mediunidade para fins terapêuticos: o artigo 72 da Constituição que garantia a liberdade de culto. Embora os espíritas tivessem resistido no início a definir sua doutrina como religiosa, afastar de si as representações correntes de sua proximidade com a magia, com a feitiçaria e a cartomancia, redefinir e ressaltar o estatuto religioso do espiritismo e suas práticas foi a tarefa que se deram os intelectuais espíritas ao longo de um debate que durou muitas décadas. Era preciso descriminalizar a mediunidade, convencer médicos, legisladores, jornalistas e policiais que se as pessoas se curavam nas sessões espíritas, isso se dava em razão de sua fé, e não pelas falsas promessas de cura; além disso, a inexistência de ganho pecuniário para os espíritas tornava mais fácil a desqualificação das curas mediúnicas como atos de subjugação da credulidade pública. O espiritismo vai, assim, aos poucos se apresentando como a prática de um culto – por oposição ao exercício fraudulento de uma profissão – o qual pretende prestar um serviço público. [...]

Adeptos da umbanda celebram o ritual para Iemanjá em Praia Grande (SP), 2015.

Este parece ter sido o processo que fez emergir, no Rio de Janeiro e em São Paulo, essa nova forma religiosa que foi a Umbanda. Abrigando elementos rituais de conotação africana sob a rubrica genérica de espiritismo, produziu uma combinação inovadora de práticas que associavam [...] mediunidade (almas dos índios e negros) e possessão (orixás africanos que se tornam dos índios e negros) [...] entre 1920 e 1940, se estabelece um longo debate entre as Federações Umbandistas, interessadas em proteger certas práticas da repressão policial e torná-las aceitáveis para a sociedade envolvente [...]. Dos princípios diferenciadores que esses atores colocaram em operação [...], emergiram os diversos arranjos religiosos que essas práticas acabam por assumir até serem definitivamente aceitos como religião afro-brasileira nas décadas de 1950-1960.

Hoje, quando se olha para trás, pode nos parecer espantoso que a sociedade brasileira tivesse, por tanto tempo, temido os poderes da magia. As denúncias de charlatanismo quase não chegam mais aos tribunais e, embora o exercício ilegal da medicina ainda seja combatido, seu objeto não são mais as práticas mágicas [...]. Com efeito, esse debate deslocou-se do campo legal para o campo da disputa religiosa, uma vez que todas essas práticas adquiriram progressivamente o estatuto de religiões. [...]

MONTEIRO, Paula. Religião: sistema de crenças, feitiçaria e magia. In: MORAES, Amaury César (Coord.). *Sociologia*: Ensino Médio. Brasília: Ministério da Educação, 2010. p. 133-136.

Fique atento!

Definição do conceito sociológico estudado neste capítulo.

Pluralismo religioso: na página 256.

 Sessão de cinema

O PODER E A FÉ

Brasil, 2004, 18 min. Direção de Beto Schultz.

O filme mostra a faina de um vendedor de Bíblias de estilo singular. Mistura religião, violência e humor em uma crônica urbana. Denuncia o desemprego, o charlatanismo e a solidão da metrópole. Disponível em: <portacurtas.org.br/>. Acesso em: abr. 2016.

SANTO FORTE

Brasil, 1999, 80 min. Direção de Eduardo Coutinho.

O documentário aborda a religiosidade de evangélicos, católicos e umbandistas residentes em uma favela da cidade do Rio de Janeiro. Reflete a diversidade religiosa presente na sociedade brasileira e também versa sobre pontos comuns da experiência religiosa dos depoentes.

ATLÂNTICO NEGRO – NA ROTA DOS ORIXÁS

Brasil, 1998, 54 min. Direção de Renato Barbieri.

O filme faz uma viagem pelas mais antigas tradições religiosas afro-brasileiras – o candomblé da Bahia e o tambor de Mina do Maranhão – e transporta os espectadores para a terra de origem dos orixás e voduns: o Benim, onde estão as raízes da cultura jeje-nagô.

Construindo seus conhecimentos

MONITORANDO A APRENDIZAGEM

1. Você aprendeu que na modernidade as pessoas começaram a adotar uma abordagem secular (veja o verbete **secularização** na seção **Conceitos sociológicos**, p. 376) para explicar fenômenos sociais ou naturais que as afetavam. Mas o que você tem a dizer sobre a afirmação contida no capítulo, segundo a qual "ela vem se manifestando de forma diferente, e isso nos informa sobre a dinâmica da própria sociedade"? Será que os "tempos modernos" ainda não chegaram ao Brasil?

2. Pergunta: "O Brasil ainda é um país católico?". Afirmação: "O Brasil é um país cristão". Como você explica essas duas sentenças?

DE OLHO NO ENEM

1. (Enem 2011)

> O café tem origem na região onde hoje se encontra a Etiópia, mas seu cultivo e consumo se disseminaram a partir da Península Árabe. Aportou à Europa por Constantinopla e, finalmente, em 1615, ganhou a cidade de Veneza. Quando o café chegou à região europeia, alguns clérigos sugeriram que o produto deveria ser excomungado, por ser obra do diabo. O papa Clemente VIII (1592-1605), contudo, resolveu provar a bebida. Tendo gostado do sabor, decidiu que ela deveria ser batizada para que se tornasse uma "bebida verdadeiramente cristã".
>
> THORN, J. *Guia do café*. Lisboa: Livros e livros, 1998 (adaptado).

A postura dos clérigos e do papa Clemente VIII diante da introdução do café na Europa Ocidental pode ser explicada pela associação dessa bebida ao

(A) ateísmo.
(B) judaísmo.
(C) hinduísmo.
(D) islamismo.
(E) protestantismo.

2. (Enem 2009)

> No final do século XVI, na Bahia, Guiomar de Oliveira denunciou Antônia Nóbrega à Inquisição. Segundo o depoimento, esta lhe dava "uns pós não sabe de quê, e outros pós de osso de finado, os quais pós ela confessante deu a beber em vinho ao dito seu marido para ser seu amigo e serem bem casados, e que todas estas coisas fez tendo-lhe dito a dita Antônia e ensinado que eram coisas diabólicas e que os diabos lha ensinaram".
>
> ARAÚJO, E. *O teatro dos vícios. Transgressão e transigência na sociedade urbana colonial.* Brasília: UnB/José Olympio, 1997.

Do ponto de vista da Inquisição,

(A) o problema dos métodos citados no trecho residia na dissimulação, que acabava por enganar o enfeitiçado.

(B) o diabo era um concorrente poderoso da autoridade da Igreja e somente a justiça do fogo poderia eliminá-lo.

(C) os ingredientes em decomposição das poções mágicas eram condenados porque afetavam a saúde da população.

(D) as feiticeiras representavam séria ameaça à sociedade, pois eram perceptíveis suas tendências feministas.

(E) os cristãos deviam preservar a instituição do casamento recorrendo exclusivamente aos ensinamentos da Igreja.

260 ▶▶ Parte III – A Sociologia vem ao Brasil

ASSIMILANDO CONCEITOS

SINCRETISMO RELIGIOSO

Saravá, rapaziada! – Saravá!
Axé pra mulherada brasileira! – Axé!
Êta, povo brasileiro! Miscigenado,
Ecumênico e religiosamente sincretizado
Ave, ó, ecumenismo! Ave!
Então vamos fazer uma saudação ecumênica
Vamos? Vamos!
Aleluia – aleluia!
Shalom – shalom!
Al Salam Alaikum! – Alaikum Al Salam!
Mucuiu nu Zambi – Mucuiu!
Ê, ô, todos os povos são filhos do Senhor!
Deus está em todo lugar. Nas mãos que criam, nas bocas que cantam, nos corpos que dançam, nas relações amorosas, no lazer sadio, no trabalho honesto.
Onde está Deus? – Em todo lugar!
Olorum, Jeová, Oxalá, Alah, N'Zambi... Jesus!
E o Espírito Santo? É Deus!
Salve sincretismo religioso! – Salve!
Quem é Omulu, gente? – São Lázaro!
Iansã? – Santa Bárbara!
Ogum? – São Jorge!
Xangô? – São Jerônimo!
Oxóssi? – São Sebastião!
Aioká, Inaê, Kianda – Iemanjá!
Viva a Nossa Senhora Aparecida! – Padroeira do Brasil!
Iemanjá, Iemanjá, Iemanjá, Iemanjá
São Cosme, Damião, Doum, Crispim, Crispiniano, Radiema...
É tudo Erê – Ibeijada
Salve as crianças! – Salve!
Axé pra todo mundo, axé
Muito axé, muito axé
Muito axé, pra todo mundo axé
Muito axé, muito axé
Muito axé, pra todo mundo axé

Energia, Saravá, Aleluia, Shalom, Amandla, caninambo! – Banzai! Na fé de Zambi – Na paz do Senhor, Amém! Martinho da Vila, Coisas de Deus, 1997. © by SM Publishing (Brazil). Edições Musicais Ltda.

1. Na canção de Martinho da Vila há três palavras que valem a pena ser esclarecidas com ajuda de um dicionário: **miscigenado**, **sincretismo**, **ecumênico**.

2. Embora estejam presentes na canção saudações de diversas religiões, o sincretismo que dá título à canção se refere à fusão de quais religiões?

3. Que símbolos religiosos presentes na fotografia indicam o sincretismo religioso?

Cortejo e lavagem das escadarias da Igreja de Nosso Senhor do Bonfim, em Salvador (BA), 2016.

OLHARES SOBRE A SOCIEDADE

SE EU QUISER FALAR COM DEUS

Se eu quiser falar com Deus
Tenho que ficar a sós
Tenho que apagar a luz
Tenho que calar a voz
Tenho que encontrar a paz
Tenho que folgar os nós
Dos sapatos, da gravata
Dos desejos, dos receios
Tenho que esquecer a data
Tenho que perder a conta
Tenho que ter mãos vazias
Ter a alma e o corpo nus...

Se eu quiser falar com Deus
Tenho que aceitar a dor
Tenho que comer o pão
Que o diabo amassou
Tenho que virar um cão
Tenho que lamber o chão
Dos palácios, dos castelos
Suntuosos dos meus sonhos
Tenho que me ver tristonho
Tenho que me achar medonho
E apesar de um mal tamanho
Alegrar meu coração...

E se eu quiser falar com Deus
Tenho que me aventurar
Eu tenho que subir aos céus
Sem cordas para segurar
Tenho que dizer adeus
Dar as costas, caminhar
Decidido, pela estrada
Que ao findar vai dar em nada
Nada, nada, nada, nada
Nada, nada, nada, nada
Nada, nada, nada, nada
Do que eu pensava encontrar!

GILBERTO Gil. Se eu quiser falar com Deus. Intérprete: Gilberto Gil. In: GILBERTO GIL. *A gente precisa ver o luar*. Warner Music, 1981.

A letra da canção em destaque discorre sobre a devoção de um fiel sem mencionar a religião. Será que a relação do crente com sua divindade é, em todas as crenças, semelhante a que o compositor descreve?

Pesquise algumas letras de músicas de diferentes crenças – e também não religiosas – e compare suas visões de mundo. Identifique as respostas que elas dão às questões da vida.

Reflita sobre a importância da tolerância religiosa e da garantia da liberdade de culto em uma sociedade plural como a brasileira.

EXERCITANDO A IMAGINAÇÃO SOCIOLÓGICA
TEMA DE REDAÇÃO DO IBMEC (2009)

Considere os quadrinhos abaixo. Reflita sobre as ideias apresentadas nesse texto e desenvolva uma dissertação em prosa.

17 Qual é sua tribo?

Grafite intitulado *Bombas da Lapa*, pintado por 16 grafiteiros do Projeto R.U.A.. Rio de Janeiro (RJ), 2015.
Grafite é uma intervenção artística em espaços públicos (prédios, paredes e muros). Esse estilo de arte urbana surgiu na década de 1970 nos Estados Unidos, criado por jovens ligados a movimentos como o *hip-hop* e outras tribos urbanas. O grafite foi introduzido no Brasil no final dessa mesma década e, desde então, tem ganhado reconhecimento como uma expressão artística relevante.

Tribos urbanas: encontros entre o arcaico e o tecnológico

Você já conheceu o trabalho do sociólogo alemão Georg Simmel, que se preocupou em entender as novas subjetividades metropolitanas, ou seja, os novos tipos sociais próprios da cidade grande. Até hoje, os escritos de Simmel inspiram muitos autores a pensar sobre vários temas relativos ao modo de vida urbano – afinal, como dizem nossos avós, "os tempos são outros" e os "modos não são os mesmos" nas grandes cidades. Instituições tradicionais, como a Igreja, a família e o Estado, disputam com a indústria do consumo e com a mídia a produção de referenciais de identificação. Esse contexto de fragmentação e multiplicação de referenciais morais, políticos, religiosos e estéticos tem levado alguns antropólogos e sociólogos interessados em compreender a realidade das sociedades ocidentais a trabalhar com a noção de **tribos urbanas**. É claro que não se trata de grupos étnicos unidos por culturas comuns, mas sim de grupos urbanos unidos pela afinidade de interesses e gostos.

O sociólogo francês Michel Maffesoli, autor do livro *O tempo das tribos* (1987), entre outros, propõe a noção de neotribalismo para interpretarmos a combinação entre princípios "tribais" e novas tecnologias que caracteriza as sociedades contemporâneas. O sucesso de histórias como *O Senhor dos Anéis* e *Harry Potter*, em que o místico e os "efeitos especiais", o mágico e o tecnológico se encontram, seriam, segundo Maffesoli, sinais sociológicos de que os sujeitos urbanos estão buscando um "reencantamento" para a vida. De fato, com a ajuda de recursos como a internet e as comunicações digitais, diariamente são criados novos grupos, unidos pela identificação cultural, sexual, religiosa, esportiva etc. Pense, por exemplo, na quantidade assombrosa de "comunidades" – ou "tribos" – das várias redes sociais!

Para Maffesoli, estamos sempre representando papéis, tanto em nossas atividades profissionais quanto no seio das diversas tribos de que escolhemos participar. Aliás, a questão da escolha é fundamental. De acordo com nossos gostos – sexuais, culturais, religiosos etc. – optamos por nos juntar a determinada tribo.

❚❚ E gosto se discute?

Quando falamos de tribos urbanas, estamos nos referindo a grupos que podem ser identificados pelas opções estéticas e comportamentais de seus membros – ou seja, estamos falando de **gosto compartilhado**. Então gosto pode ser objeto de estudo da Sociologia? O sociólogo Pierre Bourdieu diz que sim.

Nas décadas de 1960 e 1970, Bourdieu desenvolveu uma série de pesquisas sobre o consumo cultural e as práticas de lazer dos franceses. Com base nessa investigação, ele publicou o livro *A distinção – crítica social do julgamento*. Nele, Bourdieu argumenta que o gosto cultural e os estilos de vida das classes sociais são produto de um processo educativo, ambientado na família e na escola, e não fruto de uma sensibilidade inata dos agentes sociais. Observe que há duas ideias muito importantes aqui: gosto se aprende e gosto serve para diferenciar os grupos sociais.

O gosto se aprende porque ele supõe a interiorização de certas informações e saberes aos quais somos expostos ao longo de nossa vida e a identificação com eles. Para se apreciar determinada expressão artística, é necessário ter mais do que o senso comum chama de "gosto": é preciso um "patrimônio cognitivo" e uma "competência cultural", ou seja, o gosto depende de um feixe de condições específicas de aprendizado.

O gosto serve para diferenciar, e pode tanto separar como unir pessoas. Com base nele, criamos laços de afinidades ou barreiras de antipatia. Os bens culturais (livros, músicas, pinturas, filmes etc.), assim como os elementos da moda (roupas, calçados, objetos de decoração etc.), têm uma lógica específica de apropriação que faz com que, em determinado momento, possam ser julgados como de "bom gosto" ou desprezados como pouco refinados e de "mau gosto". Mas a distinção social baseada no gosto, segundo Bourdieu, também abrange todas as dimensões da vida humana que implicam alguma escolha – o que comemos, onde passamos as férias, o carro com que sonhamos.

Mesmo as escolhas mais pessoais estão inseridas nessa lógica de aprendizado e distinção. Por isso, os gostos variam não apenas no tempo – o que era "da moda" para seus pais pode parecer horrendo para sua geração –, mas também entre as classes sociais e seus vários subgrupos.

Assim Bourdieu apontou a fragilidade da máxima: "Gosto não se discute". Afinal, o gosto é resultado de diferenças de origem e de oportunidades sociais. Discutir o gosto é expor a historicidade das hierarquias sociais.

As vitrolas são exemplo de objeto retrô. O utensílio saiu de moda nos anos 1990, mas retornou em formato dinâmico e portátil, como uma maleta. Da mesma forma que o vinil retornou às lojas por causa de sua qualidade sonora ser superior à do CD e do MP3, a vitrola tornou-se um símbolo de resgate ao passado e valorização de um *status* e prestígio musical.

Identidade ou identificação?

É interessante notar que, para Michel Maffesoli, o Brasil é um dos países em que melhor se podem observar as dinâmicas do neotribalismo, porque entre nós o tradicional e o tecnológico se combinam o tempo todo. O tecnobrega, que emergiu em Belém do Pará nos anos 2000, é exemplar dessa mescla de que fala Maffesoli. Trata-se de um estilo que retoma a temática da música brega tradicional ao som de melodias produzidas de maneira inteiramente eletrônica e negociadas no mercado informal sob formatos digitalizados. Em sua maioria, as tribos – ou "comunidades estéticas", para usarmos a expressão de outro sociólogo famoso, chamado Zigmunt Bauman – distinguem-se umas das outras sobretudo por quesitos visuais e padrões de consumo, que se tornam elementos próprios de sua **identidade**.

É por isso que Michel Maffesoli propõe a substituição da noção de **identidade** pela de **identificação**. Qual é a diferença entre essas duas noções? Enquanto a noção de identidade esteve historicamente ligada ao pertencimento a dado território, a noção de **identificação** possibilita entender justamente como há tantas tribos que se identificam, apesar dos milhares de quilômetros que muitas vezes as separam.

O movimento *hip-hop* nos oferece um ótimo exemplo para pensar as dinâmicas da identificação. Movimento cultural originalmente produzido por jovens negros e latinos, residentes em espaços segregados das grandes metrópoles dos Estados Unidos dos anos 1960, o *hip-hop* tomou o mundo com sua dança (*break* ou *street dance*), sua maneira de se expressar visualmente (o grafite), seu personagem central (o DJ) e sua música (o *rap*). Independentemente da distância, no tempo e no espaço, que separa os jovens pobres de Nova York dos jovens da periferia paulista ou das cidades-satélite do Distrito Federal, todos se identificam com a postura combativa diante da segregação socioespacial e com o orgulho de raça/etnia associados ao movimento *hip-hop*. Mas, atenção: não se trata simplesmente de um processo de cópia ou reprodução. O hip-hop no Brasil sofre influência, em sua composição, de elementos advindos de outros gêneros musicais de identidade negra consumidos pelos jovens, como samba, pagode, axé, entre outros, adquirindo características próprias.

A *rapper* paulistana Karol Conka, em apresentação no evento São Paulo Fashion Week, no Parque do Ibirapuera. São Paulo (SP), 2015.

"Eu sou o *punk* da periferia"

É importante observar que, nas Ciências Sociais, as novas tribos são analisadas em sua relação com o contexto mais amplo no qual estão inseridas. A pesquisa de campo feita pela antropóloga Janice Caiafa no Rio de Janeiro, na década de 1980, publicada sob o título *Movimento punk na cidade: a invasão dos bandos sub*, é um bom exemplo desse tipo de análise. A autora oferece um mapa da experiência *punk* com base em sua música, estética e comportamento, bem como em sua interação com o restante da cidade: "Os *punks* são jovens entre 15 e 22 anos que se deslocam em bando, e não é difícil perceber que estão juntos e algo os une". Apesar da aparência por vezes agressiva e da transgressão de certas normas próprias da adolescência, na maior parte do tempo, diz ela, os *punks* seguem pelas ruas "num atrevimento tranquilo e sem revide". Na opinião da antropóloga, é preciso que os *punks* e outras tribos sejam compreendidos como manifestações próprias dos novos arranjos sociais, que possibilitam que se estabeleçam parcerias não mais baseadas nos pertencimentos familiares ou partidários, mas nos gostos e nas atitudes.

Aliás, a relação das tribos com a sociedade de consumo é bastante complexa. Não apenas os *punks*, mas várias outras comunidades ou movimentos veiculam uma mensagem anticonsumista, mas isso não os impede de utilizar adereços e bens de consumo para comunicar suas identidades e posições. Assim, por exemplo, temos cabelos de moicanos e correntes para os *punks*, couro preto e símbolos satânicos para os metaleiros, pranchas e bermudões para os surfistas. Tais elementos distintivos tornam-se essenciais para os membros da "comunidade".

Também é interessante observar que as tribos urbanas recorrentemente se apropriam dos elementos distintivos de outras tribos e os ressignificam. Um exemplo é a relação de proximidade e afastamento entre os *punks* e os *straight edges*. Apesar de compartilharem com estes últimos o gosto pelas músicas "pesadas", pelo visual "agressivo" e pelo princípio do "faça você mesmo", os *straight edges* são avessos ao consumo de drogas ilícitas, de álcool e tabaco, tão comum entre os *punks*. Enquanto os *punks* pregam a permissividade sexual, os *straight edges* falam em sexo consciente e com amor. Sua opção pelo vegetarianismo os aproxima de outra tribo: a dos *hare krishnas*, grupo religioso de inspiração hindu que também segue uma dieta lactovegetariana. Cabe muitas vezes aos *hare krishnas*, com suas vestes brancas ou laranja, que tanto contrastam com o visual *straight edge*, preparar a comida que é servida nas "verduradas" (em oposição às cervejadas ou churrascadas), festas em que os *straight edges* combinam *shows* (na maioria das vezes de *hardcore/punk*, mas nem sempre) com palestras, exposições ou vídeos sobre temas políticos, culturais e ecológicos.

Adolescentes *punks* em festival de música em Yangon, Myanmar, 2013. O *punk* é um movimento sociocultural divulgado por meio da música. Muitas de suas críticas são comuns a diferentes contextos, o que lhe possibilita transcender barreiras físicas e culturais.

❚❚ O mundo do passinho

Não é fácil definir, com palavras, o que é o passinho. Mas podemos dizer que ele é uma forma de dançar o *funk* carioca. O passinho não é exatamente uma novidade, já que é visto nos bailes desde o início dos anos 2000. Mas foi por meio da internet que ele ganhou fama, espalhou-se pelo país e virou tema de documentário. Em 2008, foi postado um vídeo que mostrava três garotos dançando ao som de um *funk*, improvisando movimentos que parecem uma mistura de *break*, frevo, capoeira e samba. Gravado durante um churrasco com uma câmera amadora, o vídeo alcançou rapidamente a marca de 4 milhões de visualizações. Começava ali uma interminável batalha de dança pela internet, na qual jovens, na maioria meninos, mostravam seus passos, recebiam críticas e elogios e eram chamados para duelos, nos quais dezenas de jovens se encontravam e se apresentavam, até que fosse escolhido um vencedor.

Ainda que tenha surgido nas comunidades cariocas, onde há forte presença do *funk*, o passinho não demorou a alcançar outros espaços e regiões do Brasil. E ganhou, com isso, um papel importante no combate ao preconceito contra o *funk*, muitas vezes visto como um estilo musical ligado à violência e à criminalidade. Mobilizando grupos de jovens e de crianças em torno da dança, o passinho se associa a músicas que costumam falar da própria dança e que transmitem mensagens de valorização da juventude.

É inegável que a internet tem um papel fundamental na divulgação da dança, mas os encontros presenciais também são parte importante do fenômeno do passinho. Eles mantêm o formato de disputas, em que os jovens dançam até que seja escolhido um vencedor. Outro aspecto interessante que integra a cultura do passinho são as roupas e os acessórios usados pelos competidores. Todos seguem um mesmo padrão: bermuda até o joelho, camisetas coloridas e boné na cabeça. A maioria dança descalça e alguns usam adereços como óculos coloridos sem lente.

Por causa de sua origem e de sua estética, ligadas à realidade das periferias, o passinho é hoje reconhecido como uma importante expressão cultural da juventude urbana de todo o país. Não por acaso, em 2015, o Teatro Municipal do Rio de Janeiro recebeu a companhia de dança Na batalha para apresentação de um espetáculo de passinho. Além de ter sido um marco na história do teatro – habituado a abrigar espetáculos como óperas, balés e outras manifestações ligadas à cultura erudita –, a apresentação foi um passo importante no reconhecimento do valor artístico do passinho. Como declarou Julio Ludemir, diretor artístico do Na batalha, naquele dia "talvez pela primeira vez esses jovens, que em geral são perseguidos pela polícia, são mortos por um Estado que tende a criminalizá-los, estão tendo um tratamento [...] de artistas, [...] uma centralidade artística. Esses meninos, o *funk*, o passinho fazem parte da produção artística carioca e precisam de um espaço para que se reconheça isso".

Grupo de dança Dream Team Passinho se apresenta com o artista MC Gui no Festival de Verão de São Paulo (SP), 2016.

As dinâmicas de apropriação e assimilação também podem ocorrer de outra maneira bastante interessante: aquela que envolve o trânsito de determinadas práticas culturais entre diferentes classes sociais. Com as novas tecnologias de comunicação digital, a produção e o consumo de música se horizontalizaram, ou seja, as fronteiras – que antes restringiam um estilo musical da periferia somente à periferia e um estilo musical da elite somente à elite – tornaram-se mais frágeis.

Uma escolha ou um rótulo?

Há outra constatação importante a respeito das tribos: nem sempre ser associado a uma delas é uma escolha do sujeito. O caso explorado pela antropóloga Cláudia da Silva Pereira no artigo "Jeito de patricinha, roupa de patricinha", publicado em 2007, ajuda a entender isso melhor. Como lembra a autora, de tão usado, o termo "patricinha" foi dicionarizado, ou seja, mereceu um verbete em um dicionário da língua portuguesa. Segundo o *Dicionário Michaelis*, o termo significa "moça de classe social elevada; moça bem-vestida que usa roupas de marca ou caras". Mas, depois de fazer uma pesquisa extensa, que incluiu 100 questionários e entrevistas em profundidade com meninas de 15 a 19 anos, moradoras da Zona Sul do Rio de Janeiro, Cláudia da Silva Pereira chama a atenção para pelo menos dois pontos importantes.

Em primeiro lugar, apesar da definição no dicionário, na prática não existe apenas um tipo de patricinha, ou seja, o grupo não pode ser descrito em sua totalidade como formado por meninas de argolas nas orelhas, cabelos lisos de escova, roupas de grife. A segunda ressalva é importante e tem a ver com o que mencionamos há pouco a respeito do processo de reconhecimento dos grupos: diferentemente dos *punks*, que apreciam ser reconhecidos como tais, poucas meninas gostam de ser chamadas de patricinhas (apenas 9% das entrevistadas se assumiram como tal). Trata-se, portanto, de uma rotulação externa ao grupo, uma espécie de acusação dirigida a moças consideradas consumistas e fúteis.

A autora ressalta que, no caso das patricinhas, o principal fator de acusação não é o financeiro, mas o estilo de comportamento: falar alto, mexer no cabelo, rir de tudo e de todos, fazer comentários inoportunos e ser pouco inteligente. Esse estilo pode ser imitado (e incorporado) por jovens de camadas médias e baixas. "A gíria patricinha", argumenta a autora, "foi apropriada pelo discurso de toda uma geração", e com isso o grupo assim designado transformou-se numa tribo, entre tantas outras que andam pelas ruas da cidade.

Cena do filme *Harry Potter e a pedra filosofal* em que o personagem principal utiliza o chapéu seletor – que escolhe a casa onde ele irá viver durante seu período escolar. No entanto, Harry escolhe a casa em que quer se estabelecer, em vez de deixar um elemento externo – no caso, o chapéu – decidir algo que fará parte de sua identificação.

Cena do filme *Legalmente loira* em que a personagem principal, Elle Woods, uma patricinha que decidiu fazer faculdade de Direito, participa de um julgamento em um tribunal. O longa-metragem mostra como a protagonista rompe com o preconceito em torno das patricinhas, vistas como fúteis e superficiais, tornando-se uma advogada de sucesso.

Bullying

O *bullying* é um dos temas mais discutidos atualmente quando o assunto é escola. Apesar de conhecida há muito tempo, só recentemente essa prática vem ganhando a atenção da imprensa e de especialistas.

O termo *bullying* vem do inglês (*bully* = valentão; brigão) e tem sido utilizado para caracterizar situações de repetidas agressões (verbais ou físicas) feitas por um ou mais alunos contra um ou mais colegas. As formas de violência podem ser as mais diversas: empurrões, pontapés, insultos, apelidos humilhantes, boatos espalhados para gerar constrangimento, ameaças e até mesmo a simples exclusão.

Uma das formas mais comuns (e por isso uma das mais debatidas) desse tipo de violência nos dias de hoje é o chamado *cyberbullying*, que envolve o uso de recursos como a internet e telefones celulares para enviar textos ou imagens com a intenção de constranger outra pessoa. O uso da tecnologia pode tornar a agressão ainda pior do que a violência presencial. Isso porque no espaço virtual a humilhação atinge as vítimas permanentemente, e não apenas no espaço da escola. Além disso, a tecnologia dificulta a identificação do agressor, deixando a vítima sem saber exatamente de quem se defender.

Segundo pesquisa do Ministério da Saúde e do Instituto Brasileiro de Geografia e Estatística (IBGE), feita com a contribuição da Escola de Enfermagem de Ribeirão Preto (EERP) da Universidade de São Paulo (USP), os casos de *bullying* em escolas brasileiras aumentaram, entre 2009 e 2012, de 5% para 7%. O levantamento, feito com 109 104 estudantes de todos os estados, apontou ainda que 20,8% deles já praticaram algum tipo de *bullying* contra os colegas e que a prática é proporcionalmente maior entre aqueles do sexo masculino (26,1%) do que entre os do feminino (16%).

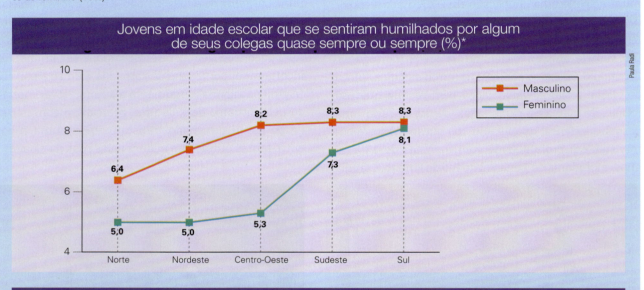

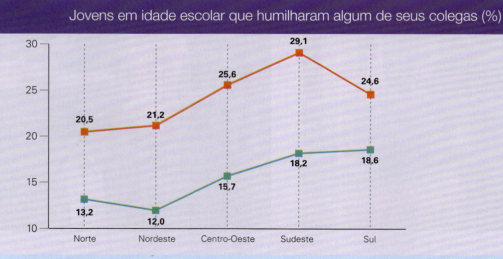

*Pesquisa realizada com alunos do 9º ano do Ensino Fundamental.
Fonte: IBGE. *Pesquisa Nacional de Saúde do Escolar de 2012*.

"Cada um no seu quadrado"

Punks, patricinhas, grafiteiros, funkeiros, *hipsters* e tantas outras tribos, comunidades ou movimentos que circulam pelas ruas das grandes cidades brasileiras nos ajudam a refletir sobre o dilema que Georg Simmel já havia apontado como característico da modernidade: ser único ou pertencer a um grupo, querer ser reconhecido como indivíduo e também como parte de um todo maior. As "tribos" prometem, de certo modo, singularização e pertencimento: cada membro é diferente dos que não fazem parte de seu grupo e ao mesmo tempo é "igual" aos outros membros da tribo. Pertencer à "comunidade dos vegetarianos" significa, por um lado, estar em oposição aos que têm um tipo de hábito alimentar não vegetariano e, por outro, identificar-se com qualquer outro ser sobre a face da Terra, independentemente de sua cor, credo ou postura política, simplesmente porque esse ser também não come carne.

Essas "comunidades" de gostos e comportamentos se contrapõem, por um lado, à ideia de que todos são iguais em uma sociedade de massas, os gostos são homogêneos ou os comportamentos se parecem porque todos estão informados pelos meios de comunicação. A **diversidade** de tribos mostra que, ao contrário, há muitas maneiras de expressar o jeito de ser próprio de cada grupo. Essa diversidade interessa à Sociologia porque ela revela as maneiras distintas da vida em grupo. E revela também que a chamada modernidade é muita coisa, menos o "tudo igual" que parecem sugerir algumas falas mais apressadas: os jovens são assim, são assado, todos querem isso ou todos querem aquilo. Abrindo nossos olhos, apurando nossa observação e exercitando nossa imaginação sociológica, percebemos o quanto é extensa, variada e imprevisível a manifestação das vontades coletivas.

Grupo de grafiteiros produzindo painel em concurso de desenho de rua, na cidade de Volgograd, Rússia, 2015.

◀◀ Recapitulando

As tribos urbanas estudadas neste capítulo são alguns exemplos que ajudam a refletir um pouco mais sobre a diversidade dos tipos sociais que povoam as cidades grandes. As tribos urbanas mesclam aspectos arcaicos (religião, tradição, fidelidades etc.) com a modernidade (tecnologia e desenvolvimento científico). A sociabilidade urbana, marcada pelo anonimato, possibilita às pessoas que se reinventem, recriem-se, reorganizem-se e socializem da forma que escolherem. Bem comportadas ou rebeldes, as tribos ostentam padrões estéticos que se opõem às tendências mais amplas da sociedade. Isso transforma os indivíduos identificados com cada uma delas em consumidores de produtos que os singularizam como membros de uma comunidade particular. Existe, portanto, uma intenção de distinção que parte dos adeptos das tribos. Por outro lado, aqueles que não se identificam com uma tribo urbana ou não aceitam os padrões propostos por ela podem rotular, estigmatizar seus integrantes e até alimentar uma dinâmica de discriminação e preconceito contra eles.

Leitura complementar

A validação do tecnobrega no contexto dos novos processos de circulação cultural

Por sua especificidade geográfica, a cidade de Belém, capital do estado do Pará, Região Norte do Brasil, acostumou-se a ser embalada pelos ritmos "calientes" do Caribe que as programações das rádios locais traziam antes mesmo dos sucessos populares nacionais. Talvez por isso mesmo a musicalidade em Belém seja de fronteiras: o *pop* do mundo tem lugar cativo, ao lado das tradições musicais de raiz (as guitarradas são um clássico) e do cancioneiro romântico popular, sempre bem acolhido pelos moradores da periferia paraense, frequentadores assíduos do circuito de bailes itinerantes da Região Metropolitana da cidade: as aparelhagens. De maneira geral, as aparelhagens, fundamentais para o circuito do tecnobrega [...], podem ser descritas como empresas familiares que possuem equipamento de som para produzir festas bregas em todo o estado, carregando cabine de controle, torres de caixas de som, telões e equipamentos de efeitos especiais, além de DJs e funcionários que cuidam da montagem e operação dos dispositivos técnicos [...]. O tecnobrega [...] conforma a ideia do novo em pelo menos dois sentidos: primeiro, trata-se de um estilo que descende da música brega romântica, e que era, há até pouco tempo, ignorado pelo público de classe média, seja pela qualidade técnica das gravações, seja pelas letras com apelo de duplo sentido. Uma música que, nas palavras da cantora e líder da banda TecnoShow, Gaby Amarantos, "apelando para baixarias, era discriminada como sendo de periferia, de pobre, e, por isso, não fazia sucesso".

Ao optar pelo tema das aparelhagens, [...] o tecnobrega parece ter quebrado uma primeira barreira de ordem ideológica, amplificando o seu canal de comunicação para além de círculos menos estigmatizados socialmente. Essa cena musical também pode ser encarada como novidade, principalmente porque lançou luz sobre a inventividade de um circuito de produção e circulação que se mantém na informalidade, e cuja relativa autonomia agrega capital simbólico à renovação de uma tradição musical periférica que utiliza a tecnologia como sua principal ferramenta. É importante notar que, embora o marco fundador dessa cena tenha sido o verão de 2002, quando os primeiros *hits* começaram a ser pedidos pelo público nas festas de aparelhagens, somente a partir de 2003, com a entrada em cena da pirataria, o tecnobrega iniciou a sua expansão como fenômeno cultural de massa paralelo, beneficiando-se de novas redes de relacionamento e do comércio informal de discos. [...]

Com batidas eletrônicas de bateria, efeitos sonoros e *samplers* baixados da internet [...] o tecnobrega surge como promessa de modernização da tradição brega local, criando novas sonoridades para gêneros regionais como o *flash* brega e o bregacalipso, com a pegada da música eletrônica global. Dessa forma, o tecnobrega se afirma como tradução atualizada da música *pop* mundial recente [...] com base em recriações e apropriações. Não por acaso, essa música é uma expressão que traduz um pensamento estético da periferia de Belém [...] no sentido dos estilos de vida e influências culturais dos quais emana, mas ainda assim sintonizada com a produção musical global.

[...]

Não se pode pensar a invenção do tecnobrega sem considerar o fluxo das mercadorias culturais globalizadas, a velocidade das apropriações de produtos e bens simbólicos, e os processos de hibridização e circularidade que marcam os artefatos culturais contemporâneos. Não por acaso, é possível perceber interseções entre expressões musicais como o tecnobrega, o *rap* e o *funk*, todas elas protagonizadas por jovens atores das periferias urbanas. [...]

A análise da cena paraense do tecnobrega é um testemunho da existência de uma "nova esfera pública musical" [...] relacionada tanto ao aumento da circulação do acervo musical produzido globalmente, quanto à acessibilidade das ferramentas tecnológicas que possibilitam autonomia de criação e de distribuição. Os discursos midiáticos de legitimação da música produzida na periferia de Belém estão em sintonia com o reconhecimento do poder de comunicação das culturas periféricas digitalizadas e do fenômeno econômico que protagonizam, evidenciando o lugar da informalidade nas "novas" indústrias culturais globais.

BARROS, Lydia. A validação do tecnobrega no contexto dos novos processos de circulação cultural. *Novos Olhares*, v. 4, n. 1, p. 135-149, jun. 2015.

Fique atento!

Definição dos conceitos sociológicos estudados neste capítulo.

Diversidade: na seção **Conceitos sociológicos**, página 368.

Identidade: na página 266.

Identificação: na página 266.

Tribos urbanas: na página 264.

Sessão de cinema

MULTIPLICADORES

Brasil, 2006, 20 min. Direção de Lula Carvalho e Renato Martins.

O grafite é originário de Nova York (EUA). As primeiras notícias trazidas pela imprensa foram negativas, carregadas de estereótipos, mas logo o gosto pelo *spray* se espalhou por todo o mundo, formando uma rede de jovens que transformam os muros das cidades em telas que transmitem as mensagens dos mais vulneráveis. Disponível em: <portacurtas.org.br>. Acesso em: abr. 2016.

A REDE SOCIAL

Estados Unidos, 2010, 121 min. Direção de David Fincher.

O filme mostra a participação de alguns estudantes da Universidade de Harvard na criação do *site* Facebook (2004), além de destacar a atuação de Mark Zuckerberg, estudante que desenvolveu o *website*.

A BATALHA DO PASSINHO

Brasil, 2012, 72 min. Direção de Emílio Domingos.

Documentário sobre o passinho, estilo de dança que virou febre no Rio de Janeiro. Mostra a vida dos dançarinos e a proporção que o fenômeno atingiu, expandindo-se para além dos bailes.

METAL – UMA JORNADA PELO MUNDO DO HEAVY METAL

Canadá, 2005, 98 min. Direção de Sam Dunn, Scot McFadyen e Jessica Wise.

O que é um metaleiro? Alguém que não segue modismos, frequenta *shows* de *heavy metal* e compra camisetas e discos de suas bandas preferidas, mesmo com a opção de obtê-los por meio da pirataria. Em torno desse estilo musical, há muitos mitos analisados no documentário – a qualidade da música e dos músicos, a religião, o sexo, a violência, as drogas, entre outros.

Construindo seus conhecimentos

MONITORANDO A APRENDIZAGEM

1. O que significa dizer que as sociedades contemporâneas combinam aspectos arcaicos e modernos? Explique com suas próprias palavras.

2. Em nossa contemporaneidade, as identidades individuais e sociais se mostram menos rígidas, ou seja, hoje há mais abertura para as escolhas sobre os modos de ser, visões de mundo e mesmo para inventar tradições. Com isso, tem-se dado preferência à ideia de identificação. Explique como ocorre a identificação, apresentando exemplos concretos.

3. Que conceito é utilizado pela Sociologia para definir uma situação em que um indivíduo é identificado como pertencente a um grupo sem que tal identificação parta dele? Cite um exemplo.

4. Proponha uma explicação para a formação das tribos urbanas com base no conceito de diferenciação social, abordando a relação com outros grupos e sua conexão com as diferenças internas.

DE OLHO NO ENEM

1. (Enem 2004)

> O movimento *hip-hop* é tão urbano quanto as grandes construções de concreto e as estações de metrô, e cada dia se torna mais presente nas grandes metrópoles mundiais. Nasceu na periferia dos bairros pobres de Nova York. É formado por três elementos: a música (o *rap*), as artes plásticas (o grafite) e a dança (o *break*). No *hip-hop* os jovens usam as expressões artísticas como uma forma de resistência política.
>
> Enraizado nas camadas populares urbanas, o *hip-hop* afirmou-se no Brasil e no mundo com um discurso político a favor dos excluídos, sobretudo dos negros. Apesar de ser um movimento originário das periferias norte-americanas, não encontrou barreiras no Brasil, onde se instalou com certa naturalidade, o que, no entanto, não significa que o *hip-hop* brasileiro não tenha sofrido influências locais. O movimento no Brasil é híbrido: *rap* com um pouco de samba, *break* parecido com capoeira e grafite de cores muito vivas.
>
> Adaptado de *Ciência e Cultura*, 2004.

De acordo com o texto, o *hip-hop* é uma manifestação artística tipicamente urbana, que tem como principais características

(A) a ênfase nas artes visuais e a defesa do caráter nacionalista.

(B) a alienação política e a preocupação com o conflito de gerações.

(C) a afirmação dos socialmente excluídos e a combinação de linguagens.

(D) a integração de diferentes classes sociais e a exaltação do progresso.

(E) a valorização da natureza e o compromisso com os ideais norte-americanos.

2. (Enem 2013)

Disponível em: http://tv-video-edc.blogspot.com.
Acesso em: 30 maio 2010.

Parte III – A Sociologia vem ao Brasil

A charge revela uma crítica aos meios de comunicação, em especial à internet, porque

(A) questiona a integração das pessoas nas redes virtuais de relacionamento.

(B) considera as relações sociais como menos importantes que as virtuais.

(C) enaltece a pretensão do homem de estar em todos os lugares ao mesmo tempo.

(D) descreve com precisão as sociedades humanas no mundo globalizado.

(E) concebe a rede de computadores como o espaço mais eficaz para a construção de relações sociais.

3. (Enem 2015)

Na sociedade contemporânea, onde as relações sociais tendem a reger-se por imagens midiáticas, a imagem de um indivíduo, principalmente na indústria do espetáculo, pode agregar valor econômico na medida de seu incremento técnico: amplitude do espelhamento e da atenção pública. Aparecer é então mais do que ser; o sujeito é famoso porque é falado. Nesse âmbito, a lógica circulatória do mercado, ao mesmo tempo que acena democraticamente para as massas com supostos "ganhos distributivos" (a informação ilimitada, a quebra das supostas hierarquias culturais), afeta a velha cultura na esfera pública. A participação nas redes sociais, a obsessão dos *selfies*, tanto falar e ser falado quanto ser visto são índices do desejo de "espelhamento".

SODRÉ, M. Disponível em: http://alias.estadao.com.br. Acesso em: 9 fev. 2015 (adaptado).

A crítica contida no texto sobre a sociedade contemporânea enfatiza

(A) a prática identitária autorreferente.

(B) a dinâmica política democratizante.

(C) a produção instantânea de notícias.

(D) os processos difusores de informações.

(E) os mecanismos de convergência tecnológica.

ASSIMILANDO CONCEITOS

1. Analise a letra da canção e faça o que se pede.

NOSSA, QUE CABELO BONITO!

Nossa, que cabelo bonito!
Nossa, que cabelo bonito!
Nossa, que cabelo bonito!
Nossa, que cabelo bonito!

Quando eu acordo, me olho no espelho e digo:
Nossa, que cabelo bonito!
Eu fico me olhando, eu não acredito
Nossa, que cabelo bonito!

Eu acho que as meninas quando me veem dizem
Nossa, que cabelo bonito!
E até os meus amigos ficam incomodados
Nossa, que cabelo bonito!

Eu despenteio o meu cabelo
Eu passo tinta no meu cabelo
Eu me expresso com o meu cabelo
Defino quem eu sou com o meu cabelo

[...]

Todo dia eu me olho no espelho e digo
Nossa, que cabelo bonito!
É muito lindo, eu não acredito
Nossa, que cabelo bonito!

Todo mundo quando me vê diz
Nossa, que cabelo bonito!
Mas às vezes um ou outro acha esquisito
Nossa, que cabelo esquisito!
[...]

MOREIRA, Roger. Nossa, que cabelo bonito! Intérprete: Roger Moreira. In: ULTRAJE A RIGOR. *Música esquisita a troco de nada*. [S. l.: s. n.], 2009.

1. De acordo com a canção, a aparência dos cabelos é uma forma de expressão da identidade de um indivíduo: "Eu digo quem eu sou com o meu cabelo". Os estilos de cabelo podem expressar algo mais? Explique.

2. A canção aborda dois sentimentos que outras pessoas têm em relação aos cabelos do narrador. Quais são? O que isso tem a ver com padrões culturais?

3. A construção da identidade, seja ela individual, seja social, envolve o contato com o outro – ver-se diferente e ser percebido como diferente. De que modo esse processo pode ter desdobramentos indesejáveis?

OLHARES SOBRE A SOCIEDADE

1. Leia a crônica de Luis Fernando Verissimo. Em seguida, responda às questões.

OS CERTINHOS E OS SERES DO ABISMO

Era assim no meu tempo de frequentador de aulas ("estudante" seria um exagero), mas não deve ter mudado muito. A não ser quando a professora ou o professor designasse o lugar de cada um segundo alguma ordem, como a alfabética – e nesse caso eu era condenado pelo sobrenome a sentar no fundo da sala, junto com os Us, os Zs e os outros Vs –, os alunos se distribuíam pelas carteiras de acordo com uma geografia social espontânea, nem sempre bem definida, mas reincidente.

Na frente sentava a Turma do Apagador, assim chamada porque era a eles que a professora recorria para ajudar a limpar o quadro-negro e os próprios apagadores. Nunca entendi bem por que se sujar com pó de giz era considerado um privilégio, mas a Turma do Apagador era uma elite, vista pelo resto da aula como favoritos do poder e invejada e destratada com a mesma intensidade. Quando passavam para os graus superiores, os apagadores podiam perder sua função e deixar de ser os queridinhos da tia, mas mantinham seus lugares e sua pose, esperando o dia da reabilitação, como todas as aristocracias tornadas irrelevantes.

Não se deve confundir a Turma do Apagador com os Certinhos e os Bundas de Aço. Os certinhos ocupavam as primeiras fileiras para não se misturarem com a Massa que sentava atrás, os bundas de aço para estarem mais perto do quadro-negro e não perderem nada. Todos os apagadores eram certinhos, mas nem todos os certinhos eram apagadores, e os bundas de aço não eram necessariamente certinhos. Muitos bundas de aço, por exemplo, eram excêntricos, introvertidos, ansiosos – enfim, esquisitos. Já os certinhos autênticos se definiam pelo que não eram. Não eram nem puxa-sacos como os apagadores, nem estranhos como os bundas de aço, nem medíocres como a Massa, nem bagunceiros como os Seres do Abismo, que sentavam no fundo, e sua principal característica eram os livros encapados com perfeição.

Atrás dos apagadores, dos certinhos e dos bundas de aço ficava a Massa, dividida em núcleos, como o Núcleo do Nem Aí, formado por três ou quatro meninas que ignoravam as aulas, davam mais atenção aos próprios cabelos e, já que tinham esse interesse em comum, sentavam juntas; o Clube de Debates, algumas celebridades (a garota mais bonita da aula, o cara que desenhava quadrinho de sacanagem) e seus respectivos círculos de admiradores, e nós do Centrão Desconsolado, que só tínhamos em comum a vontade de estar em outro lugar.

E no fundo sentavam os Seres do Abismo, cuja única comunicação com a frente da sala eram os ocasionais mísseis que disparavam lá de trás e incluíam desde o gordo que arrotava em vários tons até uma proto-dark, provavelmente a primeira da história, com tatuagem na coxa.

Revista *Veja – Especial Jovens*, julho de 2003. © by Luis Fernando Verissimo.

a) A visibilidade dos grupos de identificação da turma do autor da crônica surge de uma "geografia social espontânea". Como é feita a rotulação dos grupos no texto?

b) De que maneira a rotulação de grupos na escola pode ser relacionada ao *bullying*?

EXERCITANDO A IMAGINAÇÃO SOCIOLÓGICA
TEMA DE REDAÇÃO DO VESTIBULAR DA UERJ (2012)

Há uma diferença entre esses movimentos de jovens educados nos países do Ocidente, onde, em geral, toda a juventude é fenômeno de minoria, e movimentos similares de jovens em países islâmicos e em outros lugares, nos quais a maioria da população tem entre 25 e 30 anos. Nestes países, portanto, muito mais do que na Europa, os movimentos de jovens são politicamente muito mais massivos e podem ter maior impacto político. O impacto adicional na radicalização dos movimentos de juventude acontece porque os jovens hoje, em período de crise econômica, são desproporcionalmente afetados pelo desemprego e, portanto, estão desproporcionalmente insatisfeitos. Mas não se pode adivinhar que rumos tomarão esses movimentos. Mas eles só, eles pelos seus próprios meios, não são capazes de definir o formato da política nacional e todo o futuro. De qualquer modo, devo dizer que está a fazer-me perguntas enquanto historiador, mas sobre o futuro. Infelizmente, os historiadores sabem tanto sobre o futuro quanto qualquer outra pessoa. Por isso, as minhas previsões não são fundadas em nenhuma especial vocação que eu tenha para prever o futuro.

ERIC HOBSBAWN
Adaptado de http://historica.me

PROPOSTA DE REDAÇÃO

A fala do historiador Eric Hobsbawn também apresenta uma reflexão sobre o futuro e suas possibilidades, relacionando o tema à ação da juventude, tradicionalmente considerada o futuro próximo das sociedades. A partir da leitura dos textos e de suas elaborações pessoais sobre o tema, redija um texto argumentativo em prosa, com no mínimo 20 e no máximo 30 linhas, em que discuta a seguinte questão:

É possível, para a juventude de hoje, alterar o futuro?

Utilize o registro-padrão da língua e atribua um título ao seu texto.

18 Desigualdades de várias ordens

Vista aérea do bairro Engenho Velho da Federação com edifícios de luxo ao fundo. Salvador (BA), 2015.

Brasil, país das desigualdades?

O tema "**desigualdade** social" deu origem à Sociologia. Esta é sem dúvida uma afirmação forte. Será que é consistente? O pensador que ficou mais famoso por tratar da questão, e ao qual ela é sempre associada, é certamente Karl Marx (1818-1883). Seu empenho em entender as causas da desigualdade social o levou a propor um modelo de sociedade no qual a distância econômica entre as pessoas não existisse mais e as carências da maioria não fossem tão brutais.

O conceito de desigualdade sempre teve como par contrastante o de **igualdade**. Seria essa a solução para os problemas que a desigualdade social cria na vida das pessoas? Mas a esta altura você já aprendeu que as respostas da Sociologia para os problemas com os quais se defronta não são consensuais. Olhando para o mesmo fenômeno, os teóricos deram respostas e sugestões não só distintas como frequentemente controversas. Nossa aventura neste capítulo é observar algumas dessas sugestões e analisar o Brasil por meio delas.

Apesar da "persistente" pobreza brasileira, hoje não se ouve mais dizer, com a mesma frequência de antes, que o Brasil é um país pobre. O mais comum, o que mais aparece na imprensa, em textos de divulgação ou mesmo em textos acadêmicos, é que o Brasil está incluído entre as promessas de prosperidade do mundo ocidental. Infelizmente, porém, os indicadores sociais, cada vez mais precisos, mostram grande desigualdade no país, uma vez que os bens e a renda estão concentrados nas mãos de poucos.

Cada dimensão do mundo social em que a desigualdade está presente ajuda a fortalecer as desigualdades de outros campos. Por essa razão se diz que as desigualdades se reforçam e geram situações muito complexas. No mercado de trabalho brasileiro, as mulheres negras e com baixa escolaridade formam o grupo que recebe os menores salários. Juntas, as desigualdades de sexo, cor e instrução estão associadas à desigualdade de renda. É isso que torna esse grupo um dos mais suscetíveis à exclusão social no Brasil. E isso também mostra como é difícil quebrar o círculo vicioso das desigualdades.

As desigualdades são conjuntos de processos e experiências sociais que favorecem alguns indivíduos ou grupos em detrimento de outros. Existem muitas situações que ajudam a compreender como alguns segmentos sociais são beneficiados no acesso aos direitos básicos e bens de civilização (educação, saúde, moradia, consumo, arte, esportes etc.) e nas competições do mercado. Famílias de maior renda podem colocar seus filhos em boas escolas privadas. No futuro, esses filhos, com escolaridade maior e de melhor qualidade, terão mais oportunidades de trabalho, possivelmente receberão salários melhores e ainda terão grandes chances de melhorar de vida. Já as famílias de baixa renda têm muito mais dificuldade de oferecer a seus filhos escolarização em escolas particulares de boa qualidade, e esse é só o começo das desvantagens que se sucederão. Com base nesse exemplo podemos perceber como, para alguns grupos, a **mobilidade social** é uma perspectiva plausível, enquanto para outros é quase um "milagre". Como sanar, ainda que em parte, as desigualdades sociais como a do exemplo citado, entre os que podem e os que não podem pagar boas escolas para os filhos?

Oportunidades iguais, condições iguais?

Alguns Estados europeus, a América do Norte e também o Brasil, após o fim da Segunda Guerra Mundial, em 1945, adotaram um modelo político destinado a corrigir distorções na distribuição das oportunidades sociais que ficou conhecido como Estado de Bem-Estar Social. Os sistemas públicos de Educação e Saúde, a Previdência Social e as garantias trabalhistas tornaram-se a partir de então muito difundidos. Pretendia-se oferecer a todos os cidadãos aquilo a que até então apenas uma minoria da sociedade tinha acesso. Esse modelo político combinava proteção social com livre-iniciativa e propriedade privada. Imaginava-se que, oferecendo diversas oportunidades a todos, a experiência social seria de fato igualitária.

Entre todas as medidas adotadas pelo Estado de Bem-Estar Social, considerava-se que, para promover a igualdade de oportunidades, nada melhor do que a educação. O raciocínio era mais ou menos este: se todos tivessem acesso à educação pública gratuita, aqueles que apresentassem os melhores resultados no final do processo (mais anos de estudos, com os melhores desempenhos) ocupariam no futuro as melhores posições sociais. Imaginava-se que esse critério fosse justo, porque tanto o filho do operário quanto o filho do dono da fábrica teriam as mesmas chances na competição escolar. No futuro, com seu diploma, independentemente de sua origem social, ambos poderiam se colocar no mercado de trabalho e prosperar. Enfim, tornando o ponto de partida igual para todos, as diferentes posições sociais das pessoas seriam justas, porque seriam fruto do mérito de cada uma. O resultado seria desigual, mas decorrente de uma desigualdade bem-vista.

Essa maneira de enfrentar a questão da igualdade/desigualdade ficou conhecida como ideologia meritocrática. Desde a Revolução Francesa, no século XVIII, a

▮▮ Meritocracia

A meritocracia pode ser interpretada [...] como um conjunto de valores que rejeita toda e qualquer forma de privilégio hereditário e corporativo e que valoriza e avalia as pessoas independentemente de suas trajetórias e biografias sociais. [...] a meritocracia não atribui importância a variáveis sociais como origem, posição social, econômica e poder político no momento em que estamos pleiteando ou competindo por uma posição ou direito.

BARBOSA, Lívia. *Igualdade e meritocracia*: a ética do desempenho nas sociedades modernas. Rio de Janeiro: FGV, 1999. p. 22.

Capítulo 18 – Desigualdades de várias ordens ◀◀ **279**

meritocracia passou a funcionar como critério fundamental de combate à desigualdade e à discriminação social. Contudo, foi o Estado de Bem-Estar Social que criou as condições materiais – por meio da expansão dos sistemas escolares – para que ela se tornasse um valor cultural das sociedades democráticas.

O Estado de Bem-Estar Social possibilitou, de fato, que um conjunto muito grande da população conquistasse **direitos sociais**. No entanto, ele não sanou as desigualdades sociais como se esperava. Oferecer oportunidades iguais a todos envolve investimentos sociais muito grandes, e isso nem sempre ocorreu, pois os compromissos dos governantes com as políticas de bem-estar social nem sempre foram os mesmos. Basta observar as desigualdades entre as próprias escolas da rede pública brasileira – umas são bem equipadas, têm professores que recebem salários melhores, e outras mal têm salas de aulas e professores. Apesar de todos os mecanismos criados, as desigualdades persistiram. Além disso, seria necessário considerar outros fatores, como as próprias contradições desse modelo político: Mesmo que se ofereçam oportunidades iguais, será que as condições de competir também são iguais? Com essa breve reflexão, queremos que você comece a compreender por que o Brasil, hoje, é considerado um dos países mais desiguais do planeta: apesar das intervenções políticas, as desigualdades sociais persistiram e se multiplicaram.

No Brasil, as desigualdades são muitas. Um número expressivo de cientistas sociais tem investido em pesquisas para apurar essas desigualdades nos diferentes grupos e na relação de um grupo com outro. Será que nos grupos e nas classes, distribuídos em seus lugares específicos na estrutura social, homens e mulheres têm acesso semelhante às oportunidades oferecidas? Há diferença entre homens e mulheres no mercado de trabalho, por exemplo? Ou, pensando nos grupos raciais, os diversos tipos brasileiros classificados por cor – brancos, negros e pardos – recebem tratamento semelhante ou se beneficiam das mesmas chances?

Pacientes são atendidos em corredor, em hospital público em Vitória da Conquista (BA), 2015.

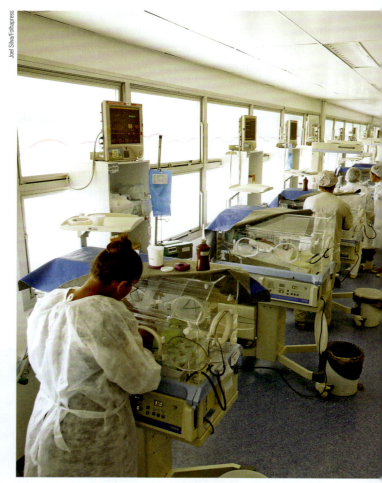

Enfermeiras com recém-nascidos em sala de Unidade de Terapia Intensiva (UTI), em hospital público em Salvador (BA), 2015.

▌▌ Imagens da desigualdade

International Social Survey Programme (ISSP) é um programa de colaboração entre vários países que se encarrega de realizar *surveys* sobre temas importantes na área das Ciências Sociais a fim de comparar os dados dos países envolvidos. Em 2001, a pesquisa do ISSP teve como tema "Percepção de Desigualdade", e foi desenvolvida nos seguintes países: Brasil, Chile, Portugal, Rússia, Hungria, Estados Unidos, Espanha e Suécia. Uma das perguntas feitas aos entrevistados de cada país era a seguinte: que desenho descreve melhor o tipo de sociedade em que você vive? Os entrevistados deviam escolher um entre cinco diagramas que lhes eram mostrados.

A Suécia é um país que, tal como o Brasil, adotou o modelo de Estado de Bem-Estar Social. Mas os desdobramentos do modelo na Suécia foram muito diferentes dos desdobramentos no Brasil. E isso se reflete na imagem que os suecos têm de sua sociedade. O desenho que prevaleceu na escolha dos entrevistados foi:

```
          X
         XXX
        XXXXXX
     XXXXXXXXXXX
        XXXXXX
         XXX
          X
```

Isso significa que os suecos entendem que no país deles grande parte das pessoas ocupa posições sociais muito semelhantes. Poucas pessoas são muito ricas e poucas muito pobres. Eles enxergam sua sociedade como uma sociedade de classes médias, de pessoas com estilo de vida e renda parecidos – uma sociedade de indivíduos iguais.

Já a imagem que os brasileiros escolheram para representar a estrutura social do Brasil foi a seguinte:

```
          X
         XXX
        XXXXX
       XXXXXX
      XXXXXXXX
     XXXXXXXXXX
    XXXXXXXXXXXX
```

A velha conhecida pirâmide! Ela traduz a impressão que os brasileiros têm das desigualdades sociais – uma pequena elite no topo, poucas pessoas no meio e a maioria da população na base. De onde vem a imagem da pirâmide social percebida pelos brasileiros? Provavelmente da vivência social e das informações que são divulgadas sobre a estratificação social brasileira.

Fonte: SCALON, Celi (Org.). *Imagens da desigualdade*. Belo Horizonte: UFMG, 2004.

Onde estão e como vão as mulheres no Brasil

Todas as pessoas que frequentarem uma boa escola, fizerem um bom curso, aperfeiçoarem-se em uma profissão, ao entrar no mercado de trabalho concorrerão em igualdade de condições. Verdade? Nem sempre. No caso das mulheres e dos negros, as pesquisas sociológicas indicam que não. Não bastam os esforços de qualificação nem mesmo a entrada no mercado de trabalho. Na hora de definir os salários, as diferenças podem chegar a 30% ou 40% contra as mulheres. Os negros, por vezes, nem sequer conseguem entrar na competição por um lugar no mercado.

O Instituto Brasileiro de Geografia e Estatística (IBGE), em seu *site*, oferece dados muito interessantes sobre a posição das mulheres na sociedade brasileira. Por exemplo, as mulheres estão muito bem posicionadas no que se refere ao grau de instrução. Em todos os níveis de ensino elas são mais numerosas que os homens: cumprem os anos de escola, têm melhor desempenho e chegam ao Ensino Superior em maior número. Logo, teoricamente estão em vantagem para competir. Mas aí começa o problema: no trabalho e na política as mulheres são discriminadas. Diz o *site* do IBGE Teen: "As desigualdades de **gênero** são mais visíveis no mundo do trabalho, por exemplo, quando se compara o rendimento-hora de homens e mulheres com igual nível de escolaridade".

O que aprendemos com essa afirmação? Primeiro, uma palavra nova neste livro, e também recente nos livros de Sociologia em geral. Os primeiros sociólogos não usavam o termo **gênero** para se referir ao masculino e ao feminino. Mas há uma boa razão para que a palavra tenha entrado nos estudos recentes e se tornado um conceito. Quando se fala do sexo de alguém, a referência é biológica. Mas a vida social não se restringe à biologia e aos traços físicos de cada pessoa. Masculino e feminino são mais que isso: são construções arbitrárias, variáveis segundo cada cultura e cada sociedade. O que é ser feminino e o que é ser masculino não vêm com a natureza. As culturas é que definem a maneira pela qual se transmitem valores femininos e masculinos, bem como o que se deve esperar em troca: que ocupações, gestos, atitudes e comportamentos as mulheres e os homens devem ter ou devem evitar. Isso varia de uma sociedade para outra e também dentro de uma mesma sociedade ao longo do tempo. Nossas avós provavelmente estavam impedidas de muitas coisas que hoje são esperadas das mulheres. E o que se espera de um homem para que ele seja aceito e valorizado também se ensina e se constrói socialmente.

"Isso é só para meninos" ou "isso é coisa de menina" são frases que certamente você já ouviu muitas vezes. Por isso os especialistas foram além da divisão sexual e incorporaram essas noções culturais arbitrárias, que são aprendidas coletivamente e classificam comportamentos.

Os estudiosos descobriram, por análises continuadas, que uma pessoa do sexo feminino pode ser socializada com valores, atributos, jeito de ser e pensar geralmente associados a outro sexo. Perceberam que uma pessoa pode ser do sexo masculino e do gênero feminino – ou seja, embora tenha a conformação biológica própria do sexo masculino, participa de um universo de valores femininos; cultiva, é vista e se vê com muitos traços atribuídos ao sexo feminino. Gênero, portanto, é atributo cultural, e não físico. Os dois podem coincidir, mas não necessariamente.

Quando o IBGE nos ensina que, em muitos aspectos, o gênero feminino perde na competição com o masculino, podemos imaginar que talvez isso ocorra pelo fato de a sociedade dividir as ocupações em "próprias para o sexo masculino" e "destinadas ao sexo feminino". Mas em ambos os tipos de ocupação a desigualdade aparece. Como vimos no Capítulo 15, no mundo do trabalho, muitas vezes desempenhando a mesma função, as mulheres ganham bem menos que os homens. Mas também em casa, em situação semelhante de responsabilidade, cabem às mulheres muito mais obrigações que aos homens, o que faz com que sua jornada de trabalho seja maior que a deles. Um levantamento divulgado em 2016 pelo Pnad/IBGE mostrou que as mulheres trabalham cinco vezes a mais que os homens (somando a ocupação remunerada e o que é feito dentro de casa). O estudo tem ainda outro dado interessante: o casamento acentua essa diferença. Ao se casar, a jornada doméstica da mulher aumenta, enquanto a do homem diminui. É comum escutar que "os bons maridos e filhos ajudam em casa" – a expressão é significativa, porque indica que cabe aos homens da casa "apenas ajudar" na execução de uma tarefa que, na sua completude, é responsabilidade da mulher. Essa configuração vem sendo chamada de "tripla jornada feminina", em referência ao tempo diário gasto pelas mulheres com sua atividade profissional, com os afazeres domésticos e os cuidados com crianças e/ou idosos (que, assim como as tarefas do lar, seguem sendo majoritariamente assumidos por elas). Veja no gráfico abaixo a evolução da média semanal de horas dedicadas aos afazeres domésticos por sexo e condição de ocupação no período entre 2002 e 2015:

Fonte: IBGE. Séries estatísticas. Disponível em: <http://seriesestatisticas.ibge.gov.br/>. Acesso em: abr. 2016.

No Brasil, há um costume de afirmar que o homem é o chefe de família, ou seja, é quem provê as necessidades dela. As despesas com alimentação, moradia, educação e saúde são costumeiramente assumidas pelo chefe da casa. Esse quadro vem se alterando muito no país e, pelos números apresentados pelo IBGE, sabemos que a cada ano um número maior de famílias tem a mulher como provedora. Os dados divulgados em 2014 apontam para essas diferenças de gênero: mais de 37,3% dos lares eram chefiados por mulheres. E quando os dados se referem a famílias sem o pai e com filhos, o percentual sobe para 87,4%, ou seja, as mulheres estão aumentando significativamente sua participação nas despesas da casa, ainda que não sejam tão valorizadas no mercado de trabalho.

Em resumo, muitos são os dados que indicam as desigualdades de gênero. Embora a população de mulheres e homens seja razoavelmente equivalente – 51% de mulheres e 49% de homens pelos dados de 2010 –, há diferenças notáveis que seria interessante mostrar. Algumas profissões são praticamente exercidas apenas por mulheres (empregadas domésticas, trabalho informal, ensino infantil) – e os salários mais baixos que nelas vigoram fortalecem a diferença. Outras ocupações são mais identificadas com os homens (docência universitária, parlamentares no Congresso Nacional, cargos políticos provenientes de eleições, executivos de grandes empresas etc.) – e nelas os salários são melhores. Podemos nos perguntar: As profissões mais valorizadas o são por serem exercidas por homens ou admitem prioritariamente homens porque são valorizadas? As chamadas profissões masculinas e femininas contribuem para a diferença salarial entre elas? Ou o ingresso de mulheres em profissões consideradas masculinas resulta em menor remuneração, portanto em desvalorização da profissão? São perguntas que motivam pesquisas que se desenvolveram enormemente no Brasil, sobretudo a partir da Constituição de 1988.

Bem, já sabemos que as regiões são desiguais e que as diferenças de gênero interferem no aumento da desigualdade. Agora vamos ver como a diferença de etnia pode criar outras desigualdades ou fortalecer as existentes.

Mulher cuida de filha enquanto trabalha em casa, 2013.
A chamada "tripla jornada feminina" evidencia o grau de desigualdade entre os gêneros no que consiste em reponsabilidades dentro e fora de casa.

❚❚ Menino ou menina? O que as Ciências Sociais dizem sobre isso

Quando um casal está esperando um bebê, uma das perguntas que mais se escuta é: "Já sabem se é menino ou menina?". E a resposta é tão importante em nossa sociedade que acaba definindo não apenas as cores do enxoval como também as expectativas em relação à criança e até mesmo o tratamento da família a seu futuro membro. É muito comum ouvir que meninas gostam de bonecas e meninos, de carrinhos, ou que meninas são mais frágeis e meninos, mais corajosos. Mas será que essas características são mesmo dadas antes do nascimento, ou seja, são inatas, e que as diferenças de temperamento, gosto e comportamento são naturais?

Para a antropóloga estadunidense Margaret Mead, a resposta é muito simples: não. Ela ficou conhecida por desnaturalizar padrões até então não questionados em sua sociedade. Em seu trabalho mais conhecido, *Sexo e temperamento em três sociedades primitivas* (1935), ela analisou o cotidiano de três tribos da Nova Guiné, observando adultos e crianças. Mead percebeu que em cada grupo havia uma configuração de gênero diferente e que nenhum deles se assemelhava ao padrão ocidental: entre os arapeshes, homens e mulheres tinham comportamento dócil e suscetível; os mundugumores, por sua vez, tinham como ideal o temperamento violento e agressivo para ambos os sexos; e os tchambulis, por fim, se organizavam em casais em que a mulher era o parceiro dominante e o homem, a pessoa menos responsável e emocionalmente dependente. Sua conclusão foi surpreendente: as diferenças de conduta e temperamento entre homens e mulheres não podem ser consideradas naturais, mas sim culturalmente construídas.

Catorze anos depois da publicação de *Sexo e temperamento*, a filósofa francesa Simone de Beauvoir lançou o livro *O segundo sexo*, que se tornou uma das mais importantes obras da luta pela igualdade de direitos entre homens e mulheres. Nele, Beauvoir retoma muitas das ideias apontadas por Mead, reforçando o princípio da construção social do gênero. Em sua passagem mais conhecida, ela afirma: "Ninguém nasce mulher: torna-se mulher. Nenhum destino biológico, psíquico, econômico define a forma que a fêmea humana assume no seio da sociedade; é o conjunto da civilização que elabora esse produto intermediário entre o macho e o castrado que qualificam de feminino. Somente a mediação de outrem pode constituir um indivíduo como um Outro" (*O segundo sexo*, 1967).

Com base nesses exemplos, pense em situações de seu dia a dia que revelem a naturalização de papéis masculinos e femininos em nossa sociedade.

Todos iguais ou muito diferentes?

O tema **discriminação racial**, ou seja, a desigualdade social provocada por cor da pele ou por **etnia**, é permanente nos estudos sociológicos. Que oportunidades são estimuladas ou interditadas às pessoas por elas terem cor diferente da considerada branca? Em uma competição, em condições semelhantes de qualificação e preparo, quem tem mais chance de ganhar: uma pessoa negra ou uma branca? É mais importante a cor ou a condição social? O Brasil é um país racista ou, como apostou um famoso sociólogo brasileiro, Gilberto Freyre, é um país onde etnias muito distintas encontraram uma forma de convivência pacífica? A paz se dá porque aqui "o negro conhece seu lugar" ou porque é da índole cultural brasileira propiciar a mescla entre etnias distintas? O que importa mais: cor ou posição social? Um negro rico vira branco? Um branco pobre vira negro?

Poderíamos continuar indefinidamente com perguntas como essas. Elas foram e continuam a ser feitas por intelectuais e políticos, ocupam o imaginário social, surgem na imprensa, nas discussões entre amigos, em várias situações. São tema das conversas mais permanentes na tradição da sociedade brasileira e ocuparão por muito tempo a mente dos que se propõem a estudar o Brasil. Por agora, voltemos aos dados do IBGE. O que diz o Censo 2010?

Primeiro, um esclarecimento: o censo demográfico classifica as pessoas segundo a cor ou raça, que é declarada pela própria pessoa de acordo com as seguintes opções: branca, preta, amarela, parda ou indígena. No levantamento de 2010, o Brasil contava com 190 milhões de habitantes, dos quais 90 milhões se classificaram como brancos (ou seja, 47,7% da população); 82 milhões se declararam pardos (43,1%); 14 milhões, pretos (7,6%); 2 milhões, amarelos (1,1%); 821 mil, indígenas (0,4%).

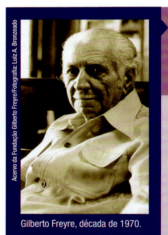

Gilberto Freyre
(Recife, Pernambuco, 15 de março de 1900 – Recife, Pernambuco, 18 de julho de 1987)

Gilberto Freyre foi um dos mais importantes pensadores brasileiros. Após estudar, no início da década de 1920, na Universidade de Columbia, nos Estados Unidos, onde teve contato com o antropólogo Franz Boas, desenvolveu um olhar pioneiro sobre a história e a sociedade brasileiras, com base na relevância do conceito de cultura para a compreensão das peculiaridades nacionais. Em sua obra mais conhecida, *Casa-grande & senzala*, de 1933, deixa muito clara sua intenção de romper com a tradição sociológica vigente até então, que via na colonização portuguesa e no contingente de negros trazidos da África as causas do suposto atraso brasileiro.

Gilberto Freyre rejeitava o racismo, valorizava a mestiçagem proporcionada pelo contato entre portugueses, indígenas e brancos na formação do Brasil e afirmava que esse era o traço fundamental da riqueza nacional. Sempre transitando entre a História, a Sociologia e a Antropologia, deixou uma obra vastíssima que trata de assuntos variados, como moda, sexualidade, clima etc. Entre seus livros mais importantes estão, ao lado do já citado, *Sobrados e mucambos* (1936), *Nordeste* (1937) e *Ordem e progresso* (1957).

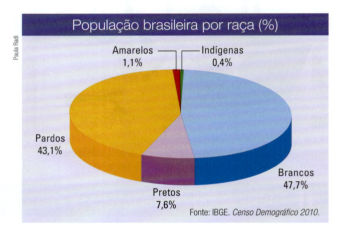

População brasileira por raça (%)
- Amarelos 1,1%
- Indígenas 0,4%
- Pardos 43,1%
- Pretos 7,6%
- Brancos 47,7%

Fonte: IBGE. *Censo Demográfico 2010*.

Em 2014, a soma dos que se declararam pretos com os que se declararam pardos já alcançava o índice de 53,6% da população, contra 45,5% de brancos. Esses números confirmam uma tendência de aumento de mulheres brasileiras que se autodeclaram pretas ou pardas, observada desde 2007. O Censo de 2010 foi a primeira pesquisa em que os brancos deixaram de ser maioria no país. Isso não quer dizer que nasceram mais negros ou pardos do que brancos no período, mas sim que está ocorrendo uma mudança progressiva na forma pela qual as pessoas se declaram em relação à cor.

Um dos modos de perceber a posição dessa população na escala social é considerar os indicadores de educação. Outra vez o censo nos ajuda. Embora tenha havido uma melhora de posição em relação à situação de 2000, podemos ver que a situação dos não brancos é pior que a dos brancos.

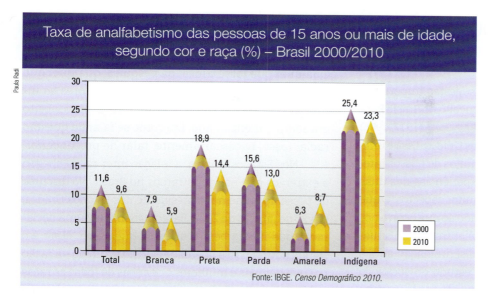

Taxa de analfabetismo das pessoas de 15 anos ou mais de idade, segundo cor e raça (%) – Brasil 2000/2010

Fonte: IBGE. *Censo Demográfico 2010*.

Em 2013, a população branca tinha 8,8 anos de estudo em média, já a negra, 7,2 anos. A diferença, no entanto, já foi maior. Em 1997, os brancos chegavam a estudar até 6,7 anos em média e os negros paravam nos 4,5 anos – o que equivaleria ao primeiro ciclo do Ensino Fundamental. Outro dado revelador é que, entre os negros, a taxa de desemprego é maior que entre os brancos. Segundo dados do Ipea, enquanto o desemprego atingia 5,3% dos homens brancos em 2015, entre os negros o índice chegava a 6,6%. Entre as mulheres, a diferença é ainda maior. Para as brancas, o desemprego era de 9,2%, enquanto para as mulheres negras, ultrapassava 12%.

Reconhecer que negros e pardos estão em posição de inferioridade não fez os sociólogos interpretarem o problema da mesma maneira. Gilberto Freyre, por exemplo, defendia a ideia de que no Brasil a população foi perdendo a divisão nítida entre cores pela mistura, pela miscigenação. Aqui as raças teriam se fundido numa única comunidade religiosa e emocional.

Para outros, como Florestan Fernandes, o preconceito de raça seria uma consequência da posição de classe que o contingente de negros e pardos da população brasileira ocupou em consequência da escravidão: "As deformações introduzidas em suas pessoas pela escravidão limitavam sua capacidade de ajustamento à vida urbana, sob regime capitalista, impedindo-os de tirar algum proveito relevante e duradouro, em escala grupal, das oportunidades novas". Para Florestan Fernandes, portanto, o problema tinha origem na ordem econômica, e não cultural ou social. Resolvido o problema de classe ou de condição social, estaria resolvido o problema da discriminação.

Em 1979, mais um sociólogo dedicou-se ao tema. Trata-se de Carlos Hasenbalg, que então publicou *Discriminação e desigualdades raciais no Brasil*. Segundo ele, a cor importa muito quando se está diante de uma escolha entre pessoas de cores diferentes; em todos os planos, da economia, da educação e da hierarquia social, os não brancos são desfavorecidos. Vê-se desde já que Hasenbalg está entre os autores que discordam da tese de Gilberto Freyre, de que a "morenização" do Brasil seria resultado da harmonia das relações inter-raciais. O termo impreciso **moreno** sugere que as classificações raciais teriam pouca importância no Brasil, que a cor das pessoas não importaria tanto no dia a dia e nas relações sociais. Mas os efeitos da discriminação aparecem em situações muito concretas. As pesquisas têm mostrado sistematicamente que as oportunidades educacionais são mais limitadas para os não brancos do que para os brancos; que os ganhos com os trabalhos de brancos ou não brancos são remunerados diferentemente; que na escala social encontramos as posições de maior prestígio ocupadas por brancos em detrimento de não brancos, e assim sucessivamente.

Aprendemos, assim, que as explicações são distintas. Carlos Hasenbalg não concorda que a questão da raça possa ser reduzida a um problema econômico de classe. Insiste que o racismo seja entendido como uma atribuição social que não é exclusiva da escravidão. Afirma que o capitalismo não redime o preconceito, mesmo não havendo mais escravidão como regime de trabalho. Suas pesquisas mostraram que, na sociedade competitiva, o racismo e as desigualdades permaneceram, agravando-se em muitos casos. Os não brancos entram na competição menos aparelhados por causa das diferenças de instrução, posição social e renda. E a cor pesará, positiva ou negativamente.

Negro na pele ou negro no sangue?

Outro sociólogo trouxe uma sugestão importante para o debate sobre racismo e preconceito no Brasil. Para tratar do preconceito racial, Oracy Nogueira (1917-1996) buscou comparar o Brasil aos Estados Unidos. Essa é uma comparação sempre lembrada, e muitos de nossos intelectuais tentaram aproximar as experiências das duas nações, pois são semelhantes em muitos aspectos. O que se passa no Brasil pode ser comparado ao que ocorre nos Estados Unidos? Os negros aqui e lá enfrentaram situações semelhantes? Como se dá a discriminação aqui e lá? Essas perguntas orientaram o estudo do sociólogo brasileiro, e sua contribuição foi conceituar **preconceito de marca** e **preconceito de origem**.

Oracy Nogueira não desconhecia os estudos já mencionados aqui nem discordava deles, mas esforçou-se para compreender outro aspecto: em qual situação estariam as relações entre brancos e negros, independentemente do grau de mestiçagem da população brasileira. Foi para isso que estabeleceu a comparação com os Estados Unidos. E o que mais o impressionou foi a referência constante ao preconceito, em todos os estudos sobre a situação racial. Qualquer que fosse o local da pesquisa, qualquer que fosse o tratamento dado pelos pesquisadores às informações, em qualquer das teorias, o preconceito era sempre mencionado. Era como se falar da questão racial fosse, necessariamente, falar de preconceito.

Nos Estados Unidos, a relação inter-racial chegou a extremos que não registramos no Brasil. No discurso de posse do então novo presidente dos Estados Unidos, em 20 de janeiro de 2009, Barack Obama fez uma declaração que ilustra bem o que isso quer dizer: "Este é o significado da nossa liberdade e do nosso credo – a razão por que homens e mulheres e crianças de todas as raças e de todas as religiões podem se unir em celebração neste magnífico parque, e por que um homem cujo pai, menos de 60 anos atrás, poderia não ter sido servido num restaurante local pode hoje estar diante de vocês para fazer um juramento sagrado". Na metade do século XX, nos Estados Unidos, os negros eram proibidos de frequentar lugares destinados aos brancos; em transportes públicos não podiam se sentar em lugares reservados aos brancos; não podiam usar os mesmos banheiros públicos que os brancos usavam. Os negros eram legalmente segregados, isolados, separados.

Foi esse tipo particular de manifestação do preconceito que motivou a reflexão de Oracy Nogueira. Embora o Brasil também vivesse uma situação de discriminação e preconceito contra os negros, não havia

Oracy Nogueira
(Cunha, São Paulo, 17 de novembro de 1917 – Cunha, São Paulo, 16 de fevereiro de 1996)

Oracy Nogueira, c. 1995.

Oracy Nogueira bacharelou-se em Sociologia pela Escola Livre de Sociologia e Política de São Paulo, onde foi aluno de Donald Pierson, Radcliffe-Brown, Herbert Baldus, Sérgio Milliet e Emílio Willems, entre outros. Em 1945 defendeu sua tese de mestrado e iniciou o curso de doutorado na Universidade de Chicago. Embora sua obra seja primordialmente voltada para temas como estigma e preconceito na sociedade brasileira, também desenvolveu importantes pesquisas sobre família e parentesco, estudos de comunidade e sociologia das profissões. Sua maior contribuição ao pensamento social brasileiro foi certamente o desenvolvimento do conceito de preconceito de marca, identificado como uma forma especificamente brasileira de legitimação de comportamentos excludentes em relação aos negros. De sua produção bibliográfica destaca-se *Tanto preto quanto branco: estudos de relações raciais*, publicado em 1983.

Martin Luther King pronuncia seu discurso durante a Marcha pelos Direitos Civis no Memorial Lincoln, Washington (Estados Unidos), 28 ago. 1963.

aqui uma separação radical e legalmente garantida como na experiência norte-americana. Nas décadas de 1950 e 1960, os americanos viveram uma luta aberta em torno da convivência entre negros e brancos. Aliás, alguns pensadores chegaram a antecipar esse fenômeno. Alexis de Tocqueville, em uma das passagens de seu livro *A democracia na América*, apontou a questão racial como aquela que levaria os Estados Unidos a uma situação de conflito aguda. Essa previsão se cumpriu, 30 anos depois da publicação de seu livro, quando o país enfrentou a Guerra de Secessão (1861-1865), motivada pela abolição da escravatura.

Leia a seguir parte do discurso do pastor e ativista político Martin Luther King Jr., proferido em 28 de agosto de 1963, no qual ele apresentou seu sonho de que negros e brancos alcançassem a igualdade:

> Há dez décadas, um grande americano, sob cuja sombra simbólica nos encontramos hoje, assinou a Proclamação da Emancipação. Esse magnífico decreto surgiu como um grande farol de esperança para milhões de escravos negros que arderam nas chamas da árida injustiça. Ele surgiu como uma aurora de júbilo para pôr fim à longa noite de cativeiro.
>
> Mas cem anos depois, o negro ainda não é livre. Cem anos depois, a vida do negro ainda está tristemente debilitada pelas algemas da segregação e pelos grilhões da discriminação. Cem anos depois, o negro vive isolado numa ilha de pobreza em meio a um vasto oceano de prosperidade material. Cem anos depois, o negro ainda vive abandonado nos recantos da sociedade na América, exilado em sua própria terra. Assim, hoje viemos aqui para representar a nossa vergonhosa condição.
>
> De certa forma, viemos à capital da nação para descontar um cheque. Quando os arquitetos da nossa república escreveram as magníficas palavras da Constituição e da Declaração da Independência (Sim), eles estavam assinando uma nota promissória da qual todos os americanos seriam herdeiros. A nota era uma promessa de que todos os homens, sim, negros e brancos igualmente, teriam garantidos os "direitos inalienáveis à vida, à liberdade e à busca da felicidade". É óbvio neste momento que, no que diz respeito a seus cidadãos de cor, a América não pagou essa promessa. Em vez de honrar a sagrada obrigação, a América entregou à população negra um cheque ruim, um cheque que voltou com o carimbo de "sem fundos".
>
> No entanto, recusamos a acreditar que o banco da justiça esteja falido. Recusamos a acreditar que não haja fundos suficientes nos grandes cofres de oportunidade desta nação. E, assim, viemos descontar esse cheque, um cheque que nos garantirá, sob demanda, as riquezas da liberdade e a segurança da justiça.
>
> LUTHER KING JR., Martin. Eu tenho um sonho. In: CARSON, Clayborne; SHEPARD, Kris (Org.). *Um apelo à consciência: os melhores discursos de Martin Luther King*. Rio de Janeiro: Jorge Zahar Editor, 2006. p. 73.

Enquanto a questão racial a sacudia os EUA em meados do século XX, no Brasil, dizia Oracy Nogueira, tudo se disfarçava: "A tendência do intelectual brasileiro – geralmente branco – a negar ou subestimar o preconceito, tal como ocorre no Brasil, e a incapacidade do observador norte-americano em percebê-lo estão em contradição com a impressão generalizada da própria população de cor do país".

Mas, afinal, como distinguir a situação de um e outro país? Para Oracy Nogueira, existia uma diferença fundamental na natureza dos preconceitos observados nos dois países. O preconceito brasileiro seria o que ele chamou de "preconceito de marca"; o norte-americano seria um "preconceito de origem". Marca é o que aparece, o que se pode ver, o que está na pele. Origem diz respeito à herança, ao sangue, e pode não aparecer. Um filho ou neto de negro pode nascer branco por herança da mãe. No Brasil, provavelmente, essa pessoa descendente de negros, mas branca na pele, seria considerada branca. Nos Estados Unidos, não: são negros os que se originam de negros, mesmo que a cor tenha se alterado. É o que os americanos chamam de "regra da única gota": basta uma gota de "sangue negro" para que o sujeito se considere e seja considerado negro. No Brasil, são levados em consideração outros "sinais": um cabelo mais liso ou um nariz afilado podem "transformar" um filho de pais negros em "moreno" ou "mulato". Vejamos como Oracy Nogueira descreve os tipos de preconceito que identificou.

> Considera-se como preconceito racial uma disposição (ou atitude) desfavorável, culturalmente condicionada, em relação aos membros de uma população, aos quais se têm como estigmatizados, seja devido à aparência, seja devido a toda ou parte da ascendência étnica que se lhes atribui ou reconhece. Quando o preconceito de raça se exerce em relação à aparência, isto é, quando toma por pretexto para as suas manifestações os traços físicos do indivíduo, a fisionomia, os gestos, o sotaque, diz-se que é de marca; quando basta a suposição de que o indivíduo descende de certo grupo étnico para que sofra as consequências do preconceito, diz-se que é de origem.
>
> NOGUEIRA, Oracy. Preconceito racial de marca, preconceito racial de origem. *Tempo Social*, São Paulo, USP, v. 19, n. 1. nov. 2006 [1983]. p. 291-292.

Se o que vale é o que aparece, mudando a aparência o problema pode diminuir e, no limite, ser resolvido. Não só a cor ou determinados traços físicos mudam a aparência: mais dinheiro, melhor posição social, prestígio, tudo isso pode contribuir para "mudar a cor". Em contrapartida, se o que vale é a origem, e o problema é interno, pois está no sangue, não adianta parecer branco. O que Oracy Nogueira observou, com base nessa distinção, é que, apesar de existir no Brasil e nos Estados Unidos, o preconceito racial se manifesta por caminhos distintos. Pareceu a ele, e a muitos analistas, que a manifestação norte-americana foi mais dura, segregacionista, separatista. Em muitos sentidos, a brasileira camuflava a diferença pela miscigenação, pela "morenidade", pelo clareamento e por muitos artifícios de disfarce.

Em um país como o Brasil, tão marcado pela mestiçagem, uma questão que costuma surgir quando falamos sobre racismo é: Como definir quem é negro? Quais critérios utilizar? O antropólogo Kabengele Munanga dá algumas pistas. Nascido em 1942 no antigo Zaire (atual República Democrática do Congo), Kabengele chegou ao Brasil em 1975 e aqui se especializou no estudo da população afro-brasileira e do racismo no país. Ele afirma que, no Brasil, onde se desenvolveu o desejo de branqueamento, não é fácil definir quem é negro ou não. Isso se reflete no fato de que há muitas pessoas negras que introjetaram o ideal de branqueamento e não se consideram negras. Para Kabengele, "os conceitos de negro e de branco têm um fundamento etnossemântico, político e ideológico, mas não um conteúdo biológico" (MUNANGA, 2004). Por essa razão, se um garoto aparentemente branco se declara como negro e reivindica seus direitos, por exemplo em um caso relacionado com as cotas, não há como contestar. Ele ressalta ainda que os testes genéticos não são uma saída viável, já que muitos brasileiros aparentemente brancos têm marcadores genéticos africanos. Além disso, pelo critério genético seria revelado que muitos afrodescendentes têm marcadores genéticos europeus, porque muitos de nossos mestiços são eurodescendentes. Dessa forma, é possível afirmar que ser negro no Brasil é, antes de tudo, um reconhecimento social e político.

Integrantes da Marcha do Movimento Negro Unificado, em São Paulo (SP), 20 nov. 1979.

Raça e racismo na legislação brasileira

Na década de 1950, a questão racial já era amplamente discutida na sociedade brasileira. Passados mais de 60 anos da abolição da escravatura, o Brasil, impulsionado por livros como os de Gilberto Freyre e obras como as de Candido Portinari, passara a ser visto (interna e externamente) como um país étnica e socialmente marcado pelo fenômeno da mestiçagem. Mas, apesar de presente na pauta das discussões acerca da identidade nacional, o discurso sobre a problemática racial raramente se referia à existência de conflito. No contexto do pós-guerra e sob os efeitos devastadores do genocídio dos judeus praticado pelo nazifascismo, o Brasil era mundialmente identificado com uma sociedade pacífica em termos de convivência interétnica. Organismos internacionais como a Unesco consideravam de fato o caso brasileiro um exemplo na luta contra o racismo.

Apesar desse cenário de aparente tranquilidade, em 1951 foi sancionada a Lei nº 1.390, que, pela primeira vez na história do país, condenava a prática de racismo. De acordo com o artigo 1º, "Constitui contravenção penal, punida nos termos desta lei, a recusa por parte de estabelecimento comercial ou de ensino de qualquer natureza, de hospedar, servir, atender ou receber cliente, comprador ou aluno, por preconceito de raça ou de cor".

Charge de Angeli, publicada na *Folha de S.Paulo* em 20 de novembro de 2006. Observe a charge. Há algo contraditório aqui? Explique.

Conhecida como Lei Afonso Arinos (nome do deputado que a criou), a nova lei veio mostrar que, para além da tão divulgada harmonia racial, as relações interétnicas no Brasil eram fonte de conflitos e requeriam, o quanto antes, a regulação da Justiça. Apesar de sua grande importância no reconhecimento do problema do racismo no país e da necessidade de combatê-lo, é relevante ressaltar que a lei caracterizava a discriminação racial como "contravenção", e não como crime. Isso significa que as penas previstas eram relativamente brandas (multas), em comparação com as penas aplicáveis aos que cometessem crimes (reclusão em penitenciárias). Essa legislação permaneceria intacta pelas três décadas seguintes, até a promulgação da Constituição de 1988.

Diante do crescimento do movimento negro e das muitas denúncias de desigualdades raciais, ficou evidente a necessidade de uma reformulação legal que garantisse instrumentos eficazes de combate às práticas racistas. Foi nesse sentido que se determinou, no artigo 5º da Constituição Federal, que todos são iguais perante a lei, sem distinção de qualquer natureza, e que "a prática do racismo constitui crime inafiançável e imprescritível, sujeito à pena de reclusão, nos termos da lei". A lei que definiu os crimes resultantes de preconceito de raça e cor foi sancionada em 5 de janeiro de 1989 e determina que:

> Art. 1º Serão punidos, na forma desta Lei, os crimes resultantes de discriminação ou preconceito de raça, cor, etnia, religião ou procedência nacional. [...]
>
> Art. 3º Impedir ou obstar o acesso de alguém, devidamente habilitado, a qualquer cargo da administração direta ou indireta, bem como das concessionárias de serviços públicos. Pena: reclusão de 2 (dois) a 5 (cinco) anos. [...]
>
> Art. 20. Praticar, induzir ou incitar a discriminação ou preconceito de raça, cor, etnia, religião ou procedência nacional. Pena: reclusão de 1 (um) a 3 (três) anos e multa.
>
> Lei nº 7.716, de 5 de janeiro de 1989. Disponível em: <www.planalto.gov.br/ccivil_03/leis/L7716.htm>. Acesso em: set. 2015.

Apesar da importância da criminalização da prática do racismo definida na Constituição Federal de 1988, é importante lembrar que são raros os casos em que o preconceito racial é de fato punido conforme as determinações da lei. Basta saber que, até 2000, menos de 150 processos por crimes de racismo haviam sido movidos no Brasil. Em 2011, um novo levantamento mostrou que, desde 2006, o número subiu para 1011. Ainda que os dados revelem tendência de crescimento nas ações por racismo, fica claro que, após haver sido garantida por lei, a igualdade racial tem, agora, o desafio de se fazer valer como prática social.

A geografia da fome

Você já deve ter ouvido falar que a fome é um dos grandes problemas sociais do Brasil. Essa questão está sempre em debate – em campanhas políticas, em programas sociais e até mesmo em iniciativas localizadas mobilizadas por escolas, empresas, organizações não governamentais etc. Mas isso nem sempre foi assim, e para entendermos como essa questão apareceu no cenário nacional precisamos voltar ao ano de 1946, quando o médico, geógrafo e sociólogo Josué de Castro lançou o livro *Geografia da fome*. Naquela época, a fome era considerada um fenômeno natural e, portanto, impossível de ser solucionado. Se havia fome no Nordeste, dizia-se, era em função do clima e da incapacidade biológica de seus habitantes para o trabalho.

Para desconstruir esse discurso, Josué de Castro viajou por todo o Brasil, dividindo-o em cinco regiões, conforme características alimentares de cada uma: Amazônia, Nordeste açucareiro, Sertão nordestino, Centro-Oeste e Sul. Analisou o processo de colonização de cada área, a produção de alimentos e o aparecimento de doenças nos moradores. Após essa minuciosa pesquisa, o autor propôs a ideia de que não existia apenas uma forma de fome no Brasil, e sim "as fomes individuais e coletivas. As fomes totais e parciais. As fomes específicas e as fomes ocultas". Segundo Josué de Castro, o que deveria ser estudado à luz da Sociologia eram as fomes coletivas, ou seja, aquelas que afetam grupos inteiros de pessoas, podendo ser endêmicas (permanentes), epidêmicas (temporárias), totais (inanição), parciais e ocultas. Essas últimas seriam, para o autor, as mais problemáticas: suas vítimas, apesar de comerem todos os dias (e, portanto, não sentirem fome), alimentam-se mal em função da falta de nutrientes adequados, ficando fracas e sujeitas a doenças. Comem, mas não se alimentam. Essa espécie de fome seria a mais perigosa de todas por ser silenciosa, oculta, e assim ir, aos poucos, dizimando populações inteiras.

Ao avaliar as causas e as consequências de cada um desses tipos de fome sobre a população das diferentes áreas do país, Josué de Castro chegou à conclusão de que a fome "é a expressão biológica dos males sociológicos" ou, ainda, "o flagelo fabricado pelos homens, contra outros homens". Em outras palavras, ele passou a denunciar o fenômeno da má alimentação como um problema social e político, resultado de um longo processo de exploração econômica que existiria desde o Período Colonial. A fome era revelada, assim, como expressão do subdesenvolvimento e da desigualdade regional, que poderia (e deveria) ser sanada por meio de iniciativas sociais.

É importante lembrar que Josué de Castro defendia a Reforma Agrária como a principal medida para solucionar o problema da fome no Brasil, pois, para ele, a concentração de terra nas mãos de poucos limitava o acesso aos meios de produção, levando à miséria de muitos. O fim da fome viria, segundo ele, como resultado de uma reestruturação no sistema produtivo brasileiro, que deveria deixar de lado o modelo de unidade latifundiária para amenizar os efeitos da desigualdade.

Antes encarada como tabu, a fome, após o grande impacto da obra de Josué de Castro (que dedicou toda sua vida ao tema), tornou-se objeto de estudos, sendo abordada em escolas e universidades e encarada pelos governos como um problema de primeira ordem. A Constituição de 1988, por exemplo, define o acesso à alimentação como um direito humano.

Sociólogo Betinho mostra as doações recebidas na campanha Natal sem Fome, dez. 1994.
A campanha obteve sucesso, evidenciando com as doações o engajamento da população.

Herbert José de Souza, o Betinho
(Bocaiúva, Minas Gerais, 3 de novembro de 1935 – Rio de Janeiro, 9 de agosto de 1997)

É impossível falar no tema da fome no Brasil sem lembrar outro sociólogo: Herbert de Souza, o Betinho. "A alma da fome é política!", dizia ele, numa afirmação que lembra bastante a proposta delineada por Josué de Castro. Conhecido por sua militância, Betinho engajou-se na luta contra a ditadura na década de 1960, o que lhe rendeu oito anos vivendo no Chile, México e Canadá como exilado político. De volta ao Brasil, em 1979, tornou-se um dos símbolos do processo de abertura política e dois anos mais tarde fundou o Instituto Brasileiro de Análises Sociais e Econômicas (Ibase).

Defensor da Reforma Agrária, Betinho dizia que a concentração de terra era a principal causa da miséria e da fome no Brasil. Foi com essa certeza que, paralelamente aos trabalhos de articulação na Campanha Nacional pela Reforma Agrária, na década de 1990, ele desenvolveu a "Ação da Cidadania contra a Fome, a Miséria e pela Vida" (ou simplesmente a Campanha contra a Fome), que fez dele uma referência internacional no assunto. Entre 1993 e 2005, com comitês espalhados por todo o Brasil, a campanha criada por Betinho arrecadou 30 mil toneladas de alimentos, que foram distribuídos por todo o território nacional, beneficiando cerca de 15 milhões de pessoas. Mas, para além dos alimentos arrecadados, o ganho mais permanente da campanha foi sua contribuição decisiva para que o tema da pobreza ingressasse de forma definitiva no centro do debate político, tornando-o visível a todos os brasileiros. Ao mobilizar a discussão integrada de temas como saúde, nutrição, tecnologia e desenvolvimento local, ela provocou uma reflexão mais ampla acerca das relações entre economia, políticas sociais e qualidade de vida.

Herbert de Souza, 1993.

Otávio Dias de Oliveira/Folhapress

Ainda ouvimos muito sobre a possibilidade de uma futura escassez mundial de alimentos, associada ao crescimento da população e à impossibilidade de produzir comida para todos. Mas basta lembrarmos que, atualmente, cerca de 40 mil toneladas de comida são desperdiçadas diariamente no país (quantidade suficiente para alimentar 19 milhões de pessoas) para percebermos que a questão envolve, em casos como o do Brasil, principalmente a possibilidade de acesso à comida.

De acordo com uma pesquisa feita pela Organização das Nações Unidas para a Alimentação e a Agricultura (FAO), a desnutrição brasileira caiu 82,1% entre 2002 e 2014. Com isso, o número de pessoas desnutridas passou a ser em torno de 3,4 milhões, o equivalente a 1,7% da população do país. Apesar disso, estima-se que, em 2013, 22,6% dos brasileiros (cerca de 50 milhões de pessoas) viviam em situação de insegurança alimentar, ou seja, sem garantia de que fariam três refeições diárias em quantidade e qualidade suficientes. Além disso, estudos recentes mostram que a fome no Brasil mudou de cara. Antes relacionada exclusivamente à magreza, a fome hoje aparece também sob a forma de obesidade. Parece estranho? É que o sobrepeso, em regiões muito pobres, está associado ao consumo excessivo de carboidratos, que mascaram a falta de nutrientes e vitaminas. É a fome oculta, de que nos falava Josué de Castro e que, para muitos especialistas em nutrição, chega ao século XXI marcada também pelo crescimento da população obesa.

Os três exemplos tratados neste capítulo (gênero, etnia e fome) não esgotam a questão da desigualdade do ponto de vista da relação entre pessoas e grupos. Eles nos dão pistas sobre formas de discriminação que afetam de maneira diferenciada a população brasileira. A Constituição de 1988 trouxe esse debate à tona e abriu espaço para que muitos grupos que se sentem discriminados defendam seus direitos.

◀◀ Recapitulando

Em nome da igualdade – ideal proclamado pela Revolução Francesa –, as hierarquias sociais baseadas em privilégios de nascimento foram contestadas, e os méritos e talentos individuais se tornaram critérios válidos de distinção social. A modernidade, contudo, também se tornou palco de múltiplas expressões de desigualdades, derivadas da distribuição dos bens materiais e culturais produzidos. Quando os sociólogos abordam esse problema, procuram encontrar as relações de um tipo de desigualdade (desigualdade de renda, de gênero, racial, de oportunidade, de condição etc.) com outro a fim de conhecer como as desigualdades se reforçam e se multiplicam.

A desigualdade na distribuição da renda – contraste entre ricos e pobres – é a mais evidente expressão da injustiça social, pois priva os mais vulneráveis do direito à vida (a baixa renda pode ocasionar fome e subnutrição), do direito de abrigar-se (é o caso dos sem-teto, dos moradores de ruas ou dos sem-terra) e até mesmo do direito à liberdade e ao trabalho digno. Indivíduos ou grupos podem apresentar condições desiguais ainda que tenham tido as mesmas oportunidades e se encontrem em posições semelhantes.

As desigualdades sociais são concomitantemente causa e consequência da exclusão e da discriminação social, e muitas políticas públicas e ações sociais de organizações não governamentais, instituições filantrópicas, voluntários etc. voltam-se para a inclusão e a afirmação de segmentos em situações desvantajosas.

Capítulo 18 – Desigualdades de várias ordens ◀◀ **291**

Leitura complementar

Segregação residencial

O que é segregação residencial? [...] é o grau de aglomeração de um determinado grupo social/étnico em uma dada área. Nesse sentido, a formação de condomínios fechados de alta renda – como os da Barra (Rio de Janeiro) ou os de Alphaville (São Paulo) – poderia ser considerada uma forma de autossegregação.

[Usando uma definição mais rigorosa, é o] processo por meio do qual uma determinada população é forçada de modo involuntário a se agrupar em uma dada área. Entre os componentes que induziriam essa aglomeração forçada estariam tanto mecanismos de mercado – que induzem à valorização ou à desvalorização imobiliária de determinadas áreas – como instrumentos institucionais (taxação, investimentos públicos, remoção de favelas etc.) e práticas efetivas de discriminação (por exemplo, por parte de agentes imobiliários).

Essa definição também ressalta o aspecto, algumas vezes menosprezado, de que a segregação é – sobretudo – um fenômeno relacional: só existe segregação de um grupo quando outro grupo se segrega ou é segregado. [...]

[...] De modo geral, seis elementos principais podem ser apresentados como evidência de que a segregação residencial contribui para o aumento e/ou a perpetuação da pobreza:

Má qualidade residencial, riscos ambientais e para a saúde: A principal maneira por meio da qual as famílias de menor renda lidam com a disputa pelo espaço urbano no mercado de terras tem a ver com a busca por residências e/ou áreas desvalorizadas, isto é, domicílios pequenos, mal dotados de infraestrutura urbanística e, muitas vezes, sujeitos a riscos de diversos tipos relacionados à ausência de saneamento e a problemas ambientais como inundações e deslizamentos. [...]

Custos de moradia desproporcionais: De modo geral, famílias mais pobres tendem a apresentar um gasto com moradia [...] superior ao de famílias de classe média e alta. [...] Como consequência, a renda disponível para o consumo de alimentos e outros bens e serviços é proporcionalmente menor, contribuindo para o empobrecimento relativo dessas famílias. [...]

Efeitos de vizinhança: Diversos estudos evidenciam que crescer em bairros com alta concentração de pobreza tem efeitos negativos relevantes em termos de avanço educacional, emprego, gravidez na adolescência e atividade criminal. Embora os mecanismos que explicam a relação entre pior desempenho educacional e residência em locais de elevada concentração de pobres, por exemplo, não sejam bem conhecidos, é evidente que o pior desempenho educacional nessas áreas contribui para perpetuar e reproduzir a pobreza a longo prazo. Por outro lado, na medida em que a rede de relações sociais de um indivíduo ou família contribui para seu acesso a empregos e a serviços públicos, o isolamento social presente nas áreas segregadas tende a contribuir significativamente para a redução das oportunidades das famílias residentes nesses locais.

Distância entre moradia e emprego: Este fenômeno [...] diz respeito à baixa frequência de empregos nos locais de moradia da população de baixa renda. [...] Como consequência, a moradia em periferias distantes e em cidades-dormitórios além de aumentar os custos de transporte, com impactos para a renda disponível e conforto dos moradores, traz também efeitos sobre o acesso à informação sobre postos de trabalho, bem como eleva substancialmente os custos de procurar emprego.

A moradia em situação irregular: A posse irregular da terra, em favelas ou loteamentos clandestinos, induz pior acesso a serviços públicos. Tal fenômeno ocorre porque a provisão de serviços públicos nesses locais tende a ser problemática, uma vez que – em muitos casos – a oferta de serviços depende da existência de terras pertencentes ao Estado (ou passíveis de aquisição), disponíveis para a construção de escolas, infraestrutura urbana e outros equipamentos sociais.

A moradia como fator de geração de renda: Por diversas razões, a moradia pode ser também entendida como um fator de geração de renda. Espaço residencial pode ser utilizado para fins produtivos: cômodos podem ser alugados; produtos podem ser estocados; a casa pode ser o *locus* de produção de roupas, alimentos e serviços; a casa pode ser utilizada como ponto de venda. [...] Todas essas possibilidades são menos prováveis em locais muito segregados, em virtude da fragilidade do mercado local, da ausência de espaço disponível, da precariedade tanto de residências como do *status* jurídico dos domicílios.

Em suma, existe grande evidência [...] de que, por diferenciados mecanismos, a segregação espacial contribui para a reprodução da pobreza e de problemas sociais nas áreas de emprego, educação, habitação, saúde, transportes, geração de renda e segurança pública.

TORRES, Haroldo da Gama. *Segregação residencial e políticas públicas*: São Paulo na década de 1990. *Revista Brasileira de Ciências Sociais*, São Paulo: Anpocs, v. 19, n. 54, p. 41-55, fev. 2004. Disponível em: <www.scielo.br>. Acesso em: maio 2016.

Fique atento!

Definição dos conceitos sociológicos estudados neste capítulo.

Desigualdade: no verbete "Igualdade/desigualdade" da seção **Conceitos sociológicos**, página 371.

Direitos sociais: na seção **Conceitos sociológicos**, página 367.

Discriminação racial: na página 284.

Etnia: no verbete "Etnia/raça" da seção **Conceitos sociológicos**, página 369.

Gênero: na página 282.

Igualdade: no verbete "Igualdade/desigualdade" da seção **Conceitos sociológicos**, página 371.

Meritocracia: na página 279.

Mobilidade social: na seção **Conceitos sociológicos**, página 373.

Sessão de cinema

Morte e vida severina

Brasil, 1977, 85 min. Direção de Zelito Viana.

Filme inspirado no livro homônimo de João Cabral de Melo Neto. Mostra a saga dos nordestinos do sertão em direção ao litoral, em busca de trabalho e uma vida melhor.

Que horas ela volta?

Brasil, 2015, 111 min. Direção de Anna Muylaert.

Val deixou a filha no interior de Pernambuco para trabalhar em São Paulo, à procura de estabilidade financeira. Treze anos depois, sua filha vai à capital paulista prestar vestibular. Ela questiona então a forma pela qual Val é tratada na casa dos patrões.

Branco sai, preto fica

Brasil, 2014, 83 min. Direção de Adirley Queirós.

Tiros em um baile de *black music* na periferia de Brasília ferem dois homens, que ficam marcados para sempre. Um terceiro vem do futuro para investigar o acontecido e provar que a culpa é da sociedade repressiva.

Reforma Universitária: o que é que eu tenho a ver com isso?

Brasil, 2007. Documentário, 26 min. Direção de Felipe Peres Calheiros.

O tema do documentário é a exclusão do Ensino Superior de cerca de 90% dos jovens brasileiros entre 18 e 24 anos de idade. A reforma do sistema universitário pernambucana é abordada como um recurso político visando à extensão do direito à educação superior para um maior número de cidadãos. Disponível em: <portacurtas.org.br>. Acesso em: maio 2016.

O xadrez das cores

Brasil, 2004. 22 min. Direção de Marco Schiavon.

Cida é a acompanhante de dona Estela, uma mulher branca que a discrimina por causa de sua cor. A relação entre as duas mulheres muda ao jogarem xadrez. Disponível em <portacurtas.org.br>. Acesso em: maio 2016.

Construindo seus conhecimentos

MONITORANDO A APRENDIZAGEM

1. Você aprendeu que a palavra **desigualdade**, quando usada pelos sociólogos, necessita de um complemento: desigualdade de renda, desigualdade de gênero etc. Por essa razão, o título do capítulo traz a palavra no plural: Desigualdades de várias ordens.

   Proponha uma definição para as desigualdades em geral e explique o que significa dizer que "as desigualdades se reforçam".

2. Explique com suas palavras o que é igualdade de oportunidades e igualdade de condições.

3. Explique a frase a seguir.

   "Masculino e feminino são mais que traços biológicos: são construções arbitrárias, variáveis segundo cada cultura e cada sociedade."

4. Oracy Nogueira, em seus estudos, identificou duas formas de preconceito: de marca e de origem. Explique cada um deles.

5. O que faz contraste com a desigualdade é a igualdade. A primeira palavra tem um conteúdo negativo, e a segunda, positivo. Mas será que toda igualdade é realmente positiva e toda desigualdade é negativa?

   Para refletir sobre isso, compare o conteúdo deste capítulo com o do capítulo anterior (sobre as tribos urbanas), no qual também falamos sobre a igualdade e a desigualdade, mas com outra abordagem, mencionando que a diversidade de estilos de vida é positiva e que toda manifestação cultural deve ser respeitada e tratada com tolerância.

   A igualdade, nesse contexto, significaria homogeneizar as pessoas, eliminar as diferenças que tornam a vida social tão rica.

   Reflita sobre os aspectos positivos e os negativos da igualdade e da desigualdade/diferença e em seguida redija um texto que explore alguns exemplos.

DE OLHO NO ENEM

1. (Enem 2015)

> A população negra teve que enfrentar sozinha o desafio da ascensão social, e frequentemente procurou fazê-lo por rotas originais, como o esporte, a música e a dança. Esporte, sobretudo o futebol, música, sobretudo o samba, e dança, sobretudo o carnaval, foram os principais canais de ascensão social dos negros até recentemente. A libertação dos escravos não trouxe consigo a igualdade efetiva. Essa igualdade era afirmada nas leis, mas negada na prática. Ainda hoje, apesar das leis, aos privilégios e arrogâncias de poucos correspondem o desfavorecimento e a humilhação de muitos.
>
> CARVALHO, J. M. *Cidadania no Brasil:* o longo caminho. Rio de Janeiro: Civilização Brasileira, 2006 (adaptado).

Em relação ao argumento de que no Brasil existe uma democracia racial, o autor demonstra que

(A) essa ideologia equipara a nação a outros países modernos.

(B) esse modelo de democracia foi possibilitado pela miscigenação.

(C) essa peculiaridade nacional garantiu mobilidade social aos negros.

(D) esse mito camuflou formas de exclusão em relação aos afrodescendentes.

(E) essa dinâmica política depende da participação ativa de todas as etnias.

2. (Enem 2011)

A Lei 10.639, de 9 de janeiro de 2003, inclui no currículo dos estabelecimentos de ensino fundamental e médio, oficiais e particulares, a obrigatoriedade do ensino sobre História e Cultura Afro-Brasileira e determina que o conteúdo programático incluirá o estudo da História da África e dos africanos, a luta dos negros no Brasil, a cultura negra brasileira e o negro na formação da sociedade nacional, resgatando a contribuição do povo negro nas áreas social, econômica e política pertinentes à História do Brasil, além de instituir, no calendário escolar, o dia 20 de novembro como data comemorativa do "Dia da Consciência Negra".

Disponível em: http://www.planalto.gov.br. Acesso em: 27 jul. 2010 (adaptado).

A referida lei representa um avanço não só para a educação nacional, mas também para a sociedade brasileira, porque

(A) legitima o ensino das ciências humanas nas escolas.

(B) divulga conhecimentos para a população afro-brasileira.

(C) reforça a concepção etnocêntrica sobre a África e sua cultura.

(D) garante aos afrodescendentes a igualdade no acesso à educação.

(E) impulsiona o reconhecimento da pluralidade etnicorracial do país.

3. (Enem 2010)

A primeira instituição de ensino brasileira que inclui disciplinas voltadas ao público LGBT (lésbicas, gays, bissexuais e transexuais) abriu inscrições na semana passada. A grade curricular é inspirada em similares dos Estados Unidos da América e da Europa. Ela atenderá jovens com aulas de expressão artística, dança e criação de fanzines. É aberta a todo público estudantil e tem como principal objetivo impedir a evasão escolar de grupos socialmente discriminados.

Época, 11 jan. 2010 (adaptado).

O texto trata de uma política pública de ação afirmativa voltada ao público LGBT. Com a criação de uma instituição de ensino para atender esse público, pretende-se

(A) contribuir para a invisibilidade do preconceito ao grupo do LGBT.

(B) copiar os modelos educacionais dos EUA e da Europa.

(C) permitir o acesso desse segmento ao ensino técnico.

(D) criar uma estratégia de proteção e isolamento.

(E) promover o respeito à diversidade sexual no sistema de ensino.

4. (Enem 2015)

Ninguém nasce mulher: torna-se mulher. Nenhum destino biológico, psíquico, econômico define a forma que a fêmea humana assume no seio da sociedade; é o conjunto da civilização que elabora esse produto intermediário entre o macho e o castrado que qualificam o feminino.

BEAUVOIR, S. *O segundo sexo*. Rio de Janeiro: Nova Fronteira, 1980.

Na década de 1960, a proposição de Simone de Beauvoir contribuiu para estruturar um movimento social que teve como marca o(a)

(A) ação do Poder Judiciário para criminalizar a violência sexual.

(B) pressão do Poder Legislativo para impedir a dupla jornada de trabalho.

(C) organização de protestos públicos para garantir a igualdade de gênero.

(D) oposição de grupos religiosos para impedir os casamentos homoafetivos.

(E) estabelecimento de políticas governamentais para promover ações afirmativas.

Capítulo 18 – Desigualdades de várias ordens ◄◄ **295**

5. (Enem 2015)

GILMAR. Disponível em: www.deficientefisico.com. Acesso em: 6 dez. 2012.

O cartum evidencia um desafio que o tema da inclusão social impõe às democracias contemporâneas. Esse desafio exige a combinação entre

(A) a participação política e formação profissional diferenciada.

(B) exercício da cidadania e políticas de transferência de renda.

(C) modernização das leis e ampliação do mercado de trabalho.

(D) universalização de direitos e reconhecimento das diferenças.

(E) crescimento econômico e flexibilização dos processos seletivos.

ASSIMILANDO CONCEITOS

Vá até a página 242 e analise o gráfico do "Valor médio dos rendimentos mensais por sexo e por cor" (Brasil, IBGE, Censo 2010).

Selecione no gráfico dados que confirmem a mensagem transmitida pela charge abaixo.

Charge de Tom Toles. Disponível em: <www.gocomics.com/tomtdes/2014/04/14>. Acesso em: maio 2016.

OLHARES SOBRE A SOCIEDADE

1. Leia o texto e faça o que se pede.

RACISMO

— Escuta aqui, ó criolo...

— O que foi?

— Você andou dizendo por aí que no Brasil existe racismo.

— E não existe?

— Isso é negrice sua. E eu que sempre te considerei um negro de alma branca... É, não adianta. Negro quando não faz na entrada...

— Mas aqui existe racismo.

— Existe nada. Vocês têm toda a liberdade, têm tudo o que gostam. Têm carnaval, têm futebol, têm melancia... E emprego é o que não falta. Lá em casa, por exemplo, estão precisando de empregada. Pra ser lixeiro, pra abrir buraco, ninguém se habilita. Agora, pra uma cachacinha e um baile estão sempre prontos. Raça de safados! E ainda se queixam!

— Eu insisto, aqui tem racismo.

— Então prova, Beiçola. Prova. Eu alguma vez te virei a cara? Naquela vez que te encontrei conversando com a minha irmã, não te pedi com toda a educação que não aparecesse mais na nossa rua? Hein, tição? Quem apanhou de toda a família foi a minha irmã. Vais dizer que nós temos preconceito contra branco?

— Não, mas...

— Eu expliquei lá em casa que você não fez por mal, que não tinha confundido a menina com alguma empregadoza de cabelo ruim, não, que foi só um engano porque negro é burro mesmo. Fui teu amigão. Isso é racismo?

— Eu sei, mas...

— Onde é que está o racismo, então? Fala, Macaco.

— É que outro dia eu quis entrar de sócio num clube e não me deixaram.

— Bom, mas pera um pouquinho. Aí também já é demais. Vocês não têm clubes de vocês? Vão querer entrar nos nossos também? Pera um pouquinho.

— Mas isso é racismo.

— Racismo coisa nenhuma! Racismo é quando a gente faz diferença entre as pessoas por causa da cor da pele, como nos Estados Unidos. É uma coisa completamente diferente. Nós estamos falando do crioléu começar a frequentar clube de branco, assim sem mais nem menos. Nadar na mesma piscina e tudo.

— Sim, mas...

— Não, senhor. Eu, por acaso, quero entrar nos clubes de vocês? Deus me livre.

— Pois é, mas...

— Não, tem paciência. Eu não faço diferença entre negro e branco, pra mim é tudo igual. Agora, eles lá e eu aqui. Quer dizer, há um limite.

— Pois então. O...

— Você precisa aprender qual é o seu lugar, só isso.

— Mas...

— E digo mais. É por isso que não existe racismo no Brasil. Porque aqui o negro conhece o lugar dele.

— É, mas...

— E enquanto o negro conhecer o lugar dele, nunca vai haver racismo no Brasil. Está entendendo? Nunca. Aqui existe o diálogo.

— Sim, mas...

— E agora chega, você está ficando impertinente. Bate um samba aí que é isso que tu faz bem.

Luis Fernando Verissimo. *Comédias da vida pública*. LP&M, Porto Alegre. © by Luis Fernando Verissimo.

- Luis Fernando Verissimo, autor do diálogo que você acabou de ler, captou com grande sensibilidade o "racismo à moda brasileira". O diálogo entre um personagem negro e outro branco parece muito mais um monólogo – o negro não consegue completar suas frases porque sempre é interrompido pelo branco, que não demonstra interesse algum em escutar o que seu interlocutor diz. O branco defende a ideia de que não há preconceito no Brasil. Destaque no texto as expressões ou frases do branco que evidenciam seu preconceito racial.

EXERCITANDO A IMAGINAÇÃO SOCIOLÓGICA
TEMA DE REDAÇÃO DA FUVEST (2015)

Na verdade, durante a maior parte do século XX, os estádios eram lugares onde os executivos empresariais sentavam-se lado a lado com os operários, todo mundo entrava nas mesmas filas para comprar sanduíches e cerveja, e ricos e pobres igualmente se molhavam se chovesse. Nas últimas décadas, contudo, isso está mudando. O advento de camarotes especiais, em geral, acima do campo, separam os abastados e privilegiados das pessoas comuns nas arquibancadas mais embaixo. [...] O desaparecimento do convívio entre classes sociais diferentes, outrora vivenciado nos estádios, representa uma perda não só para os que olham de baixo para cima, mas também para os que olham de cima para baixo. Os estádios são um caso exemplar, mas não único. Algo semelhante vem acontecendo na sociedade americana como um todo, assim como em outros países. Numa época de crescente desigualdade, a "camarotização" de tudo significa que as pessoas abastadas e as de poucos recursos levam vidas cada vez mais separadas. Vivemos, trabalhamos, compramos e nos distraímos em lugares diferentes. Nossos filhos vão a escolas diferentes. Estamos falando de uma espécie de "camarotização" da vida social. Não é bom para a democracia nem sequer é uma maneira satisfatória de levar a vida. Democracia não quer dizer igualdade perfeita, mas de fato exige que os cidadãos compartilhem uma vida comum. O importante é que pessoas de contextos e posições sociais diferentes encontrem-se e convivam na vida cotidiana, pois é assim que aprendemos a negociar e a respeitar as diferenças ao cuidar do bem comum.

Michael J. Sandel. Professor da Universidade Harvard. *O que o dinheiro não compra*. Adaptado.

Comentário do Prof. Michael J. Sandel referente à afirmação de que, no Brasil, se teria produzido uma sociedade ainda mais segregada do que a norte-americana.

O maior erro é pensar que serviços públicos são apenas para quem não pode pagar por coisa melhor. Esse é o início da destruição da ideia do bem comum. Parques, praças e transporte público precisam ser tão bons a ponto de que todos queiram usá-los, até os mais ricos. Se a escola pública é boa, quem pode pagar uma particular vai preferir que seu filho fique na pública, e assim teremos uma base política para defender a qualidade da escola pública. Seria uma tragédia se nossos espaços públicos fossem *shopping centers*, algo que acontece em vários países, não só no Brasil. Nossa identidade ali é de consumidor, não de cidadão.

Entrevista. *Folha de S.Paulo*, 28/04/2014. Adaptado.

[No Brasil, com o aumento da presença de classes populares em centros de compras, aeroportos, lugares turísticos etc., é crescente a tendência dos mais ricos a segregar-se em espaços exclusivos, que marquem sua distinção e superioridade.] [...] Pode ser que o fenômeno "camarotização", isto é, a separação física entre classes sociais, prospere para muitos outros setores. De repente, os supermercados poderão ter ala VIP, com entrada independente, cuja acessibilidade, tacitamente, seja decidida pelo limite do cartão de crédito.

Renato de P. Pereira. www.gazetadigital.com.br, 6/5/2014. [Resumido] e adaptado.

Até os anos de 1960, a escola pública que eu conheci, embora existisse em menor número, tinha boa qualidade e era um espaço animado de convívio de classes sociais diferentes. Aprendíamos muito, uns com os outros, sobre nossas diferentes experiências de vida, mas, em geral, nos sentíamos pertencentes a uma só sociedade, a um mesmo país e a uma mesma cultura, que era de todos. Por isso, acreditávamos que teríamos, também, um futuro em comum. Vejo com tristeza que hoje se estabeleceu o contrário: as escolas passaram a segregar os diferentes estratos sociais. Acho que a perda cultural foi imensa e as consequências, para a vida social, desastrosas.

Trecho do testemunho de um professor universitário sobre a Escola Fundamental e Média em que estudou.

Os três primeiros textos aqui reproduzidos referem-se à "camarotização" da sociedade, nome dado à tendência a manter segregados os diferentes estratos sociais. Em contraponto, encontra-se também reproduzido um testemunho, no qual se recupera a experiência de um período em que, no Brasil, a tendência era outra.

Tendo em conta as sugestões desses textos, além de outras informações que julgue relevantes, redija uma dissertação em prosa na qual você exponha seu ponto de vista sobre o tema **"Camarotização" da sociedade brasileira: a segregação das classes sociais e a democracia.**

Instruções:

- A redação deve ser uma dissertação, escrita de acordo com a norma-padrão da língua portuguesa.

- Escreva, no mínimo, 20 linhas, com letra legível. Não ultrapasse o espaço de 30 linhas da folha de redação.

- Dê um título a sua redação.

Capítulo 18 – Desigualdades de várias ordens ◀◀ **299**

19 Participação política, direitos e democracia

Assembleia Nacional Constituinte: sessão do dia 5 de outubro de 1988. Celebração da promulgação da Constituição brasileira após o discurso de seu presidente, deputado Ulysses Guimarães.

A vida escrita de um país

Os temas deste capítulo – participação política, direitos humanos e democracia – ocupam a imaginação brasileira de forma crescente. São temas associados à vida democrática, processo que exige da sociedade participação, envolvimento e cuidado. Em certas datas, eles ganham espaço na mídia, nas revistas de divulgação, em periódicos especializados, em revistas acadêmicas e em livros. Foi o que ocorreu em 2008. Celebrávamos então os 20 anos da Constituição de 1988, conhecida como Constituição Cidadã, e os 60 anos da Declaração dos Direitos Humanos, documento assinado em 1948, além de lembrarmos os 40 anos do Ato Institucional nº 5, o AI-5, editado em 13 de dezembro de 1968. Afinal, que documentos são esses para merecer tanta atenção?

A **Constituição** é a Carta Magna de um país. Nela estão descritos todos os procedimentos, regras, normas, autorizações e proibições pelos quais se guiam um Estado e sua população: como se organiza o governo, como os governantes são eleitos, como deve funcionar o sistema educacional, de que maneira os grupos e as associações podem se expressar coletivamente, como o trabalho deve ser remunerado, que direitos e deveres os indivíduos têm – enfim, em cada um de seus capítulos encontramos um mapa que nos orienta sobre o que podemos e o que devemos, ou o que não podemos ou não devemos fazer. As constituições refletem os diferentes países e os diferentes momentos da vida de cada um deles. Por isso não são iguais. O que está escrito ali é fruto de muitas negociações, disputas e votações. Quando uma Constituição é elaborada, as propostas vencedoras, entre as muitas apresentadas, passam a regular a vida do país, e por isso ela é o documento mais importante entre aqueles que regem a comunidade política e a sociedade. As constituições são tão importantes que, quando algo é feito de forma que as contraria, temos autorização legal para protestar, valendo-nos de uma expressão conhecida: Isto é inconstitucional! Ou seja, fere a Constituição.

A Constituição de 1988 marcou o encerramento de um longo processo político e social e abriu o país para experiências ausentes das Cartas anteriores. Antes de vermos como isso aconteceu, é importante esclarecer que as constituições podem ser preparadas por assembleias eleitas para esse fim – chamadas de Constituintes – ou podem ser outorgadas. No primeiro caso, depois de aprovar o texto constitucional, a Constituinte o promulga, ou seja, ordena sua publicação. No segundo, o governante dá ou concede à população de um Estado sua lei fundamental, preparada por um jurista ou uma comissão de sua confiança.

▌▌ AI-5

O Ato Institucional nº 5, ou AI-5, foi editado em 13 de dezembro de 1968 e vigorou até o início de 1979. Ao contrário dos Atos Institucionais que o antecederam, não tinha prazo de vigência: não se tratava de uma medida excepcional transitória.

O AI-5 conferia ao presidente da República poderes para:
- fechar provisoriamente o Congresso;
- cassar mandatos;
- suspender direitos políticos;
- demitir ou aposentar servidores públicos.

O AI-5* também suspendia a garantia de *habeas corpus* aos acusados de crimes contra a segurança nacional e de infrações contra a ordem econômica e social e a economia popular.

*Seu texto integral se encontra no *site* do Senado: <www2.senado.leg.br>.

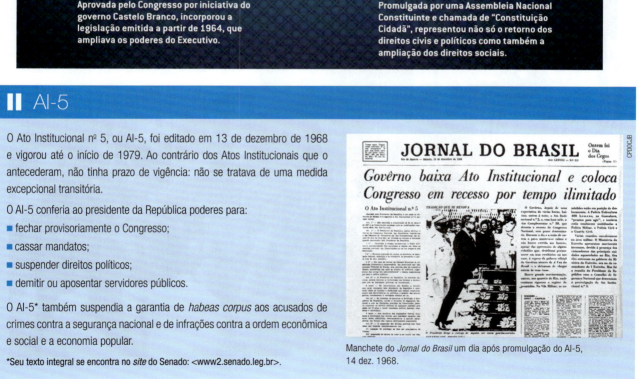

Manchete do *Jornal do Brasil* um dia após promulgação do AI-5, 14 dez. 1968.

De volta à democracia

A Constituição de 1988 foi o coroamento do fim do regime autoritário, conhecido como Regime Militar, sob o qual o Brasil viveu de 1964, quando o presidente João Goulart foi deposto, a 1985, início do governo José Sarney. Esse longo período se caracterizou pelo cerceamento da liberdade de manifestação da opinião, pela proibição e censura de manifestações culturais, artísticas e intelectuais consideradas subversivas e por um processo de perseguição, prisão e tortura dos que se contrapunham ao governo e às orientações políticas dele derivadas. O rigor da repressão desencadeada entre o fim da década de 1960 e o início da década de 1970 fez esse período se tornar conhecido como "anos de chumbo". Já nos anos finais do Regime Militar foram dados os primeiros passos para uma "abertura" política, entre os quais se destacou a Lei de Anistia.

A elaboração da Constituição de 1988 foi o resultado de um amplo e disputado processo de mobilização da sociedade, negociação e confronto de ideias. Pessoas de diferentes tendências compuseram a Assembleia Nacional Constituinte, encarregada de definir os termos que dali em diante orientariam a vida política e social do país: banqueiros, operários, ex-cassados pelo Regime Militar que retornaram à vida política graças à anistia... Todos se apresentavam com a disposição de "melhorar o país", fazer uma nação mais democrática, livre e justa para com os mais carentes e desprotegidos socialmente. O trabalho não foi fácil, nem o acordo foi completo.

Anistia

Em 1979, ainda sob o Regime Militar, o Brasil assistiu a um importante passo para a abertura política anunciada no governo do general Ernesto Geisel (1974-1979) e levada adiante na administração do general João Batista Figueiredo (1979-1985): a votação da Lei da Anistia.

Anistia é o perdão concedido pelo Estado aos condenados por crimes de natureza política. Desde 1968, diversos setores da sociedade civil se articulavam em defesa da anistia aos presos e exilados políticos condenados pela ditadura. Diante da força adquirida por diversos movimentos dentro e fora do Brasil, em junho de 1979 o governo encaminhou ao Congresso o projeto de Lei da Anistia. Aprovada por 206 votos contra 201 e promulgada em 28 de agosto, a lei beneficiou os cidadãos punidos por atos de exceção desde 9 de abril de 1964, data da edição do AI-1. No dia 1º de novembro de 1979, voltaram ao Brasil os primeiros brasileiros exilados no exterior pela Ditadura Militar.

Passeata pela anistia geral e irrestrita, realizada no Rio de Janeiro (RJ), 14 ago. 1979.

Muito do que se discutiu e se defendeu no processo constituinte acabou ficando sem uma lei que definisse sua regulamentação. Mas a Constituição se tornou um símbolo. Ela encarnou o ideal de cidadania e a volta do país à normalidade democrática. O líder da Assembleia Constituinte, deputado Ulysses Guimarães, defendia o texto constitucional por ter propiciado a inclusão dos brasileiros na vida política da sociedade. Dizia ele: "Será a Constituição Cidadã porque recuperará como cidadãos milhões de brasileiros. O povo nos mandou aqui para fazê-la, não para ter medo...".

O processo que culminou na Constituição de 1988 foi marcado por grandes mobilizações. Por exemplo, 1984 ficou na memória brasileira como o ano da campanha nacional pelas "Diretas Já" – um grande movimento que reivindicava a realização de eleições diretas para a Presidência da República. Durante o Regime Militar, os presidentes eram escolhidos por decisão da própria corporação militar, sendo eleitos indiretamente pelo Congresso. Cinco presidentes militares foram escolhidos dessa maneira. Os membros do Congresso continuavam a ser escolhidos em eleições diretas, mas uma sucessão de atos institucionais, emendas constitucionais, decretos-leis e leis davam ao governo o controle sobre todo o processo político. Com a ajuda desses instrumentos, o Regime Militar pôde cassar direitos políticos, instituir a eleição indireta para presidente da República, governadores de estados e de territórios, prefeitos de municípios considerados de interesse estratégico para a segurança nacional e ainda, em algumas ocasiões, fechar o Congresso. Por isso não se pode falar em democracia nesse período.

Presidentes militares

Presidentes	Período do mandato
Humberto de Alencar Castelo Branco	15 de abril de 1964 a 15 de março de 1967
Arthur da Costa e Silva	15 de março de 1967 a 31 de agosto de 1969
Junta Governativa Provisória	31 de agosto de 1969 a 30 de outubro de 1969
Emílio Garrastazu Médici	30 de outubro de 1969 a 15 de março de 1974
Ernesto Geisel	15 de março de 1974 a 15 de março de 1979
João Batista Figueiredo	15 de março de 1979 a 15 de março de 1985

Em 1984, quando as ruas foram tomadas pela campanha Diretas Já, o país vinha de uma experiência de 20 anos de controle, cerceamento e falta de liberdade. É por isso que sempre que se fala em democracia e participação política no Brasil contemporâneo se faz alusão às Diretas Já. Partidos políticos de oposição, artistas, intelectuais, sindicatos, estudantes, meios de comunicação se mobilizaram no que ficou conhecido como o maior movimento de participação popular de nossa

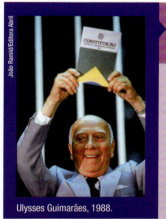

Ulysses Guimarães, 1988.

Ulysses Guimarães
(Itirapina, São Paulo, 6 de outubro de 1916 – Angra dos Reis, Rio de Janeiro, 12 de outubro de 1992)

Ulysses Guimarães foi um político importante para a redemocratização do Brasil após o Regime Militar. Sua carreira política, contudo, teve início muito antes. Em 1945, filiou-se ao recém-criado Partido Social Democrático (PSD), no qual permaneceu até o partido ser extinto, em 1965. Passou então a atuar no Movimento Democrático Brasileiro (MDB), um dos dois únicos partidos reconhecidos no período de 1965 a 1979. De 1951 até morrer foi deputado federal.

Após a edição do AI-5, a atuação do Congresso Nacional ficou restrita. Ainda assim, Ulysses defendia a luta parlamentar. Em 1974, lançou-se como "anticandidato" à Presidência da República. Embora o general Ernesto Geisel já tivesse sido escolhido como próximo presidente, a campanha ajudou a fortalecer o MDB, que nesse ano elegeu 15 de 21 senadores e 165 de 364 deputados. Ulysses e o MDB passaram então a lutar pela anistia, pela convocação de uma Assembleia Constituinte e por eleições diretas em todos os âmbitos.

Em 1979, uma reforma partidária levou à criação do PMDB (Partido do Movimento Democrático Brasileiro), do qual Ulysses foi presidente. Nesse mesmo ano, foi aprovada a anistia. Em 1984, desempenhou um papel importante durante a campanha Diretas Já, sendo apelidado de "Sr. Diretas". Em seguida, presidiu a Assembleia Nacional Constituinte. Em outubro de 1988, foi promulgada a Constituição, por ele chamada de "Cidadã". Em 1989, candidato do PMDB à Presidência da República, não foi eleito. Faleceu em outubro de 1992, em acidente de helicóptero.

Passeata pela campanha Diretas Já no centro de São Paulo, em 16 de abril de 1984. Reunindo cerca de 1,5 milhão de pessoas, foi a maior mobilização política jamais vista antes no Brasil.

história. Embora não tenha sido vitoriosa, quanto a fazer o Congresso aprovar a emenda constitucional que restabelecia as eleições diretas, a campanha Diretas Já entrou para a história política como um marco da mobilização pelo restabelecimento da democracia no país.

Se a Constituição de 1988 foi saudada como o coroamento do processo de transição para a democracia, é preciso dizer que ela também recebeu muitas críticas, sobretudo na parte relativa à organização econômica. Os críticos afirmavam que o Brasil andava na contramão dos países que abriam suas portas ao mercado e diversificavam as atividades produtivas em decorrência da globalização e da internacionalização da economia. Alguns analistas, conhecidos como liberais radicais, ou seja, defensores da livre-iniciativa e da concorrência, insistiam que o Estado estava tirando a liberdade de produção e de concorrência entre os diversos empreendedores. As sucessivas emendas constitucionais foram, aos poucos, dando espaço a novas regulamentações, em resposta às críticas e pressões recebidas. Uma delas possibilitou que a telefonia se expandisse no Brasil sem o monopólio estatal. Empresas privadas poderiam vender telefones e oferecer serviços de comunicação. Os milhares de linhas telefônicas, fixas e móveis, hoje disponíveis (o Brasil é um dos países onde mais pessoas portam celular) são uma consequência dessa alteração.

As críticas de que foi alvo a Constituição de 1988 reforçam o ponto para o qual chamamos a atenção no início deste capítulo: as constituições tratam da vida da sociedade. E a dinâmica da vida e o fluxo dos acontecimentos exigem, permanentemente, que o texto constitucional se modifique para atender melhor aos anseios da sociedade. Mas como perceber esses anseios? Como os indivíduos manifestam sua aprovação ou sua crítica, como reivindicam explicações, exigem direitos e conhecem seus deveres?

Emenda Dante de Oliveira

Em 1984, o deputado federal Dante de Oliveira (PMDB-MT) apresentou um projeto de emenda constitucional que tinha como objetivo restabelecer as eleições diretas para presidente. De acordo com uma pesquisa realizada na época, 84% da população brasileira era favorável à aprovação da emenda, o que se refletiu na articulação do movimento Diretas Já. Apesar da mobilização popular, a emenda foi rejeitada pela Câmara dos Deputados em 25 de abril daquele ano. Com isso, a eleição para presidente realizada em 1985 foi indireta. Tancredo Neves (PMDB), eleito pelo Congresso Nacional, faleceu antes de tomar posse. Em seu lugar assumiu o vice-presidente, José Sarney.

▌▌ Democracia e liberalismo

Segundo o filósofo, cientista político e historiador Norberto Bobbio, em seu livro *Democracia e liberalismo*, o Estado contemporâneo surgiu da necessidade, por um lado, de limitar o poder e, por outro, de distribuí-lo. Assim, esse Estado combinou uma forma de governo – a democracia – com uma teoria do Estado – o liberalismo – na chamada democracia liberal, que atende a essas duas necessidades. No entanto, Bobbio chama a atenção para o fato de que democracia e liberalismo não estiveram sempre juntos nem foram vistos sempre como compatíveis.

A democracia surgiu muito antes do liberalismo, na Grécia Antiga, e, apesar de ter sofrido mudanças desde então, nela o titular do poder político sempre foi "o povo". Assim, ela tem como princípio a igualdade: todos aqueles que fazem parte do povo são igualmente titulares do poder político. O princípio de igualdade, no entanto, também pode dizer respeito à igualdade de condições, e nesse sentido seria incompatível com o liberalismo. O liberalismo tem a liberdade como princípio. Segundo Norberto Bobbio, liberdade e igualdade são valores antitéticos: não é possível realizar plenamente um sem limitar o outro. O autor afirma que "para o liberal, o fim principal é a expansão da personalidade individual, mesmo se o desenvolvimento da personalidade mais rica e dotada puder se afirmar em detrimento da personalidade mais pobre e menos dotada; para o igualitário, o fim principal é o desenvolvimento da comunidade em seu conjunto, mesmo que ao custo de diminuir a esfera de liberdade dos singulares".

Como combinar liberalismo e democracia? Para os liberais, o Estado é um mal necessário. Ele é indispensável para coibir a perversidade natural dos homens, mas, ao fazê-lo, restringe a liberdade dos indivíduos. Por isso, o Estado deve ter seus poderes e suas funções limitados. A melhor maneira de garantir a proteção dos direitos de liberdade é defendê-los de possíveis abusos. Por isso, o poder deve ser distribuído.

A democracia torna-se compatível com o liberalismo porque permite essa distribuição de poder. Contudo, Norberto Bobbio demonstra que a democracia no Estado contemporâneo se encontra restrita a seu aspecto formal, ao método democrático. Igualdade e liberdade tornam-se compatíveis porque, na democracia liberal, todos são igualmente livres; a igualdade que existe é a igualdade perante a lei e a igualdade de direitos.

Democracia se aprende, cidadania também

Falamos mais de democracia do que a praticamos, ouvimos mais da cidadania do que a entendemos – e isso é verdade não apenas para nossa experiência brasileira e contemporânea. Para comprovar, vale a pena voltar ao capítulo sobre o pensador francês Alexis de Tocqueville, que escreveu sobre o que viu de extraordinário em sua viagem aos Estados Unidos em meados do século XIX. O que pareceu extraordinário a Tocqueville? A forma pela qual os americanos entendiam e vivenciavam a democracia e valorizavam a liberdade. E, muito importante, a maneira como aquelas pessoas comuns, homens e mulheres, associavam-se para defender seus interesses e ter uma vida mais segura e confortável. Nenhum daqueles processos era bem conhecido na velha Europa, de onde vinha nosso autor. Nem os ares de democracia chegavam às pessoas comuns, nem o hábito do associativismo era cultivado na França, seu país de origem. Essas considerações nos conduzem ao cerne deste capítulo: o que interessa à Sociologia, e se transforma em objeto de pesquisa e análise, são os mecanismos de desenvolvimento e aprendizado das maneiras de agir e participar nos destinos coletivos. Tudo isso se aprende. Ninguém nasce sabendo como se comportar.

As sociedades podem estar mais próximas ou mais distantes da concretização dos ideais democráticos. Portanto, democracia e cidadania não fazem parte da natureza, não são universais nem óbvias, não são dadas para que nos apossemos delas quando quisermos. Dependem da ação de indivíduos e grupos, de esforço, de as pessoas terem tido ou não a chance de aprender e incorporar seus princípios. E como isso se dá na sociedade brasileira?

Não foi por acaso que foram tão celebrados os 20 anos da Constituição de 1988. Os argumentos que mais se repetiram revelavam a visão dos direitos por ela garantidos como conquistas da sociedade organizada, que vieram a consolidar o sentido de **cidadania**. A socióloga Elisa Reis nos ensina que o conceito de cidadania remete à ideia de inclusão, por oposição a exclusão. Ser cidadão é estar dentro de um processo, usufruir de um conjunto de benefícios, participar dos ganhos que uma sociedade produziu, seja políticos, sociais, seja econômicos. A palavra **cidadania** vem do latim *civitas*, que quer dizer "cidade", e da qual também resultaram os termos "civilização" e "civilidade". A cidade foi o ambiente que mais favoreceu o crescimento da ideia de cidadania. Mais do que o campo, ela exigiu dos indivíduos uma convivência próxima e contínua; nela, tornou-se necessário saber respeitar os direitos dos outros e cumprir seus deveres, senão a vida se tornaria insuportável. Uma definição geral de

Capítulo 19 – Participação política, direitos e democracia ◀◀ **305** cidadania pode então ser assim formulada: conjunto de direitos e deveres ao qual um indivíduo está sujeito no ambiente social em que vive.

O conceito de cidadania sempre esteve associado à ideia de direitos. E o autor inglês T. H. Marshall é uma referência importante, clássica, para entendermos melhor esse conceito fundamental na vida das sociedades, quer porque esteja presente, quer porque esteja ausente da vida social. Em uma conferência que proferiu em 1949, Marshall estabeleceu três conjuntos de características da cidadania. O primeiro deles inclui o direito de escolher os governantes, assim como o direito de participar da formação do governo e de sua administração, votando ou sendo votado.

A esse conjunto ele chamou **direitos políticos**. Mas a inclusão, de que fala Elisa Reis, não é apenas política: os cidadãos também têm a expectativa de participar da ordem econômica. O direito ao trabalho, o direito à remuneração pelo trabalho, à remuneração pelo descanso, ao atendimento médico e à educação fazem parte de um segundo conjunto, que Marshall definiu como **direitos sociais**. E os cidadãos têm ainda o direito de expressar suas opiniões livremente, de ser respeitados fisicamente, de não ser torturados nem molestados, de ser tratados de forma igual diante da lei. Estes últimos direitos foram chamados por Marshall de **direitos civis**.

Manifestantes protestam contra o aumento da tarifa no transporte público em Porto Alegre (RS), 2016. Direitos sociais são garantidos pela Constituição – assim como a ação social para fazê-los valer.

Parada Gay na cidade do Recife (PE), 2014. O Movimento LGBT remonta ao final dos anos de 1970 e luta contra o preconceito em relação à orientação sexual e pela garantia dos direitos civis.

Todos esses direitos são garantidos porque se pressupõe uma contrapartida: o sujeito que participa da escolha dos governantes, do processo político, tem, por seu lado, de cumprir certos deveres. Para votar e para ser candidata, uma pessoa tem de estar de acordo com a lei, deve ter sua vida legalmente constituída. Também para usufruir dos benefícios sociais ela tem o dever de cumprir o que está estabelecido em seu contrato de trabalho e de contribuir com impostos sobre o que ganhar. E, para exercitar sua liberdade como cidadã livre, ela tem o dever de respeitar as opiniões também livres de outras pessoas, muitas vezes contrárias às suas próprias. Por isso se diz que o conceito de cidadania pressupõe os dois lados: *direitos* e *deveres*. E por isso também podemos dizer que não fazem parte da natureza – e sim da sociedade – essas características da vida em coletividade. Direitos e cidadania não são dados: são construções que variam de acordo com o estágio em que uma sociedade está em determinado momento histórico.

Florestania

Quando falamos em cidadania pensamos imediatamente em direitos e deveres que orientam a relação entre os indivíduos e a sociedade em que vivem. Mas será que a ideia de cidadania deve ficar restrita aos parâmetros de convivência entre os humanos? De acordo com um movimento recentemente articulado nos estados do Acre e do Amapá, a resposta é certamente "não". Apelidado de "Florestania" (união das palavras **floresta** e **cidadania**), o movimento procura chamar a atenção para o fato de que a humanidade não é o centro da natureza, e sim parte integrante dela. Profundamente ligado às condições históricas, culturais e econômicas da região amazônica, o Florestania busca defender a cidadania dos povos da floresta, cuja vida está intimamente relacionada à natureza local. Com isso, o objetivo principal é promover o desenvolvimento sustentável da região, isto é, priorizar formas de crescimento que respeitem tanto o meio ambiente quanto as tradições das comunidades locais (como indígenas, pescadores, seringueiros etc.).

Apesar de criado há pouco mais de uma década, o termo **florestania** remete a um movimento bem mais antigo de luta em defesa dos direitos dos povos amazônicos, cujo maior expoente foi, sem sombra de dúvida, Chico Mendes. Assassinado em dezembro de 1988, esse líder seringueiro e ambientalista é, ainda hoje, o maior ícone da luta pela defesa da Amazônia. Reivindicando melhores condições de vida para os trabalhadores e moradores da região, Chico Mendes liderou um movimento de resistência pacífica, mobilizando a população para defender o ambiente, suas casas e famílias contra a violência e a destruição praticadas por fazendeiros, ganhando grande apoio internacional.

Anualmente o governo do Acre promove a entrega do Prêmio Chico Mendes de Florestania, que premia pessoas cujas atividades, programas, ações e iniciativas estejam de acordo com os ideais de Chico Mendes e consolidem o conceito de Florestania.

Uma história do voto no Brasil

Você certamente sabe que ao completar 16 anos todo brasileiro passa a ter o direito de votar nas eleições municipais, estaduais e federais, por meio das quais ajuda a escolher aqueles que comporão o Poder Executivo (prefeitos, governadores e presidentes) e o Poder Legislativo (vereadores, deputados estaduais e federais e senadores). Deve saber, também, que aos 18 anos esse direito deixa de ser facultativo (ou seja, o ato de votar é uma escolha de cada um) e passa a ser um dever de todos os cidadãos, que têm de comparecer obrigatoriamente a cada eleição realizada. Mas será que você sabe que nem sempre foi assim?

A primeira eleição de que se tem notícia em solo brasileiro foi realizada em 1532, na então capitania de São Vicente, por convocação de seu donatário, Martim Afonso de Sousa. Como ocorreu durante todo o Período Colonial, essa eleição se restringia ao âmbito local e contava apenas com o voto dos chamados "homens bons" (homens de linhagens familiares tradicionais e com posses). O sistema eleitoral só passou a ser definido como um processo oficial a partir de nossa primeira Constituição, outorgada em 1824 por D. Pedro I, que definiu que o voto seria obrigatório, porém censitário, ou seja, só poderiam votar os homens com mais de 25 anos e dotados de determinada renda anual. Ficavam de fora, portanto, as mulheres, os assalariados, os indígenas e, obviamente, os escravos. Além disso, as eleições não eram diretas, o que foi modificado apenas em 1881 (com a chamada Lei Saraiva). Tais condições fizeram com que, até o fim do Período Imperial, apenas 1,5% da população brasileira tivesse acesso ao processo eleitoral.

Mesmo após a Proclamação da República, em 1889, as mudanças foram lentas. Apenas no início do século XX foi permitido o voto de todos os brasileiros do sexo masculino com mais de 21 anos e que fossem alfabetizados. As mulheres conquistaram o direito de votar somente em 1934, quando também foi instituído o voto obrigatório e secreto. Entre 1937 e 1945, durante o Estado Novo, as eleições ficaram suspensas. Anos mais tarde, a Ditadura Militar (1964-1985) acabou com as eleições diretas para presidente e governador. Esses dois períodos de suspensão dos princípios democráticos privaram os brasileiros de escolher seu presidente por nove vezes. Com isso, em quase 120 anos de república, dos 117 presidentes que governaram o Brasil até 2016 apenas 18 foram eleitos por voto direto.

Com a redemocratização, a Constituição de 1988 trouxe, além da volta das eleições diretas para presidente (retomadas em 1989), a ampliação do direito ao voto para analfabetos e jovens de 16 e 17 anos. Essas medidas expandiram significativamente o eleitorado do país, que, em 2014, contava com cerca de 142 milhões de eleitores (incremento de aproximadamente 5% em relação a 2010). Alguns dados nos ajudam a traçar características do eleitorado brasileiro: uma primeira informação interessante é que, desde 2010, as mulheres são maioria, correspondendo a cerca de 52% dos eleitores. A diferença regional também pode fornecer boas pistas: a região com maior número de eleitores é a Sudeste, que concentra quatro de cada dez eleitores (43,44%), seguida por Nordeste (26,80%), Sul (14,79%), Norte (7,57%) e Centro-Oeste (7,17%). Outro dado importante é que a participação dos jovens, para os quais o voto é facultativo, caiu 31,47% em relação às eleições em 2010, registrando o menor número em 20 anos.

Hoje, no Brasil, as eleições são realizadas no sistema universal e direto, com voto obrigatório e secreto. A obrigatoriedade recai sobre homens e mulheres a partir de 18 anos, enquanto para os maiores de 70, analfabetos e jovens maiores de 16 e menores de 18 anos vige o sistema facultativo. Apesar de estarmos acostumados com esse modelo, é importante lembrar que muitas das características que o compõem foram fruto de grandes vitórias de grupos antes completamente excluídos do processo eleitoral.

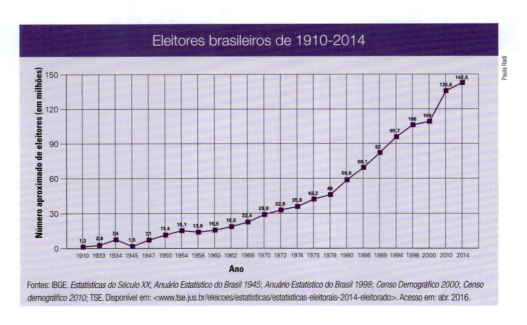

Fontes: IBGE. *Estatísticas do Século XX*; *Anuário Estatístico do Brasil 1945*; *Anuário Estatístico do Brasil 1998*; *Censo Demográfico 2000*; *Censo demográfico 2010*; TSE. Disponível em: <www.tse.jus.br/eleicoes/estatisticas/estatisticas-eleitorais-2014-eleitorado>. Acesso em: abr. 2016.

Lei da Ficha Limpa

A Campanha Ficha Limpa foi lançada em abril de 2008, pela sociedade civil brasileira, com o objetivo de melhorar o perfil dos candidatos a cargos eletivos do país. Para isso, foi elaborado um Projeto de Lei de Iniciativa Popular sobre a vida pregressa dos candidatos, com a finalidade de tornar mais rígidos os critérios para se candidatar – critérios de inelegibilidades. Assim, o objetivo do Projeto de Lei de Iniciativa Popular era alterar a Lei Complementar nº 64, de 18 de maio de 1990, já existente, chamada Lei das Inelegibilidades.

O projeto Ficha Limpa circulou por todo o país, e foram coletadas mais de 1,3 milhão de assinaturas em seu favor – o que corresponde a 1% dos eleitores brasileiros. No dia 29 de setembro de 2009, o Projeto de Lei foi entregue ao Congresso Nacional junto às assinaturas coletadas e transformado na Lei Complementar nº 135/2010, conhecida como Lei da Ficha Limpa, sancionada pelo Presidente Luiz Inácio Lula da Silva no dia 4 de junho de 2010.

Além do acréscimo das hipóteses de inelegibilidade absoluta e do aumento da duração do impedimento para se candidatar a cargo eletivo, [...] agora, para que alguém perca seu direito de concorrer a cargos eletivos, basta que a decisão do caso já tenha sido proferida por órgão judicial colegiado, ou seja, que a decisão tenha sido exarada por um grupo de juízes em grau de recurso.

A Lei da Ficha Limpa passou a ser aplicada a partir das eleições de 2012.

ARTICULAÇÃO BRASILEIRA CONTRA CORRUPÇÃO E IMPUNIDADE. *O que é Ficha Limpa*. Disponível em: <www.justicaeleitoral.jus.br/arquivos/tre-mg-corrupcao-eleitoral>. Acesso em: maio 2016.

A comunicação ou denúncia à Justiça Eleitoral de irregularidades podem ser feitas por meio do *site* do TRE do estado, por *e-mail*, no próprio Cartório Eleitoral ou diretamente ao Promotor de Justiça Eleitoral, representante do Ministério Público. Além dos canais disponíveis no âmbito da Justiça Eleitoral, o cidadão também pode fazer denúncias às Polícias Civil e Militar.

A **iniciativa popular** é um instrumento previsto em nossa Constituição que permite que um projeto de lei seja apresentado ao Congresso Nacional desde que, entre outras condições, apresente as assinaturas de 1% de todos os eleitores do Brasil.

Vassouras fincadas na grama em frente ao Congresso Nacional, em manifestação artística a favor do Ficha Limpa. Brasília (DF), 2013. Fazendo valer o direito político: escolher representantes idôneos.

Cidadãos de que classe?

Você já deve ter ouvido frases do tipo: "O brasileiro não participa da política, é acomodado, não conhece seus direitos, não se interessa por política, não cobra as promessas de campanha, não acompanha nem fiscaliza os atos dos políticos, não se mobiliza para defender seus interesses ou os interesses da comunidade onde vive". Poderíamos seguir com mais exemplos, e cada um, em cada região do país, no linguajar local, confirmaria essas crenças que vão se difundindo. Será que essas crenças têm fundamento na realidade? Em caso afirmativo, a que se deve a apatia, a indiferença dos brasileiros com relação a seus direitos e deveres? Talvez você ainda não saiba, mas não são poucos os cientistas sociais que querem encontrar respostas para essas suposições. Estão convencidos de que a vida em sociedade se beneficia da participação dos que nela vivem. A pesquisa que traremos para esta conversa teve como motivação responder a esse tipo de incômodo: Será possível que os brasileiros não se importam com o que se passa à sua volta? Não se acham comprometidos com coisa alguma? Não se interessam pelos rumos da política? Não conhecem seus direitos? Não têm vontade de conhecê-los? Desconhecem seus deveres?

Uma equipe de pesquisadores, coordenada por José Murilo de Carvalho, saiu em campo entre 1995 e 1996 para apurar como os habitantes da Região Metropolitana do Rio de Janeiro percebiam as noções de direitos e deveres e, também, como entendiam o sentido da participação nos rumos da política e da sociedade. Intitulado "Lei, justiça e cidadania", o levantamento contou com a participação dos pesquisadores Dulce Pandolfi, Leandro Piquet Carneiro e Mario Grynszpan, e foi desenvolvido por duas instituições: o Centro de Pesquisa e Documentação de História Contemporânea do Brasil (CPDOC), da Fundação Getulio Vargas, e o Instituto de Estudos da Religião (Iser). Os resultados não foram muito animadores. Embora a Constituição de 1988 tenha formalmente assegurado a cidadania a todos os brasileiros, na prática, afirmam os pesquisadores, nem todos têm acesso a ela.

As pessoas entrevistadas pela pesquisa mostraram desconhecimento a respeito de seus direitos e deveres, além de falta de confiança nas instituições públicas, na Justiça e nos políticos. Em uma democracia consolidada, os cidadãos devem recorrer às instituições públicas para fazer valer seus direitos. Entre os entrevistados, mais da metade informou que familiares, amigos ou indicações pessoais eram os recursos com os quais podiam contar em momento de necessidade. Do mesmo modo, a Justiça tem como princípio a ideia de que todos são iguais perante a lei. Mas 95,7% dos entrevistados acreditavam que, se uma pessoa rica e uma pobre praticassem o mesmo crime, a Justiça trataria o pobre com maior rigor. E a desconfiança em relação aos políticos também ficou clara: um percentual elevado de entrevistados considerava a falta de ética, a corrupção e o comportamento dos políticos motivo de vergonha de ser brasileiro. Se nosso interesse for verificar o que a população pesquisada pensava sobre a polícia, as respostas também nos provocam sociologicamente: apenas 20% dos entrevistados admitiram ter recorrido à polícia em caso de violência ou de algum problema que tivessem tido. Mas aqui apareceu outro dado importante: 66,3% consideraram que o aumento de policiamento nas ruas contribuiria para a diminuição da criminalidade. Para combater a violência urbana, o recurso ao policiamento foi muito valorizado pelo grupo pesquisado. Mas, paradoxalmente, a polícia não foi citada como boa escolha para resolver a aflição de cada um.

Outras indicações merecem nossa reflexão. Uma sociedade democrática baseia-se nos princípios da liberdade de opinião, da liberdade de expressão, da dignidade física e psicológica do ser humano, do respeito às instituições e às leis. Uma sociedade democrática constrói-se com o propósito de ter no recurso às leis e no funcionamento das instituições os caminhos mais confiáveis para exercitar a vida coletiva. Nesse quadro, tem de haver previsão de punição para os que desrespeitarem a lei. A punição, no entanto, não pode significar violência contra a pessoa que cometeu a falta. Os pesquisadores perguntaram aos entrevistados se consideravam aceitável ou não a violência contra o transgressor. Embora considerassem errado, muitos responderam que "a violência policial era justificável em certas condições".

Os resultados dessa pesquisa fortalecem achados de estudos em outras regiões do Brasil. Muito do que encontramos nesses levantamentos tem sua raiz mais funda em hábitos cultivados em nosso país, os quais cientistas sociais atentos trataram de identificar. Um deles foi bem sintetizado pelo cientista político Wanderley Guilherme dos Santos: o costume de definirmos como cidadãos "todos aqueles membros da comunidade que se encontram localizados em qualquer uma das ocupações reconhecidas e definidas por lei". Você sabe o que significa isso? Para o senso comum, são cidadãos apenas

310 ▶▶ **Parte III** – A Sociologia vem ao Brasil

os que estiverem cadastrados em uma ocupação, tiverem carteira de trabalho, forem vinculados a uma profissão, estiverem em algum lugar do processo produtivo. Por isso Wanderley Guilherme batizou essa noção de **cidadania regulada**, ou seja, cidadania restrita, dentro de certas condições. Seria uma cidadania seletiva, podemos concluir, só aplicável aos que têm um contrato de trabalho formalizado. Então, estamos diante de uma distorção: se cidadão é todo membro de uma comunidade maior, de uma cidade, sua cidadania não pode decorrer do fato de ter uma ocupação ou um documento. O resultado é que dividimos o que deveria ser uma condição de todos entre uns, que podem e têm, e outros, uma grande maioria, que não podem e não têm direito aos benefícios que deveriam ser garantidos aos cidadãos...

Tudo isso quer dizer que não avançamos nada? O bom da experiência democrática é que com ela aprendemos a querer e a melhorar mais e mais. Essa atitude é indispensável à vida em sociedade, porque ensina a exigir o que precisa ser modificado e cuidar do que se conquistou. No caso do Brasil, as últimas décadas foram importantes em muitos aspectos: votamos livremente para a escolha de todos os governantes; ampliamos o direito ao voto para aqueles que ainda não têm domínio da leitura e estendemos o direito ao voto aos jovens de 16 anos. Hoje, a população em idade escolar pode frequentar escolas, um direito social fundamental para os cidadãos de um país. Essa foi uma das conquistas mais importantes dos brasileiros, porque, como nos lembra T. H. Marshall, a educação é um direito social que funciona como pré-requisito para a expansão dos demais direitos, políticos e civis.

Cartaz da Justiça Eleitoral de incentivo aos jovens para o registro eleitoral, 2015.

Outra conquista importante é a liberdade de pensamento e expressão, que se traduz na liberdade de imprensa, de associação política, sindical e partidária. Não há democracia com imprensa cerceada. Os meios de comunicação são a voz dos cidadãos. As transgressões à democracia são muitas vezes expostas na imprensa escrita ou televisiva, e agora, sem fronteiras, pela internet. São canais de pressão para denunciar injustiças e reclamar correções. Pensar e agir sociologicamente significa nos conectarmos com o que foi modificado e com o que ainda precisa ser aperfeiçoado. Esses são os desafios de nossa profissão e de nossa vida como detentores de direitos e deveres.

◀◀ Recapitulando

As sociedades democráticas são regidas por constituições. Nelas estão registrados todos os direitos e deveres dos cidadãos e do Estado. Por essa razão, as constituições fornecem muitas pistas para conhecermos as especificidades das sociedades em diferentes momentos históricos. A Constituição em vigor no Brasil foi promulgada em 1988 e resultou de um grande esforço de mobilização da sociedade: diversos segmentos sociais participaram de sua elaboração. Por ter representado o coroamento do processo de transição democrática que se seguiu a 21 anos de regime autoritário (1964-1985), por ter garantido o respeito aos direitos políticos e civis e a ampliação dos direitos sociais, foi chamada de Constituição Cidadã. Cidadania envolve participação. Falamos em **cidadania plena** quando queremos frisar que a participação dos cidadãos nos direitos e deveres civis, políticos e sociais é garantida pela Constituição. Falamos em **cidadania regulada** ou **seletiva** quando esses direitos são limitados por condições específicas. Mas cidadania diz respeito também à participação ativa das pessoas na vida do país: à maneira pela qual homens e mulheres manifestam sua aprovação ou sua crítica, como reivindicam explicações, como se mobilizam por determinadas causas. Desse modo, falar em participação cidadã é o mesmo que falar em dar e receber para ter uma sociedade melhor.

A democracia é um regime político em que a sociedade está em permanente construção – ela é "elaborada" no dia a dia por meio da participação dos cidadãos. Nem a cidadania nem a democracia fazem parte da natureza ou estão disponíveis para nos apossarmos delas quando quisermos. Elas dependem de construção e de esforço; devem ser aprendidas e incorporadas às práticas cotidianas. Por essa razão, as diferentes sociedades – ou uma mesma sociedade em diferentes momentos – podem estar mais próximas ou mais distantes da concretização dos ideais democráticos.

Leitura complementar

O voto

O sufrágio universal se dá quando todos os cidadãos do país são, também, potencialmente eleitores, isto é, *podem votar*. Não existem, nesse caso, quaisquer restrições de ordem econômica ou intelectual. Todos, independentemente de suas condições de nascimento, renda ou capacidades especiais, podem ser eleitores e votar. Ora, você deve estar pensando – não é bem assim, nem *todos* podem votar. Nós, brasileiros, por exemplo, só podemos votar após completarmos dezesseis anos. Isso quer dizer que o Brasil não adota o sufrágio universal!? Não. O Brasil adota o sufrágio universal, mas, à semelhança de muitos outros países que também o adotam e são democráticos, estabelece alguns *requisitos* para o exercício do voto:

[...] todos os brasileiros, sejam eles natos ou naturalizados, homens ou mulheres, ricos ou pobres, letrados ou analfabetos, todos podem votar a partir do seu décimo sexto aniversário.

[...] De acordo com a nossa Constituição, só não podem votar no Brasil, independentemente da idade que tenham, os estrangeiros e os militares que estejam prestando o serviço militar obrigatório. [...]

Numa democracia, que é o governo do povo, este deve ser aceito e representado de forma igual, sem discriminações de qualquer tipo. Ou seja, o sufrágio deve ser universal.

Repare que, quando explicamos o sufrágio universal brasileiro, falamos que todos os maiores de dezesseis anos, sem exceções, *podem* votar. Sim, todos podem, mas alguns *devem*. Para entender melhor essa diferença entre poder e dever votar, vamos recorrer a uma outra classificação relativa ao voto. Pois bem, o voto pode ser obrigatório ou facultativo. A principal diferença entre os dois é a seguinte: se o voto é obrigatório é porque todos os cidadãos são obrigados a votar; se ele é *facultativo*, vota quem quer. Quando o voto é facultativo, isto é, um direito apenas, os cidadãos podem escolher se querem votar ou não. [...]

[...] quando o voto é obrigatório existe sempre um *dever jurídico* de votar. Este dever é jurídico na medida em que são as leis que vão estabelecer sanções para aqueles que não votarem.

[...] O Brasil adota os dois sistemas, isto é, tanto o voto obrigatório como o facultativo. O voto é obrigatório para todos que tenham entre dezoito e setenta anos e facultativo para os analfabetos e para aqueles que tenham idade entre dezesseis e dezoito ou que sejam maiores de setenta

anos. Em outras palavras, nós, brasileiros alfabetizados, dos dezoito aos setenta anos, somos obrigados a votar. Se descumprimos essa obrigação e não justificarmos o motivo perante a Justiça Eleitoral, somos multados e ficamos sujeitos a perder vários direitos. Já os analfabetos, os jovens entre dezesseis e dezoito e os idosos acima de setenta, estes podem escolher se querem ou não votar. E se decidirem pela última opção, isto é, não votar, eles não são penalizados. O que você acha disso? Você pensa que o voto deve ser um direito ou um dever dos cidadãos? E no nosso país, o Brasil, você concorda que o voto seja praticamente obrigatório, sendo facultativo apenas nesses casos que mencionamos? O que você pensa sobre esse assunto?

Outro aspecto importante do voto é se ele é igual ou desigual. O *voto igual*, assim como o sufrágio universal, é uma exigência democrática. É muito simples: se numa democracia todos somos iguais e o poder é exercido igualmente em nome de todos os cidadãos, logo o voto de cada um de nós deve ser também igual – para cada cabeça, um voto! É isso então que entendemos por voto igual: o voto de cada eleitor vale o mesmo que o voto dos demais eleitores. Você deve estar achando isso muito óbvio. Mas saiba que nem sempre foi assim. No passado, em outros países, já foi comum o *voto desigual*. Quando isso acontece, determinados eleitores têm o direito de votar mais de uma vez ou de dispor de mais de um voto numa mesma eleição. [...]

[...]

Aqui no Brasil, o voto é igual para todos. Pelo menos é o que a nossa Constituição diz. Mas pense sobre o seguinte exemplo: lembra que aprendemos que cada estado elege um número de deputados federais proporcional ao número de seus habitantes? Então, para se eleger um deputado federal no Acre são precisos aproximadamente dezesseis mil votos, enquanto que para eleger um deputado federal em São Paulo são necessários cerca de trezentos mil votos. Ora, isso não significa que o voto de um eleitor no Acre vale mais do que o voto de um eleitor paulista? [...]

Ah! Uma última coisa merece ser dita. Quando alguém escolhe não votar em nenhum candidato, dizemos que seu voto é *branco*. Quando alguém vota de forma que não seja possível decidir em quem votou, considera-se o voto *nulo*. E por fim, quando alguém não comparece às eleições, dizemos que ocorreu uma abstenção.

EISEMBERG, José; POGREBINSCHI, Thamy. *Onde está a democracia?* Belo Horizonte: Ed. UFMG, 2002. p. 65-70.

Fique atento!

Definição dos conceitos sociológicos estudados neste capítulo.

Cidadania: na página 305.

Cidadania regulada: na página 311.

Constituição: na página 300.

Direitos civis: na seção **Conceitos sociológicos**, página 367.

Direitos políticos: na seção **Conceitos sociológicos**, página 367.

Direitos sociais: na seção **Conceitos sociológicos**, página 367.

Iniciativa popular: na página 309.

Sessão de cinema

TEMPO DE RESISTÊNCIA

Brasil, 2003, 115 min. Direção de André Ristum.

O filme mostra o depoimento de cerca de 30 pessoas envolvidas na resistência à ditadura e imagens de arquivos. Conta a história desse período, que se estendeu por mais de 20 anos. Além de informar, tem uma mensagem dirigida aos jovens eleitores do Brasil.

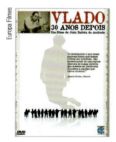

VLADO – 30 ANOS DEPOIS

Brasil, 2005, 90 min. Direção de João Batista de Andrade.

Elaborado com base em depoimentos de pessoas que conviveram com Vladimir Herzog, jornalista que, segundo informações da polícia, teria se suicidado após prestar depoimento ao DOI-Codi em 25 de outubro de 1975. Conta sua história desde a infância, na Iugoslávia, passando pela fuga, com a família judaica, da perseguição nazista, até sua posse como diretor de jornalismo na TV Cultura de São Paulo e a perseguição sofrida durante o Regime Militar.

Construindo seus conhecimentos

MONITORANDO A APRENDIZAGEM

1. Leia, atentamente, o fragmento do discurso proferido pelo presidente da Assembleia Constituinte – Ulysses Guimarães – em 5 de outubro de 1988, dia da promulgação da Constituição Brasileira.

[...]

Tem significado de diagnóstico a Constituição ter alargado o exercício da democracia, em participativa além de representativa. É o clarim da soberania popular e direta, tocando no umbral da Constituição, para ordenar o avanço no campo das necessidades sociais.

O povo passou a ter a iniciativa de leis. Mais do que isso, o povo é o superlegislador, habilitado a rejeitar, pelo referendo, projetos aprovados pelo Parlamento.

A vida pública brasileira será também fiscalizada pelos cidadãos. Do Presidente da República ao Prefeito, do Senador ao Vereador.

A moral é o cerne da Pátria.

A corrupção é o cupim da República. República suja pela corrupção impune tomba nas mãos de demagogos, que, a pretexto de salvá-la, a tiranizam.

Não roubar, não deixar roubar, pôr na cadeia quem roube, eis o primeiro mandamento da moral pública.

Pela Constituição, os cidadãos são poderosos e vigilantes agentes da fiscalização, através do mandado de segurança coletivo; do direito de receber informações dos órgãos públicos, da prerrogativa de petição aos poderes públicos, em defesa de direitos contra ilegalidade ou abuso de poder; da obtenção de certidões para defesa de direitos; da ação popular, que pode ser proposta por qualquer cidadão, para anular ato lesivo ao patrimônio público, ao meio ambiente e ao patrimônio histórico, isento de custas judiciais; da fiscalização das contas dos Municípios por parte do contribuinte; podem peticionar, reclamar, representar ou apresentar queixas junto às comissões das Casas do Congresso Nacional; qualquer cidadão, partido político, associação ou sindicato são partes legítimas e poderão denunciar irregularidades ou ilegalidades perante o Tribunal de Contas da União, do Estado ou do Município. A gratuidade facilita a efetividade dessa fiscalização.

A exposição panorâmica da lei fundamental que hoje passa a reger a Nação permite conceituá-la, sinoticamente, como a [...] Constituição cidadã [...].

GUIMARÃES, Ulysses. Discurso proferido na sessão de 5 de outubro de 1988. Câmara dos Deputados. Escrevendo a História – Série Brasileira. Disponível em: <www2.camara.leg.br/atividade-legislativa/plenario/discursos/escrevendohistoria/25-anos-da-constituicao-de-1988/constituinte-1987-1988/pdf/Ulysses%20Guimaraes%20-%20DISCURSO%20%20REVISADO.pdf>. Acesso em: maio 2016.

a) Ouvimos diariamente que a democracia depende da participação dos cidadãos. De acordo com o documento que você acabou de ler, quais são os caminhos práticos que a Constituição de 1988 abriu para uma "democracia participativa, além de representativa"?

b) A caracterização da Constituição de 1988 como "Constituição Cidadã" advém, entre outros aspectos, do fato de ela ter garantido o direito à iniciativa de leis: "O povo é o superlegislador". Após pesquisar na biblioteca ou na internet, cite algumas leis brasileiras promulgadas a partir de 1988 que tiveram origem na iniciativa popular.

2. Você aprendeu que a cidadania se refere a um conjunto de direitos e deveres ao qual um indivíduo está sujeito no ambiente social em que vive. Cite exemplos de direitos e deveres civis, políticos e sociais.

3. Defina o que é um regime político autoritário e um regime político democrático. Cite exemplos atuais ou históricos desses dois tipos de regime.

4. Explique o que é a "cidadania regulada".

314 ▶▶ Parte III – A Sociologia vem ao Brasil

DE OLHO NO ENEM

1. (Enem 2014)

> A Comissão Nacional da Verdade (CNV) reuniu representantes de comissões estaduais e de várias instituições para apresentar um balanço dos trabalhos feitos e assinar termos de cooperação com quatro organizações. O coordenador da CNV estima que, até o momento, a comissão examinou, "por baixo", cerca de 30 milhões de páginas de documentos e fez centenas de entrevistas.
>
> Disponível em: www.jb.com.br. Acesso em: 2 mar. 2013 (adaptado).

A notícia descreve uma iniciativa do Estado que resultou da ação de diversos movimentos sociais no Brasil diante de eventos ocorridos entre 1964 e 1988. O objetivo dessa iniciativa é

(A) anular a anistia concedida aos chefes militares.

(B) rever as condenações judiciais aos presos políticos.

(C) perdoar os crimes atribuídos aos militantes esquerdistas.

(D) comprovar o apoio da sociedade aos golpistas anticomunistas.

(E) esclarecer as circunstâncias de violações aos direitos humanos.

2. (Enem 2012)

> Diante dessas inconsistências e de outras que ainda preocupam a opinião pública, nós, jornalistas, estamos encaminhando este documento ao Sindicato dos Jornalistas Profissionais no Estado de São Paulo, para que o entregue à Justiça; e da Justiça esperamos a realização de novas diligências capazes de levar à completa elucidação desses fatos e de outros que porventura vierem a ser levantados.
>
> Em nome da verdade. O Estado de São Paulo, 3 fev. 1976. In: FILHO, I. A. *Brasil, 500 anos em documentos*. Rio de Janeiro: Mauad, 1999.

A morte do jornalista Vladimir Herzog, ocorrida durante o regime militar, em 1975, levou a medidas como o abaixo-assinado feito por profissionais da imprensa de São Paulo. A análise dessa medida tomada indica a

(A) certeza do cumprimento das leis.

(B) superação do governo de exceção.

(C) violência dos terroristas de esquerda.

(D) punição dos torturadores da polícia.

(E) expectativa da investigação dos culpados.

3. (Enem 2011)

> Na década de 1990, os movimentos sociais camponeses e as ONGs tiveram destaque, ao lado de outros sujeitos coletivos. Na sociedade brasileira, a ação dos movimentos sociais vem construindo lentamente um conjunto de práticas democráticas no interior das escolas, das comunidades, dos grupos organizados e na interface da sociedade civil com o Estado. O diálogo, o confronto e o conflito têm sido os motores de construção democrática.
>
> SOUZA, M. A. *Movimentos sociais no Brasil contemporâneo*: participação e possibilidades das práticas democráticas.
> Disponível em: http://www.ces.uc.pt. Acesso em: 30 abr. 2010 (adaptado).

Segundo o texto, os movimentos sociais contribuem para o processo de construção democrática, porque

(A) determinam o papel do Estado nas transformações socioeconômicas.

(B) aumentam o clima de tensão social na sociedade civil.

(C) pressionam o Estado para o atendimento das demandas da sociedade.

(D) privilegiam determinadas parcelas da sociedade em detrimento das demais.

(E) propiciam a adoção de valores éticos pelos órgãos do Estado.

4. (Enem 2014)

Existe uma cultura política que domina o sistema e é fundamental para entender o conservadorismo brasileiro. Há um argumento, partilhado pela direita e pela esquerda, de que a sociedade brasileira é conservadora. Isso legitimou o conservadorismo do sistema político: existiriam limites para transformar o país, porque a sociedade é conservadora, não aceita mudanças bruscas. Isso justifica o caráter vagaroso da redemocratização e da redistribuição da renda. Mas não é assim. A sociedade é muito mais avançada que o sistema político. Ele se mantém porque consegue convencer a sociedade de que é a expressão dela, de seu conservadorismo.

NOBRE, M. *Dois ismos que não rimam*. Disponível em: www.unicamp.br. Acesso em: 28 mar. 2014 (adaptado).

A característica do sistema político brasileiro, ressaltada no texto, obtém sua legitimidade da

(A) dispersão regional do poder econômico.

(B) polarização acentuada da disputa partidária.

(C) orientação radical dos movimentos populares.

(D) condução eficiente das ações administrativas.

(E) sustentação ideológica das desigualdades existentes.

5. (Enem 2015)

Não nos resta a menor dúvida de que a principal contribuição dos diferentes tipos de movimentos sociais brasileiros nos últimos vinte anos foi no plano da reconstrução do processo de democratização do país. E não se trata apenas da reconstrução do regime político, da retomada da democracia e do fim do Regime Militar. Trata-se da reconstrução ou construção de novos rumos para a cultura do país, do preenchimento de vazios na condução da luta pela redemocratização, constituindo-se como agentes interlocutores que dialogam diretamente com a população e com o Estado.

GOHN, M. G. M. *Os sem-terras, ONGs e cidadania*. São Paulo: Cortez, 2003 (adaptado).

No processo da redemocratização brasileira, os novos movimentos sociais contribuíram para

(A) diminuir a legitimidade dos novos partidos políticos então criados.

(B) tornar a democracia um valor social que ultrapassa os momentos eleitorais.

(C) difundir a democracia representativa como objetivo fundamental da luta política.

(D) ampliar as disputas pela hegemonia das entidades de trabalhadores com os sindicatos.

(E) fragmentar as lutas políticas dos diversos atores sociais frente ao Estado.

ASSIMILANDO CONCEITOS

1. As fotografias são registros de dois momentos da história recente do Brasil: a primeira diz respeito à mobilização popular de 1984 em prol das eleições diretas para a Presidência da República, e a segunda registra a mobilização popular em favor do *impeachment* do presidente Fernando Collor de Mello, primeiro presidente civil eleito pelo voto direto após o Golpe Militar de 1964.

Passeata da campanha por eleições Diretas Já no Viaduto do Chá. São Paulo (SP), 1984.

Manifestação pelo *impeachment* do presidente Collor. Rio de Janeiro (RJ), 1992.

Compare as duas imagens, leia o texto "Democracia: passado, presente e futuro" e elabore um texto desenvolvendo a seguinte ideia: Não há projeto pronto e acabado na democracia. Nela não é possível descansar.

DEMOCRACIA: PASSADO, PRESENTE E FUTURO

A democracia depende da natureza da cultura cívica e política de cada povo capaz de se mobilizar para discutir os desafios e as soluções.

A democracia e as formas republicanas de governo tendem a se expandir em todo o mundo, principalmente depois do fim da chamada Guerra Fria e, mais recentemente, diante dos influxos e afluxos da onda globalizadora que permeia nossos tempos.

Em "O futuro da democracia", Norberto Bobbio [...] observou que a "democracia é definida como um conjunto de regras de procedimento para a formação de decisões coletivas em que está prevista e facilitada a participação mais ampla possível dos interessados". Praticar eleições livres é essencial; contudo, para que sejam efetivamente democráticas, devem ser periódicas, competitivas, livres e não manipuladas.

Em 1830, nos pródromos do sistema representativo na Inglaterra, os eleitores representavam 2,3% da população; na Suécia, em 1860, 5,7%; nos Países Baixos, em 1851, 2,4%; em Luxemburgo, em 1848, 2%.

Em todos esses países, assim como no Brasil, nesse tempo praticava-se a democracia censitária. Desde 1821, votávamos para eleger os representantes brasileiros às Cortes Constituintes de Lisboa. O eleitorado masculino atingia, em 1872, data do primeiro recenseamento demográfico, cerca de 11% da população adulta, podendo votar os de renda mínima anual de 100$000 (100 mil-réis).

Na maioria dos países, a universalização, mesmo restrita aos homens, veio bem mais tarde: em 1893, na Bélgica; em 1918, na Dinamarca; na Finlândia, em 1906; na Inglaterra, em 1918; na Itália, em 1919; na Noruega, em 1913; nos Países Baixos, em 1917; e, na Suécia, em 1921.

No Brasil, ao lado da democracia participativa, em razão dos novos instrumentos acolhidos no texto constitucional de 1988, a soberania popular é exercida por meio do plebiscito, do referendo e da iniciativa popular.

Esse sufrágio, contudo, depende menos do Executivo, do Legislativo e do Judiciário do que da sociedade. Temos de nos conscientizar de que a democracia representativa, tal como foi concebida e materializada há dois séculos, não exige dos cidadãos pouco mais do que algumas horas de participação a cada dois anos.

Ela, mais do que do esforço de qualquer governo, dependerá da natureza da cultura cívica e política de cada nação, povo ou sociedade capaz de se mobilizar para discutir as aspirações, as opções e os desafios e, principalmente, encontrar solução para os problemas da comunidade.

As reclamações sobre a distonia entre os desejos e as aspirações que separam os cidadãos de sua representação política, nas casas legislativas e nos governos, não se restringem ao Brasil. Também ocorrem nas mais consolidadas democracias do mundo contemporâneo.

As críticas são ácidas, amargas e, em grande parte, desoladoras. Implicam muitas vezes desesperança, quando não fatalismo ou inconformismo. Somos nós que escolhemos nossos representantes e, em consequência, inevitavelmente nos arrependemos. [...]

MACIEL, Marco. *Folha de S.Paulo*, São Paulo, 25 fev. 2009. Fornecido pela Folhapress.

OLHARES SOBRE A SOCIEDADE

CAMINHANDO
(PRA NÃO DIZER QUE NÃO FALEI DAS FLORES)

Caminhando e cantando e seguindo a canção
Somos todos iguais braços dados ou não
Nas escolas, nas ruas, campos, construções
Caminhando e cantando e seguindo a canção

Vem vamos embora que esperar não é saber
Quem sabe faz a hora não espera acontecer

Pelos campos a fome em grandes plantações
Pelas ruas marchando indecisos cordões
Ainda fazem da flor seu mais forte refrão
E acreditam nas flores vencendo o canhão

Vem vamos embora que esperar não é saber
Quem sabe faz a hora não espera acontecer

Há soldados armados, amados ou não
Quase todos perdidos de armas na mão

Nos quartéis lhes ensinam uma antiga lição:
De morrer pela pátria e viver sem razão

Vem vamos embora que esperar não é saber
Quem sabe faz a hora não espera acontecer

Nas escolas, nas ruas, campos, construções
Somos todos soldados, armados ou não
Caminhando e cantando e seguindo a canção
Somos todos iguais, braços dados ou não
Os amores na mente, as flores no chão
A certeza na frente, a história na mão
Caminhando e cantando e seguindo a canção
Aprendendo e ensinando uma nova lição

Vem vamos embora que esperar não é saber
Quem sabe faz a hora não espera acontecer

Geraldo Vandré. © 1968 Fermata do Brasil/Editora Música Brasileira Moderna Ltda. Todos os direitos reservados.

A canção de Geraldo Vandré foi considerada um hino de protesto contra o Regime Militar no Brasil. Ela foi apresentada ao público em um festival de música brasileira em 1968 (ano do AI-5), no qual tirou o segundo lugar.

1. Identifique os versos que sugerem a necessidade de participação do povo para que haja mudança na sociedade.

2. A música popular brasileira com teor político, bem como outros estilos musicais, tem sido veículo importante para a difusão dos valores democráticos e de críticas ao sistema político brasileiro. Faça uma pesquisa das letras de canções no seu estilo musical favorito e identifique aquelas que exploram os assuntos estudados neste capítulo. Analise-as e compartilhe suas descobertas com a turma. Esse exercício irá ajudá-lo a ampliar sua cultura musical e a identificar a diversidade dos "olhares sobre a sociedade" dos músicos brasileiros.

EXERCITANDO A IMAGINAÇÃO SOCIOLÓGICA
TEMA DE REDAÇÃO DO ENEM (2009)

Com base na leitura dos textos motivadores seguintes e nos conhecimentos construídos ao longo de sua formação, redija texto dissertativo-argumentativo em norma culta escrita da língua portuguesa sobre o tema **O indivíduo frente à ética nacional**, apresentando proposta de ação social que respeite os direitos humanos. Selecione, organize e relacione coerentemente argumentos e fatos para defesa de seu ponto de vista.

Millôr Fernandes. Disponível em http://www.2uol.com.br/millor. Acesso em 14 jul. 2009.

Andamos demais acomodados, todo mundo reclamando em voz baixa como se fosse errado indignar-se.

Sem ufanismo, porque dele estou cansada, sem dizer que este é um país rico, de gente boa e cordata, com natureza (a que sobrou) belíssima e generosa, sem fantasiar nem botar óculos cor-de-rosa, que o momento não permite, eu me pergunto o que anda acontecendo com a gente.

Tenho medo disso que nos tornamos ou em que estamos nos transformando, achando bonita a ignorância eloquente, engraçado o cinismo bem-vestido, interessante o banditismo arrojado, normal o abismo em cuja beira nos equilibramos – não malabaristas, mas palhaços.

LUFT, L. Ponto de vista. *Veja*. Ed. 1988, 27 dez. 2006 (adaptado).

QUAL É O EFEITO EM NÓS DO "ELES SÃO TODOS CORRUPTOS"?

As denúncias que assolam nosso cotidiano podem dar lugar a uma vontade de transformar o mundo só se nossa indignação não afetar o mundo inteiro. "Eles são TODOS corruptos" é um pensamento que serve apenas para "confirmar" a "integridade" de quem se indigna.

O lugar-comum sobre corrupção generalizada não é uma armadilha para os corruptos: eles continuam iguais e livres, enquanto, fechados em casa, festejamos nossa esplendorosa retidão.

O dito lugar-comum é uma armadilha que amarra e imobiliza os mesmos que denunciam a imperfeição do mundo inteiro.

CALLIGARIS, C. *A armadilha da corrupção*. Disponível em: http://www1.folha.uol.com.br (adaptado).

Instruções:

- Seu texto tem de ser escrito à tinta, na folha própria.
- Desenvolva seu texto em prosa: não redija narração, nem poema.
- O texto com até 7 (sete) linhas escritas será considerado texto em branco.
- O texto deve ter, no máximo, 30 linhas.
- O rascunho da redação deve ser feito no espaço apropriado.

20 Violência, crime e justiça no Brasil

Estátua da Justiça em frente ao Supremo Tribunal Federal, Brasília (DF), 2015.
O Poder Judiciário é um dos três poderes do Estado moderno, junto com os poderes Executivo e Legislativo. É exercido pelos juízes, que julgam segundo as regras constitucionais e leis criadas pelo Poder Legislativo. O papel do Judiciário é, de acordo com a Constituição Federal, garantir e defender os direitos individuais, ou seja, promover a justiça resolvendo todos os conflitos que possam surgir na vida em sociedade.

Como já vimos, Michel Foucault tinha um interesse especial pelos temas que envolvem violência e disciplina. Ele queria entender de que maneira e por que razões as diferentes sociedades estabelecem aquilo que as pessoas devem fazer e aquilo que é visto como inapropriado (e implica algum tipo de punição ou sanção). Como explicar que certos comportamentos e atitudes, antes vistos como justos e corretos por determinado grupo social, sejam por ele repudiados mais adiante? O caso da abolição da pena de morte no Brasil é um bom exemplo dessa mudança de atitude em relação às concepções de justiça. Como explicar que em determinadas situações o uso da violência seja visto como justo e legítimo e em outras como abominável e ilícito? Durante muito tempo, lembra Foucault, a lei da violência foi vista como a única forma legítima de fazer justiça. Torturas longas e cruéis eram aplicadas no intuito de restabelecer a ordem interrompida pelo crime ou pela transgressão. Mas, a partir do século XVIII, as torturas corporais e as humilhações morais foram pouco a pouco substituídas pela ideia da "punição humanizada". As penas corporais passaram a ser consideradas inaceitáveis, e em seu lugar foram propostas outras maneiras de "resgatar o homem por detrás do criminoso". Na base dessas alterações, a sociedade contava com novos saberes desenvolvidos em campos distintos do conhecimento, como a Criminologia, a Psiquiatria e a Sociologia. O objetivo já não era simplesmente condenar quem cometeu a falta, mas compreender os motivos que levaram o criminoso a cometê-la, e reabilitá-lo como cidadão.

Ao longo de mais de 200 anos assistimos ao que Michel Foucault chamou de "humanização dos processos penais". A justiça deixou de ser executada em praça pública para realizar-se nos tribunais; em vez de corpos esquartejados, os condenados deveriam ser levados para as prisões. O criminoso passou de objeto passivo da vontade do soberano a sujeito detentor de direitos – direito à defesa, a um julgamento justo, à reintegração à sociedade uma vez cumprida a pena. O sistema judiciário como um todo tornou-se mais **racional**.

Mas nós bem sabemos que, no caso do Brasil e de outras tantas nações, a racionalização dos procedimentos penais não levou nem ao desaparecimento da violência na aplicação da lei, nem à contenção satisfatória do crime. Se hoje temos mais prisões, advogados, juízes e policiais do que jamais tivemos em nossa história, qual é a explicação para o aumento no número de delitos violentos entre nós? Por que será que a polícia brasileira está entre as mais sanguinárias do mundo? Devemos buscar as causas da violência na pobreza, no desemprego e nos baixos índices de educação? Ou será que a culpa é de nosso sistema judiciário, tido por muitos como ineficiente e guardião de leis inadequadas? Essas são perguntas extremamente polêmicas e complexas. Vejamos como alguns cientistas sociais brasileiros vêm enfrentando o desafio de respondê-las.

Pobreza gera violência?

Na década de 1980, o conjunto habitacional Cidade de Deus, na Zona Oeste do Rio de Janeiro, ficou conhecido como uma das localidades mais violentas do país. Os meios de comunicação, em sua maioria, referiam-se à população do local como "perigosa", "bandida" e "sem escrúpulos". Nessa mesma época, e nessa mesma localidade, a antropóloga Alba Zaluar deu início a uma pesquisa que resultou em um dos livros mais influentes no campo dos estudos sobre violência urbana – *A máquina e a revolta*.

Com base em um intenso trabalho de campo, Alba Zaluar apresenta o cotidiano dos moradores da Cidade de Deus e desvincula duas noções que, no discurso do **senso comum**, aparecem quase sempre associadas: pobreza e violência. Essa associação, tão difundida entre nós, apresenta o seguinte ciclo: o indivíduo é violento porque é pobre, é pobre porque não tem acesso à educação, não tendo educação não sabe exigir seus direitos. Nesse círculo vicioso, a criminalidade aparece como uma consequência automática e praticamente inevitável.

Alba Zaluar afirma que é preciso interromper esse encadeamento de ideias se quisermos realmente entender o problema da violência urbana, não apenas na Cidade de Deus, mas em qualquer outro contexto brasileiro. A pobreza, insiste a antropóloga, não é um ingrediente óbvio da criminalidade. Se assim o fosse, todos os pobres seriam necessariamente criminosos, e todos os criminosos seriam pobres – o que está longe de ser verdade, como comprovam os chamados crimes do colarinho branco, cometidos por cidadãos procedentes das classes médias e altas da sociedade.

Essa correlação causal pobreza-crime já havia sido contestada em 1978 por Edmundo Campos Coelho (1939-2001). O sociólogo mineiro chamava a atenção para o fato de que os períodos de crise econômica, quando aumentam as taxas de desemprego, não são os de maior aumento da taxa de crimes violentos. Para o autor, a associação a ser estudada era entre crime e **impunidade penal**, ou seja, ao fato de a pessoa saber que se cometer um crime não haverá consequências. O que quer dizer isso? Quer dizer que não punir o criminoso gera mais crime do que situações de carência ou desemprego. Significa que a sociedade sinaliza para os indivíduos que o crime vale a pena, compensa. Ainda hoje, convivemos com altíssimas taxas de impunidade para homicídios praticados pela polícia, por grupos de segurança privada, pelos chamados grupos de extermínio e por criminosos que influenciam, de alguma maneira, o resultado do processo de punição. Homicídios que vitimam trabalhadores rurais e lideranças sindicais também seguem, muitas vezes, impunes. As taxas de impunidade para crimes do colarinho branco, ainda tão expressivas, contribuem igualmente para a descrença dos cidadãos nas instituições promotoras de justiça. Vale lembrar que na pesquisa "Cidadania, justiça e violência" (citada no capítulo anterior), 97,5% das pessoas entrevistadas pensavam que, diante de um mesmo crime cometido, um rico seria tratado com mais complacência pela Justiça do que um pobre.

Porém, ainda hoje, a lógica que associa pobreza e criminalidade segue prevalecendo no imaginário social, tendo de ser continuamente recusada por vários cientistas sociais. Na grande maioria, os habitantes de lugares violentos e segregados – demonstram os pesquisadores – são trabalhadores honestos que repudiam a criminalidade e cujas aspirações são bastante semelhantes àquelas das camadas médias: ter uma casa confortável,

Cena do filme *Cidade de Deus*, 2001.

oferecer uma boa educação para os filhos, ver a família progredir por meio do trabalho honrado. Se a explicação para a violência não está na pobreza, onde estará?

Há sociedades muito pobres, como a indiana, em que os índices de criminalidade são baixíssimos, muito mais baixos do que os de uma nação rica como os Estados Unidos. A **desigualdade**, e não a pobreza, tende a resultar em violência no contexto da sociedade de consumo. No Brasil, o acesso ao consumo ampliou-se significativamente nas últimas décadas, mas está longe de incluir a todos. E mais: os pobres seguem tendo seus direitos civis muitas vezes desrespeitados. Seu acesso às instituições promotoras do bem-estar e da cidadania é significativamente mais restrito quando comparado com o das camadas médias e altas. Daí muita gente dizer que, no Brasil, alguns são mais cidadãos do que outros. Temos os cidadãos de primeira e de segunda classe.

Alba Zaluar sugere que muitos jovens pobres optam por fazer parte de redes criminosas porque elas podem lhes oferecer prestígio e poder – um poder que se baseia sobretudo na cultura da masculinidade, na maneira de ser que opera de acordo com a lógica da guerra, no ideal que busca reconhecimento por meio da imposição do medo. Essa rede aspira a um estilo de vida em que ganham destaque bens de consumo cujo acesso dificilmente poderia ser alcançado por esses jovens e seus familiares. Assim como os jovens das camadas médias e das elites, jovens pobres desejam consumir o tênis de marca, a calça da moda, o celular mais moderno, ou seja, bens associados a alto prestígio e *status*, que são veiculados diariamente pelos meios de comunicação de massa.

Mas, como constatamos cada vez mais, junto com o prestígio e o poder possibilitados pelos lucros obtidos com o comércio de drogas ilícitas, muitas vezes vem a morte precoce e violenta. Alba Zaluar lembra ainda que a chance de morrer precocemente não é exclusiva dos jovens que aderem à rede criminosa: todos os que moram em zonas "dominadas" pela lógica da guerra – ou seja, pelos narcotraficantes – estão igualmente expostos ao risco de morrer de forma violenta e arbitrária. As pesquisas mostram que, nas regiões metropolitanas, a maioria das mortes violentas vitima rapazes negros e pardos. Como argumenta outro especialista no tema da violência urbana, Michel Misse, o fato de a maioria de presos ser de pobres, negros, jovens e desocupados também se deve à existência de um "roteiro típico" seguido pela polícia, que associa de antemão a pobreza (e a juventude não branca) à criminalidade.

Com base nas entrevistas feitas na Cidade de Deus, Alba Zaluar pôde desenhar um esquema de oposições e complementaridades entre duas categorias-chave: trabalhadores e bandidos. "Trabalhadores" eram, na visão dos "bandidos", otários que trabalhavam para ganhar cada vez menos. "Bandidos", para os "trabalhadores", podiam ser classificados como "bandidos formados" (que ofereciam proteção aos moradores e lhes tinham certo respeito), "bandidos porcos" (vagabundos que furtavam os moradores locais) e "pivetes" (adolescentes que humilhavam e

Presidiários dividem cela em complexo penitenciário de Pedrinhas (MA), 2014.

roubavam os trabalhadores). Está ausente nesse esquema desenhado pelos moradores a figura do "malandro simpático", que, segundo Zaluar, teria desaparecido justamente com a entrada do tráfico de drogas, especialmente a cocaína, que veio acompanhada de armamento pesado. A antropóloga também observou que, dependendo da idade do entrevistado, as concepções de "trabalho" variavam significativamente: para os adultos trabalhadores, ser "trabalhador" e "provedor do lar" era algo importante em si mesmo, um motivo de orgulho; para os jovens, o trabalho era visto sobretudo como um caminho de acesso aos bens de consumo, numa lógica bem mais individualista do que a de seus pais, para quem a família estava em primeiro lugar.

De acordo com muitos depoimentos colhidos pela antropóloga, o crime muitas vezes não era classificado pelos moradores conforme os critérios da classe média. Era considerado crime roubar os iguais: negros, pobres e marginalizados. Crime era a polícia chegar e atirar em qualquer um, sem se importar se os alvos eram bandidos ou não. Crime era a mídia tratar os mais pobres como pessoas ruins e sem futuro.

Nos mais de 30 anos que nos separam da publicação da pesquisa de Alba Zaluar, o problema da segurança pública tornou-se ainda mais dramático, tanto no Rio de Janeiro como nas demais áreas metropolitanas do país. Aumentou o número de crimes contra o patrimônio (roubo, extorsão mediante sequestro), homicídios conectados com o "crime organizado", violações de direitos humanos. Como argumenta o sociólogo Sérgio Adorno, a emergência do narcotráfico promoveu a "desorganização das formas tradicionais de socialidade entre as classes populares urbanas, estimulando o medo das classes médias e altas e enfraquecendo a capacidade do poder público em aplicar lei e ordem".

Publicado em 2015, o *Mapa da violência* no Brasil nos apresenta alguns dados importantes. A pesquisa revelou que em 2013 o homicídio foi a principal causa de mortes de adolescentes de 17 anos no Brasil (48% dos óbitos). Isso corresponde a uma média de 10,3 adolescentes assassinados por dia no país. O estudo apresenta ainda o perfil das vítimas: 93% eram do sexo masculino e, proporcionalmente, morreram quase três vezes mais negros que brancos. Veja no gráfico abaixo a evolução das mortes de adolescentes brasileiros por homicídio entre 1980 e 2013:

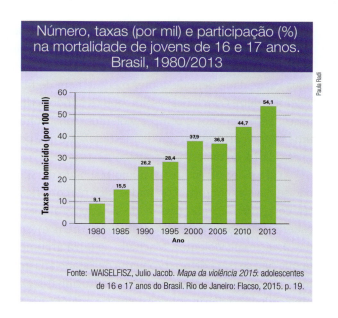

Fonte: WAISELFISZ, Julio Jacob. *Mapa da violência 2015*: adolescentes de 16 e 17 anos do Brasil. Rio de Janeiro: Flacso, 2015. p. 19.

Manifestação com manequins cobertos de tecido branco, na Praia de Copacabana, contra o desaparecimento de Amarildo de Souza. Rio de Janeiro (RJ), 2013. O caso do pedreiro, que foi levado por policiais da UPP (Unidade de Polícia Pacificadora) como suspeito de cooperação com o tráfico e desapareceu em seguida, repercutiu mundialmente. Amarildo virou um símbolo da luta contra a violência e abuso de poder por parte da polícia militar.

A violência urbana não é uma exclusividade brasileira. Nossos índices de violência são, porém, assustadoramente altos quando comparados aos de outros países. O *Mapa da violência no Brasil* também mostrou que, entre os 85 países analisados, o Brasil ocupava o terceiro lugar em relação à taxa de homicídios de adolescentes de 15 a 19 anos. Com o índice de 54,9 assassinatos para cada 100 mil jovens nessa faixa etária, o país era superado apenas por México e El Salvador. Uma situação tão crítica não permite uma explicação única. Vejamos, então, outra interpretação possível do fenômeno.

Sociabilidade violenta

Max Weber definia o Estado como "uma comunidade humana que pretende, com êxito, o monopólio do uso legítimo da força física dentro de determinado território". Ou seja: o Estado, para se constituir como tal, precisa ser reconhecido como detentor único do direito de empregar a violência. Essa violência é considerada legítima porque se apoia em um conjunto de normas e leis. No caso de um país estar sob o estado democrático de direito, essas normas e leis são fruto do debate amplo e franco entre os cidadãos. Segundo a lei brasileira, por exemplo, aborto é crime, mas há muitos países em que o aborto é permitido. O que é tido como crime e a respectiva punição podem variar de uma nação para outra, mas em todas elas cabe ao Estado fazer cumprir a lei.

Você já deve ter ouvido dizer ou lido no jornal que em algumas cidades brasileiras o Estado não detém mais o monopólio da força; que os aparelhos estatais de controle social, como a polícia e a Justiça, têm perdido sua capacidade de controle por contarem com servidores mal remunerados, mal preparados e muitas vezes corruptos. Há quem argumente que o Estado não tem mais capacidade nem de conter o crime nem de fazer valer a ordem. Conclui-se, assim, que os bandos criminosos, bem armados e sempre violentos, constituíram um "Estado paralelo" ou um "paraestado". Até que ponto essa linha de raciocínio se sustenta?

Para o sociólogo Luiz Antonio Machado da Silva, não se deve encarar os "comandos" dos narcotraficantes como um "Estado dentro do Estado". Tampouco caberia falar em "ausência do Estado", nem mesmo nas áreas mais violentas. Machado da Silva argumenta que não se trata de um problema de Estado ausente, mas da convivência entre a ordem institucional-legal e uma ordem cujo princípio norteador é a violência. Estamos vivendo de acordo com uma nova sociabilidade – uma **sociabilidade violenta** –, que rege todo o corpo social, afetando de forma ainda mais direta e profunda as áreas desfavorecidas economicamente.

Segundo Machado da Silva, "pode-se apresentar a característica mais essencial da sociabilidade violenta como a transformação da força, de meio de obtenção de interesse, no próprio *princípio* de coordenação das *ações*". Diferentemente da sociabilidade que rege a gangue ou a máfia, na sociabilidade violenta os grupos criminosos não obedecem a princípios como honra, amizade, laços de sangue. Trata-se de uma sociabilidade fragmentada, regida pela lógica do "cada um por si". "O que parece estruturar a organização dos criminosos em grupos", diz Machado da Silva, "é simplesmente a cadeia de submissão formada pelo reconhecimento do desequilíbrio de força". Os "comandantes" conseguem se manter no poder não por meio da negociação ou do convencimento, mas pelo uso da força, no mais das vezes letal, imposta aos demais. A violência é utilizada tanto no tratamento dos que não fazem parte do grupo – pessoas que não pertecem aos grupos e os criminosos de grupos rivais – como no interior do próprio grupo.

Pensemos no que está sendo dito aqui imaginando uma situação concreta. Dois criminosos jovens acabam de assaltar um caixa eletrônico. Os dois estão sob efeito de drogas e um deles está armado com uma pistola automática. Eles não têm exatamente um plano – a única coisa que sabem é que precisam escapar da polícia. O sinal de trânsito fecha e eles caminham na direção de um carro qualquer – não têm interesse no carro como tal, apenas precisam de um veículo para a fuga. Na lógica da sociabilidade violenta, sempre extremamente imprevisível, há vários desfechos possíveis para essa história:

- os criminosos ameaçam o motorista do carro com a pistola, este lhes entrega o carro e os criminosos conseguem escapar;
- o motorista do carro, paralisado pelo medo, não consegue sair do carro rapidamente. Os criminosos se exaltam e matam o motorista – perceba que, de início, não estava previsto um assassinato – e seguem em fuga;
- o motorista do carro também está armado e ocorre uma troca de tiros. Numa perspectiva otimista, o motorista consegue render os criminosos e um policial os leva para a cadeia; numa perspectiva mais realista, motorista e criminosos morrem no local.

Você pode imaginar outros desfechos para a situação narrada. São muitos os finais possíveis porque no âmbito da sociabilidade violenta há uma enorme "zona de incerteza" – ninguém sabe exatamente como agir, nem mesmo os criminosos, o que acaba gerando na sociedade em geral uma profunda insegurança. Afinal, sabemos que qualquer "mal-entendido" pode resultar na morte de alguém.

Não faz sentido, portanto, acionarmos as noções de "criminalidade organizada" ou "Estado paralelo" para explicar o problema da violência no Brasil. Tampouco faz sentido conceber que o indivíduo já nasça violento. No capítulo anterior, foi dito que ninguém nasce cidadão e que é preciso aprender a sê-lo. Do mesmo modo, ninguém nasce "portador" da sociabilidade violenta. Não se trata de uma questão de caráter ou índole. E justamente porque não se trata de uma questão "natural", alguém que no presente é criminoso, no futuro pode deixar de sê-lo.

Essas questões estão relacionadas diretamente com um tema que vem levantando muita polêmica: a redução da maioridade penal. A **maioridade penal** é a idade a partir da qual a pessoa passa a responder criminalmente, como adulto, ou seja, passa a ser punido por seus crimes de acordo com o que determina o Código Penal. No Brasil, isso se aplica a pessoas com mais de 18 anos. Antes disso, quem infringir a lei será punido por uma norma feita especialmente para jovens e crianças, o Estatuto da Criança e do Adolescente (ECA). Até a linguagem do ECA é diferente do Código Penal: o ECA não fala em crimes, e sim infrações; também não menciona penas, e sim medidas socioeducativas. Diante do grave quadro de violência do país, algumas pessoas vêm defendendo que a redução da maioridade para 16 anos seria uma solução, pois os jovens infratores passariam a cumprir pena em prisões comuns. A questão vem sendo debatida por juristas, políticos, psicólogos e cientistas sociais, e parece estar longe de consenso. Veja duas opiniões divergentes sobre esse assunto:

▮▮ Contra

Julita Lemgruber, socióloga.

[...] Estima-se que 0,01% do total de adolescentes, no Brasil, cometeram crimes contra a vida. Ao contrário, 6,6% dos adolescentes de 16 e 17 anos [...] foram vítimas de homicídios embora totalizem apenas 3,6% da população brasileira. Em média, são assassinadas no Brasil, por dia, aproximadamente 20 crianças e adolescentes. [...]

De todos os atos infracionais praticados por adolescentes somente 8% equiparam-se a crimes contra a vida. A grande maioria (75%) são crimes contra o patrimônio e, destes, 50% são furtos, isto é, delitos sem violência. No ano 2000, dos mais de 40 mil homicídios que aconteceram no Brasil, os adolescentes foram responsáveis por 448, mas foram vítimas em 3 800 dos casos. Aliás, 75% das mortes de jovens entre 15 e 19 anos são mortes violentas. Os adolescentes, portanto, são muito mais vítimas do que perpetradores de violência neste país. O grande problema está em que os crimes praticados por adolescentes sempre recebem [...] divulgação de tal forma ampla que fica a impressão de que são muito mais numerosos e graves do que realmente são. [...]

Há também a grave situação da superpopulação carcerária. E jogar milhares de adolescentes infratores nas prisões é apostar no pior. Agrava-se o quadro de superpopulação, possibilita-se o contato de jovens, muitos recém-iniciados no mundo do crime, com criminosos experientes, com integrantes das facções que dominam o sistema penitenciário brasileiro, com um universo onde as leis não são respeitadas e onde grassam a violência e a corrupção. O ECA já prevê um total de nove anos de monitoramento do comportamento do adolescente infrator – basta examinar com cuidado o que dispõe o Estatuto –, três anos de internação mais seis anos monitorado de diversas formas pelo poder público. [...]

Disponível em: <www.redebrasilatual.com.br/cidadania/2015/06/reducao-da-maioridade-penal-a-cadeia-e-uma-forma-cara-de-tornar-as-pessoas-piores-6334.html>. Acesso em: abr. 2016.

▮▮ A favor

Fábio José Bueno, promotor de Justiça do Departamento da Infância e Juventude de São Paulo.

Eu sou favorável à redução da maioridade penal em relação a todos os crimes. Em 1940, o Brasil estipulou a maioridade em 18 anos. Antes disso, já foi 9 anos, já foi 14. Naquela época, os menores eram adolescentes abandonados que praticavam pequenos delitos. Não convinha punir esses menores como um adulto. Passaram-se 70 anos e hoje os menores não são mais os abandonados. O menor infrator, na sua maioria, é o adolescente que vem de família pobre, porém, não miserável. Tem casa, comida, educação, mas vai em busca de bens que deem reconhecimento a ele. As medidas do Estatuto da Criança e do Adolescente não intimidam. Eles praticam os atos infracionais, porque não são punidos na medida. A pena tem a função de intimidação, que a medida socioeducativa não tem. É importante saber que o crime não compensa, que haverá uma pena, uma punição.

Disponível em: <http://g1.globo.com/politica/noticia/2015/08/confira-argumentos-de-defensores-e-criticos-da-reducao-da-idade-penal.html>. Acesso em: abr. 2016.

Um problema de todos nós

Degradação do sistema penal, corrupção nas instituições públicas, brutalidade policial, crescimento espantoso do número das milícias, tráfico de armas e drogas, violência doméstica contra crianças e mulheres, violência no trânsito, racismo e homofobia – esta é uma lista dos temas e problemas dos quais se ocupam especialistas em estudos sobre violência. Em todo o país, nas universidades e em inúmeros centros de pesquisas, há cientistas sociais dedicados a pensar em questões como essas, que, em última instância, referem-se à transgressão da legalidade e ao desrespeito à ordem constitucional. A despeito de suas divergências teóricas, esses pesquisadores têm insistido em um ponto: não importa em que canto do país estejamos, não importa se somos jovens ou velhos, ricos ou pobres, o problema da ilegalidade atinge a cada um de nós.

Legalidade, no estado democrático de direito, significa a afirmação normativa e a prática de direitos, garantias e liberdades, individuais e coletivas. Negar a legalidade é negar a democracia, porque é próprio da democracia assentar-se em leis discutidas e aceitas pela sociedade. Quando a legalidade é substituída pela ilegalidade, os cidadãos ficam prisioneiros do despotismo imposto pelos criminosos – armados ou não.

O artigo 144 da Constituição, quando fala na segurança pública, diz que ela "é dever do Estado e responsabilidade de todos". Como disse uma vez o cientista político e ex-secretário Nacional de Segurança Pública Luiz Eduardo Soares, "nas condições brasileiras, ou haverá segurança para todos, ou não haverá para ninguém". Experiências bem-sucedidas de combate ao problema da violência e da criminalidade mundo afora provam que não há solução possível sem o envolvimento e a participação da sociedade civil. Se respeito aos direitos humanos, eficiência policial e participação cidadã não vierem entrelaçados, não haverá condições de modificar essa situação. É um longo e permanente trajeto que as sociedades constroem, nunca da mesma maneira, nem com os mesmos resultados. Um processo que não chega ao final, como dizia Norbert Elias referindo-se ao processo civilizador. Em alguns momentos, andamos para trás; em outros, avançamos.

Membros da Federação Estadual de Remo do Rio de Janeiro (FRERJ) participam de manifestação contra a violência e pela paz, na Lagoa Rodrigo de Freitas, Rio de Janeiro (RJ), 2015.

Violência doméstica

Maria da Penha, Porto Alegre (RS), 2016.

Aprovada em 2006, a Lei Maria da Penha surgiu como a promessa de um novo capítulo na longa história da violência contra mulheres no país. Foi batizada em homenagem à Maria da Penha Maia Fernandes, que foi vítima de violência doméstica durante 23 anos – período no qual sofreu, além de inúmeras agressões, duas tentativas de homicídio. Seu marido só foi punido 19 anos após a denúncia e ficou apenas dois anos preso em regime fechado. A lei de 2006 visava corrigir casos como este, aumentando o rigor das punições sobre crimes domésticos, caracterizados como agressões físicas ou psicológicas praticados por homens contra suas companheiras.

Apesar de ter sido uma grande vitória no combate à violência doméstica, a novidade não foi suficiente para impedir o aumento no número de homicídios contra mulheres no Brasil. De acordo com o Mapa da Violência, publicado em 2013, a taxa chegou a cair no ano seguinte à aprovação da lei, mas voltou a subir em 2008. Em 2013 já era 12,5% maior que em 2006. Esse aumento, porém, não foi uniforme. Entre as mulheres negras e pardas, por exemplo, a taxa cresceu, enquanto entre as brancas houve queda.

Uma pesquisa feita em 2014 pelo Instituto Avon divulgou outros dados reveladores: embora apenas 8% das mulheres admitam espontaneamente já terem sido vítimas de violência por parte do parceiro, 66% afirmaram terem sido alvo de alguma das ações citadas no questionário (xingar, empurrar, agredir com palavras, dar tapa, dar soco, impedir de sair de casa e obrigar a fazer sexo). Em 67% dos casos, as violências foram cometidas por homens com quem as vítimas tinham algum vínculo afetivo; por exemplo, companheiros, cônjuges, namorados ou amantes. Já em 27% dos casos, o agressor era um familiar, amigo, vizinho ou conhecido.

E o que a Sociologia tem a nos dizer sobre isso? De acordo com o sociólogo Julio Waiselfisz, esses números são reflexo da impunidade que cerca esse tipo de crime, que por sua vez é fruto da naturalização da violência contra a mulher. Isso significa que há uma "autorização" para que o homem agrida a mulher cujo comportamento transgrida os papeis esperados de "mãe, esposa e dona de casa". Por isso, muitas vezes, culpa-se a própria vítima pela agressão que sofreu, seja por não cumprir o papel doméstico que lhe foi destinado, seja por ter "provocado" homens nas ruas com o uso de roupas que deixam seu corpo à mostra. Vemos, assim, que a violência contra a mulher é uma das muitas facetas da desigualdade de gênero, que, como vimos em outros capítulos deste livro, aparece também quando o assunto é trabalho ou participação política.

◀◀ Recapitulando

As concepções de justiça, os atos considerados criminosos e o emprego da violência em determinadas situações são aspectos da vida social que podem ser alterados com o passar do tempo. A **humanização** e a **racionalização** dos procedimentos penais fazem parte das mudanças ocorridas no sistema judiciário ao longo da modernidade. No entanto, os efeitos de tais mudanças não foram os mesmos em todas as sociedades.

No Brasil observamos que a criminalidade não foi inibida em razão do maior número de policiais, de prisões, de advogados, de juízes e de processos correndo na Justiça. Quais seriam as explicações para isso? Alguns cientistas sociais brasileiros aceitaram o desafio de responder a essa questão: apresentaram novas interpretações e apontaram os equívocos de abordagens precedentes que prevaleceram nos estudos acadêmicos e mesmo no senso comum.

A associação comumente feita entre crime e pobreza não é considerada atualmente uma explicação satisfatória para o problema da violência no Brasil. A impunidade penal foi apontada como uma das principais causas do aumento da criminalidade nas décadas recentes. Além disso, o foco das análises foi deslocado da pobreza para as desigualdades, que criam a divisão entre **incluídos** e **excluídos** dos direitos (sociais e civis) e dos bens da sociedade de consumo.

Além da associação entre crime e pobreza, o argumento da ausência do Estado ou da formação de um Estado paralelo em zonas de grande violência também foi debatido recentemente. Para alguns pesquisadores, o que ocorre nesses ambientes é a convivência entre a ordem institucional-legal e uma ordem norteada pelo princípio da violência. Essa nova sociabilidade afeta de forma mais intensa e profunda as áreas desfavorecidas economicamente. A **sociabilidade violenta** se diferencia daquela predominante na máfia ou em gangues por não estar pautada na negociação ou convencimento, mas no uso da força que incide sobre os cidadãos, sobre os criminosos de grupos rivais e também sobre os integrantes do próprio grupo. O uso regular da violência cria um clima geral de incertezas – nenhuma das partes envolvidas no momento do crime sabe como agir.

Em um Estado regido pelos princípios democráticos, os direitos e as liberdades individuais e coletivas são afirmados. Ao negar as leis que foram discutidas e aceitas pela sociedade, negam-se a legalidade e a democracia. Quando a legalidade é substituída pela ilegalidade, os cidadãos ficam prisioneiros do despotismo dos criminosos, e os direitos humanos (direito à liberdade, à vida, à propriedade etc.) são desrespeitados. A solução para o problema da violência, da criminalidade e do desrespeito aos direitos humanos está no fortalecimento da democracia por meio da participação cidadã – na luta para fazer valer direitos e deveres, na denúncia de irregularidades, na reivindicação de que o Estado garanta a segurança pública etc. – e também no compromisso do Estado, que detém o monopólio da violência por intermédio da Justiça e da força policial e que deve ser o provedor da segurança pública.

Leitura complementar

Sobre violência contra velhos

As estatísticas sobre violência contra os velhos mostram que os principais agressores são os próprios filhos/as, genros/noras, netos/as. Isto porque a coabitação intergeracional, mesmo que indesejada, é um fenômeno banal nas famílias brasileiras dados os baixos valores de aposentadoria e as dificuldades financeiras que obrigam as famílias a dividirem moradias com espaços exíguos, impossibilitando manter a privacidade de cada um. Dividir o quarto, dormir na sala ou mesmo no quarto de serviço são situações frequentemente encontradas nas famílias brasileiras de menor poder aquisitivo. Sabemos que a vida familiar é regida por regras sobre o uso dos espaços comuns e pelos ritmos da coabitação (horários). A desordem e o desrespeito às regras geram tensões e conflitos entre os membros da família. Considerando a omissão do Estado na promoção de políticas públicas que apoiem diretamente as pessoas de mais idade, bem como as famílias no cuidado de seus velhos, não é de admirar as altas taxas de violência contra os velhos.

Para além dos maus-tratos físicos e psicológicos, a violência familiar pode também assumir outro caráter quando motivada pela apropriação ilegal de pensões e dos bens da pessoa de idade, despossuindo-a daquilo que lhe pertence. Existe ainda a expulsão da própria morada ou o confinamento em um espaço isolado da casa. Negligência (deixar de medicar e cuidar) e abandono (não atender as necessidades básicas) são também maus-tratos familiares contra seus velhos.

No Rio de Janeiro, os principais crimes contra os velhos são: ameaça e lesão corporal dolosa, estelionato e extorsão. Em 2012 foi registrado o maior número de vítimas desde 2002: 66.000 pessoas, isto representa uma média diária de 180 velhos vítimas de agressão. Interessante mostrar que o mês de dezembro desse ano registrou o maior número de denúncias. Outra informação interessante: entre 2011 e 2012 as agressões contra os velhos aumentaram para 7,6%, enquanto as agressões contra vítimas não idosas [se] reduziram: 2,0%. Esses dados revelam que, no Rio de Janeiro, a violência contra os velhos tem aumentado mais do que aquela contra as pessoas com menos de 60 anos. Há que assinalar que as mulheres de idade são mais vitimadas que os homens, revelando que a violência contra a mulher não preserva as mães, sogras e avós.

Os conflitos entre as gerações, consequência das relações de autoridade e de poder entre pais, filhos e netos, são inerentes à realidade familiar, uma vez que ela é atravessada por sentimentos contraditórios, como amor e ódio, generosidade e avareza, solicitude e descaso.

Quanto às instituições asilares, a violência torna-se, muitas vezes, mais aparente devido ao maior distanciamento afetivo, à impessoalidade dos cuidados e a um regime disciplinar bastante rígido. A situação se agrava ainda mais nas instituições públicas e privadas que não são sistematicamente fiscalizadas pelo poder público e pelas famílias, e que assim deixam de satisfazer as necessidades dos velhos asilados. O reflexo da falta de interesse pelo bem-estar dos residentes evidencia-se na falta de preparo para o cuidado com a pessoa envelhecida, nas precárias condições de internamento e, portanto, na baixa qualidade dos serviços prestados. Daí a imagem negativa que têm as instituições asilares. Esses maus-tratos também são percebidos como violência contra a vida da pessoa de mais idade.

A violência se inscreve, assim, no domínio sobre o outro, ou seja, na relação de força ou de dominação que se manifesta por uma brutalidade física, moral ou psicológica, infringida por uma ou várias pessoas sobre um ou vários indivíduos. É o desejo de impor a sua vontade sobre o outro, de dominá-lo, humilhá-lo, subjugá-lo... quer seja em casa, quer na instituição asilar.

PEIXOTO, Clarice. Sobre violência contra velhos. Texto produzido exclusivamente para esta obra com base em: CALDAS, Emmanuel Rapizo; FERNANDES, Jéssica Celina Farnezi; CASTELLO, Angélica (Org.). *Dossiê da pessoa idosa*. Rio de Janeiro: Instituto de Segurança Pública, 2013. 114 p. (Série Estudos 5).

> **Fique atento!**
>
> Definição dos conceitos sociológicos estudados neste capítulo.
>
> **Desigualdade:** no verbete "Igualdade/desigualdade" da seção **Conceitos sociológicos**, página 371.
>
> **Impunidade penal:** na página 321.
>
> **Maioridade penal:** na página 325.
>
> **Racionalidade:** no capítulo 6, página 91.
>
> **Senso comum:** no Roteiro de viagem, página 9.
>
> **Sociabilidade violenta:** na página 324.

Sessão de cinema

FALCÃO – MENINOS DO TRÁFICO

Brasil, 2006, 125 min. Direção de Celso Athayde e M. V. Bill.

Entrevistas com jovens que participam do tráfico de drogas nos morros do Rio de Janeiro – os "falcões" – misturam-se a depoimentos de mães e colegas de pessoas assassinadas por facções rivais e pela polícia.

SILÊNCIO DAS INOCENTES

Brasil, 2010, 53 min. Direção de Ique Gazzola.

O programa apresenta a Lei Maria da Penha (Lei nº 11.340) e traz depoimentos de autoridades, especialistas, parentes e vítimas da violência. Disponível em: <tvbrasil.ebc.com.br/docespecial/episodio/silencio-das-inocentes>. Acesso em: maio 2016.

Construindo seus conhecimentos

MONITORANDO A APRENDIZAGEM

1. A associação entre pobreza e violência vem sendo contestada por cientistas sociais desde a década de 1970. Quais foram as outras explicações propostas?
2. Alba Zaluar constatou em sua pesquisa que a forma de classificar o crime varia entre os segmentos sociais. Como o grupo por ela pesquisado definia crime e violência? Essa opinião contrastava com a de outros grupos? Quais?
3. Explique o conceito de "sociabilidade violenta".
4. Que relação há entre democracia, direitos humanos e violência?

DE OLHO NO ENEM

1. (Enem 2002)

    A tabela refere-se a um estudo realizado entre 1994 e 1999 sobre violência sexual com pessoas do sexo feminino no Brasil.

Levantamento dos casos de violência sexual por faixa etária

Tipificação do agressor identificado	Crianças Quantidade	%	Adolescentes Quantidade	%	Adultas Quantidade	%
Pai biológico	13	21,7	21	13,9	6	6
Padrasto	10	16,7	16	10,6	0	0
Pai adotivo	1	1,6	0	0	0	0
Tio	7	11,6	14	9,4	1	1,4
Avô	6	10,0	0	0	1	1,4
Irmão	0	0	7	4,6	0	0
Primo	0	0	5	3,4	1	1,4
Vizinho	10	16,7	42	27,8	19	27,9
Parceiro e ex-parceiro	-	-	13	7,5	17	25,2
Conhecido (trabalho)	-	-	8	5,3	5	7,3
Outro conhecido	13	21,7	25	16,5	18	26,5
TOTAL	60	100	151	100	68	100

(-) Não aplicável

Fonte: Jornal da Unicamp, Nº 162. Maio 2001.

A partir dos dados da tabela e para o grupo feminino estudado, são feitas as seguintes afirmações:

I - A mulher não é poupada da violência sexual doméstica em nenhuma das faixas etárias indicadas.

II - A maior parte das mulheres adultas é agredida por parentes consanguíneos.

III - As adolescentes são vítimas de quase todos os tipos de agressores.

IV - Os pais biológicos, adotivos e padrastos são autores de mais de 1/3 dos casos de violência sexual envolvendo crianças.

É verdadeiro apenas o que se afirma em

(A) I e III.

(B) I e IV.

(C) II e IV.

(D) I, III e IV.

(E) II, III e IV.

2. (Enem 2010)

"Pecado nefando" era expressão correntemente utilizada pelos inquisidores para a sodomia. Nefandus: o que não pode ser dito. A Assembleia de clérigos reunida em Salvador, em 1707, considerou a sodomia "tão péssimo e horrendo crime", tão contrário à lei da natureza, que "era indigno de ser nomeado" e, por isso mesmo, nefando.

NOVAIS, F.; MELLO E SOUZA, L. *História da vida privada no Brasil.* v. 1. São Paulo: Companhia das Letras, 1997 (adaptado).

O número de homossexuais assassinados no Brasil bateu o recorde histórico em 2009. De acordo com o Relatório Anual de Assassinato de Homossexuais (LGBT – Lésbicas, Gays, Bissexuais e Travestis), nesse ano foram registrados 195 mortos por motivação homofóbica no País.

Disponível em: www.alemdanoticia.com.br/utimas_noticias.php?codnoticia=3871. Acesso em: 29 abr. 2010 (adaptado).

A homofobia é a rejeição e menosprezo à orientação sexual do outro e, muitas vezes, expressa-se sob a forma de comportamentos violentos. Os textos indicam que as condenações públicas, perseguições e assassinatos de homossexuais no país estão associadas

(A) à baixa representatividade política de grupos organizados que defendem os direitos de cidadania dos homossexuais.

(B) à falência da democracia no país, que torna impeditiva a divulgação de estatísticas relacionadas à violência contra homossexuais.

(C) à Constituição de 1988, que exclui do tecido social os homossexuais, além de impedi-los de exercer seus direitos políticos.

(D) a um passado histórico marcado pela demonização do corpo e por formas recorrentes de tabus e intolerância.

(E) a uma política eugênica desenvolvida pelo Estado, justificada a partir dos posicionamentos de correntes filosófico-científicas.

3. (Enem 2011)

Embora o Brasil seja signatário de convenções e tratados internacionais contra a tortura, e tenha incorporado em seu ordenamento jurídico uma lei tipificando o crime, crimes continuam a ocorrer em larga escala. Mesmo que a lei que tipifica a tortura esteja vigente desde 1997, até o ano 2000 não se conhece nenhum caso de condenação de torturadores julgado em última instância, embora tenham sido registrados nesse período centenas de casos, além de numerosos outros presumíveis, mas não registrados.

Disponível em: http://www.dhnet.org.br. Acesso em: 16 jun. 2010 (adaptado).

O texto destaca a questão da tortura no país, apontando que

(A) a justiça brasileira, por meio de tratados e leis, tem conseguido inibir e, inclusive, extinguir a prática da tortura.

(B) a existência da lei não basta como garantia de justiça para as vítimas e testemunhas dos casos de tortura.

(C) as denúncias anônimas dificultam a ação da justiça, impedindo que torturadores sejam reconhecidos e identificados pelo crime cometido.

(D) a falta de registro da tortura por parte das autoridades policiais, em razão do desconhecimento da tortura como crime, legitima a impunidade.

(E) a justiça tem esbarrado na precária existência de jurisprudência a respeito da tortura, o que a impede de atuar nesses casos.

4. (Enem 2011)

Um volume imenso de pesquisas tem sido produzido para tentar avaliar os efeitos dos programas de televisão. A maioria desses estudos diz respeito às crianças – o que é bastante compreensível pela quantidade de tempo que elas passam em frente ao aparelho e pelas possíveis implicações desse comportamento para a socialização. Dois dos tópicos mais pesquisados são o impacto da televisão no âmbito do crime e da violência e a natureza das notícias exibidas na televisão.

GIDDENS, A. *Sociologia*. Porto Alegre: Artmed, 2005.

O texto indica que existe uma significativa produção científica sobre os impactos socioculturais na vida do ser humano. E as crianças, em particular, são as mais vulneráveis a essas influências, porque

(A) codificam informações transmitidas nos programas infantis por meio da observação.

(B) adquirem conhecimentos variados que incentivam o processo de interação social.

(C) interiorizam padrões de comportamento e papéis sociais com menor visão crítica.

(D) observam formas de convivência social baseadas na tolerância e no respeito.

(E) apreendem modelos de sociedade pautados na observância das leis.

ASSIMILANDO CONCEITOS

1. Observe a charge a seguir.

Charge do Amarildo, publicada no jornal *A Gazeta*, em Vitória (ES), 2005.

a) Qual é o título-tema?

b) A quem cabe "resolver" a questão social abordada?

c) Segundo a charge, é possível atribuir uma única causa ao problema da violência?

d) Com base no que você aprendeu neste capítulo, explique como o Estado e as instâncias socializadoras se relacionam com a questão da violência.

OLHARES SOBRE A SOCIEDADE

1. Leia o manifesto a seguir.

BASTA À VIOLÊNCIA

Nos últimos tempos o povo brasileiro assiste a uma escalada da violência contra a vida, contra o patrimônio e, nas últimas semanas, contra as instituições democráticas. Vandalismo generalizado contra o patrimônio público e privado, sequestros e assassinatos vêm colocando a população brasileira na condição de refém das organizações criminosas.

Sensíveis a este drama vivido pela população, os veículos de comunicação, unidos em suas entidades representativas, deliberaram tomar uma enfática posição comum. Isso porque o Brasil está pagando caro demais pela descoordenação das autoridades federais e estaduais na questão da segurança pública.

O que está ameaçado neste momento, com a escalada da violência e da desordem, não é apenas o cotidiano civilizado a que todos os cidadãos têm direito. É a própria sobrevivência da sociedade democrática, porque sua manutenção depende da autoridade, credibilidade e prestígio das suas instituições. Infelizmente, esses problemas estão colocando em xeque o estado democrático de direito porque a criminalidade está corroendo a certeza da aplicação da lei em função da impunidade. É urgente e fundamental que aqueles que dirigem o governo e o Estado brasileiro em seus diferentes níveis tomem medidas responsáveis e eficazes contra o crime. Assim como os que pretendem dirigir expressem com clareza suas

Capítulo 20 – Violência, crime e justiça no Brasil **333**

propostas. E que todos demonstrem inequivocamente o compromisso com o resgate da ordem pública e com a harmonização dos esforços dos estados e União. [...]

A imprensa, que sempre esteve alinhada às grandes causas da cidadania, está convicta de que o próximo passo para a consolidação da democracia em nosso país passa pelo restabelecimento imediato da ordem pública.

Os meios de comunicação, unidos, na sua sagrada missão de informar e garantir a liberdade de expressão, cobrarão veementemente, dos atuais e futuros governantes, soluções eficazes na defesa da sociedade brasileira.

ANJ – Associação Nacional dos Jornais

Aner – Associação Nacional dos Editores de Revistas

Abert – Associação Brasileira de Emissoras de Rádio e Televisão

Abratel – Associação Brasileira de Radiodifusão, Tecnologia e Telecomunicações

O Estado de S. Paulo. São Paulo, 16 ago. 2006. Caderno 1. p. 1.

a) O manifesto traduz as impressões que vários segmentos da mídia têm sobre a questão da violência no Brasil. Identifique-os.

b) Que tipos de violência são abordados no manifesto?

c) Como o documento relaciona democracia e violência?

d) A explicação para a violência expressa no manifesto está afinada com as análises atuais feitas por cientistas sociais?

e) Em sua opinião, qual é o papel dos meios de comunicação em uma sociedade democrática?

EXERCITANDO A IMAGINAÇÃO SOCIOLÓGICA
TEMA DE REDAÇÃO DO ENEM (2015)

A partir da leitura dos textos motivadores seguintes e com base nos conhecimentos construídos ao longo de sua formação, redija texto dissertativo-argumentativo em modalidade escrita formal da língua portuguesa sobre o tema **"A persistência da violência contra a mulher na sociedade brasileira"**, apresentando proposta de intervenção que respeite os direitos humanos. Selecione, organize e relacione, de forma coerente e coesa, argumentos e fatos para defesa de seu ponto de vista.

TEXTO I

Nos 30 anos decorridos entre 1980 e 2010 foram assassinadas no país acima de 92 mil mulheres, 43,7 mil só na última década. O número de mortes nesse período passou de 1 353 para 4 465, que representa um aumento de 230%, mais que triplicando o quantitativo de mulheres vítimas de assassinato no país.

WALSELFISZ, J. J. *Mapa da Violência 2012.* Atualização: Homicídio de mulheres no Brasil.
Disponível em: www.mapadaviolencia.org.br. Acesso em: 8 jun. 2015.

TEXTO II

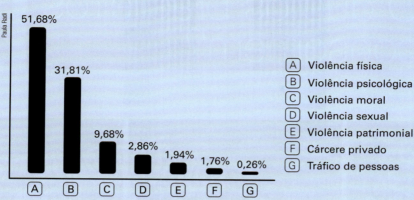

BRASIL. Secretaria de Políticas para as Mulheres. **Balanço 2014**. Central de Atendimento à Mulher: Disque 180. Brasília, 2015. Disponível em: www.spm.gov.br. Acesso em: 24 jun. 2015 (adaptado).

TEXTO III

Disponível em: www.compromissoeatitude.org.br.
Acesso em: 24 jun. 2015 (adaptado).

TEXTO IV
O IMPACTO EM NÚMEROS

Com base na Lei Maria da Penha, mais de 330 mil processos foram instaurados apenas nos juizados e varas especializados

332.216 processos que envolvem a Lei Maria da Penha chegaram, entre setembro de 2006 e março de 2011, aos **52** juizados e varas especializados em Violência Doméstica e Familiar contra a Mulher existentes no País. O que resultou em:

 33,4% de processos julgados

 9.715 prisões em flagrantes

 1.577 prisões preventivas decretadas

 58 mulheres e **2.777** homens enquadrados na Lei Maria da Penha estavam presos no País em dezembro de 2010. Ceará, Rio de Janeiro e Rio Grande do Sul não constam desse levantamento feito pelo Departamento Penitenciário Nacional

 237 mil relatos de violência foram feitos ao Ligue 180, serviço telefônico da Secretaria de Políticas para as Mulheres

 **Sete** de cada **dez** vítimas que telefonaram para o Ligue 180 afirmaram ter sido agredidas pelos companheiros

Fontes: Conselho Nacional de Justiça, Departamento Penitenciário Nacional e Secretaria de Políticas para as Mulheres.
Disponível em: www.istoe.com.br. Acesso em: 24 jun. 2015 (adaptado).

21 O que os brasileiros consomem?

Vik Muniz. *WWW (MAPA-MÚNDI) (TRÍPTICO)*, 2008. Planisfério com sucata de computadores em três cópias cromogênicas digitais. 2,64 m × 1,8 m.
O planisfério acima foi criado pelo artista com sucata de aparelhos tecnológicos, representando o consumo que se desenvolve globalmente e de diferentes formas.

Padrões de consumo

Com Walter Benjamin, passeamos pelas passagens de Paris, espaços de consumo e **socialização** que de certa forma antecederam as lojas de departamento e os *shopping centers* de hoje. Benjamin nos fez prestar atenção aos detalhes da cidade, aos cartazes e propagandas que decoravam a capital francesa no início do século XX. Ele nos levou a conhecer ainda as formas de arte e entretenimento – a fotografia, o cinema, os panoramas – que surgiam na virada do século XIX para encanto dos homens e mulheres europeus. E o que Walter Benjamin teria a dizer sobre nossos padrões de consumo se aportasse no Brasil do século XXI? Quem consome o quê, em que momentos? O que diria o pensador alemão sobre nossas formas de entretenimento? De que maneira se realiza entre nós a associação por ele apontada entre consumo e lazer? Como os brasileiros preenchem o tempo do não trabalho, ou seja, o tempo livre?

De início, talvez Walter Benjamin ficasse tonto – afinal, em um país grande e diverso, não é tarefa simples identificar os padrões de consumo da população. No Brasil, como na maioria das nações regidas por uma **economia de mercado**, o consumo relaciona-se diretamente à **estratificação social**: consumir certos produtos revela algo importante sobre o *status* de quem consome, sobre o lugar que ocupa ou gostaria de ocupar na hierarquia social. Ao associarmos certas marcas e produtos a determinados grupos sociais, fazemos aquilo que o sociólogo francês Pierre Bourdieu (1930-2002) chama de "distinção pelo consumo": classificamos as pessoas pelos bens que elas portam. "Cada um é o carro que dirige", "O mundo trata melhor quem se veste bem", "Deixe-se levar pelas boas aparências" – são *slogans* publicitários que reforçam diariamente essa lógica entre nós. Não por acaso, os que se veem excluídos da possibilidade de consumir bens associados ao prestígio e ao *status* muitas vezes acionam estratégias violentas para sua obtenção.

Para dar conta de questões tão complicadas, os cientistas sociais empregam diferentes **metodologias de pesquisa**. Em geral, quando queremos responder a perguntas que envolvem a **opinião** de um grande número de pessoas, recorremos a dados estatísticos. Mas existem diferentes maneiras de produzir os dados e as fontes que queremos utilizar. Podemos, por exemplo, fazer entrevistas face a face, por telefone, pela internet, com questionário, sem questionário etc. Quanto às fontes, há instituições especializadas na produção de dados, e estas, por sua vez, podem ser públicas, como o IBGE, ou privadas, como Vox Populi, FGV Opinião, Ibope, entre outras.

▌▌ Economia de mercado

Economia de mercado é o nome dado a um sistema econômico baseado na divisão de trabalho em que os preços de bens e serviços são livremente determinados de acordo com a oferta e a demanda. Por oposição, em uma economia planejada, esses preços são definidos por um governo central. Os padrões de consumo têm, ainda, relações diretas com a cidadania, com o direito ao acesso a certos bens e serviços. Um exemplo bem simples e cotidiano: alguém que não foi devidamente alfabetizado, mesmo que tenha dinheiro para ir ao cinema, não conseguirá ler as legendas de um filme estrangeiro e provavelmente não compreenderá o enredo. O acesso a determinados bens implica, portanto, muito mais do que simplesmente ter ou não ter dinheiro. Apesar de teoricamente o mercado estar aberto a todos, alguns podem consumir o que é oferecido e outros, não.

Quando falamos em padrões de consumo nos referimos, portanto, a uma porção de coisas muito diferentes, que implicam variados tipos de gasto. Há, por exemplo, o que os economistas chamam de bens duráveis e bens não duráveis, bens essenciais e bens supérfluos, bens tangíveis e bens não tangíveis, recursos renováveis e recursos não renováveis, entre muitas outras especificações. Veja a tabela a seguir.

Bens duráveis	São bens que podem ser usados durante um grande período de tempo, ou seja, aqueles que não se esgotam no ato de sua utilização. Ex.: eletrodomésticos, automóveis, imóveis etc.
Bens não duráveis	São bens de curta duração, que se esgotam no ato de sua utilização. Ex.: alimentos, bebidas.
Bens essenciais	São aqueles necessários à sobrevivência e à garantia da dignidade humana. Podem ser duráveis ou não duráveis. Ex.: alimentos, remédios, vestimentas, energia elétrica, bens que se destinam à habitação, ao lazer, à aprendizagem etc.
Bens supérfluos	São os bens que, ao contrário daqueles considerados essenciais, não são imprescindíveis à sobrevivência ou à garantia da dignidade. Eles se prestam ao aumento do conforto e do bem-estar de quem os consome. Podem ser duráveis ou não duráveis. Ex.: *video game*, automóvel, refrigerante etc.
Bens tangíveis	São os bens concretos, que têm existência física (podem ser tocados). Ex.: terrenos, casas, máquinas, lata de refrigerante etc.
Bens intangíveis	São aqueles que não têm existência física e, portanto, representam alguma coisa, mas não podem ser tocados. Ex.: os direitos de cópia de um *software*, o valor de uma marca, uma viagem etc.
Recursos renováveis	São recursos naturais que podem ser usados sem o risco de esgotamento. Sua reposição ou regeneração é feita pela natureza continuamente ou auxiliada pela ação humana. Ex.: energia solar, água do mar, vento, etanol (resultante do processamento da cana-de--açúcar) etc.
Recursos não renováveis	São recursos naturais que não podem ser recuperados pela natureza ou mesmo pela ação humana numa escala de tempo viável. Ex.: combustíveis fósseis (como petróleo e gás natural) e nucleares.

Capítulo 21 – O que os brasileiros consomem? ◀◀ **337**

O consumo de bens culturais

O Instituto de Pesquisa Econômica Aplicada (Ipea) é uma dessas instituições públicas que congregam pesquisadores cuja função principal é produzir dados estatísticos e analisá-los. Esses dados e suas análises informam decisões políticas, orientam investimentos públicos e privados, além de alimentar nossa imaginação sociológica. Dois pesquisadores do Ipea, Frederico Barbosa da Silva e Herton Ellery Araújo, apresentaram um estudo muito interessante sobre o consumo cultural das famílias brasileiras, partindo das seguintes perguntas: Que variáveis socioeconômicas – escolaridade, cor, gênero, renda familiar – condicionam o consumo cultural? Existem variações regionais? Que variações são essas?

Vejamos as interessantes conclusões a que os pesquisadores chegaram utilizando os dados da Pesquisa de Orçamento Familiar (POF).

Os **bens culturais** estão relacionados a necessidades materiais e culturais; são quaisquer bens úteis para proporcionar informações e entretenimento. Os bens culturais podem referir-se a:

- leitura (mídia escrita);
- fonografia (CDs, aparelhos ou equipamentos);
- espetáculos ao vivo e artes (circo, artes, teatro, balé, *shows*, música etc.);
- audiovisual (cinema, práticas amadoras, TV a cabo, equipamentos e conteúdos);
- microinformática (equipamentos e internet);
- outras atividades fora do domicílio (casas noturnas, danceterias, parques etc.).

A pesquisa mostra, por um lado, que essa "cesta de bens culturais" é valorizada por todos os segmentos sociais, independentemente da renda, do gênero e da cor. Nenhuma classe social vê os bens culturais como algo supérfluo, ao contrário: esse consumo é valorizado por todas as faixas de renda, em todas as regiões. Por outro lado, a possibilidade de consumir bens culturais tem relação direta com a escolaridade e com a renda. Ou seja: quanto maior a escolarização do provedor da casa, maior a renda, maior o consumo cultural da família. O consumo de livros é um bom exemplo. Todas as classes sociais consideram a leitura e o consumo de livros algo importante para a família, mas a leitura concentra-se nas classes de renda alta: 90% das classes A/B, 66% da C e apenas 42% das D/E têm mais de dez livros no domicílio. Ter uma grande quantidade de livros em casa, mesmo que não implique a existência de um grande leitor, tem correlação com maior escolarização e com o fato de a pessoa se situar nos estratos de mais alta renda. As populações mais pobres, por sua vez, concentram seus gastos com bens culturais em produtos audiovisuais e fonográficos e, em menor grau, em festas, danceterias e casas noturnas.

▌▌ Pesquisa de Orçamento Familiar (POF)

A Pesquisa de Orçamento Familiar (POF) é um levantamento feito pelo IBGE com o objetivo de traçar o perfil de consumo da família brasileira. Realizada periodicamente em todo o país, a pesquisa reúne dados sobre como as famílias comem, vestem, estudam e se divertem e quanto gastam nessas atividades, e por isso constitui uma importante ferramenta na decisão de políticas públicas e na determinação das tendências do mercado nacional. Para realizar um mapeamento das condições de vida das famílias brasileiras, a POF abrange famílias de todos os segmentos sociais. Na realização da pesquisa (que tem duração de 12 meses), as famílias, selecionadas por amostragem, são visitadas diversas vezes, e cada integrante é entrevistado diretamente, respondendo a questões sobre gastos e dados nutricionais.

No levantamento são aplicados seis tipos de questionário a cada família: um sobre as características do domicílio (para definir o perfil de cada morador sobre nível escolar, religião, cor, ocupação etc.); um sobre características do rendimento; um sobre as despesas coletivas (como luz, água, aluguel, compra de eletrodomésticos etc.); um sobre despesas individuais (com detalhes sobre o que cada pessoa consome individualmente, como mensalidades escolares, transporte, lazer, vestuário etc.); uma caderneta de despesas (em que cada morador anota durante uma semana todas as despesas feitas para a casa); e um questionário sobre as condições de vida (preenchido com o chefe de família).

Os resultados da POF revelam, por exemplo, o perfil nutricional da família brasileira, denunciando tendências como desnutrição ou mesmo obesidade, além de apontar as diferenças de consumo entre classes sociais. Trata-se de um importante instrumento para o conhecimento da estrutura orçamentária das famílias (a relação entre quanto ganham e no que gastam). Por meio de seus resultados é possível não apenas ver sintomas da desigualdade e avaliar deficiências nutricionais, como também analisar as mudanças no comportamento alimentar e consumidor da família brasileira ao longo dos anos.

Os autores chamam a atenção para o fato de que as tecnologias multimídia vieram alterar profundamente o acesso aos bens culturais no Brasil. As novas tecnologias transformam os mercados de livros e de música, criam museus e bibliotecas virtuais. Mas o acesso à internet ainda é muito restrito em nosso país: em 2013, 49,4% dos domicílios tinham acesso à rede mundial de computadores. Será que esses números se alteraram muito desde essa data?

Há um dado em particular no qual devemos refletir: 82% das despesas com bens culturais estão relacionadas a práticas domiciliares. Ou seja, a maioria das famílias brasileiras, de norte a sul do país, concentra seus gastos com televisão, vídeo, música e leitura. Quem vai ao cinema também assiste filmes em casa, mas nem sempre o oposto é verdadeiro. As práticas que pressupõem saídas do domicílio – cinema, espetáculos ao vivo, festas – correspondem a somente 17,8%. Como podemos interpretar esses dados?

Nossa interpretação deve levar em conta que as regiões metropolitanas brasileiras cresceram rápida e desorganizadamente, limitando as possibilidades de expansão dos equipamentos culturais de uso coletivo ou público. Um exemplo: apenas 25% dos municípios metropolitanos têm salas de cinema, e sua esmagadora maioria está concentrada na Região Sudeste (com 1 244 salas em 2010, contra apenas 60 na Região Norte). Museus, então, são praticamente inexistentes fora das capitais.

Os espaços públicos são escassos e muitas vezes de difícil acesso. A disponibilidade de equipamentos culturais de uso coletivo não condiz, portanto, nem com o tamanho do país nem com o número crescente da população.

Você sabe quantas salas de cinema existem em seu município? Há algum museu ou teatro em sua vizinhança? Eles estão localizados em lugares de acesso fácil e seguro? Sim, porque a questão da segurança também foi citada pelos entrevistados da pesquisa. Muitos que teriam condições de usufruir de certos equipamentos não o fazem porque se sentem inseguros, têm medo de ser vítimas de roubos ou assaltos no deslocamento entre a residência e o local de lazer.

A pesquisa conclui que a escola é um dos instrumentos de política cultural mais poderosos, por sua universalidade e cobertura. A escola forma o gosto e faz com que pessoas de diferentes classes sociais internalizem a apreciação e compreendam o uso dos bens culturais. Em muitos municípios, a escola é uma das únicas fontes públicas e coletivas de informação.

Show da banda Sepultura na Terceira Virada Cultural de Belo Horizonte (MG), 2015.
No Brasil, museus ou casas de cultura localizados em cidades que não são capitais ou grandes metrópoles estão contextualizados dentro da história local. Dessa maneira, a valorização da memória e da história regional é mantida por meio de iniciativas públicas e do turismo local.

Museu do Algodão, localizado em antiga estação ferroviária do início do século XX. Campina Grande (PB), 2015. Grandes eventos culturais, públicos ou pagos, acabam se restringindo às metrópoles e capitais. Um dos motivos é a necessidade de infraestrutura adequada ao público.

O que vai à mesa?

Outro estudo muito interessante, coordenado pela antropóloga Lívia Barbosa, examina os hábitos alimentares dos brasileiros. Trata-se de uma pesquisa empírica, realizada em dez cidades – Belém, Fortaleza, Recife, Salvador, Brasília, Rio de Janeiro, São Paulo, Belo Horizonte, Curitiba e Porto Alegre – com pessoas na faixa entre 17 e 65 anos, pertencentes a todos os cinco segmentos de renda da sociedade brasileira. Foram utilizadas tanto **metodologias qualitativas** quanto **metodologias quantitativas**, no intuito de responder a uma série de perguntas importantes: O que consomem as famílias em suas refeições? Há muitas variações por região? A renda é um fator determinante na hora de decidir o que colocar no prato?

O título do artigo, baseado nos dados da pesquisa, é um trocadilho: "Feijão com arroz e arroz com feijão: o Brasil no prato dos brasileiros". Por quê? Porque foram reveladas regularidades bastante significativas nos padrões alimentares que permitem pensar em várias outras dimensões da vida social brasileira. Antes de descobrirmos que regularidades são essas, sigamos um conselho da autora, que adverte ser preciso prestar atenção a alguns conceitos. Vejamos.

Em primeiro lugar, Lívia Barbosa afirma que "comida" e "alimento" não são a mesma coisa: "Os alimentos são sempre ingeridos sob alguma forma **culturalizada**". Você já reparou que nós, seres humanos, somos os únicos animais que cozinhamos aquilo que comemos? Essa é uma grande diferença que nos distingue dos demais entes vivos, é um dado cultural, já dizia o antropólogo Claude Lévi-Strauss. A comida é o alimento – conjunto de nutrientes necessários à nossa manutenção física – transformado naquilo que se come sob uma forma específica, com um molho de que gostamos, com o temperinho que só a vovó sabe fazer, de preferência com um aspecto visual e um cheiro convidativos. Na China, cachorro é um prato apreciadíssimo; no Ocidente, só se for "cachorro-quente"! Enquanto os brasileiros adoram uma churrascaria, a maioria dos indianos considera uma temeridade comer carne de vaca – um animal sagrado no hinduísmo. Em diferentes culturas existe aquilo que chamamos de culinária – "um conjunto que engloba manipulação, técnicas de cocção, representações e práticas sobre as comidas e as refeições", segundo a definição da antropóloga.

Cada sociedade tem normas e momentos específicos em que determinados tipos de comida são ingeridos, em determinada sequência, dentro de uma lógica de ingestão e de combinação dos alimentos entre si. É o que chamamos de "refeições". Um bom exemplo é a nossa ceia de Natal. O peru, que não costuma ser servido com frequência em nenhuma região brasileira, transforma-se na grande atração. São comprados figos, nozes, tâmaras, e as rabanadas são preparadas com antecedência. Dificilmente servimos esses alimentos em outras épocas do ano.

Mesa com pratos típicos de Festas Juninas. João Pessoa (PB), 2014. Durante o período das Festas Juninas, muitos brasileiros consomem alimentos específicos, que, embora variem bastante de acordo com a região do país, têm em sua base o milho, cuja colheita ocorre tradicionalmente no mês de junho.

No Brasil, pelo menos nos grandes centros urbanos, os habitantes têm na prática uma média de três refeições diárias. Segundo Lívia Barbosa, essas refeições se dividem em subsistemas: o sistema de refeições semanal, o de fim de semana e o ritual. Algumas famílias, cujos membros comem em momentos separados ao longo da semana, fazem questão de que todos sentem juntos à mesa aos domingos. Outras estipulam que sábado é dia de *pizza* e de refrigerante, itens proibidos durante a semana.

A autora identifica algumas especificidades interessantes na maneira de comer do brasileiro. Em primeiro lugar, costumamos misturar vários estilos culinários em uma mesma refeição (os "restaurantes a quilo" são ótimo exemplo). Outra especificidade apontada é a lógica de ingestão dos alimentos: "Entre nós vigora o 'juntos, mas separados'. Ou seja, as pessoas colocam, ao mesmo tempo, os diferentes tipos de comida no prato, mantendo-os separados em pequenos montes. A mistura dos diferentes alimentos ainda no prato está associada à quebra de etiqueta e é vista com repugnância". Uma terceira característica é a presença de pelo menos duas refeições quentes ao dia. Espera-se, portanto, que no almoço e no jantar sejam servidas comidas "de panela", "de sal" ou "de gordura".

A grande informalidade à mesa e a pouca preocupação com a apresentação da comida é apontada pela autora como a quarta característica de nossos hábitos alimentares. A "mesa posta" é reservada para situações mais formais e rituais, enquanto no cotidiano as pessoas "fazem o prato" e vão comer em frente à TV, na sala ou no quarto. Por fim, a pesquisa aponta que, apesar de em algumas residências a cabeceira da mesa ainda ser reservada ao "chefe da família", não observamos hierarquias rígidas ou muitas formalidades em sua composição. A seleção do cardápio, em 70% dos casos, permanece como função das mães/esposas.

O cardápio do fim de semana costuma ser mais voltado para o prazer e deixa de lado a questão da praticidade, além de ser mais dispendioso e variado. A autora resume essa questão no seguinte esquema:

Semanal	Fim de semana	Ritual
praticidade	preferências individuais	tradição
saudabilidade	prazer/sabor	+prazer/sabor
rotina	variedade	+variedade
economia/restrição	extravagância	+extravagância

Esse esquema traduz o que acontece em sua casa? Quem define o que será consumido por sua família nas diferentes refeições? Será que foi assim quando seus pais eram crianças?

Por todo o país costuma-se ingerir cardápios muito semelhantes, com reduzidíssima presença de itens considerados "regionais". Esses cardápios são em geral organizados levando em consideração questões econômicas, estéticas e de saúde do grupo doméstico como um todo, e não apenas o que os membros individualmente gostariam de comer. Existem pequenas variações no que concerne às faixas etárias, às faixas de renda e às faixas regionais, mas não se verificou praticamente nenhuma diferença entre os gêneros. Os trios "feijão, arroz e carne", no caso do almoço e do jantar, e "café, leite e pão" no caso do café da manhã, são os absolutos campeões na maioria dos lares brasileiros.

▐▌ Uma antropologia do consumo

Em meados dos anos 1970, a antropóloga Mary Douglas e o economista Baron Isherwood lançaram o livro *O mundo dos bens*, com o objetivo de olhar para as relações das pessoas com os objetos, e das pessoas entre si. Dessa forma, o livro inaugurou uma nova forma de compreender por que as pessoas desejam adquirir determinadas coisas. A primeira tarefa dos autores foi desconstruir a visão utilitarista, que diz que compramos determinado item simplesmente por precisar dele, ou por ver nele um bom negócio. Douglas e Isherwood diziam que era importante olhar as dimensões culturais e simbólicas do consumo, chamando a atenção para as muitas motivações envolvidas no ato de consumir. Nessa linha, por meio de um olhar antropológico, o estudo concluiu que os bens de consumo são, sobretudo, comunicadores de valores sociais, ou seja, a escolha do que compramos carrega significados, diz algo sobre nós, nossas famílias, o lugar em que moramos e nossa rede de relações. Assim, o que compramos também produz e ajuda a manter relações sociais. Podemos dizer, por isso, que os objetos podem ser bons para comer, vestir e abrigar, mas também são bons para pensar. Essa visão é interessante, pois nos faz ir além da ideia de que o consumo é sinal de alienação ou de futilidade. Mais recentemente, o antropólogo inglês Daniel Miller publicou diversos estudos defendendo que o ato de comprar não é só "uma coisa em si". Deve ser visto como uma forma de descobrir, pela "observação das práticas das pessoas, algo sobre seus relacionamentos" e sobre elas mesmas. Um bom exemplo de seu trabalho é uma pesquisa sobre a ida de donas de casa inglesas ao supermercado. Após pesquisar mulheres de diferentes classes sociais, Miller concluiu que as compras constituíam relações importantes para elas, que se sentiam responsáveis ao selecionarem mercadorias que pudessem ser educativas, edificantes e moralmente superiores para suas famílias. A ida ao supermercado seria, assim, um dos meios fundamentais para construir seus relacionamentos de amor e carinho na vida prática, extrapolando a impressão comum de que se trata apenas da satisfação de necessidades objetivas.

O CONSUMO SUSTENTÁVEL

Desde a década de 1990, o consumo tornou-se tema de debates em razão dos impactos socioambientais provocados por ele. Foi assim que se formou a noção de **consumo sustentável**, uma proposta de ação e política ambiental cuja meta é reduzir os impactos que o consumo desenfreado causa à sociedade, à economia e ao meio ambiente. É uma proposta que engloba a participação de empresas e instituições, as políticas públicas e o papel do consumidor.

O PAPEL DO ESTADO

É importante enfatizar que a prática do consumo sustentável não deve ser delegada exclusivamente ao consumidor, as ações devem envolver várias esferas, como empresas e poder público. Pensando por essa perspectiva, em que o Estado deve ser mais ativo, há diferentes estratégias que favorecem o consumo consciente, como o **consumo verde** e o **consumo consciente/responsável**, explicados a seguir.

CONSUMO CONSCIENTE/RESPONSÁVEL

Consiste em estratégias para a escolha dos produtos e serviços com base na qualidade e preço, assim como no impacto ambiental e social decorrente deles. Esse conceito requer ainda preocupação com a conduta das empresas que fabricam o produto, ou seja, se a ética aplicada na empresa afetará o ecossistema e outros grupos e locais, que podem estar distantes geograficamente. Além disso, consumo responsável implica menos consumo, ou seja, a compra apenas do que é necessário.

Consumo verde

São estratégias adotadas pelo consumidor visando a escolha de produtos ecologicamente sustentáveis em todas as etapas pelas quais o produto passa: produção, distribuição e descarte. De acordo com esse conceito, o consumidor participa mais ativamente dessas ações adotando alguns hábitos.

Antes de comprar um produto, pense se realmente necessita dele. Você pode também trocar ou doar produtos que não utiliza mais.

PRODUTOS LOCAIS
Escolha produtos que foram produzidos ou fabricados no entorno do local em que você vive. Assim, a quantidade de combustível utilizada no transporte é reduzida.

PRODUTOS ECOLÓGICOS
Selecione alimentos que procedem de agricultura ecológica e tenham sido cultivados de forma a respeitar o meio ambiente.

RECICLÁVEIS
Consuma produtos a granel ou vendidos em embalagens facilmente recicláveis, como vidro, papel ou embalagens biodegradáveis.

Públicos consumidores e campanhas publicitárias

Outra fonte boa para a investigação dos padrões de consumo são as campanhas publicitárias veiculadas pela mídia. Guita Grin Debert, professora do Departamento de Antropologia da Unicamp, publicou em 2003 os resultados de uma pesquisa muito interessante intitulada "O velho na propaganda". Como vimos em capítulos anteriores, houve no Brasil um aumento significativo da população de 65 anos ou mais, e não por acaso esse é um público consumidor que tem se tornado cada vez mais importante no mercado.

Nos Estados Unidos, o *senior citizen* – cidadão acima de 65 anos – já é, há algum tempo, considerado fatia importante do mercado por sua disponibilidade de tempo livre e pela ausência de muitos dos gastos fixos que pesam sobre a população mais jovem. Inspirada no caso dos Estados Unidos, uma pesquisa brasileira – feita em 1989 em várias capitais do país, com homens e mulheres de 50 a 69 anos de idade, das classes A e B – identificou que aqui esse setor era bem menos afluente e mais inseguro que o norte-americano, sobretudo em razão da situação instável da aposentadoria e dos problemas econômicos do país. A pesquisa de Guita Debert atualiza esses dados refletindo sobre como a "melhor idade" é apropriada pelas campanhas publicitárias públicas e privadas.

Por meio da análise de dez comerciais que trazem idosos como personagens, a autora identifica três grupos presentes no tratamento dado a esse segmento nos anúncios publicitários: em quatro dos anúncios, a velhice representa perda das habilidades, dependência, passividade ou arrogância; em três, poder, beleza, riqueza e prestígio; e em outros três a subversão de padrões tradicionais encontrava expressão no personagem idoso.

Outro recurso metodológico usado no levantamento foi o **grupo focal**. Os participantes, que avaliaram os comerciais selecionados pelos pesquisadores, afirmaram que a publicidade deveria transmitir a ideia de que "as fases mais avançadas da vida devem ser tratadas como momentos propícios para experimentar vivências inovadoras em busca de novas formas de autoexpressão, explorando identidades de um modo que não é mais visto como exclusivo da juventude". Um comercial em particular foi muito bem avaliado pelos participantes do grupo focal: o da campanha da vacinação contra a gripe que tinha como público-alvo os maiores de 65 anos. Veja o texto de um dos comerciais da campanha.

Um locutor, tendo como pano de fundo a imagem de duas celebridades, um sambista e uma poetisa, diz:

"O sambista Cartola gravou o seu primeiro disco aos 66 anos. A poetisa Cora Coralina começou a publicar as suas poesias aos 88 anos. Eu tenho 68, nunca fui ator e estou aqui gravando o meu primeiro comercial. Se você acha que está velho demais para fazer certas coisas, faça outras. Se você tem mais de 65 anos, vacine-se contra a gripe e o tétano. Você tem muito que fazer ainda. Velho é o seu preconceito."

Segundo a antropóloga, a supervalorização da juventude acaba ocasionando um paradoxo entre nós: o envelhecimento precoce da população brasileira. "No século XVIII, viajantes impressionados comentavam em seus diários de viagem que no Brasil uma mulher antes de completar 18 anos já era considerada velha", exemplifica a autora. Ela lembra também que Gilberto Freyre, um dos mais renomados analistas da cultura brasileira, deixou um retrato cheio de ironia das etapas em que a vida adulta feminina se desdobrava no Brasil e de como as mulheres, mesmo as de classe dominante, eram vistas e se comportavam. Antes de entrar na casa dos 30, elas eram consideradas irremediavelmente passadas: aos 18 atingiam a completa maturidade e depois dos 20, a decadência. Gilberto Freyre descrevia com detalhes esse suposto quadro de decadência física: "Ficavam gordas, moles. Criavam papadas. Tornavam-se pálidas. Ou então murchavam... Largadas, passavam grande parte do dia em casa. De lá só se deixavam tirar 'como geleia de uma colher'". Você acha que essa descrição de Gilberto Freyre ainda faz sentido? Como vivem as mulheres com mais de 60 anos de idade com as quais você convive? Elas passam a maior parte do tempo em casa ou são consumidoras ativas? E que tipo de entretenimento costumam buscar?

Atualmente, apesar de os idosos se verem como indivíduos mais produtivos e menos ociosos, a velhice continua sendo avaliada como algo negativo, que deve ser adiado a todo custo. A velhice, como afirma Guita Debert, é transformada em "um problema de indivíduos negligentes que não se envolveram no consumo de bens e serviços capazes de retardar seus problemas". A lógica, então, passa a ser a seguinte: se o mercado coloca à disposição do consumidor um sem-número de medicamentos, cosméticos, aparelhos, só é velho quem quer, quem não investe em si. Nesse sentido, a autora pondera que o novo enfoque dos comerciais pode acabar sugerindo que a velhice é uma questão de escolha e que sucumbir às perdas da idade é fruto de escolhas

Capítulo 21 – O que os brasileiros consomem? ◀◀ **343**

inadequadas pelos indivíduos: "Ser velho [passa a ser visto como] um problema de indivíduos descuidados que foram incapazes de se envolver em atividades motivadoras e adotar o consumo de bens e serviços capazes de combater o envelhecimento".

O consumo, portanto, perpassa as várias camadas sociais e diz respeito a todos nós como indivíduos e como parte da sociedade brasileira. Que tipo de consumidor você é? É do tipo impulsivo ou reflexivo? Esbanjador ou controlado? Que tipos de produtos você consome com regularidade e quais deles fazem parte de sua lista de "objetos de desejo"? Você já pensou sobre as implicações geradas por seus hábitos de consumo e padrões de entretenimento? O que você está "comunicando" aos colegas da escola por meio de "bens" como sua mochila e seu tênis?

Idosos exercitam-se na academia ao ar livre, no Centro de Esportes e Lazer Dirceu Graeser, Praça Oswaldo Cruz, em Curitiba (PR), 2015.

A constatação de grandes mudanças nos padrões de consumo da classe média brasileira ao longo dos últimos anos chamou a atenção de especialistas de diversas áreas. Economistas e sociólogos se debruçaram sobre o assunto, buscando entender as causas e os efeitos dessas transformações, principalmente no que diz respeito à redução das desigualdades. O que indicaria o aumento de consumo? Quem consumia mais? Quais produtos entravam na casa de um número cada vez maior de brasileiros?

Esse tema ocupou muitas páginas de jornais e também a mídia televisiva. E suscitou mais perguntas que respostas. Algumas pesquisas ajudaram a tornar pública a questão. Segundo um estudo divulgado pela FGV, em 2014 a classe C agregava cerca de 118 milhões de pessoas no Brasil, cerca de 60% da população nacional. Em 2003, esse número era de 65,9 milhões, o que revela um crescimento de 60% em uma década.

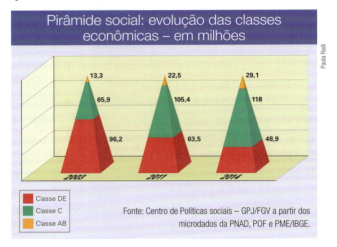

Fonte: Centro de Políticas sociais – GPJ/FGV a partir dos microdados da PNAD, POF e PME/IBGE.

De acordo com o economista Marcelo Neri, autor do livro A nova classe média: o lado brilhante da pirâmide, o fenômeno é resultado de mudanças significativas em setores como a educação, o trabalho, as políticas econômicas e as políticas sociais. "As pessoas pobres passaram a colocar os filhos na escola na década de [19]90. Na década seguinte, esses filhos chegaram à carteira de trabalho. As políticas econômicas responsáveis e bem administradas, além do boom do mundo até 2008, também ajudaram a ampliar a renda dos mais pobres", diz ele. Neri afirma ainda que o processo de ascensão da classe C começou em 2004, ano a partir do qual o Brasil viveu três saltos significativos: mais pessoas passaram a ter acesso a cursos técnicos, houve aumento do número de trabalhadores com carteira assinada e a qualificação profissional também melhorou.

Essas mudanças se refletiram, na prática, no aumento do poder de compra de pessoas que, anos atrás, não tinham acesso a bens e serviços consumidos pelas classes mais favorecidas, como planos de saúde, escolas particulares e previdência privada. Um dos efeitos mais evidentes do crescimento dessa nova classe média foi a popularização das viagens de avião, que antes eram um luxo para poucos e que acabaram concorrendo com as viagens de ônibus. Os aeroportos recebiam muito mais pessoas motivadas pelos preços das passagens e, sobretudo, pelas atraentes condições de pagamento. Conhecer aquela praia da revista ou visitar aquele parente que mora longe passou a ser projeto acessível a consumidores que antes mal sonhavam em viajar de avião.

Mas as mudanças não se restringiram às viagens. Os carrinhos de supermercado se encheram de produtos em uma variedade nunca vista para segmentos tão amplos da população. Antes, os mais pobres se privavam de determinada categoria de produtos, como alimentos industrializados, para sua renda chegar ao fim do mês. "Hoje, a classe C tem acesso aos mesmos produtos, talvez com uma frequência de compra um pouco menor", segundo o economista Renato Meirelles.

Mas quem são, afinal, esses brasileiros cujos novos padrões de consumo chamaram tanto a atenção como fenômeno que estava mudando a cara do país? As pesquisas indicavam que nesse grupo estavam principalmente jovens com um nível de escolaridade maior que o de seus pais, que constituem famílias menores (com um ou dois filhos), têm o hábito de pesquisar preços e lutar por seus direitos. São consumidores mais exigentes e com grande desejo de mobilidade social. Com renda familiar em torno de 3 mil reais mensais (considerando famílias de, em média, 4 pessoas), eles investem em educação, turismo, computadores, comunicação e combustível, movimentando 58% do crédito no Brasil. Apesar dessas características comuns, Meirelles recorda que a classe C não pode ser entendida como uma massa homogênea. Afinal, "será que 108 milhões de pessoas consomem da mesma forma?", questiona ele.

Junto com o fenômeno de ordem econômica, os cientistas sociais vêm tentando compreender os impactos que os novos padrões de consumo terão, em médio e em longo prazo, na sociedade brasileira. Indo além de números e estatísticas, sociólogos, antropólogos e cientistas políticos começam a olhar para as transformações dos hábitos e valores da classe média brasileira buscando entender, entre tantas outras coisas, os caminhos e descaminhos da redução da desigualdade em nossa sociedade.

◀◀ Recapitulando

Cada indivíduo, ao longo da vida, pratica certo padrão de consumo que indica seu *status* e o lugar que ocupa ou gostaria de ocupar na hierarquia social. Além de traçar as particularidades individuais, os padrões de consumo mantêm relações diretas com a cidadania, com o acesso a bens e serviços coletivos. Isso significa que o consumo não se resume a ter ou não dinheiro. Dependendo do grau de informação ou educação, alguns poderão consumir o que é oferecido, e outros não.

Em todos os países realizam-se pesquisas sobre os hábitos de consumo dos cidadãos. Os resultados de quatro pesquisas feitas no Brasil demonstram algumas facetas da sociedade brasileira: a primeira aborda o consumo de bens culturais; a segunda, o consumo de alimentos; a terceira, a imagem dos idosos nas campanhas publicitárias; e a quarta, o recente fenômeno da emergência de uma nova classe média.

No Brasil, nenhuma classe social toma os bens culturais como algo supérfluo. Todas as faixas de renda, em todas as regiões, consideram importante ir ao teatro ou ao cinema, ler livros, visitar exposições de arte, assistir a programas de TV, ouvir rádio etc. No entanto, apenas uma minoria – composta de indivíduos mais escolarizados e com renda mais alta – tem acesso à maior parte das atividades culturais.

As camadas de baixa renda investem em bens culturais que podem ser usados no espaço doméstico. Isso significa que a maioria das famílias brasileiras concentra seus gastos em televisão, vídeo ou DVD, CDs de música e livros. Enfim, as práticas culturais que implicam saídas do domicílio – cinema, espetáculos, festas – estão restritas a menos de 20% da população. As desigualdades da sociedade brasileira não só se refletem nos padrões de consumo cultural, mas também indicam como a urbanização se deu no Brasil, propiciando uma reduzida oferta de espaços culturais (bibliotecas, teatros, salas de cinema, museus etc.) fora das capitais dos estados. Nos centros urbanos, a insegurança e a violência limitam o acesso de muitas pessoas aos espaços públicos.

Em suas refeições, as famílias apresentam muito mais regularidades do que a diversidade da culinária regional brasileira sugere. Sabemos que o churrasco é um prato típico gaúcho, o bife com batata frita é típico do carioca, e o feijão tropeiro, do mineiro; a moqueca tem suas variações baiana e capixaba, e assim por diante. No entanto, nas duas tradicionais "refeições quentes" do dia, os brasileiros de norte a sul do país consomem o trio arroz-feijão-carne, que impera absoluto.

As propagandas de produtos e serviços veiculadas pela mídia revelam aspectos que se mantêm e que estão em transformação na sociedade em termos de consumo e de mentalidade.

Nas campanhas publicitárias encontramos valores, sugestões de atitudes e comportamentos direcionados a grupos étnicos (brancos, negros, orientais, indígenas etc.), segmentos sociais (populares, camadas médias e elites), faixas etárias (crianças, jovens, adultos e idosos), categorias profissionais etc. Essas campanhas estimulam o público-alvo a consumir o produto anunciado.

A cidadania abre e fecha possibilidades de os indivíduos consumirem determinados produtos. A educação, a segurança pública, o acesso aos espaços de cultura podem ser considerados direitos que os cidadãos-consumidores têm nesse campo. Mas, em contrapartida, há também os deveres: os de ser um consumidor consciente de que suas escolhas têm consequências sobre o meio ambiente, sobre as relações de trabalho, sobre os direitos autorais e até mesmo sobre a distribuição da riqueza por meio dos impostos.

Leitura complementar

Necessidade e consumo

Por trás de boa parte da crítica social ao consumismo da sociedade contemporânea se encontra a visão de que existem "necessidades reais", verdadeiras, enquanto outra seria produto da publicidade e de uma sociedade dominada pelo exibicionismo e pela ostentação.

A antropologia já se ocupou de criticar a noção de que o consumo pode ser reduzido a uma visão naturalista, pois a cultura permeia sempre o gosto e define os produtos culturalmente adequados (por exemplo, não é "natural" que certas sociedades prefiram carne de vaca a carne de cachorro ou o contrário). A antropologia também mostra que os objetos consumidos não são apenas instrumentos de distinção social dos grupos dominantes, mas são utilizados, igualmente, como forma de marcar a identidade de qualquer grupo ou mesmo como forma de protesto social.

Embora a futilidade e a ostentação tenham sempre caracterizado e continuem a caracterizar a vida das classes dominantes, a sociedade moderna é uma sociedade de consumo não porque a massificação tenha levado o conjunto da sociedade a introjetar a necessidade de consumir cada novo produto lançado pela indústria e promovido pela publicidade, mas porque os produtos de consumo são, em sua maioria, condição de acesso à saúde, à educação, ao trabalho e à sociabilidade.

Na sociedade moderna, as consequências sociais do consumo não se reduzem à utilidade específica que leva à sua incorporação pelos usuários; elas têm muitas vezes efeitos inesperados ou paradoxais quando se disseminam no conjunto da sociedade. Assim, o carro individual facilita o transporte de um lugar a outro, mas, hoje, em muitas cidades o excesso de carros, sem que se mencionem os danos da poluição sonora e atmosférica, contribui para o uso da bicicleta como forma de deslocamento mais rápido. Novos medicamentos podem salvar vidas, mas os efeitos sobre o patrimônio genético da humanidade podem ser nefastos; assim como novas sementes que podem aumentar a produtividade poderão afetar de maneira irreversível a biodiversidade. Ou, como veremos no caso da sociedade da informação, bancos de dados que contêm a história médica do paciente ou compras por cartões eletrônicos que substituem o dinheiro podem ajudar a salvar vidas ou a diminuir o risco de circular com dinheiro, mas geram informação sobre a vida privada do usuário, o que pode significar um controle de sua intimidade.

De todas as formas, em face das críticas elitistas da sociedade de consumo, é sempre importante lembrar que a maioria dos produtos de consumo são usados, porque, no contexto da sociedade contemporânea, eles são úteis. [...].

SORJ, Bernardo. *brasil@povo.com*: a luta contra a desigualdade na Sociedade da Informação. Rio de Janeiro: Jorge Zahar Editora; Brasília: Unesco, 2003. p. 26-27.

Fique atento!

Definição dos conceitos sociológicos estudados neste capítulo.

Bens culturais: na página 338.

Estratificação social: na seção **Conceitos sociológicos**, página 369.

Grupo focal: na seção **Conceitos sociológicos**, página 370.

Metodologias qualitativas/quantitativas: na seção **Conceitos sociológicos**, página 372.

Opinião pública: na seção **Conceitos sociológicos**, página 374.

Socialização: na seção **Conceitos sociológicos**, página 376.

Sessão de cinema

Estamira

Brasil, 2006, 115 min. Direção de Marcos Prado.

Documentário sobre Estamira Gomes de Sousa, uma mulher de 63 anos que mora e trabalha em um aterro sanitário, situado em Jardim Gramacho, no Rio de Janeiro.

Muito além do peso

Brasil, 2012, 84 min. Direção de Estela Renner.

O filme aborda o problema da obesidade infantil no Brasil e os efeitos da propaganda de alimentos nas crianças.

Construindo seus conhecimentos

MONITORANDO A APRENDIZAGEM

1. Consulte, na página 337, o quadro do boxe **Economia de mercado** e cite outros exemplos de:

   a) bens tangíveis, não duráveis e supérfluos;

   b) bens essenciais tangíveis e intangíveis;

   c) recursos renováveis e não renováveis.

2. Nossos gostos e preferências – aspectos que orientam as escolhas que fazemos quando consumimos produtos ou bens culturais – são naturais ou recebem outro tipo de influência? Explique.

3. O que significa dizer que os alimentos são consumidos de forma cultural? Cite exemplos.

4. O que significa ser um consumidor-cidadão?

DE OLHO NO ENEM

1. (Enem 2010)

> Os tropeiros foram figuras decisivas na formação de vilarejos e cidades no Brasil colonial. A palavra tropeiro vem de "tropa" que, no passado, se referia ao conjunto de homens que transportava gado e mercadoria. Por volta do século XVIII, muita coisa era levada de um lugar a outro no lombo de mulas. O tropeirismo acabou associado à atividade mineradora, cujo auge foi a exploração de ouro em Minas Gerais e, mais tarde, em Goiás. A extração de pedras preciosas também atraiu grandes contingentes populacionais para as novas áreas e, por isso, era cada vez mais necessário dispor de alimentos e produtos básicos. A alimentação dos tropeiros era constituída por toucinho, feijão-preto, farinha, pimenta-do-reino, café, fubá e coité (um molho de vinagre com fruto cáustico espremido). Nos pousos, os tropeiros comiam feijão quase sem molho com pedaços de carne de sol e toucinho, que era servido com farofa e couve picada. O feijão tropeiro é um dos pratos típicos da cozinha mineira e recebe esse nome porque era preparado pelos cozinheiros das tropas que conduziam o gado.
>
> Disponível em: http://tribunadoplanalto.com.br. Acesso em: 27 nov. 2008.

A criação do feijão tropeiro na culinária brasileira está relacionada à

(A) atividade comercial exercida pelos homens que trabalham nas minas.

(B) atividade culinária exercida pelos moradores cozinheiros que viviam nas regiões das minas.

(C) atividade mercantil exercida pelos homens que transportavam gado e mercadoria.

(D) atividade agropecuária exercida pelos tropeiros que necessitavam dispor de alimentos.

(E) atividade mineradora exercida pelos tropeiros no auge da exploração do ouro.

2. (Enem 2004)

Entre outubro e fevereiro, a cada ano, em alguns estados das regiões Sul, Sudeste e Centro-Oeste, os relógios permanecem adiantados em uma hora, passando a vigorar o chamado horário de verão. Essa medida, que se repete todos os anos, visa

(A) promover a economia de energia, permitindo um melhor aproveitamento do período de iluminação natural do dia, que é maior nessa época do ano.

(B) diminuir o consumo de energia em todas as horas do dia, propiciando uma melhor distribuição da demanda entre o período da manhã e da tarde.

(C) adequar o sistema de abastecimento das barragens hidrelétricas ao regime de chuvas, abundantes nessa época do ano nas regiões que adotam esse horário.

Capítulo 21 – O que os brasileiros consomem? **347**

(D) incentivar o turismo, permitindo um melhor aproveitamento do período da tarde, horário em que os bares e restaurantes são mais frequentados.

(E) responder a uma exigência das indústrias, possibilitando que elas realizem um melhor escalonamento das férias de seus funcionários.

3. (Enem 2007)

Quanto mais desenvolvida é uma nação, mais lixo cada um de seus habitantes produz. Além de o progresso elevar o volume de lixo, ele também modifica a qualidade do material despejado. Quando a sociedade progride, ela troca a televisão, o computador, compra mais brinquedos e aparelhos eletrônicos. Calcula-se que 700 milhões de aparelhos celulares já foram jogados fora em todo o mundo. O novo lixo contém mais mercúrio, chumbo, alumínio e bário. Abandonado nos lixões, esse material se deteriora e vaza. As substâncias liberadas infiltram-se no solo e podem chegar aos lençóis freáticos ou a rios próximos, espalhando-se pela água.

Anuário Gestão Ambiental 2007, p. 47-48 (com adaptações).

A respeito da produção de lixo e de sua relação com o ambiente, é correto afirmar que

(A) as substâncias químicas encontradas no lixo levam, frequentemente, ao aumento da diversidade de espécies e, portanto, ao aumento da produtividade agrícola do solo.

(B) o tipo e a quantidade de lixo produzido pela sociedade independem de políticas de educação que proponham mudanças no padrão de consumo.

(C) a produção de lixo é inversamente proporcional ao nível de desenvolvimento econômico das sociedades.

(D) o desenvolvimento sustentável requer controle e monitoramento dos efeitos do lixo sobre espécies existentes em cursos de água, solo e vegetação.

(E) o desenvolvimento tecnológico tem elevado a criação de produtos descartáveis, o que evita a geração de lixo e resíduos químicos.

4. (Enem 2015)

Falava-se, antes, de autonomia da produção para significar que uma empresa, ao assegurar uma produção, buscava também manipular a opinião pela via da publicidade. Nesse caso, o fato gerador do consumo seria a produção. Mas, atualmente, as empresas hegemônicas produzem o consumidor antes mesmo de produzirem os produtos. Um dado essencial do entendimento do consumo é que a produção do consumidor, hoje, precede a produção dos bens e dos serviços.

SANTOS, M. *Por uma outra globalização*: do pensamento único à consciência universal. Rio de Janeiro: Record, 2000 (adaptado).

O tipo de relação entre produção e consumo discutido no texto pressupõe o(a)

(A) aumento do poder aquisitivo.

(B) estímulo à livre concorrência.

(C) criação de novas necessidades.

(D) formação de grandes estoques.

(E) implantação de linhas de montagem.

ASSIMILANDO CONCEITOS

1. Observe esta fotografia:

Catadores separam lixo e materiais recicláveis em meio a urubus no bairro do Pantanal, em Castanhal (PA), 2014.

a) Descreva os elementos da imagem.

b) Que atividade está relacionada com a cena fotografada?

c) Analise a fotografia e responda: Como o consumo, o meio ambiente, as desigualdades sociais e a cidadania se relacionam em nosso dia a dia?

OLHARES SOBRE A SOCIEDADE

CÓDIGO DE CIDADANIA

[...]

Direitos do consumidor são tão importantes porque estão entrelaçados a outros conceitos de cidadania: os quatro atributos do ser humano, como cidadão, eleitor, contribuinte e consumidor.

Somente de posse desses quatro direitos (e deveres) somos completos, íntegros, sujeitos e agentes da história.

Consumir é uma responsabilidade sem par, porque afeta as relações de trabalho, ecologia e ambiente, relações humanas e empresariais. Comprar um produto ou serviço significa, de alguma maneira, chancelar ou não comportamentos, práticas e decisões.

Quem compra um tênis fabricado por crianças que deveriam estar na escola, em um país pobre, queira ou não, assina embaixo a exploração daqueles menores de idade.

Quem adquire os frutos do combate, do tráfico de drogas, da exploração de subempregados, é coautor desses crimes.

Quem se deslumbra com um móvel esculpido em madeira nobre, ameaçada de extinção, que cale a boca antes de falar em defesa do planeta Terra.

O mundo globalizado, interligado pela internet, já não admite quem olha para o lado enquanto bandidos corrompem ou dilapidam patrimônios universais.

O consumidor [...] pode e deve ser consciente.

Lembrar-se de que a água é escassa e valiosa demais para substituir a vassoura na limpeza de uma calçada.

Que não se jogam sofás, geladeiras e fogões em córregos, em um dia, e depois se lamenta a enchente inesperada de um dia tórrido de verão.

Se você é contra a exploração de crianças no mercado de trabalho, informe-se sobre a origem dos produtos que compra.

Se acha um absurdo que patrões abusam dos direitos do trabalhador, avalie se vale a pena comprar um MP4 de um país que não respeita esses direitos.

Vivemos em um mundo em que a hipocrisia não passa mais despercebida aos olhos dos outros. Quem quiser tratamento digno deve agir dignamente em relação aos demais.

Um automóvel sem catalisador não polui somente o ar que os outros respiram. Uma gelatina com corante proibido em países desenvolvidos ou excesso de açúcar faz mal para todos, inclusive para nossas crianças.

Lutar pelos direitos do consumidor não é veleidade, não é atitude xiita, é somente autodefesa. O produto que faz mal para os filhos dos outros também afeta nossos filhos.

Por isso, nunca penso no CDC somente como um Código de Defesa do Consumidor. Para mim, é também o Código da Cidadania. A forma de melhorar ou piorar o mundo. Você, leitor, leitora, escolhe em que mundo quer viver. Mas já sabe que o bumerangue dos maus atos é rápido e nada sutil. Volta na sua cabeça, dos seus filhos, dos seus entes queridos. Pense nisso.

DOLCI, Maria Inês. Código de cidadania. *Folha de S.Paulo*, São Paulo, 14 mar. 2009. Vitrine. Disponível em: <www1.folha.uol.com.br/fsp/vitrine/vi1403200905.htm>. Acesso em: abr. 2016. Fornecido pela Folhapress.

1. A autora do texto acima é coordenadora da Proteste – Associação Brasileira de Defesa do Consumidor e colunista do jornal *Folha de S.Paulo*. Em seu artigo ela defende a ideia de que o Código de Defesa do Consumidor é um Código de Cidadania. Destaque os aspectos citados no texto que tratam dos direitos e deveres do consumidor-cidadão e responda: Você concorda com o ponto de vista da autora?

EXERCITANDO A IMAGINAÇÃO SOCIOLÓGICA
TEMA DE REDAÇÃO DO ENEM (2014)

A partir da leitura dos textos motivadores seguintes e com base nos conhecimentos construídos ao longo de sua formação, redija texto dissertativo-argumentativo em norma-padrão da língua portuguesa sobre o tema Publicidade infantil em questão no Brasil, apresentando proposta de intervenção, que respeite os direitos humanos. Selecione, organize e relacione, de forma coerente e coesa, argumentos e fatos para defesa de seu ponto de vista.

TEXTO I

A aprovação, em abril de 2014, de uma resolução que considera abusiva a publicidade infantil, emitida pelo Conselho Nacional de Direitos da Criança e do Adolescente (Conanda), deu início a um verdadeiro cabo de guerra envolvendo ONGs de defesa dos direitos das crianças e setores interessados na continuidade das propagandas dirigidas a esse público.

Elogiada por pais, ativistas e entidades, a resolução estabelece como abusiva toda propaganda dirigida à criança que tem "a intenção de persuadi-la para o consumo de qualquer produto ou serviço" e que utilize aspectos como desenhos animados, bonecos, linguagem infantil, trilhas sonoras com temas infantis, oferta de prêmios, brindes ou artigos colecionáveis que tenham apelo às crianças.

Ainda há dúvidas, porém, sobre como será a aplicação prática da resolução. E associações de anunciantes, emissoras, revistas e de empresas de licenciamento e fabricantes de produtos infantis criticam a medida e dizem não reconhecer a legitimidade constitucional do Conanda para legislar sobre publicidade e para impor a resolução tanto às famílias quanto ao mercado publicitário. Além disso, defendem que a autorregulamentação pelo Conselho Nacional de Autorregulamentação Publicitária (Conar) já seria uma forma de controlar e evitar abusos.

IDOETA, P. A.; BARBA, M. D. A publicidade infantil deve ser proibida? Disponível em: www.bbc.co.uk. Acesso em: 23 maio 2014 (adaptado).

TEXTO II

Fontes: OMS e Conar/2013
Disponível em: www1.folha.uol.com.br. Acesso em: 24 jun. 2014 (adaptado).

TEXTO III

Precisamos preparar a criança, desde pequena, para receber as informações do mundo exterior, para compreender o que está por trás da divulgação de produtos. Só assim ela se tornará o consumidor do futuro, aquele capaz de saber o que, como e por que comprar, ciente de suas reais necessidades e consciente de suas responsabilidades consigo mesma e com o mundo.

SILVA, A. M. D.; VASCONCELOS, L. R. A criança e o marketing: informações essenciais para proteger as crianças dos apelos do marketing infantil. São Paulo: Summus, 2012 (adaptado).

22 Interpretando o Brasil

Almeida Junior. *O violeiro*, 1899. Óleo sobre tela, 1,41 m × 1,72 m.
José Ferraz de Almeida Junior (1850-1899) introduziu temas inéditos na produção artística brasileira do século XIX, como o cotidiano e a vida dos habitantes rurais da região da pauliceia. *Caipira picando fumo* (1893) é uma de suas telas mais conhecidas. Em *O violeiro*, vemos uma dupla de caipiras cantando modas... Essas imagens dos caipiras foram se consolidando por meio de outras obras, como o livro *Urupês* – especificamente o personagem Jeca Tatu –, de Monteiro Lobato, a famosa canção *Tristeza do Jeca*, de Angelino de Oliveira – ambos de 1918 –, e muitas outras expressões. O caipira, o sertanejo, o homem rural e mestiço do interior do Brasil foram as primeiras imagens sobre os brasileiros gestadas no início da república.

Refletindo sobre nós mesmos

Como nos ensinou o sociólogo alemão Norbert Elias, as sociedades podem ser compreendidas com base no exame de seus costumes. Observando as maneiras de se comportar de uma sociedade ou seus hábitos mais comuns, podemos entender melhor como ela concebe a si mesma e como é percebida por quem está de fora. Neste capítulo veremos, com base na observação de nossos hábitos e costumes, como certos intelectuais delinearam interpretações fascinantes sobre nossa identidade nacional.

A lista dos que se colocaram o desafio de responder à pergunta "O que é o Brasil?" é longa e inclui sociólogos, advogados, literatos, antropólogos, geógrafos, cientistas políticos, entre outros. Alguns, como Gilberto Freyre e Oliveira Vianna, partiram de uma reflexão sobre nossa constituição racial. Outros, como Monteiro Lobato e Roberto DaMatta, para citar apenas dois, foram descobrindo traços da identidade brasileira por meio da comparação com outras nações. Outros, ainda, tomaram como ponto de partida elementos geográficos. Euclides da Cunha, por exemplo, acreditava que não era possível entender o Brasil sem passar pelas categorias de litoral e de sertão, e aqui vale lembrar o que nos diz a cientista social Lúcia Lippi Oliveira: a ideia de sertão, que aparece sob diferentes roupagens – às vezes como paraíso, outras como inferno ou purgatório –, é tão presente no imaginário social brasileiro que "o sertão pode e deve ser tomado como uma metáfora do Brasil". Se o sertão é concebido como marca do atraso econômico social, é visto também como lugar de gente valente, capaz de resistir às maiores penúrias.

Quer concordemos, quer não com o que é dito por esses intelectuais, o exame de suas interpretações nos leva a refletir sobre nós mesmos, sobre quem somos e como chegamos a sê-lo. Vejamos, então, algumas dessas tentativas de desenhar o retrato do Brasil, começando por uma interpretação que se tornou famosa, ainda que algumas vezes mal compreendida.

Civilizados ou cordiais?

Sérgio Buarque de Holanda figura sem dúvida entre os maiores intérpretes da nação. Seu livro *Raízes do Brasil*, publicado pela primeira vez em 1936, propõe um estudo sociológico da história brasileira com o objetivo de identificar nossas raízes socioculturais. O autor recua, então, até os tempos coloniais e constrói um panorama histórico de nossa estrutura política, econômica e social, influenciada pelo modelo português. Para o autor, a estrutura social de Portugal era marcada por uma "frouxidão organizacional" que levava a um padrão de convivência ao mesmo tempo mais flexível e mais instável. E isso, evidentemente, teve reflexos no Brasil.

Em *Raízes do Brasil*, ele desenvolve uma ideia em torno da qual constrói sua interpretação sociológica: a do "homem cordial". Este seria o brasileiro típico, fruto da colonização portuguesa e representante conceitual de nossa sociedade. Acontece que, como a palavra **cordial** na linguagem comum tem o sentido de afável, afetuoso, a ideia do homem cordial ficou associada à concepção do brasileiro como gentil, hospitaleiro, pacífico. E Sérgio Buarque foi muito criticado por essa maneira de ver os brasileiros. Era uma forma idealizada, que não correspondia às atitudes mais corriqueiras percebidas no convívio social. A polêmica indica que é preciso examinar mais de perto o sentido da expressão escolhida pelo autor – por que "cordial"?

Sérgio Buarque de Holanda
(São Paulo, 11 de julho de 1902 – São Paulo, 24 de abril de 1982)

Sérgio Buarque de Holanda foi um dos mais importantes pensadores brasileiros. Historiador, sociólogo, crítico literário e jornalista, dedicou-se a estudar a sociedade brasileira a partir de sua história, deixando textos que são grandes clássicos do nosso pensamento social. Apesar de graduado em direito, trabalhou grande parte de sua vida na imprensa e na academia. Viveu em diversos países e cidades, mas foi na Alemanha, e mais especificamente em Berlim (onde viveu entre 1929 e 1930), que sofreu uma grande guinada intelectual, passando a investir mais intensamente numa interpretação sociológica do Brasil.

Em sua temporada na Alemanha, ele entrou em contato com a escola alemã de sociologia e identificou-se com a obra de Max Weber, autor que desde então passou a exercer forte influência sobre seu pensamento. Essa influência pode ser facilmente percebida no livro que publicou logo após sua volta ao país, *Raízes do Brasil* (1936), em que analisa a colonização portuguesa e as conformações sociais que dela derivaram.

Sérgio Buarque de Holanda é, ao lado de Gilberto Freyre e Caio Prado Júnior, um dos maiores intérpretes do Brasil e um dos mais eminentes intelectuais do país. Teve grande reconhecimento no exterior, e *Raízes do Brasil* foi traduzido para vários idiomas, entre eles inglês, espanhol, italiano, alemão, francês e japonês. Além desse trabalho, suas obras mais importantes são *Monções* (1945), *Visão do paraíso* (1959) e *Do império à república* (1972).

Sérgio Buarque de Holanda, 1957.

Constância Nery. *Boa convivência*, 2009. Óleo sobre tela, 64 cm × 88 cm.

"Cordial" provém da palavra latina *cordialis*, que significa "relativo ao coração". Sérgio Buarque usa a expressão para indicar um tipo de sujeito que age de acordo com um "fundo emotivo transbordante", ou seja, com o coração, movido pela emoção. No lugar da formalidade, do respeito a leis universais, o homem cordial se vale da espontaneidade e aposta na lógica dos favores. É, assim, o exato oposto do homem que se orienta pelos códigos das boas maneiras e da civilidade, feitos para controlar e conter as emoções em nome de rituais e regras de convívio social. Por essa razão começamos com a referência a Norbert Elias. Ele foi o sociólogo que dedicou grande parte de seu investimento intelectual a compreender o papel sociológico das condutas, dos códigos de comportamento, daquilo que denominou "processo civilizador".

A cordialidade, tal como entendida por Sérgio Buarque, sugere aversão à impessoalidade. Nós, brasileiros, estaríamos sempre buscando estabelecer intimidade, pondo os laços pessoais e os sentimentos como intermediários de nossas relações. Estamos acostumados a "fazer amizade", "contar a vida", "pedir conselho" a pessoas que nunca vimos antes enquanto aguardamos na fila do banco ou do supermercado. Não por acaso, estranhamos o que vemos como formalidade excessiva em outros povos, como os europeus. Achamos muito estranho quando um inglês recusa um abraço apertado como sinal de gratidão ou quando um sueco que acabamos de conhecer se constrange diante de perguntas sobre sua vida pessoal.

A cordialidade pode vir travestida de uma polidez aparente, superficial, que muitas vezes se apresenta como simpatia. De fato, a "simpatia brasileira" chega a ser uma "mercadoria" de grande valor no mercado turístico internacional. Daí derivam outros traços do estereótipo do brasileiro, como a generosidade, a alegria e a hospitalidade. Nosso "calor", nossa receptividade são usados como mecanismos de aproximação, criação de intimidade e quebra da impessoalidade.

Exemplos de nossa "cordialidade"? Sérgio Buarque oferece uma longa lista. Ele destaca nossa mania de utilizar **diminutivos** ("inho") como meio de familiarização com pessoas e coisas. Para tornar a espera menos aborrecida, pedimos que nosso interlocutor aguarde "cinco minutinhos"; se alguém nos pede um "favorzinho", por maior que este seja, tendemos a atender de melhor grado. Esse emprego recorrente do diminutivo, assim como nossa aversão ao emprego dos verbos no modo imperativo (em geral, substituímos o "faça" por um "será que daria para você fazer"), chama a atenção dos estrangeiros que entram em contato com a língua portuguesa tal como falada no Brasil.

Mas o autor desce a detalhes curiosos. Destaca, ainda, a tendência brasileira à omissão do nome de família (sobrenome) no tratamento social. Enquanto nos Estados Unidos a professora do Ensino Fundamental é chamada por seus pequenos alunos de "Mrs. Smith", aqui ela é "Tia Maria". No campo religioso, essa informalidade também se faz presente. Segundo Sérgio Buarque, tratamos "os santos com uma intimidade quase desrespeitosa". Assim, Santo Antônio, quando não arranja o noivo que a mocinha tanto pediu, tem sua imagem virada de cabeça para baixo. Quando São Benedito não atende às preces dos fiéis, corre o risco de ficar sem sua xícara de café, em geral posta ao lado de sua imagem todas as manhãs.

Podemos concluir, assim, que o homem cordial caracteriza-se fundamentalmente pela rejeição da distância e do formalismo nas relações sociais. Mas o caso brasileiro tem outra característica: as atitudes e princípios vigentes no universo íntimo da família acabaram por transbordar para a esfera pública. A consequência desse transbordamento é outro tema que aparece cotidianamente na imprensa e nos textos acadêmicos. Os políticos tratam os assuntos públicos como se fossem assuntos privados, tornando o Estado mais "pessoal" e menos "burocrático". É nesse sentido que Sérgio Buarque de Holanda sugere a classificação do Estado brasileiro como "patrimonial", numa clara alusão à diferenciação feita por Max Weber entre burocracia e patrimonialismo. Vamos entender melhor essa diferença.

Para Max Weber, a **burocracia** representava um aparato indispensável para o funcionamento da "máquina" administrativa do Estado. Numa sociedade em que impera a lógica legal-burocrática, o Estado é regido pela impessoalidade, pelo formalismo, pela previsibilidade e pela universalidade dos critérios. Numa sociedade organizada segundo o **patrimonialismo**, ao contrário, os homens públicos atuam na esfera estatal de acordo com regras e valores da esfera doméstica. Em vez de critérios universais e objetivos, levam em consideração os laços sentimentais e familiares. Os jornais noticiam com muita

❚❚ Diminutivos

No domínio da linguística [...] esse modo de ser parece refletir-se em nosso pendor acentuado para o emprego dos diminutivos. A terminação "inho", aposta às palavras, serve para nos familiarizar mais com as pessoas ou os objetos e, ao mesmo tempo, para lhes dar relevo. É a maneira de fazê-los mais acessíveis aos sentidos e também de aproximá-los do coração.

[...]

Um estudo atento das nossas formas sintáxicas traria, sem dúvida, revelações preciosas a esse respeito. À mesma ordem de manifestações pertence certamente a tendência para a omissão do nome de família no tratamento social. Em regra é o nome individual, de batismo, que prevalece. Essa tendência, que entre portugueses resulta de uma tradição com velhas raízes — como se sabe, os nomes de família só entram a predominar na Europa cristã e medieval a partir do século XII —, acentuou-se estranhamente entre nós. Seria talvez plausível relacionar tal fato à sugestão de que o uso do simples prenome importa em abolir psicologicamente as barreiras determinadas pelo fato de existirem famílias diferentes e independentes umas das outras.

Corresponde à atitude natural aos grupos humanos que, aceitando de bom grado uma disciplina da simpatia, da "concórdia", repelem as do raciocínio abstrato ou que não tenham como fundamento [...] as comunidades de sangue, de lugar ou de espírito. O desconhecimento de qualquer forma de convívio que não seja ditada por uma ética de fundo emotivo representa um aspecto da vida brasileira que raros estrangeiros chegam a penetrar com facilidade. E é tão característica, entre nós, essa maneira de ser, que não desaparece sequer nos tipos de atividade que devem alimentar-se normalmente da concorrência. [...]

HOLANDA, Sérgio Buarque. *Raízes do Brasil*. 26. ed. São Paulo: Companhia das Letras, 1995. p. 148-149.

frequência aquilo que os cientistas sociais há mais tempo apontam como problemas a serem enfrentados na vida política brasileira: a prática da nomeação de funcionários públicos por critérios familiares, e não por critérios universais, por concurso, por exemplo. Ainda hoje lutamos contra a prática do nepotismo na distribuição dos cargos públicos. Sérgio Buarque diria que isso acontece porque onde deveriam reinar os princípios da racionalidade e da impessoalidade, acabam por imperar critérios caros à cordialidade e à lógica dos favores. Há um ditado popular famoso que expressa bem o que nosso intérprete afirma: "Quem tem padrinho não morre pagão". Quem tem um protetor consegue seu lugar independentemente de seu mérito profissional, sua capacidade comprovada, seu sucesso na competição com outros candidatos.

Vemos, portanto, que o conceito de homem cordial se presta à compreensão de uma sociedade marcada por uma confusão, por uma diferenciação precária entre o que é público e o que é privado. O homem cordial, tipo ideal do brasileiro e produto sociológico de nossa história, é o símbolo dessa confusão público/privado, o representante de uma sociedade baseada no **personalismo** e no patrimonialismo.

Ao contrário do que pode sugerir o sentido mais comum da expressão, o conceito de homem cordial representa um traço problemático de nossa nacionalidade. Ao escolhermos o personalismo em detrimento das regras impessoais, acabamos por ferir os princípios da horizontalidade e da igualdade, tão caros ao desenvolvimento da cidadania e da democracia. O patrimonialismo impede, segundo Sérgio Buarque, a consolidação de um Estado propriamente moderno e eficaz porque

Charge originalmente publicada em *Sorriso Pensante*, 2008. Disponível em: <www.ivancabral.com/2008/08/geneograma.html>. Acesso em: maio. 2016.

opera na lógica do "meus amigos em primeiro lugar". Na sociedade do homem cordial, em que o espaço público é tomado como um prolongamento do espaço privado, fenômenos como o coronelismo, o apadrinhamento, o jeitinho e a corrupção põem os interesses pessoais acima do bem comum.

Sérgio Buarque de Holanda acreditava que a cordialidade seria superada com o avanço da urbanização, que levaria ao progressivo desenvolvimento da impessoalidade na vida pública. A urbanização e a industrialização seriam um golpe fatal nas relações calcadas na cordialidade, deixando esse traço histórico-cultural esquecido num passado de arcaísmo e ruralismo. Pensemos sobre o Brasil de hoje. Podemos dizer que a "aposta" de Sérgio Buarque se cumpriu?

Quadrinho originalmente publicado em *Jornal Diário de Natal*, s.d.

O "jeitinho brasileiro"

Todo brasileiro sabe o que é um "jeitinho". Uma "carona" no ônibus, uma carteira de motorista "comprada", ou uma alternativa "criativa" para se livrar de uma multa de trânsito: são inúmeras as situações do dia a dia que podemos identificar como exemplos de prática do famoso "jeitinho brasileiro". Mas o que o jeitinho pode nos dizer sobre nossa sociedade? Será que ele pode ser objeto de análise social? A antropóloga Lívia Barbosa mostrou que sim. Em seu livro *O jeitinho brasileiro: a arte de ser mais igual que os outros* (1992), a pesquisadora fez, por meio de uma série de entrevistas, uma verdadeira radiografia dessa prática social tão conhecida entre nós, mostrando que ela revela, acima de tudo, a dificuldade do brasileiro em lidar com o princípio básico da igualdade.

De acordo com a autora, o jeitinho é uma reação comum do brasileiro quando confrontado com um "não pode", com um impedimento legal (por exemplo, a proibição de estacionar em determinados lugares). Também conhecido como "quebra-galho" ou "malandragem", o jeitinho seria uma forma "especial" de resolver uma situação difícil. Uma das principais características do jeitinho é, segundo o estudo, o fato de ele ser aceito e praticado por todas as camadas sociais, dependendo, assim, da capacidade de cada um para conseguir dar uma solução "criativa" a uma impossibilidade formalmente imposta. O sucesso ou não do jeitinho depende, portanto, de características pessoais, como o carisma, a simpatia, o "jogo de cintura" etc. E como o jeitinho é visto pelos brasileiros? Lívia Barbosa afirma que a maioria dos entrevistados o situa entre o favor e a corrupção, e que a diferença entre esta última e o jeitinho está, sobretudo, no montante de dinheiro envolvido. É importante frisar que a pesquisa mostrou não haver distinção nítida entre essas três práticas, e que uma multa "aliviada" por um guarda pode, dependendo da situação, ser vista como um favor, um jeitinho ou um ato de corrupção. Sempre permeado por um discurso emocional, o jeitinho tem um inevitável apelo à simpatia e à comoção do interlocutor. Ele é, assim, uma forma peculiar de sobrepor os interesses pessoais aos princípios da igualdade garantida por lei, numa prática que deixa bastante clara a relação complexa do brasileiro com os limites entre o mundo do privado e o do público.

O Brasil e seus dilemas

Apontado em um levantamento feito pela Universidade de Campinas (Unicamp) como o cientista social brasileiro mais citado nos trabalhos acadêmicos do país, Roberto DaMatta há muito vem refletindo sobre "o que faz o brasil, Brasil". Com base em temas como Carnaval, jogo do bicho, piadas, músicas populares, futebol e trânsito, o antropólogo apresenta um retrato do rosto brasileiro em suas muitas faces.

Em *Carnavais, malandros e heróis*, publicado em 1979, e inspirado em sua vivência nos Estados Unidos, Roberto DaMatta discute os vários paradoxos e tensões que constituem nossa maneira de ser – ou, como ele próprio diz, nossos "dilemas". Por um lado, cremos ser importante respeitar a lei; por outro, achamos igualmente lícito recorrer ao famoso "jeitinho". Gostamos de pensar no Brasil como um país democrático e igualitário, mas isso não quer dizer que não sejamos também altamente hierárquicos. Como assim? Bem, imagine a seguinte situação: o filho de um empresário influente corta o sinal de trânsito a toda velocidade e é parado pelo guarda. O que você acha que vai acontecer em seguida? Como todos são iguais diante da lei, o rapaz será advertido e punido devidamente? Ou será que ele vai dizer um "Você sabe com quem está falando?"?

Roberto DaMatta, 2000.

Roberto DaMatta
(Niterói, 29 de julho de 1936)

Roberto DaMatta é um dos mais importantes antropólogos brasileiros. Apesar de ter inicialmente se dedicado a pesquisas sobre populações indígenas, acabou por desenvolver estudos pioneiros sobre a sociedade brasileira como um todo e, mais especificamente, sobre os padrões culturais do país. Com base em temas como o Carnaval, o futebol, a comida, a morte, o jogo do bicho, a malandragem etc., procurou responder à pergunta *O que faz o brasil, Brasil?* – título de um de seus 11 livros –, apontando diferentes caminhos para a compreensão de nossa identidade nacional. DaMatta lecionou durante muitos anos na University of Notre Dame, nos Estados Unidos, experiência que lhe rendeu diversos estudos comparativos sobre as diferenças entre a sociedade brasileira e a norte-americana. É hoje o quarto autor mais citado em trabalhos acadêmicos em Ciências Sociais no Brasil, ficando atrás apenas de três pensadores estrangeiros (Karl Marx, Max Weber e o sociólogo francês Pierre Bourdieu). Entre seus trabalhos mais importantes estão *Carnavais, malandros e heróis* (1979), *O que faz o brasil, Brasil?* (1984) e *A casa e a rua: espaço, cidadania, mulher e morte no Brasil* (1985).

Para DaMatta, as chances estão com a segunda opção. Isso porque operamos com uma hierarquia que diz: "Eu sou igual a todo mundo até certo ponto; devido à minha rede de contatos, à minha família, eu mereço um tratamento especial". É como um "direito" às avessas, concedido não pela lei, mas pela posição que o sujeito ocupa na hierarquia social. Perceba que DaMatta não está falando aqui apenas do poder econômico, mas do capital social, dos contatos poderosos que o sujeito pode acionar caso necessite.

Queremos ser uma sociedade legal, regida pela Constituição, diz o antropólogo. Ao mesmo tempo, porém, não queremos abrir mão das práticas sociais hierárquicas, aquelas que estabelecem os lugares diferentemente destinados a cada um segundo as escalas de prestígio, poder ou condição econômica, que ignoram o pacto democrático. As elites falam de seu desejo de tornar o Brasil uma nação moderna, mas querem manter uma sociedade em que "cada um sabe seu lugar", na qual "os de cima" seguem mandando e "os de baixo" seguem obedecendo; uma sociedade que preserva a lógica do velho – mas ainda atual – ditado: "Aos amigos, tudo; aos inimigos, a lei".

Vemos que, assim como Sérgio Buarque de Holanda, Roberto DaMatta está problematizando a relação entre o público e o privado na sociedade brasileira. Esse tema ganha ainda mais destaque em seu livro *A casa e a rua: espaço, cidadania, mulher e morte no Brasil*, publicado em 1985. Casa e rua são categorias que se prestam a uma leitura dos brasileiros, argumenta DaMatta, porque na cultura brasileira "casa" e "rua" não se referem simplesmente a espaços geográficos ou a coisas físicas. Referem-se, antes de tudo, a "entidades morais", "esferas de ação social", "domínios culturais institucionalizados".

A "casa", no Brasil, é o espaço moral que encontra no "mundo da rua" seu oposto simbólico. Nesse sentido, sugere DaMatta, "o espaço definido pela casa pode aumentar ou diminuir, de acordo com a unidade que surge como foco de oposição ou de contraste. A casa define tanto um espaço íntimo e privativo de uma pessoa (por exemplo, seu quarto de dormir) quanto um espaço máximo e absolutamente público, como ocorre quando nos referimos ao Brasil como nossa casa".

DaMatta chama nossa atenção para expressões cotidianas como "vá para o olho da rua!" ou "rua da amargura", que exemplificam o quanto a sociedade brasileira rejeita a rua, vista como o lugar do impessoal, do isolamento e do desumano. A rua é o espaço da malandragem e do perigo, do que é "de ninguém". A expressão "sentir-se em casa", por sua vez, ajuda a pensar na relação afetuosa que estabelecemos com a casa. Ali nos sentimos protegidos pelos que nos querem bem, pelos que sabem quem de fato somos. Nosso maior pesadelo, sugere o antropólogo, é nos vermos "sem casa", sem a rede protetora de nossas relações, "apenas" sob jugo da lei.

Moradores conversando em frente às suas casas, em João Pessoa (PB), 2015.

Roberto DaMatta lembra ainda a tradição brasileira de dar nomes "subjetivos" aos logradouros (como "Rua Direita", "Rua do Comércio", "Rua da Quitanda"), em contraposição às coordenadas geométricas norte-americanas. Nos Estados Unidos, diz o autor, as cidades se orientam mais de acordo com os pontos cardeais (norte/sul, leste/oeste) e com um sistema numeral para ruas e avenidas. Entre nós, a orientação não segue códigos racionais e universais, mas refere-se a acidentes topográficos ou, ainda, a características políticas e sociais.

A casa e a rua marcam mudanças de atitudes, gestos, roupas, assuntos, papéis sociais. É muito comum, por exemplo, que o mesmo sujeito que faz questão de manter sua casa limpa e organizada se sinta à vontade para jogar lixo na calçada. Para muitos brasileiros, atitudes como essa não são vistas como contraditórias. É por isso que DaMatta diz que o código da casa (pessoal e hierarquizante) e o código da rua (individualista e igualitário) são percebidos por nós como lógicas diferentes, mas nem por isso exclusivas ou hegemônicas. A singularidade do Carnaval brasileiro residiria justamente no fato de a rua tornar-se casa durante os festejos. Essa rua transformada em casa subverte tanto o código hierárquico da rua quanto o da própria casa:

a rua passa a ser de todos e de ninguém. Daí o antropólogo dizer que o Carnaval é um ritual de inversão da realidade brasileira: uma festa sem dono num país que tudo hierarquiza.

Missão (quase) impossível

Ao longo deste livro, dissemos repetidas vezes que o Brasil é um país muito diverso social e culturalmente. Um país plural do ponto de vista de seus rituais e costumes, de uma pluralidade que vai muito além das reconhecidas diversidades regionais e que se recusa a se acomodar em modelos explicativos rígidos.

"Temos de tudo no Brasil", costumamos dizer. Foi diante desse "tudo" tão diverso e plural que se colocaram os nossos intérpretes. Longe de ignorar as peculiaridades regionais, as diferenças entre "litoral" e "sertão", as maneiras de ser das diferentes localidades, os estilos de vida dos vários segmentos sociais, esses intelectuais buscaram fazer dessas diferenças tema de reflexão. Arriscaram interpretações capazes de traçar ao menos algumas linhas comuns em que nós, brasileiros de diferentes etnias e classes sociais, pudéssemos nos reconhecer. Missão nada fácil, isso é certo. Mas nem por isso menos interessante.

◀◀ Recapitulando

Neste capítulo você aprendeu que as maneiras de se comportar ou os hábitos mais comuns dos indivíduos ajudam a entender como uma sociedade concebe a si mesma e como é percebida por integrantes de outras sociedades. Foi observando nossos hábitos e costumes que certos intelectuais delinearam algumas interpretações marcantes sobre a identidade brasileira. O estudo desses autores ajuda a pensar sobre nós, brasileiros, sobre quem somos e como chegamos a sê-lo.

Sérgio Buarque de Holanda, autor de *Raízes do Brasil*, partiu da noção de **homem cordial** – aquele que age com o coração, movido pela emoção – para mostrar que a identidade brasileira não se funda na formalidade ou no respeito a leis universais. Nós nos valemos mais da espontaneidade e apostamos muito na lógica dos favores. O conceito de **homem cordial** ajuda a perceber um dos traços de nossa sociedade: a confusão frequente entre o que é público e o que é privado, a visão do espaço público como um prolongamento do espaço privado. Essa característica se desdobra em outros fenômenos sociais, como o coronelismo, o apadrinhamento, o "jeitinho" e a corrupção.

Outro importante intérprete do Brasil é o antropólogo Roberto DaMatta. Com base na comparação entre a sociedade brasileira e a norte-americana, ele também se preocupou em entender como os brasileiros lidam com as esferas pública e privada. As marcas da identidade brasileira analisadas por DaMatta foram o "jeitinho brasileiro", o "você sabe com quem está falando?" e os sentidos de "casa" e "rua" para nós. Há muitos outros autores que podem ajudar a compreender a diversidade social e cultural brasileira, que vai muito além dos regionalismos ou das tradições locais. O que pretendemos ao lhe apresentar Sérgio Buarque de Holanda e Roberto DaMatta é instigá-lo a descobrir outras interpretações do Brasil e provocá-lo para que você também se aventure a responder à pergunta: O que nos faz brasileiros?

Leitura complementar

As novas relações no campo

A tendência predominante até pouco tempo atrás era ver apenas a cidade como lugar onde as transformações acontecem, onde a história se faz. O campo era o espaço das "sobrevivências", foco das "resistências" ao processo de modernização da sociedade brasileira.

Hoje isso não é mais assim. [...]

Um dos trabalhos mais relevantes sobre a nova ruralidade brasileira é o de João Marcos Alem. Ele aponta como se formou uma "rede simbólica da ruralidade", que se apresenta no vestuário, no consumo de artesanato, na decoração rústica, ou seja, no consumo de símbolos do mundo rural. Essa rede se faz presente em exposições, feiras, festas, rodeios, eventos esportivos, cívicos, religiosos, e recebe reforço de programas de rádio e TV, da indústria fonográfica, de revistas, de suplementos de jornais e de peças publicitárias.

Esse processo de configuração cultural neorruralista, neossertaneja ou caipira-*country* é encontrado nas regiões onde a modernização da produção rural foi mais intensa. A nova ruralidade ultrapassou o mundo rural e atinge as cidades, principalmente as do interior. Apresenta-se no brilho das empresas e dos empresários, nas técnicas modernas de cultivo, nos artistas e nos peões de rodeios, pessoas e grupos cujos estilos de vida são muito distantes do Jeca Tatu de Monteiro Lobato, do sertanejo de Euclides da Cunha, dos jagunços de Guimarães Rosa ou dos caipiras de Antonio Candido. [...]

As exposições oferecem a oportunidade de ritualizar as posições de classe e exibir autoridade política tanto de grupos privados quanto de estatais. São, ao mesmo tempo, eventos das culturas populares em que se celebram certas tradições folclóricas e religiosas. [...]

O rural se transfigura em referencial múltiplo. Ora aponta o passado, ora o presente, ora o futuro. A festa tem normalmente elementos fixos, aqueles ligados à tradição e a certas empresas cujos produtos são ligados a produtos e insumos rurais. E elementos variáveis, aqueles mais ligados aos consumidores ou a eventos do momento. Redes de emissoras de rádio e a TV se encarregam de anunciar sua realização. A divulgação é feita também com caminhões com alto-falante divulgando o evento – algo entre os antigos anúncios de circo na cidade e o trio elétrico.

[...] A modernização do campo brasileiro – sem reforma agrária, entendida como distribuição de terras – criou uma nova ruralidade que se faz perceptível em suas festas e comemorações. A associação entre modernização do campo e indústria cultural se faz presente na Festa do Peão de Barretos tomada como exemplar da constituição do peão-*cowboy*. [...] E, por fim, [...] o *agrobusiness* e o circuito de rodeio constituíram o espaço social para que o caipira, ou o atrasado de ontem, se tornasse o globalizado de hoje.

OLIVEIRA, Lúcia Lippi. Do caipira picando fumo a Chitãozinho e Xororó, ou da roça ao rodeio. *Revista USP*, São Paulo, USP, n. 59, p. 247-256, set./nov. 2003. Disponível em: <www.usp.br/revistausp/59/21-lucialippi.pdf>. Acesso em: maio 2016.

> **Fique atento!**
>
> Definição dos conceitos sociológicos estudados neste capítulo.
>
> **Burocracia:** na seção **Conceitos sociológicos**, página 364.
>
> **Jeitinho brasileiro:** na página 357.
>
> **Patrimonialismo:** na página 355.
>
> **Personalismo:** na página 356.

Sessão de cinema

Jeca Tatu

Brasil, 1959, 95 min. Direção de Milton Amaral, com argumento de Amácio Mazzaropi.

Inspirado no personagem de Monteiro Lobato, Jeca é um roceiro muito preguiçoso que tem seu pequeno rancho ameaçado pela ganância do italiano Giuseppe.

O auto da compadecida

Brasil, 2000, 104 min. Direção de Guel Arraes.

Adaptação da peça homônima de Ariano Suassuna. O herói da história é um homem cheio de esperteza que, além de resolver seus problemas e de outros, enfrenta até mesmo Nossa Senhora em um tribunal.

Construindo seus conhecimentos

MONITORANDO A APRENDIZAGEM

1. Leia o texto a seguir e responda às questões propostas.

> Já se disse, numa expressão feliz, que a contribuição brasileira para a civilização será de cordialidade – daremos ao mundo o "homem cordial". A lhaneza no trato, a hospitalidade, a generosidade, virtudes tão gabadas por estrangeiros que nos visitam, representam, com efeito, um traço definido do caráter brasileiro [...]. Seria engano supor que essas virtudes possam significar "boas maneiras", civilidade. São antes de tudo expressões legítimas de um fundo emotivo extremamente rico e transbordante.
>
> HOLANDA, Sérgio Buarque. *Raízes do Brasil*. 26. ed. São Paulo: Companhia das Letras, 1995. p. 146-147.

a) Em torno de que ideia o autor constrói sua interpretação sociológica do Brasil? Explique.

b) Por que a lógica do "homem cordial" é oposta à lógica da civilidade? Como Sérgio Buarque de Holanda chama essa lógica?

c) Sérgio Buarque de Holanda apostava que a urbanização afastaria a sociedade brasileira da lógica patrimonialista e a levaria em direção a uma lógica burocrática, portanto mais formal e universal. Reflita sobre o argumento do autor e em seguida escreva sua opinião a esse respeito.

2. Explique a metáfora "a casa e a rua" utilizada por Roberto DaMatta.

DE OLHO NO ENEM

1. (Enem 2009)

> Para Caio Prado Jr., a formação brasileira se completaria no momento em que fosse superada a nossa herança de inorganicidade social – o oposto da interligação com objetivos internos – trazida da colônia. Este momento alto estaria, ou esteve, no futuro. Se passarmos a Sérgio Buarque de Holanda, encontraremos algo análogo. O país será moderno e estará formado quando superar a sua herança portuguesa, rural e autoritária, quando então teríamos um país democrático. Também aqui o ponto de chegada está mais adiante, na dependência das decisões do presente. Celso Furtado, por seu turno, dirá que a nação não se completa enquanto as alavancas do comando, principalmente do econômico, não passarem para dentro do país. Como para os outros dois, a conclusão do processo encontra-se no futuro, que agora parece remoto.
>
> SCHWARZ, R. *Os sete fôlegos de um livro*. Sequências brasileiras. São Paulo: Cia. das Letras, 1999 (adaptado).

Acerca das expectativas quanto à formação do Brasil, a sentença que sintetiza os pontos de vista apresentados no texto é:

(A) Brasil, um país que vai pra frente.

(B) Brasil, a eterna esperança.

(C) Brasil, glória no passado, grandeza no presente.

(D) Brasil, terra bela, pátria grande.

(E) Brasil, gigante pela própria natureza.

2. (Enem 2015)

> Em sociedade de origens tão nitidamente personalistas como a nossa, é compreensível que os simples vínculos de pessoa a pessoa, independentes e até exclusivos de qualquer tendência para a cooperação autêntica entre os indivíduos, tenham sido quase sempre os mais decisivos. As agregações e relações pessoais, embora por vezes precárias, e, de outro lado, as lutas entre facções, entre famílias, entre regionalismos, faziam dela um todo incoerente e amorfo. O peculiar da vida brasileira parece ter sido, por essa época, uma acentuação singularmente enérgica do afetivo, do irracional, do passional e uma estagnação ou antes uma atrofia correspondente das qualidades ordenadoras, disciplinadoras, racionalizadoras.
>
> HOLANDA, S. B. *Raízes do Brasil*. São Paulo: Companhia das Letras, 1995.

Um traço formador da vida pública brasileira expressa-se, segundo a análise do historiador, na

(A) rigidez das normas jurídicas.

(B) prevalência dos interesses privados.

(C) solidez da organização institucional.

(D) legitimidade das ações burocráticas.

(E) estabilidade das estruturas políticas.

ASSIMILANDO CONCEITOS

TEXTO 1

> Por tudo isso, somos um país onde a lei sempre significa o "não pode!" formal, capaz de tirar todos os prazeres e desmanchar todos os projetos e iniciativas. [...] Ora, é precisamente por tudo isso que conseguimos descobrir e aperfeiçoar um modo, um jeito, um estilo de navegação social que passa sempre nas entrelinhas desses peremptórios e autoritários "não pode!". Assim, entre o "pode" e o "não pode" escolhemos, de modo chocantemente antilógico, mas singularmente brasileiro, a junção do "pode" com o "não pode". Pois bem, é essa junção que produz todos os tipos de "jeitinhos" e arranjos que fazem com que possamos operar um sistema legal que quase sempre nada tem a ver com a realidade social.
>
> [...] Em geral, o jeito é um modo pacífico e até mesmo legítimo de resolver tais problemas, provocando essa junção inteiramente casuística da lei com a pessoa que a está utilizando.
>
> DAMATTA, Roberto. *O que faz o brasil, Brasil?* Rio de Janeiro: Rocco, 1984.

TEXTO 2

Charge elaborada exclusivamente para esta obra.

1. No texto 1, você encontra uma explicação de Roberto DaMatta para o "jeitinho brasileiro" e, no texto 2, uma charge ilustrando com ironia uma situação na qual o "jeitinho" é aplicado. Descreva a imagem destacando as características do "jeitinho" apontadas pelo autor.

OLHARES SOBRE A SOCIEDADE

1. Pesquise na internet frases famosas que sintetizem uma interpretação do Brasil. Escolha uma dessas frases e selecione argumentos que corroborem a sua mensagem. Escolha outra frase cuja ideia você rejeite e liste argumentos que mostrem que ela está equivocada. Enriqueça-os buscando dados e informações que confirmem seu ponto de vista.

EXERCITANDO A IMAGINAÇÃO SOCIOLÓGICA
TEMA DE REDAÇÃO DO VESTIBULAR DA FGV-SP DIREITO (2012)

Leia com atenção os seguintes textos:

TEXTO I

O filósofo brasileiro Paulo Arantes apresenta e discute uma tendência sociológica – corrente nos Estados Unidos e em países europeus desenvolvidos – que acredita que está ocorrendo uma "brasilianização do mundo". Segundo essa opinião, o Brasil estaria se convertendo em um modelo social para o mundo, mas um modelo negativo: nas últimas décadas, até países ricos estariam apresentando um quadro "brasileiro", cujos traços principais seriam: favelização das cidades, insegurança generalizada, precarização ("flexibilização") do trabalho, distanciamento maior entre centro e periferia, "jeitinho" (brasileiro) para negociar com a norma etc. Assim, para a referida tese da "brasilianização", o Brasil seria "o país do futuro", só que de um futuro que promete mais regressão e anomia social.

Paulo Arantes. *A fratura brasileira do mundo.* Zero à esquerda. S. Paulo, Conrad, 2004.

TEXTO II

O antropólogo brasileiro Roberto DaMatta assim reagiu a essas teses da "brasilianização do mundo": "O uso da expressão brasilianização para exprimir um estado de injustiça social me deixa ferido e preocupado. De um lado, nada tenho a dizer, pois a caracterização é correta. De outro, tenho a dizer que o modelo de Michael Lind exclui várias coisas. A hierarquia e a tipificação da estrutura social do Brasil indicam um modo de integração social que tem seus pontos positivos. Nestes sistemas, conjugamos os opostos e aceitamos os paradoxos da vida com mais tranquilidade. Seria este modo de relacionamento incompatível com uma sociedade viável em termos de justiça social? Acho que não. Pelo contrário, penso que talvez haja mais espaço para que estes sistemas híbridos e brasilianizados sejam autenticamente mais democráticos que estas estruturas rigidamente definidas, nas quais tudo se faz com base no sim ou no não. Afinal, entre o pobre negro que mora na periferia e o branco rico que mora na cobertura há muito conflito, mas há também o carnaval, a comida, a música popular, o futebol e a família. Quero crer que o futuro será mais dessas sociedades relacionais do que dos sistemas fundados no conflito em linhas étnicas, culturais e sociais rígidas. De qualquer modo, é interessante enfatizar a presença de um estilo brasileiro de vida como um modelo para os Estados Unidos. É sinal de que tem mesmo água passando embaixo da ponte".

Idem. p. 60. Adaptado.

TEXTO III

Por sua vez, o compositor e escritor Jorge Mautner posicionou-se, quanto à mesma questão, da seguinte maneira:

A minha trajetória de vida me faz interpretar o Brasil pela forma radical da amálgama. Essa é a pedra fundamental do século 21. A amálgama é miscigenação, mas vai além: é ela que possibilita ao brasileiro reinterpretar tudo de novo em apenas um segundo, e mais ainda, a absorver pensamentos contrários, atingindo o caminho do meio que era o sonho de Lao Tsé, do Buda e de Aristóteles.

É por causa dessa importância tremenda que teremos a Olimpíada e a Copa aqui. Ou o mundo se brasilifica ou vira nazista. Até o bispo Edir Macedo, da Igreja Universal, é amálgama também: ele já foi pai de santo, faz descarrego. É quase umbanda!

Depoimento a Morris Kachani. Artur Voltolini. (Folha de S.Paulo). Adaptado.

Tendo em conta as ideias acima apresentadas, redija uma dissertação em prosa sobre o tema *Brasil: um modelo positivo ou negativo para o mundo?*, argumentando de modo a deixar claro seu ponto de vista.

Conceitos sociológicos

ANOMIA

Anomia quer dizer ausência de **normas** ou regras de organização. Uma sociedade anômica, em que o sentimento de desregramento é mais forte do que o de orientação com base em regras, corre o risco de desintegração. O conceito de anomia foi associado mais fortemente a Émile Durkheim, mas outros autores também o utilizaram, cada qual dotando-o de um significado diferente. Na obra do próprio Durkheim esse conceito varia. Em *Da divisão do trabalho social*, Durkheim apresenta a noção de anomia associada ao sistema de divisão de trabalho que caracteriza as sociedades industriais. Já em *O suicídio*, fundamenta-a em duas dicotomias: egoísmo-altruísmo e anomia-fatalismo. As pessoas serão tanto mais egoístas quanto mais suas ações forem pautadas pelo livre-arbítrio, e não por **valores** e normas coletivas; e serão tanto mais altruístas quando o inverso for verdade. A anomia ocorrerá quando as ações dos indivíduos não forem mais reguladas por normas claras e coercitivas, e haverá fatalismo quando as normas limitarem ao extremo a autonomia do indivíduo para escolher meios e fins. Com isso, Durkheim indica que a complexidade crescente dos sistemas sociais leva à individualização crescente dos membros da sociedade e a maior desregramento.

AUTORIDADE

Diz-se que uma pessoa, instituição ou mensagem tem autoridade quando suas opiniões, sugestões ou ordens são acolhidas com respeito e consideração, ou ao menos sem hostilidade ou resistência. A autoridade é, portanto, uma relação, que deve ser analisada do ponto de vista de quem emite a mensagem ou o comando e de quem os recebe.

Em relação à emissão da mensagem ou do comando, temos as análises de Max Weber sobre as três formas de **poder** legítimo: a tradicional, quando a autoridade é exercida de acordo com a **tradição**; a racional-legal, exercida de acordo com um procedimento ou um código que pode ser explicitado ou justificado; e, por fim, a carismática, exercida por alguém dotado de "graça" ou **carisma**.

Pode haver passagem de uma forma para outra, e mais de um poder pode estar presente ao mesmo tempo – ou todos os três –, ainda que em graus variados. Para Weber, a autoridade se deteriora de dois modos: tornando-se rotineira ou arbitrária.

BUROCRACIA

A burocracia como conceito sociológico teve sua principal definição elaborada por Max Weber: trata-se de um modo de administração em que cada funcionário, recrutado com base em critérios universalistas e aptidões publicamente constatadas, exerce uma função em uma hierarquia de *status*. As relações entre superiores, subordinados e colaboradores não são pautadas por critérios pessoais, e sim por um sistema de regras. Weber ressalta que, apesar de se pretender apenas técnica e "desinteressada", a burocracia é sempre um instrumento de **poder**. Em razão da sua capacidade de mobilizar e centralizar uma quantidade maior de recursos, ela proporciona aos dirigentes políticos um enorme efeito multiplicador de influência e, ao mesmo tempo, torna-se desejada pelos governados, uma vez que promete um fluxo de bens públicos produzidos e distribuídos com eficiência. Entretanto, a lógica da burocracia não se limita, no mundo moderno, à esfera do Estado: ela se faz presente nas empresas privadas e nas organizações sindicais e políticas – foi o que Weber quis dizer ao cunhar o conceito de "poder racional-legal". Essa forma de poder tem como ambição última substituir "o governo das pessoas pela administração das coisas", ou seja, instituir um sistema de **controle social** fundamentado na racionalidade (adequação dos meios para se alcançar os fins), tendo em vista a eficiência na obtenção dos resultados esperados. São características principais da burocracia: 1. uma hierarquia de **autoridade** bem definida; 2. a divisão do trabalho com base na especialização funcional; 3. um sistema de regras que estabelece os direitos e deveres dos funcionários; 4. a impessoalidade; 5. a promoção e a seleção de acordo com a competência técnica.

CARISMA

A palavra **carisma** é empregada, atualmente, pelo senso comum, para descrever a qualidade heroica ou extraordinária de um indivíduo.

Mas, além da noção popular, ela abrange um conceito muito importante do pensamento social do século XX, inseparável do pensamento de Max Weber. Originalmente, essa palavra era definida como "o dom da graça" e sempre tinha conotação religiosa. Weber ampliou o sentido do termo ao usá-lo para designar fenômenos seculares relacionados à questão da dominação. No emprego dado por Weber, o carisma é definido como "certa qualidade de uma personalidade individual,

364

pela qual o **líder** é colocado à parte das pessoas comuns e tratado como dotado de **poderes** ou qualidades sobrenaturais, sobre-humanas, ou, ao menos, excepcionais". É nesse sentido que o carisma corresponde a uma forma legítima de dominação ou **autoridade**, ou seja, a uma maneira de influenciar ou determinar o comportamento de outros sem recorrer à força física. Mas quais são suas peculiaridades?

Em primeiro lugar, o carisma seria uma forma de dominação não ortodoxa e com forte carga emocional. Portanto, ele se distingue da forma tradicional (obediência em razão de costume e tradições) e da forma jurídico-racional (sistema típico do mundo moderno, no qual os procedimentos são juridicamente estabelecidos e burocraticamente executados). Por seu caráter emotivo, a **liderança** carismática (que pode ser religiosa, política, militar, artística etc.) tende a ser explosiva, desafiando a frieza da **legalidade** impessoal, e efêmera, contrariando o princípio da **tradição**. Isso acontece pelo fato de o carisma ser fundamentalmente personalizado, caracterizado pela impossibilidade de transmissão quando, por exemplo, seu portador morre. Além disso, para permanecer, o encanto do carisma deve ser sempre reconhecido pelos outros e confirmado por quem o detém.

COESÃO SOCIAL

Coesão social designa a situação em que os indivíduos envolvidos em um determinado sistema social compartilham de sua estrutura e se sentem compelidos a apoiá-lo nas suas **normas**, crenças e **valores**. Em outras palavras, esse conceito se refere ao **consenso** entre os membros de um grupo social. É um instrumento sociológico que possibilita o estudo da intensidade da interação social no universo analisado.

O principal teórico da coesão social foi Émile Durkheim, que a entendia como resultado da organização dos sistemas sociais. Dessa forma, posicionava-se contrariamente à corrente utilitarista, que a via como decorrência do interesse racional dos indivíduos. Segundo a versão durkheimiana, a coesão social teria duas fontes primordiais: a solidariedade mecânica e a solidariedade orgânica. No primeiro caso, ela seria produto direto da **cultura**, dos costumes e valores compartilhados em função de uma **socialização** comum ao grupo. A solidariedade mecânica seria responsável, principalmente, pela coesão de sociedades menos complexas, como as tribais, nas quais a separação entre indivíduo e sociedade não se dá de forma tão clara. No caso da solidariedade orgânica, típica das sociedades modernas, a coesão social viria da divisão do trabalho, que criaria uma profunda relação de dependência entre as pessoas. Por exemplo, em uma grande cidade a maior parte das pessoas não produz seus próprios alimentos, não constrói suas casas nem fabrica suas roupas. Elas dependem de um complexo sistema de interdependência profissional, ou de uma grande rede de solidariedade orgânica, que garante uma coesão social sustentada pelas diferenças individuais em um contexto de profunda especialização produtiva.

A coesão social fica ameaçada em situações de **anomia**, uma vez que o comportamento normativo consensual fica suspenso. Como conceito de ampla aplicabilidade sociológica, a coesão social é de suma importância para o estudo de fenômenos como a discriminação, a **desigualdade** e a **estratificação** nas sociedades.

COMUNIDADE

Há uma **tradição** sociológica que opõe comunidade, entendida como grupo social formado pela identidade de vontades, e sociedade, grupo social formado por interesses egoístas. Contudo, essa definição não é suficiente. A comunidade vai além da adesão a **valores** comuns. Para que ela exista, é preciso que seus membros partilhem interesses e gostos e se preocupem uns com os outros. Ela também é complexa, pois associa sentimentos e atitudes heterogêneos, e é aprendida por meio da **socialização**.

É preciso diferenciar as comunidades: os interesses comuns aos membros de uma família não são da mesma natureza que os interesses comuns aos cidadãos de uma república, por exemplo. Da mesma forma, diferenciam-se as comunidades religiosas, científicas, econômicas etc. No caso de uma comunidade religiosa, os membros se reúnem em torno de um profeta: são os que acolhem a mensagem. Daí a importância do aprendizado acerca dessa mensagem, da organização dos membros e da institucionalização dos ritos e crenças. A comunidade, portanto, não constitui uma massa indiferenciada.

Já a comunidade científica se estrutura ao redor não apenas de um sistema de valores mas também de regras e procedimentos cuja não observância é punida com sanções severas. É, assim, fechada. Uma comunidade territorial, por outro lado, tende a ser o lugar de passagem de pessoas anônimas e implica em uma forma mais vazia de coexistência.

CONFLITO

O conflito é onipresente na vida social e assume formas variadas. Há duas distinções básicas a se fazer em relação a esse conceito: quanto à natureza e quanto à estrutura de seus objetivos. A natureza dos objetivos diz respeito àquilo a que o conflito se refere – distribuição de bens, **valores** etc. Já a estrutura diz respeito a como se distribuem as perdas e ganhos e como os atores se relacionam (de forma mais competitiva ou mais cooperativa). Assim, em um conflito, as perdas de um dos atores podem equivaler aos ganhos de outro (jogo de soma zero); os ganhos do vencedor podem ser inferiores às perdas do perdedor, ou todos podem ser perdedores (jogo de soma negativa); finalmente, todos podem ser ganhadores. Neste último tipo de conflito prevalece a cooperação entre os atores em disputa.

Outro aspecto importante é que alguns conflitos se desenvolvem no ambiente de uma instituição – portanto, sujeitos a certos limites – ou sob regras. Entretanto, eles também podem se estabelecer em relação às regras (como, por exemplo, a demanda por direitos). Esse caso normalmente se dá na presença de árbitros, isto é, grupos não diretamente envolvidos. Karl Marx afirmava que todos os conflitos são, em última análise, decorrentes da luta de classes. Émile Durkheim entendia o conflito como algo patológico, que se desenvolve nos períodos de crise. Já para Georg Simmel, trata-se de algo inerente às relações sociais, sendo, portanto, um elemento constitutivo da sociedade. Para esse autor, o conflito tem na verdade uma dimensão integradora e não representa uma ameaça à **coesão social**.

CONSENSO

O significado amplo da palavra é: acordo geral entre grupos e indivíduos quanto à forma de pensar e de sentir sobre determinados assuntos. Podemos dizer que há consenso sobre um assunto quando um percentual significativo dos adultos de uma sociedade (ou de um grupo que faz parte dela) – e em especial aqueles dotados de **poder** de decisão – entra em acordo sobre questões que envolvem o grupo. O consenso entre indivíduos e setores sociais implica afinidade, mantida por laços afetivos, preocupações e interesses comuns. O consenso, porém, é sempre acompanhado pelo dissenso, seu correlativo.

Nas Ciências Sociais, o consenso foi conceitualizado no século XIX por Auguste Comte, que o considerava matéria indispensável para o fundamento de toda e qualquer estrutura social. Segundo Comte, o consenso deveria unir **comunidades** morais com base nas afinidades de pensamento e de sentimento, pois do contrário a sociedade se tornaria uma constelação de pessoas isoladas. Posteriormente, a Sociologia flexibilizou essa noção, alertando para o fato de que o consenso jamais será igualmente compartilhado por todos os membros de uma comunidade. Além disso, como as tomadas de decisão não são acessíveis à maior parte dos indivíduos, começou-se a pensar o conceito no âmbito de uma estrutura social estreitamente vinculada à organização política e econômica.

Outra característica fundamental do consenso é seu caráter dinâmico. Um mesmo tema de debate pode, ao longo da história de uma mesma sociedade, gerar consenso ou **conflito**. Ambos, é importante entender, estão presentes em todas as sociedades.

CONTROLE SOCIAL

Controle social se refere à capacidade de autorregulação da sociedade e aos mecanismos por ela empregados para garantir que seus membros sigam os padrões estabelecidos. Isso significa que a ordem social não é mantida apenas por meio de sistemas jurídicos ou sanções formais, mas depende também de instituições, relações e processos sociais que vão muito além do corpo legal abstrato e burocrático. A noção de controle social é central para a Sociologia, uma vez que está diretamente relacionada à viabilidade da sociedade. O conceito foi empregado de diferentes maneiras ao longo da história do pensamento social, mas, de modo geral, sua definição é indissociável da ideia de sociabilidade e pressupõe a introjeção de **normas** como meio de regular a convivência.

São duas as formas de controle social: informal e formal. Os mecanismos informais de controle social são os costumes, **valores** e tradições que regem o grupo e são herdados pelos indivíduos, que, por sua vez, devem perpetuá-los. Esse controle é exercido pela sociedade por meio das ações cotidianas, sem que as regras sejam necessariamente explícitas. O transgressor dessas regras informais fica sujeito a sanções igualmente informais, tais como o sarcasmo, a ironia, a desaprovação e, em casos mais extremos, a discriminação e a exclusão. Já os mecanismos formais de controle social são as leis, os estatutos, os regulamentos e as regras escritas, que definem explicitamente os comportamentos considerados indesejáveis. O controle formal é exercido pelo Estado ou por instituições privadas, e é praticado pelo emprego da lei. As sanções impostas aos transgressores são previstas por mecanismos legais e podem consistir em reclusão, indenização etc., conforme o previsto pela instância jurídica responsável.

CULTURA

O conceito de cultura é, certamente, um dos mais usados e debatidos nas Ciências Sociais, o que dificulta atribuir-lhe uma explicação definitiva. Uma das primeiras tentativas de definição desse conceito foi a do antropólogo evolucionista Edward Taylor. Igualando a ideia de cultura à de civilização, ele a descreveu como o "complexo que inclui conhecimento, crença, arte, moral, lei, costume e quaisquer outras capacidades e hábitos adquiridos pelo homem na condição de membro da sociedade". No período do final do século XIX e início do XX, essa definição foi posta em xeque. O relativismo de Franz Boas passou a defender que a cultura deveria ser pensada no plural, não havendo, portanto, uma única cultura que definisse todas as sociedades humanas. Estava fundado o "**culturalismo**", vertente de pensamento fundamentada na centralidade do conceito de cultura para a Antropologia, e que defende, acima de tudo, a **diversidade** inerente às muitas sociedades. Mais recentemente, Clifford Geertz, antropólogo norte-americano, afirmou que "o homem é um animal amarrado em teias de significados que ele mesmo teceu". Essas teias seriam a cultura, entendida por ele como a própria condição da espécie humana, feita e refeita no cotidiano por indivíduos que interagem e dão sentido a suas ações.

DIREITOS CIVIS

Os direitos civis são garantias dadas por lei a todos os cidadãos de uma **nação** organizada na forma de Estado, válidos somente no seu território – um direito civil previsto em lei no Brasil não é necessariamente válido nos demais países. Essa limitação local os diferencia dos "direitos naturais" ou "direitos humanos", que se aplicam a qualquer indivíduo ao nascer, independentemente de sua nacionalidade – como o direito à vida, por exemplo.

De maneira geral, os direitos civis garantem a liberdade individual, como o direito de ir e vir, de credo, de expressão, de propriedade e o acesso à Justiça. São considerados direitos fundamentais dos cidadãos, e garanti-los nada tem a ver com caridade ou assistência social, práticas ligadas a situações de exceção. O conjunto dos direitos civis de uma nação como o Brasil visa garantir a **igualdade** dos cidadãos perante a lei, de modo a atenuar, por meio da Justiça, as **desigualdades** de origem social e histórica da sociedade. São exemplos de direitos civis garantidos por nossa Constituição Federal o direito ao voto, o direito à liberdade de ir e vir e o direito à proteção igualitária perante a Justiça.

DIREITOS POLÍTICOS

Direitos políticos são **normas** previstas pela Constituição de um país com o intuito de regular a participação dos indivíduos no processo político. Referem-se, de maneira geral, à atuação dos cidadãos na vida pública e variam conforme o país, uma vez que estão intimamente ligados ao regime político e ao sistema eleitoral vigente em cada Estado nacional. Eles são indissociáveis da noção de cidadania, uma vez que esta se refere ao conjunto de regras que organizam a participação (direta ou não) dos indivíduos na composição e administração do governo ao qual estão submetidos. O direito de votar e ser votado, à manifestação em plebiscitos e à participação em partidos políticos são os direitos políticos mais conhecidos. No Brasil, a Constituição Federal trata dos direitos políticos no artigo 14, que estabelece o sufrágio universal (a possibilidade de todos votarem, independentemente de cor, classe social, sexo, escolaridade etc.) como princípio básico da participação dos cidadãos na vida política nacional.

DIREITOS SOCIAIS

Direitos sociais são aquelas obrigações que cada sociedade impõe a si própria e a seus cidadãos, com o intuito de garantir a todos um determinado padrão de vida e prevenir a discriminação. São as regras que humanizam o indivíduo perante o Estado, tratando de garantias como a **igualdade** e a liberdade no plano concreto. São exemplos de direitos sociais o direito a emprego e salário, à proteção social (sob a forma de aposentadoria, seguro-desemprego, licença-maternidade etc.), à moradia, à educação e o acesso à **cultura**. De maneira geral, portanto, os direitos sociais são relacionados à garantia de igualdade entre os membros de uma sociedade. No Brasil, a Constituição Federal estabelece, em seu artigo 6º, que "são direitos sociais a educação, a saúde, o trabalho, a moradia, o lazer, a segurança, a previdência social, a proteção à maternidade e à infância, a assistência aos desamparados, na forma desta Constituição".

DIVERSIDADE

Além de uma palavra que faz parte do nosso dia a dia, "diversidade" é um conceito muito importante na Sociologia. Podemos defini-lo, de forma simples, como o conjunto de diferenças e **valores** compartilhados pelos seres humanos na vida social. Nenhuma sociedade é homogênea. Todas abrigam pessoas com diferentes valores, origens e orientações sexuais. Nesse sentido, um dos grandes desafios dos sociólogos é entender como os diversos grupos lidam com essa pluralidade, analisando as dinâmicas que suscitam. A questão da diversidade aparece, por exemplo, na origem de situações marcadas por preconceito, discriminação e intolerância. Esses fenômenos nada mais são do que maneiras perigosas de lidar com a diversidade, com base na ideia de que a diferença não passa de uma inadequação aos valores dominantes.

Quando falamos em diversidade cultural nos referimos à convivência entre **culturas** diferentes. Em muitas ocasiões, a sobrevivência de uma cultura se vê ameaçada pelo avanço de outra com vocação hegemônica (como a cultura indígena diante da chegada do homem branco). Nesses casos, as Ciências Sociais podem ajudar para que uma série de medidas seja tomada, de modo a garantir a sobrevivência da cultura em risco, assegurando, por conseguinte, a diversidade cultural.

ELITE

O termo **elite** pode ser usado para designar qualquer grupo ou categoria que ocupe uma posição privilegiada ou dominante em um sistema social. Podem ser consideradas elites, nos seus respectivos sistemas, as classes economicamente favorecidas, os altos comandos militares ou os principais executivos de uma empresa. Assim, o que determina a inclusão de um indivíduo em uma elite depende do contexto analisado. A palavra tem origem no latim *eligere*, que significa "eleger", "escolher". Seu uso remonta ao século XVII, quando, na França, passou-se a designar como *élite* os bens de qualidade superior. A partir do século XIX, o conceito foi incorporado pelo pensamento social, cada vez mais preocupado em compreender o fenômeno da dominação, na sociedade, por um grupo relativamente pequeno. Na Sociologia, o conceito de elite é importante por apontar forças políticas e econômicas em uma estrutura social específica, numa dinâmica intimamente ligada à ideia de **estratificação**.

Não são poucas as definições de elite como instrumento de análise sociológica. Para alguns autores, como Vilfredo Pareto, esse conceito corresponde a uma variável da noção de classe dominante de Karl Marx. Outras abordagens, como a de Wright Mills, trabalham a ideia de que a elite corresponde a um grupo de posição hierárquica superior numa dada organização, dotada de **poder** de decisão política e econômica. O conceito pode ainda designar um grupo minoritário com poder de dominação política sobre a maioria, em um sistema de poder democrático, tal como definido por Robert Dahl. Assim, podemos ver que o conceito de elite pode aludir tanto aos grupos com capacidade decisória política e econômica quanto àquelas pessoas ou grupos formadores de opinião. Apesar dessas muitas possibilidades, atualmente o termo **elite** é usado, pelo senso comum, como designação genérica da classe social com maior poder econômico.

ESTEREÓTIPO

A palavra **estereótipo** originalmente designava um mecanismo de impressão gráfica no qual uma mesma fonte é usada na produção de diversas cópias idênticas. Em seu uso social, estereótipo é uma simplificação, ou mesmo um exagero, na descrição de uma categoria de indivíduos ou de um indivíduo pertencente a uma categoria, que é aplicada indefinidamente, como uma identidade preestabelecida.

Exemplos de visões estereotipadas sobre pessoas em função de seu pertencimento a um grupo social de referência são facilmente observáveis no dia a dia: "mulher não sabe dirigir" e "homem não sabe cuidar de criança" (com relação ao gênero); "ingleses são pessoas frias" e "brasileiros são alegres" (com relação à nacionalidade) e assim por diante.

Esse olhar pouco atento aos detalhes e particularidades individuais (ou grupais) característico do estereótipo é importante para a análise social por ser a origem de fenômenos sociais como o etnocentrismo. Os estereótipos também desempenham importante papel nos mecanismos de opressão social, valendo-se de características como **etnia**, sexo, idade, ***status* social**, **geração** etc. para pôr em prática critérios de segregação social. Na Sociologia, os estereótipos funcionam como guias analíticos no estudo das relações entre diferentes grupos e das posições ocupadas por eles na estrutura social.

ESTIGMA

A palavra **estigma** surgiu na Grécia Antiga, onde designava sinais corporais (como cortes ou queimaduras a ferro) feitos em criminosos e traidores para marcá-los negativamente perante toda a sociedade. Portadores de uma marca visual irreversível, os estigmatizados eram para sempre evitados em locais públicos. Apesar de já não designar necessariamente um sinal físico, a palavra, tal como usada atualmente, não está muito distante de seu sentido original. Ainda chamamos de estigma toda condição, atributo ou traço que faz com que seu portador seja visto de maneira negativa por determinados grupos, e em determinadas situações. Por exemplo, em muitos casos as condições de favelado, de homossexual ou de "patricinha" podem atuar como rótulos sociais negativos, prejudicando de alguma maneira a inserção e/ou o trânsito de seu portador em contextos específicos.

O sociólogo canadense Erving Goffman escreveu diversos trabalhos sobre a importância do conceito de estigma para a compreensão de dinâmicas sociais marcadas pela discriminação e pelo preconceito. De acordo com esse autor, o indivíduo estigmatizado é aquele que possui uma "diferença indesejável". Isso significa que o estigma é atribuído pela sociedade a uma pessoa ou grupo em razão daquilo que é considerado diferente ou desviante.

ESTRATIFICAÇÃO

A estratificação – no sentido literal, disposição por camadas, ou estratos – é o processo social por meio do qual recursos como **poder**, prestígio e riqueza são desigualmente distribuídos nas sociedades. Diferentemente da **desigualdade**, a estratificação é sistemática porque faz parte do funcionamento e da estrutura do sistema social ao qual está associada. Apesar dessa distância conceitual, estratificação e desigualdade andam juntas no pensamento sociológico. Ambas estão diretamente relacionadas ao tema da **mobilidade social**, tão caro à análise das sociedades.

De maneira geral, podemos identificar três formas de estratificação. A primeira delas é o sistema de castas. Nessa modalidade, o nascimento em uma casta determina a permanência vitalícia nela, não havendo possibilidade de mudança sob nenhuma circunstância. Encontrado hoje em dia na Índia, por exemplo, esse sistema tem como critério de distribuição de privilégios a "pureza étnica". A segunda forma de estratificação é o sistema feudal, ou estamental, como ocorreu na Europa Medieval. No caso clássico do feudalismo europeu, a sociedade era composta de três ordens ou estamentos: o clero, a nobreza e as demais pessoas, como camponeses e artesãos. Menos rígidas que as castas, as ordens se organizavam de modo que havia certa mobilidade social segundo critérios que envolviam hereditariedade e posse de terras. A terceira e última forma de estratificação é o sistema de classes sociais, cuja análise é indissociável da obra de Karl Marx e da formação do pensamento sociológico. Nas classes, as características inatas, como hereditariedade e **etnia**, têm menos peso. Nesse tipo de estratificação, característico das sociedades modernas e mais especificamente do capitalismo, os critérios de pertencimento são a detenção dos meios de produção e o grau de educação alcançado, o que faz com que o processo de mobilidade seja marcado pela competição.

ETNIA/RAÇA

Etnia ou grupo étnico é um agrupamento humano que se distingue por suas características socioculturais específicas, expressas na língua, religião, nos costumes e tradições etc. e transmitidas por meio da **socialização**. **Raça** é uma divisão tradicional e arbitrária dos grupos humanos produzida por um sistema classificatório com base em características fenotípicas (relativas à aparência), como cor da pele, estatura, textura do cabelo etc., transmitidas hereditariamente. As classificações dos grupos humanos de acordo com esses dois conceitos podem ter como desdobramentos o etnocentrismo e o racismo, que estabelecem uma hierarquia entre etnias ou raças e levam à crença no direito de uns (autodenominados superiores) discriminarem, segregarem, dominarem ou até mesmo exterminarem outros (considerados inferiores).

EVOLUÇÃO/EVOLUCIONISMO

O evolucionismo foi o paradigma teórico que dominou as Ciências Biológicas em meados do século XIX, caindo rapidamente no gosto dos primeiros teóricos sociais e marcando o panorama intelectual das Ciências Humanas até o início do século XX. Para os evolucionistas, as sociedades se desenvolvem de forma previsível, de um estágio "primitivo" em direção a estágios "mais sofisticados". Assim, a evolução social seria uma mudança unilinear, em um caminho preestabelecido, avançando de formas mais simples para formas mais complexas de organização social. Com isso, o evolucionismo constituiu uma das primeiras teorias sobre o fenômeno da **mudança social**.

Uma das variáveis do evolucionismo, que ganhou força entre os pensadores sociais, foi o "darwinismo social". Esse termo, derivado do emprego direto das premissas darwinistas na análise das sociedades, buscava explicar e oferecer uma resposta ao fenômeno da **desigualdade** social. Comparando o desenvolvimento das sociedades à evolução natural, os teóricos evolucionistas destacavam o aspecto competitivo da vida em sociedade (entre grupos raciais, étnicos e entre classes) para afirmar a existência de uma seleção natural na vida social. Assim, a sociedade progrediria liderada pela vitória sucessiva dos grupos mais fortes sobre os grupos inferiores. A desigualdade seria fruto da maior "aptidão" para o sucesso de certos grupos (os mais ricos) e da incapacidade ou incompetência dos demais (os mais pobres).

O evolucionismo foi derrubado como paradigma teórico das Ciências Humanas já no início do século XX, dando lugar à ideia de pluralidade cultural, que exclui o princípio de que há uma única linha de desenvolvimento obrigatória para toda a humanidade. No entanto, ao nos depararmos com acusações como "bárbaro", "atrasado" e "primitivo" em situações de **conflito** social, percebemos que o evolucionismo se faz presente como justificativa (ainda que não explícita) do etnocentrismo.

FOLCLORE

A palavra **folclore** originou-se do vocábulo anglo-saxão *folklore*, que reúne *folk* (povo) e *lore* (saber), e significa "conhecimentos tradicionais de um povo". Sempre associado à noção de "popular", o conceito de folclore é usado em oposição à ideia de erudição. Transmitidas de **geração** em geração, as manifestações folclóricas compõem uma herança cultural revivida periodicamente em lendas, mitos, festas, músicas etc. Com o desenvolvimento da **cultura** de massa e o avanço da tecnologia sobre as formas culturais, o folclore passou a ser confundido com "primitivismo" e "ignorância popular", mas seu estudo é muito importante para a análise da formação cultural dos povos. A pesquisa folclórica popularizou-se na Europa do século XIX quando, diante do rápido crescimento das cidades e da transformação dos modos de vida, os estudiosos passaram a se preocupar com o desaparecimento da cultura popular no mundo urbano. No caso brasileiro, podemos citar como manifestações folclóricas mitos e lendas como os do Saci-Pererê, Curupira e Mula Sem Cabeça; festas como o Bumba Meu Boi e a Cavalhada; formas de expressão como a literatura de cordel.

GERAÇÃO

Geração é um grupo de indivíduos com a mesma posição em uma estrutura de parentesco. Os netos de uma avó e os filhos de uma mãe são, por exemplo, membros de uma mesma geração em uma família. Nas Ciências Sociais, o sentido se amplia: uma geração é o conjunto de indivíduos do grupo social estudado que nasceram na mesma época, preliminarmente estabelecida pelo pesquisador. Por exemplo, podem compor uma geração todas as pessoas nascidas na década de 1990, ou durante a Segunda Guerra Mundial, dependendo do objeto de análise. Podemos entender assim o uso de expressões como "geração saúde", "geração Coca-Cola", "geração internet". Elas se valem de critérios específicos para denominar um conjunto de indivíduos numa sociedade, agrupados por uma faixa etária bastante ampla e flexível e também por sua participação em um fenômeno histórico-cultural determinado. O conceito de geração é de grande importância na Sociologia, pois possibilita a compreensão da **mudança social** no grupo estudado, mostrando as diferentes vivências e interpretações da sociedade ao longo do tempo.

GRUPO FOCAL

Uma das muitas formas possíveis de realização de pesquisas qualitativas, a técnica do grupo focal consiste na reunião de um grupo pré-selecionado de pessoas (por exemplo, donas de casa entre 30 e 40 anos) a serem indagadas acerca de atitudes e reações frente a um produto ou serviço (como uma marca de detergente, ou uma campanha política em curso). Os grupos focais caracterizam-se por não ser diretivos, o que significa que seus participantes podem falar sem a indução de perguntas muito específicas e trocar impressões entre si, cabendo ao pesquisador atentar para os temas e conteúdos que surgirem da discussão. É importante que os participantes de uma sessão de grupo focal não se conheçam, apesar de possuírem características comuns, tais como faixa etária, renda, sexo etc.

Por essas características, esses grupos são um instrumento fundamental de *marketing*, uma vez que possibilitam ao pesquisador avaliar as reações, sentimentos e ideias dos consumidores com relação a produtos e serviços diversos.

IDEOLOGIA

O conceito de ideologia pode ser definido como o conjunto de crenças, **valores**, doutrinas e visões de mundo de um indivíduo, grupo ou sociedade, que serve como base de legitimação de suas ações. Podemos falar, por exemplo, em "ideologia de vida" quando tentamos justificar ações que acreditamos ser coerentes com nossas crenças e valores. A noção de ideologia, nas Ciências Sociais, está profundamente relacionada ao sentido dado por Marx ao termo. Atento à questão da luta de classes, Marx a definiu como um instrumento das classes dominantes para manter seus privilégios por meio de um falseamento da realidade. Como isso acontece? Um determinado grupo (a classe dominante) apresenta seus interesses de modo que pareçam ser naturais e comuns a toda a sociedade. Portanto, para Marx, a ideologia tem sentido negativo, pois é responsável pela alienação do trabalhador, que, na dinâmica capitalista, acaba por atuar em prol de interesses contrários aos da sua classe. Em outras palavras, a ideologia é, para Marx, uma "falsa consciência", ou seja, uma imposição de ideias de uma classe aos demais grupos da sociedade de modo que, aparentemente, essas ideias representem todos e não apenas um grupo específico.

IGUALDADE/DESIGUALDADE

O princípio da **igualdade** defende que todos devem ter a possibilidade de usufruir os benefícios que sua sociedade oferece, sem barreiras ou privilégios. A igualdade pressupõe, assim, que o *status* social de cada pessoa deve depender apenas de seus esforços, capacidades e escolhas, ficando excluído qualquer tipo de discriminação formal, como os impedimentos por sexo, **raça** ou religião à ocupação de determinados cargos públicos, por exemplo. É importante notar, no entanto, que a igualdade pode ter diferentes significados na vida social, conforme o contexto. Na **tradição** liberal, por exemplo, é associada principalmente à universalidade do acesso às oportunidades. Já na doutrina socialista, o conceito está mais relacionado à igualdade de renda como valor fundamental. A igualdade pode também ter significado político (associado ao tratamento perante a lei) ou social (associado ao acesso às garantias e oportunidades). No caso brasileiro, a igualdade e seu oposto, a **desigualdade**, são pensados principalmente na percepção social, vinculada à questão da **estratificação** social e aos mecanismos de sua reprodução.

INDIVIDUALISMO

A ideia de individualismo se opõe à de coletividade. Surgido no início do século XIX, na França, esse conceito nasceu para designar a dissolução dos laços sociais anteriores à Revolução Francesa e a primazia dos interesses individuais sobre os da sociedade. Profundamente relacionado ao desenvolvimento do capitalismo (com seus pressupostos de liberdade individual e de direito à propriedade privada), o conceito de individualismo surgiu com a sociedade moderna e, paralelamente, com o processo de **urbanização**. O individualismo descreve, assim, uma forma de estar no mundo, correspondendo a uma conduta perante a **comunidade** caracterizada pela valorização do mérito e da liberdade pessoal.

LEGALIDADE

A legalidade é um princípio, válido principalmente no mundo jurídico, que estabelece que as situações com consequências legais (como a prática de um crime, por exemplo) devem ser previstas em **normas** escritas (leis). Esse princípio se relaciona intimamente com o Estado Democrático de Direito, cuja missão é garantir a segurança político-jurídica dos cidadãos. A legalidade atua como proteção ao exercício arbitrário e ilimitado do **poder**, já que, para ser legal, uma intervenção deve limitar-se ao previsto na norma escrita. Isso significa que a legalidade (que passou a ser uma preocupação dos estadistas desde o século XVIII, quando do advento dos Estados nacionais modernos) deve ser pensada em uma estrutura social na qual o poder estatal é restrito e primordialmente dedicado à garantia dos **direitos sociais** de seus cidadãos.

LEGITIMIDADE

Na linguagem comum, legitimidade pode carregar um significado genérico e um específico. O sentido genérico se aproxima do conceito de justiça; assim, podemos falar em legitimidade de uma decisão, de uma atitude etc. Já no sentido específico, associa-se à linguagem política, e pode ser definida como um atributo do **poder** do Estado, que consiste em certo grau de **consenso** na população, capaz de garantir a obediência sem a necessidade do uso da força.

De maneira geral, os cientistas sociais concordam que um regime (representado por um Estado) é legítimo se a população assim acredita de fato. Weber, por exemplo, desenvolveu "três tipos puros (ou ideais) de dominação legítima" – a carismática, a tradicional e a racional – e classificou-os conforme a fonte de suas respectivas legitimidades: a crença nas qualidades sobrenaturais do **líder** (no tipo carismático), a crença na propriedade dos costumes (no tipo tradicional) e a crença na validade das leis e na eficiência burocrática (no tipo racional). Nos regimes democráticos, como no Brasil, a legitimidade do poder do Estado provém do apoio da maioria da população adulta, expresso por meio do voto.

LÍDER/LIDERANÇA

O conceito de liderança é muito usado no dia a dia, e pode ser definido como a qualidade que habilita uma pessoa a comandar outras. A liderança configura uma relação entre um **líder** e seus liderados (ou entre um indivíduo e um grupo), em uma dinâmica recíproca. O fenômeno da liderança é, assim, indissociável do fenômeno da subordinação, sem o qual ele fica prática e teoricamente inviabilizado. Ao trabalhar a ideia de liderança, a Sociologia depara-se com perguntas do tipo: "Como a liderança é alcançada?"; "Quais são os meios utilizados para mantê-la?"; "Como ela é exercida na prática?". Essas questões são importantes para a compreensão da estrutura hierárquica da sociedade estudada, porque possibilitam tratar de temas como **autoridade**, **estratificação** e **legitimidade**. Napoleão, Hitler, Antônio Conselheiro e tantos outros exemplos são, respeitadas suas particularidades, casos de pessoas cuja liderança sobre um grande número de seguidores, durante um longo período de tempo, despertou o interesse de estudiosos das mais diversas áreas.

METODOLOGIA DE PESQUISA

Há dois caminhos por meio dos quais os cientistas sociais coletam dados: a pesquisa qualitativa e a pesquisa quantitativa. A **pesquisa qualitativa** se ocupa dos porquês de costumes, crenças e comportamentos, dando ao pesquisador instrumentos para refletir sobre as particularidades da realidade social investigada. Uma das principais características da pesquisa qualitativa é a imprevisibilidade, uma vez que o pesquisador não tem controle total do processo de coleta de dados.

Podemos apontar alguns procedimentos muito usados por cientistas sociais e que reforçam a importância dos métodos qualitativos para a análise da sociedade. Um deles é o trabalho de campo, ou a etnografia, que se insere na vida cotidiana do grupo estudado. A entrevista também é um recurso muito utilizado para descobrir as interpretações sobre as situações observadas. Em uma pesquisa de base qualitativa, os dados são coletados de diferentes maneiras: anotações feitas em campo, gravações, fotografias, documentos pessoais, memorandos e outros registros oficiais, dentre muitas outras.

A **pesquisa quantitativa**, por sua vez, privilegia dados numéricos. Ela se define, em linhas gerais, por estudos estatísticos destinados a descrever características de determinada situação, medindo numericamente as hipóteses levantadas de antemão. Nesse tipo de abordagem, os dados são coletados segundo padrões rigidamente prescritos, como, por exemplo, questionários com perguntas claras e objetivas.

Apesar de diferentes, esses dois métodos não são antagônicos. Ao contrário, muitas pesquisas na área das Ciências Sociais se beneficiam da integração entre ambos, produzindo resultados que abrangem diferentes aspectos de um mesmo fenômeno.

METRÓPOLE

A palavra **metrópole** vem do grego *metropolis*, cujo significado original é "cidade-mãe". Até o século XVIII, o termo designava uma capital em relação à sua província, ou, como aconteceu no contexto das colonizações, uma cidade, **nação** ou Estado em relação às suas colônias (por exemplo, Portugal em relação ao Brasil antes da independência). Nos dias atuais, a palavra passou a designar, a partir da expansão urbana iniciada no século XVIII, cidades de grandes proporções, ou áreas urbanas formadas por uma ou mais cidades ligadas fisicamente (conurbadas), que constituam centros de referência demográfica e/ou econômica em uma região. Conforme a classificação do IBGE, as metrópoles se classificam de acordo com sua zona de influência, podendo ser globais (como Rio de Janeiro e São Paulo), nacionais (como Belo Horizonte, Curitiba, Fortaleza, Porto Alegre, Recife, Salvador e Brasília) e regionais (como Belém, Campinas, Goiânia e Manaus). Além de designar cidades classificadas por critérios econômicos, políticos e demográficos, metrópole se relaciona a um estilo de vida, o metropolitano, definido pela oposição ao rural ou provinciano.

MIGRAÇÃO

Migração é o deslocamento físico de pessoas de um lugar para outro com mudança de residência. Ela pode ser interna, se ocorrer no âmbito de sistemas sociais (como países, comunidades, regiões geográficas); ou externa, se ocorrer entre esses sistemas.

A migração só pode ser examinada como fenômeno social levando-se em conta seu duplo sentido: a saída de contingentes populacionais de determinado local, e a entrada dessas pessoas no seu novo país, região etc. Deve-se considerar, então, que é um sistema formado pela emigração (movimento de saída de uma área geográfica) e pela imigração (movimento de chegada a uma área geográfica).

A imigração é um dos fatores centrais do crescimento demográfico, constituindo tradicionalmente uma das principais causas da **urbanização**. Além disso, envolve a problemática da integração e assimilação de uma **comunidade** de fora da sociedade que a recebe, na medida em que afeta (em maior ou menor grau) a composição social de populações inteiras, desempenhando um importante papel no estabelecimento de relações étnicas e de classe.

MOBILIDADE SOCIAL

Mobilidade social é a capacidade de grupos ou indivíduos mudarem sua posição ou *status* em uma sociedade hierarquizada. Pode ser ascendente ou descendente, bem como ocorrer intergerações (comparando-se a posição social do indivíduo com a de seus pais) ou intragerações (comparando-se as posições de um mesmo indivíduo ao longo de sua vida). Os graus de mobilidade social variam muito de sociedade para sociedade, e estão profundamente relacionados às formas de **estratificação** social vigentes.

MOVIMENTOS SOCIAIS

Movimentos sociais são mobilizações coletivas, organizadas e contínuas que se estruturam em torno de demandas por mudança de algum aspecto da estrutura social. São associações de pessoas e entidades com interesses comuns, com o propósito de defender ou promover objetivos específicos perante a sociedade. Vinculados à luta por **direitos sociais**, **direitos políticos** ou **direitos civis**, os movimentos sociais podem ser de reforma, revolucionários ou de resistência. Os de reforma visam melhorar determinadas condições de um sistema social sem, no entanto, mudar sua estrutura fundamental. Os movimentos revolucionários procuram transformar as características básicas de um sistema – podemos imaginar, como exemplo, a tentativa de implantar o socialismo em uma economia de mercado capitalista. Já os movimentos de resistência são organizados para combater a **mudança social**, e não para promovê-la – é o caso, por exemplo, do movimento que visa impedir a mudança da legislação relativa ao aborto.

Diante das transformações trazidas pela crescente industrialização e **urbanização**, bem como pela conjuntura política do Regime Militar, as décadas de 1960 e 1970 no Brasil foram palco de grande profusão de movimentos sociais nas cidades e no campo. A Sociologia brasileira passou, desde então, a dedicar bastante atenção ao tema, interessando-se cada vez mais pelo estudo daquelas mobilizações que, apesar de profundamente relacionadas à política nacional, aconteciam fora do alcance das organizações partidárias.

MUDANÇA SOCIAL

Mudança social é qualquer alteração nas características estruturais, demográficas ou culturais de uma sociedade. Muitos sociólogos defenderam a hipótese de que a mudança social obedeceria a um modelo dominante – ou até exclusivo – e buscaram identificar os fatores que levavam a ela. Embora tomando o mesmo ponto como fundamento, não chegaram todos às mesmas conclusões. Karl Marx e os marxistas, por exemplo, acreditaram que a mudança resulta de "contradições". Já outros autores, seguindo Auguste Comte, afirmaram que as sociedades se dirigem para um estado ideal melhor.

A mudança social é um fenômeno importante para a Sociologia porque os sistemas sociais estão sempre em processo de mudança. Assim, para entender o funcionamento de determinado sistema social, é preciso compreender também como ele se transforma.

373

NAÇÃO

A palavra **nação** originou-se no latim *natus*, que significa "nascido". Apesar de não haver uma definição universal, podemos dizer que nação é qualquer sociedade estabelecida em um dado território, com um mesmo senso de história, identidade e destino. Podemos afirmar também que uma nação corresponde a uma população ampla e anônima que partilha uma **cultura** comum, além de ter (ou aspirar a ter) seu próprio espaço político. Nesse segundo sentido, o conceito relaciona-se ao de Estado-nação, unidade territorial governada por um Estado cuja **autoridade** se estende por todos os seus limites geográficos. A associação entre nação e Estado, contudo, é recente. Até o século XIX o mundo era organizado em grupamentos étnicos, divididos em fronteiras políticas não muito rigorosas. Com o advento do Estado moderno, os limites territoriais tornaram-se mais rígidos, bem como o controle administrativo atribuído ao governo das nações. O elemento central na composição de uma nação é a própria consciência da nacionalidade. Em outras palavras, a nação só se efetiva numa **comunidade** na qual haja, entre os indivíduos, a vontade de viver coletivamente, constituindo um organismo social com interesses e necessidades específicos enquanto grupo.

NORMAS

No sentido comum, norma é um padrão de comportamento considerado habitual pela maioria das pessoas. Escovar os dentes antes de dormir, por exemplo, é uma norma na maioria das sociedades modernas. Para a Sociologia, norma é uma regra socialmente compartilhada que associa ações e comportamentos a aprovações ou sanções. A agressão física, por exemplo, é condenada pelas normas de convivência de nossa sociedade, e sua transgressão tem consequências jurídicas (a condenação a uma pena) e sociais (a desaprovação da sociedade). As normas, portanto, geram efeitos sociais que regulam o comportamento dos membros de uma sociedade. Isso não significa, contudo, que as normas sejam sempre obedecidas. Durkheim destaca que é natural que ocorram transgressões às normas, e que o patológico é a ausência da sanção, que é a reação da sociedade à transgressão.

OPINIÃO PÚBLICA

Opinião pública é o conjunto de ideias de um grupo (local, regional, nacional etc.) sobre um tema, expresso num dado momento, em função de uma conjuntura social específica e que traz à tona a questão sobre a qual o grupo se posiciona. É um fenômeno coletivo e impessoal, indissociável dos meios de comunicação (como jornais e televisão), que, além de veicular a opinião geral sobre assuntos variados, ajuda a formar e a consolidar a opinião pública. Podemos destacar as principais características da opinião pública: 1. está diretamente relacionada a um fenômeno social em debate, que pode ter ou não caráter político; 2. vai além da simples soma de opiniões individuais; 3. é influenciada pelo sistema social no qual surge, e também o influencia; 4. é indissociável dos veículos de comunicação; 5. não deve ser confundida com a vontade popular, que está mais relacionada aos sentimentos individuais; 6. é dinâmica, e não estática.

PERIFERIA

A palavra **periferia** significa "tudo o que está ao redor". No entanto, seu emprego está fortemente relacionado ao contexto das grandes cidades, designando toda a área urbana que fica ao redor do centro metropolitano. Como conceito sociológico, a periferia foi descrita pela primeira vez na década de 1980, nos Estados Unidos, para designar um subúrbio que deixou de ser apenas uma comunidade-dormitório de pessoas que trabalham em uma cidade e não têm condições econômicas de viver no centro urbano. Fruto do crescimento acelerado de cidades nas últimas décadas, a periferia dispõe, ao contrário do subúrbio, de bases comerciais e manufatureiras próprias. Apesar de, no Brasil, o termo **periferia** ser vulgarmente relacionado a regiões com infraestrutura pobre e polos de concentração de populações de baixa renda, essa associação não é necessariamente verdadeira. Um exemplo é o caso da Barra da Tijuca, no Rio de Janeiro, onde empreendimentos imobiliários de alto padrão ocupam zonas afastadas do centro urbano. O conceito de periferia também pode ser usado pela Sociologia em âmbito global, para designar o conjunto de países fora do centro econômico mundial constituído pelos Estados Unidos, a Europa e o Bloco do Pacífico.

PODER

O poder é uma relação assimétrica entre, pelo menos, dois atores. Weber definiu-o como a capacidade de "A" conseguir que "B" faça o que não faria por si próprio e que, no entanto, faz conforme as ordens de "A". Com isso, fica claro que o comportamento de "B" depende de "A", e que essa relação aumenta a capacidade global de "A". Contudo, o poder não pode ser reduzido a um jogo de soma zero. Os recursos do poder também não se limitam ao exercício da força, ou seja, ao conjunto de coerções físicas e materiais de que "A" dispõe contra "B" para fazê-lo contribuir para a realização de suas aspirações. O poder depende, em grande medida, da **legitimidade** de seu exercício. Segundo Weber, não há dominação duradoura sem um mínimo de legitimidade. Pode-se, então, definir poder como um processo intencional que afeta pelo menos dois atores de acordo com a fórmula de legitimidade em uso.

RAZÃO DE ESTADO

Razão de Estado é o princípio segundo o qual os governantes devem perseguir, acima de tudo, a segurança do Estado, ainda que para isso seja necessário transgredir as **normas** jurídicas, morais, econômicas e políticas vigentes. Essa definição implica que a razão de Estado deve ter um caráter técnico – uma vez que prevê meios em nome de um objetivo claro preestabelecido –, bem como um caráter teórico – explicando a conduta de governantes em determinadas situações. Por essas características, vemos que esse conceito está intimamente ligado à ideia de Estado como ente soberano e único e como **autoridade** legítima. Um caso típico de aplicação da razão de Estado é a frase clássica de Maquiavel, "os fins justificam os meios". Assim, de forma resumida, a razão de Estado consiste em um pensamento estratégico que visa garantir a sobrevivência e a integridade do ente estatal, tanto interna quanto externamente.

RECIPROCIDADE

O conceito de reciprocidade, na visão da Sociologia, diz respeito ao fenômeno da troca como forma de interação social. Sob esse prisma, a reciprocidade desponta como condição necessária à vida em sociedade, uma vez que, sem trocas materiais, verbais ou simbólicas, a interação social ficaria inviabilizada. A reciprocidade pode ser sociologicamente detectada em situações cotidianas, como numa conversa: enquanto um dos agentes se comunica, o interlocutor dá a contrapartida na forma de atenção, sem a qual a comunicação fica imediatamente suspensa.

RELATIVISMO CULTURAL

O conceito de relativismo se opõe ao princípio de que ideias, **valores** e costumes são absolutos e universalmente válidos. Assim, na visão relativista, o que é considerado "verdade" (política, religiosa, moral, científica etc.) depende da época, do lugar e do grupo social ao qual se refere.

Nas Ciências Sociais, o relativismo é primordialmente adotado na análise das diferentes **culturas**. Daí o conceito de relativismo cultural, que defende a validade e a riqueza de qualquer sistema cultural e nega sua condenação ou valorização moral e ética por padrões que lhe são alheios. Dito de outra forma, o relativismo cultural é um princípio que defende que uma crença e/ou costume humano deve ser sempre interpretado nos termos de sua própria cultura. Por essa razão, podemos dizer que o relativismo se contrapõe radicalmente à perspectiva etnocêntrica, que leva em consideração apenas um ponto de vista em detrimento dos demais.

REVOLUÇÃO

Revolução é uma **mudança social** que resulta na alteração dos princípios básicos de uma sociedade ou de qualquer sistema social. No entanto, o emprego do termo na História e nas Ciências Sociais está fortemente vinculado a uma conceituação política, que define revolução como uma tomada ilegal (e quase sempre violenta) do **poder** e provoca modificação profunda no sistema político e/ou nas instituições de governo. Uma revolução pode ser responsável, por exemplo, pela queda de uma aristocracia e a implantação de uma democracia, ou pela derrubada da democracia e a instauração de uma ditadura militar. Nesse contexto, o conceito de revolução deve estar vinculado ao de **legitimidade**, para que se possa compreender o processo histórico e social de substituição das formas de exercício de poder numa dada sociedade.

Além do aspecto político, revolução pode designar transformações de base na estrutura econômica ou social resultantes de processos por vezes lentos e de longa duração. Como exemplos, podemos citar a Revolução Científica e a Revolução Industrial. Por essa razão, podemos dizer que revolução se refere mais a um processo do que a um evento específico, caracterizando-se principalmente pelo tipo de mudança ocasionada e não pela forma como ocorreu.

SECULARIZAÇÃO

A palavra **secular** tem origem latina e designa aquilo que é temporal, mundano. A secularização é, assim, o processo de declínio da influência da religião sobre as pessoas, acompanhado da substituição gradual das referências religiosas por outras fontes de explicação da realidade e de regulação da vida social. Esse processo esteve historicamente relacionado ao desenvolvimento da sociedade industrial, que se caracterizou pelo avanço da razão e da ciência na compreensão do mundo natural. No que se refere à organização social, a secularização levou à progressiva perda do monopólio do **controle social** da Igreja, dando lugar a instituições civis de âmbito estatal, como as instâncias responsáveis pela aplicação da justiça. É importante ressaltar que uma sociedade pode estar política e economicamente organizada na forma de um Estado **secular** (no qual o governo é composto sem qualquer influência de fatores religiosos e a justiça é baseada nos **direitos civis**), como é o caso do Brasil, mas manter diversas manifestações de religiosidade.

SOCIALIZAÇÃO

Socialização é o nome dado aos processos pelos quais as pessoas são induzidas a adotar padrões de comportamento, **normas**, regras e **valores** do seu ambiente social. Ela começa na infância e segue ao longo de toda a vida, como um processo ininterrupto de aprendizagem que pode ocorrer sob a forma de ensino explícito (como na escola) ou latente (como nos casos de incorporação espontânea de padrões de relacionamento). No plano individual, a socialização consiste em um aprendizado que dá ao indivíduo ferramentas para atuar na sociedade. No âmbito social, o processo de socialização é um importante mecanismo de coesão e continuidade, já que, por meio dele, os membros da sociedade são apresentados às suas normas morais, papéis sociais, língua etc.

No mundo ocidental moderno, os principais agentes socializadores são: a família (que corresponde ao primeiro e mais importante meio de socialização do indivíduo), a escola, o ingresso na vida econômica (profissão), a exposição aos veículos de comunicação de massa, o casamento e a participação na vida comunitária organizada.

SOCIEDADE CIVIL

Sociedade civil é o conjunto de organizações e instituições voluntariamente articuladas em torno de interesses, propósitos e **valores**. Esse conceito se relaciona diretamente ao conceito de **coesão social**, uma vez que está ligada ao estabelecimento do **consenso** na sociedade, afastando-se da coerção e do exercício formal do **poder**. De acordo com essa definição, as instituições que compõem a sociedade civil são igrejas, escolas, sindicatos etc. A sociedade civil se refere, assim, ao conjunto de organizações e instituições cívicas sobre as quais se sustenta uma sociedade em funcionamento, diferenciando-se das estruturas formais apoiadas pelo poder estatal.

Ao longo das últimas décadas o mundo assistiu ao desenvolvimento e ao crescente fortalecimento do que hoje é uma das principais formas de articulação da sociedade civil: o terceiro setor. Enquanto o primeiro setor abrange as organizações de origem pública, estatal, e o segundo setor, aquelas ligadas ao mercado, o terceiro setor corresponde às chamadas Organizações Não Governamentais (ONGs), que visam suprir as falhas do Estado e do setor privado no atendimento das necessidades da população.

STATUS SOCIAL

Status social, na linguagem comum, indica posição de prestígio de uma pessoa ou de um grupo na sociedade. No entanto, na Sociologia, esse conceito é empregado na análise das posições ocupadas pelos indivíduos no sistema social a que pertencem. Por exemplo, "esposa" e "marido" são noções que indicam o *status* de indivíduos no sistema de parentesco vigente entre nós; "juiz", "técnico" e "zagueiro" são *status* possíveis em um jogo de futebol. Para compreender o uso desse conceito no universo da Sociologia, é importante ter em mente seu caráter relacional – a determinação de um *status* só faz sentido se ele for contraposto a outro (ou outros) *status* no mesmo sistema. Assim, a noção de "esposa", com suas implicações, só pode ser analisada como categoria analítica se complementada pela noção de "marido", e assim por diante.

Os *status* sociais podem ser classificados como adquiridos (ou alcançados) e atribuídos. O *status* adquirido é a posição no sistema social decorrente do esforço pessoal de quem a ocupa, como "marido", "estudante" etc. Já o *status* atribuído independe da capacidade ou das habilidades do indivíduo que o possui, é concedido no nascimento e tem caráter permanente. São exemplos de *status* atribuídos categorias como "mulher", "homem", "brasileiro" etc.

376

TRADIÇÃO

O binômio tradição/modernidade é amplamente usado para opor tipos diferentes de sociedade. As sociedades modernas iriam se distinguir das tradicionais pela alta produtividade e pela comunicação social intensa. Contudo, a oposição moderno/tradicional não faz muito sentido, porque o grupo das sociedades tradicionais é muito indefinido. O que justifica a inclusão de diferentes sociedades nessa categoria não é a presença de traços comuns, mas a ausência de certos traços (aqueles identificados com a vida moderna).

No senso comum o conceito de tradição tem, contudo, um sentido facilmente definido: significa toda forma de agir e sentir justificada pelo fato de que "sempre se agiu assim". Podemos falar, portanto, de uma tradição familiar, ou de um prato tradicional de determinada região do país. Por fim, é importante ressaltar que as tradições evoluem. Nenhuma tradição é plenamente integrada ou totalmente homogênea, e tampouco permanece estática. Além disso, qualquer tradição viva estabelece continuidade entre os momentos de uma mesma história.

URBANIZAÇÃO

Urbanização é o processo de concentração de populações em grandes **comunidades** de base econômica não agrícola – as cidades. O conceito de urbanização, contudo, ultrapassa essa definição técnica, abrangendo a consequência do fenômeno de **migração** de grandes proporções das áreas rurais para as cidades, e/ou de maiores índices de crescimento demográfico entre a população urbana do que entre a população rural. Na Sociologia, o crescimento das cidades é analisado também como um processo de profundas transformações socioculturais, que dá margem ao desenvolvimento da noção de "vida urbana". Ao se analisar o tipo peculiar de vida social condicionado pelo ambiente das grandes cidades, o fenômeno da urbanização, além das características espaciais, demográficas e econômicas, traz um estilo de vida específico, caracterizado pelo anonimato, pela impessoalidade, intensa divisão do trabalho e por uma grande heterogeneidade da população.

UTOPIA

A palavra **utopia** significa, em sentido literal, "lugar nenhum". No sentido socialmente atribuído, designa um lugar ou situação ideal, fora dos padrões da realidade. Apesar de ser hoje muito conhecida e usada, a palavra não existia até o século XVI, quando o escritor inglês Thomas Morus (1480-1535) lançou um livro cujo título era, justamente, *Utopia*. Considerada até hoje um dos grandes clássicos da literatura ocidental, a obra descreve uma ilha (chamada Utopia) onde vive uma **comunidade** em perfeita harmonia. Nela não há propriedade privada, todos moram em casas iguais e trabalham igualmente (três horas pela manhã e três horas à tarde). Além disso, as oportunidades estão à disposição de todos os habitantes (independentemente de idade, gênero, **raça**, origem etc.). Em suma, em Utopia tudo é organizado da melhor forma para a felicidade completa da população.

Divulgada no livro de Morus, a palavra **utopia** passou a fazer parte do vocabulário comum, chegando às Ciências Sociais por meio de autores que viam no socialismo a realização futura da sociedade utópica. Contrapondo-se a essa perspectiva, Karl Marx defendia a substituição do "socialismo utópico", que não apontava os meios para se alcançar a sociedade ideal, por um "socialismo científico", fundamentado em uma análise da realidade social (e, mais especificamente no modo de produção capitalista), para indicar os caminhos que levariam à construção de uma sociedade mais igualitária.

VALORES

A Sociologia refere-se constantemente aos valores. Para Émile Durkheim e Max Weber, a unidade social é assegurada pelos valores introjetados nos indivíduos, partilhados e assimilados por eles. Os valores nada mais são do que preferências coletivas que aparecem em um contexto institucional e, pela maneira como se formam, contribuem para sua regulação. Os sistemas de valores estão sujeitos a riscos de ruptura, mas têm também capacidade de regulação e correção. Nos dois casos, podem evoluir e adaptar-se às mudanças do meio.

Referências

A FORÇA do Senhor. *Veja*, n. 1758, 3 jul. 2002. Disponível em: <http://veja.abril.com.br/acervodigital/home/aspx>. Acesso em: maio 2016.

ABREU, Alzira Alves de; BELOCH, Israel; LATTMAN-WELTMAN, Fernando; LAMARÃO, Sérgio Tadeu de Niemeyer (Org.). *Dicionário histórico-biográfico brasileiro pós-1930*. Rio de Janeiro: Editora FGV/CPDOC, 2001.

ADORNO, Sérgio. Exclusão socioeconômica e violência urbana. *Sociologias*, ano 4, n. 8, jul./dez. 2002.

ALEXANDER, Jeffrey C.; THOMPSON, Kenneth. *A contemporary introduction to Sociology*: culture and society in transition. Boulder: Paradigm, 2008.

ALMEIDA, Maria Isabel Mendes de; EUGENIO, Fernanda (Org.). *Culturas jovens*. Rio de Janeiro: Jorge Zahar Editor, 2006.

ANTONIAZZI, Alberto. As religiões no Brasil segundo o censo de 2000. *Revista de Estudos da Religião*, n. 2, 2003.

ANTONIL, André João. *Cultura e opulência no Brasil*. São Paulo: Companhia Editora Nacional, 1967.

ARAUJO, Clara; SCALON, Celi (Org.). *Gênero, família e trabalho no Brasil*. Rio de Janeiro: Editora FGV, 2005.

ARON, Raymond. *As etapas do pensamento sociológico*. Trad. Sergio Bath. Rev. Áureo Pereira de Araújo. São Paulo: Martins Fontes, 1982.

ARRUDA, Maria Arminda do Nascimento; GARCIA, Aylvia Gemignani. *Florestan Fernandes, mestre da Sociologia moderna*. Brasília: Paralelo 15; Capes, 2003.

BARBOSA, Frederico. O consumo cultural das famílias brasileiras. In: BRASIL. Ministério da Cultura. Instituto de Pesquisas Econômicas. *Economia e política cultural*: acesso, emprego e financiamento. Brasília, 2007, p. 17-56. (Cadernos de Políticas Culturais, v. 3).

BARBOSA, Lívia. Feijão com arroz e arroz com feijão: o Brasil no prato dos brasileiros. *Horizontes antropológicos*, Porto Alegre, v. 13, n. 28, nov./dez. 2007.

_____. *Igualdade e meritocracia*: a ética do desempenho nas sociedades modernas. Rio de Janeiro: Editora FGV, 1999.

BARBOSA, Lívia. *O jeitinho brasileiro ou a arte de ser mais igual que os outros*. 6. ed. Rio de Janeiro: Campus, 1992.

BAUMAN, Zygmunt. *Comunidade*: a busca por segurança no mundo atual. Rio de Janeiro: Jorge Zahar Editor, 2003.

BENJAMIN, Walter. Experiência e pobreza. Trad. Sérgio Paulo Rouanet. In: _____. *Obras escolhidas*: magia e técnica, arte e política. 3. ed. São Paulo: Brasiliense, 1987 (1933).

_____. In: BOLLE, Willie (Org.). *Passagens*. Trad. Irene Aron e Cleonice Paes Barreto Mairão. Belo Horizonte: Editora UFMG; São Paulo: Imprensa Oficial, 2006.

BERGER, Peter. *Comprendre la Sociologie*: son rôle dans la société moderne. Paris: Centurion-Resma, 1973.

BERQUÓ, Elza. Arranjos familiares no Brasil: uma visão demográfica. In: NOVAIS, Fernando A.; SCHWARCZ, Lilia Moritz (Org.). *História da vida privada no Brasil*: contrastes da intimidade contemporânea. São Paulo: Companhia das Letras, 1998.

_____; CAVENAGHI, Suzana. Fecundidade em declínio: breve nota sobre a redução no número médio de filhos por mulher no Brasil. *Novos Estudos – Cebrap*, São Paulo, n. 74, mar. 2006.

BEYNON, H. *Trabalhando para Ford*: trabalhadores e sindicalistas na indústria automobilística. Rio de Janeiro: Paz e Terra, 1995.

BINZER, Ina von. *Os meus romanos*: alegrias e tristezas de uma educadora alemã no Brasil. Introdução Antonio Callado. 5. ed. Rio de Janeiro: Paz e Terra, 1991.

BOAS, Franz. *Antropologia cultural*. Rio de Janeiro: Jorge Zahar Editor, 2004.

BOBBIO, Norberto. *Liberalismo e democracia*. São Paulo: Brasiliense, 2005.

BOTTOMORE, Tom; NISBET, Robert. *História da análise sociológica*. Rio de Janeiro: Zahar Editores, 1980.

BOUDON, Raymond; BOURRICAUD, François. *Dicionário crítico de Sociologia*. São Paulo: Ática, 1993.

BOURDIEU, Pierre. *A distinção*: crítica social do julgamento. Trad. Daniela Kern; Guilherme J. F. Teixeira. São Paulo: Edusp; Porto Alegre: Zouk, 2007.

BRITO, Fausto. O deslocamento da população brasileira para as metrópoles. *Estudos Avançados*, USP, ano 20, n. 57, 2006.

CAIAFA, Janice. *Movimento punk na cidade*: a invasão dos bandos sub. Rio de Janeiro: Jorge Zahar Editor, 1985.

CARVALHO, José Murilo de (Org.). *Nação e cidadania no Império*: novos horizontes. Rio de Janeiro: Civilização Brasileira, 2007.

_____ . *Cidadania no Brasil*: o longo caminho. Rio de Janeiro: Civilização Brasileira, 2003.

_____ ; PANDOLFI, Dulce; CARNEIRO, Leandro Piquet; GRYNSZPAN, Mario. *Lei, justiça e cidadania*: direitos, vitimização e cultura política na região metropolitana do Rio de Janeiro. Rio de Janeiro: CPDOC/Iser, 1997. (Sinopse de dados de pesquisa).

CASTRO, Josué de. *Geografia da fome*. São Paulo: Civilização Brasileira, 2001.

COELHO, Edmundo Campos. A marginalização da criminalidade e a criminalização da marginalidade. *Revista de Administração Pública*, Rio de Janeiro, v. 12, n. 2, 1978.

COSTA, António Firmino da. *O que é Sociologia*. Coimbra: Quimera, 2001.

COUTINHO, Leonardo. As comunidades do ódio. *Veja*, n. 1.932, 23 nov. 2005. Disponível em: <http://veja.abril.com.br/acervodigital/home/aspx>. Acesso em: maio 2016.

DAHAL, Robert A. *Sobre a democracia*. Brasília: Editora Universidade de Brasília, 2001.

DAMATTA, Roberto. *A casa e a rua* [1985]. 6. ed. Rio de Janeiro: Rocco, 2000.

_____ . *Carnavais, malandros e heróis* [1979]. Rio de Janeiro: Rocco, 1994.

_____ . Com os pés no chão. *Correio Braziliense*, 8 jul. 2006. Disponível em: <www.trela.com.br/arquivo/

Com-os-ps-no-cho>. Acesso em: maio 2016. Entrevista concedida a Carlos Marcelo.

DAMATTA, Roberto. *O que faz o brasil, Brasil?* 9. ed. Rio de Janeiro: Rocco, 1998.

DEBERT, Guita Grin. O velho na propaganda. In: *Cadernos Pagu*, v. 21, n. 1, 2003.

DECCA, Edgar de. *O nascimento das fábricas*. 10. ed. São Paulo: Brasiliense, 1998.

DOLCI, Maria Inês. Código da cidadania. *Folha de S.Paulo*, São Paulo, 14 mar. 2009. Suplemento Vitrine.

DRUMOND, M. H. F. Ciências contábeis da arte à ciência: 8 000 anos de história. *Revista Brasileira de Contabilidade*, v. 24, n. 93, maio/jun. 1995.

DUARTE, Luiz Fernando. *Da vida nervosa* (nas classes trabalhadoras urbanas). Rio de Janeiro: Jorge Zahar Editor; CNPq, 1986.

DURKHEIM, Émile. *As formas elementares da vida religiosa* [1912]. Trad. Paulo Neves. São Paulo: Martins Fontes, 1996.

_____ . *As regras do método sociológico* [1895]. 2. ed. Trad. Paulo Neves. São Paulo: Martins Fontes, 1999.

_____ . *Da divisão do trabalho social* [1893]. Trad. Eduardo Brandão. São Paulo: Martins Fontes, 2004.

_____ . Suicídio: definição do problema. In: FERNANDES, Florestan. *Durkheim*: Sociologia. 8. ed. São Paulo: Ática, 1998.

ELIAS, Norbert. *A sociedade de Corte*: investigação sobre a sociologia da realeza e da aristocracia de Corte [1969]. Trad. Pedro Süssekind. Rio de Janeiro: Jorge Zahar Editor, 2001.

_____ . In: SCHROTER, Michael (Org.). *A sociedade dos indivíduos*. Trad. Vera Ribeiro. Rio de Janeiro: Jorge Zahar Editor, 1994 [1987].

_____ . *O processo civilizador*: uma história dos costumes [1939]. Rio de Janeiro: Jorge Zahar Editor, 1990. v. 1.

_____ . DUNNING, Eric. *A busca da excitação*. Lisboa: Difel, 1991.

ENDERS, Armelle; FERREIRA, Marieta de Moraes; FRANCO, Renato (Org.). *História em curso*: da Antiguidade à globalização. São Paulo: Editora do Brasil; Rio de Janeiro: FGV, 2008. (Coleção Aprender).

FAUSTO, Boris. *História do Brasil*. São Paulo: Edusp, 2003.

FERNANDES, Florestan. *A integração do negro na sociedade de classes*. São Paulo: Globo, 1978. 2 v.

FERREIRA, Marieta de Moraes. O Brasil do Sr. Diretas. *Nossa História*, ano 1, n. 4, fev. 2004.

FONSECA, Alexandre Brasil; NOVAES, Regina. Juventudes brasileiras, religiões e religiosidade: uma primeira aproximação. In: ABRAMOVAY, Miriam; ANDRADE, Eliane; ESTEVES, Luiz Carlos. *Juventudes*: outros olhares sobre a diversidade. Brasília: MEC/SECAD & Unesco, 2007.

FONTES, Paulo. *Um Nordeste em São Paulo*: trabalhadores migrantes em São Miguel Paulista (1945-1956). Rio de Janeiro: Editora FGV, 2008.

FOUCAULT, Michel. *História da loucura na Idade Clássica* [1961]. São Paulo: Perspectiva, 1991.

_____ . In: MACHADO, Roberto (Org.). *Microfísica do poder* [1979]. Rio de Janeiro: Graal, 2004.

_____ . *Power and knowledge*. New York: Pantheon, 1980.

_____ . Verdade e poder: entrevista com Alexandre Fontana. In: _____ . *Microfísica do poder*. São Paulo: Graal, 1977.

_____ . *Vigiar e punir*: nascimento da prisão [1975]. Trad. Raquel Ramalhete. Petrópolis: Vozes, 2002.

FREIRE, Américo (Org.). *Grandes manifestações políticas no Rio de Janeiro*. Rio de Janeiro: Folha Seca, 2002.

FREUD, Sigmund. *O futuro de uma ilusão, o mal-estar na civilização e outros trabalhos (1927-1931)*. Rio de Janeiro: Imago, 1974. (Edição *standard* brasileira das obras psicológicas completas).

FREYRE, Gilberto. *Casa-grande & senzala* [1933]. Rio de Janeiro: Record, 1992.

FUKUI, Lia F. G. Resenha bibliográfica: estudos e pesquisas sobre família no Brasil. *BIB*, Rio de Janeiro, n. 10, dez. 1980.

GIDDENS, Anthony. *Capitalism and modern social theory*. Cambridge: Cambridge University Press, 2006.

_____ . *Novas regras do método sociológico*. Uma crítica positiva das sociologias compreensivas. Rio de Janeiro: Zahar Editores, 1978.

_____ . *Sociologia*. Madrid: Alianza, 1994.

GOMES, Angela de Castro. *A invenção do trabalhismo*. São Paulo: Vértice; Editora Revista dos Tribunais; Rio de Janeiro: Instituto Universitário de Pesquisas do Rio de Janeiro, 1988.

_____ . *Cidadania e direitos do trabalho*. Rio de Janeiro: Jorge Zahar Editor, 2002.

_____ . *Primeiro de maio*. Disponível em: <https://cpdoc.fgv.br/producao/dossies/FatosImagens/PrimeiroMaio>. Acesso em: maio 2016.

_____ ; D'ARAUJO, Maria Celina. *Getulismo e trabalhismo*. São Paulo: Ática, 1989.

HAAG, Carlos. Pacato cidadão. *Pesquisa Fapesp*, ed. 120, fev. 2006. Disponível em: <http://revistapesquisa.fapesp.br/2006/02/01/pacato-cidadao>. Acesso em: maio 2016.

HADDAD, Sérgio; RIBEIRO, Vera M. *Analfabetismo funcional no município de São Paulo*. São Paulo: Cedes, 1997.

HASENBALG, Carlos A. *Discriminação e desigualdades raciais no Brasil*. Rio de Janeiro: Graal, 1979.

HASSENPFLUG, Dieter. Sobre centralidade urbana. Trad. Adriana Gondran Carvalho da Silva. *Arquitextos*, n. 85, jun. 2007. Disponível em: <www.vitruvius.com.br/arquitextos/arq085/arq085_00.asp>. Acesso em: maio 2016.

HEILBORN, Maria Luiza et al. *Sexualidade, família e ethos religioso*. Rio de Janeiro: Garamond, 2005.

HOBSBAWM, Eric J. *A Era das Revoluções*: Europa 1789–1875. Rio de Janeiro: Paz e Terra, 1977.

HOBSBAWN, Eric J. *Os trabalhadores*: estudos sobre a história do operariado. Rio de Janeiro: Paz e Terra, 2000.

HOLANDA, Sergio Buarque de. *Raízes do Brasil*. 26. ed. São Paulo: Companhia das Letras, 1995 [1936].

HORROCKS, Chris; JEVTIC, Zoran. *Introducing Foucault*. Cambridge: Icon Books, 1999.

HOSSEINI, Khaled. *O caçador de pipas*. Rio de Janeiro: Nova Fronteira, 2005.

HUNTINGTON, Samuel P. *A terceira onda*. A democratização no final do século XX. São Paulo: Ática, 1994.

IBGE – Instituto Brasileiro de Geografia e Estatística. Disponível em: <www.ibge.gov.br/home/>. Acesso em: set. 2015.

_____. Centro de Documentação e Disseminação de Informações. *Estatísticas do século XX*. Rio de Janeiro, 2003.

_____. *Síntese dos indicadores sociais 2008*. Rio de Janeiro, 2008. Disponível em: <www.ibge.gov.br/home/estatistica/populacao/condicaodevida/indicadoresminimos/sinteseindicsociais2008>. Acesso em: maio 2016:

JACQUET, Christiane; COSTA, Lívia Fialho de. As práticas educativas nas famílias recompostas. *Sociedade e Cultura*, Goiânia, v. 7, n. 2, jul./dez. 2004.

JOBIM, Antonio Carlos. *Entrevista à revista Veja*, ed. 1020, 23 mar. 1988. Disponível em: <http://veja.abril.com.br/acervodigital/home.aspx>. Acesso em: maio 2016.

JOHNSON, Allan G. *Dicionário de Sociologia*. Rio de Janeiro: Jorge Zahar Editor, 1997.

KANT, Emmanuel. *Qu'est-ce que les Lumières?* [1784]. Paris: Flammarion, 1991.

KORNIS, Mônica Almeida. *Cinema, televisão e história*. Rio de Janeiro: Zahar, 2008.

LAPLANTINE, François. *Aprender Antropologia*. São Paulo: Brasiliense, 2000.

LARAIA, Roque de Barros. *Cultura*: um conceito antropológico. Rio de Janeiro: Jorge Zahar Editor, 2002.

LE GOFF, Jacques. *Mercadores e banqueiros da Idade Média*. São Paulo: Martins Fontes, 1991. (Coleção Universidade Hoje).

LEAL, Victor Nunes. *Coronelismo, enxada e voto*: o município e o regime representativo no Brasil. São Paulo: Companhia das Letras, 2012.

LÉVI-STRAUSS, Claude. Raça e História. In: _____. *Os pensadores*. São Paulo: Abril Cultural, 1980.

LEWKOWICZ, Ida; GUTIÉRREZ, Horacio; FLORENTINO, Manolo. *Trabalho compulsório e trabalho livre na História do Brasil*. São Paulo: Unesp, 2008. (Coleção Paradidáticos: Série Sociedade, Espaço e Tempo).

FILHO LIMA, Manuel F. *Bonecas cerâmicas ritxòkò*: arte e ofício do povo karajá. Rio de Janeiro: IPHAN; CNFCP, 2011. 28 p. (Sala do Artista Popular, n. 165). Disponível em: <www.cnfcp.gov.br/pdf/Catalogo SAP/CNFCP_sap165.pdf>. Acesso em: maio 2016.

MACHADO DA SILVA, Luiz Antonio. Violência urbana, sociabilidade violenta e agenda pública. In: _____; LEITE, Márcia (Org.). *Vidas sob cerco*. Rio de Janeiro: Nova Fronteira, 2008.

MACIEL, Marco. Democracia: passado, presente e futuro. *Folha de S.Paulo*, 25 fev. 2009.

MAFFESOLI, Michel. *O tempo das tribos*: o declínio do individualismo na sociedade de massa. Rio de Janeiro: Forense Universitária, 1987.

MAIO, Marcos Chor; SANTOS, Ricardo Ventura (Org.). *Raça, ciência e sociedade*. Rio de Janeiro: Fiocruz/CCBB, 1996.

MALINOWSKI, Bronislaw. *Os argonautas do Pacífico Ocidental*. São Paulo: Abril Cultural, 1978.

MARSHALL, T. H. Cidadania e classe social. In: _____. *Cidadania, classe social e status*. Rio de Janeiro: Zahar, 1967.

MARX, Karl. *O capital*: crítica da economia política [1885, 1894, 1967]. Trad. Reginaldo Sant'Anna. Rio de Janeiro: Civilização Brasileira, 2003.

_____. ENGELS, Friedrich. Manifesto do Partido Comunista [1848]. Trad. Marcus Vinicius Mazzari. *Estudos Avançados*, v. 12, n. 34, 1998. Disponível em: <www.scielo.br>. Acesso em: maio 2016.

MERLO, Álvaro Roberto Crespo; LAPIS, Naira Lima. A saúde e os processos de trabalho no capitalismo: reflexões na interface da psicodinâmica do trabalho e da sociologia do trabalho. *Psicologia Social*, v. 19, n.1, 2007. Disponível em: <www.scielo.br>. Acesso em: maio 2016.

MILLS, Charles Wright. *A imaginação sociológica*. Trad. Waltensir Dutra. Rio de Janeiro: Zahar Editores, 1965.

MISSE, Michel. *Cinco teses equivocadas sobre a criminalidade urbana no Brasil*: uma abordagem crítica acompanhada por uma agenda de pesquisa, 1995. Disponível em: <www2.mppa.mp.br/sistemas/gcsubsites/upload/60/criminalidade.pdf>. Acesso em: maio 2016.

MONTAIGNE, Michel de. *Dos canibais*. São Paulo: Alameda editorial, 2009.

MORE, Thomas. *Utopia*. 3. ed. São Paulo: Editora WMF Martins Fontes, 2009.

MUNANGA, Kabengele. A difícil tarefa de definir quem é negro no Brasil. *Estudos Avançados*, v. 18, n. 50, p. 51-66, 2004.

MUSEU DO ÍNDIO (Funai). *A cultura da mandioca pelos Apurinã*. Disponível em: <www.museudoindio.gov.br/educativo/pesquisa-escolar/54-a-cultura-da-mandioca-pelos-apurina>. Acesso em: maio 2016.

NICOLACI-DA-COSTA, Ana Maria. Revoluções tecnológicas e transformações subjetivas. *Psicologia: Teoria e Pesquisa*, v. 18, maio/ago. 2002. Disponível em: <www.scielo.br>. Acesso em: maio 2016.

NISBET, Robert. *La formación del pensamiento sociológico*. Buenos Aires: Amorrortu, 1977. 2 v.

_____ . *The sociological tradition*. Nova York: Basic Books, 1966.

NOGUEIRA, Oracy. Preconceito racial de marca e preconceito racial de origem [1983]. *Tempo Social, Revista de Sociologia da USP*, v. 19, n. 1, nov. 2006.

NÓS somos ateus. *Veja*, n. 1754, 5 jun. 2002. Disponível em: <http://veja.abril.com.br>. Acesso em: maio 2016.

OLIVEIRA, Lucia Lippi. A conquista do espaço: sertão e fronteira no pensamento brasileiro. *História, Ciência, Saúde*, v. 5, jul. 1998.

OLIVEIRA, Zuleica Lopes Cavalcanti. A provisão da família: redefinição ou manutenção dos papéis? In: ARAÚJO, Clara; SCALON, Celi (Org.). *Gênero, família e trabalho no Brasil*. Rio de Janeiro: Editora FGV, 2005.

OLIVENS, Ruben George; RIDENTI, Marcelo; BRANDÃO, Gildo Marçal (Org.). *A Constituição de 1988 na vida brasileira*. São Paulo: Aderaldo & Rothschild; Anpocs, 2008.

OS DESAFIOS do sistema penitenciário brasileiro. *Ciência Hoje*, v. 40, p. 18-23, jun. 2007.

OUTHWAITE, William; BOTTOMORE, Tom (Org.). *Dicionário do pensamento social do século XX*. Consultoria de Ernest Gellner, Robert Nisbet, Alain Touraine. Editoria da versão brasileira: Renato Lessa, Wanderley Guilherme dos Santos. Trad. Eduardo Francisco Alves, Álvaro Cabral. Rio de Janeiro: Jorge Zahar Editor, 1996.

PAIVA, Vanilda; SENTO-SÉ, João Trajano. *Juventude em conflito com a lei*. Rio de Janeiro: Garamond, 2007.

PANDOLFI, Dulce et al. (Org.). *Cidadania, justiça e violência*. Rio de Janeiro: Editora FGV, 1999.

PEREIRA, Cláudia da Silva. Jeito de patricinha, roupa de patricinha. In: GOLDENBERG, Mirian (Org.). *O corpo como capital*. Barueri: Estação das Letras e Cores, 2007.

PETRUCCELLI, José Luis. *A declaração de cor/raça no Censo 2000*: estudo preliminar das tabulações avançadas. Rio de Janeiro: IBGE, 2002. (Textos para Discussão, n. 6).

PIERUCCI, Antônio Flávio. *Bye bye, Brasil*: o declínio das religiões tradicionais no Censo 2000. *Estudos Avançados*, v. 18, n. 52, 2004. Disponível em: <www.scielo.br>. Acesso em: maio 2016.

_____ . Criacionismo é fundamentalismo. O que é fundamentalismo? *Com Ciência*. Disponível em: <www.comciencia.br/200407/reportagens/12.shtml>. Acesso em: maio 2016.

_____ . PRANDI, R. *A realidade social das religiões no Brasil*. São Paulo: Hucitec, 1996.

POE, Edgar Allan. O homem das multidões. In: *Ficção completa, poesia & ensaios*. Rio de Janeiro: Nova Aguilar, 1988.

POLANY, Karl. *A grande transformação*. As origens de nossa época. 2. ed. Rio de Janeiro: Campus, 2000.

PRADO, Miguel Arcanjo. Casamento gay atrai curiosidade em São Paulo. *Folha Online*, 11 abr. 2008. Disponível em: <www1.folha.uol.com.br/ilustrada/2008/04/391165-casamento-gay-atrai-curiosidade-em-sao-paulo.sht>. Acesso em: maio 2016.

PROGRAMA das Nações Unidas para o Desenvolvimento (PNUD Brasil). Disponível em: <www.pnud.org.br/idh/>. Acesso em: maio 2016.

QUALTER, Terence H. Propaganda. In: OUTHWAITE, W.; BOTTOMORE, T. (Ed.). *Dicionário do pensamento social do século XX*. Rio de Janeiro: Jorge Zahar Editor, 1996.

REIS, Elisa P. A desigualdade na visão das elites e do povo brasileiro. In: SCALON, Celi (Org.). *Imagens da desigualdade*. Belo Horizonte: Editora da UFMG, 2004.

_____ . Dossiê desigualdade: apresentação. *Revista Brasileira de Ciências Sociais*, v. 15, n. 42, fev. 2000.

_____ . Percepções da elite sobre pobreza e desigualdade. *Revista Brasileira de Ciências Sociais*, v. 15, n. 42, fev. 2000.

RIO, João do. *As religiões do Rio*. Rio de Janeiro: José Olympio, 2006.

ROCHA, Everardo. *O que é o etnocentrismo*. São Paulo: Brasiliense,1999. (Coleção Primeiros Passos).

RODRIGUES, Nina. *As raças humanas e a responsabilidade penal*. São Paulo: Companhia Editora Nacional, 1938.

ROUSSEAU, J. J. *Discurso sobre a origem e os fundamentos da desigualdade entre os homens*. Cronologia e introdução de Jacques Roger. Trad. Maria Ermantina Galvão. São Paulo: Martins Fontes, 2005.

SANT'ANNA, Maria Josefina Gabriel. Mudanças no mundo da família e seu impacto nas formas de morar: os *flats*, os descasados, os independentes e a esposa invisível. *Interseções: revista de estudos interdisciplinares*, ano 8, n. 1, 2006.

SANTOS, Wanderley Guilherme dos. *Cidadania e justiça*: a política social na ordem brasileira. Rio de Janeiro: Campus, 1979.

SCALON, Celi (Org.). *Imagens da desigualdade*. Belo Horizonte: Ed. UFMG; Rio de Janeiro: Iuperj/Ucan, 2004.

SCHWARCZ, Lilia Moritz. Dos males da medida. *Psicologia USP*, São Paulo, v. 8, n.1, 1997.

_____ . *O espetáculo das raças*. São Paulo: Cia. das Letras, 1993.

SCHWARTZMAN, Simon. *As causas da pobreza*. Rio de Janeiro: FGV, 2004.

_____ . *Bases do autoritarismo brasileiro*. Rio de Janeiro: Campus, 1982.

SIMMEL, Georg. As grandes cidades e a vida do espírito. *Mana*, v. 11, n. 2, p. 577-591, 2005. Disponível em: <www.scielo.br>. Acesso em: maio 2016.

_____ . *Questões fundamentais da Sociologia*. Rio de Janeiro: Jorge Zahar Editor, 2006.

_____ . *Sociologia*. Org. Evaristo de Moraes Filho. São Paulo: Ática, 1983.

SILVA, Benedicto (Org.). *Dicionário de Ciências Sociais*. 2. ed. Rio de Janeiro: Editora FGV, 1987.

_____ . *Questões fundamentais da Sociologia*: indivíduo e sociedade. Rio de Janeiro: Jorge Zahar Editor, 2006.

SKIDMORE, Thomas. *Preto no branco*: raça e nacionalidade no pensamento brasileiro. Rio de Janeiro: Paz e Terra, 1976.

SMALLIN, Donna. *Organiza-se*: soluções simples e fáceis para vencer o desafio da bagunça. São Paulo: Gente Editora, 2004.

SOUZA, L. A.; FERNANDES, S. R. A. (Org.). *Desafios do catolicismo na cidade*. São Paulo: Paulus, 2002. (Coleção Ceris).

TAVARES, Miguel Sousa. *Rio das Flores*. São Paulo: Companhia das Letras, 2008.

THOMPSON, E. P. *Costumes em comum*: estudos sobre a cultura popular tradicional. São Paulo: Companhia das Letras, 1998.

TOCQUEVILLE, Alexis de. *A democracia na América* [1835]. Trad. Eduardo Brandão. São Paulo: Martins Fontes, 2005. 2 v.

_____ . *O Antigo Regime e a revolução*. Trad. Yvonne Jean da Fonseca. Brasília: EdUnB, 1979 [1854].

TODOROV, Tzvetan. *A conquista da América*: a questão do Outro. São Paulo: Martins Fontes, 2011.

VALLADARES, Licia do Prado. *A invenção da favela*: do mito de origem à favela.com. Rio de Janeiro: FGV, 2005.

VELHO, Gilberto. *Individualismo e cultura*: notas para uma antropologia da sociedade contemporânea. 2. ed. Rio de Janeiro: Jorge Zahar Editor, 1987.

_____ ; KUSCHNIR (Org.). *Pesquisas urbanas*: desafios do trabalho antropológico. Rio de Janeiro: Jorge Zahar Editor, 2003.

VERISSIMO, Luis Fernando. Os certinhos e os seres do abismo. *Veja*, Edição Especial Jovens, julho 2003. Disponível em: <http://veja.abril.com.br/acervodigital/home/aspx>. Acesso em: maio 2016.

WEBER, Max. *A ética protestante e o "espírito" do capitalismo* [1920]. Antônio Flávio Pierucci (Org.). São Paulo: Companhia das Letras, 2004.

_____ . *Economia e sociedade* [1925]. Brasília: Editora da UnB; São Paulo: Imprensa Oficial, 2004.

_____ . In: GERTH, H. H.; MILLS, C. W. (Org.). *Ensaios de Sociologia*. 5. ed. Rio de Janeiro: LTC, 2008.

ZALUAR, Alba. *A máquina e a revolta*. São Paulo: Brasiliense, 1985.